큰 믿음을
일으키는 글
大乘起信論
원효 소·별기

원순 스님

해인사 백련암에서 성철 스님을 은사로 출가.
해인사, 송광사, 정혜사 등 제방의 선원에서 정진.
『선스승의 편지』,『선요』,『한글 원각경』
『선원제전집 도서』,『마음을 바로 봅시다 上·下』
『연꽃법화경』등의 다수의 불서를
우리말로 펴내고 있다.

큰 믿 음 을
일 으 키 는 글
大 乘 起 信 論
원 효 소 · 별 기

원 순 역 해

도서
출판 法供養

큰 믿음을 일으키는 글에 대한 찬사

부처님이 쿠시나가라에서 열반하신 뒤에
가섭 존자가 뜻이 하나 된 가르침을 모으니
지혜로운 이는 이를 보고 바로 해탈하나
어리석기에 믿지 못하는 이들도 많았다

이에 마명 보살이 큰 믿음을 일으키는 글을 지어
어리석은 사람에게 올바른 믿음을 내게 하니
예전부터 인도 중국 한국에서는
이 글을 중시하여 모두 배우고 익혔다

신라시대 원효 스님은
이 글을 심도 있게 풀이하여
많은 사람의 눈을 뜨게 하였기에

요즘 사람을 아끼는 마음에서
원순 스님이 이 글들을 알기 쉽게 풀이하니
겨우내 꽁꽁 얼었던 얼음이 녹아
골짜기에 흐르는 맑은 물소리와 같다

권하노니 불법을 배우고자 하는 이들이여
반드시 이 책을 읽고 바른 길로 갈지어다

집집마다 문 밖에는 장안으로 열린 길들
길목 길목 푸른 버들 그늘 아래 쉼터 있네.

                        계미년 원춘
               조계총림 방장 범일 보성

起信論譯解讚

釋尊雙林示寂後에 迦葉結集一乘敎라
上根聞經卽解脫이나 中下根劣多不信이라

馬鳴菩薩造起信하야 能使佛子生正信이라
西乾東震及海東이 重示此論皆學習이로다

元曉論師加眞意하여 開眼學人過須彌일새
圓珣慈悲釋此論하니 猶如解氷春水滑이라

普勸欲學佛法人이여 必讀此書開正路하라
家家門外通長安이요 處處綠楊堪繫馬로다

癸未元春
梵日菩成 漏

대승기신론을 한글로 풀이하며

불교 논서의 백미로 꼽히는 대승기신론은 부처님의 가르침을 체계 있게 논리화하여 모든 경과 논을 회통시킨 책입니다. 인도의 마명보살이 쓰고 한역(漢譯)은 중국 양나라 진제(499-569)와 당나라 실차난타(652-710)가 하였지만 산스크리트 원전은 존재하지를 않습니다. 이번 번역은 실차난타의 새 번역을 참고하고 예부터 많이 읽어온 진제의 옛 번역을 밑본으로 하여 한글로 풀이했습니다.

대승기신론에 대한 주석서가 매우 많으나 중국의 혜원(慧遠 523-592)과 법장(法藏 642-712), 신라시대 원효(元曉 617-686) 스님의 저술을 최고로 꼽는데 그 가운데에서도 원효 스님의 글이 으뜸이라고 합니다. 원효 스님은 그 책에서 대승기신론을 평하기를 "모든 논 가운데서 그 내용이 으뜸이고 온갖 다툼을 판가름하는 밑가늠이 된다."고 하셨습니다.

'대승기신론'은 부처님의 가르침을 모르는 사람에게 대승의 참뜻을 알려 참 마음에 대한 큰 믿음을 일으켜 주고자 하는 뜻에서 쓴 글입니다. 중생들이 이 논을 알기 쉽게 어려운 곳을 풀어서 뜻이 시원스레 통하도록 소(疏)와 별기(別記)를 지으신 세계불교 역사에 빛나는 걸출한 원효 스님의 『대승기신론 소·별기』는 참마음에 대한 중생의 믿음을 크고 깊게 해 주는 힘이 있습니다. 이런 뜻에서 이 책의 제목을 한글로 풀이하여 『큰 믿음을 일으키는 글』이라고 했습니다.

『큰 믿음을 일으키는 글』은 한문 원전을 되도록 알기 쉬운 한글로 풀이하여 누구나 이해 할 수 있도록 부족하나마 노력해 보았습니다. 한문에 익어 있던 사람들은 이 글이 생소해 보일 수도 있으나 한글과 한글세대를 위하여 이러한 작업이 꼭 필요한 일이라고 생각되었기에 시도한 일입니다. 읽어 가다가 한글 풀이가 미진하여 의문이 생기시면 언제라도 찾아보기와 원문을 참고하시면 도움이 되리라 생각합니다.

'소와 별기'를 읽다 보면 알맹이 논보다 정작 그 내용이 많아 중요한 논의 흐름을 놓치는 경우가 많습니다. 이에 먼저 논의 뜻을 파악하는 것이 이 책을 이해하는데 꼭 필요하다고 생각되어 '소와 별기'를 뺀 대승기신론 한글풀이를 따로 1부로 실었습니다.

논이 생소하신 분들은 이 글을 먼저 여러 번 읽고 나서 2부에서 논과 함께 '소와 별기'를 읽어나간다면 훨씬 쉽게 『큰 믿음을 일으키는 글』을 이해할 수 있을 것입니다.

부처님의 법을 좋아하는 주변의 많은 인연으로 이 책이 나오게 되었습니다. 더욱 고마운 일은 학인 스님이 은정희씨 역서를 참고하여 이 글에 대한 인용문의 전거를 찾아 놓은 것을 부록으로 싣게 되었으니, 이 부분이 필요한 독자에게는 많은 도움이 되리라고 생각합니다.

나름대로 애는 썼으나 역자의 능력이 모자라 이 책을 읽는 분들이 더 쉽고 정확하게 볼 수 있는 글을 쓰지 못한 점이 못내 아쉽습니다.

눈부신 햇살 아래 건너편 산등성이
온갖 빛깔로 아름드리 드러나는 부처님 전에
쉬지 않고 부지런히 정진하여
뒷날 부족한 부분을 채울 것이라고
가슴을 쓸고 다짐하며 이 책을 마무리합니다.

눈 밝은 선지식의 호된 담금질을 기대하며
큰 믿음을 일으키소서.

2003년 6월
푸른 하늘 산방에서
인월행자 합장

큰 믿음을 일으키는 글 · 차례

제1부. 한글 대승기신론 ─────────────── 17
제2부. 한글 대승기신론 소별기 ─────────── 65
  1. 『기신론』의 핵심을 드러낸다 ──────── 67
  2. 이 논의 제목을 풀이한다 ────── 74
  3. 논을 풀이한다 ────── 82
    서론 – 삼보에 귀의하고 논을 쓴 뜻은 ──── 83
    본론 – 논에서 하고 싶은 이야기는 ──── 97
      1장. 논을 쓰게 된 인연은 무엇인가 ──── 100
      2장. 대승의 법(法)과 의(義)는 무슨 내용인가 ──── 113
      3장. 법(法)과 의(義)를 자세히 풀이한다 ──── 119
        1절. 올바른 뜻을 드러내 보인다 ──── 120
          1. 먼저 법(法)과 의(義)의 뜻을 풀이한다 ──── 121
            1) 법을 풀이한다 ──── 122
              (1) 진여의 길을 풀이한다 ──── 132
              (2) 생멸의 길을 풀이한다 ──── 144
                가. 생멸의 길을 자세히 풀이한다 ──── 144
                  가) 마음에 있는 생멸을 풀이한다 ──── 144
                    (가) 각의 뜻을 풀이한다 ──── 157
                    (나) 불각의 뜻을 풀이한다 ──── 193
                  나) 생멸의 인연을 풀이한다 ──── 212
                  다) 생멸하는 모습을 풀이한다 ──── 244
                나. 모든 법을 낼 수 있는 훈습이란 무엇인가 ──── 257
                  가) 오염된 법의 훈습을 밝힌다 ──── 259
                  나) 깨끗한 법의 훈습을 밝힌다 ──── 262

2) 의를 풀이한다 ······ 273
　　　　　(1) 체대와 상대를 밝힌다 ······ 274
　　　　　(2) 용대를 밝힌다 ······ 277
　　2. 생멸의 길에서 진여의 길로 ······ 285
　2절. 삿된 집착을 다스린다 ······ 287
　　1. '변하지 않는 하나의 주재자로서 내가 존재한다는 견해'를
　　　다스린다 ······ 288
　　2. '모든 법에 실체가 있다는 견해'를 다스린다 ······ 292
　3절. 도 닦을 마음을 내어 공부하는 모습을 분별한다 ······ 294
　　1. 믿음을 이룩하여 도 닦을 마음을 낸다 ······ 296
　　2. 알고 행하면서 도 닦을 마음을 낸다 ······ 307
　　3. 증득하여 도 닦을 마음을 낸다 ······ 309
　4장. 믿음과 다섯 가지 방편을 수행한다 ······ 319
　　1절. 네 가지 믿음과 수행 ······ 321
　　2절. 보시, 지계, 인욕, 정진을 수행하는 법 ······ 323
　　3절. 지관(止觀)을 수행하는 법 ······ 327
　5장. 수행의 이익을 보여주어 공부할 것을 권한다 ······ 364
　결론. 전체를 마무리 지어 회향한다 ······ 368

제3부. 대승기신론 소별기 원문 ······ 371

　인용문 전거 ······ 465
　대승기신론 소별기 과목표 ······ 491
　찾아보기 ······ 535

일러두기

1. 1977년 해인사에서 펴낸 원효 스님의
   대승기신론소기회본(大乘起信論疏記會本)을
   밑본으로 한다.
2. '논'은 마명 스님의 글이고
   '소'와 '별기'는 원효 스님의 글이다.
3. 논을 풀이하는 소는 그 논과 번호가 일치하며
   소를 보충하는 별기도 이 번호를 참고 하면
   그 위치를 파악할 수 있다.
4. 한문을 옮기면서 원문을 보기 쉽게 토를 달았으니
   뜻을 아는데 참고로 쓰이기 바라며
   이미 나온 책들과 운문상의 차이로
   토가 다를 수 있음을 밝혀둔다.
5. * 부분은 전체 논의 흐름을 보여 주는 글로서
   논을 읽어나갈 때 도움을 많이 받을 수 있다.
6. " "은 인용문에서 쓰는 것을 원칙으로 하고
   ' '은 강조의 뜻으로 썼으나,
   때로는 강조할 단어나 짧은 글귀를 인용하는데 쓰이기도 하였다.

제1부
한글 대승기신론

[논-1] 온 누리에 가득하신 우리 부처님
　　　뛰어난 업 온갖 지혜 두루 갖추고
　　　걸림 없이 자유자재 몸을 나토며
　　　중생들을 구하시는 자비로운 분

　　　그 모습은 법의 성품 진여의 바다
　　　그 안에는 무량공덕 갖추고 있어
　　　참 진리를 여실하게 닦으신 이여
　　　거룩하신 불법승께 귀의합니다.

[논-2] 중생들의 온갖 의심 풀리게 하고
　　　집착으로 생긴 견해 버리게 하며
　　　참 대승의 바른 믿음 일깨워 주어
　　　부처님 씨 이어 가기 바라옵기에.

[논-3] 논에서 "어떤 법이 대승에 대한 믿음의 근본을 일으킬 수 있다."고 하니, 이 때문에 반드시 이 내용을 말해야 한다.

[논-4] 이 내용은 다섯 부분으로 설명하니 어떤 것들이 그 다섯인가. 첫째는 '논을 쓰게 된 인연이 무엇인가를 설명하는 부분'이요, 둘째는 '대승의 법(法)과 의(義)는 무슨 내용인가를 간략하게 설명하는 부분'이요, 셋째는 '법(法)과 의(義)를 자세히 풀이하는 부분'이요,

넷째는 '믿음과 다섯 가지 방편을 수행하는 부분'이요, 다섯째는 '수행의 이익을 보여 주어 공부할 것을 권하는 부분'이다.

[논-5] 처음은 논을 쓰게 된 인연이 무엇인가를 설명한다.

[논-6] 물음 : 무슨 인연으로 이 논을 만듭니까.

대답 : 이 인연에는 여덟 가지가 있으니 어떠한 것들이 그 여덟인가.

첫째, 인연을 뭉뚱그려 한마디로 말하면 중생들이 모든 괴로움에서 벗어나 궁극의 즐거움을 얻게 하는 것이니 세간의 대가와 명예와 존경을 바라는 것이 아니다.

둘째, 여래의 근본 뜻을 풀이하여 중생들이 모두 그 뜻을 바르게 알아 그릇됨이 없기를 바라는 것이다.

셋째, 마음의 좋은 뿌리가 성숙한 중생들이 대승법을 받아들여 대승법에 대한 믿음에서 물러나지 않기를 바라는 것이다.

넷째, 마음의 좋은 뿌리가 적은 중생들이 믿음을 닦아 익히기를 바라는 것이다.

다섯째, 중생들이 방편을 배워 악업을 녹이고 그 마음을 잘 보호하여 어리석음과 잘난 체하는 마음을 멀리 여의고 삿되고 나쁜 악업의 그물에서 벗어나기를 바라는 것이다.

여섯째, 중생들이 지행(止行)과 관행(觀行)을 닦아 익혀 범부와 이승(二乘)의 허물을 고치도록 바라는 것이다.

일곱째, 중생들이 염불에 전념하는 방편을 배워 부처님 앞에 새롭게 태어나 굳은 믿음에서 물러나지 않기를 바라는 것이다.

여덟째, 중생들에게 수행의 이익을 보여 주어 수행을 하도록 권하는 것이다. 이것이 이 논을 쓰게 된 인연이다.

[논-7] 물음 : 경 가운데 이 법을 다 갖추고 있는데 다시 설명하는 까닭은 무엇입니까.

대답 : 경 가운데 이 법이 있더라도 중생의 마음과 행동이 다르고 법을 받아들여 이해하는 인연이 다르기 때문이다.

말하자면 여래가 세상에 계실 때는 중생도 근기가 뛰어났고 법을 말씀하시는 분의 능력도 뛰어났기에 오롯한 소리로 한 번 말함에 여러 계층의 중생들이 똑같이 이해하여 논이 필요치 않았다.

그런데 여래께서 입멸하신 뒤에는 혼자 힘으로 불법을 많이 들어야 이해하는 중생이 있을 수 있고, 혼자 힘으로 불법을 적게 듣고도 많이 아는 중생이 있을 수 있으며, 스스로 불법을 알 수 있는 힘이 없기에 많은 논의 도움이 있어야 알 수 있는 중생도 있을 수 있으며, 또한 분량이 많은 논은 번거롭게 여기고 여러 가지 뜻을 간단하게 정리한 것을 좋아하여 적은 글에 많은 뜻이 담겨 있더라도 이해할 수 있는 중생이 있을 수 있다.

이런 보기들과 같이 이 논은 여래의 깊고 넓은 법의 헤아릴 수 없이 많은 이치를 담으려고 하기에 이 논을 설해야 하는 것이다.

[논-8] 이미 '논을 쓰게 된 인연이 무엇인가'를 말했고 이어서 '대승의 법(法)과 의(義)는 무슨 내용인가'를 말하겠다. 대승에는 크게

두 종류가 있으니 무엇이 그 둘인가. 하나는 법(法)이요 다른 하나는 의(義)이다.

법(法)이란 중생심을 말한다. 이 마음이 세간과 출세간의 모든 법을 담고 있으므로 이 마음으로 대승의 뜻을 드러내 보인다. 왜냐하면 이 마음에 있는 진여의 모습이 곧 대승의 체(體)를 보이기 때문이며, 이 마음에 있는 생멸인연의 모습이 대승 그 자체의 상(相)과 용(用)을 보일 수 있기 때문이다.

의(義)에도 세 종류가 있으니 무엇이 그 셋인가.

첫째, 체대(體大)이니 모든 법이 진여로서 평등하여 늘어나고 줄어드는 것이 없기 때문이다.

둘째, 상대(相大)이니 여래장이 여래의 성품에서 나오는 헤아릴 수 없이 많은 공덕을 다 갖추고 있기 때문이다.

셋째, 용대(用大)이니 모든 세간과 출세간의 좋은 인과를 낼 수 있기 때문이며, 모든 부처님이 본디 쓰는 것이기 때문이며, 모든 보살이 이 법을 써서 모두 여래의 경지에 다다르기 때문이다.

[논-9] 이미 '대승의 법(法)과 의(義)는 무슨 내용인가'를 설명했고 이어서 '법(法)과 의(義)를 자세히 풀이하는 부분'을 말하겠다. 이 부분에는 세 단락이 있는데 무엇이 그 셋인가.

첫 번째는 '올바른 뜻을 드러내 보인다는 것'이고 두 번째는 '삿된 집착을 다스린다는 것'이며 세 번째는 '도 닦을 마음을 내어 공부하는 모습을 분별한다는 것'이다.

[논-10] '올바른 뜻을 드러내 보인다는 것'은 무엇을 말하는가.

마음 법으로 말미암아 두 종류의 길이 있으니 무엇이 그 둘인가. 하나는 마음에 있는 진여의 길이며 또 하나는 마음에 있는 생멸의 길이다.

이 두 길이 모두 저마다 모든 법을 거두어들이니 이 이치를 어떻게 이야기할 것인가. 이 이치는 두 길이 서로 여의지 않기 때문이다.

[논-11] 마음에 있는 진여는 곧 하나의 법계로서 '전체 큰 모습으로 있는 법에 들어가는 길의 바탕'이다. 이른바 마음의 성품이 불생불멸이니 모든 법은 오직 망념으로 말미암아 차별이 있을 뿐이다. 망념을 여읜다면 경계로 나타나는 모든 모습은 없다.

이 때문에 모든 법이 본디부터 말에 있는 모습과 이름에 있는 모습과 마음이 인연한 모습을 여의어서, 마침내 평등하여 변할 것이 없고 무너뜨릴 수도 없어 오직 한마음일 따름이다. 그러므로 진여라고 한다.

왜냐하면 모든 말은 임시로 세워진 개념이어서 실체가 없이 다만 망념을 따르므로 그 실체를 얻을 수 없기 때문이다.

[논-12] 진여란 또한 어떤 모습이 없으니 이는 최선을 다한 표현으로 말에 기대어 말을 버린 것을 말한다. 이 진여의 바탕은 버릴 수 있는 것이 없으니 모든 법이 다 참되기 때문이며, 또한 세울 수도 없으니 모든 법이 다 똑같기 때문이다.

마땅히 알아야 한다. 모든 법은 말하거나 생각할 수 없기 때문에 진여라고 한다.

[논-13] 물음 : 이런 뜻이라면 모든 중생들이 어떻게 따라가야 진여 그 자리에 들어갈 수 있겠습니까.

대답 : 모든 법을 말하더라도 말하는 사람이나 말할 법이 없고, 생각하더라도 생각하는 사람이나 생각할 법이 없다는 것을 알면 이를 수순이라고 하고, 만약 망념을 여읜다면 '진여 그 자리에 들어갔다'고 한다.

[논-14] 다시 이 진여는 말로 분별하면 두 가지 뜻이 있으니 무엇이 그 둘인가. 하나는 참으로 진실한 공(空)이니 마침내 진실을 드러낼 수 있기 때문이며, 또 하나는 참으로 진실한 불공(不空)이니 그 자체에 번뇌가 사라진 여래의 성품에서 나오는 공덕을 다 갖추고 있기 때문이다.

[논-15] 공(空)이라고 말한 것은 진여는 본디부터 오염된 모든 법과 서로 붙어 어울리지 않기 때문이다. 이는 모든 법의 차별된 모습을 벗어나 있는 것을 말하니 진여에는 헛된 망념이 없기 때문이다.

마땅히 알아야 한다. 진여의 자성은 모습이 있는 것도 아니요 모습이 없는 것도 아니며, 비유상(非有相)도 아니요 비무상(非無相)도 아니며, 유(有)와 무(無)를 다 함께 갖춘 모습도 아니다. 또한 같은 모습도 아니요 다른 모습도 아니며, 비일상(非一相)도 아니요 비이상(非異相)도 아니며, 같거나 다른 모습을 다 함께 갖춘 모습도 아니다.

나아가 전체 입장에서 말하면 모든 중생에게 기대었기에 헛된 마음으로 생각마다 분별하는 것은 모두 진여와 서로 붙어 어울리지 않으므로 공(空)이라고 한다.

만약 헛된 마음을 벗어나면 실로 공(空)이라고 할 것도 없기 때문이다.

[논-16] 불공(不空)이라고 말한 것은 이미 법의 바탕이 공(空)이어서 망념이 없는 것을 나타내기 때문이다. 곧 진심이니 진심은 늘 변하지 않고 깨끗한 법이 가득 차 있기에 불공이라고 한다. 또한 취할 수 있는 어떤 모습도 없으니 망념의 경계를 벗어나 오직 이 진심을 증득해야만 맞아떨어지기 때문이다.

[논-17] 마음에 있는 생멸은 여래장에 기댄다. 그러므로 생멸하는 마음이 있다. 말하자면 불생불멸이 생멸과 화합하여 같은 것도 아니요 다른 것도 아닌 것으로 이를 일러 아리야식이라고 한다.

[논-18] 이 식(識)에는 두 가지 뜻이 있으므로 모든 법을 거두고 모든 법을 낼 수 있다.

[논-19] 무엇이 그 둘인가. 하나는 각(覺)의 뜻이요 또 하나는 불각(不覺)의 뜻이다.

[논-20] 각(覺)의 뜻은 마음의 바탕이 망념을 여읜 것을 말한다. 망념을 여읜 모습은 허공계와 같아 어떤 곳이라도 두루하지 않은 곳이 없는 법계와 똑같은 모습이니 곧 여래의 평등한 법신이다. 이 법신으로 말미암아 본각이라고 한다. 왜냐하면 본각의 뜻은 시각(始覺)의 뜻에 맞서서 말하니 시각이 곧 본각과 같기 때문이다. 시각의 뜻은 본각으로 말미암아 불각이 있고 불각으로 말미암아 시각이 있다고 말한 것이다.

[논-21] 또 마음의 근원을 깨달았기에 구경각이라고 하고, 마음의

근원을 깨닫지 못했기에 구경각이 아니라고 한다.

[논-22] 이 뜻은 무엇을 말하는가. 범부들은 앞생각이 나쁜 생각을 일으킨 것을 알고 뒷생각을 그칠 수 있기에 이 나쁜 생각이 일어나지 않게 하는 것을 범부각(凡夫覺)이라고 해도 이는 불각(不覺)이기 때문이다.

이승의 지혜를 얻은 이나 대승의 가르침에서 처음 공부할 마음을 낸 보살들은 다른 모습인 망념을 깨달아 그 생각에 '번뇌로 달라진 모습'이 없으니, 이 거친 분별로 집착하는 모습을 버렸기 때문에 상사각(相似覺)이라고 한다.

법신 보살들은 '번뇌로 달라진 모습'이 없다는 경계에 머무는 마음을 깨달아 그 생각에 '나로 바뀌어 머무는 모습'이 없으니, 이 분별하는 거친 망념의 모습을 떠났기 때문에 수분각(隨分覺)이라고 한다.

보살의 모든 수행을 다 한 이들은 방편을 다 갖추어 한 생각에 맞서 마음이 처음 일어나는 모습을 깨달아 그 마음에 '처음 일어나는 망념의 모습'이 없으니, 이 미세한 망념을 멀리 여의었기 때문에 마음의 참 성품을 볼 수 있고 그 마음이 늘 이어지니 구경각(究竟覺)이라고 한다. 이 때문에 경에서 "중생이 무념(無念)을 볼 수 있다면 부처님의 지혜로 간다."고 말한 것이다.

[논-23] 또 '마음이 일어난다.'고 표현하여 마음에는 알 수 있는 처음 모습이 없는데도 처음 모습을 안다고 말한 것은 곧 무념을 말한다. 이 때문에 모든 중생을 각(覺)이라고 하지 않는다. 그 까닭은 중생들은 본디부터 생각마다 이어져 아직 망념을 벗어나지 못했기 때문이다. 이것을 시작이 없는 때부터 시작된 무명이라고 한다.

무념을 얻은 자라면 마음의 모습이 생겨나고·머무르고·바뀌고·사라지는 것을 아니 무념은 평등하기 때문이다.

또한 참으로 시각도 없으니 그 까닭은 네 가지 각의 모습이 한꺼번에 같이 있기에 모두 스스로 내세울 것이 없이 본디 평등하여 한결같은 각(覺)이기 때문이다.

[논-24] 다시 본각을 오염된 정도에 따라 분별하면 두 가지 모습이 생기지만 본각과 서로 떨어지지 않는다. 무엇이 그 둘인가. 하나는 '맑은 지혜의 모습'이고, 또 하나는 '생각할 수 없는 놀라운 진여의 활동으로 나타나는 모습'이다.

'맑은 지혜의 모습'이란 법력의 훈습에 따르고 여실하게 수행하여 온갖 방편을 다 갖추기에 화합식(和合識)을 깨뜨리고 이어지는 망념을 멸하여 법신으로서 순수하고 맑은 지혜를 드러내는 것을 말한다. 이 뜻은 무엇을 말하는가.

마음이 분별하는 모든 모습이 다 무명이더라도 무명의 모습이 각(覺)의 성품을 여의지 않으므로 무너뜨릴 수 있는 것도 아니고 무너뜨릴 수 없는 것도 아니다. 이는 마치 큰 바다의 물이 바람으로 물결치고 움직일 때에도 물의 모습과 바람의 모습이 서로 떨어지지는 않지만 물은 움직이는 성품이 아니기 때문에 바람이 그치면 움직이는 물결의 모습은 사라지나 축축한 물의 성품은 여전히 남아 있는 것과 같다.

이와 같이 중생의 본디 성품인 깨끗한 마음이 무명의 바람으로 움직이며 마음과 무명의 모습이 다 형체가 없어 서로 떨어지지 않더라도, 마음은 움직이는 성품이 아니므로 무명이 없어지면 상속하는 마음이 곧 없어지나 참 지혜의 성품은 남아 있기 때문이다.

'생각할 수 없는 놀라운 진여의 활동으로 나타나는 모습'이란 맑은 지혜에 따라 뛰어나게 오묘한 온갖 경계를 만드는 것이다. 말하자면 헤아릴 수 없이 많은 공덕의 모습은 끊어짐이 없이 늘 중생의 근기에 따라 자연스럽게 서로 붙어 어울리며 온갖 모습으로 나타나기에 모든 중생들이 이익을 얻는다는 것이다.

[논-25] 다시 각(覺) 바탕의 모습은 네 종류 큰 뜻이 있기에 허공과 같고 맑은 거울과도 같다. 무엇이 그 넷인가.

첫째는 '참으로 진실한 공(空)의 거울'이니, 마음의 경계에 나타나는 모든 모습을 멀리 떠나 있기에 나타날 수 있는 어떤 법도 없음을 말한다. 각의 바탕은 각조(覺照)의 뜻이 아니기 때문이다.

둘째는 '인(因)으로서 중생에게 좋은 영향을 끼치는 거울'이니 참으로 진실한 불공(不空)을 말한다. 세간의 모든 경계가 모두 그 가운데 나타나지만 별다른 것이 각에서 나오는 것도 아니고, 각의 바깥에서 들어오는 것도 아니며, 각의 바탕은 잃어버릴 수 있는 것도 아니고 부서지는 것도 아니어서 늘 한마음에 머무른다. 이는 모든 법이 곧 진실한 성품이기 때문이며 또 오염된 모든 법이 오염시킬 수 없는 곳이니, 지혜의 바탕이 움직이지 않고 어떠한 번뇌도 없이 중생을 훈습하기 때문이다.

셋째는 '법이 두 가지 장애를 벗어난 거울'이니 불공(不空)의 법을 말한다. 이는 번뇌장애와 지혜장애를 벗어나고 생멸과 어울린 모습을 떠나 맑고 깨끗하여 밝기 때문이다.

넷째는 '연(緣)으로서 중생에게 좋은 영향을 끼치는 거울'이니 '법이 두 가지 장애를 벗어난 거울'에 따라 두루 중생의 마음을 비추어 그들이 마음의 좋은 뿌리를 닦게 하는 것을 말한다. 각(覺)의 바탕이 중생들의 생각을 따라 스스로를 나타내 보이기 때문이다.

[논-26] 불각의 뜻은 무엇인가. 진여의 법이 하나라는 사실을 참으로 진실하게 알지 못하기에 불각의 마음이 일어나 망념이 있게 된 것을 말한다.

망념은 자기 모습이 없으나 본각을 여의지 않는다. 마치 길을 잃은 사람이 방향에 기대기에 길을 잃었으나 방향에 대한 집착을 여의면 길을 잃음도 없는 것과 같다.

중생도 그러하다. 각(覺)에 기대기에 어리석지만 각(覺)의 성품에 대한 집착을 여읜다면 불각이 없다. 불각인 헛된 생각이 있기에 이름과 뜻을 알아 참된 각이라고 설하게 되니, 불각의 마음을 여읜다면 말할 만한 참된 각(覺)의 자기 모습도 없다.

[논-27] 다시 불각으로 말미암아 세 가지 모습이 생기니 불각과 서로 붙어 어울려 다닌다. 무엇이 그 세 가지인가.

첫째는 무명인 업(業)의 모습이다. 불각으로 말미암아 마음의 움직임을 업이라고 하지만 이 사실을 깨달으면 마음이 움직이지를 않는다. 마음이 움직이면 괴로움이 있으니 결과가 원인을 떠나지 않기 때문이다.

둘째는 능견(能見)의 모습이다. 마음의 움직임으로 말미암아 볼 수 있기에 마음이 움직이지 않으면 봄이 없다.

셋째는 경계로 나타난 모습이다. 능견으로 말미암아 헛된 경계가 나타나기에 능견을 떠나면 경계가 없다.

[논-28] 경계로 나타난 모습의 연(緣)이 있기에 다시 여섯 가지 모습이 생기니 무엇이 그 여섯인가.

첫째는 '세간에 있는 지혜의 모습'이니 경계로 말미암아 마음이 좋아하고 싫어하는 것을 분별하기 때문이다.

둘째는 '분별하는 마음이 이어지는 모습'이니 세간에 있는 지혜의 모습으로 말미암아 괴로움과 즐거움이 생기고 그것을 분별하여 망념을 일으키는 것이 서로 맞아떨어져 끊어지지 않기 때문이다.

셋째는 '집착하는 모습'이니 분별하는 마음이 이어지는 모습으로 말미암아 망념의 경계를 반연하고 괴로움과 즐거움에 머물러 마음이 집착을 일으키기 때문이다.

넷째는 '실체가 없는 이름을 붙이는 모습'이니 헛된 집착으로 말미암아 실체가 없는 이름을 짓고 말로 나타내는 모습이기 때문이다.

다섯째는 '업을 일으키는 모습'이니 실체가 없는 이름으로 말미암아 그것을 찾고 집착하여 온갖 업을 짓기 때문이다.

여섯째는 '업에 얽힌 괴로운 모습'이니 업 때문에 그 과보를 받아 자유롭지 못하기 때문이다.

[논-29] 마땅히 알아야 한다. 무명이 오염된 모든 법을 낼 수 있으니, 오염된 모든 법이 모두 불각의 모습이기 때문이다.

[논-30] 다시 각(覺)과 불각에는 두 가지 모습이 있으니 무엇이 그 둘인가. 첫째는 같은 모습이고, 둘째는 다른 모습이다.

같은 모습이란 비유하면 온갖 모양의 질그릇이 모두 똑같이 미세한 흙가루의 성품과 모습인 것처럼 무루(無漏)와 무명의 온갖 허깨비와 같은 업도 모두 똑같은 진여의 성품과 모습이라는 것이다. 이 때문에 경에서 이 진여의 뜻에 기대어, "모든 중생이 본디부터 열반과 깨달음에 늘 들어가 있기에 이는 수행으로 이루어지거나 인연으로 이루어질 수 있는 모습이 아니다. 진여의 성품과 모습은 마침내 얻을 것도 없고 또한 볼 수 있는 빛깔도 없다. 빛깔을 볼 수 있는 것은 오직 오염된 법을 따른 허깨비와 같은 업이 지은 것이기에 '지혜의 빛깔로서 불공(不空)'의 성품이 아니다. 참 지혜의 모습은 볼 수 있는 것이 없기 때문이다."고 하였다.

다른 모습이란 온갖 질그릇의 모습이 다른 것처럼 무루와 무명은 다르다. 이와 같이 무루와 무명은 오염된 법의 허깨비와 같은 차별을 따르고 있고, 그 성품은 오염된 허깨비와 같은 다른 모습이기 때문이다.

[논-31] 다시 생멸의 인연이란 무엇을 말하는가. 이른바 중생이 마음에 기대어 의(意)와 의식(意識)이 일어난다는 것이다.

[논-32] 이 뜻은 무엇을 말하는가. 아리야식에 기대기에 무명이 있다고 말하는 것이다.

[논-33] 이 사실을 깨닫지 못한 상태로 한 생각이 일어나 능견(能見)과 능현(能現)으로 나누어 경계를 취하고 망념을 일으켜 이어가기 때문에 '의(意)'가 된다고 한다. 이 의(意)에는 다시 다섯 가지 이름이 있으니 무엇이 그 다섯인가.

첫째는 업식(業識)이라고 하니 무명의 힘으로 깨닫지 못한 상태로 마음이 움직이기 때문이다.

둘째는 전식(轉識)이라고 하니 움직인 마음에 기대어 모든 경계를 볼 수 있기 때문이다.

셋째는 현식(現識)이라고 하니 이른바 모든 경계를 나타낼 수 있기 때문이다. 마치 밝은 거울이 사물의 모습을 나타내듯 현식도 그러하여 다섯 가지 경계를 상대하면 곧 앞뒤가 없이 나타난다. 이는 모든 삶 속에 있는 인연의 흐름에 따라 저절로 언제나 경계 앞에 있기 때문이다.

넷째는 지식(智識)이라고 하니 오염된 법과 맑은 법을 분별하기 때문이다.

다섯째는 상속식(相續識)이라고 하니 망념이 맞아떨어져 끊어지지 않기 때문이며, 과거에 헤아릴 수 없이 많은 세월 속에서 지은 좋은 업과 나쁜 업을 잃지 않게 하기 때문이며, 또 현재와 미래에 받을 괴로움과 즐거움의 과보를 어김없이 받게 하기 때문이다. 이것이 현재의 마음으로 하여금 이미 지나간 일을 문득 생각하게 하고, 미래의 일을 각성하지 못하고서 자기도 모르게 헛되이 걱정하게 하니, 이 때문에 삼계는 거짓으로서 오직 마음이 지을 뿐이다.

마음을 여의면 바깥의 여섯 가지 경계가 없다. 이 뜻은 무엇을 말하는가.

모든 법이 모두 마음에서 일어나 망념으로 생겼기에 모든 분별은 곧 자기 마음을 분별한다는 뜻이다. 그러나 마음은 마음을 보지 못하여 얻을 수 있는 어떤 모습도 없다.

마땅히 알아야 한다. 세간의 모든 경계는 모두 중생의 헛된 마음인 무명에 따라 머무를 수 있다. 이 때문에 모든 법은 거울 속의 그림자와 같아 얻을 수 있는 어떤 실체도 없으며 오직 헛된 망념일 뿐이다. 마음이 생기면 온갖 법이 생기고 마음이 사라지면 온갖 법이 사라지기 때문이다.

[논-34] 다음에 말한 의식이란 무엇인가. 곧 이 상속식(相續識)이 모든 범부들의 집착이 깊어짐으로 말미암아 '나'와 '내 것'이라고 헤아리는 온갖 헛된 집착으로 일어나는 일들을 따라 반연하여 여섯 가지 경계를 분별하는 것을 의식이라고 하며, 분리식이나 '경계를 분별하는 식(識)'이라고도 한다. 이 식(識)은 견애(見愛) 번뇌로 말미암아 번뇌를 더 늘어나게 한다는 뜻에 기대었기 때문이다.

[논-35] 무명 훈습에 따라 일어난 식(識)은 범부가 알 수 있는 것이 아니며, 또한 성문이나 연각의 지혜로 깨달을 바도 아니다. 이 식(識)은 보살이 처음 바른 믿음을 내고 관찰하는 수행에 따라 법신을 증득하면 조금이나마 알 수 있지만, 보살 구경지에서도 다 알 수 있는 것은 아니며 오직 부처님만 다 아시는 것이다. 왜냐하면 이 마음은 본디 자기 성품이 깨끗하고 맑더라도 무명이 있고, 무명에 오염되어 오염된 마음이 있기 때문이다. 그러나 오염된 마음이 있더라도 늘 그 성품은 변하지 않기 때문에 이 뜻은 오직 부처님만이 알 수 있다는 것이다.

[논-36] 말하자면 마음의 성품은 늘 망념이 없기에 불변이라고 한다.

[논-37] 하나의 법계를 다 알지 못하기 때문에 '주와 객으로 나누어지지 않은 마음'이지만, 문득 망념이 일어나니 이를 무명이라고 한다.

[논-38] 오염된 마음에는 여섯 종류가 있으니 무엇이 그 여섯인가.

첫 번째는 '집착으로서 주와 객으로 맞대응하는 오염된 마음'이니, 성문 연각의 해탈과 믿음이 맞아떨어지는 위치에 기대야 이 마음을 멀리 벗어나기 때문이다.

두 번째는 '끊임없이 주와 객으로 맞대응하는 오염된 마음'이니, 믿음이 맞아떨어지는 위치에 기대고 방편을 닦아 익혀야 차츰차츰 버릴 수 있는 것으로서 맑은 마음의 위치를 얻어야 마침내 이 마음을 벗어나기 때문이다.

세 번째는 '분별하는 지혜로서 주와 객으로 맞대응하는 오염된 마음'이니 절도 있는 아름다운 삶의 위치에 기대어 잘못된 삶을 차츰차츰 벗어나고 결정된 틀이 없는 방편을 쓰는 위치에 이르러서야 마침내 이 마음을 벗어나기 때문이다.

네 번째는 '드러난 모습으로서 주와 객으로 나누어지지 않은 오염된 마음'이니 '몸의 활동이 자재하여 거침새가 없는 위치'에 기대야 이 마음을 벗어날 수 있기 때문이다.

다섯 번째는 '능견(能見)으로서 주와 객으로 나누어지지 않은 오염된 마음'이니 마음이 자재한 위치에 기대야 이 마음을 벗어날 수 있기 때문이다.

여섯 번째는 '근본 업으로서 주와 객으로 나누어지지 않은 오염된 마음'이니 보살의 수행이 다 끝나는 경계에 기대어 여래의 경계에 들어가야 이 마음을 벗어날 수 있기 때문이다.

[논-39] 하나의 법계를 알지 못하는 이는 믿음이 맞아떨어지는 위치에서 자기 마음을 살피고 무명을 다스려서 끊는 법을 배워 맑은

마음의 경계에 들어가야 자기 능력에 따라 무명을 벗어날 수 있으며, 나아가 여래의 경계에 이르러서야 마침내 모든 무명을 벗어날 수 있기 때문이다.

[논-40] '주와 객으로 맞대응하는 마음'이라고 말한 뜻은 '마음[心王]'과 '마음의 작용[念法]'은 다르지만 오염된 법과 깨끗한 법의 차별에 따라 아는 모습과 연(緣)의 모습이 같기 때문이다.

'주와 객으로 나누어지지 않은 마음'이라고 말한 뜻은 마음 자체가 깨닫지 못하고 있는 것은 언제나 다름이 없지만 아는 모습과 연(緣)의 모습이 같지 않기 때문이다.

[논-41] 또 오염된 마음이란 뜻은 '번뇌 걸림돌'이라고 하니 진여의 근본지혜를 장애하기 때문이며, 무명이란 뜻은 '지혜 걸림돌'이라고 하니 세간에서 자연스럽게 활동하는 지혜를 장애하기 때문이다. 이 뜻은 무엇을 말하는가.

오염된 마음에 따라 능견(能見)과 능현(能現)이 헛되이 경계를 취하여 평등한 성품을 어기기 때문이며, 모든 법이 늘 고요하여 일어나는 모습이 없는데 무명으로 깨닫지 못한 채 헛되이 법과 어긋나므로 세간의 모든 경계를 따르는 온갖 앎을 얻을 수 없기 때문이다.

[논-42] 다시 생멸하는 모습을 분별하는 것에는 두 종류가 있으니 무엇이 그 둘인가. 첫째는 거친 모습이니 주와 객으로 맞대응하는 마음이기 때문이며, 둘째는 미세한 모습이니 주와 객으로 나누어지지 않은 마음이기 때문이다.

또 거친 가운데 거친 모습은 범부의 경계이고, 거친 가운데 미세한 모습과 미세한 가운데 거친 모습은 보살의 경계이며, 미세한 가운데 미세한 모습은 부처님의 경계이다.

[논-43] 이 두 종류의 생멸은 무명 훈습에 따라 있으니 이른바 인(因)에 기대고 연(緣)에 기댄다. 인(因)에 기댄다는 것은 불각의 뜻이기 때문이며, 연(緣)에 기댄다는 것은 헛되이 경계를 만드는 뜻이기 때문이다.

만약 인(因)이 없어지면 연(緣)이 없어지고, 인(因)이 없어지기에 '주와 객으로 나누어지지 않은 마음'이 없어지며, 연(緣)이 없어지기에 '주와 객으로 맞대응하는 마음'이 없어진다.

물음 : 마음이 없어지는 것이라면 어떻게 그 마음을 이어가며, 이어가는 마음이라면 마침내 없어진다고 어떻게 말할 수 있습니까.

대답 : 없어진다는 것은 오직 생멸하는 마음의 모습만 없어지지 마음의 바탕이 없어지는 것이 아니다. 마치 바람이 물에 따라 움직이는 모습이 있는 것과 같다. 만약 물이 없어진다면 바람의 모습도 끊어져 기댈 것이 없겠지만 물은 없어지지 않기에 바람의 모습은 이어진다. 오직 바람만 사라지기에 움직이는 모습이 따라서 없어져도 물은 없어지지를 않는다. 무명도 그러하여 마음의 바탕에 따라 움직인다. 만약 마음의 바탕이 없어진다면 중생 자체도 사라져 기댈 것이 없겠지만 마음의 바탕은 불멸이기에 그 마음은 이어갈 수 있다. 오직 어리석음만 없어지기에 생멸하는 마음의 모습이 따라서 없어지나 참마음의 지혜는 없어지는 것이 아니다.

[논-44] 다시 네 가지 법이 훈습하는 뜻이 있기에 오염된 법과 깨끗한 법이 끊어지지 않고 일어난다. 무엇이 그 넷인가. 첫째는 깨끗한

법이니 진여라고 하고, 둘째는 오염된 모든 법의 인(因)이니 무명이라고 하며, 셋째는 헛된 마음이니 업식(業識)이라고 하고, 넷째는 헛된 경계이니 여섯 가지 경계를 말한다.

[논-45] 훈습의 뜻은 무엇인가. 마치 세간의 옷에는 실제 향기가 없지만 사람이 향으로 훈습하기에 향기가 있는 것과 같다. 이 훈습의 뜻도 이와 같다. 진여라는 깨끗한 법은 실제 오염된 것이 없으나 다만 무명으로 훈습하기에 오염된 모습이 있고, 무명이라는 오염된 법은 실제 맑은 업이 없으나 다만 진여로 훈습하기에 맑은 작용이 있다.

[논-46] 어떻게 훈습하기에 오염된 법을 일으키는 것이 끊어지질 않는가. 이른바 진여라는 법에 따라 무명이 있고, 무명이라는 오염된 법의 인(因)이 있기에 진여를 훈습한다. 진여를 훈습하기에 곧 헛된 마음이 있고, 헛된 마음이 있기에 곧 무명을 훈습하여 진여라는 법을 알지 못하기 때문에 깨닫지 못한 상태로 헛된 생각이 일어나 헛된 경계를 나타낸다. 헛된 경계인 오염된 법의 연(緣)이 있기에 곧 헛된 마음을 훈습하고 그 헛된 생각으로 집착하여 모든 업을 짓게 하므로 몸과 마음에 있는 온갖 괴로움 같은 것을 받는다.

이 헛된 경계가 훈습하는 뜻에는 곧 두 가지가 있으니 무엇이 그 둘인가. 하나는 증장념(增長念) 훈습이고 또 하나는 증장취(增長取) 훈습이다.

헛된 마음이 훈습하는 뜻에는 두 가지가 있으니 무엇이 그 둘인가. 하나는 '업식 근본 훈습'이니 아라한과 벽지불과 보살들에게 모두 생멸하는 괴로움을 받게 하기 때문이며, 또 하나는 '경계를 분별하는 식(識)을 더 늘어나게 하는 훈습'이니 범부에게 업에 얽힌 괴로움을 받게 하기 때문이다.

무명이 훈습하는 뜻에 두 가지가 있으니 무엇이 그 둘인가. 하나는 근본 훈습이니 업식을 이루게 하는 뜻이기 때문이며, 또 하나는 일어난 견혹(見惑)과 애혹(愛惑)이 훈습하니 경계를 분별하는 식(識)을 이루게 하는 뜻이기 때문이다.

[논-47] 어떻게 훈습하기에 깨끗한 법을 일으키는 것이 끊어지질 않는가. 이른바 진여라는 법이 있기에 무명을 훈습할 수 있다는 것이다. 무명을 훈습하는 인연의 힘으로 헛된 마음이 삶과 죽음에 있는 괴로움을 싫어하고 열반 찾기를 좋아하게 된 것이다.

이 헛된 마음이 삶과 죽음에 있는 괴로움을 싫어하고 열반 찾기를 좋아하는 인연이 있기에 곧 진여를 훈습하여 스스로 자기 성품을 믿고, 중생의 마음은 헛되이 움직인 것으로서 다른 경계가 없다는 사실을 알기에 헛된 마음을 멀리 벗어나는 법을 닦는 것이다.

다른 경계가 없음을 여실히 알기에 온갖 방편으로 깨달음을 이루는 수행을 일으켜 집착하지도 않고 생각하지도 않는 수행을 오랫동안 훈습한 힘 때문에 무명이 없어진다.

무명이 없어지기에 마음이 일어남이 없고, 마음이 일어남이 없기에 경계가 따라서 없어진다. 인(因)과 연(緣)이 모두 없어지기에 마음의 모습이 다 사라지니 열반을 얻어 자연스럽게 활동하는 업을 이루었다고 한다.

[논-48] 헛된 마음이 훈습하는 뜻에는 두 가지가 있으니 무엇이 그 둘인가.

하나는 경계를 분별하는 식(識)의 훈습이니, 모든 범부와 성문 연각이 삶과 죽음에 있는 괴로움을 싫어하는 마음에 따라 힘이 닿는 대로 최고의 도를 향하여 차츰차츰 나아가기 때문이다.

또 하나는 의(意) 훈습이니, 모든 보살이 도 닦을 마음을 내어 용맹스럽고 빠르게 열반에 나아가는 것을 말하기 때문이다.

[논-49] 진여 훈습의 뜻에는 두 가지가 있으니 무엇이 그 둘인가. 하나는 자체 모습의 훈습이며, 또 하나는 용(用)의 훈습이다. 자체 모습의 훈습이란 시작이 없는 때부터 무루법을 갖추고 '생각할 수 없는 놀라운 진여의 활동'을 준비하여 경계를 만드는 성품이다.

이 두 가지 뜻이 늘 훈습하는 것에 따라 힘이 있기 때문에 중생들이 삶과 죽음에 있는 괴로움을 싫어하고 열반 찾기를 즐기며, 스스로 자기 몸에 진여라는 법이 있다는 사실을 믿고 도 닦을 마음을 내어 수행하는 것이다.

물음 : 이런 뜻이라면 모든 중생에게 진여가 있기에 똑같이 훈습할 것인데 어찌 믿음이 있고 없는 것과 같은 많은 차별이 있습니까. 모두가 한꺼번에 스스로 진여라는 법이 있다는 것을 알고 부지런히 방편을 닦아 똑같이 열반에 들어가야 하지 않겠습니까.

대답 : 진여는 본디 하나이지만 헤아릴 수 없이 많은 무명이 있기에 본디부터 자기 성품의 차별이 두텁거나 엷어서 같지 않기 때문이다. 갠지스강 모래알 수보다 더 많은 근본번뇌가 무명에 따라 차별을 일으키고, 아견(我見)과 애염(愛染) 번뇌가 무명에 따라 차별을 일으킨다. 이와 같이 모든 번뇌는 무명에 따라 앞뒤 헤아릴 수 없이 많은 차별을 일으키는 것이니 오직 여래만이 이를 알 수 있다.

또 모든 부처님의 법을 이룩하는 데는 인(因)이 있고 연(緣)이 있으니 인연을 갖추어야 이룩할 수 있다. 이는 마치 나무 가운데 있는 불의 성품이 불을 일으키는 근본 원인이지만 사람들이 알지 못하여 불 놓는 방편을 빌리지 못한다면 스스로 나무를 태울 수 없는 것과 같다. 중생도 그러하니 비록 열반을 이루게 하는 근본 원인이 훈습하는 힘이 있더라도 부처님과 보살과 선지식 모두를 만나 그 분들로 연(緣)을 삼지 않는다면 스스로 번뇌를 끊고 열반에 들어갈 수 없는 것이다.

만약 바깥 연(緣)의 힘이 있더라도 안의 깨끗한 법이 훈습하는 힘이 아직 없는 이라면 끝내는 삶과 죽음에 있는 괴로움을 싫어하고 열반 찾기를 즐겨할 수 없는 것이다. 만약 인(因)과 연(緣)을 다 갖춘다면 이른바 스스로 훈습하는 힘이 있고, 또 모든 부처님과 보살들의 자비와 원력과 지켜주는 힘 때문에 삶과 죽음에 있는 괴로움을 싫어하는 마음을 일으키고 열반이 있는 것을 믿기에 마음의 좋은 뿌리를 닦아서 익힌다. 마음의 좋은 뿌리를 닦아서 익힌 힘이 무르익었기에 곧 모든 부처님과 보살들의 가르침을 만나 기뻐하고 열반의 도를 향해 나아갈 수 있는 것이다.

[논-50] 용(用) 훈습이란 곧 중생의 바깥 인연이 주는 힘이다. 이와 같은 바깥 인연은 헤아릴 수 없이 많은 이치가 있지만 간단히 말하면 두 가지가 있으니 무엇이 그 둘인가. 하나는 차별 인연이고 또 하나는 평등 인연이다.

차별 인연이란 공부하는 사람이 모든 부처님과 보살들께 기대어 처음 공부할 마음을 내 도를 찾기 시작할 때부터 부처님의 경지를 얻을 때까지, 그 가운데 보거나 생각하는 것이 부처님과 보살들이 모두 권속이 되기도 하고 부모나 친척이 되기도 하며, 또는 심부름꾼이나 아는 친구나 원수가 되기도 하며, 또는 보시·애어(愛語)·이행(利行)·동사섭(同事攝)을 일으키기도 하며, 나아가 하는 일마다 헤아릴 수 없이 많은 모든 보살행의 인연이 된다. 이와 같이 불보살님께서 일으키는 자비로운 큰마음을 가지고 훈습하는 힘으로 중생들의 좋은 마음의 뿌리가 더 늘어나게 되어 보는 이나 듣는 이가 이익을 얻을 수 있는 것이다.

이 차별 인연에는 두 가지가 있으니 무엇이 그 둘인가. 하나는 가까운 인연이니 빠르게 도를 얻기 때문이며, 또 하나는 먼 인연이니 오랜 시간이 지나야 도를 얻기 때문이다. 가까운 인연과 먼 인연을 분별하면 다시 두 가지가 있으니 무엇이 그 둘인가. 하나는 '보살행을 더 늘어나게 하는 인연'이며, 또 하나는 '불도를 받아들이게 하는 인연'이다.

평등 인연이란 모든 부처님과 보살들이 원력으로 중생들을 모두 괴로움에서 건지고자 자연스럽게 이들을 훈습하여 언제나 버리지 않는 인연이다. '중생들이 불보살과 같은 바탕이라고 아는 데서 나오는 힘'이기에 중생들이 보고 듣는 것에 감응하여 자연스럽게 그 활동을 나타내니, 이른바 중생들이 삼매 속에 들어가야 모든 부처님을 평등하게 볼 수 있기 때문이다.

[논-51] 이 체(體)와 용(用)의 훈습을 분별하면 다시 두 가지가 있으니 무엇이 그 둘인가.

하나는 아직 맞아떨어지지 않은 훈습이니, 범부와 이승과 처음 도 닦을 마음을 낸 보살들이 의(意)와 의식의 훈습으로 믿음의 힘에 기대기에 수행할 수는 있으나 아직 분별이 없는 마음이 체(體)와 맞아떨어지는 것을 얻지 못했기 때문이며, 아직 자재한 업의 수행이 용(用)과 맞아떨어지는 것을 얻지 못했기 때문이다.

또 하나는 이미 맞아떨어지는 훈습이니, 법신 보살이 분별이 없는 마음을 얻었기에 모든 부처님의 지혜와 용(用)과 맞아떨어지는 것을 말한다. 오직 법력에 따르고 자연스럽게 수행하여 진여를 훈습하고 무명을 없애기 때문이다.

[논-52] 또 오염된 법은 시작이 없는 때부터 훈습하여 끊어지질 않다가 부처님이 되고 난 뒤에 끊어진다. 그러나 깨끗한 법의 훈습은 미래 세상이 다하도록 끊어짐이 없으니 이 뜻은 무엇을 말하는가. 진여라는 법이 늘 훈습하기 때문이다. 헛된 마음이 없어지면 법신이 드러나 용(用)의 훈습을 일으키니 그러므로 끊어짐이 없다.

[논-53] 또 진여 자체의 모습이란 범부·성문·연각·보살·부처님 모두에게 더 보태거나 뺄 것이 없다는 것이다. 과거에 생긴 것도 아니요 미래에 없어질 것도 아니다. 끝내는 언제나 변함이 없이 본디부터 그 성품이 스스로 모든 공덕을 가득 채우고 있는 것이다.

이른바 자체에 큰 지혜 광명의 뜻이 있기 때문이며, 법계를 두루 비추는 뜻이 있기 때문이며, 진실하게 아는 뜻이 있기 때문이며, 자기 성품에 깨끗하고 맑은 마음의 뜻이 있기 때문이며, 상(常)·락(樂)·아(我)·정(淨)의 뜻이 있기 때문이며, 시원하고 변하지 않는 자유로움의 뜻 곧 모든 번뇌의 속박에서 벗어난 열반이 있기 때문이다.

이처럼 갠지스강 모래알 수보다 더 많은 불리(不離)·부단(不斷)·불이(不異)·생각할 수 없는 놀라운 부처님의 법을 다 갖추고, 나아가 만족하여 조금도 모자란 뜻이 없기에 여래장이라고 하며 또한 여래 법신이라고도 한다.

물음 : 위에서 진여 그 바탕은 평등하여 모든 모습을 벗어났다고 말했는데, 어찌 다시 진여 바탕에 이처럼 온갖 공덕이 있다고 말씀하십니까.

대답 : 실로 이 모든 공덕의 뜻이 있더라도 차별이 없는 모습이기에 똑같은 한 맛으로서 오직 하나의 진여일 뿐이다.
이 뜻은 무엇을 말하는가. 분별이 없는 것으로 분별된 모습을 벗어났기 때문에 다를 것이 없다.
다시 무슨 뜻으로 차별을 말할 수 있는가. 업식에 따라 생멸하는 모습이 보이기 때문이다.
이것이 어떻게 보이는가. 모든 법이 본디 오직 마음뿐이기에 실로 망념이 없는 것이나, 헛된 마음이 있어 깨닫지 못한 상태로 헛된 생각을 일으켜 모든 경계를 보기에 무명이라고 말한다. 마음의 성품이 헛된 생각을 일으키지 않는 것이 곧 큰 지혜 광명의 뜻이기 때문이다. 마음이 보는 것을 일으키면 보이지 않는 모습도 있게 되나, 마음의 성품이 보는 것을 떠나면 곧 법계를 두루 비추는 뜻이기 때문이다.
마음에 움직임이 있으면 참으로 아는 것이 아니다. 자기의 성품이 없어 상(常)도 아니고 낙(樂)도 아니며 아(我)도 아니고 정(淨)도 아니다.
뜨거운 고뇌로 쓰러지고 변화하면 자유롭지 않으며, 나아가 갠지스강 모래알 수만큼 많은 헛되이 오염된 뜻을 갖추게 된다.
이 뜻을 상대하기에 마음의 성품이 움직임이 없으면 갠지스강 모래알 수보다 더 많은 모든 맑은 공덕의 모습이 드러난다고 말했다. 마음이 일어나는 것이 있고 다시 앞의 법을 보고 생각한다는 것은 공부가 모자라나, 이처럼 깨끗한 법의 헤아릴 수 없이 많은 공덕은 곧 한마음이니 다시 생각할 것이 없기에 만족하여 법신 여래장이라고 한다.

[논-54] 또 진여의 용(用)이란 이른바 모든 부처님이 본디 인지(因地)에서 자비로운 큰마음을 일으키고, 모든 바라밀을 닦아 중생을 거두어 교화하며, 크나큰 서원을 세우고 중생계를 다 건져 해탈시키려고 하는 것이다. 또한 세월을 한정하지 않고 미래 세상이 다하도록 모든 중생을 자기 몸처럼 취하기에 중생이라는 모습을 취하지 않는다. 이 말은 무슨 뜻인가.

모든 중생과 자기 몸이 진여로서 평등하여 다를 게 없음을 실답게 아는 것을 말하기 때문이다. 이와 같은 큰 방편으로 쓰는 지혜가 있기에 무명을 없애고 본디 법신을 보니 자연히 생각할 수 없는 놀라운 진여의 활동으로 나타나는 온갖 작용이 있다. 곧 진여와 평등하여 모든 곳에 두루하고 또한 얻을 수 있는 용(用)의 모습도 없다. 무엇 때문인가.

모든 부처님은 오직 법신의 지혜에 있는 몸이며 최고의 진리일 뿐 세간의 이치로서 경계가 없기에 베풀고 만드는 헛된 조작을 벗어났기 때문이다. 다만 중생이 보고 듣는 것을 따라 이익을 얻기에 용(用)이라고 말할 뿐이다.

[논-55] 이 용(用)에는 두 가지가 있으니 무엇이 그 둘인가.

하나는 경계를 분별하는 식(識)에 기대어 범부와 이승이 본 것을 응신이라고 한 것이다. 전식(轉識)이 나타난 사실을 알지 못하기에 밖에서 왔다고 보고 한정된 색에 집착하여 진실을 다 알 수 없기 때문이다.

또 하나는 업식에 기대어 모든 보살이 처음 도 닦을 마음을 내는 것에서부터 보살의 마지막 수행단계까지에서 본 것을 보신이라고 한 것이다. 보신에 헤아릴 수 없이 많은 색이 있고, 그 색에 헤아릴 수 없이 많은 모습이 있으며, 그 모습에 헤아릴 수 없이 많은 좋은 것들이 있다. 머물고 기대는 과보도 또한 헤아릴 수 없이 많은 온갖 장엄이 있고, 어떤 곳에도 나타나니 곧 그 끝이 없고 다함이 없기에 한정된 모습을 벗어난다. 그 감응한 곳을 따라 늘 머무를 수 있기에 망가지거나 잃어버릴 것이 없다. 이와 같은 공덕이 모두 모든 바라밀과 번뇌 없는 보살행의 훈습과 '생각할 수 없는 놀라운 훈습'으로 이루어져 헤아릴 수 없이 많은 즐거운 모습을 다 갖추었으므로 보신이 된다고 말한다.

또 범부가 본 것은 거친 색이니 여섯 갈래 중생의 나쁜 길을 따라 저마다 보는 게 달라 온갖 유형으로 즐거운 모습을 받는 것이 아니기에 응신이 된다고 한다.

다시 처음 도 닦을 마음을 낸 보살들이 본 것은 진여라는 법을 깊이 믿기에 조금이나마 보신을 보는 것이다. 그 색의 모습과 장엄 따위의 일들은 오고감이 없으며 분별할 수 있는 한정된 모습을 떠나 오직 마음에 따라 나타날 뿐 진여를 떠나지 않았다는 사실을 안다. 그러나 이 보살은 아직 스스로가 분별하고 있으니, 이는 법신의 위치에 들어가지 않았기 때문이다.

만약 맑은 마음을 얻는다면 보는 바가 미묘하며 그 작용이 차츰차츰 뛰어나다가 보살의 수행단계가 다 끝나면 보는 경계가 다할 것이다. 업식을 벗어나면 보는 모습이 없다. 왜냐하면 모든 부처님의 법신은 서로가 색의 모습으로 서로 보이는 일이 없기 때문이다.

물음 : 부처님의 법신이 모두 색으로 나타나는 모습을 벗어났다면 어떻게 색으로 나타나는 모습을 나타낼 수 있습니까.

대답 : 이 법신 자체가 색의 바탕이기에 색을 나타낼 수 있다. 말하자면 본디부터 색과 마음은 둘이 아니다. 색의 성품이 곧 지혜이기에 색의 바탕에 형체가 없는 것을 지혜의 몸이라고 한다. 지혜의 성품이 곧 색이기에 법신이 모든 곳에 두루한다고 한다. 나타난 색은 분별할 수 있는 한정된 형태가 없다. 마음대로 시방세계의 헤아릴 수 없이 많은 보살과 보신과 장엄들이 저마다 차별된 모습을 보일 수 있지만, 모두 분별할 수 있는 한정된 형태가 없으므로 서로 방해하지 않는다. 이는 마음이 분별하여 알 수 있는 것이 아니니 진여의 자유자재한 용(用)을 뜻하기 때문이다.

[논-56] 다시 생멸의 길에서 진여의 길로 들어가는 내용을 드러낸다. 이른바 오음(五陰)에 있는 색과 마음을 추구해 보면, 육진 경계는 끝내 헛된 생각이 없고 마음은 모습이 없기에 아무리 찾아도 결국 얻을 수 없다. 마치 사람이 헤매기 때문에 동쪽을 서쪽이라고 하나 방향은 실로 바뀌지 않듯, 중생도 그러하여 무명의 어리석음으로 마음을 헛된 생각이라고 해도 마음은 실로 움직인 것이 아니다. 만약 관찰하여 마음에 헛된 생각이 없다는 사실을 알면 곧 수순하여 진여의 길로 들어가기 때문이다.

[논-57] 삿된 집착을 다스린다는 것은 무엇을 말하는가. 삿된 집착이 모두 다 아견(我見)이니 '나'를 여읜다면 삿된 집착이 없다는 것이다. 이 아견에는 두 가지가 있다.

[논-58] 무엇이 그 둘인가. 하나는 '변하지 않는 하나의 주재자로서 내가 존재한다는 견해'이고 다른 하나는 '모든 법에 실체가 있다는 견해'이다.

[논-59] '변하지 않는 하나의 주재자로서 내가 존재한다는 견해'

란 모든 범부에 기대어 말한 것이니 다섯 가지가 있다. 무엇이 그 다섯인가.

첫째는 경에서 "여래 법신은 마침내 적막하여 허공 같다."고 한 말을 듣고, 이 말이 집착을 깨뜨리기 위한 방편인 줄 알지 못하기에 곧 허공이 여래의 성품이라고 말하는 것이다.

이를 어떻게 상대하여 다스릴 것인가. 허공의 모습은 헛된 법이니, 그 바탕이 없어 실답지 않다는 것을 밝혀야 한다. 색을 상대하기에 볼 수 있는 모습이 있어 마음이 생멸하게 하지만 모든 색법이 본디 마음이기에 실로 바깥의 색은 없다. 바깥의 색이 없다면 허공의 모습도 없다. 이른바 모든 경계는 오직 마음이 헛되이 일으키기에 있는 것이니, 마음이 헛된 움직임을 벗어나면 모든 경계는 사라진다. 오직 하나의 참마음만이 어떤 곳에서도 두루하지 않은 데가 없다. 이는 여래의 크고 넓은 성품 지혜의 가장 뛰어난 뜻을 말하니, 허공과 같은 모습이 아니기 때문이다.

둘째는 경에서 "세간의 모든 법이 끝내 그 바탕이 공(空)이고, 열반과 진여라는 법도 끝내 공(空)이며, 본디부터 스스로 공(空)이어서 모든 모습을 벗어났다."고 한 말을 듣고, 이 말이 집착을 깨뜨리기 위한 방편인 줄 모르기에 곧 진여와 열반의 성품은 오직 공(空)일 뿐이라고 말하는 것이다.

이를 어떻게 상대하여 다스릴 것인가. 진여에 있는 법신 자체가 불공(不空)이라는 사실을 밝혀야 하니, 여래의 성품에서 나오는 헤아릴 수 없이 많은 공덕을 다 갖추었기 때문이다.

셋째는 경에서 "여래장은 늘어나고 줄어드는 것이 없이 그 바탕에 모든 공덕의 법을 갖추었다."고 한 말을 듣고, 그 뜻을 이해하지 못하므로 곧 여래장에 색과 마음의 법이 있으므로 근본성품이 차별이 있다고 말하는 것이다.

이것을 어떻게 상대하여 다스릴 것인가. 오직 진여의 뜻만 기대어 말할 뿐이니, 생멸의 오염된 뜻이 나타남에 따라 차별을 말하기 때문이다.

넷째는 경에서 "모든 세간의 삶과 죽음으로 대두된 오염된 법이 모두 여래장에 기대어 있기에 모든 법이 진여를 여의지 않았다."고 한 말을 듣고 이해하지 못하기에, 여래장 자체에 모든 세간의 삶과 죽음과 같은 법을 다 갖추고 있다고 말하는 것이다.

이것을 어떻게 상대하여 다스릴 것인가. 여래장은 본디부터 오직 갠지스강 모래알보다 더 많은 깨끗한 공덕만 있어 진여의 뜻을 여의지도 않고 끊어지지도 않고 다르지도 않기에, 갠지스강 모래알보다 더 많은 번뇌인 오염된 법은 오직 헛되이 있을 뿐 그 성품 자체가 본디 없어 시작이 없는 때부터 일찍이 여래장과 서로 붙어 어울린 적이 없기 때문이다. 만약 여래장 자체에 헛된 법이 있다면 이것을 증득하여 영원히 헛된 법을 없앤다는 것은 옳지 않기 때문이다.

다섯째는 경에서 "여래장에 기대기에 삶과 죽음이 있고, 여래장에 기대기에 열반을 얻는다."고 한 말을 듣고, 이해하지 못하므로 "중생은 시작이 있다."고 하고, 시작이 있다고 생각하므로 또 "여래가 얻은 열반은 그 끝이 있어 다시 중생이 된다."고 말하는 것이다.

이것을 어떻게 상대하여 다스릴 것인가. 여래장은 과거에 시작인 어떤 시점도 없기에 무명의 모습도 시작이 없다. 만약 삼계 밖에 다시 중생이 시작되는 것이 있다고 한다면 곧 외도의 경에서 말한 것이다. 또 여래장은 미래의 끝인 어떤 시점도 없으니 모든 부처님이 얻은 열반도 이와 맞서 미래의 끝인 어떤 시점도 없기 때문이다.

[논-60] '모든 법에 실체가 있다는 견해'란 무엇인가. 이승의 아둔한 근기에 기대기에 여래께서는 다만 "변하지 않는 하나의 주재자로서 내가 존재하지 않는다."고만 말할 뿐이다. 그러나 말한 내용이 가장 뛰어난 법이 아니기에 이승은 오음에 생멸이 있다고 보고 삶과 죽음을 두려워하여 헛되이 열반을 취한다.

이것을 어떻게 상대하여 다스릴 것인가. 오음의 법에 자기 성품은 생겨나지 않으므로 없앨 것이 없으니, 본디 열반이기 때문이다.

[논-61] 또 마침내 헛된 집착을 벗어난다는 것은 무엇을 말하는가. 오염된 법과 깨끗한 법은 서로 맞서 기댐으로 있게 되는 것으로서 말할 만한 근본성품이 없다는 사실을 으레 아는 것이다. 이 때문에 모든 법은 본디부터 물질도 아니요 마음도 아니며, 지혜도 아니요 알음알이도 아니며, 있는 것도 아니요 없는 것도 아니어서 끝내 말할 수 있는 모습이 아니다.

그런데도 말이 있게 된 것은 무엇을 말하는가. 으레 알아야 한다. 여래께서는 훌륭한 방편으로 임시 말로써 중생을 이끌고 있는 것이다. 그 취지는 모두 헛된 생각을 떠나 진여에 돌아가기 위한 것이다. 모든 법을 생각함으로써 마음이 생멸하게 되면 참된 지혜에 들어가지 못하기 때문이다.

[논-62] '도 닦을 마음을 내어 공부하는 모습을 분별'한다는 것은 모든 부처님께서 증득한 도를 모든 보살이 도 닦을 마음을 내어

수행해 나간다는 뜻을 말하는 것이다.

[논-63] 간단히 도 닦을 마음 내는 것을 말하면 세 가지가 있으니 무엇이 그 셋인가. 첫째는 '믿음을 이룩하여 도 닦을 마음을 내는 것'이고, 둘째는 '알고 행하면서 도 닦을 마음을 내는 것'이며, 셋째는 '증득하여 도 닦을 마음을 내는 것'이다.

[논-64] '믿음을 이룩하여 도 닦을 마음을 낸다.'는 건 무엇을 말하는가. 어떤 사람에게 기대고 어떤 행을 닦아 믿음을 이룩해야 도 닦을 마음을 낼 수 있는가.

이른바 '어떤 길로 갈지 결정되지 않은 중생'이 마음의 좋은 뿌리를 훈습한 힘이 있는 것에 기대기에 업의 과보를 믿고 열 가지 좋은 행을 일으켜, 삶과 죽음에 있는 괴로움을 싫어하고 깨달음을 구하고자 모든 부처님을 만나 몸소 공양하고 믿음을 수행하며 일만 겁을 지나 믿음을 이룩하는 것을 말한다.

모든 부처님과 보살들이 그들을 가르쳐 도 닦을 마음을 내게 하며, 때로는 자비로운 큰마음의 힘으로 말미암아 스스로 도 닦을 마음을 내며, 때로는 바른 법이 멸하려고 할 때 법을 보호하고자 하는 인연으로 도 닦을 마음을 내는 것들이다.

이처럼 믿음을 이룩하여 도 닦을 마음을 낸 사람들은 반드시 도를 이루게 할 길로 들어가 끝내 도 닦는 공부에서 물러나지를 않으니, 이를 여래의 씨앗 가운데 머물러 바른 인(因)과 맞아떨어진다고 한다.

만약 어떤 중생이 마음의 좋은 뿌리가 적다면, 아득히 먼 옛날부터 번뇌가 매우 두텁기에, 부처님을 만나 공양하더라도 하늘의 신이나 인간의 씨앗을 일으키며 또는 이승의 씨앗을 일으킨다. 설사 대승을 찾는 사람이 있더라도 근기가 일정하지 않으므로 어떤 때는 공부에 나아가고 어떤 때는 공부에서 물러난다.

때로는 모든 부처님을 공양하고 아직 일만 겁이 지나지 않았어도 그 가운데 좋은 인연을 만나기에 또한 도 닦을 마음을 내기도 한다. 이른바 부처님의 겉모습을 보고 도 닦을 마음을 일으키며, 때로는 많은 스님들을 공양하므로 도 닦을 마음을 일으키며, 때로는 이승의 가르침으로 도 닦을 마음을 일으키며, 때로는 다른 사람에게 배워 도 닦을 마음을 일으키는 것이다.

이와 같이 도 닦을 마음을 낸 것은 아직은 모두 굳은 마음들이 아니므로 나쁜 인연을 만나면 때로는 도에서 물러나 이승의 위치에 떨어지게 된다.

[논-65] 다시 믿음을 이룩하여 도 닦을 마음을 낸다는 것은 어떤 마음을 내는 것인가. 간단히 말하면 세 가지가 있으니 무엇이 그 셋인가.

첫째는 곧은 마음이니 바로 진여라는 법을 생각하기 때문이요, 둘째는 깊은 마음이니 좋은 모든 행을 즐겨하기 때문이요, 셋째는 자비로운 큰마음이니 중생의 모든 괴로움을 없애려고 하기 때문이다.

물음 : 위에서 법계는 하나의 모습이며 부처님의 바탕에 둘이 없다고 말했는데, 무슨 까닭에 오직 진여만 생각하지 않고 다시 온갖 좋은 행을 찾아 배워야만 합니까.

대답 : 비유하면 큰 여의주의 바탕이 맑고 깨끗하나 잘 다듬어지지 않은 것과 같다. 사람들이 여의주의 성품을 생각하더라도 온갖 기술로 갈고 다듬지 않는다면 끝내 깨끗해질 수 없는 것이다. 이와 같이 중생의 진여라는 법도 그 바탕이 텅 빈 듯 깨끗하나 헤아릴 수 없이 많은 번뇌가 있다. 사람들이 진여를 생각하더라도 온갖 방편으로 그 진여를 닦아 익히지 않는다면 또한 깨끗해질 수 없는 것이다. 헤아릴 수 없이 많은 번뇌가 모든 법에 두루하기에 좋은 행을 모두 닦아 이 힘으로 번뇌를 다스려야 하기 때문이다. 사람들이 좋은 모든 법을 수행하면 저절로 진여라는 법을 따르기 때문이다.

간단히 방편을 말하자면 네 가지가 있으니 무엇이 그 넷인가.

첫째는 '근본을 행하는 방편'이다. 이는 모든 법의 자기 성품이 생겨나는 것이 없다는 사실을 보고 헛된 견해를 벗어나 삶과 죽음에 머물지 않으며, 모든 법은 인연의 어울림으로 업과(業果)를 잃지 않는다는 사실을 보고 자비로운 큰마음을 일으켜서 모든 복덕을 닦아 중생을 거두고 교화하며 열반에 머물지 않는 것을 말한다. 이는 법의 성품에 수순하여 머무름이 없기 때문이다.

둘째는 '허물을 멈출 수 있는 방편'이다. 이는 자기 허물을 뉘우치고 부끄러워하여 나쁜 모든 법을 멈추고 더 키우지 않는 것을 말한다. 이는 법의 성품에 수순하여 모든 허물을 벗어나기 때문이다.

셋째는 '마음의 좋은 뿌리를 일으켜 늘리는 방편'이다. 이는 부지런히 삼보를 공양·예배·찬탄·기뻐하며 모든 부처님에게 법을 말씀하시기를 청하는 것이니, 삼보를 아끼고 공경하는 순수한 마음 때문에 믿음이 커져 무상도(無上道)를 구하려고 하며 또 불·법·승 삼보의 힘이 보호하기 때문에 업장을 녹여 마음의 좋은 뿌리에서 물러날 수 없는 것을 말한다. 이는 법의 성품에 수순하여 어리석음을 벗어나기 때문이다.

넷째는 '큰 원력의 평등한 방편'이다. 말하자면 미래 세상이 다하도록 모든 중생을 교화하여 빠짐없이 모두 무여열반을 얻게 발원하는 것이다. 이는 법의 성품에 수순하여 단절될 것이 없기 때문이다. 법의 성품이 크고 넓어 모든 중생에게 두루하고 평등하여 다를 것이 없어 나와 남의 경계를 생각하지 않는 가장 뛰어난 적멸이기 때문이다.

[논-66] 보살이 이 마음을 내기에 조금이나마 법신을 볼 수 있고, 법신을 보기에 그 원력대로 중생을 이롭게 하는 여덟 가지 모습을 나타낼 수 있다.

이른바 도솔천에서 내려와 모태에 들어가 머물다, 모태에서 나와 출가하여 도를 이루고, 법을 설파하다가 열반에 들어가는 모습이다.

그러나 이 보살을 법신이라고 하지 않는 것은, 과거 헤아릴 수 없이 많은 세월 속의 유루업을 아직 끊어버릴 수 없으므로, 태어난 곳에서 미세한 괴로움과 서로 붙어 어울리기 때문이다.

이는 또한 업에 얽힌 괴로움은 아니니 큰 원력의 자유자재한 힘이 있기 때문이다. 이는 경에서 때로는 "방편으로 나쁜 길로 물러나 있음은 진실로 공부에서 물러난 것이 아니다."고 말하는 내용과 같으니, 그 뜻은 다만 처음 도를 배우는 보살로서 아직 바른 위치에 들지 못하고 게으른 자들이 두려워하기에 그들에게 용맹심을 내게 하기 위한 것이다. 또 이 보살은 도 닦을 마음을 한번 낸 뒤에는 두려운 마음을 멀리 벗어나 마침내 이승의 경계에 떨어지는 것을 두려워하지 않고, 헤아릴 수 없이 많은 세월 동안 어려운 공부를 부지런히 해야 열반을 얻는다는 소리들 듣고도 약해지거나 두려워하지를 않는다. 이는 모든 법이 본디 열반임을 믿고 알기 때문이다.

[논-67] '알고 행하면서 도 닦을 마음을 내는 것'이란 무엇을 말하는가. 이는 수행하는 보살이 '보살이 닦아야 할 열 가지 행'을 완성하고 '보살이 닦아야 할 열 가지 회향'하는 마음을 내는 것으로서, '믿음을 이룩하여 도 닦을 마음을 내는 것'보다 경계가 더욱 뛰어나다는 사실을 알아야 한다.

이 보살은 처음 바른 믿음에서 첫 번째 아승지겁을 거쳐 수행이 오롯해지려고 하기에 진여법의 진실에 대해 깊은 이해가 드러나 닦는 수행이 생멸 변화하는 겉모습을 벗어난다.

그리하여 법의 성품에 있는 바탕은 인색하거나 탐욕이 없다는 사실을 알기에 이에 수순하여 보시바라밀을 수행하고,
법의 성품에 있는 바탕은 오염될 것이 없어 오욕의 허물을 떠난 줄 알기에 이에 수순하여 지계바라밀을 수행하며,
법의 성품에 있는 바탕은 괴로움이 없어 성내거나 번거로움을 벗어난 줄 알기에 이에 수순하여 인욕바라밀을 수행하고,
법의 성품에 있는 바탕은 몸과 마음의 모습이 없어 게으름을 벗어난 줄 알기에 이에 수순하여 정진바라밀을 수행하며,
법의 성품에 있는 바탕은 늘 안정되어 그 바탕에 어지러움이 없는 줄 알기에 이에 수순하여 선정바라밀을 수행하고,
법의 성품에 있는 바탕은 밝아 무명을 여읜 줄 알기에 이에 수순하여 반야바라밀을 수행한다.

[논-68] '증득하여 도 닦을 마음을 내는 것'은 무엇을 말하는가. 정

심지(淨心地)에서 보살의 구경지(究竟地)까지 무슨 경계를 증득한 것인가. 이른바 진여이다.

전식(轉識)으로 말미암아 경계를 말하지만 깨달음은 경계가 없고 오직 진여에 있는 지혜뿐이므로 법신이라고 한다.

이 보살은 한 생각에 빠짐없이 시방세계에 도달하여 모든 부처님을 공양하고 법을 말씀하시기를 청한다. 이것은 오직 중생들을 가르쳐 이익을 주고자 함이나 글자에 기대지는 않는다.

때로는 '보살이 닦아야 할 열 가지 마지막 수행단계'를 뛰어넘어 빠르게 바른 깨달음을 이루는 모습을 보여 주는 것은 약하거나 겁이 많은 중생들을 위하기 때문이다.

때로는 헤아릴 수 없이 많은 아승지겁을 수행해야 부처님의 도를 이룬다고 말한 것은 게으르고 잘난 체하는 중생들을 위하기 때문이다.

이처럼 무수한 방편을 보여 줄 수 있는 것이 생각할 수 없는 놀라운 일이지만, 실로 보살의 수행으로 반드시 깨달을 수 있는 이는 근기가 평등하고, 도 닦을 마음을 낸 것도 평등하며, 깨달은 것도 또한 평등하여 이를 뛰어넘는 법이 없다. 모든 보살이 다 세 아승지겁을 거치기 때문이다.

다만 중생의 세계가 다른 데에 따라 보고 듣는 근기와 욕구와 성품이 다를 뿐이므로 행하는 것 또한 차별이 있다는 것을 보여 준다.

또 이 보살이 도 닦을 마음을 낸 모습에는 미세한 모습을 보이는 세 가지 마음이 있다. 무엇이 그 셋인가. 첫째는 '참 마음'이니 분별이 없기 때문이요, 둘째는 '방편으로 쓰는 마음'이니 스스럼이 없이 두루 행하여 중생들에게 이익을 주기 때문이요, 셋째 마음은 '업식(業識)의 마음'이니 미세하게 생멸하기 때문이다.

[논-69] 또 이 보살은 공덕이 다 이루어져 색구경처(色究竟處)에서 모든 세간 가운데 가장 높고 큰 몸을 보인다. 이는 한 생각에 진여와 맞아떨어진 지혜로 무명이 단숨에 사라진 것을 말하니 '모든 것을 낱낱이 아는 지혜'라고 한다. 자연스럽게 생각할 수 없는 놀라운 진여의 활동이 있기에 시방세계에 나타나 중생들에게 이익을 줄 수 있다.

[논-70] 물음 : 허공이 끝이 없으므로 세계가 끝이 없고, 세계가 끝이 없으므로 중생이 끝이 없고, 중생이 끝이 없으므로 그 마음의 차별도 끝이 없습니다. 이와 같이 경계를 한정지을 수 없으므로 알고 이해하기가 어렵습니다. 무명이 끊어졌다면 마음에 생각이 없는데 어떻게 알 수 있기에 '모든 것을 낱낱이 아는 지혜'라고 부릅니까.

대답 : 모든 경계는 본디 한마음으로서 상념을 벗어나지만 중생들이 헛되이 경계를 보기에 마음에 분별할 수 있는 한정된 모습이 있다. 헛되이 상념을 일으켜 법의 성품과 들어맞지 않기 때문에 분명히 알 수 없는 것이다. 모든 부처님은 헛된 견해와 생각을 벗어나 어떤 곳이라도 그 지혜가 두루하지 않는 곳이 없으니 마음이 진실하기 때문이며 모든 법의 성품이 그러하다. 자체가 헛된 모든 법을 환하게 비추는 큰 지혜의 작용과 헤아릴 수 없이 많은 방편이 있어 모든 중생들이 마땅히 알아야 할 곳을 따라 모두 온갖 법의 이치를 보일 수 있기 때문에 '모든 것을 낱낱이 아는 지혜'라고 부른다.

물음 : 모든 부처님께서 자연스런 업이 있어 모든 곳에 나타나 중생에게 이익을 줄 수 있다면 모든 중생이 부처님과 그 분의 신통변화를

보거나 설법을 듣고 많은 이익이 있어야 합니다. 그런데 어찌하여 세간의 대다수 사람들은 이런 일을 볼 수 없습니까.

대답 : 모든 부처님의 법신은 평등하고 모든 곳에 두루하여 억지 의도가 없기에 '자연스런'이란 표현을 쓴다. 다만 중생의 마음에 따라 나타날 뿐인데, 중생의 마음은 거울과 같다. 거울에 때가 끼면 모습이 나타나지 않듯, 중생의 마음에 번뇌가 있으면 법신이 나타나지를 않는 것이다.

[논-71] 이미 '법(法)과 의(義)를 자세히 풀이하는 부분'을 설명했고, 다음은 '믿음과 다섯 가지 방편을 수행하는 부분'을 말하겠다. 여기서는 반드시 도를 이루게 할 길로 아직 들어가지 못한 중생들을 위하여 '믿음과 다섯 가지 방편을 수행하는 것'을 설명한다.

[논-72] 무엇을 믿음이라 하고 어떻게 수행하는가. 간단히 말하면 믿음에는 네 가지가 있으니 무엇이 그 넷인가.

첫째는 근본을 믿는 것이니, 이른바 진여라는 법을 즐겨 생각하기 때문이다.

둘째는 부처님에게 헤아릴 수 없이 많은 공덕이 있음을 믿는 것이니, 늘 부처님을 가까이하고 공양 공경하며 착한 마음을 일으켜 '모든 것을 아는 지혜'를 구하려고 하기 때문이다.

셋째는 법에 큰 이익이 있음을 믿는 것이니, 늘 모든 바라밀을 수행하는 것을 생각하기 때문이다.

넷째는 스님들이 바르게 수행하여 자신은 물론 남의 이익도 가져다줌을 믿는 것이니, 늘 모든 보살들을 즐겨 가까이하고 실다운 행을 배우려고 하기 때문이다.

[논-73] 수행에 다섯 가지 방편이 있기에 이 믿음을 이루게 할 수 있다.

[논-74] 무엇이 그 다섯인가. 보시와 지계와 인욕과 정진과 지관(止觀)이 다섯 가지 방편이다.

[논-75] 보시를 어떻게 수행하는가. 찾아와 구하는 모든 사람들을 보면 가지고 있는 재물을 힘이 닿는 대로 베풀고 인색한 마음을 버려 그 중생들을 기쁘게 한다. 그들이 재난을 만나 두려워하면 능력이 있는 대로 두려워하는 마음을 없애 준다. 법을 구하는 중생이 있다면 알고 있는 대로 방편을 가지고 말하나 명예와 존경을 받으려고 하지 않는다. 오로지 자신은 물론 남의 이익까지 같이 생각하고 그 공덕을 깨달음에 회향해야 한다.

계율을 어떻게 수행하는가. 이른바 살아 있는 것을 죽이지 않고 도둑질하지 않으며 나쁜 인간관계를 만들지 않아야 한다. 남을 이간시키거나 나쁜 말을 하지 않고 거짓말을 하지 않으며 말을 꾸미지 않아야 한다. 욕심・시기・속임수・사실을 비트는 것・분노・삿된 견해를 멀리 떠나야 한다. 출가 수행자라면 번뇌를 없애기 위하여 시끄러운 곳을 멀리 떠나 늘 고요한 곳에 머물면서 적은 것으로 만족하고 어려움을 참아 이겨내는 수행들을 해야 한다. 작은 죄에도 두려움을 내고 부끄러워하며 허물을 뉘우쳐야 한다. 여래께서 만든 계율을 가볍게 여기지 말고 다른 사람의 헐뜯음을 막아 헐뜯는 중생들에게 죄를 짓지 않게 해야 한다.

인욕을 어떻게 수행하는가. 이른바 다른 사람의 괴롭힘을 참아내며 앙갚음할 마음을 갖지 않아야 한다. 또한 이익과 손해, 명예와 체면의 손상, 칭찬과 헐뜯음, 괴로움과 즐거움 같은 법에서 모든 것을 참고 견디어야 한다.

정진을 어떻게 수행하는가. 이른바 좋은 모든 일에 게으르거나 물러날 마음이 없어야 한다. 마음먹은 것이 굳세어 약하고 두려운 마음이 없어야 한다. 헤아릴 수 없이 많은 과거 속에서 헛되이 받은 몸과 마음이 모두 커다란 괴로움이니 아무런 이익이 없다는 것을 생각해야 한다. 이 때문에 모든 공덕을 부지런히 닦고 자신은 물론 남의 이익까지 생각하는 마음으로 모든 괴로움을 서둘러 벗어나야 한다. 또 사람들이 믿음을 갖고 닦더라도 전생부터 지은 무거운 죄와 악업의 장애가 많이 있기에, 때로는 삿된 마구니와 모든 귀신들의 괴롭힘을 받기도 하고, 때로는 세간의 일들이 여러 가지로 꼬이기도 하며, 때로는 병고에 시달리게도 된다. 이런 많은 장애들이 있기 때문에 부지런히 용맹정진을 해야 한다. 아침저녁으로 여섯 때 모든 부처님께 예배하고 지극한 마음으로 참회해야 한다. 부처님께 설법을 청하고 중생의 모든 기쁨을 따라서 기뻐하며 그 공덕을 깨달음에 회향해야 한다. 늘 쉬지 않고 정진하여 모든 장애를 벗어나면 좋은 마음이 늘어나기 때문이다.

[논-76] 지관(止觀)을 어떻게 수행하는가. 지(止)란 모든 경계에 끄달리는 마음을 그치는 것이니, 사마타관(觀)을 수순하는 뜻이기 때문이다. 관(觀)이란 인연이 일어나고 사라지는 모습을 분별하는 것이니, 위빠사나관을 수순하는 뜻이기 때문이다. 어떻게 수순하는가. 이 두 뜻으로 차츰차츰 닦아 익혀 서로 여의지 않는다면 지(止)와 관(觀)이 함께 드러나기 때문이다.

[논-77] 만약 지(止)를 닦는 자라면 고요한 곳에 머물러 단정히 앉아

뜻을 바르게 한다. 몸속에서 일어나는 숨이나 어떤 모습에 기대지 말고, 허공에 기대지 말며, 지수화풍(地水火風)과 견문각지(見聞覺知)에 기대지 말아야 한다. 모든 생각은 생각대로 모두 없애고, 또한 없앤다는 생각마저 없어야 한다. 모든 법은 본디 어떤 모습이 없어 생각마다 불생불멸이고, 또한 바깥 경계를 생각하는 마음을 따라가지 않아야 한다. 그 뒤에 마음을 마음으로 없애니 마음이 흐트러지면 곧 그 마음을 거두어 정념(正念)에 머물러야 한다. 이 정념이란 오직 마음일 뿐 바깥에 경계가 없다는 사실을 으레 알아야 한다. 이 마음 또한 근본실체가 없기에 생각마다 얻을 수 없다. 오고 가며 앉고 눕는 삶의 모든 행위에서 늘 방편을 생각하고 이치대로 살피며 오래 공부하다 보면 그 마음을 가질 수 있다. 이 마음을 가졌기에 차츰차츰 거세게 물이 흐르듯 진여삼매에 들어가 번뇌를 없애고 믿음을 키우기에 서둘러 공부에서 물러나지 않는다. 이 공부는 오직 부처님의 법을 의심하고 믿지 못하고 헐뜯는 죄 많은 사람들과 아만이 있거나 게으른 사람들만 빼니, 이런 사람은 삼매에 들어갈 수 없기 때문이다.

[논-78] 다시 이 삼매에 기대기에 곧 법계가 하나의 모습인 줄 안다. 이는 모든 부처님의 법신이 중생의 몸과 평등하여 다를 게 없음을 말하니, 이를 일행삼매(一行三昧)라고 한다. 진여가 삼매의 근본이니 사람들이 이를 수행하면 차츰차츰 헤아릴 수 없이 많은 삼매를 낼 수 있다는 것을 으레 알아야 한다.

[논-79] 때로는 어떤 중생은 마음의 좋은 뿌리가 없어 마구니나 외도나 귀신들의 모든 홀림을 받는다. 앉아 공부하는 가운데 두려움을 주는 모습으로 나타나거나 때로는 미남 미녀들의 모습들로 나타날 때, 이들이 오직 마음일 뿐이라고 생각하면 이 경계는 곧 사라져

마침내 괴롭지가 않은 것이다.

[논-80] 때로는 하늘의 모습이나 보살의 모습으로 나타나고 또한 여래의 모습을 만들어서 부처님의 상호를 다 갖춘다. 때로는 다라니를 말하고 또는 보시, 지계, 인욕, 정진, 선정, 지혜를 말한다. 때로는 평등(平等)·공(空)·무상(無相)·무원(無願)·무원(無怨)·무친(無親)·무인(無因)·무과(無果)·끝내는 비어 고요한 것이 참된 열반이라고 한다. 때로는 사람들이 과거 전생의 일을 알게 하고 또한 미래의 일도 알게 한다. 다른 사람의 마음을 아는 지혜를 얻고 변재가 막힘이 없어 중생들이 세간의 명리에 집착하게 한다. 또 사람들을 자주 성내게 하거나 기쁘게 하여 그 성품이 오락가락하게 한다. 때로는 지나치게 애정이 많고 잠이나 병이 많아 그 마음을 게으르게 한다. 때로는 갑자기 정진을 시작하다 뒤에 바로 멈추게 하고 믿음이 없어 의심이나 쓸데없는 생각이 많게 한다. 때로는 본디 뛰어난 수행을 버리고 다시 쓸데없는 공부를 하게 하며, 세상일에 집착하여 온갖 일을 번거롭게 만든다. 또한 사람들에게 조금이나마 삼매 비슷한 것을 얻게 하지만 이들은 모두 외도들이 얻는 경계이므로 진짜 삼매가 아니다.

때로는 사람들로 하여금 하루나 이틀, 사흘이나 이레를 선정 속에 머물게 하고, 자연의 향기롭고 맛있는 음식을 얻게 하며, 몸과 마음이 상쾌하고 배고프거나 목이 마르지 않아 사람들이 그것을 좋아하게 한다. 때로는 먹는 것이 일정하지 않게 금방 많다가 금방 적게 하여 사람들이 낯빛을 바꾸게 한다.

이런 이치이므로 수행하는 이들은 늘 지혜롭게 관찰하여 마음이 삿된 그물에 떨어지지 않게 해야 한다. 부지런히 정념(正念)으로 이들을 집착하지 않는다면 이 모든 업의 장애를 멀리 여읠 수 있으므로, 외도가 갖는 삼매는 모두 아견(我見)·아애(我愛)·아만(我慢)을 여의지 못했다는 사실을 아니, 그들의 삼매는 세간의 명예와 이익과 존경에 집착하기 때문이다. 진여의 삼매란 보는 모습에 머물지 않고 얻는 모습에 머물지 않으며, 나아가 선정에서 나와도 게으르거나 거만한 것이 없어 모든 번뇌가 차츰차츰 엷어진다. 모든 범부가 이 삼매의 법을 익히지 않고서 '여래가 될 수 있는 성품'에 들어간다는 것은 옳지 않다. 왜냐하면 세간의 모든 선정 삼매를 닦아 거기에 맛 들여 자주 집착을 일으키면 아견(我見)으로 말미암아 삼계에 묶이니 외도와 함께 하는 것이며, 선지식의 보호를 멀리하면 외도의 견해를 일으키기 때문이다.

[논-81] 또 한마음으로 부지런히 이 삼매를 배우고 익힌 이는 지금 세상에서 열 가지 이익을 얻으니 무엇이 그 열 가지인가.

첫째, 언제나 시방세계 모든 부처님과 보살의 보호를 받는다.
둘째, 모든 마구니와 악귀들이 겁을 주지 못한다.
셋째, 아흔다섯 가지 외도와 귀신들이 어지럽히지 못한다.
넷째, 깊고 오묘한 부처님의 법을 헐뜯지 않기에 무거운 죄가 차츰차츰 엷어진다.
다섯째, 모든 의심과 나쁜 견해가 사라진다.
여섯째, 여래의 경계에 있는 믿음이 크게 늘어난다.
일곱째, 근심과 회한을 벗어나 삶과 죽음의 문제에서 용맹스럽게 공부를 하며 겁을 내지 않는다.
여덟째, 그 마음이 부드럽고 온화하여 잘난 체하는 마음을 버렸으므로 다른 사람이 괴롭히지 않는다.
아홉째, 비록 선정을 얻지 못했다 하더라도 삶의 모든 경계에서 번뇌를 줄일 수 있고 세간의 삶을 즐기지 않는다.

열째, 삼매를 얻으면 바깥 인연의 모든 소리에 놀라지 않는다.

[논-82] 또 사람들이 지관(止觀)만 닦으면 마음이 가라앉거나 때로는 게을러져 좋은 일들을 즐기지 않고 자비로운 큰마음을 멀리하기 때문에 관관(觀觀)을 닦는다.

관관(觀觀)을 닦아 익히는 이는 모든 세간의 생멸하는 법은 오래 머물 수 없어 금방 변하고 사라지며, 모든 마음이 생각마다 생멸하므로 괴로움이라고 보아야 한다. 과거에 생각한 모든 법이 어슴푸레 형체가 없이 꿈과 같음을 보아야 한다. 현재 생각하는 모든 법이 번개와 같음을 보아야 한다. 미래에 생각할 모든 법이 구름이 문득 일어나는 것과 같다고 보아야 한다. 세간의 모든 몸뚱이가 깨끗하지 못하고 온갖 더러움으로 가득 차 하나도 즐거워할 것이 없다는 사실을 보아야 한다. 모든 중생이 시작이 없는 때부터 모두 무명이 훈습한 것 때문에 마음이 생멸하게 되어 이미 모든 몸과 마음의 큰 괴로움을 받았고, 현재도 헤아릴 수 없이 많은 다그침이 있으며, 미래에 받을 괴로움이 그 끝이 없어 버리고 떠나기가 어려운데도 이를 깨닫지 못하니 참으로 불쌍하다는 사실을 생각해야 한다.

이런 생각을 하고 곧 용맹스럽게 "바라옵건대 제 마음이 분별을 떠나 시방세계에 두루하고 착한 모든 공덕을 수행하며 미래가 다하도록 헤아릴 수 없이 많은 방편으로 모든 중생들을 괴로움에서 건져 그들에게 열반의 즐거움을 얻게 하고자 합니다."고 큰 서원을 세워야 한다.

이런 원력을 일으키므로 모든 삶이 있는 곳에서 좋은 모든 일들을 능력에 따라 처리하고, 배우고 익히는 일을 버리지 않아 마음에 게으름이 없어야 한다. 오직 앉을 때 지관(止觀)에 전념하는 것만 빼놓고, 나머지 모든 것에서 해야 할 일인지 아닌지를 관찰해야 한다.

[논-83] 수행자는 오고 가며 앉고 눕는 삶 속의 모든 생활에서 모두 지(止)와 관(觀)을 함께 수행해야 한다.

이른바 모든 법의 자성이 생겨나지 않았다는 것을 생각하지만 다시 인연화합을 통하여 선과 악으로 나타나는 괴로움과 즐거움 같은 과보가 사라지지 않는다는 것을 생각하고, 비록 인연화합을 통하여 선과 악으로 나타나는 과보를 생각하지만 또한 그 자성은 얻을 수 없다고 생각하는 것이다.

지(止)를 닦는다면 세간에 대한 범부의 집착을 다스리고 오음에 대한 이승의 약하고 두려운 생각을 버릴 수 있으며, 관(觀)을 닦는다면 자비가 없는 이승의 좁은 마음을 다스리고 좋은 일을 하지 않는 범부의 마음을 떠날 수 있다.

이 뜻으로 지(止)와 관(觀)은 서로 돕고 떨어질 수 없다. 지(止)와 관(觀)을 함께 닦지 않는다면 깨달음에 들어갈 수 있는 길이 없다.

[논-84] 또 중생들은 처음 이 법을 배우면서 바른 믿음을 갖고자 하지만 그 마음이 약하다. 그 까닭은 이 사바세계에서는 언제나 모든 부처님을 만나 친히 공양할 수 없다는 것을 스스로 두려워하고 있기 때문이다.

'믿음은 이루기 어렵다.'고 걱정하며 공부에서 물러나려고 하는 사람들은, 마땅히 여래께서 '뛰어난 방편이 있어 믿음을 거두고 보호한다.'는 사실을 알아야 한다.

이는 한마음으로 부처님을 생각한 인연 때문에 부처님께 바라는 사람의 원대로 다른 부처님의 세계에 태어나 늘 부처님을 보고 영원히 나쁜 길을 벗어날 수 있다는 것을 말한다.

이는 경에서 "만일 어떤 사람이 한마음으로 서방 극락세계에 계신 아미타불을 생각하고 그가 닦은 마음의 좋은 뿌리를 회향하여 부처님의 세계에 태어나기를 바란다면 곧 태어나 언제나 부처님을 보기 때문에 끝내 공부에서 물러날 일이 없다."고 말한 내용과 같다. 부처님의 진여에 있는 법신을 보고 늘 부지런히 닦아 익히면 마침내 그 세계에 태어나서 바른 선정에 머물 수 있기 때문이다.

[논-85] 이미 '믿음과 다섯 가지 방편을 수행하는 부분'을 말했다. 다음은 '수행의 이익을 보여 주어 공부할 것을 권하는 부분'을 말하겠다. 이와 같이 대승에 있는 부처님의 소중한 모든 법을 내가 이미 다 말한 것이다.

[논-86] 어떤 중생이 여래의 깊고 깊은 경계에서 바른 믿음을 내며 헐뜯지 않고 대승의 도에 들어가고자 한다면, 으레 이 논을 가지고 생각하고 닦아 익혀야 한다. 그러면 언젠가는 최고의 도에 다다를 수 있다. 어떤 사람이 이 법을 듣고도 겁을 내지 않는다면 이 사람은 부처님의 가르침을 확실하게 이어받아 반드시 모든 부처님이 수기한다는 것을 으레 알아야 한다.

[논-87] 설사 어떤 사람이 삼천대천세계에 가득한 중생들을 교화하여 그들에게 열 가지 좋은 행을 행할 수 있게 하여도, 잠깐 겨를에 어떤 사람이 이 법을 바르게 생각하는 공덕만 못하다. 앞에 있는 공덕보다 이 법을 바르게 생각한 공덕이 더 뛰어나 뭐로 비유할 수 없기 때문이다.

또 어떤 사람이 이 논을 가지고 하루 밤낮을 수행하면 거기에서 오는 공덕은 헤아릴 수 없으므로 다 말할 수가 없다. 가령 시방세계의 모든 부처님이 저마다 헤아릴 수 없이 많은 세월 속에 그 공덕을 찬탄하더라도 다 찬탄할 수가 없다. 왜냐하면 법성에 있는 공덕이 다함이 없기 때문이다. 이 사람의 공덕도 이와 같아서 그 끝이 없다.

[논-88] 어떤 중생이 이 논의 내용을 헐뜯고 믿지 않는다면 그 허물의 과보로 헤아릴 수 없이 많은 세월이 흐르도록 큰 괴로움을 받는다. 이 때문에 중생들은 오직 우러러 믿을 뿐 이 법을 헐뜯어서는 안 된다.

헐뜯음으로써 심하게 스스로를 해치고 또한 다른 사람까지 해쳐 삼보의 모든 씨앗을 끊기 때문이다. 왜냐하면 모든 여래가 모두 이 법에 따라 열반을 얻었기 때문이며, 모든 보살이 이 법으로 수행하여 부처님의 지혜로 들어갔기 때문이다.

[논-89] 마땅히 알아야 한다. 과거의 보살도 이 법에 따라 맑은 믿음을 이루었고, 현재의 보살도 이 법에 따라 맑은 믿음을 이루며, 미래의 보살도 이 법에 따라 맑은 믿음을 이룰 것이다.

[논-90] 이 때문에 중생들은 이 법을 부지런히 배우고 익혀야 한다.

[논-91]   세상 모든 부처님의 크고 깊은 많은 뜻들
         제가 이제 형편 따라 모든 내용 설명하여
         진여 법성 이 공덕을 아낌없이 회향하니
         두루 모든 중생계에 이익 있게 하옵소서.

제2부
대승기신론 소별기
【한글】

1. 『기신론』의 핵심을 드러낸다

*『대승기신론』을 세 부분으로 나누어 풀이하고자 한다. 처음은 논의 핵심을 드러내고, 다음은 제목을 풀이하며, 마지막은 본문을 풀이하여 그 뜻을 드러내겠다.

[소-0-1] 첫째, 『기신론』의 핵심은 무엇인가.

논의 핵심은 대승을[1] 바탕으로 한다. 대승이란 텅 빈 듯 비어 고요하고 이를 수 없을 만큼 깊고도 그윽하다.

깊고도 그윽하나[2] 어찌 모든 사물의 모습에서 이것이 벗어나 있겠으며, 고요하고 고요하나 오히려 온갖 말로 이것을 설명한다.

모습으로 드러나는 것이 아니니 부처님의 다섯 눈으로도[3] 그 몸통을 볼 수 없고, 말의 뒷면에 있는 것이니 온갖 묘사로도 그 모양을 말할 수 없다.

'크다'고 말하고자 해도 아주 작은 티끌처럼 안이 없는 것에 들어가도 남는 것이 없고, '작다'고 말하고자 해도 우주처럼 밖이 없는 것을

---

1. 대승의 개념은 『대승기신론』의 책 제목을 풀이하는 단락을 참고할 것.
2. 노자 『도덕경』 제1장에 玄之又玄이란 말이 나온다.
3. 다섯 눈은 몸의 눈·하늘의 눈·지혜의 눈·법의 눈·부처님의 눈을 말한다.

싸안아도 남는 것이 있다.[1]

'있다'고 해도 한결같이 그 쓰임에는 비어 있고, '없다'고 해도 만물이 이것과 어울려서 생겨난다.

이를 어떻게 말할지를 몰라 할 수 없이 억지로 이름 붙여 '대승'이라 한다.

[별기] 그 바탕이 텅 빔이여! 큰 허공과 같이 한쪽에 치우친 사사로움이 없고, 그 바탕이 넓음이여! 큰 바다와 같이 차별이 없이 지극히 공정하다.

차별이 없이 지극히 공정하기에 움직이는 마음과 고요한 마음이 인연의 흐름을 따라 만들어지고, 한쪽에 치우친 사사로움이 없기 때문에 더러운 마음과 깨끗한 마음이 서로 어울려 차별이 없다.

더러운 마음과 깨끗한 마음이 서로 어울려 하나의 세계가 되므로 부처님의 세계와 중생의 세계가 평등하고, 움직이는 마음과 고요한 마음이 만들어지므로 천당에 오르기도 하고 지옥에 떨어지는 차별이 있다.

천당에 오르기도 하고 지옥에 떨어지는 차별이 있기에 이 바탕으로 감응하는 길이 뚫리고, 부처님의 세계와 중생의 세계가 평등하기에 이 바탕을 생각하는 길이 끊어진다.

생각이 끊어졌기에 이를 체득한 자가 어떠한 모습을 드러내도 걸림이 없고, 이 바탕으로 감응하는 길이 뚫렸기에 이를 간절히 바라는

---

1 『장자』의 천하편 제33에 至小無內와 至大無外라는 말이 있다.

이는 모든 것을 뛰어넘어 돌아갈 곳이 있다.

이 자리에 있는 이는 어떠한 모습을 드러내더라도 형태나 말에 얽매이지 않고, 이미 모든 것을 뛰어넘어 있으니 다시 무엇을 뛰어넘고 무엇에 돌아가겠는가.

이를 '결정된 이치가 없는 지극한 이치'라고 하고, '그렇지 않으면서 크게 그러한 것'이라고 한다.

[소-0-2] 말이 없어도 법을 말하고, 한번 척 보고 도를 아는 사람이[1] 아니라면 어느 누가 말이 없는 자리에서 대승을 논하고 생각이 끊어진 곳에서 깊은 믿음을 낼 수 있겠는가.

그러므로 마명 보살은 무명이라는[2] 헛된 바람이 마음의 바다를 흔들기에 윤회에 떠돌게 된 중생들을 한없이 자비로운 큰마음으로[3] 불쌍히 여기고, 본각이라는[4] 참 성품이 긴 꿈에 묻혀 깨어나기 어려운 중생의 현실을 가엾게 생각하였다.

이에 '중생들이 불보살과 같은 바탕이라고 아는 데서 나오는 힘'으로 『기신론』을 지어 여래의 깊은 뜻을 담은 오묘한 이치를 글로 써서, 불법을 배우는 이들이 이 글을 잠깐 한번만 펼쳐 보더라도 경과

---

1. 문수 보살이 유마 거사에게 不二 법문에 대해 물었지만 유마는 침묵으로 답하니 진리는 이심전심으로 알아야 할 것을 뜻한다. 이 때문에 유마 거사를 杜口대사라고 한다. 부처님이 성도 하신 뒤 중생의 근기로 그 진리를 알아듣는 이가 없기에 21일 동안 설법하지 않았던 摩竭掩室의 내용도 같다. 目擊장부의 근거는 『장자』의 田子方 제21에서 若夫人者 目擊而道存矣 亦不可以容聲矣라는 말이 나오는데, 눈으로 목격한 그 자체 전부가 도라는 것을 아는 사람을 말한다.
2. 무명은 모든 번뇌의 근본을 말한다. 이 무명이 진여를 훈습하여 아리야식을 내고, 아리야식이 모든 경계를 만들어 낸다.
3. 인연 있는 중생에게 베푸는 자비를 '중생연 자비'라고 하고, 법의 이치를 아는 인연으로 베푸는 자비를 '법연 자비'라고 하며, 모든 것에 걸림 없이 평등한 인연으로 자비를 베푸는 것을 '무연 자비' 또는 '무연 대비'라고 한다.
4. 본각은 근본 깨달음의 바탕이니 온갖 유정과 무정에 통하는 여래장 진여를 말한다.

율과 논의[1] 핵심을 두루 탐구할 수 있게 하였고, 도 닦는 이들이 잘못된 온갖 경계를 영원히 쉬어 마침내 한마음의[2] 근원에 돌아가게 했던 것이다.

[별기] 논이란 세워야 할 것은 세우고 부수어야 할 것은 부수어야 걸림이 없는 오롯한 글이다.

그런데 『중관론』이나[3] 『십이문론』[4] 같은 것은 잘못된 모든 집착을 두루 부수기만 하고, 그 부순 논리를 다시 부수기만 하여 조금도 부수는 이와 부수는 대상을 알아주지 않았기에, 이는 부정하고 버리기만 하여 두루 살피는 오롯한 논이 아니라고 한다.

『유가론』이나[5] 『섭대승론』[6] 같은 논은 깊고 얕은 이치를 다 통하여 법문을 판단하되 스스로 세운 법을 다 버리지 않았기에, 이는 모든 법을 알아주고 그 법 자체의 근거를 빼앗지 않는 논이라고 한다.

---

1. 삼장 가운데 경장은 부처님의 말씀이 들어있고, 율장은 부처님이 제정한 일상생활의 규범이 들어있으며, 논장은 보살들이 부처님의 말씀을 정리하고 회통시킨 내용이 들어있다.
2. 한마음은 모든 법이 마음에 있다는 뜻으로 많이 쓰인다. 이는 상황에 따라 쓰인 진심, 불성, 진여, 여래장, 중생심이라는 다른 표현으로도 많이 쓰인다.
3. 『중관론』은 용수의 저서로서 구마라습이 번역했다. 『십이문론』『백론』과 함께 삼론종의 중요한 논서다. 그 내용은 철저한 중도를 내세워 空 假에 집착하는 것을 부수고 다시 중도에 집착하는 견해도 부술 것을 주장한다.
4. 『십이문론』은 용수의 저서로서 구마라습이 번역했다. 열두 단락이 모두 空도리를 말한 책이다.
5. 『유가론』은 『유가사지론』의 약칭으로 미륵 보살이 저술하고 무착 보살이 엮어 당나라 현장이 번역했다. 瑜伽 觀行의 所依 所行 所攝의 경계 17地를 밝힌 것으로서 本地分·攝決擇分·攝釋分·攝異門分·攝事分의 다섯 단락으로 나누어져 있다. 법상종의 중요한 논이다.
6. 『섭대승론』은 무착 보살의 저서로서 진제가 번역하고 줄여 『섭론』이라고 한다. 섭론종의 근본경전으로 온갖 존재는 마침내 唯心에 돌아간다는 이론과, 이에 의한 종교적 실천을 말하여 대승의 교리가 소승의 교리보다 더 나은 까닭을 설파한다. 『유가사지론』『현양성교론』 등과 함께 유식 사상의 계열이다.

이에 견주어 지금 이 『기신론』은 내용이 지혜롭고 어질며 또한 깊고 넓어, 모든 이치를 세우면서도 스스로 그 법을 버리고 모든 이치를 부수면서도 도리어 그 자리를 알아준다.

도리어 그 자리를 알아준다는 것은 부정하고 버리는 것이 극에 달하여 모든 이치를 두루 세운다는 뜻을 나타내고, 스스로 버린다는 것은 모든 법을 알아주어 궁극에 모든 법의 근거를 빼앗는다는 내용을 밝힌다.

이 때문에 『기신론』을 모든 논 가운데 그 내용이 으뜸이고 온갖 다툼을 판가름하는 밑가늠이 된다고 한다.

[소-0-3] 논에서 이야기하는 것이 많더라도 "한마음에서 진여의 길과 생멸의 길을 펼쳐 많은 가르침을 뭉뚱그린다.[1]"고 간략하게 말할 수 있다.

오직 이 『기신론』만이 현재의 오염된 모습에서 깨끗한 본성을 보여 『승만경』의[2] 깊은 뜻을 두루 종합하고, 『대반열반경』의[3] 으뜸가는 뜻·『법화경』에서[4] 하고 싶은 이야기·『금광명경』과[5] 『대승동성

---

1. 摩羅百八은 『능가경』 전체 내용으로 부처님이 마라야 산정의 능가성에서 비구와 보살들과 함께 문답한 百八義를 가리킨다.
2. 유사십오는 『승만사자후일승대방편방광경』을 말하니 곧 『승만경』의 가르침을 뜻한다. 아유사국에 시집간 승만 부인이 석존께 대하여 자기의 사상을 여쭙자 부처님께서는 이를 기쁘게 받아들였다는 내용으로 전체가 15장으로 편성되어 있다.
3. 곡림일미는 『대반열반경』의 가르침을 말한다. 곡림은 인도 구시나가라 니련선하 근처에 있는 숲을 말한다. 석존께서 이 숲 속의 사라쌍수에서 입멸하실 때 이 숲이 모두 말라 흰빛으로 변하니, 마치 흰 학들이 모여 있는 것 같다고 하여 이를 鶴林이라고도 한다.
4. 취산무이에서 鷲山은 인도의 영취산을 말하고 無二는 모든 법이 둘이 없다는 일불승 진리를 말한다. 영축산에서 부처님이 『법화경』을 말하여 일불승인 無二의 진리를 말했다는 내용이다.
5. 『금광명경』은 『금고경』이라고도 하며 여러 본이 있고, 옛날부터 나라를 수호할 수 있는 미묘한 경전으로 받든다.

경』에서¹ 말하는 삼신(三身)으로² 나타나는 결과·『화엄경』과³ 『보살영락경』에서⁴ 말하는 네 단계의⁵ 깊은 도리로서 시작이 되는 곳·『대품반야경』과⁶『대방등대집경』에⁷ 있는 넓고 호탕하며 지극한 도리·『대승대방등일장경』과⁸ 『대방등대집월장경』의⁹ 미세하고 드러나지 않는 깊은 도리에 이르기까지 무릇 이런 모든 경전들의 고갱이를 하나로 꿰뚫고 있다.

그러므로『기신론』본문에서¹⁰ "여래께서 말씀하신 깊고 넓은 법의 헤아릴 수 없는 이치를 다 거두기 위하여 이 논을 말해야 한다."고 하는 것이다.

이 논의 뜻이 이와 같기에 그 뜻을 펼치면 헤아릴 수 없이 많은 이치로 다 으뜸이 되고, 그 뜻을 합치면 진여의 길과 생멸의 길 그리고 한마음의 법이 고갱이가 된다.

진여의 길과 생멸의 길 안에서 모든 이치를 포용하지만 어지럽지 않고, 헤아릴 수 없이 많은 이치가 한마음과 똑같아 한 덩어리로서

---

1. 『대승동성경』은 2권으로 되어 있고 방등부에 들어가며 줄여서 『동성경』이라고도 한다. 이 경에서 부처님은 여래의 十地와 大乘同性의 법문을 말한다.
2. 삼신은 법의 근원인 법신과, 법신의 전체적 공덕이 나타나는 보신과, 인연이 주어진 데서 나타나는 화신이나 응신을 말한다.
3. 『화엄경』전체 이름은 『대방광불화엄경』이다. 당나라 실차난타가 번역한 80권 화엄경, 동진의 불타발타라가 번역한 60권 화엄경, 당나라 반야가 번역한 40권 화엄경 세 종류가 있다.
4. 『보살영락경』은 『보살영락본업경』『영락경』『영락본업경』『본업경』이라고도 한다. 예로부터 『범망경』과 함께 대승계의 근거로서 소중히 여긴다.
5. 『화엄경』과 『보살영락경』의 四階라 함은 十信·十住·十行·十廻向·十地에서 대개 十信을 생략하고 大數만 셈한 것이다.
6. 『대품반야경』은 『대반야바라밀다경』 6백권을 말하며 당나라 현장의 번역이다. 4處 16會로 나누고 내용은 모든 법이 다 쏠임을 밝히는 사상이다.
7. 『대방등대집경』은 『대집경』이라고 부르며 17품으로 되어 있다. 내용은 깊고 미묘한 대승의 법문이 말해진 것이다.
8. 『대승대방등일장경』은 10권으로 되어 있고 『대방등대집경』의 日藏分을 말한다.
9. 『방등대집월장경』은 10권으로 되어 있고 『대방등대집경』의 月藏分을 말한다.
10. 논-7 맨 마지막 글 참조.

차별이 없다.

이 때문에 모든 법을 펼치고 합치는 것이 자유자재하여 법을 세우고 없애는 것에 걸림이 없다. 펼쳐도 번잡하지 않고 합쳐도 그 자리가 답답하지 않으며, 법을 세워도 얻을 것이 없고 없애도 잃을 것이 없다.

이것이 마명 보살의 두드러진 역량이며 『기신론』의 핵심이다.

그러나 이 논의 뜻이 깊고 깊기에 종래 풀이하는 자들이 그 고갱이를 다 갖추어 말하기 어려웠다. 참으로 저마다 익힌 버릇으로 글을 보기에 마음을 비워 그 뜻을 찾을 수 없었다.

그러므로 논주의 뜻에 가까이 갈 수 없어 어떤 이는 근원을 멀리 바라보고 곁가지에서 헤매고, 어떤 이는 잎사귀를 잡고 줄기를 잃으며, 어떤 이는 옷깃을 잘라 소매에 붙이고, 어떤 이는 가지를 꺾어 뿌리에 두르기도 하는 것이다.

이제 곧바로 이 논에 따라 이 글과 연관되어 있는 경들을 엮어서 풀이하니, 무릇 뜻을 같이 하는 이들은 이 글로 의문을 풀 것이다. 논의 핵심을 드러내어 말하는 것을 여기서 마친다.

2. 이 논의 제목을 풀이한다

[소-0-4] 다음은 『대승기신론』이라는 제목을 풀이한다.

'대승' 두 글자에서 대(大)는 법 그 자체를 드러내는 이름이니 널리 감싼다는 뜻이고, 승(乘)은 비유에 붙인 명칭이니 실어 나르는 것을 일로 삼는 것이다. 전체 내용은 그렇더라도 이를 나누어 보면 두 가지 방법이 있다. 먼저 경에 기대고 나중에 논에 기대어 말하는 것이다.

"경에 기대어 말한다."는 것은 『허공장경』에서[1] 다음과 같이 말한 내용과 같다.

대승이란 헤아릴 수도 없고 그 끝도 없기에 두루 빠짐없이 모든 곳에 그 영향이 미치는 것을 말한다. 마치 모든 중생을 허공이 받아들이는 것과 같아서 성문[2]·벽지불과는[3] 내용이 같지 않기에 대승이라고 한다.

---

1. 『허공장경』은 『허공장보살경』의 약칭으로서 요진의 불타야사가 번역했다. 劉宋 담마밀다 번역의 『허공장보살신주경』 1권과 수의 사나굴다 번역의 『허공잉보살경』 2권 등과 동본이역이며, 또 티베트 번역도 있는데 한역경과 크게 다르지 않다. 인용문 전거 1 참조.
2. 성문은 보통 사제 이치를 듣고 공부하는 소승을 말한다.
3. 벽지불은 연각이나 독각이라고도 하는데, 소승 가운데서 혼자 연기법을 깨달아 아는 이를 말한다.

실어 나르는 것을 일로 삼는 수레 승(乘)을 이루고 있는 것을 보면, 남에게 베풀고 따뜻한 말을 하며 같은 처지의 입장에서 도와주는 네 가지 법을[1] 바르게 쓰는 것이 바퀴가 되고, 열 가지 좋은 행동이[2] 바퀴의 살이 되며, 수행을 도와주는 깨끗한 공덕이 속 바퀴가 되고, 굳고 순수하며 한결같은 뜻이 수레의 굴대를 빠지지 않게 꽂는 빗장과 바퀴통의 구멍에 끼는 철관이 되며, 모든 선정과 해탈을 잘 이룩하는 것이 수레의 앞 양쪽에 대고 말이나 소의 등에다 매는 긴 막대기인 끌채가 되며, 헤아릴 수 없이 많은 사랑·연민·기쁨·평등의 마음이[3] 말을 잘 다스리는 기술이 되며, 선지식이 수레를 모는 사람이 되며, 때와 때 아님을 잘 아는 것이 출발하는 때가 되며, 무상(無常)·고(苦)·공(空)·무아(無我)의 소리가 말을 모는 채찍이 되며, 일곱 가지 깨달음의[4] 보배로운 끈이 마소의 가슴에 거는 가슴걸이가 되며, 깨끗하고 맑은 다섯 가지 눈이 말을 모는 끈이 되며, 불법을 널리 알리는 단아하고 정직하며 자비로운 큰마음이 깃발과 깃대가 되며, 부지런히 수행하는 네 가지 법이[5] 수레바퀴를 버티게 하는 쐐기나무가 되며, 네 군데를 주시하는 수행법이[6] 바르고 평탄한 길이 되며, 네 가지 선정이[7] 앞으로 나아가는 빠른

---

1. 사섭법은 보살이 네 가지 방법으로 중생을 거두어서 구제하는 것이니 보시·애어·이행·동사를 말한다.
2. 열 가지 선은 열 가지 악의 반대 개념이다. 열 가지 악은 살아 있는 것을 죽이는 것, 도둑질, 나쁜 인간관계를 만드는 것, 거짓말, 이간질, 거친 말, 꾸민 말, 탐욕, 성냄, 삿된 소견을 말한다.
3. 사무량심은 한없이 중생을 구제하고자 하는 慈·悲·喜·捨 네 가지 마음으로 慈無量心·悲無量心·喜無量心·捨無量心을 말한다.
4. 칠각지는 부처님 도를 수행하는 데서 지혜로 참되고 거짓됨을 알아차리는 일곱 종류의 깨달음이니, 擇法覺分·精進覺分·喜覺分·除覺分·捨覺分·定覺分·念覺分을 말한다.
5. 사정근은 열반에 나아가기 위하여 좋은 법을 부지런히 수행하는 네 가지 법이다. 첫째는 이미 생긴 악을 없애려고 부지런히 수행하는 것이고, 둘째는 아직 생기지 않은 악을 방지하려고 미리 부지런히 수행하는 것이며, 셋째는 이미 생긴 선을 더 자라게 하려고 부지런히 수행하는 것이고, 넷째는 아직 생기지 않은 선이 생기도록 부지런히 수행하는 것이다.
6. 사념처는 수행하는 관법으로서 身念處·受念處·心念處·法念處를 말한다.
7. 사신족은 네 가지 선정이니 欲神足·精進神足·心神足·思惟神足이다.

발이 되며, 뛰어난 다섯 가지 힘이[1] 나아갈 앞길의 상황을 살피는 것이 되며, 여덟 가지 성스런 길이[2] 곧바로 나아갈 길이 되며, 모든 중생에게 장애 없는 지혜의 밝음이 수레가 되며, 집착이 없는 육바라밀로[3] '모든 것을 아는 지혜'에 회향하며, 걸림이 없는 사제(四諦)로[4] 괴로움의 바다를 건너 극락정토에 다다르는 것이 된다. 이것이 큰 수레가 되는 대승(大乘)이다.

이는 스무 가지의 비유를 가지고 법에 견주어 수레의 역할을 하는 승(乘)의 뜻을 나타낸 것이다.

또 『허공장경』 다음 글에서 아래와 같이 말하였다.

이 수레의 역할을 하는 승(乘)은 모든 부처님이 받아들인 곳이며, 성문과 벽지불이 관(觀)하는 곳이며, 모든 보살들이 지향하는 곳이며, 제석천과[5] 범천과[6] 세간의 불법을 옹호하는 신장들이 공경하고 받드는 곳이며, 모든 중생들이 공양하는 곳이며, 모든 지혜로운 이들이 찬탄하는 곳이며, 모든 세간의 중생들이 귀의할 곳이며, 모든 마구니들이 파괴할 수 없는 곳이며, 모든 외도들이[7] 짐작할 수 없는 곳이며, 세간의 모든 중생들이 서로 다툴 수 있는 영역이

---

1. 다섯 가지 힘은 불교 수행의 기초 덕목으로 갖추어야 할 믿음·정진·정념·선정·지혜의 힘을 말한다.
2. 팔성도는 팔정도라고도 하며, 불교 수행의 중요한 덕목으로서 정견·정사·정어·정업·정명·정정진·정념·정정을 말한다.
3. 육바라밀은 나와 남을 이롭게 하는 보살의 수행 방편이니 보시·지계·인욕·정진·선정·지혜바라밀을 말한다.
4. 사제는 고·집·멸·도를 말하며 사성제라고도 한다.
5. 제석천은 수미산 꼭대기에 있는 도리천의 임금이다. 선견성에서 四天王과 三十二天을 통솔하며 불법과 불법에 귀의하는 사람을 보호하며 아수라 군대를 쳐부수는 하늘의 임금을 말한다.
6. 범천은 제석천과 함께 바른 법을 옹호하는 천신이며, 부처님이 세상에 나오실 적마다 제일 먼저 설법을 청한다고 한다.
7. 외도는 불법을 벗어났기에 궁극적 진리를 잘못 알고 공부하는 자들을 말한다.

아니다.¹

이는 열 마디의 글로 사람들과 짝을 맞추어 대승의 뜻을 드러낸 것이다.

"논에 기대어 말한다."는 것에는 일곱 가지와 세 종류로 나눈 것이 있다. 세 종류로 밝힌 대(大)의 뜻은 나중에 본문에서² 말할 것이다. 일곱 가지로 말한 내용에도 두 갈래가 있다. 첫 번째 갈래는 『대법론』에서³ 다음과 같이 말한 내용이다.

일곱 가지 크다는 특성과 맞아떨어지기에 대승이라고 하니 그 일곱이 어떤 것들인가.

첫째는 '맞서는 경계가 크다는 특성'이니, 보살도는 헤아릴 수 없이 많은 경의 모든 교법을 인연하여 경계로 삼기 때문이다.
둘째는 '실천하는 행이 크다는 특성'이니, 나와 남을 이롭게 하는 크고 많은 모든 일을 바르게 행하기 때문이다.
셋째는 '지혜가 크다는 특성'이니, 크고 많은 보특가라의⁴ 법이 무아라는 것을 깨닫기 때문이다.
넷째는 '수행을 꾸준히 해나가는 힘이 크다는 특성'이니, 숫자로 나타낼 수 없는 엄청난 세월⁵ 동안 헤아릴 수 없이 많은 실천하기 어려운 행을 부지런히 방편으로 닦기 때문이다.

---

1. 『대방등대집경』에 속해 있는 허공장품의 글을 인용한 것인데 원문에는 一切世智로 되어 있다. 인용문 전거 2번 참조.
2. 본서 논-8 마지막 부분 참조.
3. 『대법론』은 『대승아비달마잡집론』의 별칭으로 『대승아비달마집론』을 풀이한 안혜의 저서로서 현장이 번역했다.
4. 보특가라는 數取趣라 번역하여 유정 또는 중생들의 我를 말하니, 중생들은 자주 六趣에 왕래하기 때문에 붙여진 명칭이다.
5. 대겁에서 겁(Kalpa)은 중생이 헤아릴 수 없는 아득한 시간을 말하고, 아승기야 역시 산수로 표현할 수 없는 가장 많은 수를 말한다.

다섯째는 '잘 적용하는 방편의 힘이 크다는 특성'이니, 삶과 죽음과 열반에 머무르지 않기 때문이다.

여섯째는 '깨달아 얻는 힘이 크다는 특성'이니, 여래의 모든 힘과 법에 대한 두려움이 없는 모습과 중생들이 갖지 못한 법과[1] 같은 헤아릴 수 없이 많은 큰 공덕을 얻기 때문이다.

일곱째는 '업이 크다는 특성'이니, 중생의 삶과 죽음이 다하도록 온갖 중생의 모습으로 나타나 깨달음을[2] 이루어 크고 많은 부처님의 일을 다 해내기 때문이다.[이 가운데 앞의 다섯 가지는 원인이 될 자리에 있고, 뒤의 두 가지는 결과로서 나타난다.]

두 번째 갈래는 『현양론』에서[3] 다음과 같이 말한 내용이다.

대승(大乘)의 성품이란 보살의 수행이 일곱 가지 크다는 특성과 맞아떨어진 것을 말하며 이 뜻으로 대승을 말한다. 일곱 가지 크다는 특성이란 어떤 것들인가.

첫째는 '법이 크다는 특성'이니, 십이분교[4] 가운데 보살장에[5] 들어 있는 크고 많은 방편의 가르침을 말한다.

둘째는 '발심이 크다는 특성'이니, 이미 최고의 깨달음을[6] 내는 것을 말한다.

---

1. 불공불법은 중생들이 갖지 못한 부처님만의 뛰어난 법을 말하는데, 소승의 18불공불법과 대승의 18불공불법이 있다.
2. 보리는 道·智·覺이라고 번역하니 부처님의 깨달음을 말한다.
3. 『현양론』은 『현양성교론』의 약칭인 무착의 저서로서 당나라 현장이 번역했다. 『유가론』의 중요한 점을 취하여 만든 내용이다. 인용문 전거 3번 참조.
4. 십이분교는 부처님의 가르침을 내용과 형식을 12 가지로 분류하여 놓은 계경·중송·수기·고기송·무문자설·인연·비유·본사·본생·방등·미증유법·논의를 말한다.
5. 보살장은 보살이 닦는 행법과 그 증과를 밝혀 말한 대승 경전을 통틀어 말한다. 성문장과 상대되는 개념이다.
6. 無上正等覺은 아뇩다라삼먁삼보리의 번역이니, 아뇩다라는 無上을 말하고 삼먁삼보리는 正遍智 또는 正等覺을 말한다. 부처님의 지혜는 가장 뛰어나 그 위가 없고 진실하고 평등한 바른 이치를 깨달았다는 내용이다.

셋째는 '아는 것이 뛰어나게 크다는 특성'이니, 앞에서 말한 '법이 크다는 특성'의 경계에서 뛰어난 믿음과 이해를 일으킨 것을 말한다.
넷째는 '즐거움이 크다는 특성'이니, 이미 '아는 것이 뛰어나게 큰 경계'를 넘어 '깨끗하고 맑은 즐거움이 뛰어나게 큰 경계'에 들어간 것을 말한다.
다섯째는 '공부에 도움이 크다는 특성'이니, 공부에 도움을 주는 큰 복덕과 지혜를 이룩하였기 때문에 최고의 깨달음을 증득할 수 있다는 것을 말한다.
여섯째는 '때가 크게 잘 맞는 특성'이니, 숫자로 나타낼 수 없는 엄청난 세월 속에서 최고의 깨달음을 증득할 수 있다는 것을 말한다.
일곱째는 '공부가 오롯하게 이루어져 크다는 특성'이니, 곧 최고의 깨달음 자체에서 오롯하게 이룬 깨달음 자체를 말한다. 이 깨달음은 다른 깨달음을 이룩한 것에 비교해 보아도 그 수준이 더 나은데, 하물며 어떤 깨달음이 이보다 더 뛰어날 수 있겠는가.

『유가사지론』과 『보살지지론』[1]에서 말한 내용도 모두 이 말과 같다.

『유가론』에서는[2] "이 가운데 '법이 크다는 특성'에서 '때가 크게 잘 맞는 특성'까지 여섯 가지는 모두 '크게 오롯하게 깨달은 성품'의 원인이 되는 자리이고, 일곱 번째 '크게 오롯하게 깨달은 성품'은 앞에 말한 여섯 가지 크다는 특성의 결과로 나타난 자리이다."라고 하였다.

이를 풀이하여 보면 두 갈래 일곱 가지 크다는 특성의 숫자가 같더라도 내세운 뜻은 다르다. 내세운 뜻은 그 내용을 찾아보면 알 수

---

1. 『보살지지론』은 『보살지지경』 『지지론』 『보살계경』이라고도 하며 담무참의 번역이다. 『유가사지론』 본지분 중의 보살지(35~50권)와 동본이역이며 대승보살의 수행방법과 방편을 자세히 말하였다.
2. 인용문 전거 4번 참조

있으니, 대승의 뜻을 풀이하는 것을 여기서 마친다.

'기신(起信)'이란 표현은 이 논으로 말미암아 중생들이 믿음을 일으키므로 쓰게 된 말이다. '신(信)'은 마음에 이미 결정되었기에 '무엇 무엇이야말로 그렇다'고 말할 때 쓰는 표현이다.

다시 말하자면 이치가 실제 있다는 것을 믿고, 이를 닦아서 얻을 수 있다는 것을 믿으며, 닦아서 얻을 때 여기에 공덕의 쓰임이 끝이 없다는 사실을 믿는 것이다.

이 가운데 "이치가 실제 있다는 것을 믿는다."는 것은 체대(體大)를 믿는 것이다. 체대에서 보면 모든 법이 공(空)이어서 얻을 수 없다는 사실을 믿기 때문에 정말 평등한 법계가 있음을 믿는 것이다.

"닦아서 얻을 수 있다는 것을 믿는다."는 것은 상대(相大)를 믿는 것이다. 상대에서 보면 상대의 활동은 중생의 성품에 온갖 공덕이 다 갖추어져 중생을 좋은 쪽으로 데리고 가기 때문에 이것은 반드시 마음의 근원에 돌아가게 한다는 사실을 믿는 것이다.

"공덕의 쓰임이 끝이 없다는 것을 믿는다."는 것은 용대(用大)를 믿는 것이다. 용대는 어떤 곳에서도 활동하기 때문이다.
사람들이 이 세 가지 믿음을 일으킬 수 있다면 부처님의 법에 들어가 모든 공덕을 드러내고, 모든 마구니의 경계를 벗어나 무상도(無上道)에 도달할 수 있다.

이를 『화엄경』 게송에서는[1] 다음과 같이 노래하였다.

---

1. 인용문 전거 5번 참조.

믿음이란 도의 근본이요 공덕의 어머니
모든 선근을 늘리고 온갖 의혹을 떨치며
최상의 도를 드러내어 보여 준다네
믿음은 마귀의 손아귀를 벗어나게 하고
더 없는 해탈의 길을 보여 주나니
모든 공덕이 무너지지 않는 씨로서
최고의 깨달음을 가져다주네.

믿음에는 이처럼 헤아릴 수 없이 많은 공덕이 있다. 이 논으로 이와 같은 믿음을 낼 수 있기에 이 논의 이름을 큰 믿음을 일으키는 뜻으로서 '기신(起信)'이라고 한다.

'논'이란 모범이 될 만한 글을 내세워 '만물이 가진 모습'의 매우 깊은 도리를 판단하고 말하는 것이다. 이 뜻에 따라 논이라고 이름 붙였다.

전체를 마무리 지어 말하면 '대승'은 논의 핵심 내용이고, 큰 믿음을 일으키는 '기신(起信)'은 논의 뛰어난 공능이다. 이 논의 제목을 '큰 믿음을 일으키는 글'로서 『대승기신론』이라고 한 것은 논의 내용과 그 쓰임을 함께 드러내기 때문이다.

3. 논을 풀이한다

* 셋째 부분은 『기신론』 본문을 풀이하니 본문은 세 가지 내용으로 나뉘어 있다. 첫 번째 내용은 세 가지 게송으로 삼보를[1] 공경하고 귀의하며 논을 쓴 뜻을 말하고, 두 번째 내용은 "논에서 어떤 법이 대승의 믿음을 일으킬 수 있다고 하니…"[2] 아래로 논에서 하고 싶은 이야기를 바로 내세우며, 세 번째 내용은 맨 뒤의 게송 하나로 논을 뭉뚱그려 마무리 짓고 회향하는 것이다.

---

1. 삼보는 '보배로운 부처님'·'보배로운 법'·'보배로운 수행자'를 말한다.
2. 본서 논-3 참조.

서론 - 삼보에 귀의하고 논을 쓴 뜻은

* 처음 세 가지 게송에는 두 가지 뜻이 있다. 앞의 두 가지 게송은 삼보에 바로 귀의하는 뜻이고, 뒤의 한 가지 게송은 논을 쓴 뜻을 말하고 있다.

삼보에 귀의하는 뜻은

[논-1] 온 누리에 가득하신 우리 부처님
　　　뛰어난 업 온갖 지혜 두루 갖추고
　　　걸림 없이 자유자재 몸을 나토며
　　　중생들을 구하시는 자비로운 분

　　　그 모습은 법의 성품 진여의 바다
　　　그 안에는 무량공덕 갖추고 있어
　　　참 진리를 여실하게 닦으신 이여
　　　거룩하신 불법승께 귀의합니다.

[소-1] 처음에 있는 첫 게송에서 노래한 삼보를 공경하고 귀의하는 뜻에 두 종류가 있다. "귀의합니다."로 번역한 '귀명(歸命)' 두 자는 귀의하는 사람의 모습이고 "온 누리에…" 아래는 귀의의 대상인 삼보의 덕(德)을 나타낸다.

귀의하는 사람의 모습에서 공경하여 따르는 뜻과 그 쪽으로 향하여 나아간다는 뜻이 '귀(歸)'의 뜻이다. '명(命)'은 생명의 근본을 말하니 이것이 몸의 모든 기관을 다스리는 것이다. 한 몸의 고갱이로서 오직 이 명(命)만이 주가 되니 모든 중생이 소중하게 여기는 것 가운데 이것보다 더 소중한 것이 없다. 이와 같이 둘도 없는 명(命)을 다하여 더없이 존귀하신 분을 받들고 믿음의 지극함을 표현하기에 '귀명'이라고 한다.

또 '귀명'이란 근원에 돌아간다는 뜻이다. 왜냐하면 중생에게 있는 육근(六根)은[1] 한마음에서 일어났으면서도 도리어 자기 근원인 한마음을 등지고 육진(六塵)으로[2] 흩어져 나가는데, 지금 명(命)을 다하여 흐트러진 마음을 전부 거두고 본디 근원인 한마음으로 돌아가기 때문에 '귀명(歸命)'이라고 한 것이다. 돌아가야 할 곳인 한마음이 곧 삼보이기 때문이다.

"온 누리로…" 아래는 귀의할 대상의 덕을 나타낸다. 이 가운데 삼보의 뜻을 말해야 하니 그 뜻은 따로 말하는 내용과 같다.

또 글을 풀이하면 보배로운 부처님·보배로운 법·보배로운 수행자 세 단락으로 나뉜다.

삼보 안에 또한 세 가지 뜻이 있으니, 먼저 '부처님의 마음에서 나타나는 공덕'을 찬탄하고 다음에 '부처님의 모습에서 나타나는 공덕'을 찬탄하며 마지막은 '부처님의 마음에서 나타나는 공덕'과 '부처님의 모습에서 나타나는 공덕'을 지닌 사람을 들어 찬탄을

---

1. 육근은 대상을 인식하는 기관으로서 안근·이근·비근·설근·신근·의근을 말한다. 육근의 根은 무엇을 만들어 낸다는 뜻을 가지고 있으니, 색·소리·냄새·맛·느낌·법의 여섯 가지 경계를 인식하여 육식을 내는 곳이라는 뜻이다.
2. 육진은 육근의 대상 경계로서 곧 색·소리·냄새·맛·느낌·법의 여섯 가지 경계를 말한다. 육진의 塵은 여섯 가지 경계가 중생의 마음을 흐트러지게 하여 참마음을 더럽힌다는 뜻을 드러내는 표현이다.

마무리한다.

'부처님의 마음에서 나타나는 공덕'을 찬탄하는 가운데서 용(用)과 체(體)를 찬탄한다.

처음에 "온 누리에 가득하신 우리 부처님, 뛰어난 업 두루 갖추고"로 말한 것은 부처님의 활동을 찬탄하니, 여덟 가지 모습을[1] 나타내어 중생을 교화하는 부처님의 자취를 말한다. 시방삼세가 다하도록 교화할 중생의 모든 근기에 따라 부처님의 가르침을 알맞게 다 일으키시므로 "온 누리에 가득하신 우리 부처님, 뛰어난 업 두루 갖추고"라고 말한 것이다.

이는 『대법론』에서[2] "업이 크다는 특성이란 중생에게 있는 삶과 죽음이 다하도록 온갖 중생의 모습으로 나타나서 중생을 깨우치는 크고 많은 부처님의 역할을 다 해내기 때문이다."고 말한 것과 같다. 『대법론』에서는 중생에게 있는 삶과 죽음이라는 말로 때를 나타내는 삼세의 내용을 드러내고, 『기신론』에서는 곳을 나타내는 '시방'의 내용을 드러낸다.

"온갖 지혜 두루 갖추고"로 말한 것은 지혜의 바탕을 찬탄한 것이다. 부처님이 하시는 일이 시방세계에 두루 미치는 것은 그 지혜의 바탕이 어떤 곳이라도 두루 미치기 때문이다. 지혜의 바탕이 두루 미치고 있으므로 '온갖 지혜를 두루 갖추고'라고 하였다. 이는 『섭대승론』에서[3] "마치 허공은 모든 물질세계에 두루 미치되 생겨나고·

---

1. 불·보살이 세상에 나와 중생을 괴로움에서 건지려고 일생 동안 보여 주는 여덟 가지 모습은 도솔천에서 내려오는 모습, 태에 들어가는 모습, 태에 머물러 있는 모습, 태에서 나오는 모습, 출가하는 모습, 도를 이루는 모습, 법을 퍼뜨리려는 모습, 열반에 들어가는 모습을 말한다.
2. 인용문 전거 6번 참조.
3. 인용문 전거 7번 참조.

머무르고·바뀌고·사라지는 이런 바꾸어지는 모습이 없듯, 여래의 지혜도 또한 그래서 알아야 할 모든 곳에 두루 미치되 잘못 알 것이 없다."고 말한 것과 같다. '부처님의 마음에서 나타나는 공덕'을 찬탄하는 것은 여기서 마친다.

다음은 '부처님의 모습에서 나타나는 공덕'을 찬탄하는 대목이니, 이 가운데도 두 종류가 있다.

"걸림 없이 몸을 나토며"라고 말한 것은 '부처님 몸 자체의 오묘함'을 찬탄한 것이고, "자유자재"라고 말한 것은 '부처님의 몸에 있는 뛰어난 작용'을 찬탄한 것이다.

먼저 '부처님 몸 자체'라고 말한 것은 여래의 몸이 온갖 덕행과 '생각할 수 없는 놀라운 훈습'으로 이루어졌기에 비록 오묘한 색이 있더라도 장애될 것이 없어 하나하나의 상호에[1] 걸림이 없다. 그렇기 때문에 "걸림 없이 몸을 나토며"로 말하는 것이다.

이는 『화엄경』에서[2] "허공의 끝은 도달할 수 있다 해도 부처님의 한 터럭 구멍은 그 끝이 없어 도달할 수 없다. 부처님의 덕은 이와 같이 생각할 수 없는 놀라운 일이다. 이것이 여래의 깨끗한 앎이라고 부르는 까닭이다."고 말한 것과 같다. 비록 걸릴 것이 없더라도 방향과 있는 곳을 나타내는 뜻이 있기에 "걸림 없이 몸을 나토며"라고 말할 수 있는 것이다.

'자유자재'란 표현은 부처님의 몸에 갖추어진 뛰어난 작용을 찬탄하는 것이다. 이는 눈·코·귀·혀·몸의 작용을 서로 바꾸어 쓰고

---

1. 부처님 몸은 중생들이 갖지 못하는 32상 80종호가 있어 뛰어나다고 한다.
2. 인용문 전거 8번 참조.

'부처님의 열 가지 몸'이[1] 저마다 다른 몸을 완성하고 있다는 것을 말하기에 "걸림 없이 자유자재 몸을 나토며"라고 말한 것이다.

눈·코·귀·혀·몸의 작용을 서로 바꾸어 쓴다는 것은 『열반경』의[2] 여덟 가지 자재함[3] 가운데서 말한 내용과 같고,[4] '부처님의 열 가지 몸'이 저마다 다른 몸을 완성하고 있다는 것은 『화엄경』 십지품에서[5] 말한 내용과 같다. '부처님의 모습에서 나타나는 공덕'을 찬탄하는 것은 여기서 마친다.

마지막 부분으로 "중생들을 구하시는 자비로운 분"은 '부처님의 마음에서 나타나는 공덕[心德]'과 '부처님의 모습으로 나타나는 공덕[色德]'을 함께 지닌 사람을 들어 찬탄을 마무리 짓는 대목이다.

중생들의 아버지와 같은 부처님은 불타는 듯한 고통이 있는 중생계에 들어가 그 괴로움에서 모든 중생들을 구해 주시기 때문에 이 뜻으로 "중생들을 구하시는" 이런 표현을 쓴 것이다. 중생들을 구하시는

---

1. 『화엄경』에서는 평등한 몸·깨끗하고 맑은 몸·공덕이 끝이 없는 몸·모든 것을 잘 받아들이는 몸·법의 성품으로 나타나는 몸·몸과 마음을 버린 몸·생각할 수 없는 놀라운 몸·고요한 몸·허공 같은 몸·오묘한 지혜로 나타나는 몸을 말한다.
2. 『열반경』은 『대반열반경』의 약칭이니 부처님의 열반에 대하여 말한 경전이다. 소승과 대승의 두 가지 『열반경』이 있다. 소승은 주로 역사적 사실을 기록하고 열반 전후의 유행, 발병, 순타의 공양, 최후의 유훈, 입멸 뒤의 슬픔, 사리 분배 등이 주요한 내용이나, 대승은 교리를 주로 하여 열반에 영원히 변하지 않는 常·樂·我·淨을 설정하고 법신이 늘 변하지 않는 불교의 이상세계를 묘사한다.
3. 여덟 가지 자재함은 常·樂·我·淨의 네 가지 열반 공덕 가운데 我의 공덕에 속하는 크게 자재한 여덟 가지 나를 말한다. 첫째는 한 몸으로 많은 몸을 나타낼 수 있다. 둘째는 티끌 같은 하나의 몸이 삼천대천세계를 꽉 채울 수 있는 것을 보여 준다. 셋째는 큰 몸을 가볍게 움직여 먼 곳에 쉽게 도달한다. 넷째는 헤아릴 수 없이 많은 중생들을 한 국토에 늘 거주하게 나타낼 수 있다. 다섯째는 모든 근이 서로 바꾸어 쓸 수 있다. 여섯째는 모든 법을 얻게 되나 법의 모습은 없다. 일곱째는 게송 하나의 뜻을 말하려고 해도 헤아릴 수 없이 많은 세월이 흐른다. 여덟째는 몸이 허공에 두루하여 허공과 같다.
4. 인용문 전거 9번 참조.
5. 인용문 전거 10번 참조.

덕이 바로 자비로운 큰마음이다.

나와 남의 분별을 떠나 특정한 인연이 없어도 베푸는 자비가 모든 자비 가운데 가장 뛰어나기 때문에 자비로운 큰마음이라고 말한 것이다.

부처님의 마음에서 지닌 온갖 덕 가운데 여래께서 쓰시는 힘은 오직 자비로운 큰마음뿐이기 때문에 이를 두드러지게 하여 부처님의 모습을 드러낸 것이다. 이를 『증일아함경』에서는[1] 다음과 같이 말하였다.

범부와 성인의 힘에는 여섯 가지가 있으니, 어떤 것들인가.

첫째는 울음이니, 어린아이는 말할 것이 있으면 반드시 먼저 울기 때문이다.
둘째는 성냄이니, 여자는 말할 것이 있으면 먼저 성을 낸 뒤에 말을 하기 때문이다.
셋째는 참음이니, 사문과[2] 바라문은[3] 늘 다른 사람 앞에서 마음을 낮춘 뒤에 자신의 의사를 밝히기 때문이다.
넷째는 교만이니, 나라의 임금은 큰 세력을 부려 자신의 생각을

---

1. 『증일아함경』은 50권으로 되어 있고 四阿含의 하나에 들어간다. 1법에서 10법까지 법문 수를 따라 편찬한 것이니 十念・五戒・安般(數息觀)・三寶・四諦・六重・八難・結禁・大愛道涅槃 등의 사항에 관하여 52품으로 말하고 있다. 인용문 전거 11번 참조.
2. 사문은 息心이나 功勞 또는 勤息이라 번역한다. 부지런히 좋은 일을 닦아나가고 나쁜 일을 쉬어버린다는 뜻이니 출가 수행자를 말한다.
3. 바라문은 인도 四姓 가운데 하나인데 淨行이나 淨志, 또는 梵志라고 번역한다. 그들 생활은 梵行・家住・林棲・遊行의 네 때가 있다. 어렸을 때는 부모 밑에 있다가 좀 자라면 집을 떠나 스승을 모시고 베다(Veda)를 학습하고, 장년에 이르면 다시 집에 돌아와 결혼하여 살다가 늙으면 집안 살림을 아들에게 맡기고 숲속에 들어가서 어려움을 참아내며 수도한 뒤, 사방으로 다니면서 세상의 모든 일들을 초탈하여 남들이 주는 施物로써 생활하는 승려 계급이다.

말하기 때문이다.

다섯째는 한결같은 정진이니, 아라한은[1] 이것으로 자신의 힘을 표현하기 때문이다.

여섯째는 자비로운 큰마음이니, 부처님은 이것으로 모든 중생들에게 널리 이익을 주기 때문이다.

모든 부처님께서는 오직 자비로운 큰마음만을 힘으로 삼기 때문에 "크게 자비로운 분"이라는 표현으로 이 뜻을 드러내려고 했던 것을 알아야 한다. 앞서 말한 내용으로 '보배로운 부처님'을 찬탄하여 마친다.

다음의 두 게송은 앞의 '보배로운 부처님'을 이어 '보배로운 법'을 드러낸다. 두 게송 가운데 앞의 "그 모습"이란 표현은 앞에 말한 여래의 몸을 말하니 곧 보신불이다.[2] 법계를 바로 자기의 몸으로 삼기 때문에 "그 모습"이라고 말하니, 이는 부처님을 내세우면서 그 법을 취한 것이다.

뒤의 게송은 바로 '보배로운 법'에 있는 바탕의 모습을 말한 것이다. '법성'이란 열반을 말한다. 열반이 법의 본디 성품이기에 '법성'이라 부른다. 이는 『지도론』에서[3] "법은 열반으로 헛된 분별이 없는 것이다. 성(性)은 본디 갖추어진 씨알로서 마치 누런 돌에 금의 성질이 있고 흰 돌에 은의 성질이 있는 것과 같다. 이와 같이 모든

---

1. 아라한은 소승 교법을 수행하는 성문 四果에서 가장 윗자리다. 應供이나 殺賊 또는 不生이나 離惡이라고 번역한다.
2. 보신불은 법신이 모습으로 드러날 때 그 전체 모습을 말한다. 보통 두 종류로 나누어 자기만이 증득한 법열을 느끼는 자수용 보신과, 다른 이와 함께 이 법열을 느낄 수 있는 몸을 나타내어 중생을 괴로움에서 건지는 타수용 보신이 있다.
3. 『지도론』은 용수 보살의 저서로서 구마라습이 번역한 『대지도론』의 약칭으로 100권이다. 모든 법이 다 空임을 밝히는 『마하반야바라밀경』을 자세히 풀이한 논이다. 인용문 전거 12번 참조.

법 가운데에는 열반의 성품이 있다."고 한 것과 같다. 그러므로 '법성'이라고 말한다.

'진여'라는 의미에서 '진(眞)'이란 버릴 게 없는 것을 뜻하고, '여(如)' 란 내세울 게 없는 것을 뜻한다. 이 논문 가운데서[1] "진여의 바탕은 버릴 수 있는 것이 없으니 모든 법이 다 참되기 때문이며, 또한 세울 수도 없으니 모든 법이 다 똑같기 때문이다. 마땅히 알아야 한다. 모든 법은 말하거나 생각할 수 없기 때문에 진여라고 한다."고 말한 내용과 같다.

'바다'라고 표현한 것은 비유를 가지고 법을 나타낸 것이다. 간단히 말하면 바다에는 네 가지 뜻이 있다. 첫째는 매우 깊다는 뜻이 있고, 둘째는 크고 넓다는 뜻이 있으며, 셋째는 온갖 보배가 끝이 없이 들어 있다는 내용이고, 넷째는 온갖 모습의 그림자가 다 나타난다는 이치가 있다.

진여라는 큰 바다도 그렇다는 것을 알아야 한다. 진여에서는 옳고 그른 모든 것이 영원히 끊어지기 때문이며, 만물을 감싸 안기 때문이며, 온갖 덕을 갖추고 있기 때문이며, 어떠한 모습이라도 나타내기 때문이다. 그러므로 "법의 성품 진여의 바다"라고 한다.

이는 『화엄경』에서[2] "비유하면 깊고 큰 바다에 진귀한 보배가 다함이 없고 그 가운데 온갖 중생의 모습이 나타나듯, 깊고 깊은 인연의 바다에는 공덕의 보배가 다함이 없고 깨끗하고 맑은 법신 가운데는 어떤 모습이라도 나타나기 때문이다."고 말한 내용과 같다. 이것으로 '보배로운 법'을 찬탄하는 것을 마친다.

---

1. 논-12 참조.
2. 인용문 전거 13번 참조.

다음 구절은 '보배로운 수행자'를 찬탄하는 대목이다. "그 안에는 무량 공덕 갖추고 있어"라고 표현한 것은 덕을 내세워 사람을 취한 것이다. 이는 '보살이 닦아야 할 열 가지 마지막 수행 단계'의 수행자가 한 가지 덕행을 닦아나가도 여기에 온갖 덕행이 모인다는 것을 말한다.

그 수행 하나하나가 모두 법계와 같아 헤아릴 수 없이 많은 공덕을 쌓는 것이기 때문에 '무량 공덕'이라고 말한다. 이런 공덕이 모두 보살에 속하고 보살은 이 공덕을 거둘 수 있기에 '갖추고 있다'고 부르는 것이다.

다음에 말한 "참 진리를 여실하게 닦으신 이여"라고 표현한 것은 바로 수행의 공덕을 찬탄한 것이다.

『보성론』에서[1] '바른 바탕에 있는 지혜'를[2] '실답게 나오는 행'이라고 하고 '깨달은 뒤에 중생을 돕고자 하는 지혜'를[3] '중생을 위해 두루 실천하는 행'이라고 했는데, 여기서 말한 '여실하게 닦으신'은[4] '바른 바탕에 있는 지혜'에 해당되고 이어 한문원문에서 '등(等)'이라고 언급한 것은 '깨달은 뒤에 중생을 돕고자 하는 지혜'에 해당된다.

만약 『법집경』의 내용에 따른다면 온갖 행에 있는 처음과 끝을

---

1. 『보성론』은 4세기 말경 인도 논사 견혜의 책이라고 전해지는 『구경일승보성론』의 약칭이며 4권으로 되어 있다. 내용은 여래장 자성의 깨끗하고 맑은 뜻을 밝힌 것이다. 인용문 전거 14번 참조.
2. '바른 바탕에 있는 지혜'는 근본지나 근본무분별지 또는 무분별지나 如理智라고 말하기도 한다. 그 자체가 진리로서 能緣과 所緣의 차별이 없는 절대적 지혜이니 이는 모든 지혜와 또한 '깨달은 뒤에 중생을 돕고자 하는 지혜'를 내는 근본이 된다.
3. '깨달은 뒤에 중생을 돕고자 하는 지혜'는 如量智나 權智 또는 俗智라고도 한다. 근본지로 말미암아 분별하는 지혜를 말한다.
4. 如實修行은 진여를 증득한 위 그 자체에서 행해지는 無修而修의 행을 말한다.

두 마디에 모두 거둘 수 있으니, '여실하게 닦아나가는 것'과 '게으름을 피우지 않는 것'이다. 이를 『법집경』에서[1] 다음과 같이 말하였다.

'여실하게 닦아나가는 것'은 깨달음에 대한 원력을 말하고, '게으름을 피우지 않는다는 것'은 깨달음에 대한 원력을 충분히 뒷받침하는 것을 말한다. 또 '여실하게 닦아나가는 것'은 보시를[2] 수행하는 것이고, '게으름을 피우지 않는다는 것'은 그 보답을 구하지 않는 것이다. 이와 같이 깨끗한 계율을 지녀 도에서 물러나지 않는 마음을 갖추고, 참아내는 행을 닦아 생멸이 없는 지혜를[3] 얻으며, 좋은 모든 마음의 뿌리를 구하나 지치거나 싫증내는 법이 없으며, 일부러 맘먹고 하려는 일을 모두 버리며, 선정을 닦으나 선정에 집착하지 않으며, 다 갖추어진 지혜로 모든 법을 망령되이 분별하지 않는다. 이와 같이 여실하게 닦아나가는 것과 게으름을 피우지 않는다는 것과 같은 많은 것들을 말하고 있다.

지금 여기서 표현한 "여실하게 닦으신"은 곧 깨달음에 대한 원력을 나타내고 나아가 지혜를 다 갖추는 것이며, 이어서 말한 한문원문의 '등(等)'은 게으름을 피우지 않는다는 내용을 취하여 깨달음에 대한 원력을 다 갖추고 모든 법을 망령되이 분별하지 않는다는 것이다.

'보배로운 부처님'과 '보배로운 법'과 '보배로운 수행자'를 공경하고 귀의하는 내용 설명은 여기서 다 마친다.

논을 쓴 뜻을 말함

[논-2] 중생들의 온갖 의심 풀리게 하고

---

1. 『법집경』은 보리유지의 번역이니 6권으로 되어 있다. 인용문 전거 15번 참조.
2. 보시는 재시 법시 무외시 세 종류가 있다.
3. 無生忍은 모든 것에 생멸이 없다는 사실을 아는 지혜를 말한다.

집착으로 생긴 견해 버리게 하며
참 대승의 바른 믿음 일깨워 주어
부처님 씨 이어 가기 바라옵기에.

[소-2] 다음은 『기신론』을 쓰게 된 큰 뜻을 이야기한다. 논을 쓰게 된 큰 뜻은 두 가지를 벗어나지 않는다. 앞 게송 절반은 중생들을 교화하기 위한다는 내용을 밝히고, 나머지 게송 절반은 부처님의 도를 널리 퍼뜨리기 위한다는 내용을 드러낸다.

중생이 영원히 삶과 죽음의 바다에 빠져 열반의 언덕에 가지 못하는 까닭은 의혹과 잘못된 집착이 있기 때문이다. 그러므로 지금 중생을 가르칠 고갱이는 중생의 의혹과 잘못된 집착을 버리게 해야 한다.

의혹을 논하자면 많겠으나 대승을 찾는 이에게는 두 가지가 있다. 하나는 법을 의심함이니 공부할 마음에 대한 걸림돌이요, 또 하나는 법에 이르는 길을 의심함이니 수행에 대한 걸림돌이다.

법을 의심하는 것은 다음과 같은 의심을 말한다. 대승 그 법의 바탕은 하나인가 여럿인가. 하나라면 다른 법이 없으며 다른 법이 없기 때문에 모든 중생은 없다. 그렇다면 보살은 누구를 위하여 넓고 큰 서원을 내겠는가.

만약 법이 여럿이라면 그 바탕은 같지 않으며 바탕이 같지 않기 때문에 모든 중생과 나는 서로 다르다. 그렇다면 어떻게 모든 중생을 나와 같이 생각하고 자비로운 큰마음을 일으킬 수 있겠는가. 이런 의구심 때문에 공부할 마음을 내지 못하는 것이다.

법에 이르는 길을 의심하는 것은 다음과 같다. 여래가 내세운 가르침이 많으니 어느 가르침에 따라 처음부터 수행할 것인가. 많은 가르침을 다 함께 따라야 한다면 단번에 수행에 들어갈 수 없고, 한 두 가르침에 따르는 것이라면 어느 것을 버리고 어느 것에 따라 공부해 갈 것인가.

이런 의심으로 수행을 제대로 할 수 없기 때문에, 지금 이 두 가지 의심을 없애기 위하여 한마음이라는 법을 내세워 생멸의 길과 진여의 길을 펼치는 것이다.

'한마음이라는 법'을 내세우는 것은 법에 대한 의심을 없앤다. 대승의 법은 오직 한마음이 있을 뿐임을 밝히니 한마음 말고는 다른 법이 없다.
다만 무명이 자신의 한마음을 어지럽혀 모든 물결을 일으켜서 여섯 갈래 중생의 나쁜 길에[1] 윤회할 뿐이므로, 여섯 갈래 중생의 나쁜 길에 윤회하더라도 한마음의 바다를 벗어나지 못하는 것이다.

정말로 마음 하나의 움직임이 여섯 갈래 중생의 나쁜 길을 만들고 있으므로 널리 중생을 구제하려는 원력을 나타낼 수 있고, 여섯 갈래 중생의 나쁜 길이 마음 하나를 벗어나지 않고 있기 때문에 중생을 같은 몸이라고 생각하고 자비로운 큰마음을 일으킬 수 있다. 이와 같이 의심을 없애야 큰마음을 낸다.
생멸의 길과 진여의 길을 펼치는 것은 법에 이르는 길에 대한 의혹을 없앤다. 비록 부처님의 가르침이 많다 하더라도 처음부터 하는 수행은 두 가지 길을 벗어나지 않는다는 것을 밝히니, 진여의 길에 따라 지행(止行)을[2] 닦고 생멸의 길에 따라 관행(觀行)을[3] 일으키는

---

1. 여섯 갈래 중생의 나쁜 길은 중생이 윤회하는 지옥·아귀·축생·아수라·인간·천상을 말한다.
2. 止行(Samatha)은 고요하게 마음을 한 곳에 머물게 하는 것이다.
3. 觀行(Vipasyana)은 선정에서 나타나는 경계를 통찰하는 지혜이다.

것이다.

지행과 관행을 같이 닦아야 온갖 행이 갖추어지니, 이 두 길에 들어가면 모든 방편에 다 통달한다. 이와 같이 의심을 벗어나야만 수행의 길을 제대로 갈 수 있다.

"집착으로 생긴 견해를 버린다."는 표현에서, 이 집착에도 두 가지 잘못된 집착이 있으니 이른바 인집(人執)과[1] 법집(法執)이다.[2] 이 두 가지를 버려야만 하는 뜻은 논을 전개하는 본문에서[3] 말할 것이다. 중생을 교화한다는 뜻을 여기서 다 말했다.

"참 대승의 바른 믿음 일깨워 주어, 부처님 씨 이어가기 바라옵기에"라는 두 마디 게송은 부처님의 도를 널리 퍼뜨리려는 내용이다. 법(法)과 법에 이르는 길에[4] 대한 의심을 없애고 굳은 믿음을 일으켜 대승은 오직 한마음뿐이라는 사실을 믿고 알기 때문에 "참 대승의 바른 믿음을 일깨운다."고 말하는 것이다.

앞의 두 가지 집착을 버려 분별이 없는 지혜를[5] 얻고 여래의 집에 태어나 부처님의 지위를 잇기 때문에 "부처님 씨를 이어간다."고 말하는 것이다. 이는 『대지도론』에서[6] "불법의 큰 바다는 믿음으로써 들어갈 수 있고 지혜로[7] 건널 수 있다."고 말한 내용과

---

1. 人執은 오온이 뭉쳐 성립된 몸에서 늘 존재하고 마음대로 할 수 있는 實我가 있다고 집착하는 것이다.
2. 法執은 헛되이 나타나는 경계를 실재하는 것으로 집착하는 것이다.
3. 본서 논-58 참조.
4. 二邊은 법과 부처님의 가르침에 대한 의심을 말한다.
5. 무분별지는 진여를 올바르게 체득한 지혜이다. 진여의 모양은 우리들의 말과 글자로 어떻게 형용할 수 없기에 분별하는 마음으로 그 체성에 계합할 수 없고, 모든 생각과 분별을 여읜 참 지혜로만 알 수 있기에 무분별지라고 한다.
6. 인용문 전거 16번 참조.
7. 知慧能度는 『대지도론』 본문에서 智爲能度로 되어 있다. 앞의 주를 참조.

같다. 그러므로 믿음과 지혜를 내세워 부처님의 도를 널리 퍼뜨릴 것을 밝히는 내용이다.

게송 원문의 첫머리에서 '위(爲)'라고 말하고 맨 아래에서 마무리 지어 '고(故)'라고 말한 것은, 중생의 의심을 없애고 부처님의 도를 널리 퍼뜨리려는 이 두 가지 뜻을 밝히려고 했기 때문에 이 논을 지었다는 것이다.

삼보에 귀의하고 공경하며 이 논을 쓰게 된 뜻을 다 말하였다.

본론 – 논에서 하고 싶은 이야기는

* 지금부터는 두 번째 내용인 '논에서 하고 싶은 이야기'를 바르게 내세운 곳인데, 여기에는 세 단락이 있다. 첫째 단락에서는 전체 내용을 드러내 말하고, 둘째 단락에서는 그 내용을 다섯으로 나누어 장(章)을 열며, 셋째 단락에서는 나누어 놓은 장(章)에 따라 그 내용을 따로 풀이한다. 본문을 말하는 대목에서 그 내용을 알 수 있다.

논 전체의 내용을 드러내 말함

[논-3] 논에서 "어떤 법이 대승에 대한 믿음의 근본을 일으킬 수 있다."고 하니, 이 때문에 반드시 이 내용을 말해야 한다.

[소-3] 처음에 말한 '어떤 법'은 한마음의 법을 말한다. 사람들이 이 법을 잘 이해하면 반드시 커다란 믿음을 일으킬 수 있으므로 "대승에 대한 믿음의 근본을 일으킬 수 있다."고 한다. 믿음의 근본 모습은 제목을 풀이한 데서 말한 것과 같다.[1] 믿음의 근본이 섰다면 곧 부처님의 도에 들어가고, 부처님의 도에 들어갔다면 영원한 보배를 얻는다. 이와 같은 큰 이익을 논으로 말미암아 얻기 때문에 이 내용을 반드시 말해야 한다는 것이다.

전체 내용을 드러내어 말하는 것을 여기서 마친다.

---

1. 본서 소-4 참조.

논을 다섯 부분으로 나눔

[논-4] 이 내용은 다섯 부분으로 설명하니 어떤 것들이 그 다섯인가. 첫째는 '논을 쓰게 된 인연이 무엇인가를 설명하는 부분'이요, 둘째는 '대승의 법(法)과 의(義)는 무슨 내용인가를 간략하게 설명하는 부분'이요, 셋째는 '법(法)과 의(義)를 자세히 풀이하는 부분'이요, 넷째는 '믿음과 다섯 가지 방편을 수행하는 부분'이요, 다섯째는 '수행의 이익을 보여 주어 공부할 것을 권하는 부분'이다.

[소-4] 둘째 단락은 전체 내용을 다섯으로 나누어 장(章)을 연다. "다섯 부분이 있다."고 한 것은 장(章)의 수를 내세운 것이며, "어떤 것들이…" 아래는 그 장(章)의 이름을 늘어놓은 것이다.

"논을 쓰게 된 인연이 무엇인가를 설명하는 부분"은 논을 쓰는 까닭이니, 지혜로운 사람은 할 바를 먼저 알아야 하기 때문이다.

"대승의 법(法)과 의(義)는 무슨 내용인가"는 논을 만든 인연을 이야기했으면 으레 바른 이치를 세워야 한다는 내용이다. 만약 바른 이치를 간략하게 제대로 세우지 않으면 이 논의 핵심을 잘 알지 못하기 때문이다.

"법(法)과 의(義)를 자세히 풀이하는 부분"은 핵심을 간략하게 제대로 세웠으면 이어서 자세하게 설명해야 한다는 내용이다. 만약 제대로 풀어서 말할 수 없다면 옳은 이치를 알기 어렵기 때문이다.

"믿음과 다섯 가지 방편을 수행하는 부분"은 이 풀이에 따라 믿음을 일으키면 반드시 공부를 해야 한다는 내용이다. 머리로는 알지만 실제 수행이 따르지 않는다면 논의 뜻에 맞지 않기 때문이다.

"수행의 이익을 보여 주어 공부할 것을 권하는 부분"은 무슨 내용인가. 믿음과 다섯 가지 수행을 가르치더라도 마음의 좋은 뿌리가 없는 사람은 수행을 하지 않기 때문에 수행해서 얻는 이익을 내세워 반드시 공부하도록 권하는 것이다. 그러므로 '수행의 이익을 보여 주어 공부할 것을 권하는 부분'이라고 말한다.

1장. 논을 쓰게 된 인연은 무엇인가

* 다음은 셋째 단락으로 장(章)에 따라 따로 풀이하는 곳으로서 다섯 부분으로 나눈다.
* 첫 부분에 두 가지 내용이 있으니, 먼저 장(章)의 이름을 드러내고 다음은 인연을 나타낸다.

[논-5] 처음은 논을 쓰게 된 인연이 무엇인가를 설명한다.

* 논을 쓰게 된 인연을 드러내는 가운데 두 개의 문답이 있으니, 하나는 곧바로 인연을 나타내고, 다른 하나는 '기신론을 꼭 써야만 했는가.'라는 의심을 없앤다.

논을 쓰게 된 인연을 말함

[논-6] 물음 : 무슨 인연으로 이 논을 만듭니까.

대답 : 이 인연에는 여덟 가지가 있으니 어떠한 것들이 그 여덟인가.

첫째, 인연을 뭉뚱그려 한마디로 말하면 중생들이 모든 괴로움에서 벗어나 궁극의 즐거움을 얻게 하는 것이니 세간의 대가와 명예와 존경을 바라는 것이 아니다.

둘째, 여래의 근본 뜻을 풀이하여 중생들이 모두 그 뜻을 바르게 알아 그릇됨이 없기를 바라는 것이다.

셋째, 마음의 좋은 뿌리가 성숙한 중생들이 대승법을 받아들여 대승

법에 대한 믿음에서 물러나지 않기를 바라는 것이다.

넷째, 마음의 좋은 뿌리가 적은 중생들이 믿음을 닦아 익히기를 바라는 것이다.

다섯째, 중생들이 방편을 배워 악업을 녹이고 그 마음을 잘 보호하여 어리석음과 잘난 체하는 마음을 멀리 여의고 삿되고 나쁜 악업의 그물에서 벗어나기를 바라는 것이다.

여섯째, 중생들이 지행(止行)과 관행(觀行)을 닦아 익혀 범부와 이승(二乘)의[1] 허물을 고치도록 바라는 것이다.

일곱째, 중생들이 염불에 전념하는 방편을 배워 부처님 앞에 새롭게 태어나 굳은 믿음에서 물러나지 않기를 바라는 것이다.

여덟째, 중생들에게 수행의 이익을 보여 주어 수행을 하도록 권하는 것이다. 이것이 이 논을 쓰게 된 인연이다.

[소-6] 첫 번째 물음의 뜻은 알 수 있다. 답은 뭉뚱그린 답과 나누어 풀이하는 것과 다시 전체를 마무리 짓는 세 부분으로 나뉜다. 두 번째 답에서 여덟 가지 인연으로 나누어 풀이하는 가운데 첫 번째는 뭉뚱그린 인연이며, 뒤의 일곱은 부분 인연이다.

첫 번째 뭉뚱그린 답에는 두 가지 뜻이 있다. 하나는 보살들이 하는 모든 일은 언제나 중생들이 괴로움을 떠나 즐거움을 얻게 하는 것이니, 이것은 이 논을 쓰게 된 인연에만 해당되는 것이 아니기 때문에 뭉뚱그린 답이라고 표현한 것이다. 다른 하나는 이와 같은

---

1. 이승은 소승인 성문과 연각을 말한다.

뭉뚱그린 인(因)이 '대승의 법(法)과 의(義)는 무슨 내용인가.'의 연(緣)이 된다고 보지만, '대승의 법(法)과 의(義)는 무슨 내용인가.'는 모두 '법(法)과 의(義)를 자세히 풀이하는 부분'의 근본이 되기 때문에 이와 같은 뭉뚱그린 인(因)이 저 '법(法)과 의(義)를 자세히 풀이하는 부분'의 연(緣)도 된다. 이 뜻에 따르기 때문에 또한 뭉뚱그린 답이라고 이해하는 것이다.

"모든 괴로움에서 벗어난다."고 말한 것은 분단생사와[1] 변역생사의[2] 모든 괴로움을 말하며, "궁극적인 즐거움"은 깨달음인 대열반의 즐거움을 말한다.

"세간의 대가를 바라는 것이 아니다."는 뒷날 인간세계와 천상세계의 부귀와 즐거움을 바라지 않는다는 뜻이며, "명예와 존경을 바라는 것이 아니다."는 현재의 삶에서 헛된 일을 찾지 않겠다는 뜻이다.

다음의 일곱 가지는 부분 인(因)이다. 이 인(因)들은 오직 이 논만을 위한 인(因)이 되기 때문이며, 본문 가운데 '법(法)과 의(義)를 자세히 풀이하는 부분'의 일곱 군데에 해당되는 부분적인 연(緣)이 되기 때문이다.

여덟 가지 인연에서 둘째 인(因)은[3] '법(法)과 의(義)를 자세히 풀이하는 부분' 안에 있는 세 단락[4] 가운데 두 단락 곧 '올바른 뜻을 드러내 보인다.'와 '삿된 집착을 다스린다.'를 말한 부분의 인연이 된다.

---

1. 분단생사는 여섯 갈래 중생의 나쁜 길에 윤회하는 범부들의 삶과 죽음을 말한다.
2. 변역생사는 삼계에 윤회하는 몸을 떠난 뒤에 성불하기 전까지 보살이 받는 삼계 밖의 삶과 죽음을 말한다.
3. 일곱 가지 別因 중 첫 번째는 전체를 분류하는 가운데의 두 번째가 된다.
4. '올바른 뜻을 드러내 보인다.'와 '삿된 집착을 다스린다.'와 '도 닦을 마음을 내어 공부하는 모습을 분별한다.'를 말한다. 본서 논-4 참조.

'올바른 뜻을 드러내 보인다.' 가운데서 "한마음 법으로 말미암아 두 가지 길이 있다. 이 두 가지 길이 모두 저마다 모든 법을 거두어 들인다."고 말하니, 이것이 여래가 말한 모든 법문의 근본 이치라는 사실을 알아야 한다. 한마음의 두 길 안에 모든 법의 이치가 들어 있기 때문이다. 그러므로 "여래의 근본 뜻을 풀이한다."고 말한다.

'법(法)과 의(義)를 자세히 풀이하는 부분'의 두 번째 단락인 '삿된 집착을 다스린다.'는 두 가지 그릇된 집착인 중생들의 인집(人執)과 법집(法執)을 버리게 되므로 "중생들이 그 뜻을 바르게 알아 그릇됨이 없기를 바라는 것이다."고 말하는 것이다.

셋째 인(因)은 '법(法)과 의(義)를 자세히 풀이하는 부분' 안의 세 번째 단락을 위한 인연이 된다. 세 번째 단락인 '도 닦을 마음을 내어 공부하는 모습을 분별한다.'는 근기가 뛰어난 사람이 확실하게 공부할 마음을 내고 큰 도에 나아가 이를 받아들여 공부에서 물러나지 않는 위치에[1] 머물게 되기 때문이다. 그러므로 "마음의 좋은 뿌리가 성숙한 중생들이 대승법을 받아들여 대승법에 대한 믿음에서 물러나지 않기를 바라는 것이다."고 말한다.

넷째 인(因)은 본문 가운데[2] '믿음과 다섯 가지 방편을 수행하는 부분'에 있는 처음 네 종류 믿음과 수행에 대한 글을 위한 인연이 된다. 그러므로 "마음의 좋은 뿌리가 적은 중생들이 믿음을 닦아 익히기를 바라는 것이다."고 말한다.

다섯째 인(因)은 본문 가운데[3] 넷째 장인 '믿음과 다섯 가지 방편을 수행하는 부분'의 끝 부분에 "또 사람들이 믿음을 닦더라도 전생부터

---

1. 불퇴위는 한번 어떤 경계에 도달한 뒤 수행에서 물러나는 일이 없는 위치이다.
2. 본서 논-71 참조.
3. 본서 논-75 참조.

지은 무거운 악업이 많기 때문에…"라고 말한 그 아래에서, 장애를 없애는 법을 말한 다섯 줄쯤 되는 글에 대한 인연이 된다. 그러므로 "중생들이 방편을 배워 악업을 녹이고 그 마음을 잘 보호하여 어리석음과 잘난 체하는 마음을 멀리 여의고 악업의 삿되고 나쁜 그물에서 벗어나기를 바라는 것이다."고 말한다.

여섯째 인(因)은 본문 가운데[1] '믿음과 다섯 가지 방편을 수행하는 부분'의 "어떻게 지관(止觀)을 수행하는가."라고 말한 그 아래부터 "지관(止觀)을 함께 갖추지 않으면 깨달음의 도에 들어갈 수 없다."라고 한 데까지의 세 장쯤 되는 글에 대한 인연이 된다. 그러므로 "중생들이 지행(止行)과 관행(觀行)을 닦아 익혀 범부와 이승의 허물을 고치도록 바라는 것이다."고 말한다.

일곱째 인(因)은 본문 가운데 '믿음과 다섯 가지 방편을 수행하는 부분'의 끝 부분에[2] "다시 중생이 처음 이 법을 배워…"라고 말한 그 아래부터 정토에 왕생하기를 권하는 여덟 줄쯤 되는 글에 대한 인연이 된다. 그러므로 "중생들이 염불에 전념하는 방편을 배워 부처님 앞에 새롭게 태어나 굳은 믿음에서 물러나지 않기를 바라는 것이다."고 말한다.

여덟째 인(因)은 본문의 다섯째 장인 '수행의 이익을 보여 주어 공부할 것을 권하는 부분'의 글에[3] 대한 인연이 된다. 그러므로 "중생들에게 수행의 이익을 보여 주어 수행하도록 권하는 것이다."고 말한다.

---

1. 본서 논-76~83 참조.
2. 본서 논-84 참조.
3. 본서 논-85 참조.

이어서 말한 "이것이 이 논을 쓰게 된 인연이다."는 세 번째인 전체를 마무리 짓는 부분이다.

글을 쓰게 된 인연에 대한 설명을 여기서 마친다.

기신론을 꼭 써야 하는가에 대한 의심을 없앰

[논-7] 물음 : 경 가운데 이 법을 다 갖추고 있는데 다시 설명하는 까닭은 무엇입니까.

대답 : 경 가운데 이 법이 있더라도 중생의 마음과 행동이 다르고 법을 받아들여 이해하는 인연이 다르기 때문이다.

말하자면 여래가 세상에 계실 때는 중생도 근기가 뛰어났고 법을 말씀하시는 분의 능력도 뛰어났기에 오롯한 소리로 한 번 말함에 여러 계층의 중생들이 똑같이 이해하여 논이 필요치 않았다.

그런데 여래께서 입멸하신 뒤에는 혼자 힘으로 불법을 많이 들어야 이해하는 중생이 있을 수 있고, 혼자 힘으로 불법을 적게 듣고도 많이 아는 중생이 있을 수 있으며, 스스로 불법을 알 수 있는 힘이 없기에 많은 논의 도움이 있어야 알 수 있는 중생도 있을 수 있으며, 또한 분량이 많은 논은 번거롭게 여기고 여러 가지 뜻을 간단하게 정리한 것을 좋아하여 적은 글에 많은 뜻이 담겨 있더라도 이해할 수 있는 중생이 있을 수 있다.

이런 보기들과 같이 이 논은 여래의 깊고 넓은 법의 헤아릴 수 없이 많은 이치를 담으려고 하기에 이 논을 설해야 하는 것이다.

[소-7] 논을 쓰게 된 인연에 대한 두 개의 문답 가운데 의심을 없애

는 부분이다. 물음에서 "경 가운데 이 법을 다 갖추고 있다."고 한 것은 앞의 여덟 가지 인연에 따라 말해진 법들을 말한다.

이는 '대승의 법(法)과 의(義)는 무슨 내용인가'에서 정리한 법(法)과 의(義)의 내용부터 '수행의 이익을 보여 주어 공부할 것을 권하는 부분'에서 보여 준 이익을 말하는 부분까지의 내용들이다.

이와 같은 모든 법을 경에서 다 갖추어 말한 것은 모두 중생들이 괴로움을 떠나 즐거움을 얻도록 바라는 것인데, 지금 다시 이 논을 지어 거듭 그런 법을 말하는 것이 어찌 명예와 이익을 찾는 것이 아니겠는가. 이 때문에 "다시 설명하는 까닭은 무엇입니까."라고 말하는 것이다. 이는 의심을 내세워 물은 내용이다.

대답 가운데 세 부분이 있으니, 간단히 대답하는 부분과 자세히 풀이하는 부분과 간략하게 답을 마무리 짓는 부분이다.

대답 가운데 "경 가운데 이 법이 있더라도"라고 말한 것은 묻는 말을 알아주고, "중생의 마음과 행동이 다르고 법을 받아들여 이해하는 인연이 다르기 때문이다."고 답한 것은 묻는 사람의 의심을 없앤다. 경과 논에서 말한 법이 다를 것이 없더라도 그 법을 받아들여 이해하는 자의 마음과 행동은 같지 않다는 것이다. 때로는 경에 기대어 논이 필요치 않은 사람이 있고, 때로는 논에 기대어 경이 필요치 않은 사람도 있다. 그러므로 논이 필요한 사람을 위하여 반드시 이 논을 만들어야 한다는 것이다. 답의 뜻은 이와 같다.

그 다음은 자세히 풀이한 부분으로 그 가운데 두 가지가 있다. 먼저 부처님께서 세상에 계실 때는 법을 말씀하시는 분과 듣는 이들이 모두 뛰어났다는 사실을 밝히고, 뒤에 여래가 멸도하신 뒤에는 법을 받아들이는 중생의 인연이 달라졌다는 사실을 드러낸다.

처음에 "여래가 세상에 계실 때는 중생도 근기가 뛰어났다."고 말한 것은 법을 듣는 사람의 능력이 뛰어났다는 사실을 밝히는 것이며, "법을 말씀하시는 분의 능력이 뛰어나다."고 말한 것은 법을 말씀하시는 사람의 능력이 뛰어났다는 사실을 드러내는 것이며, "오롯한 소리로 한 번 말한다."는 것은 말씀하시는 분의 능력이 뛰어난 것이며, "여러 계층의 중생들이 똑같이 이해한다."는 것은 법을 듣는 사람의 능력이 뛰어난 것이며, "논이 필요치 않다."는 것은 말씀하시는 분과 듣는 사람들이 모두 뛰어났다는 뜻으로 마무리를 짓는 것이다.

여기에서 말하는 '오롯한 소리'는 곧 '하나의 소리'이니, '하나의 소리'와 '오롯한 소리'는 무슨 뜻인가. 옛날부터 여러 논사들이 말한 내용이 모두가 같지는 않았다. 어떤 논사는 다음과 같이 말하였다.

모든 부처님은 오직 '진리 자체로 갖는 몸'일 뿐, 어떠한 모습으로도 몸을 삼지 않기에 어떤 형태나 소리가 없다. 다만 중생의 근기에 따라 헤아릴 수 없이 많은 모습과 소리를 나타낼 뿐이다. 이는 빈 골짜기에 소리가 없는데도 환호성에 따라 나오는 메아리 소리와 같다. 그러니 부처님 입장에서는 소리가 없는 것으로서 하나의 모습이지만, 중생의 근기를 따른다는 입장에서는 다양한 소리이니 하나의 모습이 아니다.

'하나의 소리'이며 '오롯한 소리'라고 말하는 것은 무슨 뜻인가. 그것은 같은 때와 곳에서 부처님의 설법을 들은 삼계의 중생들이 그 내용을 똑같이 이해하고 스스로의 성격과 소질에 따라 하나의 소리로 말하는 그 내용을 이해하기 때문이다. 다른 소리가 들려오지 않아 마음에 혼란이 일지 않는 이 소리의 특별함 때문에 '하나의 소리'라고 하고, 그 소리가 시방세계에 두루 퍼져 중생의 근기에 따라 들리지 않는 곳이 없기에 '오롯한 소리'라고 한다. 허공이 이 세계에 가득 차 있되 별다른 소리가 없는 것과 같음을 말하는 것이 아니다. 이는 경에서 "여러 계층의 소리를 따라 널리 중생들에게 알린다."고 한 말이 바로 이 말을 뜻한다.

어떤 이는 다음과 같이 말하였다.

부처님의 입장에서는 진실로 하나의 색과 소리만 있다. 그 소리가 오롯하여 한 곳으로 치우치는 곳이 없기에 조금도 궁음(宮音)[1]이나 상음(商音)의[2] 차이가 조금도 없거늘, 어찌 평성(平聲)이나 상성(上聲)으로[3] 다를 것이 있겠는가.

다른 곡조가 없기에 '하나의 소리'라고 하고, 그 소리가 고루 두루 미치지 않는 곳이 없기에 '오롯한 소리'라고 한다. 다만 '오롯한 소리'가 증상연이[4] 되므로 중생의 근기에 따라 많은 소리가 나타나니, 이는 보름달이 오직 둥근 꼴인데도 물그릇의 생긴 모양에 따라 여러 그림자를 나타내는 것과 같다. 부처님의 소리에 대한 도리도 그러하다는 것을 꼭 알아야만 한다.

이는 『유마경』에서[5] "부처님께서는 하나의 소리로 법을 말씀하시지만 중생들은 저마다 자기들의 수준에 따라 법을 이해한다."고[6] 말한 것과 같다."

---

1. 궁음은 음률의 밑바탕이 되는 궁·상·각·치·우 다섯 음계 중 첫 번째 음이다.
2. 상음은 음률의 밑바탕이 되는 궁·상·각·치·우 다섯 음계 중 두 번째 음이다.
3. 평성과 상성은 한자 4성 가운데 하나이다. 4성은 평성·상성·거성·입성이다.
4. 증상연은 다른 것이 생겨나게 도와주는 힘과 생겨나는 것을 방해하지 않는 것이 있다.
5. 『유마경』은 구마라습 번역으로 3권 14품으로 되어 있다. 『유마힐소설경』이나 『불가사의해탈경』 또는 『정명경』이라고도 한다.
6. 인용문 전거 17번 참조.

또 다른 이는 다음과 같이 말하였다.

부처님께는 진실로 많은 음성이 있다. 중생들이 하는 말은 모두 부처님의 가르침에서[1] 나오는 소리로 담아진다. 다만 이 부처님의 소리는 걸림이 없어 하나의 소리가 곧 모든 소리이고, 모든 소리가 곧 하나의 소리일 뿐이다. 모든 소리가 하나의 소리이기에 '하나의 소리'라 하고, '하나의 소리'가 모든 소리이기에 '오롯한 소리'라고 한다.
이는 『화엄경』에서 "모든 중생의 언어를 남김없이 한 마디로 말하니, 맑고 깨끗하고 비밀스런 소리를 다 알리고 하는 까닭에 보살은 처음으로 공부할 마음을 낸다."고[2] 말한 것과 같다.
또 이 부처님의 소리는 생각할 수 없는 놀라운 일이어서 하나의 소리가 곧 모든 소리일 뿐 아니라, 또한 모든 법에 똑같이 두루 그 영향이 미치지 않는 것이 없다.

이제 간단히 여섯 짝을 들어 똑같이 두루 영향을 미치는 모습을 드러내겠다.

첫째 짝은 모든 중생과 모든 법에 똑같이 두루 영향을 미치는 것이며,
둘째 짝은 시방삼세 모든 때와 곳에서 똑같이 두루 영향을 미치는 것이며,
셋째 짝은 모든 응신 부처님과 모든 화신 부처님에게 똑같이 두루 영향을 미치는 것이며,
넷째 짝은 모든 법계와 허공계에서 똑같이 두루 영향을 미치는 것이며,

---

1. 법륜은 부처님의 가르침이 한 곳에 머물러 있지 않고 늘 퍼뜨려져 모든 사람에게 다가가는 모양을 수레바퀴에 비유한 것이다.
2. 인용문 전거 18번 참조.

다섯째 짝은 걸림 없이 서로 들어가는 세계와 헤아릴 수 없이 많은 국토를 내놓은 세계에서 똑같이 두루 영향을 미치는 것이며, 여섯째 짝은 모든 행이 일어나는 세계와 고요한 열반 세계에서 똑같이 두루 영향을 미치는 것이다.

이 이치는 『화엄경』에서 세 가지 걸림이 없는 도리로[1] 말한 내용과 같다. 하나하나의 소리를 따라 이 여섯 짝에 똑같이 두루 영향을 미치면서도 언제나 그 소리는 잡다하거나 어지럽지가 않다.

소리가 이 여섯 짝에 두루 영향을 미치지 못하는 곳이 있다면 그 소리는 '오롯한 소리'가 아니다.

반대로 똑같이 두루 영향을 미침으로 그 소리를 잃는다면 그 소리는 '하나의 소리'가 아니다.

그러나 지금은 소리 자체를 부수지 않으면서 똑같이 두루 영향을 미치며, 두루 영향을 미치면서도 소리의 차별이 있다. 이 도리로 '오롯한 소리'를 이룬다. 이것은 생각으로 알 수 있는 것이 아니니 법신의 자재한 이치로 드러나기 때문이다.

'하나의 소리'에 있는 뜻을 이와 같이 간단히 말하고 다른 논의는 그치며 다시 본문을 풀이하겠다.

다음은 논을 만들게 된 인연을 자세히 풀이하는 내용의 두 번째 답 부분인데, 부처님께서 입멸하신 뒤에 중생의 마음과 행동에 부처님의 법을 받아들이는 데 차별이 있게 된 사실을 밝힌다.

---

1. 세 가지 무애는 摠持無礙・辯才無礙・道法無礙를 말한다.

이 가운데 따로 네 부류의 중생이 나오는데 처음 둘은 경에 기대어 부처님의 법을 알게 되는 사람이고, 뒤의 둘은 논에 기대어 부처님의 법을 알게 되는 사람이다.

처음에 "혼자 힘으로 불법을 많이 들어야 이해할 것"이라고 말한 것은, 경을 많이 듣고 부처님의 뜻을 알 수 있어서 논이 필요치 않으므로 '혼자 힘'이라고 표현한 것이다.

두 번째에 "혼자 힘으로 불법을 적게 듣고도 많이 알 것"이라고 말한 것은, 반드시 모든 경을 많이 공부하지 않더라도 모든 경의 깊은 뜻을 깊이 이해할 수 있고 또한 논이 필요치 않으므로 '혼자 힘'이라고 표현한 것이다.

세 번째에 "스스로 불법을 알 수 있는 힘이 없다."고 말한 것은, 부처님 경전을 바로 보고도 그 뜻을 이해할 수 없으므로 '힘이 없다'라고 표현한 것이다. 『지도론』『유가론』과 같은 논을 읽어야 비로소 경전에서 말한 뜻을 이해하므로 "많은 논의 도움이 있어야 알 것"이라고 말했다.

네 번째에 "분량이 많은 논이 번거롭다."고 한 것은 어떤 중생이 근기가 뛰어나더라도 번거로움을 참지 못하는 것을 말한다. 이 사람은 글은 간단하지만 뜻이 풍부한 논만을 기대어 경전에서 말한 뜻을 깊이 이해하는 것이다. 그러므로 "여러 가지 뜻을 간단하게 정리한 것을 좋아하여 적은 글에 많은 뜻이 담겨 있더라도 이해할 수 있는 중생이 있을 수 있다."고 표현한 것이다.

이 논을 쓰게 된 것은 이 네 부류의 중생들 가운데 네 번째 부류의 중생을 위한 것이지 앞의 세 부류의 중생들을 위한 것이 아니다.

"이런 보기들과 같이…" 아래는 셋째 부분으로서 간략하게 답을 마무리 짓는 부분이다. "이런 보기들과 같이"라고 말한 것은 앞의 네 부류의 사람들을 모두 내세운 것이다. "이 논은…" 아래는 따로 네 번째 사람들에 맞서서 반드시 『기신론』을 지어야만 하는 뜻을 마무리 지어 밝힌 것이다.

지금 이 논이 한 권이지만 모든 경의 뜻을 두루 담고 있기에 "여래의 깊고 넓은 법의 헤아릴 수 없이 많은 이치를 담고 있다."고 말한다. 모든 뜻을 지니고 있는 분량이 적은 글을 좋아하는 네 번째 부류의 중생들은 이 『기신론』을 따라야만 도를 깨달을 수 있기 때문에 "이 논을 말해야 하는 것이다."고 말한다.

2장. 대승의 법(法)과 의(義)는 무슨 내용인가

법과 의를 말함

[논-8] 이미 '논을 쓰게 된 인연이 무엇인가'를 말했고 이어서 '대승의 법(法)과 의(義)는 무슨 내용인가'를 말하겠다. 대승에는 크게 두 종류가 있으니 무엇이 그 둘인가. 하나는 법(法)이요, 다른 하나는 의(義)이다.

법(法)이란 중생심을[1] 말한다. 이 마음이 세간과 출세간의 모든 법을[2] 담고 있으므로 이 마음으로 대승의 뜻을 드러내 보인다. 왜냐하면 이 마음에 있는 진여의 모습이 곧 대승의 체(體)를 보이기 때문이며, 이 마음에 있는 생멸인연의 모습이 대승 그 자체의 상(相)과 용(用)을 보일 수 있기 때문이다.

의(義)에도 세 종류가 있으니 무엇이 그 셋인가.

첫째, 체대(體大)이니 모든 법이 진여로서 평등하여 늘어나고 줄어드는 것이 없기 때문이다.

둘째, 상대(相大)이니 여래장이[3] 여래의 성품에서 나오는 헤아릴 수 없이 많은 공덕을 다 갖추고 있기 때문이다.

---

1. 여기서 말하는 중생심은 중생이 본디 갖추고 있는 보편·평등 진여로서 모든 것을 거두고 펼치며 전 우주를 포용하는 근본 진리이다.
2. 출세간법은 생멸하는 세간의 법을 떠나 상주불변하는 열반을 향하는 법이다.
3. 여래장은 세상의 온갖 현상계에 여래 성품이 갖추어져 있다는 뜻으로서 세상의 실상은 여래 그 자체라는 뜻이다.

셋째, 용대(用大)이니 모든 세간과 출세간의 좋은 인과를 낼 수 있기 때문이며, 모든 부처님이 본디 쓰는 것이기 때문이며, 모든 보살이 이 법을 써서 모두 여래의 경지에 다다르기 때문이다.

[소-8] 둘째 부분에서는 '대승의 법(法)과 의(義)는 무슨 내용인가'를 말한다. 이 글 가운데 두 가지 내용이 있다. 하나는 앞을 마무리 짓고 뒤의 내용을 시작하는 실마리이고, 다른 하나는 '대승' 아래에서 바로 본론의 내용을 말하며 두 방편을 내세우니 법(法)과 의(義)를 말한다. 법은 대승법의 바탕이고 의(義)는 대승의 개념이다.

먼저 법을 내세운 것은 아래[1] 글의 전개에서 '법의 바탕'을 풀이하는 글을 일으키며, 이어서 의(義)를 내세운 것은 아래[2] 글의 전개에서 "또 진여 자체의 모습이란…" 아래에서 의(義)를 풀이하는 글을 일으킨다.

처음에 내세운 대승의 법에도 두 내용이 있다. 하나는 바탕 그 자체에서 법에 있는 전체 내용을 말하니 아래[3] 글의 전개에서 처음 법에 있는 전체 내용을 풀이하는 글을 일으키고, 다른 하나는 방편에 따라 따로 그 내용을 말하니 아래[4] 글의 전개에서 "진여란 또한 어떤 모습이 없으니…" 아래에서 따로 풀이하는 글을 일으키는 것이다.

처음 글에서 "법(法)이란 중생심을 말한다."는 것은 대승 그 자체를 법이라고 부른 것이다. 지금 대승의 모든 법이 모두 별다른 어떤 실체가 없이 오직 한마음을 그 자체로 삼을 뿐이기에 "법이 중생심이

---

1. 본서 논-11 참조.
2. 본서 논-53 참조.
3. 본서 논-11 참조.
4. 본서 논-12 참조.

다."고 말하는 것이다.

"이 마음이 세간법과 출세간의 모든 법을 담고 있다."고 말한 것은 대승의 법이 소승의 법과 다르다는 것을 드러낸다. 참으로 이 마음이 모든 법을 담아 모든 법 자체가 오직 이 한마음일 뿐이니, 소승의 모든 법이 저마다 스스로의 어떤 실체를 갖고 있는 것과는 내용이 다르다. 그러므로 한마음을 대승의 법이라고 말한다.

"왜냐하면…" 아래는 방편에 따라 따로 그 내용을 말한다. 하나의 글인 이 안에 두 가지 뜻이 있으니, 위에서는 전체 뜻을 풀이하고 아래에서는 따로 방편을 세우고자 한 것이다. 그러나 마음의 법은 하나이고 대승의 뜻은 넓은데, 무슨 이치로 바로 이 마음에 따라 대승의 뜻을 나타내는가.

이 때문에 "왜냐하면…"을 말하고, 그 아래에서 뜻을 풀이하여 "마음의 법은 오직 하나이나 두 가지 길이 있으니, 진여의 길 가운데에 대승의 체(體)가 있고 생멸의 길 가운데에 자체의 상(相)과 용(用)이 있다."고 하였다.

대승의 뜻은 이 세 가지를 벗어날 수 없기에 한마음에 따라 대승의 뜻을 나타낸다.

"이 마음에 있는 진여…"라고 말한 것은 진여의 길을 전체로 내세워 아래 글의 전개에서[1] "곧 하나의 법계로서 '전체 큰 모습으로 있는 법에 들어가는 길의 바탕'이다…" 아래의 글을 일으킨다. 이어 "모습"이라고 말한 것은 진여의 모습이니, 아래 글의 전개에서[2] "다시

---

1. 본서 논-11 참조.
2. 본서 논-14 참조.

이 진여는 말로 분별하면 두 가지 뜻이 있으니…" 아래의 글을 일으킨다.

"이 마음에 있는 생멸"이라고 말한 것은 생멸의 길 전체를 내세워 아래 글의 전개에서[1] "여래장에 기대기에 생멸하는 마음이 있다…" 아래의 글을 일으키고, "인연"이라고 말한 것은 생멸의 인연으로 아래 글의 전개에서[2] "다시 생멸인연이란 무엇을 말하는가…" 아래의 글을 일으키며, 이어 "모습"이라고 말한 것은 생멸의 모습으로 아래 글의 전개에서[3] "다시 생멸하는 모습을 분별하는 것에 두 종류가 있으니…" 아래의 글을 일으킨다.

"대승 그 자체의 상(相)과 용(用)을 보일 수 있기 때문이다."고 말한 것은, 곧 생멸의 길 가운데 본각의 마음이 생멸의 체(體)와 인(因)이기 때문이다. 이 때문에 생멸의 길 안에 있는 것이다. 그러나 진여의 길에서 바로 대승의 체(體)를 말하고, 생멸의 길에서 '자체(自體)'라고 말한 것은 깊은 까닭이 있으니, 아래 풀이하는 가운데 그 뜻이 저절로 드러날 것이다.

"상(相)과 용(用)"이라고 말한 것은 두 가지 뜻이 있다.

첫째는 여래장에서 여래의 성품에서 나오는 헤아릴 수 없이 많은 공덕의 모습을 보일 수 있으니 상대(相大)의 뜻이며, 또 여래장에 있는 '생각할 수 없는 놀라운 진여의 활동'을 보이니 용대(用大)의 뜻이다.

둘째는 진여가 만든 오염된 모습을 상(相)이라고 하고 진여가 일으킨

---

1. 본서 논-17 참조.
2. 본서 논-31 참조.
3. 본서 논-42 참조.

정화 작용을 용(用)이라고 하는 것이다.

이는 아래 글에서[1] "진여라는 깨끗한 법은 실제 오염됨이 없으나 다만 무명으로 훈습하기에 오염된 모습이 있고, 무명이라는 오염된 법은 실제 맑은 업이 없으나 다만 진여로 훈습하기에 맑은 작용이 있다."라고 말한 내용과 같다.

법을 내세우는 말은 여기서 다 마친다.

이 아래 두 번째는 의(義)를 내세우는 내용이니 그 가운데 또한 두 부분이 있다. 처음은 '대(大)'의 뜻을 밝히고 다음은 '승(乘)'의 뜻을 밝힌다. 이 부분이 또한 아래 '법(法)과 의(義)를 자세히 풀이하는 부분'의 글을 일으키니 그 글이 있는 곳에서 다시 서로 엮어 말할 것이다.

대(大)의 뜻에서 체대(體大)는 진여의 길에 있고 상대(相大)와 용대(用大)는 생멸의 길에 있다. 생멸의 길 안에 또한 자체가 있으나 다만 그 체(體)로 상(相)을 따르기에 따로 말하지는 않는다.

"여래장이 여래의 성품에서 나오는 헤아릴 수 없이 많은 공덕을 다 갖추고 있기 때문이다."고 말한 것은 두 종류 여래장[2] 가운데 불공(不空) 여래장과 세 종류[3] 여래장 가운데 능섭(能攝) 여래장을[4] 말한다. 여래의 성품에서 나오는 공덕과 용대(用大)의 뜻

---

1. 본서 논-45 참조.
2. 두 종류 여래장은 空如來藏과 不空如來藏을 말한다. 여래의 한량없는 공덕을 지니고 있기에 여래장이라고 한다. 이 여래장이 번뇌와 서로 붙어 어울리지 않을 때는 공여래장이라고 하고, 온갖 덕을 구족하여 어떤 법이라도 나타낼 수 있을 때는 불공여래장이라고 한다.
3. 목판본에서 二種이라고 표기한 것은 三種의 오기이다. 원효, 한국불교전서 제1책. 『금강삼매경론』 상권. p.615.b. 참조.
4. 『불성론』 여래장품에 따르면 藏에는 所攝·隱覆·能攝의 세 가지 뜻이 있다. 진여가 번뇌 가운데 있으면서 여래의 모든 果地 공덕을 갖고 있는 경우 이를 능섭여래장이라고 한다.

은 아래 풀이하는 가운데 자세히 가닥을 쳐서 말하겠다.

'승(乘)'의 뜻을 말하는 곳 가운데 두 마디가 있다. "모든 부처님이 본디 쓰는 것이기 때문이며"라고 말한 것은 결과에서 원인을 보며 '승(乘)'의 뜻을 풀이한 마디이고, "모든 보살이 이 법을 활용하여 모두 여래의 경계에 다다르기 때문이다."고 말한 것은 원인에서 결과를 보며 '승(乘)'의 뜻을 풀이한 마디이다.

3장. 법(法)과 의(義)를 자세히 풀이한다

* 셋째 '법(法)과 의(義)를 자세히 풀이하는 부분'의 글에도 두 내용이 있다. 첫째는 앞을 마무리 짓고 뒤를 일으키는 내용이고, 둘째는 바로 본문의 내용을 풀이한다. 바로 풀이하는 가운데 세 단락이 있으니, 첫째 단락은 전체 내용을 셋으로 나누고, 둘째 단락은 셋으로 나눈 곳에 제목을 붙이고, 셋째 단락은 제목을 붙인 내용을 따로 풀이한다.

3장. 법(法)과 의(義)를 자세히 풀이한다
  1절. 올바른 뜻을 드러내 보인다
    1. 먼저 법(法)과 의(義)의 뜻을 풀이한다
      1) 법을 풀이한다
      2) 의를 풀이한다
    2. 생멸의 길에 진여의 길로
  2절. 삿된 집착을 다스린다
    1. '변하지 않는 주재자로서 내가 존재한다'는 견해를 다스린다
    2. '모든 법에 실체가 있다는 견해'를 다스린다
  3절. 도 닦을 마음을 내어 공부하는 모습을 분별한다
    1. 믿음을 이룩하여 도 닦을 마음을 낸다
    2. 알고 행하면서 도 닦을 마음을 낸다
    3. 증득하여 도 닦을 마음을 낸다

1절. 올바른 뜻을 드러내 보인다

법과 의를 세부분으로 나누어 말함

[논-9] 이미 '대승의 법(法)과 의(義)는 무슨 내용인가'를 설명했고 이어서 '법(法)과 의(義)를 자세히 풀이하는 부분'을 말하겠다. 이 부분에는 세 단락이 있는데 무엇이 그 셋인가.

첫 번째는 '올바른 뜻을 드러내 보인다는 것'이고 두 번째는 '삿된 집착을 다스린다는 것'이며 세 번째는 '도 닦을 마음을 내어 공부하는 모습을 분별한다는 것'이다.

[소-9] 법(法)과 의(義)를 풀어나가는 과정에서 '올바른 뜻을 드러내 보인다.'고 말한 것은 바로 '대승의 법(法)과 의(義)는 무슨 내용인가.'에서 내세웠던 법(法)과 의(義)의 뜻을 풀이하고, '삿된 집착을 다스린다.'와 '도 닦을 마음을 내어 공부하는 모습을 분별한다.'는 삿된 견해를 떠나 바른 길로 들어가는 내용을 밝힌다.

1. 먼저 법(法)과 의(義)의 뜻을 풀이한다

* 따로 풀이하는 내용에는 삼 장(章)이 있다. 처음 '올바른 뜻을 드러내 보인다.'를 풀이하는 내용을 크게 둘로 나누어, 처음에는 뜻을 바로 풀이하고 뒤에는 진여의 길로 들어가는 내용을[1] 보여 준다. 바로 풀이하는 가운데 위의 글에 따른 내용이 두 가지가 있으니, 처음은 법(法)에 관한 글을 풀이하고 뒤에는 의(義)에 관한 글을 풀이한다. 처음 법(法)에 관한 글을 풀이하는 가운데 또한 두 가지가 있으니, 첫째는 전체를 풀이하니 위에서 뭉뚱그려 내세운 내용을 풀이하고, 둘째는 따로 풀이하니 위에서 따로 내세운 내용을 풀이한다.

---

1. 먼저 법과 의의 뜻을 풀이한다[2]
  1) 법을 풀이한다
    (1) 진여의 길을 풀이한다
    (2) 생멸의 길을 풀이한다
      가. 생멸의 길을 자세히 풀이한다
        가) 마음에 있는 생멸을 풀이한다
          (가) 각의 뜻을 풀이한다
          (나) 불각의 뜻을 풀이한다
        나) 생멸인연을 풀이한다
        다) 생멸하는 모습을 풀이한다
      나. 모든 법을 낼 수 있는 훈습이란 무엇인가
        가) 오염된 법의 훈습을 밝힌다
        나) 깨끗한 법의 훈습을 밝힌다
  2) 의를 풀이한다
    (1) 체대와 상대를 밝힌다
    (2) 용대를 밝힌다

---

1. 생멸의 길에서 진여의 길에 들어가는 것을 말한다. 본서 논-56 소-56을 참조.
2. 이 장의 세부차례를 보여줌.

1) 법(法)을 풀이한다

한 마음에 있는 진여의 길과 생멸의 길

[논-10] '올바른 뜻을 드러내 보인다는 것'은 무엇을 말하는가.

한마음 법으로 말미암아 두 종류의 길이 있으니 무엇이 그 둘인가. 하나는 마음에 있는 진여의 길이며[1] 또 하나는 마음에 있는 생멸의 길이다.[2]

이 두 길이 모두 저마다 모든 법을 거두어들이니 이 이치를 어떻게 이야기할 것인가. 이 이치는 두 길이 서로 여의지 않기 때문이다.

[소-10-1] 처음에 "한마음 법으로 말미암아 두 종류의 길이 있다."고 말한 것은 『능가경』에서[3] "번뇌가 사라진 고요한 경계는[4] 한마음이라고 하고, 한마음은 여래장이라고 한다."고 말한 것과 같다.

이 논에서 말한 마음에 있는 진여의 길은 곧 『능가경』에서 "번뇌가 사라진 고요한 경계는 한마음이라고 한다."는 내용을 풀이한 것이며, 마음에 있는 생멸의 길은 『능가경』에서 "한마음은 여래장이라고 한다."는 내용을 풀이한 것이다.

왜냐하면 모든 법은 생멸이 없이 본디 고요하여[5] 오직 한마음이고,

---

1. 마음에 있는 진여의 길은 『기신론』에서 한마음의 본체를 진여의 방면에서 보는 입장이다. 즉 생멸 변화하는 만유의 본체로서 불생불멸하며 차별이 없는 평등한 진여를 말하려는 것이다.
2. 마음에 있는 생멸의 길은 마음에 있는 진여가 무명에 따라 생멸하는 현상을 말하려는 내용이다.
3. 인용문 전거 19번 참조.
4. 적멸은 Nirvana의 번역이니 오가며 생멸하는 인과를 없앤 고요한 경계를 말한다.
5. 적정은 삶과 죽음의 인과를 멸하여 마음에 번뇌가 없이 유유자적하고 편안한 모습을 말한다.

이와 같은 것을 마음에 있는 진여의 길이라고 하기에 "번뇌가 사라진 고요한 경계는 한마음이라 한다."고 말한다.

또 이 한마음의 바탕이 본디 깨달음인데 무명을 따라서 생멸을 일으키기에, 생멸의 길에서 여래의 성품이 숨고서 나타나지 않는 것을 여래장이라고 한다.

이는 『능가경』에서[1] "여래장은 좋고 나쁜 인(因)이 되어 모든 중생계를[2] 두루 만들어 낼 수 있으니 이는 마치 재주 있는 이가 여러 가지 모양을[3] 변화시켜 나타내는 것과 같다."고 말한 내용과 같다. 이와 같은 이치가 생멸의 길에 있기에 "한마음은 여래장이라 한다."고 말하는 것이다.

이는 한마음에 있는 생멸의 길을 나타내니 마치 아래 글에서 "마음에 있는 생멸은 여래장에 기대니 그러므로 생멸하는 마음이 있다."고 말한 부분부터 "이 식(識)에 두 종류의 뜻이 있으니, 첫째는 각(覺)의 뜻이요 둘째는 불각(不覺)의 뜻이다."고 말한 곳까지의 내용과 같다.

이는 생멸하는 마음을 취하여 생멸의 길을 삼을 뿐만 아니라, 생멸 본디의 바탕 및 생멸의 모습을 통틀어 모두 생멸의 길 안에 둔다는 뜻임을 반드시 알아야 한다.

두 길은 이와 같고 한마음이란 무엇인가.

---

1. 인용문 전거 20번 참조.
2. 趣生은 生趣와 같은 말로서 四生六趣를 말한다. 네 가지 생은 태생·난생·습생·화생을 말하고 여섯 가지로 가는 길은 윤회하는 여섯 갈래 중생의 나쁜 길을 말한다.
3. 趣는 나아간다는 뜻이니, 중생이 업을 지어 윤회하는 여섯 갈래 중생의 나쁜 길에 떨어진다는 뜻인데, 그러나 알고 보면 六道 자체가 실체가 없는 幻이다. 이 뜻으로 여기서 환술사가 幻같은 여러 가지 모양을 만들어 낸다는 비유를 말하는 것이다.

이는 오염되거나 깨끗한 모든 법이 그 성품에서 다를 게 없다는 것을 말한다. 진여와 생멸의 두 길이 다를 수 없기에 한마음의 '한'이라고 표현하고, 이와 같이 다를 것이 없는 곳에서 모든 법의 실상이 허공과 같지 않고 그 성품이 신령스럽게 알기에 한마음의 '마음'이라고 표현하는 것이다.

그러나 이미 둘이 없는데 어찌 하나가 있을 수 있으며, 하나도 있을 것이 없는데 무엇을 마음이라고 하겠는가.

이와 같은 도리는 말을 여의고 생각을 끊었기에 무엇이라 해야 할지 몰라 할 수 없이 억지로 이름 붙여 '한마음'이라고 한다.[1]

"이 두 길이 모두 저마다 모든 법을 거두어들인다."고 한 것은, 위의 '대승의 법(法)과 의(義)는 무슨 내용인가'에서 "이 마음이 곧 세간법과 출세간법을 모두 담고 있다."고[2] 말한 내용을 풀이한 것이다.

위에서는 "마음이 모든 법을 담고 있다."고 바로 밝히지만, 지금 이 '법(法)과 의(義)를 자세히 풀이하는 부분'에서는 "두 길이 모두 저마다 모든 법을 거두어들인다."는 것을 나타낸다. "이 두 길이 서로 여의지 않기 때문이다."고 말한 것은 두 길이 모두 저마다 거두어들인다는 뜻을 풀이한 것이다.

여기서 밝히고자 한 것은, 진여의 길은 오염된 법과 깨끗한 법 모두에 통하는 공통의 모습이며 이 공통의 모습 밖에 따로 오염된 법과 깨끗한 법이 없으므로 오염되거나 깨끗한 법 모두를 거두어들일

---

1. 이것은 노자『도덕경』제25장에 나오는 有物混成 先天地生 寂兮寥兮 獨立而不改 周行而不殆 可以爲天地母 吾未知其名 故强字之曰道 强爲之名曰大라는 글과 비슷하다.
2. 是心卽攝一切世間出世間法이 입의분에서는 是心則攝一切世間出世間法으로 되어 있다.

수 있고, 생멸의 길은 오염된 법과 깨끗한 법을 따로 나타내며 오염되거나 깨끗한 법 모두를 어떤 곳에서도 다 갖추고 있기 때문에 또한 모든 법을 거두어들인다는 것이다.

통하고 따로 나타나는 모습이 다르더라도 다 버릴 것이 없다. 그러므로 "두 길이 서로 여의지 않았다."고 말한 것이다.

뭉뚱그려 뜻을 풀이하는 것은 여기서 마친다.

[별기] 진여의 길은 모든 법에 있는 공통의 모습이니 이 공통의 모습 밖에 다른 법이 없어 모든 법이 다 공통의 모습에 거두어진다. 마치 미세한 흙먼지가 질그릇 모두에 통하는 공통의 모습으로 이 공통의 모습 밖에 다른 질그릇이 없어 질그릇이 모두 이 미세한 흙먼지에 거두어지듯, 진여의 길 또한 이와 같은 것이다.

생멸의 길은 곧 좋고 나쁜 인(因)에 있는 이 진여가 연(緣)과 화합하여 모든 법을 만들어 내는 것이다. 진실로 모든 법을 만들어내더라도 언제나 진여의 성품을 무너뜨리지 않는다. 그러므로 이 생멸의 길에서 또한 진여를 거두어들이는 것이다.

마치 미세한 흙먼지가 모여 질그릇을 만들지만 언제나 미세한 흙먼지의 모습을 잃지 않으므로 질그릇이 모두 미세한 흙먼지를 거두고 있듯 생멸의 길 또한 이와 같은 것이다.

설사 두 길에 있는 실체가 같더라도 서로 어긋나서 통하지 않는다면, 진여의 길에서는 이(理)는[1] 거두나 사(事)는[2] 거두지 않고 생멸의 길에서는 사(事)는 거두나 이(理)는 거두지 않아야 한다.

---

1. 여기서 말하는 理는 事를 만들어내는 근본 이치를 말한다.
2. 여기서 말하는 事는 理가 인연을 따라서 만들어 내는 일체 현상을 말한다.

그러나 지금 두 길이 서로 융통하여 경계가 없기에 모두 저마다 통하여 이(理)와 사(事)에 관한 모든 법을 거두어들이므로 "두 길이 서로 여의지 않는다."고 말한 것이다.

물음 : 이 두 길이 저마다 이(理)와 사(事)를 거두어들인다면 무슨 까닭으로 진여의 길에서는 다만 대승의 체(體)만 보이고 생멸의 길에서는 자체와 상(相)과 용(用)을 두루 보입니까.

대답 : 거두는 뜻과 보이는 뜻이 다르니 무엇 때문인가. 진여의 길은 모습을 없앤 것으로서 이(理)를 나타내나 모습을 없앤 것은 아주 제거한 것이 아니기에 모습을 거둘 수 있고, 모습을 없앤 것은 모습 자체가 존재하지 않기에 모습을 보인 것이 아니다.
생멸의 길은 이(理)를 가지고 사(事)를 이루나 이(理)를 갖고 있는 것은 없어지지 않기 때문에 이(理)를 거둘 수 있고, 이(理)를 갖고 있는 것은 사라진 것이 아니기 때문에 또한 체(體)를 보이는 것이다. 이런 뜻에 따른 까닭에 말하는 내용이 같지 않으나 통틀어 논한다면 두 뜻이 또한 같은 것이다. 이 때문에 진여의 길에서도 또한 사(事)의 모습을 보여 주어야 하지만 생략하였기에 말하지 않았을 뿐이다.

물음 : 두 길이 같지 않다는 뜻은 이미 알았지만, 두 길이 거두는 이(理)와 사(事)가 또한 진여의 길과 생멸의 길에 따라 다른 뜻이 있는지 궁금합니다.

대답 : 진여의 길과 생멸의 길에 따라 분별하는 것이 또한 같지 않으니 무엇 때문인가. 진여의 길에서 거두는 '경계로 나타나는 법'은 '분별된 성품'이기에 모든 법이 불생불멸로 본디 고요하나 다만 망념으로 말미암아 차별이 있다고 말하고, 마음이 생멸하는 길에서 말하는 '경계로 나타나는 법'은 '다른 것에 기대어 일어나는 성품'이기

에¹ 모든 법이 인연화합으로 생멸이 있다고 말하기 때문이다.

그러나 '분별된 성품'과 '다른 것에 기대어 일어나는 성품'이 같은 것이 아니더라도 또한 다른 것도 아니니 무엇 때문인가?

인연으로 생겨나 생멸하는 모든 법은 망념을 여의지 않고 차별이 있기 때문에 '분별된 성품'은 '다른 것에 기대어 일어나는 성품'과 다르지 않아 또한 생멸의 길에 있고, 또 인연으로 생겨난 나와 남 그리고 공통인 것을 얻을 수 없기 때문에 '다른 것에 기대어 일어나는 성품'은 '분별된 성품'과 다르지 않아 또한 진여의 길에 있다.

이와 같은 '분별된 성품'과 '다른 것에 기대어 일어나는 성품'은 다르지 않더라도 또한 같은 것도 아니니 무엇 때문인가?

'분별된 성품'의 법이 본디 있는 것이 아니지만 또한 없지 않은 것도 아니며, '다른 것에 기대어 일어나는 성품'의 법이 있는 것이 아니지만 또한 없는 것도 아니다. 이 때문에 '분별된 성품'과 '다른 것에 기대어 일어나는 성품'이 어지럽게 섞여 있는 것도 아니다.

이는 『섭론』에서² "삼성(三性)이³ 서로 상대하되 다르지도 않고 다르지 않은 것도 아니니, 이와 같이 말해야 한다."고 말한 것과 같다. 이 삼성(三性)이 같지도 않고 다르지도 않은 이치를 이해할 수 있다면 모든 논쟁을 다 회통시킬 수 있다.

진여의 길과 생멸의 길에 들어가는 이(理)가 같지 않다는 것은 무엇을

---

1. '다른 것에 기대어 일어나는 성품'은 반드시 다른 緣을 기다려 마음과 경계 모든 현상이 일어난다는 의타기성을 말한다.
2. 인용문 전거 21번 참조.
3. 삼성은 '분별된 성품'과 '다른 것에 기대어 일어나는 성품'과 '오롯한 성품'을 말한다. 오롯한 성품은 현상의 본체를 말하니 진여이다.

말하는가.

진여의 길에서 말한 이(理)를 진여라고 하지만 얻을 수 있는 것이 아니며, 또한 얻을 수 없는 것도 아니다. 부처님이 있든 없든 진여의 성품과 모습은 언제나 그 자리에 있어 변하지 않고 무너뜨릴 수 있는 것이 아니다. 이것을 진여의 길에서 임시로 진여니 실제니 하는 이름을 붙이니, 이는『대품』과[1] 같은 모든 반야경에서 말하는 내용과 같다.

생멸의 길에 들어가는 이(理)는 그 체(體)가 생멸의 모습을 떠나 있더라도, 또한 언제나 그 자리에 움직임이 없이 있어야 하는 성품을 지키지 않고 무명의 인연을 따라 삶과 죽음에 흘러가는 것이다. 비록 실제로 오염되었더라도 자성은 맑고 깨끗하기에 이 생멸의 길에서 임시로 부처님의 성품이라든지 본각이라는 이름을 억지로 붙이니, 이는『열반경』이나『화엄경』에서 말하는 내용과 같다.

지금 이 논에서 서술한 것과『능가경』과 같은 내용은 모두 진여의 길과 생멸의 길을 그 고갱이로 삼는다. 그러나 이 두 뜻이[2] 또한 다를 게 없다. 생멸을 떠났다 하더라도 언제나 그 자리에 움직임이 없이 있어야 하는 성품을 얻을 수 없기 때문이며, 인연을 따른다고 하지만 그 자리는 언제나 움직이질 않아 생멸하는 성품을 여의었기 때문이다.

이런 뜻이 있기 때문에 진여의 길에서 다만 임시로 붙인 이름을 무너뜨리지 않으면서도 실상을 말하고, 실제를 움직이지 않으면서도 모든 법을 내세운다고 말할 뿐이다.

---

1. 『대품경』은 6백권으로 되어 있는『대반야바라밀다경』의 약칭이다.
2. 여기서 두 가지 뜻은 진여의 길에서 거두는 理·事의 뜻과 생멸의 길에서 거두는 理·事의 뜻을 말한다.

생멸의 길에서는 자기 성품의 깨끗하고 맑은 마음이 무명이라는 바람 때문에 움직이기에 오염되지 않으면서도 오염되고 오염되면서도 오염되지 않았다고 말할 뿐이다.

물음 : 진여의 길에서 오직 공(空)의 뜻만 말하고 생멸의 길에서는 불공(不空)의 뜻만 말한 것이 이와 같은 뜻이 아니겠습니까.

대답 : 그대로 짝을 맞추어 보면 이 뜻이 없지는 않다. 그러므로 '대승의 법(法)과 의(義)는 무슨 내용인가'에서 말한 진여의 모습 가운데서 다만 대승의 체(體)를 보일 수 있다고 말하고, 생멸의 길에서는 또한 대승의 상(相)과 용(用)을 나타낸다고 말하였다. 그러나 실상에서 말하면 그렇지 않기 때문에 다음 글의 전개에서 진여의 길과 생멸의 길에서 모두 불공(不空)의 뜻을 말하는 것이다.

물음 : 만약 생멸의 길이 공(空)과 불공(不空)의 뜻을 다 갖추고 있다면 불공이라는 뜻에서는 연(緣)을 따라 생멸하는 이치가 있을 수 있지만 공(空)이라는 뜻에서는 없는 것인데, 어떻게 연(緣)을 따라 '있다'는 이치가 있겠습니까.

대답 : 두 뜻이 같기에 다르다고 말할 수 없다. 그러므로 공(空)의 뜻에서도 '있다'고 할 수 있으니 무엇 때문인가. 만약 공(空)이 기어이 공(空)이라면 '있다'고 할 수 없지만 이 공(空) 또한 공(空)이기 때문에 '있다'고 할 수 있는 것이다. 그렇지만 공공(空空)에도 또한 두 뜻이 있다.

첫째는 법의 성품이 공(空)으로 있고 이 공(空)이 또한 공(空)이어서 유(有)와 공(空) 모두 그 실체를 얻을 수 없는 것이다. 이와 같은 공공은 진여의 길에 있으니, 이는 『대품경』에서 "모든 법이 공(空)이어서 이 공(空) 또한 공(空)이니 이를 공공이라고 한다."
고 말한 내용과 같다.

둘째는 마치 유(有)에 실체로서 '있다는 성품'이 없기에 공(空)이 될 수 있는 것과 같아 이를 공(空)이라고 한다. 이와 같은 공(空)은 공(空)이라는 성품이 없으므로 유(有)가 작용할 수 있어서 이를 일러 공공이라고 한다. 이와 같은 공공은 생멸의 길에 있으니 마치 『열반경』에서 "유(有)이든 무(無)이든 공공이라고 하며, 옳든 그르든 공공이라고 한다. 이와 같은 공공은 '보살의 열 가지 진실한 공의 이치에 머무는 마음'에 있는 보살도[1] 조금밖에 얻을 수 없는 것인데, 하물며 다른 사람이야말로 여기에 무슨 말을 더 할 필요가 있겠는가."라고[2] 말한 내용과 같다.

진여의 길과 생멸의 길에 있는 차별을 이와 같이 알아야 한다.

여기서 뭉뚱그려 내세운 법의 뜻을 다 풀이하여 마친다.

* 이 다음은 법에 대한 내용을 따로 내세워 진여의 길과 생멸의 길을 풀이하는 것으로서 둘로 나누어진다. 진여의 길에도 또한 두 가지 뜻이 있으니, 처음은 진여를 풀이하고 뒤에는 진여의 모습을 풀이한다. 또 다시 처음은 전체를 풀이하고 뒤에는 따로따로 그 내용을 풀이한다. 또 처음 글은 진여에 대해서는 말로 말할 수 없다는 것을 밝혀 진여의 본질은 말을 뛰어넘고 있음을 나타내고, 뒤의 글은 진여에 대해서 말로 말할 수 있다는 것을 밝혀 진여를 말로 표현할 수 있음을 나타낸다.

[별기] 처음 글에서 "말에 있는 모습과 이름에 있는 모습을 여의었다." 고 하고, 나아가 "진여는 말에 기대어 말을 버린 것이다."고 한다.

---

1. 十住 보살은 '보살이 닦아야 할 열 가지 믿음'을 지나 '보살이 닦아야 할 열 가지 머무는 마음'에서 참다운 이치에 안주하게 되는 보살을 말한다.
2. 인용문 전거 22번 참조.

뒤의 글에서도 "말로 분별하면 두 가지 뜻이 있으니 참으로 진실한 공(空)과¹ 참으로 진실한 불공(不空)이다.²"고 말하지만, 뒤의 글에서 또한 "모든 분별이 다 서로 붙어 어울리지 않는다."고도 한다.

그러므로 모든 말이 진여의 내용과 서로 붙어 어울리지 않는다는 것을 반드시 알아야 한다. 이것은 진여의 이치가 말과 생각을 뛰어넘고 있는 것을 드러낸다.

또 처음 글의 고갱이는 "말에 기대어 말을 버린다."는 표현에 따라 진여의 이치가 말을 뛰어넘고 있는 것을 나타내지만 이것은 또한 진여의 이치가 말에 있는 모습을 여의지 않았다는 사실을 드러낸다.

만약 진여의 이치가 참으로 말을 뛰어넘고 있는 것이라고 하면 자기가 주장하는 종지에 어긋나는³ 허물에 떨어진다. 그 까닭은 먼저 절언(絶言)이란 말을 쓰고 있는데도 진여의 이치는 진실로 말을 뛰어넘고 있기 때문이다.

만약 절언이란 말이 또한 말을 뛰어넘고 있는 것이라면 자기가 한 말과 어긋나는⁴ 허물에 떨어진다. 그 까닭은 먼저 절언이란 말을 가지고 뛰어넘고 있다고 말을 하면서도 말을 쓰고 있기 때문이다.

---

1. 인연으로 나타난 온갖 현상의 실체가 정말 空이라는 뜻에서 참으로 진실한 空이라고 한다.
2. 참으로 진실한 不空은 진여 그 자체를 어떻게 표현할 수 없으나 온갖 공덕을 다 갖추고 있기에 텅 비어 있기만 한 것은 아니라는 뜻이다.
3. '자기가 주장하는 종지와 어긋난다는 것'은 인명논리에서 말하는 宗法의 아홉 가지 허물 중 하나이며 '자기의 가르침과 어긋나는 것'이라고도 한다. 자기가 속한 교파의 의견을 말하면서 도리어 여기에 어긋나는 주장을 내세운 것을 말한다. 여기서 '이치는 말을 떠난 것이다'라고 주장하면서 동시에 '말을 떠난 이치를 말로 말할 수 있다'라고 주장하는 경우와 같다. 본서 논-16 참조.
4. '자기의 말과 서로 어긋난다는 것'은 인명논리에서 말하는 宗法의 아홉 가지 허물 중 하나이다. 자기의 언어에 모순이 있는 주장을 말하니, 예를 들면 "나의 어머니는 석녀이다"라고 주장하는 것과 같다. 여기서는 "진여는 말을 초월했다는 말이, 그 사실이 드러나는 순간 없어졌다."라고 주장하면서 또한 말로써 자기의 주장을 말하고 있기 때문에 자기의 말과 서로 어긋나는 과실에 빠진 것이다.

[소-10-2] 물음 : 진여의 이치는 실제로 말을 뛰어넘고 있습니까, 아닙니까. 말을 뛰어넘고 있는 것이 아니라면 '바른 바탕에 있는 지혜'는 말을 여의었기에 곧 진여의 이치에 어긋나고, 참으로 말을 뛰어넘고 있는 것이라면 '깨달은 뒤에 중생을 돕고자 하는 지혜'는 말을 쓰고 있기에 이것도 곧 진여의 이치에 어긋나는 것입니다. 또 말을 뛰어넘지 않은 것이라면 처음 단락 '말로 표현할 수 없는 진여'라는 글은 부질없는 말이 되고, 참으로 말을 뛰어넘은 것이라면 뒤의 단락 '말로 표현할 수 있는 진여'라는 글은 한갓 헛된 말이 되니, 이는 마치 허공을 금과 은이라고 말하는 것과 같습니다.

대답 : 이 때문에 알아야 한다. 진여의 이치는 말을 뛰어넘은 것도 아니고 뛰어넘지 않은 것도 아니다. 이런 뜻으로 진여의 이치는 말을 뛰어넘어 있기도 하고 뛰어넘지 않았다고도 하니 이런즉 어떤 트집을 잡아 따지더라도 맞는 말이다.

[별기] 이와 같은 말들은 어떤 곳이라도 맞기에 맞는 곳이 없으며, 맞는 곳이 없기에 어떤 곳이라도 맞다. 진여의 길에서 뛰어넘고 뛰어넘지 않는 뜻을 이와 같이 말하니 생멸의 길 또한 이 말과 같다.

다른 이야기는 그치고 다시 본문으로 돌아가 풀이하겠다.

(1) 진여의 길을 풀이한다

진여의 뜻을 통틀어 풀이함

[논-11] 마음에 있는 진여는 곧 하나의 법계로서 '전체 큰 모습으로 있는 법에 들어가는 길의 바탕'이다. 이른바 마음의 성품이 불생불멸

이니 모든 법은 오직 망념으로 말미암아 차별이 있을 뿐이다. 망념을 여읜다면 경계로 나타나는 모든 모습은 없다.

이 때문에 모든 법이 본디부터 말에 있는 모습과 이름에 있는 모습과 마음이 인연한 모습을[1] 여의어서, 마침내 평등하여 변할 것이 없고 무너뜨릴 수도 없어 오직 한마음일 따름이다. 그러므로 진여라고 한다.

왜냐하면 모든 말은 임시로 세워진 개념이어서 실체가 없이 다만 망념을 따르므로 그 실체를 얻을 수 없기 때문이다.

[소-11] 처음 글에는 세 가지 내용이 있으니 첫 번째는 간단히 드러내고, 두 번째는 자세히 풀이하며, 세 번째는 되풀이하여 의심을 없앤다.

간단히 드러내는 내용 가운데 말한 "곧 하나의 법계"는 진여의 길이 기대는 바탕을 내세운 것이니, 한마음이 곧 하나의 법계이기 때문이다. 이 하나의 법계는 진여의 길과 생멸의 길을 두루 거두지만 지금 따로 취하지 않고, 그 가운데 다만 '전체 모습으로 있는 법에 들어가는 길'만 취한다. 그러나 전체 모습에 네 가지 종류가[2] 있는 가운데서 세 가지 무성(無性)이[3] 나타내는 진여를 말하므로 "전체 큰 모습"이라고 부른다. 이것을 축으로 하여 참된 이해를 하기에 '법(法)'이라고 하고, 모든 중생이 다 열반에 들어가는 통로이기에

---

1. 진여는 언어와 개념을 떠나 있기에 귀로 듣고 마음으로 분별해서 알 수 있는 경계가 아니라는 뜻이다.
2. 여기서 말하는 네 가지 종류는 如實空鏡・因熏習鏡・法出離鏡・緣熏習鏡을 말한다. 본서 논-25 참조.
3. 세 가지 無性은 空의 관점에서 현재의 모든 모습에 자성이 없다는 '相무성'과 인연으로 생겨난 모습에 참된 성품이 없다는 '生무성'과 진여는 모든 개념과 말과 모양이 끊어졌기에 결정된 성품이 없다는 '勝義무성'을 말한다.

'길'이라고 하니, 이는 마치 하나의 법계가 전체로 생멸의 길이 되는 것과 같다. 이처럼 하나의 법계가 전체로서 진여의 길이 되어 이 뜻을 나타내므로 '바탕'이라고 한다.

다음은 자세히 풀이하니 그 가운데 두 가지 내용이 있다. 첫 번째는 진여의 바탕을 나타내고, 두 번째는 진여라는 이름을 풀이한다. 첫 번째 내용에 세 가지가 있으니, 첫째는 '진실한 성품'에서[1] 진여를 나타내고, 둘째는 '분별된 성품'을 상대하여 모든 모습이 사라진 진여의 자리를 밝히며, 셋째는 '다른 것에 기대는 성품'에서 말로 표현할 수 없는 진여의 자리를 보여 준다.

첫째 단락에서 '마음의 성품'이라고 한 것은 진여의 길을 가지고 밑가늠으로 그 마음의 성품을 논한 것이며, 마음의 성품이 평등하여 과거·현재·미래를 멀리 여의었기 때문에 "마음의 성품이 불생불멸이다."고 말한 것이다.

둘째 단락에 두 구절이 있으니 처음에 "모든 법은 오직 망념으로 말미암아 차별이 있을 뿐이다."고 말한 것은 '분별하여 두루 집착하는 모습'을 내세운 것이고, 다음에 "망념을 여읜다면 경계로 나타나는 모든 모습이 없다."고 말한 것은 분별하여 두루 집착하는 모습에 맞서서 '어떤 모습도 없다는 성품'을 드러낸 것이다. 이는 마치 허공 꽃이 오직 눈병으로 말미암아 꽃의 모습이 있을 뿐 눈병이 사라지면 곧 꽃의 모습은 없고 오직 '비어 있는 성품'만 있는 것과 같으니, 마땅히 여기서 말한 도리도 그와 같다는 사실을 알아야 한다.

셋째 단락에 세 구절이 있으니, 먼저 '다른 것에 기대는 성품'의 법에 따라 말과 생각을 뛰어넘었다는 것을 밝히고, 다음은 이 뜻에

---

1. 진실한 성품은 三性 가운데 오롯한 성품을 말한다.

따라 평등한 진여를 드러내며, 뒤에는 평등한 진여가 말과 생각을 뛰어넘고 있는 까닭을 풀이한다.

처음에 "이 때문에 모든 법이"라고 말한 것은 연(緣) 따라 나타나는 '다른 것에 기대어 일어나는 법'을 말한다.

"말에 있는 모습을 여읜다."는 것은 목소리로 말해지는 것이 아니기 때문이고, "이름에 있는 모습을 여읜다."는 것은 개념으로 말이 되는 것이 아니기 때문이며, "마음이 인연하는 모습을 여읜다."는 것은 말이나 개념으로 분별하여 반연할 수 없는 것이기 때문이다. 이것은 마치 허공에 날아가는 새의 자취가 남긴 차별처럼 날아가는 새의 모양을 따라 허공의 모습이 나타나고, 나타난 모습에는 실로 많은 차별이 있지만 허공 자체는 눈으로 볼 수 있는 모습으로서의 차별을 벗어나 있는 것과 같은 내용을 말한다.

'다른 것에 기대어 일어나는 법'도 또한 그러하다는 것을 알아야 하다. 진여는 모든 훈습을 따라 차별이 드러나지만 진여 그 자체는 말로 나타낼 수 있는 성품으로서의 차별을 벗어나 있다. 이미 말로 말할 수 있거나 반연할 수 있는 차별을 벗어나면 곧 평등한 진여의 도리이다. 이런 까닭에 "마침내 평등하여 변할 것이 없고 무너뜨릴 수 없어 오직 한마음일 따름이다. 그러므로 진여라고 한다."고 말한 것이다.

이것이 두 번째 진여의 평등을 드러낸 것이다.

"왜냐하면 모든 말은 임시로…" 아래는 그 까닭을 풀이한다. 진여가 평등하여 말을 여읜 까닭은 모든 말은 오직 임시로 만든 개념일 뿐이기에 진실한 성품에서는 끊지 않을 수 없다. 또 말은 다만 망념을 따를 뿐이기에 참다운 지혜에서는 여의지 않을 수 없다. 이 도리로 말미암아 모든 말과 생각이 끊어졌다고 말하니, 그러므로 "모든 말은 임시로 세운 개념이어서 실체가 없이 다만 망념을 따르므로 얻을 수 없기 때문이다."고 말한 것이다. 진여의 바탕을 드러내는 글을 다 말하여 마친다.

진여라는 이름을 풀이함

[논-12] 진여란 또한 어떤 모습이 없으니 이는 최선을 다한 표현으로 말에 기대어 말을 버린 것을 말한다. 이 진여의 바탕은 버릴 수 있는 것이 없으니 모든 법이 다 참되기 때문이며, 또한 세울 수도 없으니 모든 법이 다 똑같기 때문이다.

마땅히 알아야 한다. 모든 법은 말하거나 생각할 수 없기 때문에 진여라고 한다.

[소-12] 진여라는 이름을 풀이하는 데 또한 세 부분이 있다.

첫 번째 부분에서는 이름을 내세운 뜻을 나타내니, 이는 말에 기대어 말을 버린다는 것을 말한다. 이는 마치 큰소리로 다른 소리들을 그치게 하는 것과 같다.

다음 부분은 바로 이름을 풀이하니, "이 진여의 바탕은 버릴 수 있는 것이 없다."고 한 것은 진여의 바탕은 세속의 법을 버리는 것이 아니기 때문이다. "모든 법이 다 참되기 때문이다."고 한 것은, '다른 것에 기대어 일어나는 성품'의 모든 법이 임시로 만든 말을 여의었기 때문에 모두 참된 것이라는 뜻이다. "모든 법이 참되다."고 한 것은 차별을 무너뜨리지 않고도 곧 평등하며, 평등하므로 따로 세울 만한 것이 없으니, 그러므로 "모든 법이 다 똑같기 때문이다."고 말한다.

"마땅히 알아야 하니…" 아래는 세 번째 부분으로 진여의 이름을 마무리 지어 끝을 맺는 곳이다.

바로 진여를 드러내어 말하는 것을 여기서 마친다.

진여에 들어가는 길

[논-13] 물음 : 이런 뜻이라면 모든 중생들이 어떻게 따라가야 진여 그 자리에 들어갈 수 있겠습니까.

대답 : 모든 법을 말하더라도 말하는 사람이나 말할 법이 없고, 생각하더라도 생각하는 사람이나 생각할 법이 없다는 것을 알면 이를 수순이라고 하고, 만약 망념을 여읜다면 '진여 그 자리에 들어갔다'고 한다.

[소-13] 되풀이하여 의심하고 묻는 가운데 "어떻게 따라가야 합니까."라고 말한 것은 방편을 물은 것이고, "진여 그 자리에 들어갈 수 있겠습니까."라고 말한 것은 바른 관(觀)을 물은 것이다. 차례로 이 두 물음에 대답한다.

처음에 말한 "말하더라도"와 "생각하더라도"는 법이 없는 것이 아니라는 사실을 밝히니 잘못된 공견(空見)을 벗어났기 때문이며, "말하는 사람이나 말할 법이 없다."와 "생각하는 사람이나 생각할 법이 없다."는 법이 있는 것이 아니라는 사실을 드러내니 집착하는 유견(有見)을 여의었기 때문이다. 이와 같이 알 수 있다면 중도관(中道觀)을[1] 따르기 때문에 수순이라고 한다.

---

1. 중도는 어리석음을 여읜 법의 실다운 이치를 말하니, 이 중도를 믿고 몸소 체험하기 위하여 실천 수행하는 것을 중도관이라고 한다.

두 번째에 말한 "망념을 여읜다."는 것은 분별하는 생각을 여의는 것이며, "진여 그 자리에 들어갔다."고 한 것은 인연의 흐름을 바르게 살피는 지혜에 들어간 것을 드러낸다.

진여의 모습을 밝힘

[논-14] 다시 이 진여는 말로 분별하면 두 가지 뜻이 있으니 무엇이 그 둘인가. 하나는 참으로 진실한 공(空)이니 마침내 진실을 드러낼 수 있기 때문이며, 또 하나는 참으로 진실한 불공(不空)이니 그 자체에 번뇌가 사라진 여래의 성품에서 나오는 공덕을 다 갖추고 있기 때문이다.

[소-14] 이 앞에서는 진여를 풀이하고 여기서는 진여의 모습을 밝힌다. 글에 세 부분이 있으니 첫째 부분은 전체 내용을 둘로 나누고, 둘째 부분은 둘로 나눈 것에 제목을 붙여 참으로 진실한 공(空)과 참으로 진실한 불공(不空)이라 하며, 셋째 부분은 이것에 따라 따로 풀이한다. 따로 풀이하는 가운데 내용이 두 가지가 있다.

진여를 공의 입장에서 풀이함

[논-15] 공(空)이라고 말한 것은 진여는 본디부터 오염된 모든 법과[1] 서로 붙어 어울리지 않기 때문이다. 이는 모든 법의 차별된 모습을 벗어나 있는 것을 말하니 진여에는 헛된 망념이 없기 때문이다.

마땅히 알아야 한다. 진여의 자성은 모습이 있는 것도 아니요 모습이 없는 것도 아니며, 비유상(非有相)도 아니요 비무상(非無相)도 아니며, 유(有)와 무(無)를 다 함께 갖춘 모습도 아니다. 또한 같은 모습도 아니요 다른 모습도 아니며, 비일상(非一相)도 아

---
1. 오염된 법은 깨끗한 법의 상대적 개념이니 온갖 번뇌를 말한다.

니요 비이상(非異相)도 아니며, 같거나 다른 모습을 다 함께 갖춘 모습도 아니다. 나아가 전체 입장에서 말하면 모든 중생에게 기대었기에 헛된 마음으로 생각마다 분별하는 것은 모두 진여와 서로 붙어 어울리지 않으므로 공(空)이라고 한다.

만약 헛된 마음을 벗어나면 실로 공(空)이라고 할 것도 없기 때문이다.

[소-15] 먼저 공(空)의 내용을 밝히는 데 세 구절이 있다. 첫 구절은 대강 말하고, 다음 구절은 자세히 풀이하며 끝 구절은 이 내용을 마무리 짓는 것이다.

대강 말하는 가운데 "오염된 모든 법과 서로 붙어 어울리지 않는다."고 말한 것은 진여는 능(能)·소(所)의 분별과 서로 붙어 어울리지 않기 때문이고, "모든 법의 차별된 모습을 벗어나 있다."고 한 것은 대상으로서의 모습을 벗어나 있기 때문이며, "헛된 망념이 없기 때문이다."고 한 것은 주관으로서의 견해를 여의었기 때문이니, 곧 '벗어나 있다'라는 뜻으로 공(空)을 풀이한 것이다.

자세히 풀이하는 가운데에서는 모든 법을 사구(四句)로써 나누어 풀이하는 형식논리를 모두 뛰어넘는 뜻을 밝힌다. 사구의 분별이 많더라도 그 요점은 두 개이니 유(有)와 무(無)로 가르고 일(一)과 이(異)로 가른 것을 말한다. 이 두 가지 범주로 헛된 모든 집착을 담고 있기에 이 둘에 견주어 진공(眞空)을 드러낸다. 이는 『광백론』에서[1] 다음과 같이 말한 내용과 같다.

"세간에서 집착하는 모든 법이 다 진실이 아니라는 것을 드러내고,

---

1. 인용문 전거 23번 참조.

외도들이 집착한 내용과 다르다는 것을 나타내고자 게송으로 다음과 같이 말하였다.

모든 법은 있다 [有]
모든 법은 없다 [非有]
모든 법은 있기도 하고 없기도 하다 [俱許]
모든 법은 있지도 않고 없지도 않다 [俱非]

모든 법은 같다 [一]
모든 법은 다르다 [異]
모든 법은 같기도 하고 다르기도 하다 [雙許]
모든 법은 같지도 않고 다르지도 않다 [雙泯]

차례대로 맞추어서 살펴본다면
지혜로운 사람은 이 사구의 분별이
진실이 아니라는 것을 통달하리라.

이를 풀이하여 보자. 세간의 모든 색과 같은 것을 나타내는 글의 뜻은 말로 표현하고 마음으로 판단하여 아는 것으로서, 미혹한 알음알이로 집착하는 것이 같지 않으므로 그 뜻을 대충 네 종류로 나눠 볼 수 있다. 이는 유(有)·비유(非有)·구허(俱許)·구비(俱非)를 말하고, 차례대로 네 가지 잘못된 집착에 짝 맞추어 비교해 보면 이는 일(一)·비일(非一)·쌍허(雙許)·쌍비(雙非)를 말한다. 이를 사구(四句)라고 한다.

수론(數論) 외도는[1] 존재하는 것들의 성품이 모든 법과 같다고 집착하는데, 이는 유(有)의 구절에 해당한다. 이 집착은 참이 아니다.

---

1. 수론 외도는 카필라 선인이 처음 주장한 인도 6파 철학 가운데의 하나이다.

왜 그러한가. 만약 푸른색이 색의 성품과 같다면 으레 색의 성품과 같이 그 바탕의 모든 색들이 푸른색으로 다 같아야 하고, 다섯 가지 악기로 연주하는 음악 소리가 소리의 성품과 같다면 으레 소리의 성품과 같이 그 바탕의 모든 악기 소리가 다 같아야 하기 때문이다. 눈을 비롯한 육근(六根)이 근의 성품과 같다면 으레 근의 성품과 같이 그 바탕의 모든 근이 같아야 하니, 하나하나의 근(根)이 모든 경계를 다 취하고 하나하나의 경계가 모든 근을 다 상대해야 하기 때문이다. 또 모든 법이 존재의 성품과 같다면 으레 존재의 성품과 같이 그 바탕의 모든 법이 다 같아야 하기 때문이다.

승론(勝論) 외도는[1] 존재하는 것들의 성품이 모든 법과 다르다고 말하는데, 이는 비유(非有)의 구절에 해당한다. 이것 또한 참이 아니다. 왜 그러한가. 만약 푸른색이 색의 성품과 다르다면 소리가 눈으로 보는 것이 아닌 것처럼 소리도 들을 수 없어야 하기 때문이다. 또한 모든 법이 존재의 성품과 다르다는 것은 토끼 뿔처럼 그 바탕이 본디 없어야 한다. 이런 식으로 그 잘못된 점을 자세히 논파하고 있다.

무참(無慚) 외도는[2] 존재하는 것들의 성품이 모든 법과 같기도 하고 다르기도 하다고 집착하는데, 이는 역유역비유(亦有亦非有)의 구절에 해당한다. 이것 또한 참이 아니다. 왜 그러한가. 만약 유(有)의 성품이 색과 같다면[3] 수론외도의 허물과 같고, 색과 다르다면 승론외도의 잘못과 같으니, 같고 다르다는 두 종류는 성(性)과 상(相)이 서로 어긋나는데도 무참외도는 그 바탕이 같다고 말하기 때문에 이치가 성립되지 않는다.

---

1. 승론 외도는 인도 6파 철학 가운데의 하나로서 모든 것이 저마다 다르다고 주장하는 학파이다. 온갖 만법이 因은 因이고 果는 果이어서 다르다는 것이다.
2. 무참 외도는 亦一亦異를 주장하는 인도 6파 철학 가운데의 하나이다.
3. 『대승기신론 소·별기회본』에는 若有性 與色等一이라고 되어 있으나 신수대장경에는 若有等性 與色等一로 되어 있다. 본서 소-15에서 "有 등의 성이 모든 법과 더불어"라고 되어 있다.

'같은 것이 같은 것이 아니라면 곧 다른 것이기에 다른 것과 같고, 다른 것이 다른 것이 아니라면 곧 같은 것이기에 똑같은 것과 같다.' 이런 식으로 그 잘못된 점을 자세히 논파하고 있다.

사명(邪命) 외도는[1] 존재하는 것들의 성품이 모든 법과 같은 것도 아니고 다른 것도 아니라고 집착하는데, 이는 비유비비유(非有非非有)에 해당한다. 이것 또한 참이 아니다. 왜 그러한가. 여기서 말하는 같거나 다른 것이 아니라는 것은 모두 부정하는 논리인가, 아니면 한쪽으로 긍정하는 논리인가. 만약 한쪽으로 긍정하는 논리라면 쌍비(雙非)는 아닐 것이요, 모두 부정하는 논리라면 집착할 것이 없다. 긍정하는 논리와 부정하는 논리가 같이 있는 것은 이치가 서로 어긋나고, 부정하는 논리도 없고 긍정하는 논리도 없는 것은 말 자체가 헛된 분별이다. 이런 식으로 그 잘못된 점을 자세히 논파하고 있다.

이와 같이 세간에서 네 종류로 헐뜯는 것을 유(有)·비유(非有)·쌍허(雙許)·쌍비(雙非)라고 한다. 이는 차례대로 증익(增益)·손감(損減)·상위(相違)·희론이 된다. 이 때문에 세간의 집착은 진실이 아니다.

이제 이 글에서 비유상(非有相)은 첫 번째 구절을 버리고 비무상(非無相)은 두 번째 구절을 버리며, 비비유상(非非有相)과 비비무상(非非無相)은 네 번째 구절을 버리고 비유무구상(非有無俱相)은 세 번째 구절을 버린다. 두 구절의 앞뒤는 논자가 뜻한 바에 따라 모두 도리가 있어 서로 방해가 되지 않는다. 일(一)과 이(異)의 네 구절도 이에 따라 풀이하면 알 수 있다.

---

1. 사명 외도는 非一非異를 주장하는 인도 6파 철학 가운데의 하나이다.

"나아가…" 아래는 공(空)의 내용을 전체 마무리 짓는 것이니 그 가운데 두 구절이 있다. "나아가 전체 입장에서 말하면 모든 중생에게 기대었기에 헛된 마음으로 생각마다 분별한 것은 모두 진여와 서로 붙어 어울리지 않기 때문에 공(空)이라고 한다."까지는 뜻에 수순하여 마무리 짓고, "만약 헛된 마음을 벗어나면 실로 공(空)이라고 할 것이 없기 때문이다."는 앞의 뜻을 뒤바꾸어 마무리 짓는 것이다.

진여를 불공의 입장에서 풀이함

[논-16] 불공(不空)이라고 말한 것은 이미 법의 바탕이 공(空)이어서 망념이 없는 것을 나타내기 때문이다. 곧 진심이니 진심은 늘 변하지 않고 깨끗한 법이 가득 차 있기에 불공이라고 한다. 또한 취할 수 있는 어떤 모습도 없으니 망념의 경계를 벗어나 오직 이 진심을 증득해야만 맞아떨어지기 때문이다.

[소-16] 불공(不空)을 풀이하는 데도 또한 세 구절이 있다. 처음은 공(空) 쪽을 드러내니, "이미 법의 바탕이 공(空)이어서 망념이 없는 것을 나타내기 때문이다."를 말하고, 이어 불공을 드러내니 "곧 진심이니 진심은 늘 변하지 않고 깨끗한 법이 가득 차 있기에 불공이라고 한다."를 말하며, 마지막으로 "또한 취할 수 있는 어떤 모습도 없다."는 공과 불공 둘이 다 차이가 없다는 사실을 밝힌다.

불공이라 해도 어떤 모습이 없기 때문에 불공이 공과 다르지 않으니, 분별로 반연한 경계를 벗어나 오직 분별없이 진심을 증득한 것이어야만 맞아떨어지기 때문이다.

(2) 생멸의 길을 풀이한다

* 이 아래는 진여의 길에 이어 생멸의 길을 풀이하니 그 가운데 두 내용이 있다. 하나는 자세히 바로 풀이하는 내용이고, "다시 네 가지 법이 훈습하는 뜻이 있기에…"[1] 아래는 또 하나의 내용으로 앞에 한 말로 말미암아 거듭 그 내용을 밝히는 것이다.
처음에 세 부분이 있으니 첫째 부분은 '대승의 법(法)과 의(義)는 무슨 내용인가'에서 말한 마음에 있는 생멸을[2] 풀이하고, 둘째 부분 "다시 생멸인연이란 무엇을…"[3] 아래에서는 위에서 말한 생멸인연을 풀이하며, 셋째 부분 "다시 생멸하는 모습을 분별하는 것에 두 종류가 있으니…"[4] 아래에서는 위에서 말한 생멸하는 모습을 풀이한다.
처음 부분에 두 가지가 있으니, 첫째는 바탕의 입장에서 전체 내용을 밝히고, 둘째는 뜻에 따라 따로 풀이한다.

가. 생멸의 길을 자세히 풀이한다

가) 마음에 있는 생멸을 풀이한다

마음에 있는 생멸은 아리야식이니

[논-17] 마음에 있는 생멸은 여래장에 기댄다. 그러므로 생멸하는 마음이 있다. 말하자면 불생불멸이 생멸과 화합하여 같은 것도 아니요 다른 것도 아닌 것으로 이를 일러 아리야식이라고 한다.

[소-17-1] 마음에 있는 생멸을 풀이하는 데 세 구절이 있으니 첫째 구절은 생멸하는 마음의 바탕을 드러내고, 둘째 구절은 생멸하는 마음의

---

1. 본서 논-44 참조.
2. 본서 논-8 참조.
3. 본서 논-31 참조.
4. 본서 논-42 참조.

모습을 가려내며, 셋째 구절은 생멸하는 마음의 이름을 내세운다.

첫째 구절에서 "여래장에 기댄다. 그러므로 생멸하는 마음이 있다."고 말한 것은 무엇을 말하는가. '자기 성품의 깨끗하고 맑은 마음'을 여래장이라고 하는데 여기에서 무명의 바람으로 생멸하는 마음이 일어나기에 생멸하는 마음이 여래장에 기댄다고 말한 것이다.

[별기] 그러나 생멸하지 않는 마음과 생멸하는 마음은 그 바탕이 둘이 아니다. 다만 두 가지 뜻으로 마음을 취하여 둘로 나누었기에 '여래장에 기댄다.'고 말할 뿐이다.

이는 움직이지 않는 바닷물이 바람이 불어 물결이 일어나게 되면 움직임과 고요함이 다르더라도 물의 바탕은 하나이므로 "고요한 물에 기대기에 움직이는 물이 있다."고 말할 수 있는 것과 같다. 마음에 있는 생멸에 대한 도리도 그러하다는 것을 마땅히 알아야 한다.

[소-17-2] 이는 『사권 능가경』에서[1] "여래장이 시작이 없는 때부터 나쁜 습 때문에 물든 것을 식장(識藏)이라고 한다." 하며, 또[2] "찰나가 식장이 된다."고 말하는 내용과 같다.

[별기] 마땅히 알아야 한다. 여기에서 "생멸하는 마음이 있다."고 말한 것이 바로 식장(識藏)을 말한다. 이제 소의(所依)인 여래장과 능의(能依)인 생멸하는 마음을 함께 모아 마음에 있는 생멸의 길을 삼기에 "마음에 있는 생멸은 여래장에 기댄다. 그러므로 생멸하는 마음이 있다."라고 한 것이니, 여래장을 버리고 생멸하는 마음만

---

1. 인용문 전거 24번 참조.
2. 인용문 전거 25번 참조.

취하여 생멸의 길을 삼은 것이 아니다.

이는 아래 글에서[1] "이 식(識)은 각(覺)과 불각(不覺)의 두 종류 뜻이 있다"라고 말한 내용과 같다. 그러므로 두 뜻이 모두 생멸의 길에 있다는 것을 알아야 한다.

[소-17-3] "말하자면…" 아래는 생멸하는 마음의 모습을 가려내는 둘째 구절이다. 불생불멸하는 마음은 여래장이며, 이 생멸하지 않는 마음이 생멸하는 마음을 일으켜 서로 여의지 않는 것을 "화합한다."고 한다.

이는 아래 글에서[2] "마치 큰 바닷물이 바람으로 말미암아 물결치나 물의 모습과 바람의 모습이 서로 여의지 않는 것과 같다."고 하면서 자세히 말하는 내용과 같다.

이 가운데 바닷물의 움직임이 바람의 모습이며, 움직임 속의 축축한 습기가 물의 모습이다. 바닷물이 온통 움직이기에 바닷물이 바람의 모습을 떠나지 않고, 움직임 자체가 축축한 습기 아닌 것이 없기에 그 움직임이 물의 모습을 떠나지 않는다.

마음도 또한 이와 같아서 생멸하지 않는 마음이 온통 움직이기에 그 마음이 생멸하는 모습을 떠나지 않고, 생멸하는 모습이 신묘한 앎이 아닌 것이 없기에 생멸하는 마음이 생멸하지 않는 마음의 모습을 떠나지 않는다. 이와 같이 서로 떨어지지 않는 것을 "화합한다."고 말한다.

[별기] 마음이 생멸하는 것은 무명에 따라 이루어지고, 생멸하는 마음

---
1. 본서 논-18 참조.
2. 본서 논-24 참조.

은 본각에서 이루어진다. 그러므로 다른 바탕이 없어 서로 떨어지지 않기에 화합이 된다.

[소-17-4] 이는 생멸하지 않는 마음이 생멸하는 마음과 화합하는 것이지 생멸하는 마음이 생멸하지 않는 마음과 화합한다는 것을 말하는 것이 아니다. 비일비이(非一非異)라는 표현은 생멸하지 않는 마음이 온통 움직이기에 이 마음이 생멸하는 마음과 다르지 않고, 언제나 생멸하지 않는 성품을 잃지 않기 때문에 생멸하는 마음이 이 마음과 같지도 않다. 또 만약 같은 것이라고 하면 생멸하는 식(識)의 모습이 다 사라질 때 마음의 신령스런 바탕도 따라 없어지게 되니 단견에 떨어지며, 다른 것이라고 하면 무명의 바람으로 말미암아 흔들릴 때 고요한 마음의 바탕은 인연을 따르지 않게 되니 곧 상견에 떨어진다. 이 두 가지 잘못된 견해를 여의었기 때문에 같지도 않고 다르지도 않은 것이다.

[별기] 두 가지 뜻이 있더라도 마음의 바탕은 둘이 없으니, 이 두 가지 뜻을 합한 둘이 아닌 마음을 아리야식이라고 한다.

[소-17-5] 이는 『사권 능가경』에서[1] "비유하면 흙덩이와 티끌이 같기도 하고 다르기도 하듯 금과 금으로 만든 패물도 이와 같다. 만약 흙덩이와 티끌이 다르다면 흙덩이는 티끌로 만든 것이 아니겠지만 사실 티끌로 이루어졌기에 다른 것이 아니다. 다르지 않다면 흙덩이와 티끌이 차별이 없어야 한다.

이와 같이 전식(轉識)과 장식(藏識)의 참다운 모습이 다르다면 장식은 전식의 인(因)이 아니고, 만약 다르지 않다면 전식이 없어질 때 장식도 없어져야 하지만 장식 자체의 참된 모습은 실로 없어지지

---

1. 인용문 전거 26번 참조.

않는다. 이 때문에 자체의 참다운 모습인 식(識)은 없어지는 것이 아니라 다만 업으로 된 모습이 없어질 뿐이다."고 말한 내용과 같다.

지금 여기의 논주도 바로 그 글을 풀이하는 것이므로 비일비이(非一非異)라고 한다. 이 가운데 업식(業識)이란 무명의 힘으로 불각(不覺)의 마음이 움직이기 때문에 이를 업식(業識)이라 하고, 또 움직이는 마음에 따라 능견(能見)을 만들기에 전식(轉識)이라고 하니 이 둘은 모두 아리야식의 자리에 있다.

[별기] 아리야식에서 생멸하는 견상(見相)을 전식(轉識)이라고 하고, 그 가운데의 바탕을 장식(藏識)이라고 한다.

[소-17-6] 이는 『십권 능가경』에서[1] "여래장이 곧 아리야식이며 7식과 함께 생겨나는 것을 전멸(轉滅)하는 모습이라고 한다."고 말한 내용과 같다. 그러므로 전상(轉相)이 아리야식에 있는 것을 알 수 있다. 자체의 참다운 모습이란 『십권 능가경』에서[2] "이치에 척 맞아떨어지는 참다움을 자체의 모습이라고 한다."고 함과 같이, 본각의 마음이 헛된 인연을 빌리지 않고 그 성품이 스스로 신령스럽게 아는 것을 자체의 참다운 모습이라고 말한다. 이는 똑같지 않다는 뜻을 가지고 밑가늠하여 말한 것이다.

또 무명의 바람을 따라 생멸을 일으킬 때도 신령스럽게 아는 성품은 본각과 다르지 않다. 그러므로 또한 자체의 참다운 모습이라고 이름할 수 있다. 이는 다르지 않다는 뜻에 따라 말한 것이다.

[별기] '자체의 참다운 모습'이란 이름은 생멸하지 않는 마음에 치우쳐

---

1. 인용문 전기 27번 참조.
2. 전거가 불확실하다.

있는 것이 아님을 으레 알아야 한다.

[소-17-7] 그 가운데 자세한 내용은 다음 별기에서 말하는 내용과 같다.

[별기] 물음 : 『유가론』과 같은 것에서는 아리야식이 이숙식(異熟識)이며[1] 한결같이 생멸한다고 말했는데, 이 논에서는 아리야식이 불생멸과 생멸의 두 가지 뜻을 다 갖추고 있다고 말한 것은 무슨 까닭입니까.

대답 : 저마다 서술한 내용이 서로 어긋나지 않는다. 무엇 때문인가. 이 미세한 마음에는 대강 두 가지 뜻이 있다. 만약 그것이 업번뇌(業煩惱)를 좇아 감응한 뜻이라면 없는 것을 있게 분별하니 한결같이 생멸하는 것이다. 그러나 근본 무명을 좇아 움직이는 뜻을 논한다면 고요함을 훈습하여 움직이게 하니 움직임과 고요함이 하나의 바탕이다. 『유가론』과 같은 것에서 논하는 것들은 『해심밀경』을[2] 따라 똑같고 영원하다는 견해를 없애기 위하여 업번뇌(業煩惱)를 따라 감응하는 뜻을 가지고 밑가늠한다. 그러므로 이 식이 한결같이 생멸하여 심왕(心王)과 심소법(心所法)이[3] 서로 다른 모습으로 바뀐다고 말하는 것이다.

지금 이 논에서는 『능가경』을 따라 부처님 세계와 사람이 사는 세상을 다른 실체로 보는 집착을 다스리기 위하여 무명으로 움직이는

---

1. 이숙식은 아리야식의 다른 이름이다. 異熟의 뜻은 果가 因과 다른 종류로서 성숙된다는 뜻이다. 제8식을 이숙 또는 眞異熟이라 하고 제8식에서 생긴 제6의 異熟果인 잘 살고 못사는 것, 현명하고 어리석은 것, 아름답고 추한 것 등을 이숙행이라고 한다. 唯識에서는 좋은 업과 나쁜 업의 과보로서 제8식이 상속되는 기간 중의 제8식을 특히 이숙식이라고 부른다.
2. 『해심밀경』 5권은 당나라 현장 스님의 번역서로 법상종의 근본 경전이다.
3. 心王은 의식작용의 본체로서 객관 대상을 인식하는 마음 바탕을 말하고, 心所는 心王의 위에서 객관 대상을 인식할 때 일어나는 하나하나의 정신작용을 말한다.

뜻을 따랐다. 그러므로 불생멸과 생멸이 화합하여 다르지 않다고 말하는 것이다. 그러나 이 무명으로 움직이는 모습 또한 곧 저 업혹(業惑)을 따라 감응한 것이다. 그러므로 두 뜻이 다르더라도 아리야식의 바탕은 둘이 없는 것이다.

물음 : 마음의 바탕은 늘 변하지 않고 마음의 모습은 생멸하지만 그 바탕과 모습이 떨어지지 않기에 합해져서 하나의 식(識)이 됩니까, 아니면 마음의 바탕이 늘 변하지 않으면서 또한 생멸하는 것입니까.

대답 : 만일 뜻을 아는 자라면 두 가지 뜻을 다 알아준다. 무엇 때문인가. 만약 늘 변하지 않는 뜻을 논한다면 다른 것을 따라 만들어지지 않는다는 것이니 이를 바탕이라고 하고, 늘 변하는 뜻을 논한다면 다른 것을 따라 생멸한다는 것이니 이를 모습이라고 한다. 바탕은 늘 변하지 않는 것이고 모습은 늘 변하는 것이라고 말할 수 있다.

그러나 생멸이란 생(生)이 아닌 생(生)이요 멸(滅)이 아닌 멸(滅)이다. 그러므로 생멸이라고 한다. 이는 마음에 있는 생(生)이며 마음에 있는 멸(滅)이기에 생멸이라고 한다. 그러므로 마음의 바탕이 생멸한다고 말할 수 있다.

이는 바닷물의 움직임이 파도가 되기에 끝내 이 움직임이 바닷물의 움직임이 아니라고 말할 수 없는 것과 같다.

이 가운데의 도리도 그러하다는 것을 으레 알아야 한다. 가령 마음의 바탕은 움직이지 않고 다만 무명의 모습만 움직인다면 범부는 성인이 되는 이치가 없다. 왜냐하면 무명의 모습은 한결같이 없어지기 때문이며 마음의 바탕은 본디 범부를 만들지 않기 때문이다.

물음 : 만약 마음의 바탕이 생멸한다면 참마음이 없어질 것이니, 왜냐하면 생멸할 때는 늘 변하지 않는 것이 없기 때문입니다. 또 마음의 바탕이 본디 고요한데도 인연을 따라 움직인다면 삶과 죽음에 시작이 있게 되어 큰 허물이 됩니다. 왜냐하면 본디 고요할 때는 삶과 죽음이 없기 때문입니다. 또 마음이 인연을 따라 변하고 생멸한다면 한마음이 인연을 따라 변하여 많은 마음을 만들 수도 있을 것입니다. 이 세 가지 트집을 잡아 따지는 것을[1] 벗어날 수 없으므로 이 뜻이[2] 성립할 수 없다는 것도 알 수 있지 않겠습니까.

대답 : 이 뜻은 괜찮다. 지금 뒤의 물음부터 답하겠다. 늘 변하지 않는 마음이 무명의 인연을 따라서 늘 변하는 마음이 일어나지만 늘 변하지 않는 성품은 늘 변하지 않는다고 말하는 것과 같이, 한마음이 무명의 인연을 따라서 변하여 많은 중생의 마음이 일어나지만 그 한마음은 늘 같아서 다른 모습이 없다.

『열반경』에서[3] "맛이 한 맛인 약이 옮긴 곳에 따라 다른 맛이 있게 되지만, 이 약의 참된 맛은 원래 있던 산에 있다."고 말한 내용은 바로 이를 두고 하는 말이다.

또 두 번째 물음에 답을 하겠다. 본디 고요한 것이 인연을 따라서 움직인다 하더라도 삶과 죽음에 시작이 있다는 허물이 없으니, 왜냐하면 이와 같이 번갈아 가면서 변하는 움직임과 고요함은 모두 시작이 없기 때문이다. 이는 논에서[4] "앞에서는 결과로 나타났던 것이 뒤에서는 도리어 원인이 되어 늘 번갈아 가면서 변하는 인과는 모두 시작이 없기 때문이다."고 말한 것과 같다. 여기서의 도리도

---

1. 세 가지 트집을 잡아 따지는 것은 眞心有盡과 生死有始와 變作多心을 말한다.
2. 이 뜻은 心體生滅과 心體本靜 而隨緣動과 一心隨緣 變作生滅을 말한다.
3. 인용문 전거 28번 참조.
4. 전거가 확실치 않다.

그러하다는 것을 으레 알아야 한다.

또 첫 번째 물음에 대해 답하겠다. 마음의 바탕이 생멸하더라도 마음의 바탕은 늘 변하지 않는다. 왜냐하면 마음의 바탕이 생멸하는 마음과 같지도 않고 다르지도 않기 때문이다. 이른바 마음의 바탕은 생멸하는 마음과 둘이 아니면서 같은 것도 아닌 성품이며, 움직임과 고요함이 같은 것도 아니면서 다른 것도 아닌 성품이기 때문이다.

이는 물이 계속 이어지면서 흐르는 것과 같다. 마음의 바탕은 생멸하는 흐름에 기대더라도 늘 본디 모습은 움직이지를 않는다. 왜냐하면 마음의 바탕은 늘 그대로 있지도 않고 아주 없어지지도 않기 때문이다. 말하자면 한 쪽으로 건너가는 것도 아니고 어느 쪽이 없어지는 것도 아니기 때문이다. 여기서의 도리도 그러하다는 것을 꼭 알아야만 한다.

앞에 설정한 세 가지 트집을 잡아 따지는 것이 이 말로 그 의문이 다 풀어질 것이다.

[소-17-8] 셋째 구절은 이름을 붙이는 것이다. 아리야식이라고 부르는 것은 무엇인가. 생멸하지 않는 마음과 생멸하는 마음이 화합하여 같은 것도 아니고 다른 것도 아니므로 뭉뚱그려 아리야식이라고 부른다. 이름을 번역하고 뜻을 풀이한 것은 『능가경 종요』에서[1] 말한 것과 같다. 바탕의 입장에서 전체 내용을 밝히는 것을 여기서 다 말하여 마친다.

* 이 아래는 둘째 내용이니, 뜻에 따라 따로 풀이한 곳으로서 이 가운데 세 부분이 있다. 첫째 부분은 뜻에 관한 전체 내용을 드러내어 간단하게 공능을 밝히고, 둘째 부분은 뜻에 따라 따로 풀이하여 자세히 그 바탕과

---

1. 『능가경종요』를 말하는데 이는 원효 스님이 쓴 책으로 현존하지 않는다.

모습을 드러내며, 셋째 부분은 그 내용이 같은 모습과 다른 모습을 밝힌다.

아리아식을 뜻에 따라 나누어 풀이함

[논-18] 이 식(識)에는 두 가지 뜻이 있으므로 모든 법을 거두고 모든 법을 낼 수 있다.

[소-18] 첫째 부분에 "이 식(識)에는 두 가지 뜻이 있으므로 모든 법을 거두고 모든 법을 낼 수 있다."고 말한 것에서, 모든 법을 거둘 수 있다는 뜻은 앞에서[1] 자세히 말한 내용과 같다.

그러나 위에서 진여의 길과 생멸의 길이 저마다 모든 법을 거둔다고 설하였지만, 지금 여기서는 하나의 식(識)이 두 뜻을 갖고 있으므로 이 하나의 식(識)이 모든 법을 거둘 수 있다고 밝히고, 두 뜻이 저마다 모든 법을 거둔다고 말하지를 않는다.

왜냐하면 이 두 뜻은 오직 생멸의 길에서만 말한 까닭에 저마다 모든 법을 거둘 수 없기 때문이다.

또 진여의 길과 생멸의 길에서는 다만 모든 법을 거둔다는 뜻만 말했다. 왜냐하면 진여의 길에는 모든 법을 낼 수 있다는 뜻이 없기 때문이다.

지금 이 식(識)에서는 모든 법을 낼 수 있다는 뜻도 말하니, 생멸의 길에는 모든 법을 낼 수 있다는 뜻이 있기 때문이다. 이 뜻은 무엇을 말하는가.

불각이 본각을 훈습하므로 오염된 모든 법을 내고, 또 본각이 불각을

---

1. 본서 논-10 참조.

훈습하므로 깨끗한 모든 법을 낸다. 이 두 뜻에 따라 두루 모든 법을 내는 것이다. 그러므로 "식(識)에는 두 가지 뜻이 있으므로 모든 법을 낸다."고 말한다. 이 글은 곧 아래에 있는 "다시 네 가지 법이 훈습하는 뜻이 있기에…"[1] 아래의 글을 쓰게 된 인연이다.

한마음의 뜻이 넓어 진여의 길과 생멸의 길을 한데 묶지만 이 식(識)의 뜻은 좁아 생멸의 길에만 있다는 것을 반드시 알아야 한다. 이 식(識)의 두 가지 뜻은 생멸의 길에만 있다. 그러므로 진여와 생멸을 합친 길은 그 내용이 넓고 아리야식에서 말하는 뜻은 그 내용이 좁다는 것을 알아야 한다. 『능가경』에서 끌어와 풀이해 놓은 뜻은 별기의 내용과 같다.

[별기] 물음 : 위에서 "한마음에 두 길이 있다."고 하고, 지금은 "이 식(識)에 두 가지 뜻이 있다."고 하시는데 저 한마음과 이 식(識)은 무슨 차별이 있습니까.

대답 : 위에서는 '진여의 이치에 있는 바탕'에서 한마음이라고 한다. 마음의 바탕이 '모든 모습을 뛰어넘고 있는 내용'과[2] '인연 따라 나타나는 모습'이라는[3] 두 뜻의 길을 포함하고 있으므로 "한마음에 두 길이 있다."고 말한 것이다. 이는 『십권 능가경』에서[4] "적멸은 한마음이라 하고, 한마음은 여래장이라고 한다."고 말한 것과 같으며 이 뜻은 위에서 말한 내용과 같다.

지금 여기서 말하는 식(識)이란 무엇인가. 다만 한마음이 인연을 따라가는 쪽에서는 이(理)와 사(事)가 다를 것이 없기에 오직 하나의

---

1. 본서 논-44 참조.
2. 絶相 : 진여의 길을 말한다.
3. 隨緣 : 생멸의 길을 말한다.
4. 인용문 전거 29번 참조.

신령스런 생각의 흐름으로서 하나의 식이라고 부를 뿐이며, 이 아리야식의 바탕이 각(覺)과 불각(不覺)의 두 뜻을 포함하고 있으므로 "이 식에 두 가지 뜻이 있다."고 말한 것이다. 이 때문에 한마음의 범위는 넓고 식의 범위는 좁으니, 한마음이 진여의 길과 생멸의 길과 식을 포함하고 있기 때문이다.

또 길의 범위는 넓고 의(義)의 범위는 좁으니, 생멸의 길이 각의(覺義)와 불각의(不覺義)를 포함하고 있기 때문이다.

이는 『사권 능가경』에서[1] "생멸을 여의지 않고 그 바탕이 움직이지 않는 것을 여래장 식장(識藏)이라고 하나, 7식의 흐름이 끊어지지를 않으니 그 까닭이 무엇인가. 7식이 대상을 인식함으로 모든 식(識)이 생기기 때문이며 이는 성문이나 연각의 수행 경계가 아니다."고 하고, 또 『십권 능가경』에서 "여래장식은 아리야식 가운데 없다. 이 때문에 일곱 종류의 식은 생멸이 있고 여래장식은 불생불멸이다. 왜냐하면 일곱 가지 식은 모든 경계에 따라 생각하는 데서 생긴 것이기 때문이며, 이 7식 경계는 모든 성문과 벽지불을 비롯해 외도의 수행자들은 알 수 없다."고[2] 말한 것과 같다.

이 두 개의 글이 똑같이 아리야식의 생멸하지 않는 뜻을 밝히고 있다. 왜냐하면 경계라는 무명의 바람으로 말미암아 바탕이 움직인 것을 밝히려고 했기 때문이다. 장식(藏識)의 바다에서 7식이 물결처 흐르기 때문에 7식은 생멸이 있는 것이며, 여래장은 장식이니 비록 7식의 물결을 따르더라도 그 바탕은 생멸하지 않기에 여래장은 불생불멸이다. 그러므로 "생멸을 여의지 않으면서 그 바탕이 변하지 않는 것을 여래장식(如來藏識)이라고 한다."는 말을 한다.

---

1. 인용문 전거 30번 참조.
2. 7식의 경계인 아집 법집이 단지 생각에서 생긴 것을 알지 못한다는 것이다.

『십권 능가경』의 뜻한 바는, 7식은 물결이지 바다가 아니고 그 모습이 아리야식의 바다에 있기에 생멸이 있고, 여래장은 바다이지 물결이 아니고 생멸하는 아리야식의 바다에 있지 않기에 생멸이 없다는 것을 밝히려고 한 것이다.

그러므로 "여래장식이 아리야식 가운데 없으니, 이 때문에 일곱 종류의 식이 생멸이 있고 여래장식은 불생불멸이다."고 하였다. 여래장이 곧 아리야식이기 때문에 생멸하는 아리야식에 있지 않다고 말한 것이다.

만일 여래장이 생멸하는 아리야식 가운데 있지 않다면 곧 다음 글에서 "이 때문에 여덟 종류의 식(識)이 생멸이 있다."고 말을 해야 할 것인데, 무엇 때문에 다만 "이 때문에 일곱 종류의 식(識)이 생멸이 있다."고 말을 했겠는가.

『사권 능가경』과 『십권 능가경』의 글은 본디 범어의 원본이 같은데 다만 번역자가 달랐기에 말이 다르게 되었을 뿐임을 꼭 알아야만 한다.

또 『사권 능가경』에서[1] "아리야식을 여래장이라고 하고 무명과 7식이 함께 갖추어져 있으나 무상(無常)의 허물을 여의었기에 자성이 맑고 깨끗하다. 나머지 7식은 생각마다 머물지 않아 생멸하는 법이다."고 하니, 이와 같은 글들은 똑같이 아리야식의 본각이 생멸하지 않는 뜻을 밝힌 것이다.

또 『사권 능가경』에서[2] "찰나란[3] 식장(識藏)이라고 한다."고 하고,

---

1. 인용문 전거 31번 참조.
2. 인용문 전거 32번 참조.
3. 刹那는 一念이라 번역하며 지극히 짧은 시간을 말한다. 『인왕경』에 따르면 90찰나를 일념이라 하고 이 일념 중의 1찰나에 900번 생멸을 한다고 한다.

『십권 능가경』에서[1] "여래장 아리야식이 일곱 가지 식(識)과 함께 생겨나니 이를 전멸상(轉滅相)이라고 한다."고 하니 이와 같은 글들은 아리야식의 생멸인 불각(不覺)의 뜻을 드러낸 것이다.

지금 논을 전개하는 지은이는 『능가경』의 모든 내용을 뭉뚱그리고 있기에 "이 식에는 두 가지의 뜻이 있다."고 말한 것이다.

아리야식의 두 가지 뜻은

[논-19] 무엇이 그 둘인가. 하나는 각(覺)의 뜻이요 또 하나는 불각(不覺)의 뜻이다.

[소-19] 둘째 부분을 자세히 풀이하는 가운데 세 단락이 있다. 처음에 "무엇이 그 둘인가."라고 하여 수를 물어 문제를 내놓고, 이어서 "각(覺)의 뜻과 불각(不覺)의 뜻"이라고 말한 것은 수에 따라 이름을 늘어놓은 것이며, 아래 글의 "각의 뜻이란…" 아래는 셋째 단락이니 하나씩 따로 그 내용을 풀이한 것이다.

앞에서는 각(覺)의 뜻을, 뒤에서는 불각(不覺)의 뜻을 풀이하였다. 각(覺)에는 두 가지 내용이 있으니, 먼저 간단하게 말하고 뒤에 자세히 풀이한다.

(가) 각(覺)의 뜻을 풀이한다

본각과 시각의 뜻

[논-20] 각(覺)의 뜻은 마음의 바탕이 망념을 여읜 것을 말한다. 망념을 여읜 모습은 허공계와 같아 어떤 곳이라도 두루하지 않은 곳이

---

1. 인용문 전거 33번 참조.

없는 법계와 똑같은 모습이니 곧 여래의 평등한 법신이다. 이 법신으로 말미암아 본각이라고 한다. 왜냐하면 본각의 뜻은 시각(始覺)의 뜻에 맞서서 말하니 시각이 곧 본각과 같기 때문이다. 시각의 뜻은 본각으로 말미암아 불각이 있고 불각으로 말미암아 시각이 있다고 말한 것이다.

[소-20] 간략히 말하는 가운데 두 내용이 있으니 먼저 본각을 말하고 뒤에 시각을 말한다. 본각을 밝히는데 또한 두 구절이 있으니 먼저 본각의 바탕을 밝히고 뒤에 본각의 뜻을 풀이한다.

첫 구절에서 "마음의 바탕이 망념을 여읜다."고 말한 것은 망념을 여의면 각(覺)아닌 것이 없다는 사실을 드러낸다. "허공계와 같다."는 것은 마음의 바탕에 어두운 것이 없을 뿐만 아니라, 지혜 광명이 두루 법계에 비치기에 둘이 아닌 하나로써 다를 것이 없이 평등하다는 것이다. 이는 아래 글에서[1] "큰 지혜 광명의 뜻이 있기 때문이며, 법계를 두루 비추는 뜻이 있기 때문이다."고 말한 내용과 같다.

"왜냐하면…" 아래는 둘째 구절로서 뜻을 풀이하니 시각에 맞서서 본각의 뜻을 풀이한 것이다.

본각의 내용을 여기서 다 풀이하여 마친다.

다음은 시각을 풀이하니 그 가운데 두 내용이 있다. 먼저는 본각에 맞서서 불각이 일어나는 뜻을 드러내고, 뒤에 불각에 맞서서 시각의 뜻을 풀이한다.

여기에서 밝히고자 한 것은 시각은 불각에 기대고, 불각은 본각에

---

1. 본서 논-53 참조.

기대며, 본각은 시각에 기댄다는 것이다.

이미 서로 기대면 자성이 없고, 자성이 없다면 각(覺)이 있는 것이 아니다. 각(覺)이 있는 게 아니라는 것은 서로 기대는 것으로 말미암고, 서로 기대어 각(覺)이 이루어졌다면 각(覺)이 없는 것도 아니다. 각(覺)이 없는 것이 아니기에 각(覺)이라고 말하지만 어떤 자성이 있어서 각(覺)이라고 한 것은 아니다.

간단하게 두 각(覺)의 내용을 여기서 다 말하여 마친다.

[별기] 각(覺)의 뜻에는 두 종류가 있으니 본각과 시각을 말한다.

본각이란 무엇인가. 이 마음의 성품이 불각의 모습을 떠난 것을 말하니, 깨달아 환히 아는 성품을 본각이라고 한다. 이는 아래 글에서[1] "이른바 자체에 큰 지혜 광명의 뜻이 있기 때문이다."고 말한 것과 같다.

시각이란 무엇인가. 이 마음의 바탕이 무명의 인연으로 망념을 일으키지만 본각이 훈습하는 힘으로 차츰 각(覺)의 작용이 있어 마침내 다시 본각과 같아지는 것을 시각이라고 한다.

불각의 뜻에도 두 종류가 있으니 근본 불각과 지말 불각이다.

근본 불각이란 아리야식 안의 근본 무명을 말한다. 이는 아래 글에서[2] "아리야식에 기대기에 무명이 있다고 말하는 것이다."고 말한 것과 같으니, 불각의 상태로 일어나기 때문이다.

---

1. 본서 논-53 참조.
2. 본서 논-32 참조.

지말 불각이란 무명에서 일어난 오염된 모든 법을 말한다. 이는 아래 글에서[1] "오염된 모든 법은 모두 불각의 모습이기 때문이다."고 말한 내용과 같다.

만약 식(識)의 모습을 차별함으로 말미암아 근본이 지말과 다른 뜻을 가린다면 아리야식 가운데에는 오직 본각과 근본 불각이 있을 뿐이다. 그러나 식(識)의 바탕은 둘이 없어 지말을 거두어 근본에 돌아가는 뜻에서 본다면 시각과 지말 불각도 아리야식 안의 뜻인 것이다. 그러므로 위에서 "아리야식에 두 뜻이 있다."고 말한 것은 이와 같은 두 종류의 뜻을 다 감싸 안은 것이며, 아래 풀이하는 가운데서 본각과 시각을 비롯하여 근본 불각과 지말 불각을 다 내세우게 된 것이다.

물음 : 마음의 바탕에 다만 불각이 없기 때문에 본각이라 합니까, 아니면 마음의 바탕에서 깨달아 아는 작용을 본각이라고 합니까. 다만 불각이 없는 것을 본각이라 한다면 또한 깨달아 아는 작용이 없기에 불각이라고 할 수 있고, 깨달아 아는 작용이 있기에 본각이라 한다면 이 각(覺)은 번뇌를 끊은 것인지 궁금합니다. 번뇌를 끊지 않았다면 깨달아 아는 작용이 없고, 번뇌를 끊었다면 범부는 없기 때문입니다.

대답 : 불각에 있는 어두움이 없을 뿐만 아니라 깨달아 아는 작용도 있다. 깨달아 아는 작용이 있기에 또한 번뇌를 끊는 것도 있다. 이 말은 무엇을 뜻하는가.

먼저 미혹했다가 뒤에 깨는 것을 각(覺)이라고 하는 입장에서는 시각에만 각(覺)이 있지 본각에는 각(覺)이 없다. 본디 미혹하지

---

1. 본서 논-29 참조.

않은 것을 각(覺)이라고 논한다면 본각이 각(覺)이니 시각은 각(覺)이 아니다. 번뇌를 끊는다는 뜻도 그러하다. 번뇌가 먼저 있다가 뒤에 없어지는 것을 번뇌를 끊은 것이라고 한다면 시각에만 끊은 게 있지 본각에는 번뇌를 끊는 것이 없다. 본디 번뇌를 여의고 있는 것을 번뇌를 끊은 것이라고 한다면 본각이 번뇌를 끊는 것이니 시각이 번뇌를 끊은 것이 아니다. 이런 뜻에 따른다면 본디 번뇌가 끊어진 것이기에 본디 범부가 없다. 이는 아래 글에서[1] "모든 중생이 본디 늘 열반과 깨달음에 들어가 있다."고 말한 것과 같다.

그러나 비록 "본각이 있기 때문에 본디 범부가 없다."고 말하더라도, 아직 시각이 없기 때문에 본디 범부가 있으므로 허물이 없다.

만약 그대 말대로 "본각이 있기 때문에 본디 범부가 없다."고 한다면 끝내 시각이 없으니 무엇에 맞서서 범부가 있다고 이야기하겠는가. 그 범부 또한 끝내 시각이 없다면 본각이 없을 것이니 어떤 본각에 따라 범부가 없다고 말할 수 있겠는가. 그러므로 으레 본각이 있기 때문에 본디 불각이 없고, 불각이 없기 때문에 끝내 시각이 없으며, 시각이 없기 때문에 본디 본각이 없다는 것을 알아야 한다.

본각이 없다는 곳에 다다른 것은 그 근원에 본각이 있기 때문이다. 본각이 있는 것은 시각이 있기 때문이고, 시각이 있는 것은 불각이 있기 때문이며, 불각이 있는 것은 본각에 기대기 때문이다.

이는 위 글에서[2] "본각의 뜻은 시각의 뜻에 맞서서 말하니 시각이 곧 본각과 같기 때문이다. 시각의 뜻은 본각으로 말미암아 불각이 있고 불각으로 말미암아 시각이 있다고 말한다."고 말한 내용과

---

1. 본서 논-30 참조.
2. 본서 논-20 부분에 있는 내용이다. 목판본 원문에서 下文이라 표기한 것은 잘못된 것이기에 上文으로 고쳤다.

같다. 이와 같이 번갈아 가면서 서로 기대어 모든 법이 드러나니, 모든 법이 무(無)도 아니면서 유(有)도 아니고, 유(有)도 아니면서 무(無)도 아님을 꼭 알아야만 한다.

물음 : 이 본각에 있는 성품이 오염된 법과 깨끗한 법의 근본 원인이 됩니까, 아니면 깨끗한 모든 법의 근본 원인만 됩니까. 만약 "깨끗한 법의 근본 인만 된다."고 하면, 『능가경』에서 "여래장은 선(善)과 불선(不善)의 원인이다."고 하면서 이와 같은 내용을 자세히 말하고 있는 것은 무슨 이유입니까. 만약 오염된 법과 깨끗한 법의 근본 원인으로 작용한다면 무엇 때문에 오직 "여래의 성품에서 나오는 공덕을 다 갖춘다."고만 말하고, "여래의 성품에서 나오는 오염을 다 갖춘다."고는 말하지를 않습니까.

대답 : 이 이치는 오염된 법과 깨끗한 법에 다 통하여 그 성품이 된다. 이 때문에 오직 "여래의 성품에서 나오는 공덕을 다 갖춘다."고만 말한다. 이 뜻은 무엇을 말하는가.

이는 이치가 깨끗한 성품을 여의었기 때문에 인연 따라 오염된 모든 법을 일으킬 수 있고, 또 오염된 성품을 여의었기 때문에 인연 따라 깨끗한 모든 법을 일으킬 수 있는 것을 말한다. 오염된 법과 깨끗한 법을 일으킬 수 있기 때문에 오염된 법과 깨끗한 법의 성품이 되는 것이며, 오염된 법과 깨끗한 법의 성품을 여의었기 때문에 오직 여래의 성품에서 나오는 공덕일 따름이다. 왜 오염된 법과 깨끗한 법의 성품을 여의어야 모든 공덕을 이루는가. 오염된 법과 깨끗한 법의 성품을 집착하는 것이 모두 헛된 생각이기 때문이다.

＊ 이 다음은 두 번째로 두 가지 각(覺)을 상세히 풀이한다. 그 가운데 먼저 시각을 풀이하고 뒤에 본각을 자세히 풀이한다. 처음 내용에 세 부분이 있으니 첫째 부분은 뭉뚱그려 전체 내용으로 완전한 각과 불완전한 각의 뜻을 나타내고, 둘째 부분은 따로 시각의 다른 점을 풀이하며, 셋째 부분은 시각이 본각과 다르지 않다는 사실을 뭉뚱그려 밝힌다.

시각을 뭉뚱그려 풀이함

[논-21] 또 마음의 근원을 깨달았기에 구경각이라고 하고, 마음의 근원을 깨닫지 못했기에 구경각이 아니라고 한다.

[소-21] 뭉뚱그려 전체 내용을 나타내는 가운데서 "마음의 근원을 깨달았기에 구경각이라고 한다."는 것은 부처님의 위치에[1] 있는 것을 말하고, "마음의 근원을 깨닫지 못했기에 구경각이 아니라고 한다."는 것은 아직 금강유정[2] 아래에 있는 중생들을 말한다.

시각을 네 가지 각의 모습으로 풀이함

[논-22] 이 뜻은 무엇을 말하는가. 범부들은 앞생각이 나쁜 생각을 일으킨 것을 알고 뒷생각을 그칠 수 있기에 이 나쁜 생각이 일어나지 않게 하는 것을 범부각(凡夫覺)이라고 해도 이는 불각(不覺)이기 때문이다.

이승의 지혜를 얻은 이나 대승의 가르침에서 처음 공부할 마음을 낸 보살들은[3] 다른 모습인 망념을 깨달아 그 생각에 '번뇌로 달라진 모습'이 없으니, 이 거친 분별로 집착하는 모습을 버렸기 때문에

---

1. 佛地는 보살이 최후에 번뇌장과 소지장의 습기를 끊고 성도하는 자리를 말한다. 유식에서는 '보살이 닦아야 할 열 가지 마지막 수행단계'에 있는 보살이 금강유정을 해탈하면 부처님의 경계에 이른다고 한다.
2. 금강유정은 금강이 단단하여 다른 것을 깨뜨리듯 모든 번뇌를 부수는 선정을 말한다. 대승에서는 十地 보살이 소지장과 번뇌장을 한꺼번에 끊고 부처님의 경계에 들어가기 위해 들어가는 선정이다.
3. 본서 소-22 참조.

상사각(相似覺)이라고 한다.

법신 보살들은[1] '번뇌로 달라진 모습'이 없다는 경계에 머무는 마음을 깨달아 그 생각에 '나로 바뀌어 머무는 모습'이 없으니, 이 분별하는 거친 망념의 모습을 떠났기 때문에 수분각(隨分覺)이라고 한다.

보살의 모든 수행을 다 한 이들은 방편을 다 갖추어 한 생각에 맞서 마음이 처음 일어나는 모습을 깨달아 그 마음에 '처음 일어나는 망념의 모습'이 없으니, 이 미세한 망념을 멀리 여의었기 때문에 마음의 참 성품을 볼 수 있고 그 마음이 늘 이어지니 구경각(究竟覺)이라고 한다. 이 때문에 경에서 "중생이 무념(無念)을 볼 수 있다면 부처님의 지혜로 간다."고[2] 말한 것이다.

[소-22-1] 이어 따로 풀이하는 가운데서 '네 가지 각의 모습'을 가지고 말한다. 이 가운데 먼저 '네 가지 각의 모습'을 밝히고 그런 뒤에 글의 뜻을 살피겠다.

물음 : 이 가운데 '네 가지 각의 모습'이 동시에 있습니까, 아니면 앞뒤의 순서로 있습니까. 이 의심이 무엇이겠습니까. 만약 '네 가지 각의 모습'이 동시에 있다면 왜 논에서 '네 가지 각의 모습'을 깨달을 때 차별이 있는 다른 것을 말하고 있으며, 앞뒤로 시간이 다르다면 아래 글에서[3] 왜 '네 가지 각의 모습'이 한꺼번에 다 함께 있다고 말씀하시는 것입니까.

---

1. 법신 보살은 初地 위에서 十地까지의 보살을 말한다. 본서 소-22 참조.
2. 전거가 확실하지 않다.
3. 본서 논-23 참조.

대답 : 어떤 이는 말하기를 "살바다종에서[1] 주장하는 '네 가지 모습'에 대한 말에 기대어, '네 가지 각의 모습'에 있는 바탕은 동시라도 그 쓰임은 다 앞뒤가 있으며, 그 쓰임에 앞뒤가 있기 때문에 깨달을 때 차별은 있지만 바탕은 똑같이 있기 때문에 동시에 다 함께 갖추어져 있다."고 하였다.

어떤 이는 말하기를 "성실종에서[2] 주장하는 앞뒤로 있는 '네 가지 모습'에 대한 말에 기대어, 이 '네 가지 각의 모습'이 한꺼번에 다 함께 있다는 것은 본각으로써 '네 가지 각의 모습'을 대하면 '네 가지 각의 모습'에 앞 뒤 차별이 없다. 그러므로 '네 가지 각의 모습'이 한꺼번에 다 갖추어져 있기에 모두 스스로 내세워 하나하나 외따로 있는 것이 아니다."고 하였다.

어떤 이는 말하기를 "이는 대승에서 말하는 비밀스런 '네 가지 모습'으로[3] '네 가지 각의 모습'을 깨달을 때 앞뒤와 깊고 얕음은 있지만, 깨달은 내용인 '네 가지 각의 모습'은 한꺼번에 다 갖추어져 있다."고 하였다. 이 뜻은 무엇을 말하는가.

무릇 마음의 참 성품이 본디 생멸하는 모습을 떠났지만, 무명이 있기에 자기 마음의 참 성품을 모른다는 것이다. 마음의 참 성품을 어겨 고요한 마음자리를 떠났기 때문에 흔들리는 네 가지 모습이 일어날 수 있고, 이 네 가지 모습이 무명과 화합하는 힘으로 말미암아 마음의 바탕을 생겨나고·머무르고·바뀌고·사라지게 할 수 있다는 것이다.

---

1. 살바다종은 설일체유부를 말하고 我空法有・三世實有・法體恒有를 주장하며, 또 일체만법을 5위 75법으로 분류한다. 『대비바사론』 『육족론』 『발지론』 등은 모두 이 종의 교리를 서술한 것이며, 『구사론』도 주로 이 교리를 밝히고 있다
2. 성실종은 『성실론』을 근본 성전으로 삼는다. 이 종의 교의는 我空 밖에 法空을 설하므로 그 실천문에서 二空觀을 철저히 하여 三種心을 없애는 동시에 삼계를 여읜다고 한다.
3. 대승의 비밀스런 네 가지 모습은 『대승기신론』에서 말하는 '네 가지 각의 모습'을 뜻한다. 마음의 성품에는 본디 네 가지 모습이 없으나 무명의 훈습력으로 말미암아 生・住・異・滅의 네 가지 모습을 낸다는 것이다.

이는 소승의 논의 가운데 "마음이 미래에 있을 때는 아직 생멸하지 않지만, 업력으로 네 가지 모습을 끌어내어 마음 법을 생겨나고·머무르고·바뀌고·사라지게 할 수 있다."고 하는 것과 비슷하다.

대승의 네 가지 모습도 또한 그러하다는 것을 알아야 한다. 이는 『부증불감경』에서[1] "곧 법신이 모든 번뇌로 말미암아 움직이게 되어 삶과 죽음에서 왔다 갔다 하는 것을 중생이라 한다."고 말하는 것과 같다. 이 논 아래 글에서[2] "자기 성품의 깨끗하고 맑은 마음이 무명의 바람으로 말미암아 움직인다."고 말한 것이 바로 이를 말한다.

뭉뚱그려 그렇더라도 이것을 나누어 보면 네 가지 모습 안에 저마다 차별이 있다. 그것은 '무명으로 생기는 세 가지 모습'·'나로 바뀌어 머무는 네 가지 모습'·'번뇌로 달라진 여섯 가지 모습'·'없애야 할 일곱 가지 모습'을 말한다.

'무명의 업이 생기는 세 가지 모습'이란 무엇을 말하는가.

첫째 모습은 업상(業相)이니 무명으로 말미암아 진여를 깨닫지 못하고 생각이 움직이는 것을 말한다. 이 때는 생각이 일어났다 멸하더라도 견분(見分)과 상분(相分)이 아직 나누어지지 않은 상태이다. 이는 아직 나타나지 않았지만 마악 생기는 모습이 곧 나타나려고 할 때가 된 것과 같다.

둘째 모습은 전상(轉相)이니 움직이는 생각으로 말미암아 곧 업상이 바뀌며 능견(能見)을 이루는 것을 말한다. 아직 나타나지 않았지만 마악 생기는 모습이 나타날 때가 된 것과 같다.

---

1. 인용문 전거 34번 참조.
2. 본서 논-24 참조.

셋째 모습은 현상(現相)이니 능견(能見)으로 말미암아 경계로 드러나는 모습이 나타난 것을 말한다. 아직 나타나지 않았지만 마악 생기는 모습이 나타난 것이다.

무명이 이 세 가지 모습과 어울리므로 한마음의 바탕을 흔들어 변화를 따라 나타남에 이르게 되니, 마치 소승의 '미래에 감추어진 마음'이[1] 그 '무명으로 생기는 모습'을 따라서 바뀌어 현재에 나타나는 것과 같다. 지금 대승 가운데서 '여래가 감추어진 마음'이 '무명으로 생기는 모습'을 따라 현상(現相)으로 나타나는 뜻도 이와 같다.

이 셋이 모두 아리야식 위치에 있는 차별이다. 그 가운데 자세한 내용은 아래 본문에서 말하겠다. 이를 마음 깊이 있는 '무명으로 생기는 세 가지 모습'이라고 한다.

'나로 바뀌어 머무는 네 가지 모습'이란 무엇을 말하는가. 무명이 '무명으로 생기는 모습'과 어울림으로 말미암아 생겨난 마음에 '나'와 '내 것'이 없다는 사실을 모르기에 '나로 바뀌어 머무는 네 가지 모습'을 일으킨다. '나로 바뀌어 머무는 네 가지 모습'이란 아치(我癡)·아견(我見)·아애(我愛)·아만(我慢)을 말한다.

이와 같은 네 가지 모습이 '무명으로 생기는 모습'으로 말미암아 마음의 바탕이라고 개념을 짓는 마음을 일으켜서 나로 바뀌어 머무는 모습에 이르게 하여 안으로 마음의 바탕을 반연하여 머물게 하기 때문에 '나로 바뀌어 머무는 모습'이라고 한다. 이 네 가지 모습은 모두 제7식의 위치에 있다.

---

1. 미래장심은 아직 현재에 다다르지 않은 마음을 말하는데 犢子部에서 우주 만유를 다섯 가지로 분류하는 가운데 有爲聚 중 하나이다.

'번뇌로 달라진 여섯 가지 모습'이란 무엇을 말하는가. 무명이 '나로 바뀌어 머무는 모습'과 어울려 나와 내 것이라고 생각한 것이 공(空)임을 깨닫지 못하기에 이로 말미암아 '번뇌로 달라진 여섯 가지 모습'을 일으킨다. '번뇌로 달라진 여섯 가지 모습'이란 탐욕·성냄·어리석음·자만·의심·삿된 견해를 말한다. 『유가사지론』에서[1] "번뇌의 자성은 오직 이 여섯 가지일 뿐이다."고 말한 것이 바로 이를 두고 한 말이다. 무명이 이 여섯 가지 모습과 어울려 '머무는 마음'이라고 개념을 짓는 마음을 '번뇌로 달라진 모습'에 이르게 하여 밖을 향하여 반연하게 하기 때문에 '번뇌로 달라진 모습'이라고 한다. 이 여섯 가지 모습은 생기식(生起識)의 자리에 있다.

'없애야 할 일곱 가지 모습'이란 무엇을 말하는가. 무명이 '번뇌로 달라진 모습'과 어울려 바깥 경계는 거스르거나 따르게 될 성품을 떠나 있다는 사실을 깨닫지 못하기에 이로 말미암아 '없애야 할 일곱 가지 모습'을 일으킨다. '없애야 할 일곱 가지 모습'이란 몸으로 짓게 되는 살아 있는 것을 죽이는 것·도둑질·나쁜 인간관계를 만드는 것 이 세 가지 나쁜 업과, 입으로 짓게 되는 거친 말·이간질하는 말·거짓말·꾸미는 말 이 네 가지 나쁜 업을 말한다. 이와 같은 나쁜 업은 '번뇌로 달라진 모습'의 여섯 가지 마음을 나쁜 길로 떨어지게 하기 때문에 '없애야 할 모습'이라고 한다. 마치 소승의 '없애야 할 모습'이 현재의 마음을 없애 과거에 들어가게 하는 것과 같이 대승의 '없애야 할 모습'도 그러하다는 것을 알아야 한다. 이 이치로 '네 가지 모습'이 생겨나 한마음이 중생계에 흘러가지만 모든 것이 다 근본 무명을 원인으로 한다. 이는 『승만경』에서[2] "무명이 앉아 있는 깊은 자리의 힘이 가장 크다."고 하고, 이 논에서[3]

---

1. 인용문 전거 35번 참조.
2. 인용문 전거 36번 참조.
3. 본서 논-29 참조. 다만 본문에서는 無明力이 아니고 無明으로 되어 있다.

"마땅히 알아야 한다. 무명의 힘이 오염된 모든 법을 낼 수 있다."고 말한 내용과 같다.

또 소상(所相)의 마음은 한마음에서 오고 능상(能相)의 모습은 무명이 일으킨다. 무명에 따라 일어난 모습은 네 가지 모습에 따라 그 쓰임에 차별이 있으며 그 경계에서 다른 모습을 취한 것을 마음의 작용이라고[1] 하니, 참으로 근본 무명이 평등한 성품을 어겼기 때문이다. 그 소상(所相)의 마음은 이르는 곳마다 번번이 모든 것을 한데 묶는 주인이 되어 경계의 전체적인 모습을 알기에 이 마음을 마음의 왕이라고 하니, 이는 본디 한마음이 모든 법을 통틀어 그 근원이기 때문이다.

이는 『중변론』의[2] 게송에서 "오직 경계를 아는 지혜를 마음이라고 하고, 거기서 차별된 모습을 마음의 법이라고 한다."고[3] 하며, 이를 다시 풀이하여 "경계의 전체 모습을 아는 것을 마음이라고 하면 경계에서 따로 모습을 취한 것을 마음의 작용이라 한다."고[4] 말한 내용과 같다. 『유가론』 가운데 말한 내용도[5] 이 말과 똑같다.

이런 이치기에 모든 외도들이 대개 마음의 왕을 재주(宰主)니 작자(作者)니 수자(受者)니 하여 잘못 생각하고 있는데, 이는 마음의 왕이 자기의 붙박이 성품이 없이 인연 따라 삶과 죽음에 흘러간다는 사실을 알지 못하기 때문이다.

이 '네 가지 모습'을 모두 한 생각이라고 한다. 이 한 생각의 네

---

1. 數法은 心所有法 또는 心數法이라고도 한다.
2. 『중변론』은 2권으로 『중변분별론』을 말한다. 이 논 게송 부분은 미륵이 짓고, 장행 부분은 세친이 지었으며, 진제 역이다. 현장 역의 『변중변론』과는 동본이역이다.
3. 인용문 전거 37번 참조.
4. 인용문 전거 38번 참조.
5. 전거가 확실하지 않다.

가지 모습을 가지고 밑가늠하여 네 가지 위치의 단계를 밝힌다. 본디 무명에 따른 불각의 힘이 '무명으로 생기는 모습'과 같은 여러 가지 꿈같은 생각을 일으키고 그 마음의 근원을 움직여 차츰차츰 '없애야 할 모습'에 이르러 오랫동안 여섯 갈래 중생의 나쁜 길에서 삶과 죽음에 흘러가게 되었지만, 지금 본각의 '생각할 수 없는 놀라운 훈습'으로 삶과 죽음을 싫어하고 열반을 좋아하는 마음을 일으키며 차츰차츰 본디 근원을 향하여 비로소 '없애야 할 모습'부터 '무명으로 생기는 모습'까지를 쉬므로, 밝고 환하게 깨쳐 자기 마음이 본디 움직이는 바가 없음을 안 것을 밝히려고 한다.

이제 고요할 것도 없이 본디 평등하여 똑같은 자리에 머무니, 마치 『금광명경』에서 말한 꿈에 큰 강을 건넌 비유와도¹ 같다. 이 가운데서 자세히 대의를 말하는 것도 이와 같다.

다음은 글의 본문을 풀이하니 '네 가지 각의 모습'에 대해서 네 가지 위치를 분별하겠다. 네 가지 위치 가운데는 저마다 네 종류의 뜻이 있으니 깨달을 수 있는 사람과 깨달은 모습과 각(覺)의 이익과 각(覺)의 한계이다.

처음 위치에서 "범부들"이라는 표현은 깨달을 수 있는 사람을 말하는 것이니 그 위치가 '보살이 닦아야 할 열 가지 믿음'을 닦는 단계에² 있다. "앞생각에서 나쁜 생각이 일어난 것을 알았다."는 것은 깨달은 모습을 나타내니, 아직 열 가지 믿음에 들어가기에

---

1. 인용문 전거 39번 참조. 꿈속에 있는 큰 강에서 자기의 몸이 떠내려가기에 손발을 허우적거려 애써 강가에 도달했는데 꿈에서 깨어보니 모든 것이 사라졌다. 그러나 그것을 경험한 마음은 없어지지 않듯 삶과 죽음이라는 헛된 생각이 다 사라져 깨달음이 맑고 깨끗하지만 삶과 죽음의 바탕은 없어진 것이 아니라는 내용이다.
2. '보살이 닦아야 할 열 가지 믿음'은 보살이 수행하는 52 단계 중 처음 10 단계에 해당하는 부분이다. 부처님의 가르침을 믿어 의심이 없는 경계로서 信心·念心·精進心·慧心·定心·不退心·護法心·廻向心·戒心·願心을 말한다.

앞서 몸과 입으로 짓게 되는 일곱 가지 나쁜 업을 함께 일으키고 있다가 이제 믿음의 위치에 들어가서 일곱 가지 일이 참말로 좋지 않다는 것을 알게 되었으므로 "앞생각에서 나쁜 생각이 일어난 것을 알았다."고 말한 것이다. 이는 '없애야 할 모습'의 뜻을 깨달은 것을 밝힌다.

"뒷생각을 그치어 나쁜 생각이 일어나지 않게 할 수 있다."는 것은 각(覺)의 이익이니, 앞에서는 불각으로 일곱 가지 나쁜 생각을 일으키고 있다가 지금은 이미 깨달았으므로 '없애야 할 일곱 가지 모습'을 멈출 수 있다는 것이다.

이를 "각(覺)이라고 해도 이는 불각이다."고 말한 것은 각(覺)이 갖고 있는 한계를 밝히니 '없애야 할 모습'이 참말로 좋지 않다는 것을 알았더라도 '없애야 할 모습'이 아직도 꿈이라는 사실을 깨닫지 못하고 있기 때문이다.

둘째 위치에서 "이승의 지혜를 얻은 이와 대승의 가르침에 처음 공부할 마음을 낸 보살들"이라고 말한 것은 '보살에게 있는 열 가지 이해하는 마음을 닦는 단계'[1] 위의 삼현(三賢) 보살들을 말한다.[2] 열 가지 이해하는 단계의 처음 도 닦을 마음을 내어 도에 안주하는 발심주(發心住)라고 하기도 한다. 이 열 가지 이해하는 마음의 처음 위치에서 마음을 낸 사람을 들어 뒤 위치에 있는 사람들을 한꺼번에 취하기에 '대승의 가르침에서 처음 공부할 마음을 낸 보살들'이라고 말하니, 이는 깨달을 수 있는 사람을 밝힌 것이다.

---

1. 十解는 十住와 같다.
2. 삼현을 대승은 '보살이 닦아야 할 열 가지 머무는 마음'·'보살이 닦아야 할 열 가지 행'·'보살이 닦아야 할 열 가지 회향' 위치에 있는 보살을 말하고, 소승에서는 五停心位·別相念住位·總相念住位에 있는 이를 말한다. 이들은 聖位에 들어가기 전 方便位에 해당한다.

"다른 모습인 망념을 깨달았다."는 것은 깨달은 모습을 밝힌 것이다. 이는 앞에서 '번뇌로 달라진 여섯 가지 모습'이 안팎을 분별하여 나와 내 것이라고 생각한다고 깨달은 것이다. 성문과 연각과 보살은 내가 없다는 것을 아니 이것으로 "다른 모습인 망념을 깨달았다."고 말한다. 이는 소상(所相)의 마음 바탕이 무명에 잠들어 망념의 '달라진 모습'에서 꿈꾸며 모든 번뇌를 일으켰으나, 이제 차츰차츰 지혜와 맞아떨어져 '번뇌로 달라진 모습'의 꿈에서 조금 깨달았다는 사실을 밝히려는 것이다.

"그 생각에 번뇌로 달라진 모습이 없다."는 것은 각(覺)의 이익이다. 이미 번뇌로 달라진 모습의 꿈에서 깨어날 수 있기에 저 '번뇌로 달라진 여섯 가지 모습'을 영원히 없앤 것이다. 이것으로 "그 생각에 번뇌로 달라진 모습이 없다."고 말한다.

"거친 분별로 집착하는 모습을 버렸기 때문에 상사각(相似覺)이라고 한다."는 것은 각(覺)이 갖고 있는 한계이다. 좋고 나쁜 경계를 분별하여 욕심내고 성내는 어리석은 마음을 일으키는 것을 거친 분별로 집착하는 모습이라고 한다. 비록 거칠게 집착하는 이런 모습을 버렸더라도, 아직 분별이 없는 깨달음을 얻지 못했기에 상사각(相似覺)이라고 한다.

셋째 위치에서 "법신 보살들"은 초지(初地) 위의 '보살이 닦아야 할 열 가지 마지막 수행단계'에[1] 있는 보살들로 깨달을 수 있는 사람을 말한다.

---

1. 十地 보살은 보살의 수행 52 단계 가운데 41位부터 50位까지이다. 이 경계는 부처님 지혜로 온갖 중생을 짊어지고 교화하여 이익을 주는 것이 마치 모든 걸 키위내는 大地와 같다고 하여 地라 이름 붙인 것이다. 차례대로 歡喜地·離垢地·發光地·焰慧地·難勝地·現前地·遠行地·不動地·善慧地·法雲地.를 말한다.

"번뇌로 달라진 모습이 없다는 경계에 머무는 마음을 깨달았다."는 것은 '나로 바뀌어 머무는 모습' 가운데서 비록 마음밖에 경계가 있다고 생각하지 않더라도 인(人)과 법(法)을[1] 집착하고 안으로 반연하여 머무르게 되지만, 법신 보살은 이 집착을 깨트려 아공(我空)과 법공(法空)을 통달했다는 것이다. 이는 소상(所相)의 마음 바탕이 앞에서 '번뇌로 달라진 모습'을 깨달았지만 아직 '나로 바뀌어 머무는 모습'의 꿈에 잠들어 있으므로, 이제 '분별이 없는 지혜'와 맞아떨어져 '나로 바뀌어 머무는 모습'의 꿈에서 깨어났다는 사실을 밝히려는 것이다. 그러므로 "번뇌로 달라진 모습이 없다는 경계에 머무는 마음을 깨달았다."고 하니 이는 깨달은 모습이다.

"그 생각에 나로 바뀌어 머무는 모습이 없다."는 것은 아치(我癡)·아견(我見)·아애(我愛)·아만(我慢)이 없어져 다시 일어나지 않는 것으로서 이는 각(覺)의 이익이다.

"분별하는 거친 망념의 모습을 떠났다."는 표현은 인아(人我)의 집착을 '분별'이라고 하여 앞에 있는 '번뇌로 달라진 모습'의 '거친 분별'과 구별했기 때문에 거칠다는 표현을 쓰지 않은 것이다.

법아(法我)의 집착을 거친 망념이라고 한 것은 뒤에 나오는 '무명으로 생기는 모습'의 미세한 망념과[2] 다르기 때문에 거친 망념이라고 이름 붙인 것이다. 비록 이미 분별이 없는 각(覺)을 얻었더라도 아직 '무명으로 생기는 모습'의 꿈에 잠들어 있기에 수분각(隨分覺)이라고 하며 이는 각(覺)이 갖고 있는 한계이다.

넷째 위치에서 "보살의 모든 수행을 다 한 이들"이란 번뇌가 다

---

1. 人我執과 法我執을 말한다.
2. 미세한 망념은 生相의 업상·전상·현상이니, 이는 극히 미세한 마음의 작용이어 부처님의 경계에 이르기 전 이를 알지 못한다고 한다.

사라진 무구지(無垢地)를¹ 말한다. 이는 전체 내용을 내세운 것이다. 아래 글의 두 구절은 따로 두 길을 밝히니, "방편을 다 갖춘다."는 방편을 활용하는 방편도(方便道)와² "한 생각에 맞아 떨어진다."는 공부에 조금도 틈이 없는 무간도(無間道)다.³ 이는 『대법론』에서 "구경도란 금강유정을 말한다. 여기에는 두 종류가 있으니 방편도와 무간도로 거둔다."고 말한 것과 같다. 이는 깨달을 수 있는 사람을 밝힌 것이다.

"마음이 처음 일어나는 모습을 깨닫는다."는 것은 깨달은 모습을 밝힌다. 마음이 처음 일어난다는 것은 무명으로 말미암아 '생기는 모습'이 있고, 마음의 바탕을 몰라 생각을 흔들리게 하다가 이제 본각을 떠나 불각이 없기에 곧 흔들리는 생각이 고요한 마음이라는 것을 깨닫는다. 그러므로 "마음이 처음 일어나는 모습을 깨닫는다."고 말한다. 이것은 방향을 정확히 모를 때는 동쪽을 서쪽이라고 하다가 방향을 제대로 알았을 때는 서쪽이 곧 동쪽이라는 사실을 아는 것과 같다. 이 가운데 각(覺)의 뜻도 그러하다는 것을 으레 알아야만 한다.

"그 마음에 처음 일어나는 망념의 모습이 없다."는 것은 각(覺)의 이익을 밝힌다. 본디 불각으로 말미암아 마음이 근원에서 일어나게 되고, 이제 깨달았기에 마음에서 일어날 것이 없으므로 "그 마음에 처음 일어나는 망념의 모습이 없다."고 말한 것이다.

---

1. 무구지는 상황에 따라 여러 내용으로 이해할 수 있으나, 여기 뜻은 等覺 보살에 해당한다고 볼 수 있다.
2. 방편도는 진리를 증득하기 위해 그 전에 닦는 가행을 말하므로 資糧位에 있는 '보살이 닦아야 할 열 가지 머무는 마음', '보살이 닦아야 할 열 가지 행', '보살이 닦아야 할 열 가지 회향'을 지나 煖, 頂, 忍, 世第一法의 順決擇分을 닦은 가행위까지 말한다.
3. 무간도는 참다운 지혜 속에서 모든 번뇌를 끊은 자리를 말한다. 번뇌에 조금도 틈을 주지 않기에 無間이라는 표현을 쓴 것이다.

앞의 셋째 위치에서는 비록 망념에서 벗어난 것이 있더라도 흔들리는 마음이 다 없어지지 않아 아직 일어나기 때문에 "그 생각에 나로 바뀌어 머무는 모습이 없다…"라고 말하였고, 이제 마지막 위치에서는 흔들리는 마음이 모두 없어지고 오직 한마음만 있기에 "그 마음에 처음 일어나는 망념의 모습이 없다."고 말한 것이다.

"미세한 망념을 멀리 여의었기 때문에…" 아래는 각(覺)이 갖고 있는 한계를 밝힌 것으로서 이 가운데 두 구절이 있다. 첫째 구절은 바로 각(覺)이 갖고 있는 한계를 밝히고, "이 때문에…" 아래는 경을 끌어와서 그 내용을 증명한다. 흔들리는 마음인 업상(業相)은 망념 가운데 가장 미세하기에 미세한 망념이라고 부른다.
이 미세한 모습이 모두 없어져 영원히 남아 있을 것이 없기 때문에 "멀리 여의었다."고 말한다. 멀리 여의었을 때가 바로 부처님의 경계에 있는 것이다.

앞에 이야기한 세 위치는 아직 마음의 근원에 이르지 못하고 '무명으로 생기는 모습'이 다 없어지지 않았기에 마음이 아직 무상(無常)하지만, 지금 이 마지막 위치에 이르러서 영원히 무명이 사라지고 한마음의 근원에 돌아가 다시 흔들리는 마음을 일으킬 것이 없으므로 "마음의 참 성품을 볼 수 있고 그 마음이 늘 이어진다."고 말한다. 여기서 다시 더 나아갈 것이 없으므로 구경각이라고 한다.

또 아직 마음의 근원에 이르지 못하고 꿈같은 생각이 다 없어지지 않았기에 이런 흔들리는 마음을 없애 부처님의 세계에 다다르기를 바라지만, 이제 마음의 참 성품을 보아 꿈같은 생각이 다 없어지니 자기 마음이 본디 삶과 죽음에 흘러갈 것이 없다는 것을 깨닫는다. 이제 고요히 쉴 것도 없이 늘 한마음이 똑같은 자리에 머무르니, 그러므로 "마음의 참 성품을 볼 수 있고 그 마음이 늘 이어진다."고 한다.

이처럼 시각이 본각과 다르지 않으니 이 도리로 말미암아 구경각이라고 한다. 이것이 바로 각(覺)의 한계를 밝힌 것이다.

[별기] 물음 : 시각이 본각과 같기에 생멸을 여읜 것이라고 하면, 이 주장이 『섭론』에서[1] "근본은 상주하나 지말은 근본으로 말미암아 늘 이어진다."고 말한 내용들과는 어떻게 통하겠습니까.

대답 : 『기신론』과 『섭론』에서 주장하는 뜻이 다르지만 이치가 서로 어긋나지 않는다. 무엇 때문인가. 이 논주의 뜻은 본디 불각으로 말미암아 고요한 마음이 흔들렸으나 이제 불각을 쉬어 다시 본디 고요한 자리에 돌아간 사실을 드러내려고 했기에 '상주'라는 표현을 쓴 것이다.

『섭론』의 뜻은 법신이 본디 상주하여 부동하나 그 법신으로 말미암아 복덕과 지혜를 일으켜 온갖 덕으로 나타나는 과보를 감응할 수 있다는 것을 밝히려고 한 것이다. 이미 인연으로 말미암아 일어난 것이 되었기 때문에 생멸을 여의지 않으므로 '늘 이어진다'고 말한다.

그러나 뜻을 다 갖추어 비로소 온갖 덕을 이룬다고 말한다면 두 뜻을 다 갖추어야 한다.

『기신론』의 뜻에 따르기에 상주라고 하지만 『섭론』의 뜻에 따르기에 생멸이니, 생멸과 상주가 서로 방해되지를 않는다. 왜냐하면 하나하나의 생각이 어리석어 삼세에 가득하지만 사실 한 생각을 벗어나지 않기 때문이다.

---

1. 인용문 전거 40번 참조.

이는 마치 하나하나의 털구멍이 모두 시방세계에 두루하여, 비록 시방세계에 털구멍이 두루 가득하더라도 털구멍 하나를 더 보태지 않은 것과 같다. 한 분 한 분의 부처님이 이와 같이 걸림이 없으니 어찌 그 사이에 치우쳐 집착하는 것을 용납할 수 있겠는가.

이는 『화엄경』의 게송에서[1] 다음과 같이 말한 것과 같다.

석가모니 부처님은 삼세를 떠나
삼십이상 팔십종호 다 갖추시고
머무는 바가 없이 머무르시니
남김없이 모든 법계 맑고도 깨끗

인과 연이 있었기에 법이 생기고
인과 연이 있었기에 법이 멸하니
이와 같이 부처님을 볼 수 있다면
마침내는 어리석음 벗어나리라.

지금 두 논주가 저마다 하나의 뜻만 서술하고 있지만 그 이치를 안다면 어찌 서로 방해될 것이 있겠는가.

[소-22-2] 경을 끌어와서 증명하는 가운데 "무념(無念)을 볼 수 있는 자라면 부처님의 지혜로 향한다."고 말한 내용은 무엇을 말하는가.

수행하는 첫 자리에 있을 때 아직 망념을 여의지 못했더라도 무념의 도리를 볼 수 있으니, 이 볼 수 있는 힘에 따라 부처님의 경계를 향하여 가게 되고, 이로써 부처님 경계에 망념이 없다는 사실을 증득해 아는 것을 말한다. 이는 원인을 내세워 결과를 증명한 것이다.

---

1. 인용문 전거 41번 참조.

만일 인과를 관통하여 말하는 글을 끌어와서 증명하는 것이라면, 『금고경』에서[1] "모든 복도(伏道)에[2] 따라 번거로운 일을 일으키는 마음을 없애고, 법단도(法斷道)에[3] 따라 근본에 기대는 마음을 없애며, 승발도(勝拔道)에[4] 따라 근본 마음이 다 사라진다."고 말한 것이다.

여기에서 말하는 '모든 복도'라는 것은 '보살이 닦아야 할 열 가지 머무는 마음'과 열 가지 행과 열 가지 회향하는 마음을 말하고, '번거로운 일을 일으키는 마음을 없앤다.'는 것은 이 논 가운데에 있는 '거친 분별로 집착하는 모습'을 버리는 것과 같으니 곧 '번뇌로 달라진 모습'이 없어지는 것이다.

'법단도'란 법신의 위치에 있는 것이고, '근본에 기대는 마음을 없앤다.'는 것은 이 논 가운데에 있는 '분별하는 거친 망념의 모습을 버린다.'고 말한 내용과 같으니, 곧 '나로 바뀌어 머무는 모습'이 없어지는 것이다.

'승발도'란 금강유정이며, '근본 마음이 다 사라진다.'는 것은 이 논 가운데에 있는 "미세한 망념을 멀리 여읜다."고 말한 내용과 같으니, 이는 '무명으로 생기는 모습'이 다 사라지는 것을 말한다. 위에서 시각의 차별을 따로 밝혔다.

---

1. 인용문 전거 42번 참조.
2. 복도는 삼현 보살이 번뇌를 조복 받아 일어나지 못하게 하나 아주 끊어 내지는 못한 방편을 말한다. 그러나 異相은 없어진다.
3. 법단도는 滅道 또는 對治道라고 하여 번뇌를 완전히 끊고 다시 나오지 못하게 하는 방편이다. 十地 보살이 住相을 없애는 단계이다.
4. 승발도는 금강유정의 단계로서 生相이 다 사라진다.

시각은 본각과 다르지 않다는 사실을 밝힘

[논-23] 또 '마음이 일어난다.'고 표현하여 마음에는 알 수 있는 처음 모습이 없는데도 처음 모습을 안다고 말한 것은 곧 무념을 말한다. 이 때문에 모든 중생을 각(覺)이라고 하지 않는다. 그 까닭은 중생들은 본디부터 생각마다 이어져 아직 망념을 벗어나지 못했기 때문이다. 이것을 시작이 없는 때부터 시작된 무명이라고 한다.

무념을 얻은 자라면 마음의 모습이 생겨나고·머무르고·바뀌고·사라지는 것을 아니 무념은 평등하기 때문이다.

또한 참으로 시각도 없으니 그 까닭은 '네 가지 각의 모습'이 한꺼번에 같이 있기에 모두 스스로 내세울 것이 없이 본디 평등하여 한결같은 각(覺)이기 때문이다.

[소-23-1] 셋째 부분은 시각이 본각과 다르지 않다는 사실을 뭉뚱그려 밝힌다. 이 가운데 두 내용이 있으니, 첫째 내용은 구경각의 모습을 거듭 밝히며, 둘째 내용은 바로 시각이 본각과 다르지 않다는 것을 밝힌다.

첫째 내용에 세 단락이 있으니, 처음은 바로 구경각의 모습을 나타내고, 다음은 비각(非覺)을 들어 각(覺)을 드러내며, 마지막 단락은 경계에 대하여 지혜가 가득 차 있다는 것을 자세히 드러낸다.

처음 단락에서 말한 "또 마음이 일어난다."는 것은 위의 "마음이 처음 일어나는 모습을 깨닫는다."는 말을 나타낸 것이지, 깨달을 때 처음 모습이 있다는 것을 안다는 뜻이 아니다. 그러므로 "알 수 있는 처음 모습이 없다."고 하면서도 "마음이 처음 일어나는 모습을 깨닫는다."고 말한 것은 마치 방향을 제대로 알 때 잘못 알고 있던 서쪽이 원래 동쪽이었다는 사실을 아는 것과 같다. 이처럼 부처님께서 마음을 깨달을 때 처음 움직인 마음의 모습이 곧 고요했던 본디 마음이라는 것을 알기 때문에 "곧 무념을 말한다."고 한 것이다.

둘째 단락 "이 때문에…" 아래는 비각(非覺)을 들어 각(覺)을 드러낸다. 앞에서 말한 것과 같이 무념이 각(覺)이니 이 때문에 유념(有念)은 각(覺)이라고 할 수 없다. 이는 곧 금강심[1] 아래의 모든 중생은 아직 '시작이 없는 때부터 시작된 무명'의 망념을 여의지 못했기에 이 뜻에 따라 각(覺)이라 할 수 없는 것이다. 그러나 '네 가지 각의 모습'이라는 꿈의 차별을 상대하기에 '차츰차츰 아는 깨달음'이라고 말한다. 지금은 이 모든 것이 무명 속에서 잠자고 있다는 점에서 다를 게 없기 때문에 불각이라고 한다. 이는 『인왕경』에서[2] "처음 번뇌를 꼼짝 못하게 할 때부터[3] 최고의 삼매에[4] 이르기까지 근본자리를 비추는 것은 견(見)이라고 하지 않는다. 견(見)이란 '모든 것을 아는 지혜'이기[5] 때문이다."고 말한 것과 같다.

셋째 단락 "무념을 얻은 자라면…" 아래는 경계에 대한 지혜를 드러낸다. 만약 마음의 근원에 이르러 무념을 얻었다면 곧 모든 중생이 한마음이 흔들려 '네 가지 각의 모습'에 차별이 있게 된 것을 두루 잘 알 수 있기에, "마음의 모습이 생겨나고 · 머무르고 · 바

---

1. 금강유정을 말한다.
2. 『인왕경』은 구마라습 번역인 『불설인왕반야바라밀경』 2권과 不空 번역인 『인왕호국반야바라밀다경』 2권이 있다. 부처님이 16국왕에게 각각 그 나라를 보호하고 편안케 하기 위해서는 반야바라밀을 수지해야 한다고 말한 경이다. 이 경과 함께 『법화경』 『금광명경』을 호국 3부경이라고 한다. 인용문 전거 43번 참조.
3. 복인은 『인왕경』에 나오는 5忍의 하나. 번뇌를 꼼짝 못하게 했으나 끊지는 못한 자리이다. '보살이 닦아야 할 열 가지 머무는 마음' · '보살이 닦아야 할 열 가지 행' · '보살이 닦아야 할 열 가지 회향'의 삼현 보살이 여기에 해당한다.
4. 頂삼매는 최고 경지에 이른 삼매를 말한다.
5. 살바야는 수행의 결과로서 부처님 자리에 올라 모든 법을 증득하여 아는 지혜.

뀌고·사라지는 것을 안다."고 말하게 된다. 이어 "무념은 평등하기 때문이다."고 말한 것은 위의 뜻을 풀이한 것이다. 이 가운데 어떤 이는 "부처는 무념이고 중생은 유념(有念)으로 유(有)와 무(無)로 드러나는 것이 다른데 어찌 무념이 유념을 알 수 있습니까."라고 의심하기 때문에, 이 의심을 버리게 하고자 "중생의 유념이 본디 무념이니 무념을 얻으면 그것과 평등하다."고 한다. 그러므로 "무념은 평등하기 때문이다."고 말한다. 이는 평등한 무념을 얻었기에 모든 망념에 있는 '네 가지 각의 모습'을 두루 잘 알 수 있다는 사실을 밝히는 것이다.

이 아래 둘째 내용은 바로 시각이 본각의 내용과 다르지 않다는 것을 밝힌다. 비로소 무념의 깨달음을 얻었다고 하더라도 '네 가지 각의 모습'이 본디 일어날 것이 없다는 사실을 깨달은 것이니 여기에 무슨 불각을 전제하여 시각이 있을 수 있겠는가. 그러므로 "참으로 시각과 다를 것도 없다."고 하니, 아래에서 이 뜻을 풀이한다.

[별기] '네 가지 각의 모습'이 일어남으로 뜻에는 앞뒤의 차별이 있겠지만 본디부터 동시에 서로 기대어 있는 것이다.

[소-23-2] '네 가지 각의 모습'이 함께 존재하는 것은 마음이 만든 것이기에 한마음을 떠나 따로 스스로의 실체가 없다. 그러므로 "네 가지 각의 모습이 한꺼번에 같이 있기에 모두 스스로 내세울 것이 없다."고 한다. 모두 내세울 것이 없기에 본디 평등하여 똑같은 본각이다.

[별기] 이는 바닷물의 움직임을 파도라고 해도 파도는 스스로의 실체가 없기에 파도의 움직임은 없는 것이다. 그러나 물은 스스로의 실체가 있으므로 바닷물의 움직임이 있는 것과 같이 마음과 '네 가지 각의

모습'에 있는 뜻도 이와 같다.

이 뜻을 나타내고자 『사권 능가경』에서[1] "대혜 보살이여, 7식은 여섯 갈래 중생의 나쁜 길로 흘러가지 않기에 괴로움과 즐거움을 받지 않으며 열반의 인(因)도 아니다. 여래장은 괴로움과 즐거움을 받기도 하며 열반의 인(因)도 되기에 생겨나기도 하고 멸하기도 한다."고 하고, 또 『부인경』에서[2] "이 육식(六識)과 심법(心法)의 작용에서[3] 이 7식은 찰나동안도 머무르질 않아 온갖 괴로움을 심지 않으니 괴로움을 싫어하고 열반을 즐겨 구할 수도 없습니다. 세존이시여, 여래장이란 흔들려 시작하는 것이 없기에 생멸하지 않는 법이지만 온갖 괴로움을 심기에 괴로움을 싫어하고 열반을 즐겨 구할 수도 있습니다."고 하며, 또 "삶과 죽음이라는 이 두 가지 법은 여래장입니다. 세간의 말로 삶이 있고 죽음이 있으나 여래장에는 삶과 죽음이 있는 것이 아닙니다."라고 하니, 이 두 경의 뜻은 똑같이 여래장 자체가 삶과 죽음에 흘러가지만 삶과 죽음의 근본은 스스로의 어떤 실체가 없다는 사실을 밝힌 것이다. 스스로의 실체가 없기에 따로 삶과 죽음에 흘러갈 것이 없고, 그 모습이 이미 흘러갈 것이 없는데 그 모습의 바탕이 무슨 까닭으로 움직이겠는가.

그러므로 "여래장에 삶과 죽음이 있는 것이 아니다."고 한 것이니, 이 뜻에 따라 '네 가지 각의 모습'이 오직 한마음일 뿐이다. 불각이 곧 본각과 같으므로 "본디 평등하여 한결같은 각(覺)이다."고 말한 것이다.

---

1. 인용문 전거 44번 참조.
2. 인용문 전거 45번 참조.
3. 心法智에서 心法은 心王과 心所를 말하고 이들의 관계로 일어나는 활동을 心法智라고 한다.

* 다음 본문에서는 자세히 본각을 살피니 그 내용에 두 가지가 있다. 먼저는 오염된 법을 따르고 있는 본각을[1] 밝히고 뒤에는 깨끗한 성품의 본각을[2] 드러낸다.

오염된 법을 따르고 있는 본각

[논-24] 다시 본각을 오염된 정도에 따라 분별하면 두 가지 모습이 생기지만 본각과 서로 떨어지지 않는다. 무엇이 그 둘인가. 하나는 '맑은 지혜의 모습'이고, 또 하나는 '생각할 수 없는 놀라운 진여의 활동으로 나타나는 모습'이다.

'맑은 지혜의 모습'이란 법력의 훈습에 따르고 여실하게 수행하여 온갖 방편을 다 갖추기에 화합식(和合識)을 깨뜨리고 이어지는 망념을 멸하여 법신으로서 순수하고 맑은 지혜를 드러내는 것을 말한다. 이 뜻은 무엇을 말하는가.

마음이 분별하는 모든 모습이 다 무명이더라도 무명의 모습이 각(覺)의 성품을 여의지 않으므로 무너뜨릴 수 있는 것도 아니고 무너뜨릴 수 없는 것도 아니다. 이는 마치 큰 바다의 물이 바람으로 물결치고 움직일 때에도 물의 모습과 바람의 모습이 서로 떨어지지는 않지만 물은 움직이는 성품이 아니기 때문에 바람이 그치면 움직이는 물결의 모습은 사라지나 축축한 물의 성품은 여전히 남아 있는 것과 같다.

이와 같이 중생의 본디 성품인 깨끗한 마음이 무명의 바람으로 움직이며 마음과 무명의 모습이 다 형체가 없어 서로 떨어지지 않더라도, 마음은 움직이는 성품이 아니므로 무명이 없어지면 상속하는 마음이 곧 없어지나 참 지혜의 성품은 남아 있기 때문이다.

---

1. 隨染本覺은 染을 따라 분별하는 생멸의 길에 있는 본각이다.
2. 性淨本覺은 진여의 길에 있는 본디 깨끗한 성품의 본각을 말한다.

'생각할 수 없는 놀라운 진여의 활동으로 나타나는 모습'이란 맑은 지혜에 따라 뛰어나게 오묘한 온갖 경계를 만드는 것이다. 말하자면 헤아릴 수 없이 많은 공덕의 모습은 끊어짐이 없이 늘 중생의 근기에 따라 자연스럽게 서로 붙어 어울리며 온갖 모습으로 나타나기에 모든 중생들이 이익을 얻는다는 것이다.

[소-24] 처음 오염된 법을 따르고 있는 본각을 밝히는 가운데 세 부분이 있다. 첫째 부분은 전체 내용을 드러내고, 둘째 부분은 이름을 늘어놓으며, 셋째 부분은 오염된 법을 따르고 있는 본각의 모습을 분별한다.

첫째 부분에서 "두 가지 모습이 생긴다."는 것은 이와 같이 두 가지 모습이 오염된 법을 따라 움직이는 쪽에 있으므로 '생긴다'는 표현을 쓴 것이다. 이 두 가지 모습은 깨끗한 성품의 본각을 여의지 않으니, 그러므로 "본각과 서로 떨어지지 않는다."고 한다.

둘째 부분에서 이름을 늘어놓는 가운데 말한 '맑은 지혜의 모습'이란 바로 오염된 법을 따르고 있는 본각의 모습을 밝힌 것이고, '생각할 수 없는 놀라운 진여의 활동으로 나타나는 모습'이란 이 본각이 깨끗하고 맑은 제 자리로 돌아갈 때 생겨나는 작용의 모습을 밝힌 것이다.

셋째 부분 오염된 법을 따르고 있는 본각의 모습을 분별하는 가운데 먼저 '맑은 지혜의 모습'을 분별한다. 그 가운데 세 가지가 있으니 법(法)과 비유와 합(合)이다. 법(法) 가운데 둘이 있으니, 하나는 바로 그 내용을 밝히고 또 하나는 거듭 그 내용을 드러낸다.

처음에 "법력의 훈습"이라고 말한 것은 진여법이 안에서 훈습하는 힘을 말한다. 이 훈습하는 힘에 따라 자량위(資糧位)를 닦아 익혀 '보살이 닦아야 할 열 가지 마지막 수행단계'에 있는 실다운 수행을 하고 무구지(無垢地)에 이르러 온갖 방편을 다 갖춘다. 이로 말미암아 화합식(和合識) 안에 있는 생멸하는 모습을 깨뜨려 불생불멸의 성품을 드러낼 수 있으므로 "화합식을 깨뜨리고 법신을 드러낸다."고 말한 것이다.

이때 이어지는 망념 가운데 업상(業相)과 전상(轉相)을 없앨 수 있기에 오염된 법을 따르고 있는 본각의 마음이 마침내 근원에 돌아가게 되어 맑고 순수한 지혜를 이루게 한다. 그러므로 "이어지는 망념을 없애기에 법신으로서 순수하고 맑은 지혜를 드러낸다."고 말한 것이다.

이 가운데 상속식(相續識)이란 화합식 안의 생멸하는 마음을 말한다. 다만 법신을 드러내고자 "화합식을 깨뜨린다."고 하고, 응신(應身)의 맑은 지혜를 이루기에 "이어지는 망념을 없앤다."고 말한다. 그러나 이어지는 마음을 없애는 것이 아니라 다만 이어지는 마음의 모습인 망념을 없앤 것이다.

이는 『십권 능가경』에서[1] "이 때문에 대혜 보살이여, 모든 마음의 자기 모습이 없어지지만 자기 모습이 없어진다는 것은 업상(業相)이 없어지는 것이다. 만약 자기 모습이 없어진다면 외도의 단견인 헛된 분별과 다르지 않으니, 모든 외도들은 '모든 경계를 여의어 이어지는 마음이 없어지고 이어지는 마음이 없어짐에 모든 마음이 없어진다.'고 하기 때문이다. 대혜 보살이여, 이어지는 마음이 없어진다면 시작이 없는 때부터 시작된 모든 마음이 없어져야 할 것이다."라고

---

1. 인용문 전거 46번 참조.

하며 이 내용을 자세히 말한 것과 같다.

"이 뜻은 무엇을 말하는가.…" 아래는 앞서 말한 없어지기도 하고 없어지지 않기도 하는 뜻을 거듭 나타낸다.

"마음이 분별하는 모든 모습이 다 무명이다."는 것은 업식(業識)과 전식(轉識)을 비롯한 모든 식(識)의 모습은 무명이 일으킨 것으로서 모두 불각이라는 사실을 말한다. 이 때문에 "다 무명이다."고 한다. 이와 같은 모든 식(識)인 불각의 모습은 오염된 법을 따르고 있는 본각의 성품을 여의지 않으니 이것으로 "각(覺)의 성품을 여의지 않는다."고 한다.

이 무명의 모습이 본각의 성품과 같지도 않고 다르지도 않지만, 다르지 않기에 무너뜨릴 수 있는 것도 아니고 같지 않기에 무너뜨릴 수 없는 것도 아니다. 다르지 않고 무너뜨릴 수 없는 뜻에 따르면 무명이 변하여 명(明)이 됨을 말하는 것이며, 같지 않고 무너뜨릴 수 있는 뜻에 따르면 무명은 없어지나 각(覺)의 성품은 무너지지 않는다는 것을 말하는 것이다. 이제 이 글에서는 같지 않다는 쪽에 기대기에, 그러므로 "이어지는 망념이 없어진다."고 한다.

비유해서 "물은 움직이는 성품이 아니다."고 말한 것은 지금의 움직임이 자기 성품의 움직임이 아니라 다만 다른 인연을 따라서 움직인다는 사실을 밝히는 것이다.

자기 성품이 움직인다면 움직이는 모습이 사라질 때 축축한 물의 성품도 따라서 없어져야 하나, 다른 인연을 따라서 움직이기에 움직이는 모습은 사라지더라도 축축한 물의 성품은 남아 있는 것이다.

합(合)에서 "무명이 없어진다."고 말한 것은 본디 무명이 없어지는 것이 '바람이 그친다.'는 비유에 맞고, "상속하는 마음이 곧 없어진다."는 것은 업식(業識) 같은 게 없어지는 것이 '바람이 움직이는 모습이 없어진다.'는 비유에 맞으며, "참 지혜의 성품이 남아 있다."는 것은 오염된 법을 따르고 있는 본각의 신령스럽게 아는 성품을 '참 지혜 성품'이라고 하는데 이것이 "축축한 물의 성품이 남아 있다."는 비유에 맞는 것이다.

다음에 '생각할 수 없는 놀라운 진여의 활동으로 나타나는 모습'을 풀이하는 가운데 말한 "맑은 지혜에 따라"는 앞서 오염된 법을 따르고 있는 본각의 마음이 비로소 맑고 깨끗해진 것을 말하니 시각의 지혜이다. 이 지혜의 힘에 따라 응화신(應化身)을 나타내기에 이를 '헤아릴 수 없이 많은 공덕의 모습'이라고 한다. 여기서 나타난 모습이 시작도 끝도 없이 이어져 끊어지질 않기에 '끊어짐이 없다.'고 한다.

이는 『금고경』에서[1] "응신(應身)은 시작이 없는 때부터 시작된 삶과 죽음이 서로 이어져 끊어지지 않기에 모든 부처님이 똑같지 않은 법으로 모든 중생을 거두어들일 수 있으며, 중생이 다 괴로움에서 빠져나오지 않으면 중생을 괴로움에서 건지는 법의 쓰임도 다 하지 않기 때문에 '상주'라고 말한다."고 하며, 『보성론』에서[2] 말한 "무엇이 자신의 이익을 성취하는 것인가. 해탈하여 번뇌장애와[3] 지혜장애를[4] 멀리 벗어나고 걸림이 없이 깨끗하고

---

1. 인용문 전거 47번 참조.
2. 인용문 전거 48번 참조.
3. 번뇌장은 인간의 몸이 오온이 임시로 모인 존재에 불과한데 '나'라고 집착하여 열반을 장애하고 삶과 죽음에 윤회하는 번뇌를 말한다. 128번뇌와 20수번뇌가 이에 들어간다.
4. 지장은 소지장이다. 참다운 지혜가 드러나는 것을 방해하는 번뇌를 말한다. 이는 分別起와 俱生起가 있다.

맑은 법신을 얻는 것을 말하니, 이를 일러 '자신의 이익을 성취한다.'고 한다. 무엇이 다른 이의 이익을 성취하는 것인가. 이미 자신의 이익을 성취함에 시작이 없는 때부터 자연히 응신(應身)과 화신(化身)으로 말미암아 세간의 자재한 힘과 행위를 나타내 보이는 것이니, 이를 일러 '다른 이의 이익을 성취한다.'고 부른다."는 내용과 같다.

물음 : 먼저 자신의 이익을 얻어야 다른 이를 이롭게 하는 행위를 일으킬 것인데, 어떻게 다른 이를 이롭게 하는 일이 시작이 없다고 하십니까.

대답 : 부처님의 한 생각은 두루 삼세에 감응하고, 그 감응된 것에 시초가 없기에 감응하는 마음도 시초가 없다. 마치 한 생각인 오롯한 지혜가 끝이 없는 삼세의 경계를 두루 통달하고, 경계가 끝이 없기에 그 지혜도 끝이 없으며, 끝이 없는 지혜에서 나타난 모습이기에 시작도 끝도 없는 것이다. 이는 마음의 분별로 헤아려 짐작할 수 있는 것이 아니기 때문에 이를 일러 '생각할 수 없는 놀라운 진여의 활동'이라고 부른다.

깨끗한 성품의 본각 바탕에 있는 네 가지 모습

[논-25] 다시 각(覺) 바탕의 모습은 네 종류 큰 뜻이 있기에 허공과 같고 맑은 거울과도 같다. 무엇이 그 넷인가.

첫째는 '참으로 진실한 공(空)의 거울'이니, 마음의 경계에 나타나는 모든 모습을 멀리 떠나 있기에 나타날 수 있는 어떤 법도 없음을 말한다. 각의 바탕은 각조(覺照)의 뜻이 아니기 때문이다.

둘째는 '인(因)으로서 중생에게 좋은 영향을 끼치는 거울'이니 참으로 진실한 불공(不空)을 말한다. 세간의 모든 경계가 모두 그 가운데 나타나지만 별다른 것이 각에서 나오는 것도 아니고, 각의 바깥에서 들어오는 것도 아니며, 각의 바탕은 잃어버릴 수 있는 것도 아니고 부서지는 것도 아니어서 늘 한마음에 머무른다. 이는 모든 법이 곧 진실한 성품이기 때문이며 또 오염된 모든 법이 오염시킬 수 없는 곳이니, 지혜의 바탕이 움직이지 않고 어떠한 번뇌도 없이 중생을 훈습하기 때문이다.

셋째는 '법이 두 가지 장애를 벗어난 거울'이니 불공(不空)의 법을 말한다. 이는 번뇌장애와 지혜장애를 벗어나고 생멸과 어울린 모습을 떠나 맑고 깨끗하여 밝기 때문이다.

넷째는 '연(緣)으로서 중생에게 좋은 영향을 끼치는 거울'이니 '법이 두 가지 장애를 벗어난 거울'에 따라 두루 중생의 마음을 비추어 그들이 마음의 좋은 뿌리를 닦게 하는 것을 말한다. 각(覺)의 바탕이 중생들의 생각을 따라 스스로를 나타내 보이기 때문이다.

[소-25] 이어서 '깨끗한 성품의 본각'이 갖고 있는 모습을 밝힌다. 그 가운데 두 부분이 있으니, 하나는 전체 내용을 드러내고 또 하나는 그들의 내용을 따로 풀이한다.

처음 부분에서 "허공과 같다."고 말한 것은 그 성품이 두루하지 않은 곳이 없기 때문이며, "맑은 거울과도 같다."고 말한 것은 번뇌를 떠나 인연의 그림자를 나타내기 때문이다.

네 종류 뜻 가운데 첫째와 셋째는 번뇌를 벗어난 뜻에 따라 각(覺)의 바탕을 맑은 거울에 비유하고, 둘째와 넷째는 인연의 그림자가 나타나는 뜻에 따라 또한 각의 바탕에 깨끗한 뜻이 있다는 것이다.

이 내용을 풀이하는 가운데서 따로 네 종류를 나타내니, 이 가운데 앞의 둘은 근본 인(因)에 있고 뒤의 두 종류는 과(果)의 위치에 있다. 앞의 두 종류는 공(空)과 지혜를 밝히니 이는 『열반경』에서[1] 말한 "불성(佛性)이란 제일의공(第一義空)이며[2] 제일의공은 지혜라고 한다. 지혜로운 자는 공(空)과 불공(不空)을 보고 어리석은 자는 공과 불공을 보지 않는다."고 하며 자세히 그 내용을 말한 것과 같다.

지금 여기서 처음에 "마음의 경계에 나타나는 모든 모습을 멀리 떠난다."고 말한 것은 곧 『열반경』에 있는 제일의공을 드러내고, "나타날 수 있는 어떤 법도 없음을 말한다. 이는 각조(覺照)의 뜻이 아니기 때문이다."고 한 것은 공(空)과 불공(不空)을 보지 않는다는 뜻을 풀이한다.

둘째 가운데 "세간의 모든 경계가 모두 그 가운데 나타난다."고 말한 것은 『열반경』에 있는 "지혜로운 이는 공(空)과 불공(不空)을 본다."라는 뜻을 풀이한다. 이는 『열반경』에서[3] "공(空)이란 모든 삶과 죽음을 말하며 불공(不空)이란 대열반을 말한다."고 말한 것과 같다.

여기서 다만 삶과 죽음의 경계를 나타내는 것이 거울에 인연의 그림자를 나타낼 뿐이기에 "별다른 것이 각에서 나오는 것도 아니다."라 하고, 거울을 더럽히지 않기에 "각의 바깥에서 들어오는 것도 아니다."라고 한다. 나타난 그림자를 따름이 본각의 양(量)과 같기에 허공과 같고, 삼세에 두루하기 때문에 생각마다 잃음이 없으며 또한

---

1. 인용문 전거 49번 참조. 전거에는 愚者가 所言空者로 되어 있다.
2. 제일의공은 18空의 하나인데 眞實空이나 眞境空이라고도 한다. 대승의 열반은 소승의 偏眞但空이 아니고 中道實相의 공이므로 제일의공이라고 한다.
3. 인용문 전거 50번 참조.

다 없어지는 무너짐이 없으니, 그러므로 "각의 바탕은 잃어버릴 수 있는 것도 아니고 부서지는 것도 아니어서 늘 한마음에 머무른다."고 말을 한다. 위에서 맑은 거울의 뜻을 밝혔다.

또 "모든 법이 곧 진실한 성품이기 때문이며 또 오염된 모든 법이 오염시킬 수 없는 곳이니, 지혜의 바탕이 움직이지 않고 어떠한 번뇌도 없이 중생을 훈습하기 때문이다."는 인(因)으로서 중생에게 영향을 끼치는 뜻을 풀이한 것이다.

셋째 가운데 "번뇌장애와 지혜장애를 벗어나고 생멸과 어울린 모습을 떠나 맑고 깨끗하여 밝기 때문이다."고 한 것은, 앞에 말한 '인(因)으로서 중생에게 좋은 영향을 끼치는 거울'이 번뇌를 벗어날 때 법신이 됨을 밝힌 것이다.

넷째 가운데 "법이 두 가지 장애를 벗어난 거울에 따라 두루 중생의 마음을 비추어"라고 한 것은 곧 본각이 드러날 때 중생의 근기에 맞추어 똑같이 비추고 온갖 가르침을 나타낸 것이다. 이 뜻으로 "각의 바탕이 중생들의 생각을 따라 스스로를 나타내 보인다."고 말한다.

이것은 앞에서 말한 '생각할 수 없는 놀라운 진여의 활동'과 무엇이 다른가. 거기서는 응신(應身)으로서 시각의 행위를 밝히고 여기서는 본각으로서 법신의 작용을 나타내니, 하나의 교화에 두 가지 뜻이 있다. 전체 내용이 그렇더라도 그것을 분별하여 보자. 시각이 일어난 쪽에서 논한다면 인연을 따라서 이익을 얻으니, 그 근본이 오염된 법을 따르고 있는 본각이므로 본디부터 서로 관련되어 가깝고 먼 관계에 있기 때문이다. 만약 그 본각이 드러난 쪽으로 논한다면 근기가 성숙한 모든 중생에게 두루 이익을 주어 인연을 가리지 않으니, 그 근본이 '깨끗한 성품의 본각'이므로 모든 중생에게 고루 통하여 가깝고 먼 관계가 없기 때문이다.

각(覺)의 뜻을 자세히 설명하여 마친다.

[별기] 네 종류 거울 가운데 둘째 '인(因)으로서 중생에게 좋은 영향을 끼치는 거울'이란 무엇을 말하는가.

맑은 성품에서 나오는 공덕이 바른 인연이 되어 중생의 마음을 훈습할 수 있기에 세간을 싫어하고 열반을 좋아하는 마음을 일으키고, 더 분발해서 수행하여 부처님의 경계에 다다르게 할 수 있는 것을 '인(因)으로서 중생에게 영향을 끼치는' 것이라고 하고, 모든 법이 그 가운데 다 나타나므로 '거울'이라고 부르는 것이다.

이는 『화엄경』에서[1] 말한 "비유하면 깊고 큰 바다 속에 헤아릴 수 없이 많은 진귀한 보배가 그 가운데 다 드러나듯, 깊고 깊은 인연의 바다로서 다함이 없는 공덕의 보배인 맑고 맑은 법신 가운데 온갖 중생이 지닌 어떠한 모습도 나타나지 않는 것이 없다네."라고 한 내용과 같으니, 바로 이것이 '인(因)으로서 중생에게 좋은 영향을 끼치는 거울'이다.

넷째 '연(緣)으로서 중생에게 좋은 영향을 끼치는 거울'이란 무엇을 말하는가.

처음으로 오롯한 지혜를 일으켜 도를 닦는 더 좋은 인연이 되어 중생의 마음을 훈습하기에 그들이 세간을 싫어하고 열반을 좋아하는 마음을 일으키고 더 분발하고 수행하게 하여 부처님의 경계에 다다르

---

1. 인용문 전거 51번 참조.

게 하기에 '연(緣)으로서 중생에게 영향을 끼치는 것'이라고 하고, 이 모든 수행의 공덕이 오롯한 지혜를 여의지 않고 그 지혜의 그림자이므로 거울에 비추는 영상과 같아 '거울'이라고 부른 것이다.

이는 『불지경』에서[1] "오롯하게 비추는 크나큰 지혜가[2] 모든 중생에게 좋은 모든 법의 그림자를 일으킬 수 있다."고 말한 것과 같으니, 이것이 '연(緣)으로서 중생에게 좋은 영향을 끼치는 거울'이다. 여기에서 두 종류 다른 거울의 뜻도 드러나니 알 수 있을 것이다.

(나) 불각(不覺)의 뜻을 풀이한다

* 다음은 불각을 풀이하니 그 가운데 셋이 있다. 먼저 근본 불각을 밝히고, 다음은 지말 불각을 나타내며, 셋째는 근본과 지말 불각을 뭉뚱그려 마무리 짓는다.

근본 불각을 밝힘

[논-26] 불각의 뜻은 무엇인가. 진여의 법이 하나라는 사실을 참으로 진실하게 알지 못하기에 불각의 마음이 일어나 망념이 있게 된 것을 말한다.

망념은 자기 모습이 없으나 본각을 여의지 않는다. 마치 길을 잃은 사람이 방향에 기대기에 길을 잃었으나 방향에 대한 집착을 여의면 길을 잃음도 없는 것과 같다.

중생도 그러하다. 각(覺)에 기대기에 어리석지만 각(覺)의 성품에

---

1. 『불지경』은 당나라 현장 번역으로 1권으로 되어 있다. 인용문 전거 52번 참조.
2. 오롯하게 비추는 크나큰 지혜는 제8식이 변한 지혜를 말한다. 거울이 한 점의 티끌도 없이 삼라만상을 그대로 비치듯 세상 경계를 그대로 아는 지혜이다.

대한 집착을 여읜다면 불각이 없다. 불각인 헛된 생각이 있기에 이름과 뜻을 알아 참된 각이라고 설하게 되나, 불각의 마음을 여읜다면 말할 만한 참된 각(覺)의 자기 모습도 없다.

[소-26] 처음에 또한 두 부분이 있으니 먼저 불각의 개념이 본각으로 말미암아 내세워진 것을 밝히고 뒤 부분에서 본각도 불각을 전제하고 말한다는 것을 드러낸다. 처음 부분에 세 가지 내용이 있으니 법(法)과 비유와 합(合)이다.

첫째에서 "진여의 법이 하나라는 사실을 참으로 진실하게 알지 못하기에"라고 말한 것은 근본 무명이니 마치 길에서 방향을 잃은 것과 같다. "불각의 마음이 일어나 망념이 있게 된다."는 것은 업상(業相)의 움직이는 생각이니 이는 마치 방향을 잘못 알고 있는 것과 같다. 옳다고 주장하는 동쪽의 개념을 여읜다면 달리 잘못된 서쪽의 개념도 없다. 그러므로 "망념은 자기 모습이 없으나 본각을 여의지 않는다."고 말한 것이다. 비유와 합(合)의 글은 글의 모습으로 알 수 있다.

다음 부분에서 본각도 불각을 전제하고 말한다는 것을 밝히니 그 가운데 두 가지가 있다.

처음에 "불각인 헛된 생각이 있기 때문에"라고 말한 것은 무명이 일으킨 헛된 생각의 분별이다. 이 헛된 생각으로 말미암아 이름과 뜻을 알 수 있기에 말로 참된 각(覺)을 말하니, 이것이 참된 각(覺)이라는 이름이 헛된 생각을 전제하고 말한다는 사실을 밝힌 것이다. "불각의 마음을 여읜다면 말할 만한 참된 각(覺)의 자기 모습도 없다."는 것은 말로 표현되는 참된 각(覺)은 반드시 불각을 전제하고 말한다는 사실을 밝힌 것이다. 서로 전제하고 말하지 않는다면 자기 모습이 없으며, 다른 것을 전제하여 있게 되는 것도 역시 자기 모습이 아니다. 이미 자기 모습이 없는데 여기에 무슨 다른 모습이 있겠는가.

이는 모든 법이 얻을 것이 없다는 뜻을 드러내니, 마치 아래 글에서[1] "마땅히 알아야 한다. 오염된 모든 법과 깨끗한 법은 모두 서로 전제하고 있는 것이니 말할 만한 자기 모습이 없다."고 하며, 『지도론』에서[2] "만약 세간의 이치가 조금이라도 실체가 있다면 출세간의 법인 최고의 진리[3] 또한 실체가 있어야 한다."고 한 것도 이를 두고 하는 말이다.

* 이 아래 글은 지말 불각을 자세히 나타내니 그 가운데 두 부분이 있다. 먼저 미세한 모습을 밝히고,[4] 뒤에 거친 모습을[5] 드러낸다.

지말 불각의 미세한 모습을 밝힘

[논-27] 다시 불각으로 말미암아 세 가지 모습이 생기니 불각과 서로 붙어 어울려 다닌다. 무엇이 그 세 가지인가.

첫째는 무명인 업(業)의 모습이다. 불각으로 말미암아 마음의 움직임을 업이라고 하지만 이 사실을 깨달으면 마음이 움직이지를 않는다. 마음이 움직이면 괴로움이 있으니 결과가 원인을 떠나지 않기 때문이다.

둘째는 능견(能見)의 모습이다. 마음의 움직임으로 말미암아 볼 수 있기에 마음이 움직이지 않으면 봄이 없다.

---

1. 어딘지 확실치가 않다.
2. 전거가 확실하지 않다.
3. 제일의제는 眞諦, 聖諦, 勝義諦라고 하니 열반, 진여, 실상, 중도, 법계, 진공 등의 깊고 오묘한 진리를 말한다. 이 진리는 모든 법 가운데 제일이라는 뜻이다.
4. 미세한 모습은 無明業相, 能見相, 境界相 세 가지를 말한다.
5. 거친 모습은 智相, 相續相, 執取相, 計名字相, 起業相, 業繫苦相 여섯 가지를 말한다.

셋째는 경계로 나타난 모습이다. 능견으로 말미암아 헛된 경계가 나타나기에 능견을 떠나면 경계가 없다.

[소-27-1] 지말 불각의 미세한 모습을 밝히는 가운데 두 부분이 있으니 전체 내용을 나타내는 것과 그 내용을 따로 풀이하는 것이다. 전체 내용을 나타내는 가운데 "불각과 서로 붙어 어울려 다닌다."고 말한 것은 근본과 지말이 서로 기대기에 '서로 붙어 어울려 다닌다.'고 말하지만 심왕(心王)과 심수(心數)가 '주와 객으로서 맞서 대응'한다는 뜻은 아니다. 지말 불각의 미세한 모습은 '주와 객으로 나누어지지 않은 오염된 마음'이기[1] 때문이다.

[별기] 지말 불각을 밝히는 가운데 먼저 말한 무명인 업의 모습·능견의 모습·경계로 나타난 모습은 미세하여 아직 아리야식 위치에 있고 뒤에 나타나는 여섯 가지 거친 모습은 나머지 7식이다. 다만 저 근본 무명에 대해서 보면 모두 무명에 따라 일어난 것들이기에 그 의미로 통칭 지말 불각이라고 한다.

[소-27-2] 지말 불각을 따로 풀이하는 가운데 "무명인 업의 모습"이라고 말한 것은 무명으로 말미암은 움직임을 '업의 모습'이라고 부르므로 '움직임이 일어난다.'는 뜻이 바로 '업'의 뜻이다. 그러므로 "마음의 움직임을 업(業)이라 한다."고 말한다.

"깨달으면 마음이 움직이지를 않는다."는 것은 '깨닫지 못하면 움직인다.'는 맞선 내용을 들어 거꾸로 그 도리를 나타내니, 시각을 얻을 때는 곧 움직이는 생각이 없다는 것이다. 이것으로 지금 마음의 움직임이 다만 불각으로 말미암았다는 사실을 알 것이다.

---

1. 무명업상과 능견상과 경계상 이 세 가지 미세한 모습은 근본 불각인 무명과 맞아떨어지고 있으나 아직 心王과 心數가 차별화 되지 않았기에 주와 객으로 나누어지지 않은 오염된 마음이라고 한다.

"마음이 움직이면 괴로움이 있다."는 것은 고요한 마음을 얻으면 곧 극락이므로 지금 '마음의 움직임이 곧 괴로움이다.'고 말하는 것이다. 업의 모습에 괴로움이 없다면 무명에도 욕망이 없다. 이처럼 원인과 결과가 함께 있으므로 "결과가 원인을 떠나지 않는다."고 말한 것이다.

그러나 이 업의 모습에 움직이는 망념이 있더라도 지극히 미세하여 아직 능(能)・소(所)로 나누어지질 않으니 그 근본 무명도 또한 그러하다는 사실을 알아야 한다.

이는『무상론』에서[1] 다음과 같이 문답한 내용과 같다.

물음 : 이 아리야식은 어떤 모습이며 어떤 경계입니까.
대답 : 모습과 경계를 분별할 수 없기에 하나로서 다를 것이 없다.
물음 : 그렇다면 그것이 있다는 사실을 어떻게 알겠습니까.
대답 : 일어나는 일들로 말미암아 이 식이 있는 줄 안다. 이 식은 번뇌와 업과 과보라는 일들을 일으킨다. 비유하여 늘 무명이 일어나고 있다면 이 무명을 분별할 수 있겠느냐. 분별할 수 있다면 무명이라 말하지 않을 것이요 분별할 수 없다면 무명이 있는 것이 아니다. 그러나 무명은 있는 것이요 없는 것이 아니며, 또한 욕망과 성내는 일과 같은 것으로 말미암아 무명이 있다는 사실을 아니 본식(本識)도[2] 그러하다.

그러므로 이들 글의 뜻은 바로 업의 모습을 가지고 밑가늠하여 본식을 드러내는 것이다.

---

1. 無想論은 無相論의 잘못된 기록이다.『三無性論』『顯識論』『轉識論』을 모아『무상론』이라고 한다. 본문은『전식론』에서 인용된 글이다. 인용문 전거 53번 참조.『전식론』은『유식삼십론송』에 대한 진제의 번역이다.
2. 본식은 제8식을 말하는데, 이 식이 모든 법의 근본이 된다.

둘째 능견(能見)의 모습이란 곧 전상(轉相)이니 앞서 있는 업의 모습으로 말미암아 바뀌어 능연(能緣)이 된다. 그러므로 "마음의 움직임에 기대기에 볼 수 있다."고 한다. 움직이지 않는 고요한 성품 쪽에 기대면 볼 수 있는 것이 없다. 그러므로 "움직이지 않으면 볼 것이 없다"고 한다. 이는 도리어 능견(能見)은 마음의 움직임에 기대야 한다는 뜻을 드러낸다. 이와 같은 전상(轉相)은 능연(能緣)이 있더라도 아직 반연된 경계의 모습을 드러낼 수 없다. 전상은 다만 밖으로 향할 뿐 경계를 의탁한 것이 아니기 때문이다. 이는 『섭론』에서[1] "의식은 삼세와 삼세가 아닌 경계를 반연하니 이것은 알 수 있다. 그러나 이 식(識) 곧 본식이 반연한 경계는 알 수 없다."고 한 내용과 같다. 여기서 '알 수 없다'고 말한 뜻은 알 수 있는 경계가 없기 때문이다. 이는 십이인연의 시초를 '알 수 없는 것'이라고 말한 것과 마찬가지이다. 이것은 전상(轉相)을 가지고 밑가늠하여 본식을 드러내는 것이다.

셋째 경계로 나타난 모습이란 곧 현상(現相)이니 앞서 있는 전상(轉相)으로 말미암아 경계를 나타낼 수 있으므로 "능견(能見)으로 말미암아 헛된 경계가 나타난다."고 한다.

이는 『사권 능가경』에서[2] "대혜 보살이여, 대충 말하면 세 종류의 식(識)이 있고 자세히 말하면 여덟 가지의 모습이 있다. 무엇을 그 세 종류의 식이라고 하는가. 진식(眞識)과 현식(現識)과 경계를 분별하는 식(識)을 말하니, 비유하면 맑은 거울이 모든 물체의 모습을 나타내듯 현식이 있는 곳도 마찬가지다."고 하며, 또 그 아래 글에서[3] "비유하면 장식(藏識)이 자기 마음이 나타낸 몸과 몸이 편안하게 받아들인 경계를 단숨에 분별하여 아는 것과 같다."고[4]

---

1. 인용문 전거 54번 참조.
2. 인용문 전거 55번 참조.
3. 인용문 전거 56번 참조.
4. 『능가경』에서는 譬如藏識 頓分別知 自心現 及身安立受用境界로 되어 있다.

말한 내용과 같다.

[별기] "단숨에 분별한다."는 것은 능견(能見)의 모습이고, "자기 마음이 나타낸 몸과 몸이 편안하게 받아들인 경계"라는 것은 경계로 나타난 모습이다. 『유가론』[1] 가운데도 이 말과 똑같은 내용이 있으니 이들 글도 능견과 경계로 나타난 모습을 가지고 말한다. 이 두 가지가 둘로 나누어져 있더라도 업의 모습을 여의지 않으니 오직 마음일 뿐이고,[2] 업의 모습에는 비록 능(能)과 소(所)가 없더라도 능(能)과 소(所) 둘로 나누어진 내용을 갖고 있으니 이 둘도 오직 마음일 뿐이다.[3] 이 셋이 모두 이숙식(異熟識)에 거두어진다. 다만 업 번뇌로 말미암아 미혹된 측면에서는 따로 업의 모습이 움직여 전상(轉相)과 같은 다른 것으로 바뀌는 것을 차별하지 않으니, 이 때문에 전체 내용을 가지고 이숙식이 된다고 말한다.

무명의 바람으로 말미암아 움직인 측면에서는 미세한 데서부터 거친 곳까지 움직여 변함에 차별이 있으니, 이 때문에 잘게 나누어 세 종류의 모습을 내세운다. 또 이 셋은 다만 무명에 따라 움직인 것이기에 제8식에 있고 뒤의 여섯 가지 거친 모습은 경계로 말미암아 움직인 것이기에 7식에 있다. 이 뜻에 따라 '7식은 한결같이 생멸하므로 아리야식이 생멸과 불생멸의 뜻을 함께 갖추고 있는 내용과 다르다.'고 말하는 것이다.

[소-27-3] 이 논의 아래 본문에서 현식(現識)을 설명하며, "이른바 모든 경계를 나타낼 수 있으니 마치 밝은 거울이 사물의 모습을

---

1. 전거가 확실치가 않다.
2. 唯量門에서 唯量이란 오직 마음일 뿐 바깥 경계가 없다고 보는 관점이다. 인용문 전거 57번 참조.
3. 唯二門에서 唯二란 相과 見 곧 경계로 나타난 모습과 능견의 모습은 오직 마음일 뿐이라는 뜻이다. 인용문 전거 57번 참조.

모두 나타내는 것과 같다. 현식도 그러하니 모든 삶 속에 있는 인연의 흐름을 따라서 일어나 언제나 앞에 있기 때문이다."고 말한다. 이런 글들은 현상(現相)을 가지고 밑가늠하여 본식을 드러낸 것이다. 이와 같이 현상도 본식에 있는데 하물며 그 근본인 전상과 업상을 도리어 6식과 7식 가운데서 말하고 있겠는가.

지말 불각의 거친 모습을 밝힘

[논-28] 경계로 나타난 모습의 연(緣)이 있기에 다시 여섯 가지 모습이 생기니 무엇이 그 여섯인가.

첫째는 '세간에 있는 지혜의 모습'이니 경계로 말미암아 마음이 좋아하고 싫어하는 것을 분별하기 때문이다.

둘째는 '분별하는 마음이 이어지는 모습'이니 세간에 있는 지혜의 모습으로 말미암아 괴로움과 즐거움이 생기고 그것을 분별하여 망념을 일으키는 것이 서로 맞아떨어져 끊어지지 않기 때문이다.

셋째는 '집착하는 모습'이니 분별하는 마음이 이어지는 모습으로 말미암아 망념의 경계를 반연하고 괴로움과 즐거움에 머물러 마음이 집착을 일으키기 때문이다.

넷째는 '실체가 없는 이름을 붙이는 모습'이니 헛된 집착으로 말미암아 실체가 없는 이름을 짓고 말로 나타내는 모습이기 때문이다.

다섯째는 '업을 일으키는 모습'이니 실체가 없는 이름으로 말미암아 그것을 찾고 집착하여 온갖 업을 짓기 때문이다.

여섯째는 '업에 얽힌 괴로운 모습'이니 업 때문에 그 과보를 받아 자유롭지 못하기 때문이다.

[소-28-1] 다음은 거친 모습을 밝힌다. 그 가운데 두 부분이 있으니 전체 내용을 드러낸 부분과 그 내용을 따로 풀이하는 부분이다. 처음 부분에서 "경계로 나타난 모습의 연(緣)이 있기에"라고 말한 것은 앞의 현식(現識)으로 말미암아 나타난 경계를 말한다. 이 때문에 7식 가운데의 여섯 가지 거친 모습이 일어나게 된다. 이는『능가경』에서[1] "경계라는 바람으로 말미암아 움직이게 되어 7식의 물결이 일어나니 이것이 의(意)다."라고 말한 뜻을 풀이한 것이다.

[별기] "경계로 나타난 모습의 연(緣)이 있기에 다시 여섯 가지 모습이 생긴다."는 것은 무엇을 말하는가. 앞서 미세한 모습 가운데의 능견(能見)으로 말미암아 경계가 나타나지만 경계가 능견을 움직인 것은 아니다. 이 뒤의 여섯 가지 모습은 능견이 나타낸 경계로 말미암아 움직이게 되지만 이 여섯 가지 모습이 그 경계를 나타낼 수 있는 것은 아니다. 뜻을 나누자면 이와 같지만 통합하여 말하면 능견의 모습이 또한 스스로가 나타낸 경계에 다시 기대고, 여기 여섯 가지 모습도 다시 자신이 기대는 새로운 경계를 만들 수 있다. 지금 이 논에서는 나눈 쪽을 취한 것이 알맞으므로 "경계로 나타난 모습의 연(緣)이 있기에 다시 여섯 가지 모습이 생긴다."고 말한 것이다.

[소-28-2] 이어 따로 풀이하는 부분에서 처음 한 가지 모습은 제7식이고, 다음 네 가지 모습은 생기식(生起識)이며, 나중 한 가지 모습은 이들이 만들어 낸 과보이다.

처음에 말한 '세간에 있는 지혜의 모습'은 제7식으로서 거친 모습의 시작이다.

---

1. 인용문 전거 58번 참조.

비로소 여기에 세간에서 쓰는 지혜의 작용이[1] 있어 나와 경계를 분별하기에 '세간에 있는 지혜의 모습'이라고 한다. 이는 『부인경』에서[2] "이 육식(六識)과 심법지(心法智)에서 이 7식이 찰나도 머무르지 않는다."고 말한 내용과 같다.

여기서 말한 '심법지(心法智)'란 세간에서 쓰는 지혜의 작용을 말한다. 좋은 세상에 있다면 좋아하는 법을 분별하여 나와 내 것을 생각하고, 나쁜 세상에 있을 때는 싫어하는 법을 분별하여 나와 내 것이라고 생각하므로, "경계로 말미암아 마음이 좋아하고 싫어하는 것을 분별하기 때문이다."고 말한 것이다.

제대로 갖추어 말하면 본식을 반연하여 나라고 생각하고 나타난 경계를 반연하여 내 것이라고 생각하는 것이지만, 지금 이 가운데는 거친 모습이 드러난 곳에 있으므로 "경계로 말미암아 마음이 일어난다."고 말한 것이다.

또한 이 경계가 현식(現識)을 떠나지 않는 것이 마치 거울 속의 그림자가 거울을 벗어나지 않는 것과 같다. 이 제7식은 다만 안을 향하여 나와 내 것을 가늠하나, 마음 바깥에 있는 경계를 따로 생각하지 않기에 다른 곳에서 "다시 저 현식을 반연한다."고 말한 것이다.

[별기] 다만 나를 집착하는 경계에 있을 뿐이므로 "현식을 반연한다."고 말하고, 내 것을 집착하는 경계를 빼버렸기에 "또한 경계를 반연한다."고 말하지 않은 것이다.

---

1. 慧數의 慧는 俱舍에서는 心所大地法 열 가지 중 하나이며, 유식에서는 心所別境 다섯 가지 중 하나이다. 어리석고 우매한 마음에는 이 심소가 없다고 하며 바깥 경계에 대하여 邪와 正, 得과 失을 판단하여 좋은 것은 취하고 나쁜 것은 버리는 작용이 있다고 한다. 慧數란 혜의 심소라는 뜻인데 신역에서는 心所法이라 하고 구역에서는 數法이라 한다. 心王은 하나이나 심소법은 수가 많기에 이렇게 부르는 것이다.
2. 『부인경』은 『승만경』을 말한다.

[소-28-3] 물음 : 제7식인 말나식이 8식을 반연할 뿐 아니라 또한 바깥의 여섯 경계도 반연한다는 사실을 어떻게 알 수 있습니까.

대답 : 여기에는 두 개의 증거가 있으니, 하나는 비량에[1] 기대고 또 하나는 성언량에[2] 기대는 것이다. 비량에 기대는 것이란 무엇을 말하는가. 의근이[3] 반드시 의식과 경계를 같이 한다는 주장은 종(宗)을 내세운 것이고, 다른 것과 함께 기대는 것이 아니므로[4] 인(因)을 성립시키는 것이며, 다른 모든 것과 함께 기대는 것이 아닌 것은 반드시 능의(能依)와 경계를 같이하니 이는 안근(眼根)을 비롯한 육근(六根)이 안식(眼識)을 비롯한 육식(六識)과의 관계 같은 것들이다. 이는 동품(同品)의[5] 비유를 따른 말이다.

어떤 때에 경계를 같이 하지 않는 것은 반드시 다른 것과 함께 기대는 것이 아니니, 곧바로 의근을 비롯한 육근과 의식을 비롯한 육식과의 관계가 없어지게 된다. 이는 비유가 인(因)을 성립시키는 성질이 멀다는 부정표현으로 주장 명제를 증명하고 있는 이품(異品)의 비유를 따른 말이다.

이처럼 종(宗) · 인(因) · 유(喩)에[6] 허물이 없기 때문에 의근도 바

---

1. 比量은 三量의 하나로서 眞比量이라고도 한다. 우리가 아는 사실을 가지고 아직 알지 못한 사실을 짐작하는 것이다. 연기가 있으면 그 밑에 불이 있다는 사실을 아는 내용과 같은 것들이다.
2. 聖言量은 부처님의 말씀을 무조건 믿고 따르라는 것이다.
3. 5식에 5근이 있는 것과 같이 意根은 특히 의식의 근거할 데를 말한다. 또 유식론에서 말나식을 의식의 가장 가까운 근거라는 뜻으로 의근이라 하기도 한다.
4. 不供所依는 다른 것과 함께 기대는 것이 아니라는 뜻이니 예를 들면 眼根은 안식만 기대고 耳根은 이식만 기대는 것을 말한다.
5. 同品은 또는 똑같은 비유나 똑같은 법이라고도 한다. 인명에서 三支중의 비유가 宗이나 因과 그 내용이 같아야 하는 것이다. 이러한 논법은 因이 있는 경우에 반드시 宗이 있고 그 비유에는 반드시 因이나 宗과 같은 점이 있지 않으면 안 된다. 앞의 것을 因同品이라 하고 뒤의 것을 宗同品이라고 한다. 완전한 동품은 반드시 이 두 조건을 갖추어야 한다.
6. 宗 · 因 · 喩는 인도의 논리학 인명에서 삼단논법과 비슷한 三支作法을 말한다. 宗은 내세우는 주장이고 因은 그 까닭이며 喩는 宗과 因이 잘못된 내용이 없다는 사실을 증명하는 비유이다. 이 비유에는 똑같은 비유와 다른 비유가 있다.

깥의 여섯 경계를 반연한다는 사실을 알아야 한다.

[별기] 만약 이 의(意)가 의식(意識)과 반드시 같은 경계를 반연하지 않는 것이라면 눈도 안식(眼識)과 반드시 같은 경계를 반연하지 않을 수 있을 것이다.
그러나 이들이 모두 다른 것과 함께 기대는 것이 아니므로 눈을 비롯한 그들의 식(識)과 근(根)은 이미 그럴 수 없으니, 동류(同類)의 인연관계가 없기에 뜻이 성립할 수 없는 것이다.

만약 이 의근(意根)이 다른 것과 함께 기대는 것이라면 다른 것과 함께 기대므로 의식은 일어나지 않을 것이며, 그 밖의 안식을 비롯한 육식도 이와 같을 것이다. 이는 다만 자교상위(自敎相違)의[1] 과실일 뿐이다.
이는 부처님의 경전에서[2] "눈이 문제가 없기에 안식이 생길 수 있으며, 나아가 의(意)가 문제가 없기에 의식(意識)이 생길 수 있다."고 하여 이 내용을 자세히 말하는 것과 같으며, 또한 논에서도[3] 이 불공의(不共依)의 뜻을 말하였다. 그러므로 이 의(意)가 다만 식(識)을 반연할 뿐 다른 경계를 반연하지 않는다는 것은 뜻이 성립되지 않는다는 사실을 알아야 한다.

[소-28-4] 만약 이 뜻에 따른다면 능의(能依)인 의식(意識)이 의근(意根)을 반연할 때 소의(所依)인 의근도 자체를 상대하니 자증분(自證

---

1. 自敎相違는 因明 33과실 가운데 九似宗의 하나이다. 스스로 내세운 주장이 자기 교리에 어긋나는 것을 말한다. 불교에서 "인과의 법칙이 확실하지 않다."고 하면 교리에 어긋나는 주장을 하니 자기의 교리에 어긋나는 것이 된다. 여기에서 안식은 안근을 不共依로 해서 일어나는 것인데 만약 안근이 불공의가 아니라면 안식이 일어나지 못할 것이다. 그러나 실은 안식이 일어나니 이는 자기의 가르침에 어긋나는 잘못에 떨어지는 셈이다.
2. 전거가 불확실하다.
3. 전거가 불확실하다.

分)이¹ 있기 때문에 과실이 없다. 또한 의근도 스스로 '주와 객으로 맞대응하는 마음'의 법을 반연하니 이는 장애할 만한 법이 없기 때문에 반연할 수 있다. 모든 심(心)・심소법(心所法)이 모두 자체를 증명하니 이 때문에 동일하게 반연하는 바를 없애지 아니한다.² 이 뜻은 오직 오식(五識)에만 통하지 않으니, 오식은 색근으로 말미암아 일어나지만 두루 통하지는 않으므로 다만 색의 경계만 상대하고 나머지 경계는 상대하지 않기 때문이다.

[별기] 『장엄론』에서³ "오염된 법과 깨끗한 법을 찾는 것을 이미 말하였으니, 다음은 오직 식(識)만 찾는 것을 말하겠다. 게송에서 '능취(能取)와 소취(所取)는 오직 마음의 빛일 뿐, 탐욕과 믿음의 이 두 빛은 다른 법이 아니다.'고 하였으니, 이를 풀이해 보겠다. 위의 게송 절반은 오직 식(識)을 찾기만 하는 사람은 능취와 소취가 오직 마음의 빛이라는 사실을 알아야 한다는 것이며, 아래의 게송 절반은 이와 같이 탐욕 같은 번뇌의 나쁜 빛과 믿음 같은 좋은 법의 빛인 이 두 빛도 역시 오염된 법과 깨끗한 법으로서 두 가지 법이 없다는 것이다. 왜냐하면 마음의 빛을 여의고서는 따로 탐욕과 같이 오염된 법이나 믿음과 같이 깨끗한 법이 없기 때문이다."고 하였다.

이 글로 증명되므로 모든 마음의 작용도 마음의 빛이 비추는 것이기에 마음의 빛을 여의지 않고, 마음의 빛을 여의지 않기에 곧 마음의 작용이 마음의 빛임을 알 것이다.

---

1. 법상종에서 相分을 인식하는 작용을 見分이라 한 것에 대하여 이것을 다시 통합해 아는 작용을 자증분이라고 한다.
2. 意根과 意識이 바깥의 여섯 경계를 다 같이 반연하는 것을 말한다.
3. 『莊嚴論』은 『대승장엄경론』의 약칭으로 無着이 쓴 책이다. 인용문 전거 59번 참조.

이는 마치 거울 가운데의 그림자가 거울 빛으로 말미암아 비추어진 것과 같다. 이 때문에 거울 속의 그림자가 거울 빛을 벗어나지 않고, 거울 빛을 벗어나지 않기에 곧 거울 속의 그림자가 거울 빛이다. 이 가운데의 도리도 그러하다는 것을 으레 알아야 한다.

그러나 비록 사영상(似影像)일지라도[1] 달리 본법(本法)이 반연하지 않을 것이 없으니, 만일 본법의 마음에 있는 작용이 영상의 마음에 있는 작용과 다른 것이 있다면 동일한 소연(所緣)이라고 하는 뜻은 성립하지 않기 때문이다.

[소-28-5] 성언량이란 경에 있는 부처님의 말씀이다. 『금고경』에서[2] "눈은 색을 받아들이고, 귀는 소리를 분별하며, 나아가 의근(意根)은 모든 법을 분별한다."고 말하고 있는데, 대승의 의근이 말나이므로 이 식(識)이 모든 법을 두루 반연한다는 것을 알 수 있다.

또 『대법론』의 열 종류 분별[3] 가운데서 말하기를, "첫째 '모습 분별'이란 몸이 머물고 받아들이는 뜻을 말하는 것이니, 그것이 차례대로 모든 색근과 기세계(器世界)의 색과 같은 경계로 모습을 삼기 때문이다.

둘째 '모습이 드러나는 분별'이란 육식(六識)과 의(意)를 말하는 것이니 앞에서 말한 대로 모습을 취해 드러나기 때문이다"라고 하였다.

---

1. 似影像은 似境相과 같은 말로 실재하지 않는 사물의 모습을 닮은 마음으로서 相分를 말한다. 우리의 일상적 마음에 실재 존재하지 않는데도 존재하듯 생각되는 사물의 갖가지 모습이 늘 드러나기 때문에 쓰는 말이다.
2. 인용문 전거 60번 참조.
3. 헛되이 분별하는 내용이 대충 10가지가 있다. 相分別, 相顯現分別, 相變異分別, 相顯現變異分別, 他引分別, 不如理分別, 如理分別, 根本分別, 執著分別, 散亂分別 이다. 『대승아비달마잡집론』 제14권 決擇分 中得品 제3의 2 참조.

이 가운데 다섯 가지 식(識)은 오직 색과 같은 다섯 가지 경계만 나타내고, 의식과 의근은 색근과 기세계의 색과 같은 경계를 전체 나타낸다. 설사 말나식이 색근과 기세계와 같은 것들을 반연하지 않아 분별을 나타낼 수 있는 것이 오직 육식만 취해야 하더라도, "육식과 의(意)를 말하니"라고 표현하였기에 색근과 기세계와 같은 것들을 전체 반연한다는 사실을 안다. 이제 곁가지로 빠지는 이야기는 그만두고 다시 본문으로 돌아가 풀이하겠다.

따로 풀이하는 부분 가운데 둘째 '분별하는 마음이 이어지는 모습'이란 생기식(生起識)이니 식온(識蘊)으로[1] 거친 분별이 모든 법을 두루 헤아리고 그 분별이 길게 이어지는 것이다. 또 좋아하고 취하는 마음을 일으켜 과거를 이어가며 모든 행위를 끊어지지 않게 하고, 또한 삶과 죽음을 되풀이하면서 미래의 과보로 이어지게 한다. 이런 뜻에 기대기에 '분별하는 마음이 이어지는 모습'이라고 부르니, 이는 앞에서 말한[2] "이어지는 마음[相續心]"과는 다르다.

"세간에 있는 지혜로 말미암아"라고 한 것은 앞의 세간에 있는 지혜의 모습에 기댄 것이니 의근(意根)으로 말미암아 생겨나기 때문이다. '세간에 있는 지혜의 모습'은 거친 모습 가운데 미세한 모습으로 오직 사수(捨受)이지만,[3] '분별하는 마음이 이어지는 모습'은 거친 모습 가운데 거친 모습으로 괴로움과 즐거움이 함께 일어나기 때문에 "괴로움과 즐거움을 일으킨다."고 말한다. 또 '세간에 있는 지혜의 모습'은 안으로 반연하여 머무르고 바깥 경계를 헤아리지 않기 때문에 잠자는 듯 하고, 이 '분별하는 마음이 이어지는 식(識)'은 안팎을

---

1. 識蘊(Vijnana-skandha)은 오온의 하나이다. 識은 안다는 뜻이니 식온은 안다는 이 마음에 있는 작용의 무더기를 말한다.
2. 본서 소-24 참조.
3. 捨受는 괴로움도 즐거움도 느끼지 않는 마음에 있는 작용을 말한다.

나눠 망령되이 헤아려 분별함이 마치 깨달아 아는 것과 같다. 이것으로 "그것을 분별하여 망념을 일으킨다."고 말한 것이다. 망념을 일으킨다는 것은 곧 법집(法執) 분별이니 식온(識蘊)이 거친 집착과 맞아떨어져 두루 모든 경계에 내달리기 때문에 "맞아떨어져 끊어지지 않는다."고 말한 것이다.

셋째 '집착하는 모습'이란 곧 수온(受蘊)이니[1] 식온(識蘊)으로 말미암아 좋고 싫음을 분별하여 괴로움과 즐거움을 받아들이므로, "분별하는 마음이 이어지는 모습으로 말미암아 망념의 경계를 반연하고 괴로움과 즐거움에 머무른다."고 말한 것이다.

넷째 '실체가 없는 이름을 붙이는 모습'이란 곧 상온(想蘊)이니[2] 앞의 수온이 좋아하고 싫어하는 것들을 분별하는 것에 기대어 이름을 짓고 말로 나타내는 모습이기 때문에 "헛된 집착으로 말미암아 실체가 없는 이름을 짓고 말로 나타내는 모습이기 때문이다."고 말한 것이다.

다섯째 '업을 일으키는 모습'이란 곧 행온(行蘊)이니[3] 상온으로 말미암아 취해진 이름 붙여진 모습에 따라 생각을 일으켜 좋은 업과 나쁜 업을 짓기에, "실체가 없는 이름으로 말미암아 그것을 찾고 집착하여 온갖 업을 짓는다."고 말한 것이다.

여섯째 '업에 얽힌 괴로운 모습'이란 앞의 행온으로 말미암아 지은 업 때문에 여섯 갈래 중생의 나쁜 길에서 괴로움을 받으니, 그러므로 "업 때문에 그 과보를 받아 자유롭지 못하기 때문이다."고 말한

---

1. 受蘊은 오온의 하나이다. 苦・樂・捨를 받아들이는 마음에 있는 작용의 무더기를 말한다.
2. 想蘊은 오온의 하나이다. 사물을 생각하는 마음에 있는 작용의 무더기를 말한다.
3. 行蘊(Samskara-skandha)은 오온이 하나이다. 인연으로 말미암아 만들어지고 시간적으로 변화하는 마음에 있는 작용의 무더기를 말한다.

것이다.

근본과 지말 불각을 뭉뚱그려 마무리 지음

[논-29] 마땅히 알아야 한다. 무명이 오염된 모든 법을 낼 수 있으니, 오염된 모든 법이 모두 불각의 모습이기 때문이다.

[소-29] 불각(不覺)을 풀이하는 가운데서 세 번째 근본과 지말 불각을 전체 내용으로 마무리 짓는 단락이다. 앞에 말한 대로 여섯 가지 거친 모습은 현상(現相)으로 말미암아 나타난 것으로서 경계에 기대어 일어나고, 세 가지 미세한 모습은 바로 무명에 따라 일어나서, 이 모습들이 전체 오염된 모든 법을 거두어들인다. 이 때문에 무명이 앉아 있는 깊은 자리가 오염된 모든 법을 내는 근본이라는 것을 알아야 한다. 모든 오염된 모습에 거칠고 미세한 것이 있더라도 다 모든 법의 실상을 깨닫지 못한 것이고, 깨닫지 못한 모습이 바로 무명의 기운이므로 "오염된 모든 법이 모두 불각의 모습이다."고 말한 것이다.

둘째 내용인 뜻에 따라 따로 풀이하는 단락에 세 부분이 있다. 그 가운데 첫째 부분은 뜻에 관한 전체 내용을 드러내어 간단하게 공능을 밝히고, 둘째 부분은 뜻에 따라 따로 풀이하여 자세히 그 바탕의 모습을 드러내니 이런 두 부분을 이 앞에서 다 말하여 마친다.[1]

각의 불각의 같은 모습과 다른 모습

[논-30] 다시 각(覺)과 불각에는 두 가지 모습이 있으니 무엇이 그 둘인가. 첫째는 같은 모습이고, 둘째는 다른 모습이다.

같은 모습이란 비유하면 온갖 모양의 질그릇이 모두 똑같이 미세한

---

1. 논-18 위 단락에 있는 * 참조.

흙가루의 성품과 모습인 것처럼 무루(無漏)와 무명의 온갖 허깨비와 같은 업도 모두 똑같은 진여의 성품과 모습이라는 것이다. 이 때문에 경에서 이 진여의 뜻에 기대어, "모든 중생이 본디부터 열반과 깨달음에 늘 들어가 있기에 이는 수행으로 이루어지거나 인연으로 이루어질 수 있는 모습이 아니다. 진여의 성품과 모습은 마침내 얻을 것도 없고 또한 볼 수 있는 빛깔도 없다. 빛깔을 볼 수 있는 것은 오직 오염된 법을 따른 허깨비와 같은 업이 지은 것이기에 '지혜의 빛깔로서 불공(不空)'의 성품이 아니다. 참 지혜의 모습은 볼 수 있는 것이 없기 때문이다."고 하였다.

다른 모습이란 온갖 질그릇의 모습이 다른 것처럼 무루와 무명은 다르다. 이와 같이 무루와 무명은 오염된 법의 허깨비와 같은 차별을 따르고 있고, 그 성품은 오염된 허깨비와 같은 다른 모습이기 때문이다.

[소-30-1] 셋째 부분은 그 내용이 같은 모습과 다른 모습을 밝힌다. 이 가운데 셋이 있으니, 첫째는 전체 내용을 드러내고, 둘째는 이름을 늘어놓으며, 셋째는 차례대로 모습을 분별한다.

모습을 분별하는 가운데 먼저 같은 모습을 밝히니 그 가운데 세 가지가 있다. 첫 번째는 비유를 들고, 두 번째는 비유를 결합하며, 세 번째는 증거를 끌어온다.

두 번째 비유를 결합하는 데서 말한 '무루(無漏)'란 본각과 시각을 말하고, '무명'이란 근본과 지말 불각을 말한다. 이 두 가지는 모두 업의 작용으로 나타나나 확실하게 정해져 있는 것이 아니기에 "허깨비와 같은 업"이라고 말한 것이다.

세 번째 증거를 끌어오는 데서 "본디부터 열반과 깨달음에 늘 들어가 있다."고 말한 것은 『대품경』에서[1] "지혜로 모든 번뇌를 끊고 무여열반에[2] 들어가는 것은 원래 세속의 법이므로 제일의(第一義)가 아니다. 무엇 때문인가. 공(空) 가운데 없앨 것이 없고 또한 없애게 할 이도 없기에 모든 법이 마침내 공(空)이어서 열반이기 때문이다."고 하고, 또 "무슨 뜻으로 깨달음이 되는가. 공(空)의 뜻이 깨달음의 뜻이고, 여(如)와 법성(法性)과 실제(實際)의 뜻이 깨달음의 뜻이며, 또한 모든 법의 실상이 속이거나 달라지지 않는 것이 깨달음의 뜻이기 때문이다."고 말한 내용과 같다.

마땅히 알아야 한다. 이 가운데에서는 맑은 성품의 깨달음과 본디 깨끗한 열반을 가지고 밑가늠하기 때문에 모든 중생이 본디부터 열반과 깨달음에 들어가 있는 것이다.

"수행으로 이루어지는 모습이 아니다."고 말한 것은 인(因)으로 행할 것이 없고, "인연으로 이루어질 수 있는 모습이 아니다."고 말한 것은 과(果)로 일으킬 것이 없기 때문이다. "끝내 얻을 것이 없다."고 말한 것은 얻을 수 있는 이가 없기에 얻을 때와 곳도 없기 때문이다. "또한 볼 수 있는 빛깔도…" 아래는 경의 글이지만 여기서 증명할 고갱이는 아니지만 다만 한 곳에서 이어진 글이기에 따라서 끌어왔을 뿐이다.

다른 모습을 밝히는 가운데 먼저 비유하고 뒤에 이 비유에 결합하니, 결합한 가운데서 말한 "오염된 법의 허깨비와 같은 차별을 따르고 있고"는 무루법이고, "그 성품은 오염된 허깨비와 같은 다른 모습"은 무명을 말한다. 무엇 때문인가.

---

1. 전거가 불확실하다.
2. 삶과 죽음에 있는 괴로움을 완전히 여읜 열반을 말한다.

근본과 지말 무명은 평등한 성품과 어긋나니 이 때문에 그 성품 스스로에 다른 모습이 있고, 모든 무루법은 평등한 성품을 따르니 바로 그 성품에는 차별이 없지만 다만 오염된 법의 다른 모습을 따르는 모습이기에 무루에 차별이 있다고 말하는 것이다.

곧 업식(業識)을 비롯한 오염된 법의 다른 모습을 상대하는 것을 말하려고 하기 때문에 본각의 성품에서 나오는 갠지스강 모래알만큼 많은 공덕을 말하고, 또 이 모든 법의 다른 모습을 끊으려고 하기에 시각에 있는 온갖 덕의 다른 모습이 이루어짐을 말하게 된 것이다.

[별기] 이 때문에 무루는 다만 저 오염된 법을 따라 다른 모습이 있을 뿐이지, 무루의 자성으로 말미암아 다른 모습이 있는 것이 아니다.

[소-30-2] 그러나 이와 같은 오염된 법과 맑은 법이 모두 서로 상대하여 드러난 모습이 없지는 않지만 실제 있는 것은 아니니, 이 때문에 전부 "허깨비와 같은 차별"이라고 한다.

위에서부터 자세히 풀이하여 '대승의 법(法)과 의(義)는 무슨 내용인가' 가운데서 마음에 있는 생멸 부분을 여기서 다 말하여 마친다.

나) 생멸의 인연을 풀이한다

* 이 아래는 둘째 부분인 생멸의 인연을 풀이하는 부분으로 그 가운데 두 가지가 있다. 먼저 생멸이 인연에 기댄다는 뜻을 밝히고, 뒤에는 기댄 인연의 바탕과 그 모습을 드러낸다.
* 생멸이 인연에 기댄다는 뜻을 밝히는 데에 두 부분이 있으니 하나는 전체 내용을 드러내고 다른 하나는 그것을 따로 풀이하는 부분이다.

생멸인연에 기댄다는 뜻을 밝힘

[논-31] 다시 생멸의 인연이란 무엇을 말하는가. 이른바 중생이 마음에 기대어 의(意)와 의식(意識)이 일어난다는 것이다.

[소-31] 처음에 말한 "인연"이란 무엇인가. 아리야식의 마음 바탕이 모든 법을 만들어 내는 것이 생멸의 인(因)이며, 근본 무명이 마음의 바탕을 훈습하여 움직이는 것이 생멸의 연(緣)이다. 또 오염된 모든 법의 근본인 무명이 앉아 있는 깊은 자리가 모든 생멸을 일으키기에 인(因)이 된다고 말하고, 바깥의 여섯 경계가 7식을 움직여 생멸을 일으킬 수 있는 것이 생멸의 연(緣)이다. 이 두 뜻에 따라 인연을 나타낸다. 모든 생멸의 모습은 모여서 생겨나니, 그러므로 이를 '중생'이라고 한다.

그러나 중생은 별다른 바탕이 없이 오직 마음의 바탕만 따를 뿐이므로 "마음에 기댄다."고 하니, 곧 아리야식의 자기 모습이다. 능의(能依)인 중생은 의(意)와 의식(意識)이니 이것으로 "의와 의식이 일어난다."고 말한 것이다.

* 이 아래는 위의 내용을 따로 풀이하는 곳으로 그 가운데 세 가지가 있다. 먼저 마음에 기대는 내용을 풀이하고, 다음은 의(意)가 일어나는 내용을 풀이하며, 나중에 의식(意識)이 일어나는 내용을 풀이한다.

마음에 기대는 내용을 풀이함

[논-32] 이 뜻은 무엇을 말하는가. 아리야식에 기대기에 무명이 있다고 말하는 것이다.

[소-32] 처음에 말한 아리야식이란 위에서 말한 마음으로 곧 생멸의 인(因)이고, '무명이 있다'고 말한 것은 무명이 아리야식에 있다는

것으로서 곧 생멸의 연(緣)이다. 이 인과 연에 따라 의(意)와 의식(意識)이 일어나는 것을 밝히려고 하니, 그러므로 "아리야식에 기대어 무명이 있다고 말한다."고 한다. 위의 전체 내용을 드러내는 가운데서는 대충 그 인(因)만 드러냈기 때문에 다만 "마음에 기댄다."고 말할 뿐이고, 여기 따로 풀이하는 가운데서는 인과 연을 다 갖추어 드러내므로 '또한 아리야식 안에 있는 무명에 기댄다.'고 말하는 것이다.

[별기] 마땅히 알아야 한다. 무명이 앉아 있는 깊은 자리는 7식에서 거두는 것이 아니며 또한 7식에 따라서 훈습된 씨앗도 아니다.

의가 일어나는 내용을 풀이함

[논-33] 이 사실을 깨닫지 못한 상태로 한 생각이 일어나 능견(能見)과 능현(能現)으로 나누어 경계를 취하고 망념을 일으켜 이어가기 때문에 '의(意)'가 된다고 한다. 이 의(意)에는 다시 다섯 가지 이름이 있으니 무엇이 그 다섯인가.

첫째는 업식(業識)이라고 하니 무명의 힘으로 깨닫지 못한 상태로 마음이 움직이기 때문이다.

둘째는 전식(轉識)이라고 하니 움직인 마음에 기대어 모든 경계를 볼 수 있기 때문이다.

셋째는 현식(現識)이라고 하니 이른바 모든 경계를 나타낼 수 있기 때문이다. 마치 밝은 거울이 사물의 모습을 나타내듯 현식도 그러하여 다섯 가지 경계를[1] 상대하면 곧 앞뒤가 없이 나타난다. 이는

---

1. 五塵은 바깥에 있는 여섯 경계에서 法을 제한 色・聲・香・味・觸 다섯 경계를 말한다.

모든 삶 속에 있는 인연의 흐름에 따라 저절로 언제나 경계 앞에 있기 때문이다.

넷째는 지식(智識)이라고 하니 오염된 법과 맑은 법을 분별하기 때문이다.

다섯째는 상속식(相續識)이라고 하니 망념이 맞아떨어져 끊어지지 않기 때문이며, 과거에 헤아릴 수 없이 많은 세월 속에서 지은 좋은 업과 나쁜 업을 잃지 않게 하기 때문이며, 또 현재와 미래에 받을 괴로움과 즐거움의 과보를 어김없이 받게 하기 때문이다. 이것이 현재의 마음으로 하여금 이미 지나간 일을 문득 생각하게 하고, 미래의 일을 각성하지 못하고서 자기도 모르게 헛되이 걱정하게 하니, 이 때문에 삼계는 거짓으로서 오직 마음이 지을 뿐이다.

마음을 여의면 바깥의 여섯 가지 경계가 없다. 이 뜻은 무엇을 말하는가.

모든 법이 모두 마음에서 일어나 망념으로 생겼기에 모든 분별은 곧 자기 마음을 분별한다는 뜻이다. 그러나 마음은 마음을 보지 못하여 얻을 수 있는 어떤 모습도 없다.

마땅히 알아야 한다. 세간의 모든 경계는 모두 중생의 헛된 마음인 무명에 따라 머무를 수 있다. 이 때문에 모든 법은 거울 속의 그림자와 같아 얻을 수 있는 어떤 실체도 없으며 오직 헛된 망념일 뿐이다. 마음이 생기면 온갖 법이 생기고 마음이 사라지면 온갖 법이 사라지기 때문이다.

[소-33-1] 다음은 의(意)가 일어나는 내용을 풀이한다. 그 가운데

세 부분이 있으니, 첫째 부분은 의(意)가 일어나는 내용을 간단히 밝히고, 둘째 부분은 일어나는 모습을 자세히 드러내며, 셋째 부분은 "마음에 기댄다."는 뜻을 마무리 짓는다.

첫째 부분에서 다섯 가지 식(識)의 모습을 밝힌다.

"이 사실을 깨닫지 못한 상태로 한 생각이 일어난다."는 것은 의(意)가 기대는 마음의 바탕이 무명의 훈습으로 말미암아 온통 움직인다는 것이니 곧 업식(業識)이다.

"능견(能見)"이란 마음의 바탕이 능견(能見)으로 바뀐 것이니 이것은 전식(轉識)이 된다.

"능현(能現)"이란 마음의 바탕이 다시 능현을 만든 것이니 곧 현식(現識)이다.

"경계를 취할 수 있다."는 것은 현식으로 말미암아 나타난 경계를 취할 수 있는 것이니 이는 지식(智識)이 된다.

"망념을 일으켜 이어간다."는 것은 취한 경계에서 여러 가지 거친 생각을 일으키는 것이니 이것이 상속식(相續識)이다.

이 다섯 가지 뜻에 기대어 차례로 바뀌면서 모든 경계를 상대해서 의식(意識)을 생기게 하기 때문에 이 다섯 가지를 의(意)가 된다고 말한다.

[별기] 이 가운데 다섯째 상속식은 오히려 의식에 속할 것이지만 의식(意識)을 생기게 한다는 뜻의 입장에서 의(意) 가운데 거두어 통용시켰다.

[소-33-2] "이 의(意)는 다시 다섯 가지 이름이 있으니…" 아래는 둘째 부분으로 일어나는 모습을 자세히 밝힌다. 이 가운데 두 가지가 있으니, 전체 내용을 드러내고 그 내용을 따로 풀이한다.

따로 풀이하는 가운데서 말한 "무명의 힘"이란 소의연(所依緣)을 내세운 것이다. "깨닫지 못한 상태로 마음이 움직인다."고 말한 것은 업(業)의 뜻을 풀이하니 움직인다는 뜻이 업의 뜻이기 때문이다. 전식(轉識) 가운데서 말한 "움직인 마음에 기대어 모든 경계를 볼 수 있기 때문이다."는 것은 앞에 있는 업식(業識)의 움직임에 따라 능견(能見)의 모습으로 바뀌는 것이다. 그러나 전식에는 두 가지가 있다. 무명에 따라 움직인 것에서 능견이 되는 것이라면 이는 본식(本識)에 있고, 경계에 따라 움직인 것에서 능견이 되는 것이라면 이는 7식을 말한다. 이 글에서 바뀌는 모습은 본식의 뜻을 가지고 말한다.

[별기] 또 어떤 곳에서는 "이 모두가 능견이며 대개 전식이라고 부르니 8식에 통한다."고 한다.

[소-33-3] 현식(現識) 가운데서 말한 "모든 경계를 나타낼 수 있다."는 것은 앞에 있는 '전식(轉識)의 능견(能見)에 따라 다시 능현(能現)의 작용을 일으키는 것이니, 위의 글에서[1] "능견으로 말미암아 헛된 경계가 나타난다."고 말한 내용과 같다.

마땅히 알아야 한다. 현식은 전식에 기대나 능견의 작용이 아니며 경계를 나타내는 것이다. 이 때문에 앞에서 "능견(能見) 능현(能現)"이라고 말한 것이다.
이어 비유를 말하고 그 뒤는 주장 명제인 종(宗)과의 결합이다.[2]

---

1. 본서 논-27 참조.
2. 宗, 因, 喩, 合, 結로 나타나는 五支作法 가운데의 合이다. 여기서는 宗과 喩의 결합이다.

결합하는 가운데서 말한 "다섯 가지 경계"란 우선 거친 모습을 들어서 비유로 든 거울에 비친 사물의 모습에 결합하여 실로 모든 경계를 다 나타낸다는 사실을 논한다.

"모든 삶 속에 있는 인연의 흐름에 따라 저절로 언제나 경계 앞에 있기 때문이다."고 말한 것은 제6식과 7식 같이 어떤 때는 끊어져 없어지는 것이 아니기 때문이다. 이 글로 증명하니 마땅히 알아야 한다. 업식과 전식과 현식은 모두 본식 안에서 따로 일어나는 작용이다.

[별기] 세 번째 현상(現相)이란 위에서 말한 세 가지 모습 가운데 경계로 나타난 모습과 같다. 다만 여기서는 전식(轉識)을 떠나서 달리 다른 경계로 나타난 모습이 없다는 것을 밝히려고 했기 때문에 능현(能現)을 들어 나타난 경계를 밝힌 것이다. "마치 밝은 거울이 사물의 모습을 나타내듯"이라고 말한 것은 『사권 능가경』에서[1] "대혜 보살이여, 간략하게는 세 종류의 식(識)이 있고 자세히는 여덟 가지 모습이 있다고 한다. 무엇이 그 세 종류 식(識)이 되는가. 진식(眞識)과 현식(現識)과 '경계를 분별하는 식(識)'이다. 비유하면 밝은 거울이 모든 사물의 모습을 나타내듯 현식이 있는 곳에 나타나는 경계도 이와 같다."고 말한 것과 같다. 또 이 글에서는 '나타나는 뜻'을 말하여 "모든 삶 속에 있는 인연의 흐름에 따라 저절로 언제나 경계 앞에 있기 때문이다."고 하였다.

마땅히 알아야 한다. 현식은 반드시 제8식에 있다. 업식과 전식이 현식과 더불어 본식이 되며 그 모습이 더욱 미세하거늘 어떻게 억지로 7식 가운데에 이것을 둘 수 있겠는가. "다섯 가지 경계를[2]

---

1. 인용문 전거 61번 참조.
2. 五塵은 바깥의 여섯 경계에서 法을 제한 色・聲・香・味・觸 다섯 가지 경계를 말한다.

상대하면 곧 나타난다."고 말한 것은, 다섯 가지 경계를 따라 일어난 모습들이 모두 능견(能見)을 여의지 않고 오직 능견이라는 거울 속에 나타나기 때문에 "다섯 가지 경계를 상대하면 곧 나타난다."고 말한 것이다. 실제 말하자면 또한 법의 경계도 나타나지만 먼저 거친 모습을 드러내어 대충 그 보기를 들었을 따름이다.

물음 : 현식 경계의 범위는 어느 정도로 보아야 합니까.

대답 : 이 논에서는 다만 다섯 가지 경계만 말하였고, 『능가경』에서는[1] "아리야식은 헛된 생각의 분별로 나타난 경계 곧 씨앗과 우리 몸과 생활터전인 기세간들을[2] 한꺼번에 아는 것이니 앞과 뒤의 관계가 아니다."고 하였다.

『유가론』에서는[3] "아리야식은 두 가지 대상으로 말미암아 바뀐다. 첫째는 내집수(內執受)를 아는 것으로 말미암으니, 이는 생각에 따라서 집착된 것 곧 헛된 습기와[4] 모든 색근 곧 오근(五根)과 근(根)이 기대어 있는 곳 곧 몸을 아는 것을 말한다. 이는 색계의 입장이다. 만약 무색계의 입장에 있다면 오직 습기집수(習氣執受)를 아는 것만 있을 뿐이다. 둘째는 바깥으로 분별할 수 없는 기세간의 모습을 아는 것으로 말미암으니, 이는 내집수(內執受)를 반연하는 아리야식에 기대기 때문에 모든 삶 속에서 언제나 끊어짐이 없는 기세간의 모습을 아는 것을 말한다. 비유하면 등잔의 불꽃이 타오를 때 안으로 기름심지에 기대고 바깥으로 불빛을 내듯 이와 같이

---

1. 인용문 전거 62번 참조.
2. 自身은 正報이고 資生器世間은 依報를 뜻한다.
3. 인용문 전거 63번 참조.
4. 習氣 : ① 번뇌를 正使라고 하는 것에 대해 익어있는 기운을 습기라고 한다. 향을 담던 그릇에서 향이 없어도 남아 있는 향기와 같은 것이다. ② 모든 識이 일어날 때 그 기운을 제8식에 훈습시키는 것이 씨앗인데 이 씨앗을 습기라고도 한다. ③ 씨앗의 기운이 드러나는 것을 습기라고도 한다.

아리야식이 내집수(內執受)의 경계를 반연하고 바깥 기세간의 모습을 반연하여 생기는 도리도 그러하다는 것을 알아야 한다."고 하였고, 『중변론』에서는[1] "이 식(識)이 취한 네 가지 경계 곧 바깥 경계와 근(根)과 아(我)와 식(識)에 거두어진 습기는 실로 그 바탕의 모습이 없다. 취할 대상이 없다면 취하는 어지러운 식(識) 또한 없다."고 하였다.

물음 : 『중변론』과 『능가경』에 따르면 습기와 같은 것들은 이 식(識)의 경계가 아니라고 하고, 『유가론』에 따르면 소리와 일곱 가지 식(識)들은 이 식(識)의 인식대상이 아니라고 하며, 이 논의 말에 따르면 근(根)과 식(識)들이 나타나는 것도 이 식(識)에 따라 나타난 경계가 아니라고 하니, 이처럼 서로 어긋난 점을 어떻게 조화롭게 회통하려고 하십니까.

대답 : 이는 서로 어긋난 것이 아니다. 왜냐하면 오직 이와 같은 법만을 반연한다고 말하지 않았기 때문이며, 나머지 다른 법은 경계가 아니라고 말하지 않았기 때문이다.

물음 : 서로 어긋난 것은 없더라도 같지 않은 것은 있으니, 같지 않은 뜻을 들을 수 있겠습니까.

대답 : 같지 않은 뜻에는 저마다 나름대로 도리가 있다. 이는 『중변론』에서 "나타난 모든 법은 다 본식에 따라 나타난 것으로 식(識)을 떠나서는 다시 별다른 법이 없음을 밝히려고 했기 때문에 오직 현행하는 모든 법만 설했을 뿐이고, 습기에 있는 씨앗은[2] 그 모습이

---

1. 인용문 전거 64번 참조.
2. 유식종에서 아리야식 연기설 입장에서 세상의 모든 현상이 아라야식에서 발생하고 전개된다고 한다. 이것을 만들어내는 마음의 세력이 아라야식 가운데 갈무리되어 있다고 하는데 이를 씨앗이라고 한다. 아리야식에 본디 있는 本有種子와 새로 온갖 업으로 훈습하는 新熏種子가 있다.

나타나지 않아 식(識)과 다름이 없기 때문에 말하지 않았다."고 말한 내용과 같다.『유가론』에서는 "모든 모습이 견(見)을 여의고 스스로 이어갈 것이 없음을 나타내려고 하였기에 마음과 마음의 작용을 뺀 이어가는 모든 법은 이 식(識)에 따라 분별되어 알게 된 것이다."고 말하고, 마음의 모든 법이 경계를 떠나서 따로 성립되지 않는다는 것은 그 뜻이 저절로 드러나므로 따로 말하지 않았다. 그 밖의 여러 논에서 드러나거나 숨은 뜻은 이를 근거 삼으면 알 수 있으니, 한 쪽에 치우친 견해로 모든 법에 통하는 설들을 헐뜯어서는 안 될 것이다.

[소-33-4] 넷째 지식(智識)이란 제7식이다. 위의 여섯 가지 모습 가운데 처음에 있는 '세간에 있는 지혜의 모습'에 관한 뜻은 앞에서 말한 내용과 같다. 좋아하고 싫어하는 결과로 나타난 것을 '오염된 법과 맑은 법'이라고 하는데 그 법들을 분별하여 나와 내 것을 헤아리므로 "오염된 법과 맑은 법을 분별한다."고 한다.

다섯째 상속식(相續識)이란 곧 의식(意識)이다. 이는 위의 여섯 가지 모습 속에서는 '분별하는 마음이 이어가는 모습'이라고 부른다.

"망념이 맞아떨어져 끊어지지 않기 때문이다."고 말한 것은 법에 대한 집착이 맞아떨어져 길게 이어진다는 것이니, 이는 의식 자체가 끊어지지 않는다는 입장에서 분별하는 마음이 이어진다는 뜻을 풀이했기 때문이다.

"과거에 헤아릴 수 없이 많은 세월 속에서 지은 좋은 업과 나쁜 업을 잃지 않게 하기 때문이며…" 아래는 그 공능을 가지고 밑가늠하여 분별하는 마음이 이어지는 뜻을 풀이한다. 이 식(識)이 좋아하여 취하려고 하는 번뇌를 일으킬 수 있기에, 과거의 무명이 일으킨 모든 행위를 지녀 미래의 과보가 있게 하므로 "과거에 헤아릴 수 없이 많은 세월 속에서 지은 좋은 업과 나쁜 업을 잃지 않게 하기 때문이다."고 말한 것이다. 또 되풀이 되는 삶과 죽음에 있는 번뇌를 일으켜 결과로 나타나는 업을 계속 만들어 끊어지지 않게 할 수 있으므로 "현재와 미래에 받을 괴로움과 즐거움의 과보를 어김없이 받게 하기 때문이다."고 말한 것이다. 이와 같이 삼세인과가 끊임없이 흘러가는 공(功)은 의식에 있다. 이 뜻으로 '상속식'이라고 부른다.

다음에 "이미 지나간 일을 생각하고 미래의 일을 각성하지 못하고서 자기도 모르게 헛되이 걱정한다."고 말한 것은 이 식(識)의 작용인 거친 분별이 지식(智識)의 미세한 분별과 같지 않다는 사실을 나타낸다.

이것으로 이 식(識)은 오직 의식에 있을 뿐 위에서 말한 '상속심(相續心)'과[1] 다르다는 것을 안다.

"이 때문에 삼계는 거짓으로서 오직 마음이 지을 뿐이다. 마음을 여의면 여섯 가지 경계가 없다.…" 아래는 셋째 부분 "마음에 기댄다."는 뜻을 마무리 지어 밝힌다. 그 가운데 두 가지가 있으니 먼저 간단히 말하고 뒤에 자세히 밝힌다.

처음에 "이 때문에"라고 말한 것은 앞에 말한 다섯 가지 식(識)들이 마음에 기대어 이루어진 것을 말하며, 이 뜻으로 삼계의 모든 법은 오직 마음이 지었을 뿐이다. 이는 『십지경』에서[2] "불자여, 삼계는 다만 한마음이 만들 뿐이다."고 말한 내용이 바로 이것이다.

---

1. 여기 상속심은 아리야식 본체를 말한다. 본서 소-24 참조.
2. 인용문 전거 65번 참조.

"이 뜻은 무엇을 말하는가.…" 아래는 자세히 풀이하는 것으로 그 가운데 두 가지가 있다. 먼저 모든 법이 없는 것은 아니지만 있는 것도 아니라는 사실을 밝히고, 뒤에 모든 법이 있지는 않지만 아주 없는 것도 아니라는 사실을 드러낸다. 처음에 말한 "모든 법이 모두 마음에서 일어나 망념으로 생긴다."는 것은 모든 법이 드러나는 것을 밝히는 것이고, "모든 분별은 곧 자기 마음을 분별한다는 뜻이다. 그러나 마음은 마음을 보지 못하여 얻을 수 있는 어떤 모습도 없다."는 것은 모든 법이 있지 않다는 뜻을 밝힌 것이다.

이는 『십권경』에서[1] "자신과 생활 터전인 세상에서 살아가는 것이 꿈속의 삶과 같다면 두 종류의 마음이 있을 것이지만 마음에는 두 가지 모습이 없다. 마치 자신의 칼이 자신의 칼을 베지 못하고 자신의 손가락이 자신의 손가락을 가리키지 못하며 자신의 마음이 자신의 마음을 보지 못하듯 그 일도 이와 같다."고 말한 것과 같다.

이를 풀이하여 보자. 꿈속에서 보이는 모든 일처럼 이와 같이 보이는 것이 실제 있다면 능견(能見)과 소견(所見)의 두 가지 모습이 있게 되지만 그 꿈속에는 실로 두 가지 법이 없다. 삼계의 모든 마음이 다 이 꿈과 같이 마음을 떠나 따로 분별할 수 있는 것이 없다. 그러므로 "모든 분별은 곧 자기 마음을 분별한다."고 한다. 자기 마음에서 스스로를 볼 수 없는 것이 마치 자신의 칼이나 손가락이 자신의 칼이나 손가락을 스스로 베지 못하고 가리키지 못하는 것과 같으니 그러므로 "마음은 마음을 보지 못한다."고 말한다. 이미 볼 수 있는 다른 대상이 없으며 또한 스스로를 볼 수도 없어 소견(所見)이 없는 까닭에 능견(能見)이 성립하지 않는다. 능(能)・소(所) 두 가지 모습이 모두 얻을 것이 없으니 그러므로 "얻을 수 있는 어떤 모습도

---

1. 인용문 전거 66번 참조.

없다."고 한다. 이 가운데 트집을 잡는 의심을 풀어 새로운 이론과 옛날 이론을 회통시킨 것은 별기 가운데서 자세히 분별하는 내용과 같다.

[별기] 이는 『십권 능가경』[1] 게송에서 "다른 것도[2] 아니고 인연도[3] 아니어서 분별과 분별된 일,[4] 다섯 가지 법과[5] 능(能)과 소(所)의 마음은 고요하여 이와 같은 것들은 없다."[6]고 말한 것과 같다.

물음 : 『집량론』에서[7] "모든 마음과 마음의 법이 모두 자체를 증명하기에 현량(現量)이라고[8] 한다. 그렇지 않다면 과거에 보지 못했기에 기억할 수 없는 것과 같아야 한다."고 설하거늘, 여기 『십권 능가경』에서는 "마음은 스스로 마음을 보지 못한다."고 하니 이와 같이 서로 어긋난 점을 어떻게 회통시킵니까.

대답 : 여기에는 다른 뜻이 있기에 서로 어긋나지 않으니 무엇 때문인

---

1. 인용문 전거 67번 참조.
2. '다른 것'은 당역에 影像으로 번역되어 있다. 모든 대상 경계는 그림자 같이 실체가 없는 것으로서 그 본질은 寂靜이라는 뜻이다.
3. '인연'은 당역에 依他起로 번역되어 있다. 의타기로 일어나는 것을 인연으로 표현한 것인데 인연은 空性이어 실체가 없다. 그 본질은 寂靜이다.
4. '분별과 분별된 일'은 당역에 妄計性으로 번역되어 있다. 모든 분별과 분별된 일은 空性이어 실체가 없다. 그 본질은 寂靜이다.
5. '다섯 가지 법'은 온갖 법의 모습인 相과 개념인 名과 헛된 分別과 진리를 아는 正智와 그 자리가 변함이 없다는 如를 합해 부르는 개념이다. 이 모든 것도 방편에 따라 분류해 놓은 것이니 그 실체는 空性이어 寂靜하다.
6. '이와 같은 것들은 없다'는 것은 모든 대상 경계와 인연과 분별과 분별된 일 오법과 能所의 마음이 모두 고요하여 없다는 뜻이다.
7. 集量論(Pramanasamuccaya)은 陣那(400-480)가 쓴 책이다. 그는 有相有識派로 옛 因明을 개혁하여 새로운 인명을 확립했다. 唯識說을 배경으로 量에 관한 종래의 학설을 새롭게 直覺과 推論의 2종만 알아주었다. 또 논증을 전개하는 가장 중요한 요소 이유개념의 세 가지 조건 중 둘째와 셋째의 조건을 분석 음미하여 比論의인 五支作法을 폐기하고 연역적인 삼지작법의 추론을 확립하였다. 이 『집량론』은 『正理門論』과 함께 그의 논리학 체계를 상설한 것이니 게송과 산문으로 된 자신의 주해로 구성되어 있다. 현재 梵本과 漢譯은 모두 없고 티베트 역만 현존하는데 두 종류가 있다.
8. 現量은 비판과 분별을 떠나 있는 그대로 아는 것을 말한다.

가.『능가경』과『기신론』의 뜻은 견분(見分)을 떠나 바깥에 따로 상분(相分)이 없기에 상분으로 나타나 보이는 것이 없다는 사실을 밝히려고 한 것이다. 또한 이 견분이 되돌아 견분을 본다고 말할 수도 없으니 견분이 견분과 상분의 두 가지 작용을 하는 것이 아니고 밖을 향하여 일어나는 작용이기 때문이다. 그러므로 자신의 칼이 자신의 칼을 베지 못하고 자신의 손가락이 자신의 손가락을 가리키지 못하는 것으로서 '똑같은 법의 비유[同法喩]'를 삼은 것이다.

『집량론』의 뜻은 견분이 스스로를 볼 수 없더라도 스스로를 증명하는 작용이 있기에 견분의 바탕을 증명할 수 있으니, 견분의 작용이 다르고 안을 향하여 일어나는 작용이기 때문이다. 그러므로 등잔의 불꽃으로 똑같은 법의 비유를 삼았다. 이런 뜻에 따라 서로 어긋나지 않는 것이다. 또『능가경』과『기신론』은 실상을 드러내려고 했기 때문에 비유(非有)의 뜻에서 스스로를 볼 수 없다는 것을 말하고,『집량론』을 쓴 사람은 가명(假名)을 세우려 했기 때문에 비무(非無)의 뜻에 따라 스스로를 증명하는 것이 있다는 사실을 말한 것이다.

그러나 가명은 실상을 움직이지 못하고 실상은 가명을 그대로 놓아두니 불괴(不壞)와 부동(不動)이 어찌 서로 어긋날 것이 있겠는가. 이는 여기에서 "견분을 떠나 상분이 없으므로 견분이 상분을 보지 못한다."고 말하지만, 다른 곳에서는 "상분이 견분이 아니기에 견분이 상분을 볼 수 있다."고 말한 내용과 같다. 이처럼 서로 어긋난 점이 어찌 기이하지 않으리오마는 앞에 말한 대로 또한 그냥 서로 놓아두기도 하는 것임을 마땅히 알아야 할 것이다.

또 말하기를, 가유(假有)를 드러내고자 상분과 견분이 있다고 하고, 가무(假無)를 드러내고자 상분과 견분이 없다고 한다. 가유는 유(有)가 아니기에 무(無)를 움직이지 않고, 가무는 무(無)가 아니기에 유(有)를 그냥 둔다. 유(有)를 그냥 두기에 분명히 있고 무(無)를 움직이지 않기에 분명히 없다.
이와 같이 깊고 깊은 인연의 도리는 비어 있으므로 기댈 것이 없고 탁 트였으므로 걸림이 없으니, 어찌 그 사이에 서로 다툼을 받아들일 수가 있겠는가.

[소-33-5] "마땅히 알아야 한다.…" 아래는 자세히 풀이하는 가운데서 두 번째 '있는 것도 아니면서 없는 것도 아닌 뜻'을 밝히는 것이다.

처음에 "마땅히 알아야 한다. 세간의 모든 경계는 모두 중생의 헛된 마음인 무명에 따라 머무를 수 있다. 이 때문에 모든 법은 거울 속의 그림자와 같아 얻을 수 있는 어떤 실체도 없으며 오직 헛된 망념일 뿐이다."고 말한 것은 '있는 것이 아니라는 뜻'을 밝힌다.

이어서 말한 "마음이 생기면 온갖 법이 생기고…" 아래는 '없는 것도 아닌 뜻'을 드러낸다. 무명의 힘에 따라 깨닫지 못한 상태로 마음이 움직여 모든 경계가 나타나므로 "마음이 생기면 온갖 법이 생긴다."고 한다. 무명이 없어지면 경계도 따라서 멸하여 모든 분별하는 식(識)이 다 없어지므로 "마음이 사라지면 온갖 법이 사라진다."고 한다. 이는 무명이 일어나고 사라지는 것으로 생멸을 밝히는 것으로서, 찰나에 마음이 일어나고 사라지는 것을 가지고 생멸을 밝히는 것이 아니다.

자세히 의(意)를 풀이하는 것을 여기서 마친다.

의식이 일어나는 내용을 풀이함

[논-34] 다음에 말한 의식이란 무엇인가. 곧 이 상속식(相續識)이 모든 범부들의 집착이 깊어짐으로 말미암아 '나'와 '내 것'이라고

헤아리는 온갖 헛된 집착으로 일어나는 일들을 따라 반연하여 여섯 가지 경계를 분별하는 것을 의식이라고 하며, 분리식이나[1] '경계를 분별하는 식(識)'이라고도 한다. 이 식(識)은 견애(見愛)[2] 번뇌로 말미암아 번뇌를 더 늘어나게 한다는 뜻에 기대었기 때문이다.

[소-34] 다음은 의식을 풀이한다. 의식은 곧 앞에서 말한 상속식(相續識)이다. 다만 법이 실재한다고 집착하는 분별이 맞아떨어져 뒤를 일으킨다는 뜻을 따르는 것이라면 '의(意)가 된다.'고 하고, 견혹(見惑)과 수혹(修惑)의 번뇌를 일으켜 앞에서 생긴다는 뜻을 따른다면 '의식'이라고 한다. 그러므로 "의식이란 무엇인가. 곧 이 상속식이 모든 범부들의 집착이 깊어짐으로 말미암아 '나'와 '내 것'이라는 온갖 헛된 집착으로 일어나는 일들을 따라 반연하여 여섯 가지 경계를 분별하는 것을 의식이라 한다."고 말한 것이다. 이 논은 의(意)와 의식 가운데서 의식의 뜻을 따랐기에 안식(眼識)을 비롯한 오식(五識)을 따로 말하지 않았으므로 '의식이 여섯 가지 경계를 분별한다.'고 말한다.

"분리식이라고 한다."는 것은 육근에 따라 따로 여섯 가지 경계를 취하는 것을 말한다. 말나식은 근이 곧 식으로서 식이 따로 근에 기대지 않는 것과 다르기 때문에 분리식이라고 한 것이다. 또한 오고 감과 안팎의 온갖 일어나는 일들을 분별할 수 있으니 그러므로 다시 "경계를 분별하는 식(識)이라고도 한다."고 말한다.

"견애(見愛) 번뇌로 말미암아 번뇌를 더 늘어나게 한다는 뜻에 기대

---

1. 分離識은 6근과 6진 주와 객으로 분리되어 분별하는 작용하기에 이 이치로 부르는 이름이다.
2. 見惑과 思惑을 말한다. 견혹은 見道位에서 四諦의 이치를 알고 끊는 번뇌인데, 이 번뇌는 身見, 邊見, 邪見, 見取見, 戒禁取見, 貪, 瞋, 痴, 慢, 疑 열 종류가 있다. 思惑은 修惑을 말하는데 하나하나 사물의 실체를 알지 못하기에 일어나는 번뇌로서 끊기 위해 오랜 수행이 필요하다고 한다.

었기 때문이다."고 말한 것은 경계를 분별하는 식(識)의 뜻을 풀이하니, 견혹(見惑)과 수혹(修惑)의 번뇌에 따라 분별력이 더 늘어나기 때문에 이 식(識)이 온갖 일들을 분별할 수 있다는 것이다. 위에서 말한 여섯 가지 모습 속에서 수온(受蘊)·상온(想蘊)·행온(行蘊)의 모습은 이 의식에 들어가 거두어진다. 여기서 생멸이 인연에 기댄다는 뜻을 자세히 말하여 마친다.

* 이 아래는 생멸이 기댄 인연의 바탕과 모습을 거듭 드러내는 것으로 그 가운데 두 가지 내용이 있다. 첫째는 인연이 깊고 깊다는 사실을 간단히 밝히고, 둘째는 인연의 차별을 자세히 드러내는 내용이다.[1]

생멸이 기댄 인연이 깊다는 사실을 밝힘

[논-35] 무명 훈습에 따라 일어난 식(識)은 범부가 알 수 있는 것이 아니며, 또한 성문이나 연각의 지혜로 깨달을 바도 아니다. 이 식(識)은 보살이 처음 바른 믿음을 내고 관찰하는 수행에 따라 법신을 증득하면 조금이나마 알 수 있지만, 보살 구경지에서도[2] 다 알 수 있는 것은 아니며 오직 부처님만 다 아시는 것이다. 왜냐하면 이 마음은 본디 자기 성품이 깨끗하고 맑더라도 무명이 있고, 무명에 오염되어 오염된 마음이 있기 때문이다. 그러나 오염된 마음이 있더라도 늘 그 성품은 변하지 않기 때문에 이 뜻은 오직 부처님만이 알 수 있다는 것이다.

[소-35-1] 첫째 내용에 세 가지가 있다. 먼저 인연이 깊고 깊다는 사실을 드러내고, 이어 그 내용을 풀이하며, 나중에는 마무리를 지었다.

---

1. 이 부분은 본서 논-31 위 부분에 있는 * 참조.
2. 보살 究竟地는 보살의 마지막 수행단계를 말한다.

처음에 "무명 훈습에 따라 일어난 식(識)"이라고 말한 것은 위에서 말한 "아리야식에 기대어 무명이 있다고 말하는 것이다. 이 사실을 깨닫지 못한 상태로 한 생각이 일어나 능견(能見)과 능현(能現)으로…"¹ 같은 내용을 단락 지어 드러내는 것이며, '다른 사람이 알 수 있는 것이 아니고 오직 부처님만이 아신다.'는 것은 그 내용이 매우 깊다는 것을 드러낸다.

[별기] 만약 이 마음의 바탕이 한결같이 생멸하여 다만 오염된 마음이라면 알기 어려운 것이 아니다. 또 한결같이 늘 오직 맑은 마음뿐이라면 이 또한 알기 어려운 것이 아니다. 설사 바탕이 정말 깨끗한데 그 모습이 물든 것 같더라도 이 또한 쉽게 알 수 있으며, 만일 그 식(識)의 바탕이 움직이더라도 공성(空性)이 고요한 것이라면 더더욱 알기 어려울 것이 무엇이 있겠는가.

그러나 여기서 말하는 이 마음은 바탕이 깨끗하면서도 오염되어 있고 움직이면서도 고요하므로, 오염된 법과 깨끗한 법이 다를 것이 없고 움직임과 고요함의 구별이 없다. 오염된 법과 깨끗한 법이 다를 것이 없고 움직임과 고요함의 구별이 없지만 또한 같은 것도 아니니, 이와 같은 절묘함 때문에 알기가 어려운 것이다.

[소-35-2] "왜냐하면…" 아래는 위의 내용을 이어 깊은 뜻을 풀이한다. "이 마음은 본디 자기 성품이 깨끗하고 맑더라도 무명이 있고, 무명에 오염되어 오염된 마음이 있기 때문이다."는 것은 마음이 깨끗하더라도 늘 오염되어 있는 것을 밝히고, "오염된 마음이 있더라도 늘 그 성품은 변하지 않는다."는 것은 마음이 움직이더라도 늘 고요하다는 사실을 밝히니, 이 도리로 말미암아 그 내용이 깊고

---

1. 논-32 논-33 참조.

깊어 헤아리기 어려운 것이다.

이는 『부인경』에서[1] "자기 성품이 깨끗하고 맑은 마음은 알기가 어려우며, 그 마음이 번뇌에 오염된 것도 알기가 어렵다."고 하며, 『능가경』에서[2] "여래장은 깨끗하고 맑은 모습이지만 나그네 같은 번뇌는[3] 오염되어 깨끗하지 못하다. 내가 이 뜻에 따라 승만 부인과 다른 보살을 위하여 여래장 아리야식과 7식이 함께 생겨나는 것을 말하니 전멸상(轉滅相)이라고 한다. 대혜 보살이여, 여래장 아리야식의 경계는 나와 그대 그리고 모든 보살들 곧 깊은 지혜가 있는 이들은 이 두 가지 법을 알 수 있지만, 그 나머지 성문과 벽지불과 외도들 곧 이름에 집착하는 이들은 이와 같은 두 가지 법을 알 수 없다."고 한 내용과 같다.

"이 때문에 이 뜻은 오직 부처님만 알 수 있는 것이다."는 셋째 내용으로 이 식의 깊은 이치를 마무리 짓는 것이다.

* 이 다음은 둘째 생멸인연의 차별을 자세히 드러내는 내용으로 그 가운데 여섯 가지가 있다. 첫째는 마음의 성품 곧 인(因)의 바탕과 모습을 밝히고, 둘째는 무명 곧 연(緣)의 바탕과 모습을 드러내며, 셋째는 오염된 마음인 모든 연(緣)의 차별을 밝히고, 넷째는 무명을 다스려 끊는 위치를 드러내며, 다섯째는 '주와 객으로 맞대응하는 마음'과 '주와 객으로 나누어지지 않은 마음'의 뜻을 풀이하고, 여섯째는 지혜장애와 번뇌장애의 뜻을 분별한다.

마음의 성품 곧 인의 바탕과 모습을 밝힘

[논-36] 말하자면 마음의 성품은 늘 망념이 없기에 불변이라고 한다.

---

1. 인용문 전거 68번 참조.
2. 인용문 전거 69번 참조.
3. 客塵煩惱에서 객진은 번뇌를 가리킨다. 번뇌는 모든 법의 바탕에서 보면 주인이 아닌 나그네와 같은 존재이므로 客이라 하고, 그 번뇌가 미세하고 티끌처럼 많기에 塵이라고 한다.

[소-36] 처음에는 위에서 말한 "오염된 마음이 있더라도 늘 변하지 않는다."는 뜻을 풀이한다. 비록 마음이 온통 움직이더라도 본디 고요하기에 "마음의 성품은 늘 망념이 없다."고 말한 것이다.

무명 곧 연의 바탕과 모습 드러냄

[논-37] 하나의 법계를 다 알지 못하기 때문에 '주와 객으로 나누어지지 않은 마음'이지만, 문득 망념이 일어나니 이를 무명이라고 한다.

[소-37] 둘째 가운데에서 말한 "주와 객으로 나누어지지 않은 마음이지만"은 무엇을 말하는가. 그것은 무명이 지극히 미세하여 아직 능(能)과 소(所)로서의 마음과 마음에 있는 작용의 구별이 없다는 것을 밝힌 것이므로 "주와 객으로 나누어지지 않은 마음이지만"이라고 표현한 것이다. 오직 이것이 근본이 되고 다른 오염된 법이 이것보다 더 미세하여 그 앞에 있을 수 없으니 이 뜻으로 "문득 일어난다."고 말한 것이다.

이는 『보살영락본업경』에서[1] "네 주지(住地)[2] 앞에는 결코 다른 법이 일어나는 것이 없으므로 시작이 없이 시작된 무명이 앉아 있는 깊은 자리라고 한다."고 말한 내용과 같다.

이는 무명주지 앞에 달리 별다른 시초가 없고 오직 무명이 근본이 된다는 사실을 밝힌 것이다. 그러므로 '시작이 없다.'고 표현하니 이 논에서 말하는 '문득'의 뜻과 같다. 이것은 미세한 모습과 거친

---

1. 인용문 전거 70번 참조.
2. 四住地는 五住地에서 무명이 앉아 있는 깊은 자리를 제외한 나머지다. 五住地 번뇌는 見一處住地·愛慾住地·色愛住地·有愛住地·무명이 앉아 있는 깊은 자리를 말한다. 住地의 뜻은 온갖 번뇌가 머물러 있다는 뜻이다. 『승만경』에서 무명이 앉아 있는 깊은 자리는 아라한이나 벽지불도 끊지 못하고 오직 부처님만 끊는다고 한다.

모습이 서로 기대는 쪽을 가지고 밑가늠하여 '그 앞이 없다.'고 말하고 또한 '문득 일어난다.'고 말했지, 시간의 순서를 가지고 '문득 일어난다.'고 말한 것은 아니다. 이 무명의 모습은 『이장장(二障章)』에서[1] 자세히 분별한 내용과 같다.

이는 위에서 말한 "자기 성품이 깨끗하고 맑더라도 무명이 있고, 무명에 오염되어 오염된 마음이 있기 때문이다."는 구절을 풀이한 것이다.

[별기] 오염된 마음을 없앰에 거친 모습에서 미세한 모습으로 다가가야만 근본 무명이 차츰차츰 버려지고 활동이 그치는 뜻을 따르게 할 수 있다. 이 뜻으로 무명을 다스려 끊는 내용을 뒤쪽에서 설하게 된다.

오염된 마음인 모든 연의 차별을 밝힘

[논-38] 오염된 마음에는 여섯 종류가 있으니 무엇이 그 여섯인가.

첫 번째는 '집착으로서 주와 객으로 맞대응하는 오염된 마음'이니, 성문 연각의 해탈과 믿음이 맞아떨어지는 위치에[2] 기대야 이 마음을 멀리 벗어나기 때문이다.

두 번째는 '끊임없이 주와 객으로 맞대응하는 오염된 마음'이니, 믿음이 맞아떨어지는 위치에 기대고 방편을 닦아 익혀야 차츰차츰 버릴 수 있는 것으로서 맑은 마음의 위치를[3] 얻어야 마침내 이

---

1. 인용문 전거 71번 참조.
2. 믿음이 맞아떨어지는 위치는 '보살이 닦아야 할 열 가지 머무는 마음' 뒤에 믿음이 이루어져 공부에서 물러날 일이 없는 단계를 말한다. 곧 믿음과 맞아떨어지는 地前의 보살 경계를 말하니 信行地 또는 信地라고도 한다.
3. 淨心地는 '보살이 닦아야 할 열 가지 마지막 수행단계'에서 맨 처음 初地를 말한다. 본서 소-38-2 참조.

마음을 벗어나기 때문이다.

세 번째는 '분별하는 지혜로서 주와 객으로 맞대응하는 오염된 마음'이니 절도 있는 아름다운 삶의 위치에[1] 기대어 잘못된 삶을 차츰차츰 벗어나고 결정된 틀이 없는 방편을 쓰는 위치에[2] 이르러서야 마침내 이 마음을 벗어나기 때문이다.

네 번째는 '드러난 모습으로서 주와 객으로 나누어지지 않은 오염된 마음'이니 '몸의 활동이 자재하여 거침새가 없는 위치'에[3] 기대야 이 마음을 벗어날 수 있기 때문이다.

다섯 번째는 '능견(能見)으로서 주와 객으로 나누어지지 않은 오염된 마음'이니 마음이 자재한 위치에[4] 기대야 이 마음을 벗어날 수 있기 때문이다.

여섯 번째는 '근본 업으로서 주와 객으로 나누어지지 않은 오염된 마음'이니 보살의 수행이 다 끝나는 경계에[5] 기대어 여래의 경계에 들어가야 이 마음을 벗어날 수 있기 때문이다.

[소-38-1] 셋째는 오염된 마음인 모든 연(緣)의 차별을 밝힌다. 그 가운데 두 가지가 있으니 전체 내용을 드러내고, 그 내용을 따로 풀이하는 것이다. 따로 풀이하는 가운데 무명을 다스려 끊는 내용을 아울러 드러낸다.

---

1. 具戒地는 제2지에서 제6지까지 말한다. 離垢地, 發光地, 焰慧地, 難勝地, 現前地까지가 여기에 해당한다. 본서 소-38-2 참조.
2. 無相方便地는 제7지 遠行地를 말한다. 본서 소-38-2 참조.
3. 색자재지는 제8지 부동지를 말한다. 본서 소-38-3 참조.
4. 심자재지는 제9지 善慧地를 말한다. 본서 소-38-3 참조.
5. 菩薩盡地는 제10지 法雲地를 말한다. 본서 소-38-3 참조.

이 가운데 여섯 가지 오염된 마음은 위에서 말한 의식(意識)과 다섯 종류의 의(意)이다. 다만 앞에서는 인(因)에 따라 일어나는 뜻을 밝혔기에 미세한 모습부터 거친 모습까지 차례대로 말했으나, 지금은 무명을 다스려서 끊는 위치를 겸해서 드러내려고 하였기에 거친 모습부터 미세한 모습까지 차례대로 말한다.

첫 번째 '주와 객으로 맞대응하는 오염된 마음'이란 곧 의식이다. 견혹(見惑)과 애혹(愛惑)으로 말미암아 분별력이 더 늘어난다는 뜻이니 거친 분별로 집착하여 주와 객으로 맞대응하기 때문이다. 성문과 연각이라면 아라한 지위에 이르러서야 견혹(見惑)과 수혹(修惑)의 번뇌를 마침내 벗어날 수 있기 때문이며, 보살을 논한다면 '보살에게 있는 열 가지 이해하는 마음'이 있는 위치에서 멀리 벗어날 수 있기 때문이다.

여기서 말한 "믿음이 맞아떨어지는 위치"란 '보살에게 있는 열 가지 이해하는 마음'의 위치에 있는 것이다. 믿음의 뿌리를 이룩하여 공부에서 물러남이 없는 것을 '믿음이 맞아떨어진다.'고 한다.
이는 『인왕경』에서[1] "번뇌를 없애고 성인이 될 자리에 들어간[2] 서른 가지 위치에 있는 사람들은 '보살이 닦아야 할 열 가지 믿음'의 위치와 십지(十止)의 위치와 십견심(十堅心)의 위치에 있는 사람들이다."고 말한 내용과 같다.
이 가운데 '보살이 닦아야 할 열 가지 회향'은[3] 견(堅)이라고 하고, '보살이 닦아야 할 열 가지 행'은 지(止)라고 하며, 보살의 열 가지

---

1. 인용문 전거 72번 참조.
2. 聖胎는 '보살이 닦아야 할 열 가지 머무는 마음' · '보살이 닦아야 할 열 가지 행' · '보살이 닦아야 할 열 가지 회향'의 위치이다. 자기에게 있는 씨앗을 因으로 하고 좋은 도반을 緣으로 하여 바른 법을 듣고 공부를 잘하여 初地에 이르러 도를 보고 부처님의 집안에 태어나는 것을 말한다. 『인왕반야바라밀경』 상권 보살교화품 참조.
3. 十向은 十廻向과 같은 말인데 三賢 위치의 마지막 단계다.

알고 믿는 것을 '믿음'이라고 함을 마땅히 알아야 한다. 이 위치에 들어갈 때 이미 인공(人空)을¹ 얻어 견혹(見惑)과 수혹(修惑)의 번뇌가 나타날 수 없으므로 "주와 객으로 맞대응하는 오염된 마음을 멀리 벗어난다."고 하는 것이다.

이 논의 위아래에서 밝힌 내용은 번뇌가 일어나는 것을 가지고 무명을 다스려 끊는 내용을 말하고 있음을 마땅히 알아야 한다.

[별기] 씨앗을 논하지 않는다. 이 때문에 다른 경에서 말한 무명을 다스려서 끊는 위치와 두드러지게 다른 내용이 있지만 이상하게 여길 일은 아니다.

[소-38-2] 두 번째 '끊임없이 주와 객으로 맞대응하는 오염된 마음'이란 다섯 종류 의(意) 가운데 상속식(相續識)을 말한다. 법에 대한 집착이 주와 객으로 맞대응해 이어지며 생겨나는 것이 끊어지질 않으니 곧 상속식의 다른 이름이다.

'보살에게 있는 열 가지 이해하는 마음'의 위치에서 유식관(唯識觀)인 심사(尋思)의² 방편을 닦고 초지(初地)에 이르러 세 가지 무성(無性)을³ 증득해야 법에 대해 집착하는 분별이 나타날 수 없으므로 "맑은 마음의 위치를 얻어야 마침내 벗어나기 때문이다."고 말한 것이다.

---

1. 人空은 我空이라고도 한다. 5온인 몸을 마치 실제 내가 있듯 생각하는 我執의 실상이 空임을 아는 것이다.
2. 심사란 尋求思察의 뜻으로 모든 법을 名·義·自性·差別로 거두어 이것이 모두 자기 마음이 만들어낸 임시 존재하지 실체는 없는 것이라고 살피는 것으로서 아직 확실한 지혜가 생기지는 못한 상태다.
3. 세 가지 無性은 空의 관점에서 현재 일로 나타난 모든 모습은 자성이 없다는 '相무성'과 인연으로 생겨난 모습이 일시적으로 존재하지만 그 실성은 없다는 '生무성'과, 진여는 모든 개념과 말과 모양이 끊어졌으므로 결정된 성품이 없다는 '勝義무성'을 말한다.

세 번째 '분별하는 지혜로서 주와 객으로 맞대응하는 오염된 마음'이란 다섯 종류 의(意) 가운데 넷째인 지식(智識)이다. 7지 아래에서 아공(我空)과 법공(法空)의 지혜가 일어날 때는 나타날 수 없지만, 관(觀)에서 '나'와 '경계'를 반연하고 인연 따라 마음을 쓰게 될 때 또한 나타날 수 있기 때문에 "차츰차츰 벗어난다."고 말한 것이다. 7지 넘어서는 오랜 시간 관(觀)에 들어가기에 이 말나식이 영원히 나타나지를 않으므로 "결정된 틀이 없는 방편을 쓰는 위치에 이르러서야 마침내 이 마음을 벗어난다."고 말한 것이다. 이 제7지는 무상관(無相觀)에서 가행과 공용이 있으므로 '결정된 틀이 없는 방편을 쓰는 위치'라고 한다.

[별기] 이 뜻은 『해심밀경』에서[1] 말한 내용과 같다. 그 씨앗을 논한다면 금강심에 이르러서야 단번에 끊게 되니, 이는 『집론』[2] 가운데서 자세히 말한 내용과 같다. 위에서 말한 '주와 객으로 맞대응하는 오염된 마음'과 '끊임없이 주와 객으로 맞대응하는 오염된 마음'과 '분별하는 지혜로서 주와 객으로 맞대응하는 오염된 마음'이 대상을 인식하는 모습이 거칠어서 삼등(三等)의[3] 뜻을 갖추고 있으니, 그러므로 '주와 객으로 맞대응한다.'고 표현한 것이다.

[소-38-3] 네 번째 '드러난 모습으로서 주와 객으로 나누어지지 않은 오염된 마음'이란 다섯 종류의 의(意) 가운데 셋째 현식(現識)이다. 이는 밝은 거울 가운데 사물의 그림자가 나타난 것과 같으니, 그러므로 '드러난 모습으로서 주와 객으로 나누어지지 않은 오염된 마음'이라고 한다.

---

1. 인용문 전거 73번 참조.
2. 인용문 전거 74번 참조.
3. 三等은 體等・知等・緣等을 말한다. 본서 소-40 설명을 참조.

몸의 활동이 자재하여 거침새가 없는 위치는 제8지이다. 이 팔지(八地)는 이미 깨끗한 국토의 자재함을 얻어 더러운 국토의 거친 모습이 나타날 수 없기 때문에 "드러난 모습으로서 주와 객으로 나누어지지 않은 오염된 마음은 몸의 활동이 자재하여 거침새가 없는 위치에서 이 마음을 벗어날 수 있기 때문이다."고 말한 것이다.

다섯 번째 '능견(能見)으로서 주와 객으로 나누어지지 않은 오염된 마음'이란 다섯 종류의 의(意) 안에 둘째 전식(轉識)이니 무명에 따라 움직이는 마음에 기대어 능견(能見)을 이루기 때문이다.

마음이 자재한 위치는 제9지이다. 이 구지(九地)는 이미 네 가지 걸림이 없는 지혜를[1] 얻어 거침새가 될 수 있는 연(緣)이 일어날 수 없으니, 그러므로 "마음이 자재한 위치에 기대야 이 마음을 벗어날 수 있다."고 말한 것이다.

여섯 번째 '근본 업으로서 주와 객으로 나누어지지 않은 오염된 마음'이란 다섯 종류의 의(意) 안에서 첫째 업식(業識)이니 무명의 힘에 따라 깨닫지 못한 상태로 마음이 움직이기 때문이다.

보살의 수행이 다 끝나는 경계는 제10지로 무구지(無垢地)가 여기에 들어가기 때문이다. 실제 논하자면 제10지 가운데도 미세한 전상(轉相)과 현상(現相)이 있지만, 다만 허물이 없는 깨끗하고 맑은 지위의 모습을 따라 차츰차츰 미세한 전상과 현상을 벗어난다고 말할 뿐이다. 이는 아래 글에서 "업식에 따라… 보살의 마지막 수행단계까지 본 것을 보신이라고 한 것이다."고[2] 말한 내용과 같으니, 업식을

---

1. 네 가지 걸림 없는 지혜는 '온갖 법에 걸림이 없는 지혜'와 '온갖 이치에 걸림이 없는 지혜'와 '언어구사에 걸림이 없는 지혜'와 '걸림 없이 법을 잘 말하는 지혜'를 말한다.
2. 논-55 참조.

벗어나면 볼 모습이 없기 때문이다.

업식이 다 없어지지 않았을 때는 능견(能見)과 능현(能現)도 아직 다 없어지지 않았다는 것을 마땅히 알아야 한다.

무명을 다스려 끊는 법을 밝힘

[논-39] 하나의 법계를 알지 못하는 이는 믿음이 맞아떨어지는 위치에서 자기 마음을 살피고 무명을 다스려서 끊는 법을 배워 맑은 마음의 경계에 들어가야 자기 능력에 따라 무명을 벗어날 수 있으며, 나아가 여래의 경계에 이르러서야 마침내 모든 무명을 벗어날 수 있기 때문이다.

[소-39] 넷째는 무명을 다스려 끊는 법을 밝힌다. 그러나 무명이 앉아 있는 깊은 자리에는 두 가지 뜻이 있으니 후천적인 작용에 의한 쪽에서 만들어진 무명을 논한다면 초지(初地) 위에서 차츰차츰 끊을 수 있지만, 타고난 쪽에서 생긴 무명을 논한다면 오직 부처님의 깨달은 지혜로만 끊을 수 있는 것이다.

지금 이 논에서는 타고난 무명과 뒤에 생긴 무명을 나누지 않고 이 두 가지를 모아 전체를 무명이라고 한다. 그러므로 "맑은 마음의 경계에 들어가야 자기 능력에 따라 무명을 벗어날 수 있으며, 나아가 여래의 경계에 이르러서야 마침내 무명을 벗어날 수 있다."고 말한 것이다.

주와 객으로 맞대응하는 마음과 그렇지 않은 마음

[논-40] '주와 객으로 맞대응하는 마음'이라고 말한 뜻은 '마음[心王]'

과 '마음의 작용[念法]'은 다르지만 오염된 법과 깨끗한 법의 차별에 따라 아는 모습과 연(緣)의 모습이 같기 때문이다.

'주와 객으로 나누어지지 않은 마음'이라고 말한 뜻은 마음 자체가 깨닫지 못하고 있는 것은 언제나 다름이 없지만 아는 모습과 연(緣)의 모습이 같지 않기 때문이다.

[소-40] 다섯째는 '주와 객으로 맞대응하는 마음'과 '주와 객으로 나누어지지 않은 마음'의 뜻을 밝힌다. 여섯 종류의 오염된 마음 가운데 앞에 있는 세 가지 오염된 마음은 '주와 객으로 맞대응하는 마음'이고, 뒤에 있는 세 가지 오염된 마음과 무명은 '주와 객으로 나누어지지 않은 마음'이다.

'주와 객으로 맞대응하는 마음'의 뜻을 말하는 가운데 표현한 "마음과 마음의 작용이 다르다."는 것은 '마음과 심소법(心所法)'을 말한다. 이를 『가전연론』에서는[1] '마음과 마음이 생각한 법'이라고 하였다. "오염된 법과 깨끗한 법의 차별에 따른다."는 것은 오염되거나 깨끗한 모든 법을 분별하는 견(見)·만(慢)·애(愛)와 같은 것이다.[2]

"아는 모습이 같다."는 것은 '아는 작용의 모습'이 같다는 것이고 "연(緣)의 모습이 같다."는 것은 아는 대상의 모습이 같다는 것이다. 이 가운데 '세 가지가 같다'는 뜻에 따라 '주와 객으로 맞대응하는 마음'이라고 한 것은 마음과 마음의 작용이 다르다는 것을 말한다. 바탕이 같다는 뜻은 모든 번뇌의 작용에 저마다 똑같은 바탕이 있고 다른 바탕이 없기 때문이다. "아는 모습이 같다."는 것은 작용이 같다는 뜻이고, "연(緣)의 모습이 같다."는 것은 아는 대상이 같다는

---

1. 『가전연론』은 『가전연경』을 말한다. 역자와 이 부분의 전거가 확실하지 않다.
2. 본서 소-28 첫 별기 다음에 있는 소를 참조.『본서 소-33 두 번째 별기 다음에 있는 소를 참조.

뜻이다.

저 앞에 말한 세 가지 오염된 마음은 이 세 가지 뜻을 갖추고 마음과 마음의 작용이 같은 때 함께 있으므로 '주와 객으로 맞대응하는 마음'이라고 한 것이다.

물음 : 『유가론』에서[1] "모든 마음과 마음의 작용이 아는 대상은 같으나 같은 인식작용이 아니며, 같은 때 함께 있으나 따로따로 변한다."고 했거늘 지금 이 논에서는 "아는 모습이 또한 같다."고 말하니, 이와 같이 서로 어긋난 점을 어떻게 회통시킬 수 있겠습니까.

대답 : 두 가지 뜻이 함께 있기에 서로 어긋나지 않는다. 무엇 때문인가. 아견(我見)이 '보는 성품'의 작용이라면 아애(我愛)는 '좋아하는 성품'의 작용이 되니 이처럼 작용이 다른 것을 '같은 작용이 아니다'고 한다. 그러나 견(見)과 애(愛)와 같은 것들은 모두 나의 알음알이 작용에 따라 '아는 모습이 같다'고 한 것이다. 이 때문에 두 가지 설이 서로 어긋나지 않는다. '주와 객으로 나누어지지 않은 마음' 가운데서 "마음 자체가 깨닫지 못하고 있는 것은 언제나 다름이 없다."고 말한 것은 마음의 바탕이 같지 않다는 뜻을 밝힌 것이니, 이는 마음을 떠나서는 따로 마음의 작용에 있는 차별이 없기 때문이다. 이미 마음의 바탕이 같지 않다면 나머지 '아는 모습'과 '연(緣)의 모습'이 같다는 것은 어디에 기댈 수 있겠는가. 그러므로 '아는 모습'과 '연(緣)의 모습'이 같다는 뜻이 없다. 그러기에 "아는 모습과 연(緣)의 모습이 같지 않다."고 말한다. 여기에서 '않다'라는 표현은 '없다'는 뜻으로 말한 것이다.

---

1. 인용문 전거 75번 참조.

물음 : 『유가론』에서[1] "아리야식은 촉(觸)·작의(作意)·수(受)·상(想)·사(思)의[2] 마음에 있는 작용과 맞대응하여 근신종자(根身種子)와 기세계(器世界)의 경계를 반연한다."고 말한 내용이 곧 이 논에 있는 '드러난 모습으로서 주와 객으로 나누어지지 않은 오염된 마음'인데, 무슨 까닭에 이 글에서는 '주와 객으로 나누어지지 않은 마음'이라고 말하는 것입니까.

대답 : 이 논의 뜻은 번뇌의 작용에 있는 차별과 변화의 뜻을 가지고 '주와 객으로 맞대응하는 마음'이라고 말한다. 현식(現識) 가운데는 이런 번뇌의 작용이 없다는 뜻에 따랐으므로 '주와 객으로 나누어지지 않은 마음'이라고 한다. 저 『유가론』의 뜻은 마음이 일어나면 늘 함께하는 마음의 작용을 갖고 말한 입장이므로 '주와 객으로 맞대응하는 마음'이라고 말하니, 이 도리로 말미암아 또한 서로 어긋나지 않는 것이다.

지혜 걸림돌과 번뇌 걸림돌

[논-41] 또 오염된 마음이란 뜻은 '번뇌 걸림돌'이라고 하니 진여의 근본지혜를 장애하기 때문이며, 무명이란 뜻은 '지혜 걸림돌'이라고 하니 세간에서 자연스럽게 활동하는 지혜를 장애하기 때문이다. 이 뜻은 무엇을 말하는가.

오염된 마음에 따라 능견(能見)과 능현(能現)이 헛되이 경계를 취하여 평등한 성품을 어기기 때문이며, 모든 법이 늘 고요하여 일어나는 모습이 없는데 무명으로 깨닫지 못한 채 헛되이 법과 어긋나므로 세간의 모든 경계를 따르는 온갖 앎을 얻을 수 없기 때문이다.

---

1. 인용문 전거 76번 참조.
2. 五數는 五遍行心所를 말한다. 모든 마음과 시간과 곳에 구애됨이 없이 두루 일어나는 마음에 있는 작용이니 觸·作意·受·想·思 다섯 가지를 말한다.

[소-41-1] 여섯 번째는 두 가지 장애의 뜻을 밝힌다. 모든 가르침이 다 드러난 쪽에서는 '두 가지 장애'라고 표현하고 모든 가르침이 드러나지 않게 말해진 쪽에서는 '두 가지 걸림돌'이라고 표현한다. 이 뜻은 『이장장』에서[1] 낱낱이 말한 내용과 같다. 지금 이 글에서는 모든 가르침이 드러나지 않게 말해진 쪽을 설하며 그 가운데 두 가지 내용이 있다. 처음은 두 가지 걸림돌로 나누고, "이 뜻은 무엇을 말하는가.…" 아래는 그 까닭을 풀이한다.

처음에 "오염된 마음이란 뜻"이라고 말한 것은 여섯 가지 오염된 마음을 나타내고, "근본지혜"란 '늘 고요하면서도 신령스런 앎이 있는 지혜'이며, 늘 고요한 마음자리를 어기므로 이 오염된 마음에 '번뇌 걸림돌'이라고 이름 붙인 것이다. "무명이란 뜻"은 근본 무명이고 "세간에서 활동하는 지혜"는 '깨달은 뒤에 중생을 돕고자 하는 지혜'이다. 흐리멍덩한 무명은 분별하는 것이 없으므로 세간에서 분별하는 지혜와는 다르니 이런 뜻에 따라 '지혜 걸림돌'이라고 한다. 그 까닭을 풀이하는 가운데서 바로 이 뜻이 드러난다.

"오염된 마음에 따라 능견(能見)과 능현(能現)이 헛되이 경계를 취한다."고 말한 것은 전식(轉識)과 현식(現識)과 지식(智識)을 간단히 내세운 것이고, "평등한 성품을 어긴다."고 말한 것은 근본지혜의 능(能) 소(所)가 평등한 사실을 어겼다는 것이니 이는 '번뇌 걸림돌'의 뜻을 풀이한 것이다.

"모든 법이 늘 고요하여 일어나는 모습이 없다."고 말한 것은 무명 때문에 미혹하게 된 법성의 내용을 내세운 것이고, "무명으로 깨닫지 못한 채 헛되이 법과 어긋나기 때문이다."고 말한 것은 무명이란

---

1. 『二障章』은 1권으로 원효 스님이 쓴 책인데 현존한다. 인용문 전거 77번 참조.

법성을 모르고 있다는 뜻임을 드러낸 것이며, "그러므로 세간의 모든 경계를 따르는 온갖 앎을 얻을 수 없기 때문이다."고 말한 것은 바로 세간의 지혜를 어긴다는 뜻을 밝힌 것이다.

[별기] 그러나 두 가지 장애의 뜻은 대충 두 부분의 내용이 있다.

첫째는 성문 연각에게 다 통하는 장애로서 열 가지 번뇌가[1] 중생을 여섯 갈래 나쁜 길로 흘러가게 하여 열반을 장애하는 것을 '번뇌장애'라고 하고, 보살에게만 통하는 특별한 장애로서 법에 대한 집착 같은 미혹이 알아야 할 경계에 대해 어리석어 깨달음을 장애하는 것을 '진실로 알아야 할 것을 방해하는 장애'라고[2] 한다. 이 쪽은 다른 경론에서 말한 내용과 같다.

둘째는 움직이는 모든 망념으로서 대상을 취하는 마음들이 '이치에 맞는 지혜 곧 근본지혜'의[3] 고요한 성품을 어기는 것을 '번뇌 걸림돌'이라고 하고, 근본 무명으로 흐리멍덩하여 깨닫지 못한 채 '세간의 차별을 잘 아는 지혜 곧 뒤에 생긴 지혜'가[4] 살피는 작용을 어기는 것을 '지혜 걸림돌'이라고 한다.

지금 이 논에서는 나중의 뜻을 갖고 있기에 여섯 가지 오염된 마음을 말하여 '번뇌 걸림돌'이라고 하고, 무명이 앉아 있는 깊은 자리를 '지혜 걸림돌'이라고 한 것이다.

---

1. 十使는 五利使와 五鈍使를 말한다. 오리사는 身見使, 邊見使, 邪見使, 見取使, 戒取使를 말하는데 진리를 추구하는 헛똑똑이 마음으로 중생들을 부리기에 오리사라고 한다. 五見과 같다. 오둔사는 貪慾使, 瞋恚使, 無明使, 慢使, 疑使를 말하는데 똑똑치 못한 수행자의 마음을 멋대로 부리기에 오둔사라고 한다.
2. '진실로 알아야 할 것을 방해하는 장애'라고 풀이한 所知障은 두 가지 장애 가운데 하나로서 智障이라고도 한다. 貪·瞋·痴로 아는 대상의 실체를 모르기에 소지장이라고 하고, 참다운 지혜가 드러나는 것을 방해하기에 智障이라고도 한다. 이 내용은 分別起와 俱生起가 있다.
3. 如理智는 평등한 이치에 맞아떨어지는 지혜를 말한다.
4. 如量智는 세간의 차별을 잘 아는 지혜를 말한다.

그러나 모습을 가지고서 말한다면 무명은 '이치에 맞는 분별이 없는 지혜'를 장애해야 하고, 오염된 마음은 '세간에서 분별하는 지혜'를 장애해야 하는데 어찌 그렇지 않은가. 반드시 그렇지는 않기 때문이다. 반드시 그렇지 않다는 뜻은 논에서 스스로 말한 내용과 같다.

[소-41-2] 위에서 둘째 부분인 생멸인연의 뜻을 자세히 풀이하여 마친다.

다) 생멸하는 모습을 풀이한다

* 셋째 부분은 위 '대승의 법(法)과 의(義)는 무슨 내용인가' 가운데서 말한 생멸하는 모습을 자세히 풀이하니, 그 가운데 두 가지가 있다. 먼저 생멸하는 거친 모습과 미세한 모습을 밝히고, 뒤에는 거칠게 생멸하는 뜻과 미세하게 생멸하는 뜻을 드러낸다.[1]

거친 모습과 미세한 모습

[논-42] 다시 생멸하는 모습을 분별하는 것에는 두 종류가 있으니 무엇이 그 둘인가. 첫째는 거친 모습이니 주와 객으로 맞대응하는 마음이기 때문이며, 둘째는 미세한 모습이니 주와 객으로 나누어지지 않은 마음이기 때문이다.

또 거친 가운데 거친 모습은 범부의 경계이고, 거친 가운데 미세한 모습과 미세한 가운데 거친 모습은 보살의 경계이며, 미세한 가운데 미세한 모습은 부처님의 경계이다.

[소-42] 처음에 또한 두 부분이 있으니 첫째 부분은 바로 거친 모습과 미세한 모습을 밝히고, 둘째 부분은 사람에 맞서 그 내용을 분별한다.

---

1. 본서 논-17 위 단락 * 참조.

첫째 부분에 다시 두 내용이 있으니, 전체를 나타낸 내용과 이것을 따로 풀이하는 내용이다.

따로 풀이하는 가운데 "첫째는 거친 모습이니 주와 객으로 맞대응하는 마음이기 때문이다."고 말한 것은 여섯 가지 오염된 마음 가운데서 앞의 세 가지 오염된 마음이 주와 객으로 맞대응하여 그 모습이 거칠게 드러난 것이니, 경에서는[1] '마음의 모습이 생멸한다.'고 말한다.

"둘째는 미세한 모습이니 주와 객으로 나누어지지 않은 마음이기 때문이다."는 것은 여섯 가지 오염된 마음 가운데서 뒤의 세 가지 오염된 마음이 주와 객으로 나누어지지 않았기에 마음과 마음에 있는 작용이 거칠게 드러나는 모습이 없는 것이다. 그 바탕이 미세하고 늘 그 흐름이 끊어지지를 않으니, 경에서는[2] '보이지 않고 끊임없이 이어지는 마음이 생멸한다.'고 말한다.

이는 『십권 능가경』에서[3] "식(識)에 두 종류의 멸(滅)이 있으니 무엇이 그 둘인가. 첫째는 '마음의 모습이 멸'하는 것이고 둘째는 '보이지 않고 끊임없이 이어지는 마음이 멸'하는 것이니, 생(生)과 주(住)도 이와 같다."고 하고, 또 『사권 능가경』에서[4] "모든 식(識)에는 두 종류의 생(生)・주(住)・멸(滅)이 있으니 이른바 보이지 않고 물길 같이 끊임없이 이어가는 마음인 유주생(流注生)과[5] 모습으로 나타나는 생(生)이며, 주(住)와 멸(滅)도 이와 같다."고 말한 내용들과 같다. 경에서는 다만 두 종류의 이름만 말하고 따로 그 모습을 드러내지 않았지만, 지금의 논주는 '주와 객으로 맞대응하는 마음'과

---

1. 인용문 전거 78번 참조.
2. 인용문 전거 79번 참조.
3. 인용문 전거 79번 참조.
4. 인용문 전거 80번 참조.
5. 流注는 물길 같이 끊임없이 흘러가는 것을 말한다.

'주와 객으로 나누어지지 않은 마음'의 뜻을 가지고 두 종류의 거친 모습과 미세한 모습을 분별하는 것이다.

사람에 맞서서 그 내용을 분별하는 가운데서 말한 "거친 가운데 거친 모습"은 앞에 말한 세 가지 오염된 마음 가운데 처음 둘을 말하고, "거친 가운데 미세한 모습"은 바로 이 세 가지 오염된 마음 가운데 맨 뒤의 하나가 이것에 해당한다.

앞 가운데서 처음 두 가지 오염된 마음은 모두 의식에 있고 대상을 인식하는 모습이 거칠기에 범부가 아는 것이다. 앞의 오염된 마음 가운데 뒤에 있는 나머지 하나는 제7식이고 대상을 인식하는 모습이 거칠지 않기에 범부가 아는 것이 아니다. 뒤에 있는 세 가지 오염된 마음 가운데 처음 둘인 능현(能現)과 능견(能見)은 능(能) 소(所)가 다르기에 보살이 아는 것이고, 마지막 하나는 능(能) 소(所)로 아직 나누어지지 않았기에 오직 부처님만이 아시는 것이다.

생멸하는 뜻을 밝힘

[논-43] 이 두 종류의 생멸은 무명 훈습에 따라 있으니 이른바 인(因)에 기대고 연(緣)에 기댄다. 인(因)에 기댄다는 것은 불각의 뜻이기 때문이며, 연(緣)에 기댄다는 것은 헛되이 경계를 만드는 뜻이기 때문이다.

만약 인(因)이 없어지면 연(緣)이 없어지고, 인(因)이 없어지기에 '주와 객으로 나누어지지 않은 마음'이 없어지며, 연(緣)이 없어지기에 '주와 객으로 맞대응하는 마음'이 없어진다.

물음 : 마음이 없어지는 것이라면 어떻게 그 마음을 이어가며, 이어가는 마음이라면 마침내 없어진다고 어떻게 말할 수 있습니까.

대답 : 없어진다는 것은 오직 생멸하는 마음의 모습만 없어지지 마음의 바탕이 없어지는 것이 아니다. 마치 바람이 물에 따라 움직이는 모습이 있는 것과 같다. 만약 물이 없어진다면 바람의 모습도 끊어져 기댈 것이 없겠지만 물은 없어지지 않기에 바람의 모습은 이어진다. 오직 바람만 사라지기에 움직이는 모습이 따라서 없어져도 물은 없어지지를 않는다. 무명도 그러하여 마음의 바탕에 따라 움직인다. 만약 마음의 바탕이 없어진다면 중생 자체도 사라져 기댈 것이 없겠지만 마음의 바탕은 불멸이기에 그 마음은 이어갈 수 있다. 오직 어리석음만 없어지기에 생멸하는 마음의 모습이 따라서 없어지나 참마음의 지혜는 없어지는 것이 아니다.

[소-43-1] 두 번째는 생멸의 뜻을 밝히니 그 가운데 두 부분이 있다. 먼저 생겨나는 연(緣)을 밝히고 뒤에 멸(滅)하는 뜻을 드러낸다. 생겨나는 연(緣)을 밝히는 가운데 또한 두 내용이 있으니, 먼저 전체에 통하는 연(緣)을 밝히고 뒤에 따로따로의 인(因)을 드러낸다. 통괄해 보면 거친 모습과 미세한 모습의 식(識)이 모두 무명이 앉아 있는 깊은 자리에 따라 일어나니, 그러므로 "두 종류의 생멸은 무명 훈습에 따라 있다."고 한다.

이것을 따로 말하면 무명 인(因)에 기대기에 '주와 객으로 나누어지지 않은 마음'이 생기고, 경계 연(緣)에 기대기에 '주와 객으로 맞대응하는 마음'이 일어날 수 있으니, 그러므로 "인(因)에 기대는 것은 불각의 뜻이기 때문이며, 연(緣)에 기댄다는 것은 헛되이 경계를 만드는 뜻이기 때문이다."고 말한 것이다.

[별기] 불각의 뜻은 근본 무명이고, 헛되이 경계를 만드는 것은 현식(現識)에 따라서 나타난 경계이다.

[소-43-2] 만약 뜻을 자세히 갖추어 말하면 저마다 두 가지 인(因)이 있다. 이는 『사권 능가경』에서[1] "대혜 보살이여, '생각할 수 없는 놀라운 훈습'과 '생각할 수 없는 놀라운 변화'는 현식(現識)의 인(因)이고, 온갖 경계를 취하는 것과 '시작이 없는 때부터 시작된 헛된 생각'의 훈습은 경계를 분별하는 식(識)의 인(因)이다."고 말한 내용과 같다.

이를 풀이하여 보자. '생각할 수 없는 놀라운 훈습'이란 무명이 진여를 훈습하는 것을 말한다. 훈습할 수 없는 곳을 훈습하므로 '생각할 수 없는 놀라운 훈습'이라고 한다. '생각할 수 없는 놀라운 변화'란 이른바 진여가 무명의 훈습을 받아들이는 것이다. 변할 수 없는 곳이 변하므로 '생각할 수 없는 놀라운 변화'라고 한다. 이 '생각할 수 없는 놀라운 훈습'과 '생각할 수 없는 놀라운 변화'는 지극히 미세하고 드러나지 않기에 일어난 현식의 대상을 인식하는 모습이 미세하며 그 가운데 또한 전식(轉識)과 업식(業識)이 있다. 그러나 거친 모습이 미세한 모습을 아우르고 있는 것을 내세웠기에 현식이라고 할 뿐이다.

"온갖 경계를 취한다."는 것은 현식이 취한 온갖 경계가 마음 바다를 움직여 7식의 물결을 일으키기 때문이다. "시작이 없는 때부터 시작된 헛된 생각의 훈습"이란 곧 저 현식을 헛된 생각이라고 부른 것이다. 본디부터 헛된 생각을 떠나 본 적이 없기에 시작이 없는 때부터 시작된 헛된 생각이라고 한다. 이는 위의[2] 글에서 "본디부터 망념을 여의지 않았기에 시작이 없는 때부터 시작된 무명이라고 한다."고 말한 내용과 같다. 이 가운데의 헛된 생각도 마땅히 그러함을 알아야 한다.

---

1. 인용문 전거 81번 참조.
2. 본서 논-23 참조.

이는 『십권 능가경』에서[1] "아리야식이 개념과 모습을[2] 알지만, 지니고 있는 바탕의 모습은 허공 가운데 가물가물한 환영이[3] 있는 것과 같아서 깨끗하지 않은 지혜로 인식되는 경계다."고 말한 내용과 같으니, 이 도리로 말미암아 헛된 생각이다. 저 온갖 경계와 이 헛된 생각이 자기 모습의 마음 바다를[4] 훈습하여 7식의 물결을 일으켜 헛된 생각과 여섯 가지 경계를 거친 모습으로 드러나게 한다. 그러므로 거기서 일어난 '경계를 분별하는 식(識)'이 대상을 인식하는 것이 거칠게 드러나 '주와 객으로 맞대응하는 마음'을 이룬다.

이는 현식은 '생각할 수 없는 놀라운 훈습'으로 생길 수 있고 '생각할 수 없는 놀라운 변화'로 머무를 수 있으며, '경계를 분별하는 식(識)'은 온갖 경계를 반연하기에 생길 수 있고 헛된 생각의 훈습으로 머무를 수 있다는 사실을 밝히려고 한 것이다.

이제 이 논에서는 다만 생겨나는 연(緣)만 취하기에 미세한 모습 가운데 오직 무명 훈습만을 말하고, 거친 모습 가운데 경계연(緣)만을 홀로 내세운 것이다.

[별기] 또 『사권 능가경』에서[5] "대혜 보살이여, 만약 저 진식(眞識)을 덮고 있는 온갖 실체가 없는 헛된 모든 것들이 없어진다면 모든 근(根)과 식(識)이 없어지니 이는 잘못된 온갖 개념과 모습이 없어진 것이다. 상속하는 마음이 없어진다는 것은 무엇을 말하는가. 상속되

---

1. 인용문 전거 82번 참조. 所行境界가 원문에는 所知境界 되어 있다. 『대승입능가경』 7권에서는 不能了知 阿賴耶識 無差別相 如手輪住 非淨智境으로 되어 있다.
2. 인용문 전거 83번 참조.
3. 毛輪은 태양을 보며 눈을 꽉 감았을 때 눈앞에서 가느다란 털이 말리어 가물가물하게 나타나는 환영을 말한다.
4. 자기 모습의 마음 바다는 본식으로서 제8식을 말한다.
5. 인용문 전거 84번 참조.

는 인(因)이 없어지면 상속하는 마음이 없어진다는 것이다. 상속이 근거삼은 인(因)이 없어지고 그 연(緣)이 되는 것이 없어지면 상속하는 마음이 없어진다. 무엇 때문인가. 그것은 소의(所依)이기 때문이다. 의(依)란 시작이 없는 때부터 시작된 헛된 생각의 훈습을 말하고 연(緣)이란 자기 마음이 보는 것과 같은 식(識)의 경계와 헛된 생각을 말한다."고 하니, 이 경은 '모든 모습에 통하는 쪽'의[1] 입장이기에 이와 같이 말하고, 논에서는 내세운 저마다의 뜻을[2] 가지고 밑가늠하기에 앞에서 말한 내용과 같다.

만약 생겨나는 인연을 자세히 논한다면 모든 식(識)에 저마다 '네 가지 인연'이 있다. 이는 『십권 능가경』에서[3] "네 가지 인연이 있기에 안식(眼識)이 생기니 무엇이 그 넷인가.

첫째는 자기 자신을 깨닫지 못하고 경계를 취하기 때문이다.[4] 둘째는 시작이 없는 때부터 헛되이 색의 경계를 분별하고 희론을 집착하여 훈습하기 때문이다. 셋째는 식(識)이 자기 성품으로서 바탕이 이와 같기 때문이다. 넷째는 온갖 빛깔을 보기를 좋아하기 때문이다."고 하고, 『사권 능가경』에서[5] "네 가지 인연으로 안식이 일어난다. 자기 마음이 나타내어 거두어들인다는 것을 깨닫지 못하고, 시작이 없는 때부터 거짓으로 경험한 색과 습기를 헤아려 집착하며, 식(識)의 성품에 있는 본질[自性]이 온갖 빛깔을 보려고 하는 것을 말한다. 이 네 가지 인연들이 물같이 흐르는 곳에서 장식(藏識)이 바뀌어

---

1. 『능가경』에서는 生・住・滅의 인연을 모두 말하고 있기 때문에 통상문이라고 표현한 것이다.
2. 『기신론』에서는 生・滅의 인연만 말하고 있다는 뜻이다.
3. 인용문 전거 85번 참조.
4. 『십권 능가경』에는 不覺自內身取境界라고 되어 있으나 唐譯에는 不覺自心現而執取로 되어 있고 『사권 능가경』에는 自心現攝受不覺이라고 되어 있다. 인용문 전거 86번 참조.
5. 인용문 전거 87번 참조.

온갖 식(識)의 물결이 생긴다."고 말한 내용과 같다.

"자기 마음이 나타내어 거두어들인다는 것을 깨닫지 못한다."고 말한 것은 근본 무명의 인(因)을 밝힌 것이다. 그 색의 거친 모습은 현식에 따라 나타난 것으로 식(識)밖에 있는 것이 아니며 자기 마음에 따라 거두어진 것이기 때문이다.

"깨닫지 못한다."고 한 것은 무명으로 색의 경계가 밖이 아니라는 사실을 깨닫지 못하는 것이다. 이렇기 때문에 안식이 생기게 되며 경계를 취하여 밖을 삼게 하니, 이것이 처음의 인(因)이 된다.

"시작이 없는 때부터 헛되이 색의 경계를 분별하고 희론을 집착하여 훈습한다."는 것은 시작이 없는 때부터 시작된 헛된 생각이 훈습하는 인(因)을 드러낸 것이다. 이는 현식이 본디 색의 경계를 집착하는 것을 말한다. 이 습기로 말미암아 안식이 생기게 되며 색의 경계를 취하게 하는 것이다.

"식(識) 성품"이라고 한 것은 '결과와 성질이 같은 인(因)'을[1] 나타낸다. 앞에 있는 안식의 자기 성품이 분별임으로 말미암아 이 훈습으로 뒤에 생기는 안식도 앞에 있는 안식과 같이 자기 성품이 분별이다.

"온갖 빛깔을 보려고 한다."는 것은 명언(名言)을 훈습하는[2] 인(因)

---

1. 自類因은 等流果를 내는 同類因이다. 인과관계에서 원인이 그 결과와 동류인 것을 말하니, 결과로 나타나는 善의 원인이 善이고 惡의 원인이 또한 惡일 때에 그 因을 동류인이라고 한다.
2. 名言熏習은 名言種子나 名言習氣 또는 等類習氣라고도 한다. 온갖 법을 몸소 낳게 해주는 씨앗이 名言에 따라 훈습되기에 名言熏習이라고 한다. 名言에는 表義名言과 顯境名言 두 종류가 있다. 表意名言은 모든 법을 표시하는 名·句·文이니 제6식은 이 名言으로 말미암아 모든 법의 씨앗을 제8식에 훈습한다. 顯境名言은 제7식이 見分을 몸소 반연하여 지금 있는 모든 법의 씨앗을 제8식에 훈습하는 것을 말한다.

을 드러낸다. 이는 앞에 있는 안식이 빛깔을 보고 의식은 보는 안식을 반연하며, 생각과 말로 분별하고 집착하여 보고자 하는 것이다. 그 나머지 모든 식들도 안식의 설명을 가지고 밑가늠하여 알 수 있다.

[소-43-3] "만약 인(因)이 없어지면…" 아래는 이어서 멸(滅)하는 뜻을 드러내며 그 가운데 두 가지가 있다. 첫 번째는 바로 그 내용을 밝히고, 두 번째 "물음…" 아래는 물음과 대답을 되풀이하면서 의심을 없애는 내용이다.

처음에 말한 "만약 인(因)이 없어지면 연(緣)이 없어지고"는, 어느 위치를 따라 번뇌를 다스릴 때라도 무명 인(因)이 없어지면 경계 연(緣)이 따라 없어진다는 것이다.

"인(因)이 없어지기에 '주와 객으로 나누어지지 않은 마음'이 없어지며"는, 세 가지 '주와 객으로 나누어지지 않은 마음'은 바로 무명 인(因)에 따라 생기기에 무명이 없어질 때 그 마음 또한 따라서 없어진다는 것이다.

"연(緣)이 없어지기에 '주와 객으로 맞대응하는 마음'이 없어진다."는 것은 세 가지 주와 객으로 맞대응하는 오염된 마음이 바로 경계 연(緣)에 따라 일어나기에 경계가 없어질 때 그 마음 또한 따라서 없어진다는 것이다.

처음부터 끝까지 일어나고 사라지는 도리에 따라 '주와 객으로 서로 맞대응하는 마음'과 '주와 객으로 나누어지지 않은 마음'인 두 종류 생멸의[1] 뜻을 밝히고 있는 것으로서 찰나 생멸의 뜻을 갖고 이야기한

---

1. 두 가지 생멸은 미세한 생멸과 거친 생멸이니 곧 '주와 객으로 나누어지지 않은 오염된 마음'의 생멸과 '주와 객으로 맞대응하는 오염된 마음'의 생멸을 말한다.

것은 아니다.

이 아래는 두 번째 물음과 답을 되풀이하면서 의심을 없애는 내용으로 먼저 묻고 뒤에 대답하는 것이다.

물음 속에 "마음이 없어지는 것이라면 어떻게 그 마음을 이어갈 것이며"라고 말한 것은 외도의 주장을 가지고 물은 내용이다. 이는 『십권 능가경』에서[1] "만일 아리야식이 없어지는 것이라면 외도가 주장하는 단견의 헛된 분별과 다르지 않다. 모든 외도들은 '모든 경계를 벗어나 상속식(相續識)이 없어지고 상속식이 없어지면 곧 모든 식(識)이 없어진다.'고 한다. 대혜 보살이여, 만약 상속식이 없어지는 것이라면 시작이 없는 때부터 생긴 모든 식(識)이 없어져야 할 것이다."고 말한 내용과 같다.

이 뜻은 바로 모든 외도들이 "만약 무상천(無想天)에[2] 태어나 무상정(無想定)에[3] 들어갈 때, 모든 경계를 여의어 상속식이 없어지고 근본이 없어지기에 지말 또한 따라서 없어진다."고 주장한 내용을 밝힌 것이다.

여래께서는 이 생각을 깨뜨려 말씀하시기를,[4] "만약 중생이 무상정에 들어갈 때 중생의 근본 상속식이 없어지는 것이라면 6식과 7식을 비롯한 씨앗도 따라서 없어지리니, 무상정에 든 뒤로는 다시 모든 식(識)이 일어나서는 안 되는데도 무상정에서 나오면

---

1. 인용문 전거 88번 참조.
2. 無想天은 色界에 있는 하늘을 말한다. 마음에 아무 생각이 없이 편안한 상태가 지속되는 선정을 통해서 들어간다.
3. 無想定은 대승 24不相應法의 하나이며 소승 14불상응법의 하나이기도 하다. 마음에 아무 생각이 없이 편안한 상태가 지속되는 선정으로 무상천에 들어가는 因이 된다. 외도는 이 선정을 닦아 無想果를 얻으면 참 열반을 얻는 것이라고 주장한다.
4. 전거가 확실하지 않다.

모든 식이 다시 일어난다. 그러므로 무상정에 들어갈 때 그 상속식은 없어지지 않는다는 것을 마땅히 알아야 한다."고 하여 외도들의 주장을 논파하였다. 지금 이 논에서는 이것을 근거삼아 물어 본 것이다.

만약 무상정과 멸진정(滅盡定)에[1] 들어갈 때 마음 바탕이 없어지는 것이라면 어떻게 다시 그 마음을 이어가겠는가. 그러므로 "만약 마음이 없어지는 것이라면 어떻게 그 마음을 이어갈 것이며"라고 말한 것이다. 만약 무상정에 들어갈 때 마음 바탕이 없어지지 않고 다시 이어가는 것이라면 이 이어가는 마음의 모습은 무엇을 근거로 영원히 없앨 것인가. 그러므로 "마침내 없어진다고 어떻게 설합니까."라고 말한 것이다.

대답 가운데 세 가지 내용이 있으니 법(法)과 비유와 합(合)이다.

처음 법(法) 가운데 "없어진다는 것은" 무상정(無想定)에 들어갈 때 모든 식이 없어진다고 말한 내용과 같이, 다만 거친 식의 모습만 없앨 뿐이며 아리야식의 마음 바탕을 없앤 것이 아니다. 그러므로 "오직 마음의 모습만 없어진다."고 말한 것이다. 또 다시 위에서 "인(因)이 없어지기에 '주와 객으로 나누어지지 않은 마음'이 없어진다."고 말한 것은 다만 마음 가운데 업상(業相) 등만 없어진다고 말할 뿐이며 근본성품인 마음의 바탕이 없어지는 것을 말하는 게 아니다.

비유에서는 이 두 가지 없앰의 뜻을 따로 드러낸다. "마치 바람이 물에 따라 움직이는 모습이 있는 것과 같다."는 것은 무명의 바람이

---

1. 滅盡定 : 대승 24불상응법의 하나이며 소승 14불상응법의 하나이기도 하다. 모든 마음 상태가 다 사라진 선정이다.

마음의 바다에 기대어 움직이는 것을 비유한다. "만약 물이 없어진다면 바람의 모습도 끊어져 기댈 것이 없겠지만 물은 없어지지 않기에 바람의 모습은 이어진다."는 것은 무상정에 들어갈 때 마음의 바탕은 불멸이기에 모든 식(識)이 이어지는 것을 비유한다. 이 내용은 처음 물음에 대답한 것이다.

"오직 바람만 사라지기에 움직이는 모습이 따라 없어져도"는 부처님 경계에 다다를 때 무명이 영원히 없어지기에 업상(業相) 등의 움직임도 따라서 모두 없어지나 근본성품인 마음의 바탕은 불멸이기에, "물이 없어지는 것은 아니다."고 말하는 것이다. 이것은 뒤의 물음에 대답하여 "마침내 없어진다."는 내용을 밝힌 것이다.

합(合)에서는 차례로 앞의 두 가지 뜻을 결합한다. "참마음의 지혜는 없어지는 것이 아니다."는 신령스럽게 아는 성품을 마음의 지혜라고 하는데 위의 글에서 "지혜의 성품은 무너지지 않는다."고 말한 내용과 같이 근본성품이 불멸이라는 뜻을 밝힌 것이다. 나머지 글도 알 수 있을 것이다.

물음 : 이 식(識)의 근본성품은 한결같이 오염된 연(緣)으로 일어납니까, 아니면 연(緣)을 따르지 않는 뜻도 있습니까. 한결같이 오염된 연(緣)으로 일어나는 것이라면 오염된 법이 사라질 때에 근본성품이 없어져야 할 것이며, 근본성품이 오염된 연(緣)을 따르지 않기에 없어지지 않는 것이라면 근본성품은 스스로 존재하는 것입니다. 또 근본성품도 없어지는 것이 단견과 같은 것이라면 근본성품이 없어지지 않는 것은 도리어 상견과 같을 것입니다.

대답 : 때로는 어떤 이가 말하기를, "아리야식의 마음 바탕은 이숙법(異熟法)으로서 다만 업혹(業惑)에 따라 분별된 바로 생겼을 뿐이다.

이 때문에 업혹이 사라질 때 본식(本識)도 다 사라진다. 그러나 부처님의 경계에도 또한 복덕과 지혜의 두 가지 행에 따라 감응된 '오롯하게 비추는 크나큰 지혜'가 있어 맑은 식(識)과 맞대응한다. 그러므로 이 두 곳에서 마음의 뜻은 같은 것이다. 이 뜻으로 마음이 부처님 경계에 이른다."고 한다.

어떤 이는 말하기를, "근본성품인 마음의 바탕 전체가 무명에 따라 일어나게 되지만, 고요한 마음을 움직여 일어나게 하니 이는 없는 것을 있게 한 것이 아니다. 이 때문에 이 마음의 움직임이 무명으로 일어나게 된 것을 가져다 움직이는 모습인 업상(業相)이라고 한다. 이 움직이는 마음이 본디 스스로의 마음이 되고 또한 근본성품이 되니, 근본성품의 뜻 쪽에서는 이 모습이 무명으로 생긴 것이 아니다. 그러나 이 무명에 따라 움직인 마음 그 자체에 또한 원인과 같은 성질의 결과를 생기게 하는 뜻이 있기에 스스로 존재한다는 허물이 없으면서도 불멸의 뜻이 있어 무명이 다 사라질 때 움직인 모습은 따라 없어지나 마음은 시각을 따라서 다시 본원(本源)에 돌아간다."고 한다.

어떤 이는 말하기를, "두 논사의 말이 다 도리가 있으니 부처님의 경전에 따라서 모두 말한 것이기 때문이다. 처음 논사의 말은 유가(瑜伽)의 뜻을 얻고,

[별기] 부처님의 가르침을 뚜렷하게 드러내는 쪽에 기대는 것이다.

[소-43-4] 뒤 논사의 뜻은 『기신론』의 뜻을 얻은 것이다.

[별기] 부처님의 가르침을 드러나지 않게 말하는 쪽에 기대는 것이다.

[소-43-5] 그러나 또한 말 그대로 뜻을 취해서는 옳지 않다. 왜 그런가. 처음에 말한 대로 뜻을 취하면 곧 '모든 법에 실체가 있다는 집착'이고, 뒤에 말한 대로 뜻을 취하면 이는 '변하지 않는 하나의 주재자로서 내가 존재한다는 견해'를 말하기 때문이다. 또 처음 뜻을 집착하면 단견에 떨어지고 뒤의 뜻을 집착하면 상견에 떨어지기 때문이다. 마땅히 두 가지 뜻이 모두 말할 수 없는 것이요, 말할 수 없는 것이라도 또한 말할 수 있다는 사실을 알아야 한다. 비록 그런 것이 아니라도 그렇지 않은 것도 아니기 때문이다. 생멸의 길을 자세히 풀이하는 두 내용 가운데 처음 자세히 풀이하는 대목을 이 앞에서 마친다.[1]

나. 모든 법을 낼 수 있는 훈습이란 무엇인가

* 이 아래는 둘째 생멸의 길을 자세히 풀이한 말과 연관해서 거듭 그 내용을 밝히니 무엇 때문인가. 위의 글에서[2] "이 식(識)에는 두 가지 뜻이[3] 있기에 모든 법을 거두고 모든 법을 낼 수 있다."고 한 말과 같기 때문이다. 그러나 모든 법을 거두는 뜻은 앞에서 이미 자세히 말했고, 모든 법을 낼 수 있다는 뜻은 아직 분명하게 말하지 않았다. 이 때문에 이 아래에서는 모든 법을 낼 수 있다는 뜻을 자세히 드러낸다. 글 가운데 다섯 가지가 있다. 첫째는 수를 내세워 전체 내용을 드러내고, 둘째는 수에 따라 이름을 늘어놓으며, 셋째는 훈습의 뜻을 통틀어 밝히고, 넷째는 훈습의 모습을 나누어 드러내며, 다섯째는 오염된 법의 훈습은 끝날 때가 있지만 깨끗한 법의 훈습은 영원하다는 뜻을 밝힌다.

네 가지 법이 훈습하는 뜻

[논-44] 다시 네 가지 법이 훈습하는 뜻이 있기에 오염된 법과 깨끗한

---

1. 본서 논-17 위 단락 * 참조.
2. 본서 논-18 참조.
3. 이 識의 두 가지 뜻은 覺義와 不覺義를 말한다.

법이 끊어지지 않고 일어난다. 무엇이 그 넷인가. 첫째는 깨끗한 법이니 진여라고 하고, 둘째는 오염된 모든 법의 인(因)이니 무명이라고 하며, 셋째는 헛된 마음이니 업식(業識)이라고 하고, 넷째는 헛된 경계이니 여섯 가지 경계를 말한다.

[소-44] 수를 내세우고 이름을 늘어놓는 것은 글에서 알 수 있다.

훈습의 뜻을 밝힘

[논-45] 훈습의 뜻은 무엇인가. 마치 세간의 옷에는 실제 향기가 없지만 사람이 향으로 훈습하기에 향기가 있는 것과 같다. 이 훈습의 뜻도 이와 같다. 진여라는 깨끗한 법은 실제 오염된 것이 없으나 다만 무명으로 훈습하기에 오염된 모습이 있고, 무명이라는 오염된 법은 실제 맑은 업이 없으나 다만 진여로 훈습하기에 맑은 작용이 있다.

[소-45] 셋째 가운데 먼저 비유를 들고 뒤에 주장과 비유를 결합한다. 결합하는 가운데 말한 "진여라는 깨끗한 법"이란 본각의 뜻이며, 무명이라는 오염된 법이란 불각의 뜻이다. 참으로 하나의 식이 이 두 가지 뜻을 갖고 서로 훈습하여 두루 오염된 법과 깨끗한 법을 내니 이 뜻이 바로 경에서[1] 말한 '생각할 수 없는 놀라운 훈습'과 '생각할 수 없는 놀라운 변화'의 뜻을 풀이하는 것이다.

물음 :『섭대승론』에서 "네 가지 뜻을[2] 갖추어야 훈습을 받을 수 있다."고 하고, 그러므로 "변화하지 않는 법은 훈습을 받아들일 수

---

1. 인용문 전거 89번 참조. 본서 소-43 참조.
2. 『섭대승론』의 所熏四義를 말한다. 씨앗의 所熏處가 되는 제8식에는 다음 네 가지 속성이 있어야 함. 첫째 堅住性은: 시종 동일한 성품으로 끊임없이 이어져야 한다. 둘째 無記性은 선악에 치우치지 않은 중성이어야 한다. 셋째 可熏性은 그 자체가 다른 것과 상관없이 자재할 수 있는 세력이 있어야 한다. 넷째 和合性은 훈습하는 것과 어울릴 수 있는 성질이어야 한다. 인용문 전거 90번 참조.

없다"고[1] 하였는데 무슨 까닭에 여기서는 "진여를 훈습한다."고 하십니까.

대답 : 훈습의 뜻에는 두 가지가 있다. 『섭대승론』에서는 먼저 '생각할 수 있는 훈습'을 가지고 밑가늠하기에 "변화하지 않는 법은 훈습을 받지 않는다."고 하나, 이 논은 '생각할 수 없는 놀라운 훈습'을 밝히기에 "무명이 진여를 훈습하고 진여가 무명을 훈습한다."고 하니, 드러내는 뜻이 같지 않기 때문에 서로 어긋나지 않는다. 그러나 이 글 가운데는 생멸의 길에 있는 깨끗한 성품의 본각을 진여라고 하기에 훈습의 뜻이 있지, 진여의 길 가운데 있는 진여를 말한 것이 아니다. 진여의 길 가운데에서는 능생(能生)의 뜻을 말하지 않기 때문이다.

가) 오염된 법의 훈습을 밝힌다

* 이 아래는 넷째 훈습의 모습을 나누어 밝히니 그 가운데 두 모습이 있다. 앞은 오염된 법의 모습이고 뒤는 깨끗한 법의 모습이다.

오염된 법의 훈습

[논-46] 어떻게 훈습하기에 오염된 법을 일으키는 것이 끊어지지 않는가. 이른바 진여라는 법에 따라 무명이 있고, 무명이라는 오염된 법의 인(因)이 있기에 진여를 훈습한다. 진여를 훈습하기에 곧 헛된 마음이 있고, 헛된 마음이 있기에 곧 무명을 훈습하여 진여라는 법을 알지 못하기 때문에 깨닫지 못한 상태로 헛된 생각이 일어나 헛된 경계를 나타낸다. 헛된 경계인 오염된 법의 연(緣)이 있기에 곧 헛된 마음을 훈습하고 그 헛된 생각으로 집착하여 모든 업을

---

1. 所熏四義 중 세 번째 可熏性을 말한다.

짓게 하므로 몸과 마음에 있는 온갖 괴로움 같은 것을 받는다.

이 헛된 경계가 훈습하는 뜻에는 곧 두 가지가 있으니 무엇이 그 둘인가. 하나는 증장념(增長念) 훈습이고 또 하나는 증장취(增長取) 훈습이다.

헛된 마음이 훈습하는 뜻에는 두 가지가 있으니 무엇이 그 둘인가. 하나는 '업식 근본 훈습'이니 아라한과 벽지불과 보살들에게 모두 생멸하는 괴로움을 받게 하기 때문이며, 또 하나는 '경계를 분별하는 식(識)을 더 늘어나게 하는 훈습'이니 범부에게 업에 얽힌 괴로움을 받게 하기 때문이다.

무명이 훈습하는 뜻에 두 가지가 있으니 무엇이 그 둘인가. 하나는 근본 훈습이니 업식을 이루게 하는 뜻이기 때문이며, 또 하나는 일어난 견혹(見惑)과 애혹(愛惑)이 훈습하니 경계를 분별하는 식(識)을 이루게 하는 뜻이기 때문이다.

[소-46-1] 오염된 법의 모습을 밝히는 가운데 또한 두 부분이 있으니, 앞은 묻고 뒤는 답하는 부분이다. 대답에 두 가지가 있으니 간단히 밝히는 것과 자세히 드러내는 것이다.

간단히 밝히는 것 가운데 "진여라는 법에 따라 무명이 있다."고 한 것은 훈습을 하는 쪽과 훈습을 받는 쪽의 바탕을 드러낸다. "무명이 있기에 진여를 훈습한다."는 것은 근본 무명이 훈습하는 뜻이다. "진여를 훈습하기에 헛된 마음이 있다."는 것은 무명 훈습에 따라 업식인 마음이 있다는 것이다. 이 헛된 마음이 다시 무명을 훈습하여 법계가 하나인 줄 알지 못하는 것이 커져 전식(轉識)과 현식(現識)을 만들므로 "깨닫지 못한 상태로 헛된 생각이 일어나 헛된 경계를 나타낸다."고 한다.

[별기] 깨닫지 못한 상태로 헛된 생각이 일어나는 것은 전상(轉相)이고, 헛된 경계를 나타낸 것은 현상(現相)이다.

[소-46-2] 이 경계로 다시 현식(現識)을 훈습하기에 "헛된 마음을 훈습한다."고 말한다. "그 헛된 생각으로 집착하여"는[1] 제7식을 일으키는 것이고, "모든 업을 짓게 하므로"는 의식(意識)을 일으키는 것이며, "온갖 괴로움을 받는다."는 것은 업(業)에 따라 과보를 받는 것이다.

이어서 오염된 법을 자세히 말하는 가운데 앞의 세 가지 뜻을 자세히 말하되 뒷부분부터 말하며 먼저 경계를 밝힌다. "증장념(增長念)"은 경계의 힘으로 경계를 분별하는 식(識) 가운데 법에 대한 집착으로 분별하는 생각을 더 늘어나게 하는 것이며, "증장취(增長取)"는 사취(四取)의[2] 번뇌장애를 더 늘어나게 하는 것이며, 헛된 마음이 훈습하는 가운데 "업식 근본 훈습"은 이 업식이 무명을 훈습하므로 실체가 없다는 것을 모르고 전상(轉相)과 현상(現相)을 일으켜 이어 가게 하는 것이다.

아라한과 벽지불과 보살이 삼계를 벗어날 때 비록 경계를 분별하는 식(識)에 있는 분단생사의 큰 괴로움을 벗어나더라도, 아직 변역생사에 있는 아리야식의 행고(行苦)를 받기에 "아라한과 벽지불과 보살들이 모두 생멸하는 괴로움을 받는다."고 말한 것이다.

전체를 논하면 괴로움은 시작이 없는 때부터 있지만, 다만 거칠거나

---

1. 念은 智相과 相續相에 해당하고 著는 執取相과 計名字相에 해당한다고 賢首疏에서는 본다. 인용문 전거 91번 참조.
2. 四取는 三界의 번뇌를 네 가지로 나눈 欲取, 見取, 戒禁取, 我語取를 말한다.

미세한 모습에 있는 두 가지 훈습을 구별했으므로 이미 큰 괴로움을 벗어난 입장에서 말한 것이다.

"경계를 분별하는 식을 더 늘어나게 하는 훈습"은 범부의 위치에서 분단생사의 괴로움을 말하고, 무명이 훈습하는 가운데 있는 "근본 훈습"은 근본 불각이고, "일어난 견혹(見惑)과 애혹(愛惑)이 훈습"은 무명이 일으킨 의식에 있는 견혹(見惑)과 애혹(愛惑)을 말하니[1] 곧 지말 불각의 뜻이다.

[별기] "경계를 분별하는 식(識)을 더 늘어나게 하는 훈습"이라고 말한 것은 의식(意識)에 있는 견혹(見惑)과 애혹(愛惑)으로 말미암아 더 늘어나는 것이기 때문이며, 삼계에 얽힌 업의 과보를 받기 때문에 "범부의 업에 얽힌 괴로움"이라고 한다.

무명이 훈습하는 가운데서 말한 근본 훈습이란 근본 무명이 진여를 훈습하여 생각을 움직이게 하는 것을 말하며, 이를 업식이라고 한다. 그러므로 "업식을 이루게 하는 뜻"이라고 한다.

"일어난 견혹과 애혹이 훈습한다."고 말한 것은 근본 무명에 따라 일어난 견혹과 애혹이 의식을 훈습하여 거친 분별을 일으키므로 "경계를 분별하는 식(識)을 이루게 하는 뜻"이라고 한다.

나) 깨끗한 법의 훈습을 밝힌다

깨끗한 법의 훈습

[논-47] 어떻게 훈습하기에 깨끗한 법을 일으키는 것이 끊어지질

---

1. 我見과 邪見 등 모든 이치에 미혹한 것을 見惑이라 하고, 욕심과 성냄 등 모든 번거로운 일들에 미혹한 것을 愛惑이라고 한다.

않는가. 이른바 진여라는 법이 있기에 무명을 훈습할 수 있다는 것이다. 무명을 훈습하는 인연의 힘으로 헛된 마음이 삶과 죽음에 있는 괴로움을 싫어하고 열반 찾기를 좋아하게 된 것이다.

이 헛된 마음이 삶과 죽음에 있는 괴로움을 싫어하고 열반 찾기를 좋아하는 인연이 있기에 곧 진여를 훈습하여 스스로 자기 성품을 믿고, 중생의 마음은 헛되이 움직인 것으로서 다른 경계가 없다는 사실을 알기에 헛된 마음을 멀리 벗어나는 법을 닦는 것이다.

다른 경계가 없음을 여실히 알기에 온갖 방편으로 깨달음을 이루는 수행을 일으켜 집착하지도 않고 생각하지도 않는 수행을 오랫동안 훈습한 힘 때문에 무명이 없어진다.

무명이 없어지기에 마음이 일어남이 없고, 마음이 일어남이 없기에 경계가 따라서 없어진다. 인(因)과 연(緣)이 모두 없어지기에 마음의 모습이 다 사라지니 열반을 얻어 자연스럽게 활동하는 업을 이루었다고 한다.

[소-47] 이어서 깨끗한 법의 훈습을 밝히니 그 가운데 두 부분이 있다. 먼저는 묻고 나중은 답하는 부분이다. 대답 가운데 또한 두 부분이 있으니 간단히 밝히는 부분과 자세히 드러내는 부분이다.

간단히 밝히는 부분은 먼저 진여의 훈습을 밝히고 이어서 헛된 마음의 훈습을 밝힌다. 진여의 훈습에는 다섯 가지가 있다.

처음에 말한 "이 헛된 마음이 삶과 죽음에 있는 괴로움을 싫어하고 열반 찾기를 좋아하는 인연이 있기에 곧 진여를 훈습하여 스스로 자기 성품을 믿고"는 '보살이 닦아야 할 열 가지 믿음의 위치'에 있는 믿음을 밝힌다.

다음에 말한 "중생의 마음은 헛되이 움직인 것으로서 다른 경계가 없다는 사실을 알기에 헛된 마음을 멀리 벗어나는 법을 닦는 것이다."는 삼현(三賢)의 위치에 있는 수행을 드러낸다.

셋째 "다른 경계가 없음을 여실히 알기에"는 초지(初地)에 있는 견도(見道)에서[1] 유식관(唯識觀)의 완성을 밝힌다.

넷째 "온갖 방편으로 깨달음을 이루는 수행을 일으켜 집착하지도 않고 생각하지도 않는 수행을 오랫동안 훈습한 힘 때문에"는 '보살이 닦아야 할 열 가지 마지막 수행단계'에 있는 수도위(修道位)에서[2] 만행을 닦는 것을 드러낸다.

다섯째 "무명이 없어진다. 무명이 없어지기에…" 아래는 결과로 나타난 자리에서 열반을 증득한 것을 드러낸다.

헛된 마음이 훈습하는 것을 밝힘

[논-48] 헛된 마음이 훈습하는 뜻에는 두 가지가 있으니 무엇이 그 둘인가.

---

1. 見道는 온갖 지식으로 잘못 안 견해를 여읜 자리이다. 소승에서는 3賢·4善根의 수행을 마치고 世第一位 직후 무루 지혜를 일으켜 16心으로 욕계와 색계·무색계에 대한 4諦 이치를 관찰하고 잘못된 견해를 떠나 처음으로 성자라고 불리는 위치이다. 대승 유식종에서는 5位 중 通達位에 해당한다. 加行位 맨 나중인 세제일위 직후 무루의 지혜를 일으켜 유식의 성품인 진여의 이치를 알아 후천적으로 일어나는 번뇌장·소지장의 씨앗을 끊고 선천적으로 갖춘 번뇌장의 활동을 아주 눌러버리는 자리이다. 10地 처음인 환희지에 해당한다.
2. 修道位는 見道位에서 온갖 지적 어리석음을 벗어나고, 다음에 情·意로부터 일어나는 온갖 번뇌의 속박을 벗어나려고 수행하는 기간이다. 소승에서 4向·4果 중 一來向·一來果·不還向·不還果·阿羅漢向 기간이고 대승은 초지에서 제10지까지의 기간이다.

하나는 경계를 분별하는 식(識)의 훈습이니, 모든 범부와 성문 연각이 삶과 죽음에 있는 괴로움을 싫어하는 마음에 따라 힘이 닿는 대로 최고의 도를 향하여 차츰차츰 나아가기 때문이다.

또 하나는 의(意) 훈습이니, 모든 보살이 도 닦을 마음을 내어 용맹스럽고 빠르게 열반에 나아가는 것을 말하기 때문이다.

[소-48] 다음은 자세히 드러내어 말하는 부분이다. 이 가운데 먼저 헛된 마음이 훈습하는 것을 밝힌다.
그 가운데 경계를 분별하는 식(識)이란 통틀어 말하면 7식을 모두 경계를 분별하는 식(識)이라고 하나, 분별이 강한 쪽에서 말한다면 다만 의식만 취할 뿐이다. 분별하는 작용이 강해 모든 일들을 다 반연하기 때문이다. 지금 이 『큰 믿음을 일으키는 글』에서는 분별이 강한 쪽에서 말한 것이다.
이 식(識)이 모든 경계가 오직 식(識)이라는 사실을 알지 못하기에 마음 밖에 실재 경계가 있다고 집착하는 것이다. 범부와 이승이 열반을 향해 나아가더라도 아직 싫어할 생사와 좋아할 열반이 있다고 생각하여 경계를 분별하는 식(識)에 있는 집착과 다르지 않으니, 그러므로 경계를 분별하는 식(識)의 훈습이라고 한다.

의(意) 훈습이란 또한 업식 훈습이라고도 한다. 통틀어서 말하면 다섯 가지 식(識)을 모두 의(意)라고 하니 그 뜻은 위에서 말한 내용과 같다. 그러나 근본 입장에서 말하면 다만 업식만 취할 뿐이다. 가장 미세하여 모든 식의 근본이 되기에 이 가운데의 업식을 의(意)라고 한다. 이와 같은 업식은 견분(見分)과[1] 상분(相分)으로[2] 아직

---

1. 見分은 心法 四分의 하나인데, 사물을 인식하기 적합하게 주관에 나타난 그림자인 相分을 인식하는 작용이다.
2. 相分은 心法 四分의 하나인데, 心識이 인식작용을 일으킬 때 마음 가운데 알게 될 그림자를 동시에 떠올리는 것이다.

나누어지지 않았다. 그러나 모든 보살은 마음이 헛되이 움직인 것이지 별다른 경계가 없다는 것을 알아, 모든 법이 오직 식(識)의 헤아림인 줄 이해하고 앞의 경계가 밖에 있다는 집착을 버려 업식을 따른다는 뜻이기에 업식의 훈습이라고 하며 또한 의(意) 훈습이라고도 한다. 이는 무명에 따라 일어난 업식이 곧 도 닦을 마음을 내어 모든 보살행을 닦는다는 내용을 말하는 것이 아니다.

진여 훈습

[논-49] 진여 훈습의 뜻에는 두 가지가 있으니 무엇이 그 둘인가. 하나는 자체 모습의 훈습이며, 또 하나는 용(用)의 훈습이다. 자체 모습의 훈습이란 시작이 없는 때부터 무루법을 갖추고 '생각할 수 없는 놀라운 진여의 활동'을 준비하여 경계를 만드는 성품이다.[1]

이 두 가지 뜻이 늘 훈습하는 것에 따라 힘이 있기 때문에 중생들이 삶과 죽음에 있는 괴로움을 싫어하고 열반 찾기를 즐기며, 스스로 자기 몸에 진여라는 법이 있다는 사실을 믿고 도 닦을 마음을 내어 수행하는 것이다.

물음 : 이런 뜻이라면 모든 중생에게 진여가 있기에 똑같이 훈습할 것인데 어찌 믿음이 있고 없는 것과 같은 많은 차별이 있습니까. 모두가 한꺼번에 스스로 진여라는 법이 있다는 것을 알고 부지런히 방편을 닦아 똑같이 열반에 들어가야 하지 않겠습니까.

대답 : 진여는 본디 하나이지만 헤아릴 수 없이 많은 무명이 있기에 본디부터 자기 성품의 차별이 두텁거나 엷어서 같지 않기 때문이다. 갠지스강 모래알 수보다 더 많은 근본번뇌가 무명에 따라 차별을

---

1. 본서 소-49 참조.

일으키고, 아견(我見)과 애염(愛染)[1] 번뇌가 무명에 따라 차별을 일으킨다. 이와 같이 모든 번뇌는 무명에 따라 앞뒤 헤아릴 수 없이 많은 차별을 일으키는 것이니 오직 여래만이 이를 알 수 있다. 또 모든 부처님의 법을 이룩하는 데는 인(因)이 있고 연(緣)이 있으니 인연을 갖추어야 이룩할 수 있다. 이는 마치 나무 가운데 있는 불의 성품이 불을 일으키는 근본 원인이지만 사람들이 알지 못하여 불 놓는 방편을 빌리지 못한다면 스스로 나무를 태울 수 없는 것과 같다. 중생도 그러하니 비록 열반을 이루게 하는 근본 원인이 훈습하는 힘이 있더라도 부처님과 보살과 선지식 모두를 만나 그 분들로 연(緣)을 삼지 않는다면 스스로 번뇌를 끊고 열반에 들어갈 수 없는 것이다.

만약 바깥 연(緣)의 힘이 있더라도 안의 깨끗한 법이 훈습하는 힘이 아직 없는 이라면 끝내는 삶과 죽음에 있는 괴로움을 싫어하고 열반 찾기를 즐겨할 수 없는 것이다. 만약 인(因)과 연(緣)을 다 갖춘다면 이른바 스스로 훈습하는 힘이 있고, 또 모든 부처님과 보살들의 자비와 원력과 지켜주는 힘 때문에 삶과 죽음에 있는 괴로움을 싫어하는 마음을 일으키고 열반이 있는 것을 믿기에 마음의 좋은 뿌리를 닦아서 익힌다. 마음의 좋은 뿌리를 닦아서 익힌 힘이 무르익었기에 곧 모든 부처님과 보살들의 가르침을 만나 기뻐하고 열반의 도를 향해 나아갈 수 있는 것이다.

[소-49] 진여 훈습 가운데에 세 부분이 있으니, 첫째는 수를 내세워 전체 내용을 드러내고, 둘째는 수에 따라 이름을 늘어놓으며, 셋째는 그 모습을 분별한다.

---

1. 我見은 見惑이고 愛染은 愛惑이다.

모습을 분별하는데 두 내용이 있으니, 첫째는 따로따로 밝히는 내용이고, 둘째는 그 내용을 모아 풀이한다. 처음 따로따로 밝히는 내용에서 먼저 자체 훈습을 밝힌다. 그 가운데 두 부분이 있으니, 첫째는 바로 밝히는 부분이고 둘째는 의심을 없애는 부분이다.

처음 부분에서 말한 "무루법을 갖추고 생각할 수 없는 놀라운 진여의 활동을 준비하여"는 본각의 불공(不空) 쪽에 있고, "경계를 만드는 성품이다"는 참으로 진실한 공(空) 쪽의 경계에서 말한 것이다. 본디 있는 경계와 지혜의 힘에 따라 드러나지 않게 헛된 마음을 훈습하여 삶과 죽음에 있는 괴로움을 싫어하고 열반 찾기를 즐겨하는 마음을 일으키게 하는 것이다.

"물음…" 아래는 물음과 대답을 통하여 의심을 없애며 묻는 뜻을 알 수 있다. 대답 가운데는 두 가지가 있다. 처음 하나는 번뇌가 두텁고 엷은 것을 가지고 밑가늠하고 뒤에 하나는 선지식을 만나는 인연이 다른 것을 내세워서, 진여의 훈습에도 그 내용이 같지 않다는 것을 드러낸다.

처음 대답에서 말한 "갠지스강 모래알 수보다 더 많은 근본번뇌가"는 가르침에 이르는 길을 잃고 헤매는 가운데에 있는 무지로 이는 '진실로 알아야 할 것을 방해하는 장애'에 해당되고, "아견(我見)과 애염(愛染) 번뇌"는 '번뇌장애'에 해당되니 대답의 뜻을 알 수 있다. "또 모든 부처님…" 아래는 연(緣)에 차별이 있는 것을 밝히는 것으로서 법(法)과 비유와 합(合)이 있으니 글 내용에서 알 수 있을 것이다.

용 훈습

[논-50] 용(用) 훈습이란 곧 중생의 바깥 인연이 주는 힘이다. 이와

같은 바깥 인연은 헤아릴 수 없이 많은 이치가 있지만 간단히 말하면 두 가지가 있으니 무엇이 그 둘인가. 하나는 차별 인연이고 또 하나는 평등 인연이다.

차별 인연이란 공부하는 사람이 모든 부처님과 보살들께 기대어 처음 공부할 마음을 내 도를 찾기 시작할 때부터 부처님의 경지를 얻을 때까지, 그 가운데 보거나 생각하는 것이 부처님과 보살들이 모두 권속이 되기도 하고 부모나 친척이 되기도 하며, 또는 심부름꾼이나 아는 친구나 원수가 되기도 하며, 또는 보시·애어(愛語)·이행(利行)·동사섭(同事攝)을 일으키기도 하며, 나아가 하는 일마다 헤아릴 수 없이 많은 모든 보살행의 인연이 된다. 이와 같이 불보살님께서 일으키는 자비로운 큰마음을 가지고 훈습하는 힘으로 중생들의 좋은 마음의 뿌리가 더 늘어나게 되어 보는 이나 듣는 이가 이익을 얻을 수 있는 것이다.

이 차별 인연에는 두 가지가 있으니 무엇이 그 둘인가. 하나는 가까운 인연이니 빠르게 도를 얻기 때문이며, 또 하나는 먼 인연이니 오랜 시간이 지나야 도를 얻기 때문이다. 가까운 인연과 먼 인연을 분별하면 다시 두 가지가 있으니 무엇이 그 둘인가. 하나는 '보살행을 더 늘어나게 하는 인연'이며, 또 하나는 '불도를 받아들이게 하는 인연'이다.

평등 인연이란 모든 부처님과 보살들이 원력으로 중생들을 모두 괴로움에서 건지고자 자연스럽게 이들을 훈습하여 언제나 버리지 않는 인연이다. '중생들이 불보살과 같은 바탕이라고 아는 데서 나오는 힘'이기에 중생들이 보고 듣는 것에 감응하여 자연스럽게 그 활동을 나타내니, 이른바 중생들이 삼매 속에 들어가야 모든 부처님을 평등하게 볼 수 있기 때문이다.

[소-50] 용(用)에 있는 훈습을 말하는 가운데 내용이 또한 세 부분이 있다. 이른바 전체 내용을 나타내고 이름을 늘어놓으며 이들 모습을 분별하는 것이다.

두 번째 이름을 늘어놓는 가운데 차별 인연이란 범부와 이승의 경계를 분별하는 식(識)의 훈습을 위하여 연(緣)이 되는 것이다. 연(緣)을 만들 수 있는 사람은 '보살이 닦아야 할 열 가지 믿음'의 위치에 있는 보살 수행자부터 모든 부처님까지이며, 이 분들이 모두 연(緣)이 될 수 있다.

평등 인연이란 모든 보살의 업식 훈습을 위하여 연(緣)이 되는 것이다. 연(緣)을 만들 수 있는 사람은 초지(初地) 위에 있는 보살 수행자부터 모든 부처님까지이니 '중생들이 불보살과 같은 바탕이라고 아는 데서 나오는 힘'에 기대어야 평등 인연을 만들기 때문이다.

세 번째 이들 모습을 분별하는 가운데 먼저 차별 인연을 밝힌다. 그 가운데 둘이 있으니 모아서 드러내고 펼쳐 풀이하는 것이다. 펼쳐 풀이하는 가운데도 두 부분이 있다. 먼저 가까운 인연과 먼 인연을 펼치고, 뒤에 행하는 것과 아는 것의 두 가지 연(緣)을 펼친다. 보살행을 더 늘어나게 하는 인연이란 보시와 지계를 비롯한 모든 보살행을 일으킬 수 있기 때문이며, 불도를 받아들이게 하는 인연이란 문(聞)·사(思)·수(修)를 일으켜 도에 들어가기 때문이다.

평등 인연 가운데 둘이 있으니, 먼저 연(緣)을 만들 수 있는 사람을 밝히고, "이른바…" 아래는 평등의 뜻을 풀이하였다. "삼매 속에 들어가야 평등하게 본다."는 것은 무엇을 말하는가.

'보살이 이해하여 머무는 열 가지 마음' 위에 있는 모든 보살들이 헤아릴 수 없이 많은 상호를 갖추신 부처님의 보신이 끝이 없어 분별할 수 있는 모습을 벗어나 있는 것을 봄으로 "평등하게 모든 부처님을 본다."고 말한 것이다. 산란한 마음이면 이와 같은 부처님의 상호가 분별할 수 있는 모습에서 벗어나 있는 것을 볼 수 없기 때문에 "삼매에 따른다."고 말한다. 위에서 체(體)와 용(用)의 훈습을 따로따로 밝히는 내용을 다 말하여 마친다.

체와 용의 훈습을 분별함

[논-51] 이 체(體)와 용(用)의 훈습을 분별하면 다시 두 가지가 있으니 무엇이 그 둘인가.

하나는 아직 맞아떨어지지 않은 훈습이니, 범부와 이승과 처음 도 닦을 마음을 낸 보살들이 의(意)와 의식의 훈습으로 믿음의 힘에 기대기에 수행할 수는 있으나 아직 분별이 없는 마음이 체(體)와 맞아떨어지는 것을 얻지 못했기 때문이며, 아직 자재한 업의 수행이 용(用)과 맞아떨어지는 것을 얻지 못했기 때문이다.

또 하나는 이미 맞아떨어지는 훈습이니, 법신 보살이 분별이 없는 마음을 얻었기에 모든 부처님의 지혜와 용(用)과 맞아떨어지는 것을 말한다. 오직 법력에 따르고 자연스럽게 수행하여 진여를 훈습하고 무명을 없애기 때문이다.

[소-51-1] 둘째 체(體)와 용(用)을 모아 풀이하는 가운데 두 부분이 있으니, 전체 내용을 나타내는 부분과 따로따로 풀이하는 부분이다.

따로따로 풀이하는 가운데 먼저 아직 맞아떨어지지 않은 훈습을 밝히면서 말한 "의(意)와 의식의 훈습"이란 무엇인가. 범부와 이승을 의식의 훈습이라 하니 곧 경계를 분별하는 식(識)의 훈습이고, 처음 도 닦을 마음을 낸 보살들이란 '보살이 이해하여 머무는 열 가지 마음' 위에 있는 보살 수행자들로 의(意) 훈습이라고 하니, 이는 업식(業識) 훈습의 뜻으로 앞에서 말한 내용과 같다.

[별기] 이 가운데 법신 보살이 법신을 증득할 때 능견(能見)의 모습을 떠나는 것을 맞서 '보살이 닦아야 할 열 가지 마지막 수행단계' 앞에 있는 보살을 의(意) 훈습이라고 하니, 업식에 따라 능견의 모습이 있기 때문이다. 만약 속세의 지혜에 따라 보신불을 보는 뜻이라면 금강심[1] 아래는 모두 보는 모습이 있기에 통틀어서 업식 훈습이라고 하니 다음에 말한 내용과 같다.

[소-51-2] "아직 분별이 없는 마음이 체(體)와 맞아떨어지는 것을 얻지 못했다."는 것은 아직 모든 부처님의 법신인 체(體)와 맞아떨어지는 것을 얻지 못했기 때문이다. "아직 자재한 업의 수행이 용(用)과 맞아떨어지는 것을 얻지 못했기 때문"이라는 것은 아직 부처님 응신 또는 화신의 용(用)과 맞아떨어지는 것을 얻지 못했기 때문이다.

이미 맞아떨어지는 훈습 가운데서 말한 "법신 보살"은 '보살이 닦아야 할 열 가지 마지막 수행단계'에 있는 보살이고, "분별이 없는 마음을 얻었다."는 것은 체(體)와 맞아떨어지기 때문이며, "모든 부처님의 지혜와 용(用)과 맞아떨어지는 것"은 '세간의 차별을 잘 아는 지혜'가 있기 때문이며, "자연스럽게 수행하여"는 팔지(八地)[2] 위에서 애써 공부할 필요가 없기 때문이다.

---

1. 金剛心은 수행의 마지막 단계 한 찰나에 佛果의 장애를 끊고 바로 妙覺의 자리에 들어가는 위치를 말한다.
2. 八地는 부동지를 말한다. 이미 修惑을 끊고 진여를 얻었기에 다시 동요하지 않는 경계이다.

생멸을 자세히 풀이한 말로 인(因)하여 거듭 그 내용을 나타내는 다섯 부분 가운데 넷째 부분의 두 가지 훈습의 모습을 따로 밝히는 내용을 여기에서 다 말하여 마친다.[1]

두 가지 훈습이 다 그치고 그치지 않는 뜻

[논-52] 또 오염된 법은 시작이 없는 때부터 훈습하여 끊어지질 않다가 부처님이 되고 난 뒤에 끊어진다. 그러나 깨끗한 법의 훈습은 미래 세상이 다하도록 끊어짐이 없으니 이 뜻은 무엇을 말하는가. 진여라는 법이 늘 훈습하기 때문이다. 헛된 마음이 없어지면 법신이 드러나 용(用)의 훈습을 일으키니 그러므로 끊어짐이 없다.

[소-52] 이 아래는 다섯째로 두 가지 훈습이 다 그치고 그치지 않는 뜻을 밝힌다. 오염된 법의 훈습은 이치에 어긋나서 일어나기에 그 훈습이 다 그칠 때가 있고, 깨끗한 법의 훈습은 이치를 따라 생겨나서 이치와 맞아떨어지기에 그 훈습이 다 그칠 때가 없으니 글 내용으로 알 수 있다.

'올바른 뜻을 드러내 보이는 것' 안에 그 내용을 바로 풀이하는 가운데, '법(法)을 풀이하는 쪽'과 '의(義)를 풀이하는 쪽'이 있었는데, 첫 번째 '법(法)을 풀이하는 쪽'을 이 앞에서 다 풀이하여 마친다.[2]

2) 의(義)를 풀이한다

* 이 아래는 두 번째 '의(義)를 풀이하는 쪽'이다. 위쪽에서 '대승의 법(法)과 의(義)는 무슨 내용인가'에서 두 가지 뜻을 세웠으니 이른바 대(大)의 뜻과 승(乘)의 뜻이다. 이제 이 글에서 대(大)의 뜻을 바로 풀이하고 겸하여

---

1. 본서 논-44 위 단락 * 참조.
2. 본서 논-10 위 단락 * 참조.

승(乘)의 뜻을 드러낸다. 그 가운데 둘이 있으니 하나는 체대(體大)와 상대(相大)를 전체 풀이하고 또 하나는 용대(用大)의 뜻을 따로 풀이한다.

(1) 체대(體大)와 상대(相大)를 밝힌다

체대와 상대를 통틀어 풀이함

[논-53] 또 진여 자체의 모습이란 범부·성문·연각·보살·부처님 모두에게 더 보태거나 뺄 것이 없다는 것이다. 과거에 생긴 것도 아니요 미래에 없어질 것도 아니다. 끝내는 언제나 변함이 없이 본디부터 그 성품이 스스로 모든 공덕을 가득 채우고 있는 것이다.

이른바 자체에 큰 지혜 광명의 뜻이 있기 때문이며, 법계를 두루 비추는 뜻이 있기 때문이며, 진실하게 아는 뜻이 있기 때문이며, 자기 성품에 깨끗하고 맑은 마음의 뜻이 있기 때문이며, 상(常)·락(樂)·아(我)·정(淨)의 뜻이 있기 때문이며, 시원하고 변하지 않는 자유로움의 뜻 곧 모든 번뇌의 속박에서 벗어난 열반이 있기 때문이다.

이처럼 갠지스강 모래알 수보다 더 많은 불리(不離)·부단(不斷)·불이(不異)·생각할 수 없는 놀라운 부처님의 법을 다 갖추고, 나아가 만족하여 조금도 모자란 뜻이 없기에 여래장이라고 하며 또한 여래 법신이라고도 한다.

물음 : 위에서 진여 그 바탕은 평등하여 모든 모습을 벗어났다고 말했는데, 어찌 다시 진여 바탕에 이처럼 온갖 공덕이 있다고 말씀하십니까.

대답 : 실로 이 모든 공덕의 뜻이 있더라도 차별이 없는 모습이기에 똑같은 한 맛으로서 오직 하나의 진여일 뿐이다.

이 뜻은 무엇을 말하는가. 분별이 없는 것으로 분별된 모습을 벗어났기 때문에 다를 것이 없다.

다시 무슨 뜻으로 차별을 말할 수 있는가. 업식에 따라 생멸하는 모습이 보이기 때문이다.

이것이 어떻게 보이는가. 모든 법이 본디 오직 마음뿐이기에 실로 망념이 없는 것이나, 헛된 마음이 있어 깨닫지 못한 상태로 헛된 생각을 일으켜 모든 경계를 보기에 무명이라고 말한다.

마음의 성품이 헛된 생각을 일으키지 않는 것이 곧 큰 지혜 광명의 뜻이기 때문이다. 마음이 보는 것을 일으키면 보이지 않는 모습도 있게 되나, 마음의 성품이 보는 것을 떠나면 곧 법계를 두루 비추는 뜻이기 때문이다. 마음에 움직임이 있으면 참으로 아는 것이 아니다. 자기의 성품이 없어 상(常)도 아니고 낙(樂)도 아니며 아(我)도 아니고 정(淨)도 아니다.

뜨거운 고뇌로 쓰러지고 변화하면 자유롭지 않으며, 나아가 갠지스강 모래알 수만큼 많은 헛되이 오염된 뜻을 갖추게 된다.

이 뜻을 상대하기에 마음의 성품이 움직임이 없으면 갠지스강 모래알 수보다 더 많은 모든 맑은 공덕의 모습이 드러난다고 말했다. 마음이 일어나는 것이 있고 다시 앞의 법을 보고 생각한다는 것은 공부가 모자라나, 이처럼 깨끗한 법의 헤아릴 수 없이 많은 공덕은 곧 한마음이니 다시 생각할 것이 없기에 만족하여 법신 여래장이라고 한다.

[소-53] 처음에 말한 "자체 모습"이란 체대(體大)와 상대(相大)의 뜻을 모두 나타낸다.

다음에 말한 "범부·성문·연각·보살·부처님 모두에게 더 보태거나 뺄 것이 없다는 것이다. 과거에 생긴 것도 아니요 미래에 없어질 것도 아니다. 끝내는 언제나 변함이 없다."는 것은 체대를 풀이한다. 위의 '대승의 법(法)과 의(義)는 무슨 내용인가'에서[1] "첫째는 체대이니 모든 법이 진여로서 평등하여 늘어나고 줄어드는 것이 없기 때문이다."고 말한 내용이다.

이어서 말한 "본디부터 그 성품이 스스로 모든 공덕을 가득 채우고 있는 것이다.…" 아래는 상대의 뜻을 풀이한다. 위의 '대승의 법(法)과 의(義)는 무슨 내용인가'에서[2] "둘째는 상대이니 여래장이[3] 여래의 성품에서 나오는 헤아릴 수 없이 많은 공덕을 다 갖추고 있기 때문이다."고 말한 내용이다.

글 가운데는 두 부분이 있으니, 첫째는 바로 여래의 성품에서 나오는 공덕의 모습을 밝히고 둘째는 되풀이하여 그 까닭을 거듭 드러낸다. 묻는 뜻은 알 수 있으며 대답 가운데 두 부분이 있으니 통틀어서 대답하는 부분과 그 내용을 따로따로 드러내는 부분이다.
따로따로 드러내는 가운데 먼저 차별 속에 다를 것이 없다는 뜻을 밝히고, 뒤에 다를 것이 없는 가운데 차별되는 뜻을 드러낸다. 이 가운데 또한 두 부분이 있으니, 내용을 간단히 나타내고 이것을 자세히 풀이하는 부분이다.

내용을 간단히 나타내는 가운데 말한 "업식에 따라 생멸하는 모습이 보인다."는 생멸하는 모습 안에 모든 허물이 있다는 것이다. 다만 그 근본만 들고 있기에 업식이라고 하고, 이 모든 허물에 맞서 모든 공덕을 말한다. "이것이 어떻게 보이는가…" 아래는 따로따로 많은 허물에 대한 공덕의 뜻을 드러내니, 글 내용으로 알 수 있다.

---

1. 본서 논-8 참조.
2. 본서 논-8 참조.
3. 여래장은 세상의 온갖 현상계에 여래의 성품이 갖추어져 있다는 뜻으로서 세상의 실상은 여래 그 자체라는 뜻이다.

(2) 용대(用大)를 밝힌다

* 이 아래는 두 번째 용대(用大)의 뜻을 따로 풀이한다. 그 가운데 두 부분이 있으니, 전체 내용을 밝히는 부분과 이것을 따로따로 풀이하는 부분이다.

용대의 뜻을 풀이함

[논-54] 또 진여의 용(用)이란 이른바 모든 부처님이 본디 인지(因地)에서 자비로운 큰마음을 일으키고, 모든 바라밀을 닦아 중생을 거두어 교화하며, 크나큰 서원을 세우고 중생계를 다 건져 해탈시키려고 하는 것이다. 또한 세월을^1 한정하지 않고 미래 세상이 다하도록 모든 중생을 자기 몸처럼 취하기에 중생이라는 모습을 취하지 않는다. 이 말은 무슨 뜻인가.

모든 중생과 자기 몸이 진여로서 평등하여 다를 게 없음을 실답게 아는 것을 말하기 때문이다. 이와 같은 큰 방편으로 쓰는 지혜가 있기에 무명을 없애고 본디 법신을 보니 자연히 생각할 수 없는 놀라운 진여의 활동으로 나타나는 온갖 작용이 있다. 곧 진여와 평등하여 모든 곳에 두루하고 또한 얻을 수 있는 용(用)의 모습도 없다. 무엇 때문인가.

모든 부처님은 오직 법신의 지혜에 있는 몸이며 최고의 진리일 뿐 세간의 이치로서 경계가 없기에 베풀고 만드는 헛된 조작을 벗어났기 때문이다. 다만 중생이 보고 듣는 것을 따라 이익을 얻기에 용(用)이라고 말할 뿐이다.

---

1. 劫(kalpa)은 헤아릴 수 없는 아득한 시간을 말한다. 비유로 芥子劫과 拂石劫이 있는데 겨자겁은 둘레 40리 되는 성 가운데 겨자를 가득 채워 3년마다 한 알씩 건져내 모두 없어질 때까지의 기간을 1겁이라고 한다. 불석겁 또는 반석겁은 둘레 40리 되는 돌을 무게가 거의 없는 하늘 옷으로 3년마다 한 번씩 스쳐 그 돌이 닳아 없어질 때까지의 기간을 1겁이라고 한다.

[소-54] 전체 내용을 밝히는 가운데 또한 두 부분이 있으니, 첫째 부분은 결과에 맞서 원인을 내세우고, 둘째 부분은 원인을 내보여 결과를 드러낸다.

처음 원인을 내세우는 가운데 또한 세 구절이 있으니, 먼저는 보살행이고 다음은 원력이며 뒤는 방편을 밝힌 것이다.

처음에 말한 "모든 부처님이 본디 인지(因地)에서 자비로운 큰마음을 일으키고, 모든 바라밀을 닦아 중생을 거두어 교화하며"는 본행(本行)을 내세운 것이고, 다음에 말한 "크나큰 서원을 세우고 중생계를 다 건져 해탈시키려고 하는 것이다. 또한 세월을 한정하지 않고 미래 세상이 다하도록"은 본원(本願)을 내세운 것이며, 이어서 말한 "모든 중생을 자기 몸처럼 취하기에 중생이라는 모습을 취하지 않는다. 이 말은 무슨 뜻인가. 모든 중생과 자기 몸이 진여로서 평등하여"는 지혜와 자비의 큰 방편을 내세운 것이다.

"이와 같은 큰 방편으로 쓰는 지혜가 있기에…" 아래는 둘째 부분 원인을 내보여 결과를 드러내니 그 가운데 또한 세 구절이 있다.

처음에 말한 "이와 같은 큰 방편이 있기에"는 앞의 원인을 내보이고, 다음에 말한 "무명을 없애고 본디 법신을 보니"는 자신한테 이익이 있는 결과이며, "자연히 생각할 수 없는 놀라운 진여의 활동으로 나타나는 온갖 작용이 있다.…" 아래는 바로 용(用)의 모습을 드러낸다.

이 가운데 세 마디가 있으니, 처음에 말한 "생각할 수 없는 놀라운 진여의 활동으로 나타나는 온갖 작용"은 깊은 이치의 용(用)을 밝히고, 다음에 말한 "곧 진여와 평등하여 모든 곳에 두루하고"는 크고 넓은 용(用)을 드러내며, "또한 얻을 수 있는 용(用)의 모습도 없다.…" 아래는 용(用)이 모습이 없는데도 연(緣) 따라 작용한다는 사실을 밝힌 것이다. 이는 『섭대승론』에서[1] "비유하면 마치 마니주와[2] 하늘의 북이[3] 생각이 없어도 자기 일을 이루는 것과 같다."라고 말한 내용이 바로 이것을 말한 것이다.

용대(用大)의 전체 내용 밝히는 일을 여기에서 다 말하여 마친다.

용의 두 가지 뜻

[논-55] 이 용(用)에는 두 가지가 있으니 무엇이 그 둘인가.

하나는 경계를 분별하는 식(識)에 기대어 범부와 이승이 본 것을 응신이라고 한 것이다. 전식(轉識)이 나타난 사실을 알지 못하기에 밖에서 왔다고 보고 한정된 색에 집착하여 진실을 다 알 수 없기 때문이다.

또 하나는 업식에 기대어 모든 보살이 처음 도 닦을 마음을 내는 것에서부터 보살의 마지막 수행단계까지에서 본 것을 보신이라고 한 것이다. 보신에 헤아릴 수 없이 많은 색이 있고, 그 색에 헤아릴 수 없이 많은 모습이 있으며, 그 모습에 헤아릴 수 없이 많은 좋은 것들이 있다. 머물고 기대는 과보도 또한 헤아릴 수 없이 많은 온갖 장엄이 있고, 어떤 곳에도 나타나니 곧 그 끝이 없고 다함이 없기에

---

1. 인용문 전거 92번 참조.
2. 마니주는 여의주 또는 보주라고도 한다. 이 구슬은 용왕의 뇌 속에서 나왔다 하여 사람이 이 구슬을 가지면 독이 해칠 수 없고 불에 들어가도 타지 않는 공덕이 있다고 한다. 때로는 제석천왕이 가진 금강저가 아수라와 싸울 때 부서져 남섬부주에 떨어진 것이 변하여 되었다고도 한다. 또는 지난 세상 모든 부처님의 사리가 불법이 사라질 때 모두 이 구슬로 변하여 중생을 이롭게 한다고 한다.
3. 하늘의 북은 도리천 善法堂에 있는 큰 북이다. 치지 않아도 때가 오면 저절로 울리는 북이다.

한정된 모습을 벗어난다. 그 감응한 곳을 따라 늘 머무를 수 있기에 망가지거나 잃어버릴 것이 없다. 이와 같은 공덕이 모두 모든 바라밀과 번뇌 없는 보살행의 훈습과 '생각할 수 없는 놀라운 훈습'으로 이루어져 헤아릴 수 없이 많은 즐거운 모습을 다 갖추었으므로 보신이 된다고 말한다.

또 범부가 본 것은 거친 색이니 여섯 갈래 중생의 나쁜 길을 따라 저마다 보는 게 달라 온갖 유형으로 즐거운 모습을 받는 것이 아니기에 응신이 된다고 한다.

다시 처음 도 닦을 마음을 낸 보살들이 본 것은 진여라는 법을 깊이 믿기에 조금이나마 보신을 보는 것이다. 그 색의 모습과 장엄 따위의 일들은 오고감이 없으며 분별할 수 있는 한정된 모습을 떠나 오직 마음에 따라 나타날 뿐 진여를 떠나지 않았다는 사실을 안다. 그러나 이 보살은 아직 스스로가 분별하고 있으니, 이는 법신의 위치에 들어가지 않았기 때문이다.

만약 맑은 마음을 얻는다면 보는 바가 미묘하며 그 작용이 차츰차츰 뛰어나다가 보살의 수행단계가 다 끝나면 보는 경계가 다할 것이다. 업식을 벗어나면 보는 모습이 없다.[1] 왜냐하면 모든 부처님의 법신은 서로가 색의 모습으로 서로 보이는 일이 없기 때문이다.

물음 : 부처님의 법신이 모두 색으로 나타나는 모습을 벗어났다면 어떻게 색으로 나타나는 모습을 나타낼 수 있습니까.

대답 : 이 법신 자체가 색의 바탕이기에 색을 나타낼 수 있다. 말하자면 본디부터 색과 마음은 둘이 아니다. 색의 성품이 곧 지혜이기에

---

1. 본서 소-55 맨 마지막 부분 참조.

색의 바탕에 형체가 없는 것을 지혜의 몸이라고 한다. 지혜의 성품이 곧 색이기에 법신이 모든 곳에 두루한다(두루하다 혹은 두루한다라고)고 한다. 나타난 색은 분별할 수 있는 한정된 형태가 없다. 마음대로 시방세계의 헤아릴 수 없이 많은 보살과 보신과 장엄들이 저마다 차별된 모습을 보일 수 있지만, 모두 분별할 수 있는 한정된 형태가 없으므로 서로 방해하지 않는다. 이는 마음이 분별하여 알 수 있는 것이 아니니 진여의 자유자재한 용(用)을 뜻하기 때문이다.

[소-55] 용대의 뜻을 따로 풀이하는 내용이니[1] 그 가운데 세 부분이 있다. 전체 내용을 나타내고, 그 내용을 따로 풀이하며, 되풀이하여 의심을 없애는 부분이다.

따로 풀이하는 가운데 또한 두 부분이 있으니, 하나는 다르게 나타나는 용(用)을 드러내고 또 하나는 이것을 거듭 말하는 부분이다. 다르게 나타나는 용(用)을 드러내는 가운데 또한 두 부분이 있으니, 먼저 응신을 밝히고 뒤에 보신을 드러낸다.

응신을 밝히는 가운데서 말한 "경계를 분별하는 식(識)에 기대어"는 무엇을 말하는가. 범부와 이승은 모든 것이 오직 식(識)일[2] 뿐이라는 사실을 알지 못하기에 바깥 경계가 있다고 생각하니, 이것이 곧 경계를 분별하는 식(識)의 뜻이다. 지금 부처님의 몸을 보고 또한 마음 밖에 있다고 생각하는 것은 의식의 뜻을 따르기에 "경계를 분별하는 식(識)에 기대어 본다."고 말한 것이다.
이 사람은 스스로 전식(轉識)에 따라 색의 모습을 나타낼 수 있는

---

1. 논-54 단락 위 * 참조.
2. 유식은 삼라만상이 실존하는 것이 아니고 오직 마음일 뿐이라는 말이다. 우리들이 인식하는 대상은 인식작용에서 독립한 실재 경계가 아니고 見分으로 말미암아 마음속에 비친 相分이니 곧 본질을 緣으로 삼고 생긴 영상에 불과하다는 것이다. 그 본질은 제8아리야식에 있는 씨앗에서 생긴 것이기에 마음에서 만든다.

것을 알지 못하므로, "전식이 나타난 사실을 알지 못하기에 밖에서 왔다고 본다."고 말한다. 그러나 그가 본 한정된 색들이 곧 끝이 없어 분별할 수 있는 한정된 모습을 벗어난 것인데, 그 사람은 오직 한정된 뜻만 취하고 아직 한정된 모습이 곧 끝이 없다는 것을 알지 못하기에, "한정된 색에 집착하여 진실을 다 알 수 없기 때문이다."고 말하는 것이다.

보신의 내용에서 말한 "업식에 기대어"는 무엇을 말하는가. '보살이 이해하여 머무는 열 가지 마음' 위에 있는 보살은 오직 마음일 뿐 바깥에 경계가 없다는 것을 알고 업식의 뜻을 따라 부처님의 몸을 보니, 그러므로 "업식에 기대어 본다."고 한 것이다. 그러나 이 보살은 그가 보는 한정된 모습이 곧 한정할 것이 없다는 사실을 알기에, "어떤 곳에도 나타나니, 곧 그 끝이 없고 다함이 없기에 분별할 수 있는 한정된 모습을 벗어난다. 그 감응한 곳을 따라 늘 머무를 수 있기에 망가지거나 잃어버릴 것이 없다"고 말한 것이다. 이 걸림이 없는 생각할 수 없는 놀라운 일들이 모두 육바라밀을 닦는 깊은 보살행의 훈습과 진여에 있는 '생각할 수 없는 놀라운 훈습'으로 말미암아 이룩되니, 이 뜻에 따라 보신이 된다고 한다. 그러므로 "헤아릴 수 없이 많은 즐거운 모습을 다 갖추었으므로 보신이 된다." 고 말한 것이다.

그러나 이 응신과 보신을 다른 경과 논에서는 달리 말하고 있다. 『동성경』에서는[1] "더러운 국토에서 부처님이 된 것을 화신이라 하고, 깨끗한 국토에서 도를 이룬 것을 보신이라 한다."고 하고, 『금고경』에서는[2] "삼십이상 팔십종호와 같은 모습을 응신이라고 하고, 여섯 갈래 중생의 나쁜 길에 따라 나타난 몸을 화신이라 한다."

---

1. 인용문 전거 93번 참조.
2. 인용문 전거 94번 참조.

고 하며, 『섭론』에¹ 따라 "보살이 닦아야 할 열 가지 마지막 수행단계 앞에서 본 것을 변화신이라고 하고, '보살이 닦아야 할 열 가지 마지막 수행단계' 자리에서 본 것을 수용신이라고 한다."고 하였다.

지금 이 논에서는 범부와 이승이 본 여섯 갈래 중생의 나쁜 길에서 차별된 모습을 응신이라고 하고, '보살이 이해하여 머무는 열 가지 마음' 위에 있는 보살이 보고 분별할 수 있는 한정된 모습을 떠난 것을 보신이라고 한다. 이처럼 다른 내용이 있게 된 까닭은 법에 들어가는 길이 헤아릴 수 없이 많아 오직 한 길만이 아니기에, 말하는 곳마다 모두 도리가 있게 된다. 그러므로 『섭론』에서 '보살이 닦아야 할 열 가지 마지막 수행단계' 앞에 있는 보살의 흐트러진 마음이 본 것은 분별할 수 있는 한정된 모습이 있기에 화신에 들어가나, 지금 이 논에서는 보살이 삼매에서 보는 바로 분별할 수 있는 한정된 모습을 떠나 있다는 사실을 밝히기에 보신에 들어간다. 이 도리로 말미암아 서로 어긋나지 않는다.

또 "범부가 본 것…" 아래는 다르게 나타나는 용(用)을 거듭 분별한다. 먼저 응신을 밝힌 것은 글의 내용으로 알 수 있고, "다시 처음 도 닦을…" 아래는 보신의 모습을 드러낸다. 이 가운데 두 가지가 있으니, 먼저 '보살이 닦아야 할 열 가지 마지막 수행단계' 앞에서 본 것을 밝히고 뒤에 '보살이 닦아야 할 열 가지 마지막 수행단계'에서 본 것을 드러낸다. 처음에 "진여라는 법을 깊이 믿기에 조금이나마 보신을 보는 것이다."고 말한 것은 무엇을 말하는가.

'보살이 이해하여 머무는 열 가지 마음' 가운데 인공(人空)의 길을 따라 진여의 이치를 보지만, 이는 '유사한 이해'이므로 '조금이나마

---

1. 인용문 전거 95번 참조.

보신을 본다.'고 말한 것이다. "만약 맑은 마음을 얻는다면…" 아래는 '보살이 닦아야 할 열 가지 마지막 수행단계'에서 본 것을 나타낸다. "업식을 벗어나면 보는 모습이 없다."는 것은 무엇을 말하는가. 업식에 따라 전상(轉相)과 현상(現相)이 있으므로 업식을 벗어나면 곧 보는 모습이 없다는 것이다. "물음…" 아래는 되풀이하여 의심을 없애니 글 내용으로 알 수 있다.

'올바른 뜻을 드러내 보이는 것' 안에 크게 두 부분이 있는데, 첫째 부분인 '대승의 법(法)과 의(義)는 무슨 내용인가'에서 내세운 법(法)과 의(義)를 바로 풀이하여 말하는 것을 여기서 마친다.[1]

---

1. 논-10 위 단락 * 참조.

2. 생멸의 길에서 진여의 길로

생멸의 길에서 진여의 길로 들어가는 내용

[논-56] 다시 생멸의 길에서 진여의 길로 들어가는 내용을 드러낸다. 이른바 오음(五陰)에 있는 색과 마음을 추구해 보면, 육진 경계는 끝내 헛된 생각이 없고 마음은 모습이 없기에 아무리 찾아도 결국 얻을 수 없다. 마치 사람이 헤매기 때문에 동쪽을 서쪽이라고 하나 방향은 실로 바뀌지 않듯, 중생도 그러하여 무명의 어리석음으로 마음을 헛된 생각이라고 해도 마음은 실로 움직인 것이 아니다. 만약 관찰하여 마음에 헛된 생각이 없다는 사실을 알면 곧 수순하여 진여의 길로 들어가기 때문이다.

[소-56] '올바른 뜻을 드러내 보이는 것'을 풀이하는 둘째 내용은 방편에서 근본 뜻으로 들어가는 문을 열어 보인다. 이 가운데 세 부분이 있으니 전체 내용을 드러내고, 따로 풀이하며, 전체를 마무리 짓는 부분이다.

전체 내용을 드러내며 "오음에 있는 색과 마음을 추구해 보면"이라고 말한 데서 색음(色陰)을[1] 색이라고 하고 나머지 수(受)·상(想)·행(行)·식(識)을 마음이라고 한 것이다.

따로 풀이하는 가운데 먼저 색을 보는 것을 풀이한다. 모든 색을 쪼개가며 지극히 미세한 곳까지 쪼개가더라도 색의 실체를 영원히 얻을 수 없고, 마음을 떠난 밖에는 생각할 수 있는 모습이 없으므로 "육진은 끝내 헛된 생각이 없다."고 말한 것이다. 다만 마음 밖에만

---

1. 色陰은 오온의 하나인 色蘊을 말한다.

달리 색 경계가 없을 뿐만 아니라 마음에서도 색을 찾을 수 없으므로 "마음은 모습이 없기에 아무리 찾아도 결국 얻을 수 없다."고 말한 것이다. "마치 사람이…" 아래는 이어서 '마음을 관찰하는 법'이니 먼저 비유하고 뒤에 결합한다. 결합하는 가운데 "마음은 실로 움직인 것이 아니다."고 말한 것은 움직이는 망념을 찾아보아도 이미 멸했거나 아직 생기지 않았으며 그 사이에 머무는 바도 없다. 머무는 바가 없기에 곧 일어날 마음도 없다. 그러므로 마음의 성품은 실로 움직인 것이 아니라는 사실을 알 것이다.

"만약 관찰하여…" 아래는 전체를 마무리 짓는 부분이다. "곧 수순하여"는 방편관이고, "진여의 길로 들어간다."는 것은 정관(正觀)이다.

2절. 삿된 집착을 다스린다

* '법(法)과 의(義)를 자세히 풀이하는 부분'의 두 번째는 삿된 집착을 다스리니 그 글에 또한 네 부분이 있다. 첫째는 전체 내용을 드러내어 둘로 나누고, 둘째는 수에 따라 이름을 늘어놓으며, 셋째는 이름에 따라 모습을 분별하고, 넷째는 마침내 집착을 여읜 사실을 모두 드러낸다.

삿된 집착을 다스림

[논-57] 삿된 집착을 다스린다는 것은 무엇을 말하는가. 삿된 집착이 모두 다 아견(我見)이니 '나'를 여읜다면 삿된 집착이 없다는 것이다. 이 아견에는 두 가지가 있다.

[소-57] 처음은 전체 내용을 드러내며 둘로 나눈다.

삿된 집착을 두 가지로 나눔

[논-58] 무엇이 그 둘인가. 하나는 '변하지 않는 하나의 주재자로서 내가 존재한다는 견해'이고 다른 하나는 '모든 법에 실체가 있다는 견해'이다.

[소-58] 둘째 이름을 늘어놓는 가운데 말한 '변하지 않는 하나의 주재자로서 내가 존재한다는 견해'란 무엇을 말하는가. 낱낱의 모습을 뭉뚱그려 주재하는 자가 있다고 생각하는 것이니 아집(我執)이라고 한다. '모든 법에 실체가 있다는 견해'란 무엇을 말하는가. 모든 법이 저마다의 바탕인 성품이 있다고 생각하는 것이기에 법집(法執)

이라고 한다. 법집은 이승이 일으킨 것이고, 이 가운데서 아집(我執)은 오로지 부처님의 법을 배우는 사람 가운데 처음 대승을 배우는 사람들이 일으키는 것만을 취했다.

1. '변하지 않는 하나의 주재자로서 내가 존재한다는 견해'를 다스린다

변하지 않는 하나의 주재자로서 내가 존재한다는 다섯 가지 견해

[논-59] '변하지 않는 하나의 주재자로서 내가 존재한다는 견해'란 모든 범부에 기대어 말한 것이니 다섯 가지가 있다. 무엇이 그 다섯인가.

첫째는 경에서 "여래 법신은 마침내 적막하여 허공 같다."고 한 말을 듣고, 이 말이 집착을 깨뜨리기 위한 방편인 줄 알지 못하기에 곧 허공이 여래의 성품이라고 말하는 것이다.

이를 어떻게 상대하여 다스릴 것인가. 허공의 모습은 헛된 법이니, 그 바탕이 없어 실답지 않다는 것을 밝혀야 한다. 색을 상대하기에 볼 수 있는 모습이 있어 마음이 생멸하게 하지만 모든 색법이 본디 마음이기에 실로 바깥의 색은 없다. 바깥의 색이 없다면 허공의 모습도 없다. 이른바 모든 경계는 오직 마음이 헛되이 일으키기에 있는 것이니, 마음이 헛된 움직임을 벗어나면 모든 경계는 사라진다. 오직 하나의 참마음만이 어떤 곳에서도 두루하지 않은 데가 없다. 이는 여래의 크고 넓은 성품 지혜의 가장 뛰어난 뜻을 말하니, 허공과 같은 모습이 아니기 때문이다.

둘째는 경에서 "세간의 모든 법이 끝내 그 바탕이 공(空)이고, 열반과 진여라는 법도 끝내 공(空)이며, 본디부터 스스로 공(空)이어서 모든 모습을 벗어났다."고 한 말을 듣고, 이 말이 집착을 깨뜨리기 위한 방편인 줄 모르기에 곧 진여와 열반의 성품은 오직 공(空)일 뿐이라고 말하는 것이다.

이를 어떻게 상대하여 다스릴 것인가. 진여에 있는 법신 자체가 불공(不空)이라는 사실을 밝혀야 하니, 여래의 성품에서 나오는 헤아릴 수 없이 많은 공덕을 다 갖추었기 때문이다.

셋째는 경에서 "여래장은 늘어나고 줄어드는 것이 없이 그 바탕에 모든 공덕의 법을 갖추었다."고 한 말을 듣고, 그 뜻을 이해하지 못하므로 곧 여래장에 색과 마음의 법이 있으므로 근본성품이 차별이 있다고 말하는 것이다.

이것을 어떻게 상대하여 다스릴 것인가. 오직 진여의 뜻만 기대어 말할 뿐이니, 생멸의 오염된 뜻이 나타남에 따라 차별을 말하기 때문이다.

넷째는 경에서 "모든 세간의 삶과 죽음으로 대두된 오염된 법이 모두 여래장에 기대어 있기에 모든 법이 진여를 여의지 않았다."고 한 말을 듣고 이해하지 못하기에, 여래장 자체에 모든 세간의 삶과 죽음과 같은 법을 다 갖추고 있다고 말하는 것이다.

이것을 어떻게 상대하여 다스릴 것인가. 여래장은 본디부터 오직 갠지스강 모래알보다 더 많은 깨끗한 공덕만 있어 진여의 뜻을 여의지도 않고 끊어지지도 않고 다르지도 않기에, 갠지스강 모래알보다 더 많은 번뇌인 오염된 법은 오직 헛되이 있을 뿐 그 성품 자체가 본디 없어 시작이 없는 때부터 일찍이 여래장과 서로 붙어 어울린 적이 없기 때문이다. 만약 여래장 자체에 헛된 법이 있다면 이것을 증득하여 영원히 헛된 법을 없앤다는 것은 옳지 않기 때문이다.

다섯째는 경에서 "여래장에 기대기에 삶과 죽음이 있고, 여래장에 기대기에 열반을 얻는다."고 한 말을 듣고, 이해하지 못하므로 "중생은 시작이 있다."고 하고, 시작이 있다고 생각하므로 또 "여래가 얻은 열반은 그 끝이 있어 다시 중생이 된다."고 말하는 것이다.

이것을 어떻게 상대하여 다스릴 것인가. 여래장은 과거에 시작인 어떤 시점도 없기에 무명의 모습도 시작이 없다. 만약 삼계 밖에 다시 중생이 시작되는 것이 있다고 한다면 곧 외도의 경에서 말한 것이다. 또 여래장은 미래의 끝인 어떤 시점도 없으니 모든 부처님이 얻은 열반도 이와 맞서 미래의 끝인 어떤 시점도 없기 때문이다.

[소-59] 셋째는 이름에 따라 모습을 분별하는 가운데 먼저 '변하지 않는 하나의 주재자로서 내가 존재한다는 견해'를 밝힌다. 그 가운데 두 부분이 있으니, 전체 내용을 드러내고 그 내용을 따로 풀이하는 부분이다. 따로 풀이하는 가운데 따로 다섯 가지를 드러내니 그 내용마다 세 구절이 있다.

처음 구절은 견해를 일으키는 까닭을 내놓고, 다음은 집착하는 모양을 밝히며, 뒤에는 이를 상대하여 다스리는 방법을 나타낸다.

처음 집착 가운데 말한 "곧 허공이 여래의 성품이라고 말한다."는 여래의 성품이 허공의 모습과 똑같은 줄 착각하는 것이다.

둘째 가운데 "열반과 진여의 법도 끝내 공(空)이다."고 말한 것은

『대품경』에서¹ "열반은 허깨비나 꿈과 같다. 어떤 법이 열반보다 뛰어나더라도 나는 다시 허깨비나 꿈과 같다고 말한다."고 말한 것과 같기 때문이다.

셋째 가운데 "생멸의 오염된 뜻이 나타남에 따라"를 말한 것은 위 글에서² "업식에 따라 생멸하는 모습이 보이고…" 아래 자세히 말한 것과 같기 때문이다.

넷째 가운데 "진여의 뜻을 여의지도 않고 끊어지지도 않고 다르지도 않기에"라고 말한 것은 『부증불감소』³ 가운데 자세히 말한 것과 같기 때문이다.

다섯째 가운데 "만약 삼계 밖에서 다시 중생이 시작되는 것이 있다고 한다면 곧 외도 경에서 말한 내용이다."고 말한 것은 『인왕경』에서⁴ 말한 것과 같기 때문이다. 위의 다섯 가지 집착이 모두 법신과 여래장에 기대어 낱낱의 모습을 한데 묶는 주재자로서 집착을 일으키기에 통틀어 아집(我執)이라고 한다.

---

1. 이 부분은 전거가 확실치 않다.
2. 본서 논-53 가운데 부분 참조.
3. 『부증불감경소』는 원효 스님의 저술인데 현존하지 않는다.
4. 인용문 전거 96번 참조.

2. '모든 법에 실체가 있다는 견해'를 다스린다

모든 법에 실체가 있다는 견해란 무엇인가

[논-60] '모든 법에 실체가 있다는 견해'란 무엇인가. 이승의 아둔한 근기에 기대기에 여래께서는 다만 "변하지 않는 하나의 주재자로서 내가 존재하지 않는다."고만 말할 뿐이다. 그러나 말한 내용이 가장 뛰어난 법이 아니기에 이승은 오음에 생멸이 있다고 보고 삶과 죽음을 두려워하여 헛되이 열반을 취한다.

이것을 어떻게 상대하여 다스릴 것인가. 오음의 법에 자기 성품은 생겨나지 않으므로 없앨 것이 없으니, 본디 열반이기 때문이다.

[소-60] '모든 법에 실체가 있다는 견해' 가운데 또한 세 구절이 있다. 처음은 견해를 일으키는 까닭을 밝히고, "오음의 생멸하는 법이 있다고 보고…" 아래는 집착하는 모습을 드러내고, "어떻게 상대하여 다스릴 것인가…" 아래는 그 집착을 다스리는 법을 나타내니, 글 내용으로 알 수 있다.

집착을 여읜 사실을 모두 드러냄

[논-61] 또 마침내 헛된 집착을 벗어난다는 것은 무엇을 말하는가. 오염된 법과 깨끗한 법은 서로 맞서 기댐으로 있게 되는 것으로서 말할 만한 근본성품이 없다는 사실을 으레 아는 것이다. 이 때문에 모든 법은 본디부터 물질도 아니요 마음도 아니며, 지혜도 아니요 알음알이도 아니며, 있는 것도 아니요 없는 것도 아니어서 끝내 말할 수 있는 모습이 아니다.

그런데도 말이 있게 된 것은 무엇을 말하는가. 으레 알아야 한다. 여래께서는 훌륭한 방편으로 임시 말로써 중생을 이끌고 있는 것이다. 그 취지는 모두 헛된 생각을 떠나 진여에 돌아가기 위한 것이다. 모든 법을 생각함으로써 마음이 생멸하게 되면 참된 지혜에 들어가지 못하기 때문이다.

[소-61] 넷째는 마침내 집착을 벗어난다는 뜻이니 그 가운데 두 가지가 있다. 먼저 모든 법이 말을 떠나 있는 도리를 밝히고, 뒤에 임시 말로 가르침을 준 뜻을 드러내니 글의 내용으로 알 수 있다.

3절. 도 닦을 마음을 내어 공부하는 모습을 분별한다

* '법(法)과 의(義)를 자세히 풀이하는 부분'에 있는 셋째 '도 닦을 마음을 내어 공부하는 모습을 분별'하는 부분에는 둘이 있다. 하나는 전체 대의를 나타내고 또 하나는 따로 분별한 내용을 드러낸다.

도 닦을 마음을 내어 공부하는 모습을 분별한다는 뜻

[논-62] '도 닦을 마음을 내어 공부하는 모습을 분별'한다는 것은 모든 부처님께서 증득한 도를 모든 보살이 도 닦을 마음을 내어 수행해 나간다는 뜻을 말하는 것이다.

[소-62] 처음에 "모든 부처님께서 증득한 도"라고 말한 것은 공부해 나가야 할 목표인 도를 내세운 것이고, "모든 보살…" 아래는 도를 향해 가는 수행을 드러낸 것이다. 보살이 공부할 마음을 내어 부처님이 증득한 도를 향하여 가는 내용을 밝히려고 하므로 '도 닦을 마음을 내어 공부하는 모습을 분별한다.'고 말한 것이다.

* 아래는 따로 분별한 내용을 드러내니 이 가운데 세 부분이 있다. 첫째 부분은 수를 내세워 장(章)을 열고, 둘째 부분은 내세운 수에 따라 이름을 늘어놓으며, 셋째 부분은 이름에 따라 그 모습을 가려낸다.

간단히 도 닦을 마음을 내는 것을 세 가지로 말함

[논-63] 간단히 도 닦을 마음 내는 것을 말하면 세 가지가 있으니 무엇이 그 셋인가. 첫째는 '믿음을 이룩하여 도 닦을 마음을 내는 것'이고, 둘째는 '알고 행하면서 도 닦을 마음을 내는 것'이며, 셋째는

'증득하여 도 닦을 마음을 내는 것'이다.

[소-63] 처음에 나오는 글의 내용은 알 수 있다. 둘째 부분에서 "믿음을 이룩하여 도 닦을 마음을 내는 것"이란 수행의 위치가 '보살이 닦아야 할 열 가지 머무는 마음'에 있고 겸하여 '보살이 닦아야 할 열 가지 믿음'을 취하는 것이다. '보살이 닦아야 할 열 가지 믿음의 위치'에서 마음을 닦아 익혀 믿음을 이룩하고 굳은 마음을 내어 곧 '보살이 닦아야 할 열 가지 머무는 마음'에 들어가기에 "믿음을 이룩하여 도 닦을 마음을 내는 것"이라고 한다.

"알고 행하며 도 닦을 마음을 내는 것"이란 수행의 위치가 '보살이 닦아야 할 열 가지 회향'에 있고 겸하여 '보살이 닦아야 할 열 가지 행'을 취하는 것이다. '보살이 닦아야 할 열 가지 행'의 위치에서 법공(法空)을 알 수 있고, 법계를 따라서 육바라밀 보살행을 닦아 육바라밀행이 완성되면, 모든 중생에게 회향하는 마음을 일으켜 '보살이 닦아야 할 열 가지 회향'의 위치에 들어가기에 "알고 행하며 도 닦을 마음을 내는 것"이라고 한다.

"증득하여 도 닦을 마음을 내는 것"이란 수행의 위치가 '보살이 닦아야 할 열 가지 마지막 수행단계'의 처음부터 마지막까지이니, 앞서 비슷한 두 가지 도 닦을 마음을 낸 것에 따라 법신을 증득하고 참 마음을 일으키는 것이다.

1. 믿음을 이룩하여 도 닦을 마음을 낸다

* 셋째 부분은 이름에 따라 그 모습을 가려내니 글 가운데 세 가지가 있다. 앞에서처럼 차례대로 세 가지 마음을 말한다.
* 처음 도 닦을 마음을 내는 가운데 또한 세 부분이 있다. 첫째 부분은 믿음을 이룩하는 행을 밝히고, 둘째 부분은 행이 이루어져 도 닦을 마음을 낸 모습을 나타내며, 셋째 부분은 도 닦을 마음을 내어 얻은 공덕을 찬탄한다.

믿음을 이룩하여 도 닦을 마음을 내는 뜻

[논-64] '믿음을 이룩하여 도 닦을 마음을 낸다'는 건 무엇을 말하는가. 어떤 사람에게 기대고 어떤 행을 닦아 믿음을 이룩해야 도 닦을 마음을 낼 수 있는가.

이른바 '어떤 길로 갈지 결정되지 않은 중생'이[1] 좋은 마음의 뿌리를 훈습한 힘이 있는 것에 기대기에 업의 과보를 믿고 열 가지 좋은 행을 일으켜, 삶과 죽음에 있는 괴로움을 싫어하고 깨달음을 구하고자 모든 부처님을 만나 몸소 공양하고 믿음을 수행하며 일만 겁을 지나 믿음을 이룩하는 것을 말한다.

모든 부처님과 보살들이 그들을 가르쳐 도 닦을 마음을 내게 하며, 때로는 자비로운 큰마음의 힘으로 말미암아 스스로 도 닦을 마음을 내며, 때로는 바른 법이 멸하려고 할 때 법을 보호하고자 하는 인연으로 도 닦을 마음을 내는 것들이다.

---

1. 부정취 중생은 진보하여 깨달음에 도달할지 아니면 퇴보하여 악도에 떨어질지 결정이 안 된 중생을 말한다.

이처럼 믿음을 이룩하여 도 닦을 마음을 낸 사람들은 반드시 도를 이루게 할 길로[1] 들어가 끝내 도 닦는 공부에서 물러나지를 않으니, 이를 여래의 씨앗 가운데 머물러 바른 인(因)과 맞아떨어진다고 한다.

만약 어떤 중생이 좋은 마음의 뿌리가 적다면, 아득히 먼 옛날부터 번뇌가 매우 두텁기에, 부처님을 만나 공양하더라도 하늘의 신이나 인간의 씨앗을 일으키며 또는 이승의 씨앗을 일으킨다. 설사 대승을 찾는 사람이 있더라도 근기가 일정하지 않으므로 어떤 때는 공부에 나아가고 어떤 때는 공부에서 물러난다.

때로는 모든 부처님을 공양하고 아직 일만 겁이 지나지 않았어도 그 가운데 좋은 인연을 만나기에 또한 도 닦을 마음을 내기도 한다. 이른바 부처님의 겉모습을 보고 도 닦을 마음을 일으키며, 때로는 많은 스님들을 공양하므로 도 닦을 마음을 일으키며, 때로는 이승의 가르침으로 도 닦을 마음을 일으키며, 때로는 다른 사람에게 배워 도 닦을 마음을 일으키는 것이다.

이와 같이 도 닦을 마음을 낸 것은 아직은 모두 굳은 마음들이 아니므로 나쁜 인연을 만나면 때로는 도에서 물러나 이승의 위치에 떨어지게 된다.

[소-64] 처음 부분에서 또한 둘이 있으니 먼저 묻고 뒤에 답하는 내용이다. 묻는 가운데 "어떤 사람에 기대고"는 닦는 사람을 묻고, "어떤 행을 닦아"는 닦아야 할 행위를 물으며, "믿음을 이룩해야 도 닦을 마음을 낼 수 있는가"는 도 닦을 마음을 낸 결과를 상대하는 그 행위가 이루어진 내용을 묻는다. 답 가운데 둘이 있으니 첫째는

---

1. 정정취 중생은 반드시 진보하여 깨달음이 보장된 중생을 말한다.

묻는 것에 바로 답하고, 둘째는 뒤떨어진 이를 내세워 뛰어난 이를 드러낸다.

바로 답한 내용은 앞의 세 가지 물음을 상대한다. 처음에 말한 "어떤 길로 갈지 결정되지 않은 중생이 마음의 좋은 뿌리를 훈습한 힘이 있는 것에 기대기에"는 처음 물음에 답하여 닦는 사람을 나타낸다. 세 부류의 사람들을 분별하는 것에 여러 방법이 있다.

그러나 지금 이 글에서는 바로 밝히니, 보살이 닦아야 할 열 가지 이해하여 머무는 마음 위에서 도 닦을 마음이 결정되어 공부에서 물러나지 않는 것을 '반드시 도를 이룩할 중생'이라고 하고, 아직 '보살이 닦아야 할 열 가지 믿음'에도 들어가지를 않아 인과를 믿지 않는 사람들을 '깨달음과 더욱 멀어져만 가는 중생'이라고[1] 하며, 이 둘의 사이에서 도에 나아갈 사람이 도를 닦을 마음을 내어 깨달음을 구하려고 하나, 도를 닦을 마음이 아직 확고하지 않기에 어떤 때는 나아가고 어떤 때는 물러서는 이들을 '보살이 닦아야 할 열 가지 믿음'에 있다고 하며, '어떤 길로 갈지 결정되지 않은 중생'이라고 한다.

이제 이 사람들을 기대어 닦는 행을 밝힌다. "마음의 좋은 뿌리를 훈습한 힘이 있는…" 아래는 두 번째 물음에 답하여 어떤 길로 갈지 결정되지 않은 사람들이 닦는 행을 밝힌다. "마음의 좋은 뿌리를 훈습한 힘이 있다"고 말한 것은, 여래장 안의 훈습하는 힘에 따르고 또 전생에 닦은 마음의 좋은 뿌리에 있는 힘에 기대기에 지금 믿음과 같은 것을 닦는 수행을 하게 된다는 것이다.

"업의 과보를 믿고 열 가지 좋은 행을 일으켜"라고 말한 것은 복이

---

1. 사정취 중생은 삿된 소견으로 깨달음과 더욱 멀어져만 가는 중생을 말한다.

될 수 있는 좋은 행을 일으킨다는 것이다. "삶과 죽음에 있는 괴로움을 싫어하고 깨달음을 구하고자"라고 말한 것은 도를 이루게 하는 마음을 낸다는 것이다.

"모든 부처님을 만나 몸소 공양하고 믿음을 수행하며"라고 말한 것은 바로 도를 이루게 하는 마음의 좋은 뿌리를 닦아나가는 것을 밝힌 것이다. 말하자면 '보살이 닦아야 할 열 가지 믿음'을 수행하는 것이니, 그 모습은 모두 『일도장』에서[1] 말한 내용과 같다.

"일만 겁을 지나…" 아래는 세 번째 물음에 답하여 믿음을 이룩하는 모습을 밝힌다. 그 가운데 두 가지가 있다. 하나는 시간을 들어 '믿음을 이룩하여 도 닦을 마음을 내는 연(緣)'을 밝히고, 또 하나는 사람들을 가지고 밑가늠하여 도 닦을 마음을 내어 머무는 위치를 드러낸다.

처음에 말한 "일만 겁을 지나 믿음을 이룩하는 것"은 '보살이 닦아야 할 열 가지 믿음'에서 일만 겁을 지나 믿음을 이룩하면 곧 '보살이 닦아야 할 열 가지 머무는 마음'에 들어가는 것을 말한다. 이는 『본업경』에서[2] "믿음을 생각하고 있는 보살이[3] 일만 겁에 걸쳐 열 가지 계법(戒法)을[4] 행하면 마땅히 '보살이 닦아야 할 열 가지 머무는 마음'에 들어가 초주(初住)의 위치에 들어간다."고 말한 것과 같다.

---

1. 원효가 쓴 책 가운데 『일도장』과 『기신론일도장』이 있는데 둘 다 현존하지 않는다.
2. 『본업경』은 『보살영락본업경』으로 상권 3품과 하권 5품이 있다. 하권 대중수락품에서 3취정계와 10중금계를 말하고 있기에 『범망경』과 함께 대승계의 근거로 삼고 있다. 이 경을 풀이한 원효의 소 2권이 있다.
3. 信想 보살은 아직 실질적인 보살행을 갖추지 못했다 하여 假名菩薩이라고도 한다. '보살이 닦아야 할 열 가지 믿음'의 위치에 있는 보살이다.
4. 보살이 지니는 열 가지 맑은 계인 善饒益, 不受, 不住, 無悔恨, 無違諍, 不損惱, 無雜穢, 無貪求, 無過失, 無畏犯戒를 말한다. 『신화엄경』 제21권 참조.

이를 풀이하여 보자. 여기에서 "초주에 들어간 위치"란 '보살이 닦아야 할 열 가지 머무는 마음'에서 처음 도 닦을 마음을 내어 머무는 위치를 말한다. 이 자리라야 비로소 도 닦을 마음에서 물러나지 않는 믿음을 얻는다. 이 때문에 또한 믿음이 '보살이 닦아야 할 열 가지 머무는 마음'에[1] 들어간다고 하나, 이 믿음은 '보살이 이해하여 머무는 열 가지 마음' 앞의 열 가지 믿음을 말하는 것이 아니다. 무엇으로 그러한 것을 알 수 있는가.

이는 『인왕경』에서[2] "습종성(習種性)에[3] 열 가지 마음이 있어 이미 이승의 좋은 모든 경계를 뛰어넘었다. 이 습인(習忍)[4] 앞에 있는 열 가지 좋은 행을 행하는 보살들은 공부에서 물러났다 나아갔다 하니 마치 가벼운 털이 바람에 실려 이리저리 날아다니는 것과 같다. 비록 일만 겁에 걸쳐 열 가지 바른 길을[5] 행하므로 깨달음을 얻고자 마음을 내더라도 마땅히 습인(習忍)의 위치에는 들어가야 한다."고 말한 내용과 같다. 이 글로 증명하기에 알 수 있는 것이다.

경에서 말한 "십천(十千)"은 곧 일만(一萬)이다. "모든 부처님과 보살들이 그들을 가르쳐 도 닦을 마음을 내게 하니…"라고 말한 내용은 도 닦을 마음 내는 연(緣)이 많으나 지금은 간단히 세 가지 뛰어난 인연만 추린 것이다. "이처럼 믿음을 이룩하여…" 아래는 도 닦을 마음을 내어 머무는 위치를 드러낸다. "믿음을 이룩하여 도 닦을 마음을 낸 사람들은 반드시 도를 이루게 할 길로 들어가"라고

---
1. 十心은 '보살이 닦아야 할 열 가지 머무는 마음'을 뜻한다. 이는 發心住, 治地住, 修行住, 生貴住, 具足方便住, 正心住, 不退住, 童眞住, 法王子住, 觀頂住를 말한다.
2. 인용문 전거 97번 참조.
3. 習種性은 6종성의 하나로서 '보살이 닦아야 할 열 가지 머무는 마음'의 위치에 해당한다. 이 지위는 空觀을 닦아 見惑·思惑을 끊고 이것으로 깨달음에 이르는 씨앗을 삼는다고 한다.
4. 습인은 습종성의 지위와 같다.
5. 보살이 지니는 열 가지 맑은 계인 善饒益, 不受, 不住, 無悔恨, 無違諍, 不損惱, 無雜穢, 無貪求, 無過失, 無毀犯戒를 말한다. 『신화엄경』 제21권 참조.

말한 내용은 '보살이 이해하여 머무는 열 가지 마음'에 있는 초발심(初發心)에 들어가 머무는 것이다. 이 때문에 "끝내 도 닦는 공부에서 물러나지를 않으니"라고 말한 것이다. 곧바로 습종성(習種性)의 위치에 있으므로 "여래의 씨앗 가운데 머문다."고 한다. 닦는 행이 부처님 성품을 따라가기 때문에 또한 "바른 인(因)과 맞아떨어진다."고 말한다. 위에서 바로 앞의 세 가지 물음에 대한 대답을 다 끝마친다.

"만약 어떤 중생이 마음의 좋은 뿌리가 적다면…" 아래는 뒤떨어진 이를 내세워 뛰어난 이를 드러낸다. '보살이 닦아야 할 열 가지 믿음'의 위치 속에 뛰어난 이와 뒤떨어진 이가 있기에, 뛰어난 이는 앞에서와 같이 '보살이 닦아야 할 열 가지 머무는 마음'에 들어가고 뒤떨어진 이는 여기와 같이 이승의 경계에 떨어진다.

이는 『섭대승론』에서[1] 말한 "모든 보살이 열 가지 믿음의 위치에서 대승을 닦으나 아직 믿음이 굳지 못하여 대다수가 삶과 죽음을 두려워한다. 중생을 자비롭게 생각하는 마음이 아직 작기에 대승의 본원을[2] 버리고 소승의 도를 즐겨 닦으려고 한다. 그러므로 소승을 수행하려 한다고 말한다."는 것과 같다. 대의가 이와 같음을 글 내용으로 알 수 있다. 위에서 믿음을 이룩하는 행을 밝혔다.

도 닦을 마음을 낸 모습

[논-65] 다시 믿음을 이룩하여 도 닦을 마음을 낸다는 것은 어떤 마음을 내는 것인가. 간단히 말하면 세 가지가 있으니 무엇이 그 셋인가.

---

1. 인용문 전거 98번 참조.
2. 대승의 본원은 보통 위로는 깨달음을 구하고 아래로는 중생을 교화하는 것으로 볼 수 있다. 나와 남을 이롭게 하는 행으로서 사홍서원 같은 것이 있다.

첫째는 곧은 마음이니 바로 진여라는 법을 생각하기 때문이요, 둘째는 깊은 마음이니 좋은 모든 행을 즐겨하기 때문이요, 셋째는 자비로운 큰마음이니 중생의 모든 괴로움을 없애려고 하기 때문이다.

물음 : 위에서 법계는 하나의 모습이며 부처님의 바탕에 둘이 없다고 말했는데, 무슨 까닭에 오직 진여만 생각하지 않고 다시 온갖 좋은 행을 찾아 배워야만 합니까.

대답 : 비유하면 큰 여의주의 바탕이 맑고 깨끗하나 잘 다듬어지지 않은 것과 같다. 사람들이 여의주의 성품을 생각하더라도 온갖 기술로 갈고 다듬지 않는다면 끝내 깨끗해질 수 없는 것이다. 이와 같이 중생의 진여라는 법도 그 바탕이 텅 빈 듯 깨끗하나 헤아릴 수 없이 많은 번뇌가 있다. 사람들이 진여를 생각하더라도 온갖 방편으로 그 진여를 닦아 익히지 않는다면 또한 깨끗해질 수 없는 것이다. 헤아릴 수 없이 많은 번뇌가 모든 법에 두루하기에 좋은 행을 모두 닦아 이 힘으로 번뇌를 다스려야 하기 때문이다. 사람들이 좋은 모든 법을 수행하면 저절로 진여라는 법을 따르기 때문이다.

간단히 방편을 말하자면 네 가지가 있으니 무엇이 그 넷인가.

첫째는 '근본을 행하는 방편'이다. 이는 모든 법의 자기 성품이 생겨나는 것이 없다는 사실을 보고 헛된 견해를 벗어나 삶과 죽음에 머물지 않으며, 모든 법은 인연의 어울림으로 업과(業果)를 잃지 않는다는 사실을 보고 자비로운 큰마음을 일으켜서 모든 복덕을 닦아 중생을 거두고 교화하며 열반에 머물지 않는 것을 말한다. 이는 법의 성품에 수순하여 머무름이 없기 때문이다.

둘째는 '허물을 멈출 수 있는 방편'이다. 이는 자기 허물을 뉘우치고 부끄러워하여 나쁜 모든 법을 멈추고 더 키우지 않는 것을 말한다. 이는 법의 성품에 수순하여 모든 허물을 벗어나기 때문이다.

셋째는 '마음의 좋은 뿌리를 일으켜 늘리는 방편'이다. 이는 부지런히 삼보를 공양·예배·찬탄·기뻐하며 모든 부처님에게 법을 말씀하시기를 청하는 것이니, 삼보를 아끼고 공경하는 순수한 마음 때문에 믿음이 커져 무상도(無上道)를 구하려고 하며 또 불·법·승 삼보의 힘이 보호하기 때문에 업장을 녹여 마음의 좋은 뿌리에서 물러날 수 없는 것을 말한다. 이는 법의 성품에 수순하여 어리석음을 벗어나기 때문이다.

넷째는 '큰 원력의 평등한 방편'이다. 말하자면 미래 세상이 다하도록 모든 중생을 교화하여 빠짐없이 모두 무여열반을 얻게 발원하는 것이다. 이는 법의 성품에 수순하여 단절될 것이 없기 때문이다. 법의 성품이 크고 넓어 모든 중생에게 두루하고 평등하여 다를 것이 없어 나와 남의 경계를 생각하지 않는 가장 뛰어난 적멸이기 때문이다.

[소-65] 둘째 부분은 행이 이루어져 도 닦을 마음을 낸 모습을 드러낸다. 그 가운데 둘이 있으니, 하나는 바로 그 내용을 밝히고 또 하나는 되풀이하여 의심을 없앤다.

처음에 말한 "곧은 마음"은 마음이 굽이굽이 돌아가지 않는다는 뜻이다. 진여를 생각하면 마음이 평등하여 다시 다른 갈래가 없으니 무슨 돌아갈 길이 있겠는가. 그러므로 "바로 진여라는 법을 생각하기 때문이다."고 말하니, 곧 자기와 남에게 이익을 주는 행위의 근본이다.

"깊은 마음"이라고 말한 것은 궁극의 근원이라는 뜻이다. 좋은 행 하나라도 빠뜨리면 근원에 돌아갈 수 없다. 근원에 돌아가려면 반드시 온갖 행을 갖추어야 한다. 그러므로 "좋은 행을 모두 즐겨하기 때문이다."고 말하니, 곧 자기한테 이익을 주는 행위의 근본이다. "자비로운 큰마음"이란 빠짐없이 두루 중생을 괴로움에서 건진다는 뜻이다. 그러므로 "중생의 괴로움을 없애려고 하기 때문이다."고 말하니, 곧 남한테 이익을 주는 행위의 근본이다.

이 세 마음을 내면 모든 악을 떠나고 모든 선을 닦아 모든 중생을 괴로움에서 건지니 이것을 최고의 깨달음이라고 한다.

"물음…" 아래는 되풀이하여 의심을 없애니 묻는 뜻으로 알 수 있다. 답하는 내용에 둘이 있으니 바로 대답하는 것과 그 뜻을 거듭 드러내는 것이다. 처음 바로 대답하는 가운데는 비유와 합(合)이 있다. "간단히 방편을 말하면…" 아래는 거듭 그 내용을 드러낸다는 것을 알 수 있다.

도 닦을 마음을 내어 얻은 공덕을 찬탄함

[논-66] 보살이 이 마음을 내기에 조금이나마 법신을 볼 수 있고, 법신을 보기에 그 원력대로 중생을 이롭게 하는 여덟 가지 모습을[1] 나타낼 수 있다.

이른바 도솔천에서[2] 내려와 모태에 들어가 머물다, 모태에서 나와

---

1. 불·보살이 세상에 나와 중생을 괴로움에서 건지려고 일생 동안 보여 주는 여덟 가지 모습이다. 도솔천에서 내려오는 모습, 태에 들어가는 모습, 태에 머물러 있는 모습, 태에서 나오는 모습, 출가하는 모습, 도를 이루는 모습, 법을 펴뜨리려는 모습, 열반에 들어가는 모습이다.
2. 도솔천은 욕계 6천의 하나이다. 수미산 꼭대기에 있는 하늘로서 칠보로 만들어진 궁전이 있다. 外院은 하늘나라 사람들이 즐거움을 누리는 곳이고 內院은 미륵 보살의 정토라고 한다. 미륵 보살이 여기서 설법하며 남섬부주에 내려와 성불할 때를 기다리고 있다고 한다.

출가하여 도를 이루고, 법을 설파하다가 열반에 들어가는 모습이다.

그러나 이 보살을 법신이라고 하지 않는 것은, 과거 헤아릴 수 없이 많은 세월 속의 유루업을[1] 아직 끊어버릴 수 없으므로, 태어난 곳에서 미세한 괴로움과 서로 붙어 어울리기 때문이다.

이는 또한 업에 얽힌 괴로움은 아니니 큰 원력의 자유자재한 힘이 있기 때문이다. 이는 경에서 때로는 "방편으로 나쁜 길로 물러나 있음은 진실로 공부에서 물러난 것이 아니다."고 말하는 내용과 같으니, 그 뜻은 다만 처음 도를 배우는 보살로서 아직 바른 위치에 들지 못하고 게으른 자들이 두려워하기에 그들에게 용맹심을 내게 하기 위한 것이다. 또 이 보살은 도 닦을 마음을 한번 낸 뒤에는 두려운 마음을 멀리 벗어나 마침내 이승의 경계에 떨어지는 것을 두려워하지 않고, 헤아릴 수 없이 많은 세월 동안 어려운 공부를 부지런히 해야 열반을 얻는다는 소리를 듣고도 약해지거나 두려워하지 않는다. 이는 모든 법이 본디 열반임을 믿고 알기 때문이다.

[소-66] 셋째 부분은 도 닦을 마음을 내어 얻은 공덕을 찬탄하니 그 가운데 넷이 있다. 첫째는 뛰어난 덕을 드러내고, 둘째는 미세한 허물을 밝히며, 셋째는 방편을 회통하고, 넷째는 진실한 행을 찬탄한다.

첫째 구절에 "조금이나마 법신을 볼 수 있고"는 자신한테 이로운 공덕을 밝힌다. 이는 '보살이 이해하여 머무는 열 가지 마음'에 있는 보살이 인공(人空) 쪽에 따라서 법계를 보니 '비슷하게 보는 견해'이다.[2] 그러므로 "조금이나마"라는 표현을 쓴다.

---

1. 有漏는 새는 게 있다는 뜻이니, 중생의 마음에서 흘러나오는 번뇌를 말한다. 그러므로 중생들의 업은 유루업이다.
2. 相似見은 법계가 아닌데 법계처럼 잘못 본 견해를 말한다.

"그 원력대로…" 아래는 남을 이롭게 하는 공덕을 나타낸다. "중생을 이롭게 하는 여덟 가지 모습을 나타낼 수 있다"는 것은 『화엄경』에서[1] '보살이 닦아야 할 열 가지 머무는 마음'에서 처음 도 닦을 마음을 내는 자리에 머무는 마음을 찬탄하여 "여기서 도 닦을 마음을 낸 보살이 여래의 한 몸에 헤아릴 수 없이 많은 몸이 있는 신통력을 얻어 모든 세간에서 부처님이 된 모습을 나타내어 보여 준다."고 말한 내용과 같다.

"그러나 이 보살을…" 아래는 미세한 허물을 나타낸다.

"이는 경에서 때로는…" 아래는 셋째인 방편을[2] 회통하는 부분이다. 이는 『본업경』에서[3] "보살의 일곱째 머무는 마음인 불퇴주(不退住)[4] 앞은 공부에서 물러날 수 있으니 선지식을 만나지 못한다면 일겁 내지 십겁 동안 도 닦을 마음이 퇴보한다. 정목[5] 천자와 법재 왕자와 사리불 같은 이들이 '보살의 일곱째 머무는 마음'에 들어가려고 하였으나 그 사이 나쁜 인연을 만났기에 범부의 선악도 아닌 세계로 떨어졌다."고 하며 자세히 말한 내용과 같다. 지금 풀이하는 이 뜻은 다만 방편으로 하는 말일 뿐 실제로 물러난다는 뜻이 아니다.

"또 이 보살은 도 닦을…" 아래는 넷째 진실한 행을 찬탄하는 부분이다. 영원히 약해지거나 두려움이 없기에 곧 『본업경』의 가르침이 방편이고 진실이 아니라는 것이 성립한다.

---

1. 인용문 전거 99번 참조.
2. 권교는 실교의 상대 개념으로서 방편으로 말한 가르침을 말한다.
3. 인용문 전거 100번 참조.
4. 七住는 '보살이 닦아야 할 열 가지 머무는 마음' 가운데 不退住를 말한다.
5. 정목천자는 『보살영락본업경』 상권 현성학관품에 따르면 七住 앞은 退分이니 선지식을 만나지 못하면 一劫 내지 十劫 가운데 도 닦을 마음을 잃어버리게 된다고 한다. 정목 천자와 법재 왕자 및 사리불이 七住에 들어가려 하였으나 그 사이 나쁜 인연을 만나 공부에서 물러나게 되었다고 한다.

2. 알고 행하면서 도 닦을 마음을 낸다

알고 행하면서 도 닦을 마음을 낸다는 뜻

[논-67] '알고 행하면서 도 닦을 마음을 내는 것'이란 무엇을 말하는가. 이는 수행하는 보살이 '보살이 닦아야 할 열 가지 행'을 완성하고 '보살이 닦아야 할 열 가지 회향'하는 마음을 내는 것으로서, '믿음을 이룩하여 도 닦을 마음을 내는 것'보다 경계가 더욱 뛰어나다는 사실을 알아야 한다.

이 보살은 처음 바른 믿음에서 첫 번째 아승지겁을 거쳐 수행이 오롯해지려고 하기에 진여법의 진실에 대해 깊은 이해가 드러나 닦는 수행이 생멸 변화하는 겉모습을 벗어난다.

그리하여 법의 성품에 있는 바탕은 인색하거나 탐욕이 없다는 사실을 알기에 이에 수순하여 보시바라밀을 수행하고,
법의 성품에 있는 바탕은 오염될 것이 없어 오욕의[1] 허물을 떠난 줄 알기에 이에 수순하여 지계바라밀을 수행하며,
법의 성품에 있는 바탕은 괴로움이 없어 성내거나 번거로움을 벗어난 줄 알기에 이에 수순하여 인욕바라밀을 수행하고,
법의 성품에 있는 바탕은 몸과 마음의 모습이 없어 게으름을 벗어난 줄 알기에 이에 수순하여 정진바라밀을 수행하며,
법의 성품에 있는 바탕은 늘 안정되어 그 바탕에 어지러움이 없는 줄 알기에 이에 수순하여 선정바라밀을 수행하고,
법의 성품에 있는 바탕은 밝아 무명을 여읜 줄 알기에 이에 수순하여

---

1. 오욕은 재욕, 색욕, 음식욕, 명예욕, 수면욕을 말한다.

반야바라밀을 수행한다.

[소-67] 둘째는 '알고 행하면서 도 닦을 마음을 내는 것' 가운데 "첫 번째 아승지겁을 거쳐 수행이 오롯해지려고 하기에 진여법의 진실에 대해 깊은 이해가 드러난다."고 말한 것은 '보살이 닦아야 할 열 가지 회향'의[1] 위치에서 평등한 공(空)을 얻었기에 진여에 대한 깊은 이해가 드러나고, 십지 앞의 첫 번째 아승지겁 수행이 다 차려고 하기 때문이다. 이것은 알고 행한 것에 따라 얻은 도 닦을 마음 낸 것을 내세운 것이다.

이어서 말한 "법의 성품에 있는 바탕은 인색하거나 탐욕이 없다는 사실을 알기에 이에 수순하여 보시바라밀을 수행하고…" 아래는 '보살이 닦아야 할 열 가지 행'에[2] 있는 위치에서 법공(法空)을 얻었기에 법계를 수순하여 육바라밀행을 닦을 수 있다는 것이다. 이것은 도 닦을 마음을 낸 것이 기대는 '알고 수행하는 내용'을 드러낸다.

---

1. '보살이 닦아야 할 열 가지 회향'은 보살의 수행단계 52위 중 제31위에서 제40위까지이다. '보살이 닦아야 할 열 가지 행'을 마치고 그 공덕을 모든 중생에게 돌려주는 동시 이 공덕으로 깨달음에 도달하려는 위치이다.
2. '보살이 닦아야 할 열 가지 행'의 위치는 보살 수행단계 52위 중 보살이 利他 수행을 완수하는 자리이다. 歡喜行, 饒益行, 無瞋恨行, 無盡行, 離癡亂行, 善現行, 無着行, 尊重行, 善法行, 眞實行이 있다.

3. 증득하여 도 닦을 마음을 낸다

* '증득하여 도 닦을 마음을 낸 것'을 말하는 글 가운데 두 단락이 있으니, 첫째는 통틀어 모든 수행단계에 결부시켜 증득하여 도 닦을 마음 낸 것을 밝히고, 둘째 단락은 따로 '보살이 닦아야 할 열 가지 마지막 수행단계'에서 오롯하게 이룬 공덕을 드러낸다.

증득하여 도 닦을 마음을 낸다는 뜻

[논-68] '증득하여 도 닦을 마음을 내는 것'은 무엇을 말하는가. 정심지(淨心地)에서 보살의 구경지(究竟地)까지 무슨 경계를 증득한 것인가. 이른바 진여이다.

전식(轉識)으로 말미암아 경계를 말하지만 깨달음은 경계가 없고 오직 진여에 있는 지혜뿐이므로 법신이라고 한다.

이 보살은 한 생각에 빠짐없이 시방세계에 도달하여 모든 부처님을 공양하고 법을 말씀하시기를 청한다. 이것은 오직 중생들을 가르쳐 이익을 주고자 함이나 글자에 기대지는 않는다.

때로는 '보살이 닦아야 할 열 가지 마지막 수행단계'를 뛰어넘어 빠르게 바른 깨달음을 이루는 모습을 보여 주는 것은 약하거나 겁이 많은 중생들을 위하기 때문이다.

때로는 헤아릴 수 없이 많은 아승지겁을 수행해야 부처님의 도를 이룬다고 말한 것은 게으르고 잘난 체하는 중생들을 위하기 때문이다.

이처럼 무수한 방편을 보여 줄 수 있는 것이 생각할 수 없는 놀라운 일이지만, 실로 보살의 수행으로 반드시 깨달을 수 있는 이는 근기가 평등하고, 도 닦을 마음을 낸 것도 평등하며, 깨달은 것도 또한 평등하여 이를 뛰어넘는 법이 없다. 모든 보살이 다 세 아승지겁을 거치기 때문이다.

다만 중생의 세계가 다른 데에 따라 보고 듣는 근기와 욕구와 성품이 다를 뿐이므로 행하는 것 또한 차별이 있다는 것을 보여 준다.

또 이 보살이 도 닦을 마음을 낸 모습에는 미세한 모습을 보이는 세 가지 마음이 있다. 무엇이 그 셋인가. 첫째는 '참 마음'이니 분별이 없기 때문이요, 둘째는 '방편으로 쓰는 마음'이니 스스럼이 없이 두루 행하여 중생들에게 이익을 주기 때문이요, 셋째 마음은 '업식(業識)의 마음'이니 미세하게 생멸하기 때문이다.

[소-68] 첫째 단락 가운데 네 부분이 있다. 첫째 부분은 현재 위치를 나타내고, 둘째 부분은 증득한 이치를 밝히며, "이 보살은 한 생각에…" 아래의 셋째 부분은 덕을 찬탄하며, "또 이 보살이 도 닦을 마음을 낸 모습에는…" 아래의 넷째 부분은 도 닦을 마음을 낸 모습을 드러낸다.

둘째 부분에서 "전식(轉識)으로 말미암아 경계를 말하지만"이라고 말한 것은 전식의 모습으로 능견(能見)의 작용이다. 이 능견에 맞서서 경계라고 말한다. 이 모든 수행단계에서[1] 일어난 '증득한 지혜'는 반드시 전식으로 말미암아 진여를 증득하므로 기댄 능견에 맞서 임시로 경계라고 말한다. 다만 '증득한 지혜'에 따르면 능(能)·소(所)가 없으므로 "깨달음은 경계가 없고"라고 말한 것이다.

---

1. 淨心地에서 보살구경지까지 十地를 말한다.

넷째 부분에서 말한 "참 마음"은 '분별이 없는 지혜'를 말하고, "방편으로 쓰는 마음"은 '깨달은 뒤에 중생을 돕고자 하는 지혜'를 말하며, "업식의 마음"은 '분별이 없는 지혜'와 '깨달은 뒤에 중생을 돕고자 하는 지혜'가 기대는 아리야식이다. 사실을 말하자면 전식과 더불어 현식(現識)도 있으나 지금은 다만 간단하게 근본이 되는 미세한 모습만 내세웠다. 그러나 이 업식은 도 닦을 마음이 낸 공덕은 아니다. 다만 '분별이 없는 지혜'와 '깨달은 뒤에 중생을 돕고자 하는 지혜'가 일어날 때 미세하게 일어났다 사라지는 허물이 있기에 부처님 경계에 있는 순수하고 맑은 덕과 다르다는 것을 드러내려고 했을 뿐이다. 그러므로 이 뜻을 결합하여 "도 닦을 마음을 낸 모습"이라고 말한 것이다.

* 아래는 둘째 단락이니 따로 '보살이 닦아야 할 열 가지 마지막 수행단계'에서 오롯하게 이룬 공덕을 드러낸다. 그 가운데 두 부분이 있으니, 첫째 부분은 바로 뛰어난 덕을 드러내고 둘째 부분은 되풀이하여 의심을 없앤다.

도 닦을 마음을 내 오롯하게 이룬 공덕을 드러냄

[논-69] 또 이 보살은 공덕이 다 이루어져 색구경처(色究竟處)에서[1] 모든 세간 가운데 가장 높고 큰 몸을 보인다. 이는 한 생각에 진여와 맞아떨어진 지혜로 무명이 단숨에 사라진 것을 말하니 '모든 것을 낱낱이 아는 지혜'라고 한다. 자연스럽게 생각할 수 없는 놀라운 진여의 활동이 있기에 시방세계에 나타나 중생들에게 이익을 줄 수 있다.

[소-69-1] 첫째 부분에서 "공덕이 다 이루어져"라고 말한 것은 '보살이 닦아야 할 열 가지 마지막 수행단계'에서[2] 수행과정의 모든 행이

1. 色究竟處는 色究竟天을 말한다. 색계 18천의 하나이다. 색계 4禪天의 맨 위에 있는 하늘이다.
2. 第十地는 보살 수행 52단게 중 十地의 열 번째 法雲地를 말한다. 여기서는 見惑과 修惑을 다 끊고 끝없는 공덕을 구비하여 중생들에게 이익을 준다.

그 결과를 다 이룬 것을 말한다. "색구경처에서 모든 세간 가운데 가장 높고 큰 몸을 보인다. 이는 한 생각에 진여와 맞아떨어진 지혜로 무명이 단숨에 사라진 것을 말하니 '모든 것을 낱낱이 아는 지혜'라고 한다."고 말한 것은, 시왕(十王)의[1] 과보에 기대어 따로 나타내는 쪽에 따르면 '보살이 닦아야 할 열 가지 마지막 수행단계'에 있는 보살은 제사선(第四禪)의 임금이며[2] 색구경천에 있으면서 도를 이룩한다는 것이니, 곧 보신불인 타수용신이다.[3] 이는 『십지경』의[4] '과보를 거두는 것'에 대한 설명에서 "구지(九地)[5] 보살이 대범왕이[6] 되어 이천세계를[7] 맡고 '보살이 닦아야 할 열 가지 마지막 수행단계'에 있는 보살은 마혜수라천왕이[8] 되어 삼천세계를 맡는다."고 말한 내용과 같다. 『능가경』에서는[9] "비유하면 아리야식이 자기 마음에서 나타난 몸과 세간 같은 것을 단숨에 분별하는 것과 같다. 보신불 여래도 이와 같이 한꺼번에 모든 중생계를 깨끗하고 맑은 경계를 수행하는 곳인 구경천의 맑고 오묘한 궁전에 갖다 놓는다."고 하고, 또 아래의 게송에서 다음과 같이 말한다.

---

1. 十王은 욕계 6천과 색계 4禪天의 임금이다. 4禪天은 初禪天의 3天, 2선천의 3천, 3선천의 3천, 4선천의 9천으로 모두 18천임.
2. 第四禪王은 四禪定을 닦아 이룩한다.
3. 깨달음을 얻고 법의 즐거움을 자기가 수용하는 것을 자수용신이라고 하는 것에 대해, 중생들이 그 즐거움을 얻도록 나타내는 몸을 타수용신이라고 한다. 부처님 三身 중 報身을 자수용신과 타수용신으로 나눈 것인데 말하는 이에 따라 내용이 조금씩 다르다.
4. 인용문 전거 101번 참조.
5. 九地는 10지 가운데 제9 善慧地를 말한다. 修惑을 끊어 부처님의 十力을 얻고 중생에 대해 교화의 可否를 알고 잘 설법하는 지위의 보살이다.
6. 대범왕은 대범천왕이나 범왕이라고도 한다. 색계 초선천 중의 화려한 고루거각에 있으면서 사바세계를 차지한 천왕이다. 키는 1유순 반. 수명은 1겁 반이라고 한다.
7. 이천세계는 중천세계와 같다. 수미산을 중심으로 주위에 둘러 있는 7山·8海와 4洲를 1세계라 하고 그 천 개를 1小千世界, 이 소천세계 천 개를 1중천세계라고 하고, 이 중천세계 천 개를 삼천세계 또는 삼천대천세계라고 한다.
8. 魔醯首羅(Mahesvara)는 大自在天, 자재천, 威靈帝라고 번역한다. 색계 정상에 있는 天神의 이름이다.
9. 인용문 전거 102번 참조.

욕심이 있는 세계와 무색계에서
부처님이 성불한 것 아니었다네
색계 중의 높은 하늘 구경천에서
욕심을 떠나갈 때 도를 얻었네.

[별기] 지금 『능가경』의 뜻을 풀이하여 보자. 실제 중생을 수용하는 몸의 뜻을 논한다면 법계에 두루하여 어느 곳이든 있지 않은 곳이 없다. 그런데도 "오직 저 하늘에 있는 몸만 성불한다."고 말한 것은 보살이 나타낸 색과 모습이 중생을 교화하고 받아들이는 몸이기 때문이다. 실로 보신은 저 하늘에만 있는 것이 아니니, 이 뜻을 드러내고자 '계(界)'를 말한 것이다.
별기는 여기에서 끝난다.

[소-69-2] 『범망경』에서는[1] 다음과 같이 말하였다.
그때 석가모니 부처님께서 제4선정 마혜수라천왕궁에서 헤아릴 수 없이 많은 대범천왕과 보살들에게 연화장세계의[2] 노사나[3] 부처

---

1. 梵網經(Branmajala) 2권은 요진의 구마라습 번역이다(A.D.406). 범본은 120권 60품인데 그중 심지계품만 번역하였다. 상권은 석가모니불이 제4선천에 계시면서 보살의 心地를 말씀하실 적에 지혜 광명을 놓아 연화장세계를 나타내고, 광명궁 가운데 앉아 계신 노사나불이 10발취심, 10장양심, 10금강심, 10지의 40법문품을 말씀하신 내용을 적은 책이다. 하권은 10중금계 48경계를 말했는데 이 하권만 뽑아낸 것이 『보살계본』이다. 인용문 전거 103번 참조.
2. 연화장세계는 노사나불이 있는 공덕무량·광대장엄의 세계를 말한다. 이 세계는 큰 연꽃으로 되고, 그 가운데 모든 국토와 중생들을 간직하였으므로 연화장세계라고 한다. 그 세계의 모습에 대해서는 『화엄경』과 『범망경』이 다르게 말한다. 『화엄경』에는 세계의 맨 밑에 바람이 부는 세계가 있고 이 위에 향수의 바다가 있고 향수의 바다 가운데 큰 연꽃이 나고 연화장세계는 그 속에 있어 사방이 판판하고 깨끗하고 굳으며 금강산이 세계를 둘렀다고 한다. 『범망경』에는 노사나불이 천 개의 잎으로 된 연화대에 앉았는데 그 천 개의 잎이 각각 한 세계이고, 노사나불로부터 화현한 천 석가가 그 천 개의 세계에 있고 한 세계마다 백억 나라가 있고 한 나라에 한 석가가 있어 보리수 아래 앉았다고 한다. 이것은 끝없는 연기의 깊은 진리를 구체적으로 말한 내용이다.
3. 노사나불은 부처님의 眞身을 나타내는 칭호로서 부처님의 몸에서 나는 광명과 지혜의 광명이 理事無碍 법계에 두루 비춘다는 뜻이다. 이를 풀이하는 데 여러 종파의 뜻이 일정하지는 않다.

님께서 말씀하신 '근본 마음자리에 속한 법문[心地法門品]'을 설하셨다.

이때 석가모니 부처님의 몸에서 지혜의 광명이 뻗어 나와 천왕궁에서 연화장세계까지 이르렀다. 이때 석가모니 부처님께서 이 세계에 있는 대중들을 높이 들어올려 같이 '연꽃 위의 연화장세계'에 있는 백만 억 자금광명궁중에 다다르니, 노사나 부처님께서는 백만 연꽃이 밝게 빛나는 광명의 자리에 앉아 계셨다.
그때 석가모니 부처님과 대중들이 한꺼번에 모두 노사나 부처님께 예배를 올렸다.

그때 노사나 부처님께서 크게 기뻐하시며 다음과 같이 말씀하셨다.

모든 불자들이여 자세히 듣고 잘 생각하여 수행하라. 나는 이미 백만 아승지겁 동안 마음공부를 하여 이로 성불할 밑바탕을 삼았다. 처음 범부의 위치를 버리고 평등하고 바른 깨달음을 이루고 노사나가 되어 연화장 세계에 있는 바다에 머물렀다. 내가 머문 곳의 둘레는 천 개의 잎이 있었고, 하나의 잎이 하나의 세계가 되어 일천세계가 되었다. 내가 천 명의 석가모니가 되어 그 일천세계에 머물렀다. 또 천 개의 잎에 있는 세계에 다시 백억 동서남북 천하와 백억 보살과 석가모니가 있어 백억의 보리수 밑에 앉아 있었다. 이와 같이 천 개의 잎 위에 앉아 있는 부처님이 나의 화신이었고 천백억 석가모니는 천 명의 석가모니 화신이었다. 내가 본디부터 근원이 됨으로 노사나라고 한다. 게송으로 "내가 이제 노사나로 연화대에 앉았으니…"라고 하며 많은 법을 자세히 말씀하셨다.

이런 모든 글들을 가지고 밑가늠하여 풀이하면 이 단락의 내용을 알 수 있다.

의심을 없앰

[논-70] 물음 : 허공이 끝이 없으므로 세계가 끝이 없고, 세계가 끝이 없으므로 중생이 끝이 없고, 중생이 끝이 없으므로 그 마음의 차별도 끝이 없습니다. 이와 같이 경계를 한정지을 수 없으므로 알고 이해하기가 어렵습니다. 무명이 끊어졌다면 마음에 생각이 없는데 어떻게 알 수 있기에 '모든 것을 낱낱이 아는 지혜'라고 부릅니까.

대답 : 모든 경계는 본디 한마음으로서 상념을 벗어나지만 중생들이 헛되이 경계를 보기에 마음에 분별할 수 있는 한정된 모습이 있다. 헛되이 상념을 일으켜 법의 성품과 들어맞지 않기 때문에 분명히 알 수 없는 것이다. 모든 부처님은 헛된 견해와 생각을 벗어나 어떤 곳이라도 그 지혜가 두루하지 않는 곳이 없으니 마음이 진실하기 때문이며 모든 법의 성품이 그러하다. 자체가 헛된 모든 법을 환하게 비추는 큰 지혜의 작용과 헤아릴 수 없이 많은 방편이 있어 모든 중생들이 마땅히 알아야 할 곳을 따라 모두 온갖 법의 이치를 보일 수 있기 때문에 '모든 것을 낱낱이 아는 지혜'라고 부른다.

물음 : 모든 부처님께서 자연스런 업이 있어 모든 곳에 나타나 중생에게 이익을 줄 수 있다면 모든 중생이 부처님과 그 분의 신통변화를 보거나 설법을 듣고 많은 이익이 있어야 합니다. 그런데 어찌하여 세간의 대다수 사람들은 이런 일을 볼 수 없습니까.

대답 : 모든 부처님의 법신은 평등하고 모든 곳에 두루하여 억지 의도가 없기에 '자연스런'이란 표현을 쓴다. 다만 중생의 마음에 따라 나타날 뿐인데, 중생의 마음은 거울과 같다. 거울에 때가 끼면 모습이 나타나지 않듯, 중생의 마음에 번뇌가 있으면 법신이 나타나지를 않는 것이다.

[소-70] 둘째 부분에서는 의심을 없앤다. 두 번의 문답에서 두 가지 의심을 없앤다. 처음 대답하는 내용에는 세 가지가 있다. 먼저 도리를 세우고, 다음은 도리를 보지 못하는 잘못을 들며, 그 뒤에는 온전한 도리를 드러낸다.

처음에 "모든 경계는 본디 한마음으로서 상념을 벗어난 것이지만"이라고 말한 것은 도리를 세운 것이다. 이는 모든 경계는 끝이 있거나 없거나 한마음을 벗어나지 않는다는 것을 말하기 때문이다. 끝이 있으므로 다 알 수가 있고, 끝이 없으므로 생각으로 헤아릴 수 있는 경계가 아니기 때문에 "상념을 벗어난 것이다."고 말한 것이다.

둘째, 도리를 보지 못하는 잘못을 드는 가운데 "중생들이 헛되이 경계를 보기에 마음에 분별할 수 있는 한정된 모습이 있다…"라고 말한 것은 보는 곳이 있기에 보지 못하는 곳이 있다는 사실을 밝힌 것이다.

셋째, 온전한 도리의 내용을 드러내며 "헛된 견해와 생각을 벗어나 어떤 곳이라도 그 지혜가 두루하지 않는 곳이 없다."고 말한 것은 보는 곳이 없기에 보지 못할 곳이 없다는 사실을 밝힌다. "마음이 진실하기 때문이며 모든 법의 성품이 그러하다."고 말한 것은 부처님의 마음이 상념을 여의고 한마음의 근원을 체득하여 헛된 생각을 벗어났기에 '마음이 진실하다'고 부른 것이며, 한마음을 체득하였기에 모든 법의 성품이 된다. 이러하므로 부처님의 마음이 헛된 모든 법의 바탕이 되며, 헛된 모든 법은 모두 부처님 마음에서 나타난 모습이다. 곧 모습은 자체에서 나타나고 자체는 그 모습을 비추는 것이다. 이처럼 알면 무슨 어려움이 있겠는가. 그러므로 "자체가 헛된 모든 법을 환하게 비춘다."고 하니, 이는 보는 곳이 없기에 보지 못할 곳이 없다는 까닭을 말한 것이다.

다음 문답에서는 두 번째 의심을 없앤다. 대답 가운데 "거울에 때가 끼면 모습이 나타나지 않듯 중생의 마음에 번뇌가 있으면 법신이 나타나질 않는다."고 말한 것은 법신은 본질 같고 화신은 그림자와 같다는 뜻이다. 지금 그림자를 나타내는 본질을 근거하기에 "법신이 나타나지 않는다."고 한다. 이는 『섭대승론』에서[1] 법신이 나타나는 깊고 깊은 이치[2] 속에 "법신을 잃었기에 세존이 나타나지 않는 것이 마치 깨진 그릇 속의 달 모습과 같다."고 말한 내용과 같다.

이것을 풀이하여 보자. 모든 부처님이 세간에 나타나질 않으니 세간에서 "모든 부처님은 늘 세간에 있다고 하는데 어찌 나타나지를 않는가."라고 말을 한다. 비유하면 깨진 그릇 속에는 물이 있을 수 없으며, 물이 없기에 깨진 그릇 속에 참으로 달이 있지만 나타날 수 없는 것과 같다. 이처럼 모든 중생도 집중된 마음의 부드러움이 이어지지 않고 다만 흐트러진 잘못된 마음만 이어질 뿐이므로 거기에는 참으로 모든 부처님이 있다고 하는데 나타나질 않는 것이다. 물은 집중된 마음의 유연성을 비유하는 것이다.

『기신론』과 『섭대승론』이 부처님이 나타나거나 나타나지 못하는 뜻을 똑같이 말하지만 비유한 뜻은 조금 다른 바가 있다. 『기신론』에서는 거울로 비유하였으며 먼지가 있어 그림자가 나타나지 않는다는 것은 중생의 근기를 가지고 밑가늠하여 말한 것이다. 부처님을 보는 근기가 성숙한 것을 번뇌가 없다고 하고, 걸림돌이 있어 근기가 미숙한 것을 번뇌가 있다고 말한 것이다. 그러므로 번뇌가 나타난 것을 가지고 번뇌가 있어 부처님을 보지 못한다고 말하는 것이 아니다.

---

1. 인용문 전거 104번 참조.
2. 법신의 깊고 깊은 이치에 12가지 뜻이 있는데 그 가운데 일곱 번째를 말한다. 인용문 전거 105번 참조.

선성¹ 비구와 조달은² 번뇌 가운데에서도 부처님을 볼 수 있었기 때문이다.

『섭대승론』에서 깨진 그릇에 비유한 것은 사마타가 있어야 부처님을 볼 수 있다는 것을 밝힌 것이다. 과거 염불삼매를 닦아 익힌 힘을 이어가야 이번 생애에 부처님을 볼 수 있다는 것을 밝히니, 이번 생애에 삼매에서만 부처님을 볼 수 있다는 것을 말하는 게 아니다. 왜냐하면 어지러운 마음으로도 부처님을 볼 수 있기 때문이다. 이는 『미륵소문경론』에서³ 말한 것과 같다. 또 경에서⁴ "모든 선정(禪定)이 쉼터가 된다."고 하니, 이 때문에 선정을 얻은 이는 '모든 보살행을 잘 수행한다.'고 한다. 이 논에서는 '반드시 처음 선(禪)을 갖추어야도 닦을 마음을 내는 것은 아니다'고 한다. 왜냐하면 부처님께서 세상에 계실 때 헤아릴 수 없이 많은 중생이 모두 도 닦을 마음을 냈지만 반드시 선정이 있었던 것은 아니기 때문이다.

---

1. 善星은 출가하여 십이부경을 독송하고 욕계의 번뇌를 끊어 제4선정을 얻었다가 나쁜 친구와 사귀고 邪見을 일으켜 부처님에게 나쁜 마음을 일으켰기 때문에 니련선하 언덕에서 땅이 갈라져 산채로 아비지옥에 떨어졌다고 한다.
2. 조달은 제바달다라고도 한다. 출가 뒤에 부처님의 위세를 시기하여 아사세왕과 결탁하고 부처님을 없애고 스스로 새로운 부처님이 되려다가 뜻을 이루지 못하자 마침내 5백 비구를 규합하여 자기 일파를 따로 세웠다. 그 뒤 아사세왕이 떠나고 5백 비구도 다시 부처님에게 돌아왔으므로 조달은 고민하던 끝에 죽었다고 한다.
3. 『미륵소문경론』 9권을 後魏의 菩提流支가 번역하였다. 인용문 전거 106번 참조.
4. 인용문 전거 107번 참조.

4장. 믿음과 다섯 가지 방편을 수행한다

* 이 아래는 넷째 '믿음과 다섯 가지 방편을 수행하는 부분'으로 이 가운데 세 가지 내용이 있다. 첫 번째 내용은 사람을 내세워 간단히 대의를 드러내고, 두 번째 내용은 법에 나아가서 수행하는 모습을 자세히 분별하며, 세 번째 내용은 도에서 물러나지 않는 방편을 보여 준다.

이 장의 대의를 드러냄

[논-71] 이미 '법(法)과 의(義)를 자세히 풀이하는 부분'을 설명했고, 다음은 '믿음과 다섯 가지 방편을 수행하는 부분'을 말하겠다. 여기서는 반드시 도를 이루게 할 길로 아직 들어가지 못한 중생들을 위하여 '믿음과 다섯 가지 방편을 수행하는 것'을 설명한다.

[소-71] 처음 내용은 대의를 나타낸다. 위에서 도 닦을 마음을 내고 공부해 나가는 모습을 말하는 가운데 "어떤 길로 갈지 결정되지 않은 중생을 기댄다."고 하고, 여기서는 "반드시 도를 이루게 할 길로 아직 들어가지 못한 중생들을 위한다."고 하지만, 이 또한 어떤 길로 갈지 결정되지 않은 사람이라는 것을 마땅히 알아야 한다.

그러나 어떤 길로 갈지 결정되지 않은 사람들 속에도 뛰어난 이와 뒤떨어진 이가 있다.

뛰어난 이는 앞으로 나아가지만 뒤떨어진 이는 공부에서 물러날 수 있다. 뛰어난 이를 위하므로 도 닦을 마음을 내고 공부해 나가는 모습을 말하니, 이른바 '믿음을 이룩하여 도 닦을 마음을 낸 것'에서 '도를 증득하여 도 닦을 마음을 낸 것'들까지는 뛰어난 이들에게 차례대로 공부해 나가도록 해 주기 때문이다.

뒤떨어진 이들을 위하기에 믿음을 수행할 것을 말하니, 이른바 네 가지 믿음과 다섯 가지 방편들은 뒤떨어진 이들에게 도에 대한 믿음에서 물러나지 않게 해 주기 때문이다. 뒤떨어진 이들이 믿음을 수행하여 이룩하면, 다시 '도 닦을 마음을 내어 공부해 나가는 내용' 가운데의 '세 가지 도 닦을 마음을 낸 것'에 따라 공부해 나가는 것이다.

이 때문에 '도 닦을 마음을 내어 공부해 나가는 부분'과 '믿음과 다섯 가지 방편을 수행하는 부분'에서 하는 일들은 다르지만 공부에 나아가는 도리는 다를 것이 없다.

1절. 네 가지 믿음과 수행

＊ 이 아래는 두 번째 법에 나아가서 수행하는 모습을 자세히 풀이한다. 처음에 두 가지를 묻고 그 뒤에 두 가지 대답을 한다.

네 가지 믿음

[논-72] 무엇을 믿음이라 하고 어떻게 수행하는가. 간단히 말하면 믿음에는 네 가지가 있으니 무엇이 그 넷인가.

첫째는 근본을 믿는 것이니, 이른바 진여라는 법을 즐겨 생각하기 때문이다.

둘째는 부처님에게 헤아릴 수 없이 많은 공덕이 있음을 믿는 것이니, 늘 부처님을 가까이하고 공양 공경하며 착한 마음을 일으켜 '모든 것을 아는 지혜'를 구하려고 하기 때문이다.

셋째는 법에 큰 이익이 있음을 믿는 것이니, 늘 모든 바라밀을 수행하는 것을 생각하기 때문이다.

넷째는 스님들이 바르게 수행하여 자신은 물론 남의 이익도 가져다줌을 믿는 것이니, 늘 모든 보살들을 즐겨 가까이하고 실다운 행을 배우려고 하기 때문이다.

[소-72] 믿음에 대한 대답 가운데 "근본을 믿는다."고 표현한 것은, 진여라는 법이 모든 부처님이 돌아가는 곳이고 모든 행의 근원이므로

'근본'이라고 말한 것이다. 나머지 글의 내용은 알 수 있다.

* 수행에 대한 답 가운데 세 부분이 있다. 첫째는 수를 내세워 전체 내용을 드러내고, 둘째는 수에 따라 방편을 열며, 셋째는 방편에 따라 그 내용을 따로 풀이한다.

수행의 다섯 가지 방편

[논-73] 수행에 다섯 가지 방편이 있기에 이 믿음을 이루게 할 수 있다.

[소-73] 처음에 말한 "이 믿음을 이루게 할 수 있다."는 것은 믿음이 있되 수행이 없으면 믿음이 굳어지지 않고, 굳어지지 못한 믿음은 잘못된 인연을 만나면 곧 공부에서 물러나므로 다섯 가지 행을 닦아 네 가지 믿음을 이룩하는 것이다.

보시 · 지계 · 인욕 · 정진 · 지관

[논-74] 무엇이 그 다섯인가. 보시와 지계와 인욕과 정진과 지관(止觀)이 다섯 가지 방편이다.

[소-74] 둘째, 수에 따라 방편을 여는 가운데 말한 "지관(止觀)에 있는 방편"은 육바라밀 가운데 선정과 지혜를 합쳐 수행하는 내용이다. 그러므로 선정과 지혜를 합쳐 지관(止觀)에 있는 방편이 되는 것이다.

2절. 보시, 지게, 인욕, 정진을 수행하는 법

* 셋째, 방편에 따라 따로 풀이하는 내용을 둘로 나누어 풀이한다. 보시, 지계, 인욕, 정진에 있는 네 가지 방편은 간략히 그 내용을 밝히고 뒤의 지관(止觀)에 있는 방편은 자세히 말하고 있다.

다섯 방편을 수행하는 법

[논-75] 보시를 어떻게 수행하는가. 찾아와 구하는 모든 사람들을 보면 가지고 있는 재물을 힘이 닿는 대로 베풀고 인색한 마음을 버려 그 중생들을 기쁘게 한다. 그들이 재난을 만나 두려워하면 능력이 있는 대로 두려워하는 마음을 없애 준다. 법을 구하는 중생이 있다면 알고 있는 대로 방편을 가지고 말하나 명예와 존경을 받으려고 하지 않는다. 오로지 자신은 물론 남의 이익까지 같이 생각하고 그 공덕을 깨달음에 회향해야 한다.

계율을 어떻게 수행하는가. 이른바 살아 있는 것을 죽이지 않고 도둑질하지 않으며 나쁜 인간관계를 만들지 않아야 한다. 남을 이간시키거나 나쁜 말을 하지 않고 거짓말을 하지 않으며 말을 꾸미지 않아야 한다. 욕심·시기·속임수·사실을 비트는 것·분노·삿된 견해를 멀리 떠나야 한다. 출가 수행자라면 번뇌를 없애기 위하여 시끄러운 곳을 멀리 떠나 늘 고요한 곳에 머물면서 적은 것으로 만족하고 어려움을 참아 이겨내는 수행들을 해야 한다. 작은 죄에도 두려움을 내고 부끄러워하며 허물을 뉘우쳐야 한다. 여래께서 만든 계율을 가볍게 여기지 말고 다른 사람의 헐뜯음을 막아 헐뜯는 중생들에게 죄를 짓지 않게 해야 한다.

인욕을 어떻게 수행하는가. 이른바 다른 사람의 괴롭힘을 참아내며 앙갚음할 마음을 갖지 않아야 한다. 또한 이익과 손해, 명예와 체면의 손상, 칭찬과 헐뜯음, 괴로움과 즐거움 같은 법에서 모든 것을 참고 견디어야 한다.

정진을 어떻게 수행하는가. 이른바 좋은 모든 일에 게으르거나 물러날 마음이 없어야 한다. 마음먹은 것이 굳세어 약하고 두려운 마음이 없어야 한다. 헤아릴 수 없이 많은 과거 속에서 헛되이 받은 몸과 마음이 모두 커다란 괴로움이니 아무런 이익이 없다는 것을 생각해야 한다. 이 때문에 모든 공덕을 부지런히 닦고 자신은 물론 남의 이익까지 생각하는 마음으로 모든 괴로움을 서둘러 벗어나야 한다. 또 사람들이 믿음을 갈고 닦더라도 전생부터 지은 무거운 죄와 악업의 장애가 많이 있기에, 때로는 삿된 마구니와 모든 귀신들의 괴롭힘을 받기도 하고, 때로는 세간의 일들이 여러 가지로 꼬이기도 하며, 때로는 병고에 시달리게도 된다. 이런 많은 장애들이 있기 때문에 부지런히 용맹정진을 해야 한다. 아침저녁으로 여섯 때[1] 모든 부처님께 예배하고 지극한 마음으로 참회해야 한다. 부처님께 설법을 청하고 중생의 모든 기쁨을 따라서 기뻐하며 그 공덕을 깨달음에 회향해야 한다. 늘 쉬지 않고 정진하여 모든 장애를 벗어나면 좋은 마음이 늘어나기 때문이다.

---

1. 六時禮讚은 정토에 왕생하기를 원하는 이가 매일 낮과 밤을 여섯 때로 나누어 부처님의 공덕을 찬탄하는 수행법이다. 先尊의 『왕생예찬』에 의하여 행해진다. 제1시 일몰에 『무량수경』에서 말한 12광불의 명호를 외우면서 19배, 제2시 초저녁에는 선도가 『무량수경』으로 말미암아 지은 『禮讚偈』를 외우면서 24배, 제3시 中夜에는 용수의 『예찬게』를 외우면서 16배, 제4시 後夜에는 天新의 『예찬게』를 외우면서 20배, 제5시 아침에는 彦琮의 『예찬게』를 외우면서 21배, 제6시 日中에는 선도가 『관무량수경』의 16관으로 말미암아 지은 『예찬게』를 외우면서 20배 설하는 것을 말한다.

[소-75] 처음에 또한 두 가지 내용이 있으니, 첫째는 따로 네 가지 수행을 밝히고, "또 사람들이 믿음을 갖고 닦더라도…" 아래는 둘째 내용으로 수행자가 장애를 없애는 방편을 보여 준다.

이 둘째에 또한 두 구절이 있으니, 먼저 없앨 장애를 밝히고 뒤에 이 장애를 없앨 수 있는 방법을 보여 준다. 방법을 보여 주는 가운데 "모든 부처님께 예배한다."고 말한 것은 모든 장애를 없애는 방편을 통틀어 밝힌다. 이는 마치 빚진 사람이 임금에게 기대면 빚 준 사람이 어떻게 할 길이 없는 것과 같다. 이와 같이 수행하는 사람도 모든 부처님께 예배하면 부처님의 보호로 어려운 모든 장애를 벗어날 수 있다.

"참회해야 한다.…" 아래는 따로 네 가지 장애를 없애는 방편을 밝힌 것이다. 네 가지 장애는 무엇인가.

첫 번째는 나쁜 모든 업의 장애이니, 참회하여 장애를 없애야 한다. 두 번째는 바른 법을 헐뜯는 장애이니, 부처님께 법을 청하여 장애를 없애야 한다. 세 번째는 다른 사람의 훌륭한 점을 시기하는 장애이니, 훌륭한 점을 따라 기뻐하여 장애를 없애야 한다. 네 번째는 삼계의 괴로움을 모르고 즐겨 집착하는 장애이니, 좋은 공덕을 회향하여 이 장애를 없애야 한다.

이 네 가지 장애로 수행자가 모든 수행을 할 수 없게 되고 깨달음에 나아가지 못하게 된다. 그러므로 이와 같은 잘못을 참회하는 것, 부처님께 설법을 청하는 것, 남의 좋은 점을 따라 기뻐하는 것, 좋은 공덕을 모든 중생에게 회향하는 것을 수행하여 장애를 다스려야 한다. 이 뜻은 모두 『유가론』에서[1] 말한 것과 같다.

---

1. 신수대장경 제30책, 『유가사지론』을 참조할 수 있으나, 전거가 분명치 않다.

또 이 참회와 같은 네 가지 법은 모든 장애를 바로 없앨 뿐만 아니라 또한 그 공덕이 헤아릴 수 없이 많다. 그러므로 "모든 장애를 벗어나면 좋은 마음이 늘어나기 때문이다."고 말한다. 이 뜻을 자세히 말하면 『금고경』의[1] 내용과 같다.

---

1. 인용문 전거 108 참조.

3절. 지관(止觀)을 수행하는 법

* 지관(止觀)에 있는 방편을 따로 풀이하는 글에 두 내용이 있으니, 첫째는 간단히 밝히고 둘째는 자세히 말한다.

지관 수행법

[논-76] 지관(止觀)을 어떻게 수행하는가. 지(止)란 모든 경계에 끄달리는 마음을 그치는 것이니, 사마타관(觀)을 수순하는 뜻이기 때문이다. 관(觀)이란 인연이 일어나고 사라지는 모습을 분별하는 것이니, 위빠사나관을[1] 수순하는 뜻이기 때문이다. 어떻게 수순하는가. 이 두 뜻으로 차츰차츰 닦아 익혀 서로 여의지 않는다면 지(止)와 관(觀)이 함께 드러나기 때문이다.

[소-76] 처음 지관(止觀)에 있는 방편을 간단히 밝히는 가운데 말한 "모든 경계에 끄달리는 마음을 그치는 것이니"는, 먼저 분별로 모든 바깥 경계를 만들지만 지금 깨달음의 지혜로 이 바깥의 경계를 부순다는 것이다. 바깥의 경계에 끄달리는 마음이 그치면 분별하는 바가 없으므로 지(止)라고 한다.

다음에 "인연이 일어나고 사라지는 모습을 분별한다."고 말한 것은, 생멸의 길에 따라 법의 모습을 관찰하는 것이기에 분별이라고 말한다. 이는 『유가론』[2] 보살지에서 "이 가운데 보살이 모든 법에 대해

---

1. 毘鉢舍那는 能見・正見・관찰・觀이라고 번역한다. 선정 속의 지혜로 상대 경계를 자세히 관찰하여 잘못 판단하는 일이 없게 하는 수행을 말한다.
2. 인용문 전거 109 참조.

분별하는 바가 없다면 지(止)라고 부르는 줄 마땅히 알아야 한다. 모든 법에 있는 뛰어난 진여의 이치와 헤아릴 수 없이 많은 말로 설명한 이치에 대한 세속의 오묘한 지혜라면 관(觀)이라고 부르는 줄 으레 알아야 한다."고 말한 것과 같다.

이것으로 진여의 길에 따라 모든 경계에 끄달리는 마음을 그쳐 분별하는 바가 없으니 '분별이 없는 지혜'를 이루고, 생멸의 길에 따라 모든 모습을 분별하여 모든 이치를 관(觀)하기에 '깨달음 뒤에 중생을 돕고자 하는 지혜'를 이루는 줄 알 것이다.

"사마타관(觀)을 수순하는 뜻과 위빠사나관(觀)을 수순하는 뜻"은 무엇을 말하는가.

사마타는 지(止)라고 번역하고 위빠사나는 관(觀)이라고 번역한다. 다만 지금 『기신론』을 번역한 이가 방편과 올바른 관(觀)을 구별하기에 올바른 관(觀)에 범어를 그대로 둔 것이다.[1] 우리 식으로 말한다면 "지관(止觀)을 수순하는 뜻과 관관(觀觀)을 수순하는 뜻"으로 말해야 한다.

지(止)와 관(觀)이 똑같이 작용할 때가 곧 올바른 관(觀)임을 나타내려고 하기에 지관(止觀)과 관관(觀觀)을 말한 것이다. 방편에 있을 때 모든 경계에 끄달리는 마음을 그쳐 올바른 관(觀)의 지(止)에 따르므로 "지관(止觀)을 수순한다."고 말한다. 또 일어나고 사라지는 인연의 모습을 분별하여 올바른 관(觀)의 관(觀)을 따르므로 "관관(觀觀)을 수순한다."고 말한다.

---

1. 이 『기신론』 본문에서 止와 觀이라고 말할 때에는 方便의 뜻이며, '사마타관', '위빠사나관'이라고 할 때에는 正觀 중의 止와 觀이라는 뜻으로 쓰였다는 말이다.

어떻게 수순하는가.…" 아래는 바로 이 뜻을 풀이한다. "차츰차츰 닦아 익혀"는 따르는 방편을 밝히고, "함께 드러나기 때문이다."는 따라야 할 올바른 관(觀)이 드러난 것이다.

여기서 지(止)와 관(觀)의 뜻을 간단히 밝히겠다. 나타난 모습을 따라 논하면 선정을 지(止)라 하고 지혜를 관(觀)이라고 하지만, 사실대로 말하면 선정은 지(止)와 관(觀)에 통하고 지혜도 또한 이와 같은 것이다.

이는 『유가론』[1] 성문지에서 다음과 같이 말한 것과 같다.

마음이 하나의 경계에 집중해 있는 상태로 때로는 사마타에 들어가고 때로는 위빠사나에 들어간다. '아홉 가지 마음이 머무는 상태' 가운데서 마음이 하나의 경계에 집중해 있는 상태라면 사마타에 들어간다고 하고, 네 가지 지혜로운 행[2] 가운데서 마음이 하나의 경계에 집중해 있는 상태라면 위빠사나에 들어간다고 한다.

무엇을 '아홉 가지 마음이 머무는 상태'라고 하는가.

비구가 마음으로 하여금 내주(內住), 등주(等住), 안주(安住), 근주(近住), 조순(調順), 적정(寂靜), 최극적정(最極寂靜), 전주일취(專住一趣), 등지(等持)하게 하는 이와 같은 것을 '아홉 가지 마음이 머무는 상태'라고 한다.

무엇을 '내주'라고 하는가. 바깥에서 반연하는 모든 경계에서 그 마음을 거두어 안에 묶어 두고 밖으로 어지럽지 않으므로 '내주'라고

---

1. 인용문 전거 110 참조.
2. 네 가지 지혜로운 행은 止행을 닦아 사마타를 얻으면 닦아야 할 네 가지 觀행이니 能正思擇, 最極思擇, 周偏尋思, 周偏伺察을 말한다.

한다.

무엇을 '등주'라고 하는가. 처음부터 번뇌에 묶인 마음은 그 성품이 거칠어 모든 경계에 두루 평등하게 머물게 할 수 없기에, 차례대로 이것이 인연한 경계에 마음의 집중이 이어지게 하는 방편과 맑게 하는 방편으로 거친 마음을 미세하게 하며 두루 감싸 머물게 하므로 '등주'라고 한다.

무엇을 '안주'라고 하는가. 이 마음이 '내주' '등주' 했더라도 집중력을 잃게 하는 마음에 있는 작용으로 밖으로 마음이 어지럽게 되면 다시 그 마음을 거두어 안의 경계에 편안히 두므로 '안주'라고 한다.

무엇을 '근주'라고 하는가. 비구는 먼저 '내주'와 같은 마음에 맞추고 생각을 모아 머무는 마음가짐을 가까이 하고, 생각을 모은 마음으로 자주자주 주의를 기울여 안에 그 마음을 머물게 하며 바깥으로 멀리 나가지 않게 하므로 '근주'라고 한다.

무엇을 '조순'이라고 하는가. 온갖 모습이 마음을 어지럽게 하니, 말하자면 온갖 색깔·소리·냄새·맛·느낌의 경계와 탐욕·성냄·어리석음의 마음과 남녀와 같은 모습들이다. 그러므로 비구는 먼저 저 모습들이 모두 근심이라고 생각하고, 이런 생각이 커짐으로 모든 모습에서 마음을 한결같이 하여 흐트러지지 않게 하므로 '조순'이라고 한다.

무엇을 '적정'이라고 하는가. 온갖 욕심, 성냄, 해치려는 마음들과 같은 나쁜 모든 심사(尋思)와[1] 탐욕과 같은 모든 수번뇌(隨煩惱)

---

1. 尋思는 자기 앞에 나타난 현상에 대해 그 뜻을 대강 탐구하는 정신 작용을 말한다. 세밀하게 분별하고 살피는 정신 작용 伺와 구별한다.

가¹ 마음을 움직이므로 먼저 그 모든 법들이 근심이라고 생각하고, 이런 생각이 커짐으로 나쁜 심사와 수번뇌에 마음이 흐트러지지 않으므로 '적정'이라고 한다.

무엇을 '최극적정'이라고 하는가. 집중력을 잃게 하는 마음에 있는 작용으로 나쁜 심사(尋思)와 수번뇌(隨煩惱)가 잠깐 일어날 때 비구의 마음이 일어나는 곳을 따르지만 이 번뇌를 받아들이지 않고 바로 물리침으로 '최극적정'이라고 한다.

무엇을 '전주일취'라고 하는가. 열심히 수행하는 힘이 있어 틈이 없이 마음의 집중이 이어지고 있으므로 '전주일취'라고 한다.

무엇을 '등지'라고 하는가. 자주 닦아 익힌 많은 공부의 인연 때문에 열심히 수행한다는 생각도 없이 흘러가는 인연 속에 도가 굳어지므로 '등지'라고 한다.

또 이처럼 사마타를 얻은 사람은 다시 네 가지 주의를 기울이는 마음을² 가져야 비로소 위빠사나를 닦아 익힐 수 있으므로 이 또한 위빠사나에 들어가는 것이다.³

무엇이 네 가지 위빠사나인가. 비구가 마음 안의 사마타에 기대기에

---

1. 隨煩惱는 隨惑이라고도 하니, 이 번뇌는 모두 몸과 마음을 따라 일어나므로 수번뇌라고 한다. 근본번뇌를 수반하여 일어나는 번뇌이다. 이를 구사종에서는 放逸, 懈怠, 不信, 昏沈, 掉擧, 無慚, 無愧, 忿, 覆, 慳, 嫉, 惱, 害, 恨, 誑, 諂, 憍, 睡眠, 悔의 19종이라 하고, 유식종에서는 여기에서 睡眠 悔를 빼고 失念, 散亂, 不正知를 넣어 20종을 말한다.
2. 네 가지 作意 : ① 力勵運轉作意 : 內住, 等住 가운데 이 작의가 있다. ② 有間缺運轉作意 : 安住, 近住, 調順, 寂靜, 最極寂靜 가운데 이 작의가 있다. ③ 無間缺運轉作意 : 專住一趣 가운데 이 작의가 있다. ④ 無功用運轉作意 : 等持 가운데 이 작의가 있다. 인용문 전거 110 참조.
3. 앞서 4종 작의가 9종의 심주 가운데서는 사마타품이 되며, 사마타를 획득한 사람이 다시 이 4종 작의로 말미암아 위빠사나를 수습하기 때문에 이 4종작의도 위빠사나품이 된다. 인용문 전거 110 참조.

모든 법에서 능정사택(能正思擇), 최극사택(最極思擇), 주변심사(周徧尋思), 주변사찰(周徧伺察)하니, 이를 네 가지 위빠사나라고 한다.

무엇을 '능정사택'이라고 하는가. 맑은 행으로 반연하는 경계, 좋은 방편으로 반연하는 경계, 번뇌를 맑히는 경계 어디에서나 현상계의 모든 차별상 전체를 감싸는 궁극적인 성품을 바르게 깊이 생각하고 있는 것을 말한다.

무엇을 '최극사택'이라고 하는가. 인연 경계에서 존재자의 궁극적인 본질인 진여를 가장 잘 생각하고 있는 것을 말한다.

무엇을 '주변심사'라고 하는가. 인연 경계에서 지혜로운 행으로 분별하는 마음이 있어 그 모습을 취함에 두루 살피고 잘 생각하고 있는 것을 말한다.

무엇을 '주변사찰'[1]이라고 하는가. 인연 경계에서 잘 살피고 따져 두루 챙기는 마음을 말한다. 『유가론』 성문지에서 이 내용들을 자세히 말하고 있다.

이 글의 뜻을 잘 살피면 성문(聲聞)에 있는 지관(止觀) 법문을 말한 것이다. 그러나 이 법으로 대승의 경계에 나아가면 곧 대승에 있는 지관(止觀) 수행이 된다. 그러므로 아홉 종류의 마음이 머무는 상태와 네 가지 지혜의 행이 앞서 말한 내용과 다르지 않다. 대승의 경계는 아래 글 가운데서 자세하게 분별하며 그 글에 따라 의문을 풀 것이다. 지관(止觀)의 모습으로서 간단한 이치는 이와 같다.

---

1. 伺察은 대상에 대하여 그 뜻과 이치를 대강 찾는 尋思보다 한걸음 더 나아가 세밀하게 분별하고 살피는 정신 작용을 말한다.

* 아래는 둘째 지(止)와 관(觀)에 있는 방편을 자세히 말하니 그 가운데 둘이 있다. 먼저 지(止)와 관(觀)을 따로 닦는 내용을 밝히고, 뒤에 이 둘이 같이 움직여 쓰이는 것을 드러낸다. 따로 닦는 내용에서 먼저 지(止)를 뒤에 관(觀)을 이야기한다. 먼저 지(止)를 밝히는 가운데 네 단락이 있다. 첫째는 지(止)를 닦는 방법을 밝히고, 둘째는 지(止)를 닦은 결과로 나타나는 뛰어난 공능을 드러내고, 셋째는 공부하는데 나타나는 마구니의 일들을 분별하고, 넷째는 그 이익을 보여 준다.

지관 수행의 다섯 인연

[논-77] 만약 지(止)를 닦는 자라면 고요한 곳에 머물러 단정히 앉아 뜻을 바르게 한다. 몸속에서 일어나는 숨이나 어떤 모습에 기대지 말고, 허공에 기대지 말며, 지수화풍(地水火風)과 견문각지(見聞覺知)에 기대지 말아야 한다. 모든 생각은 생각대로 모두 없애고, 또한 없앤다는 생각마저 없어야 한다. 모든 법은 본디 어떤 모습이 없어 생각마다 불생불멸이고, 또한 바깥 경계를 생각하는 마음을 따라가지 않아야 한다. 그 뒤에 마음을 마음으로 없애니 마음이 흐트러지면 곧 그 마음을 거두어 정념(正念)에 머물러야 한다. 이 정념이란 오직 마음일 뿐 바깥에 경계가 없다는 사실을 으레 알아야 한다. 이 마음 또한 근본실체가 없기에 생각마다 얻을 수 없다. 오고 가며 앉고 눕는 삶의 모든 행위에서 늘 방편을 생각하고 이치대로 살피며 오래 공부하다 보면 그 마음을 가질 수 있다. 이 마음을 가졌기에 차츰차츰 거세게 물이 흐르듯 진여삼매에 들어가 번뇌를 없애고 믿음을 키우기에 서둘러 공부에서 물러나지 않는다. 이 공부는 오직 부처님의 법을 의심하고 믿지 못하고 헐뜯는 죄 많은 사람들과 아만이 있거나 게으른 사람들만 빼니, 이런 사람은 삼매에 들어갈 수 없기 때문이다.

[소-77] 처음 지(止)를 닦는 방법 가운데 먼저 진여삼매에 들어갈

수 있는 사람을 밝히고, 뒤에 들어갈 수 없는 사람을 추린다. 처음에 "고요한 곳에 머물러"라고 말한 것은 공부할 인연을 갖추어야 할 것을 밝힌다. 자세히 말하면 반드시 다섯 가지 인연을 갖추어야 한다.

첫째는 고요한 곳에 한가롭게 머무는 것이니, 이는 숲 속에 머무는 것을 말한다. 마을에 머물면 반드시 시끄럽기 때문이다.
둘째는 생활을 깨끗하게 하는 것이니, 이는 나쁜 업의 걸림돌을 벗어나는 것을 말한다. 생활이 깨끗하지 않은 자라면 반드시 참회해야 한다.
셋째는 먹을거리와 입을 옷이 넉넉해야 한다.
넷째는 선지식을 찾아야 한다.
다섯째는 번거로운 모든 반연을 쉬어야 한다.

지금은 간략하게 첫째 인연만 내세웠기에 "고요한 곳에 머물러"라고 말한다. "단정히 앉아"라고 한 것은 몸을 다스리는 내용을 밝히고, "뜻을 바르게 한다."고 한 것은 마음을 다스리는 내용을 드러낸다.

어떻게 몸을 다스리는가. 자세히 말하면 먼저 편안히 앉아, 공부할 곳을 언제나 평온하고 오랜 시간 공부하는 동안 방해물이 없게 한다. 다음에는 다리를 바르게 해야 한다. 반가부좌라면 왼쪽 다리를 오른쪽 넓적다리 위에 두고 몸 가까이 끌어 당겨 왼쪽 다리 발가락이 오른쪽 허벅지와 가지런하게 한다. 만약 결가부좌라면 반가부좌와 달리 오른쪽 다리를 반드시 왼쪽 넓적다리 위에 두고 다음에 왼쪽 다리를 오른쪽 허벅지 위에 둔다. 다음은 옷의 허리띠를 느슨하게 하지만 앉아 있을 때 떨어지지 않게 한다. 다음에는 손을 편안하게 둔다. 왼손바닥을 오른손 위에 두고 손을 겹쳐 왼쪽 다리 위에 놓고 몸 가까이 끌어당겨 한가운데 두고 편안하게 한다. 다음은 몸을 바르게 해야 한다. 먼저 몸과 팔다리를 스스로 안마하듯 일고여덟 번 흔들며 팔다리가 어긋나지 않게 해야 한다. 몸을 바르고 곧게 펴서 어깨뼈가 마주 보도록 하여 몸이 구부러지거나 한쪽으로 솟게 하지 말아야 한다. 다음은 머리와 목을 바르게 하고, 코와 배꼽이 서로 마주해서 한쪽으로 기울거나 위아래로 쳐지지 않게 하여 반듯하고 바로 있게 한다. 지금 이 글에서는 이 내용을 통틀어 간단히 말하므로 "단정하게 앉는다."고 말한다.

어떻게 마음을 다스리는가. 말세에 공부하는 이들에게는 바른 원을 세운 이는 적고 삿된 것을 찾는 이들이 많다. 이는 이익과 명예를 구하려고 조용히 공부하는 모습만 드러내고 헛되이 세월을 보내기에 선정을 얻을 수 없다는 것을 말해 준다. 이에 삿된 것을 찾는 마음을 떠나야 하므로 "뜻을 바르게 한다."고 한다. 다만 고요한 마음이 진여의 이치에 맞아떨어져 자신은 물론 남도 건져 최고의 도에 이르고자 할 뿐이니, 이런 것을 일러 "뜻을 바르게 한다."고 한다.

"몸속에서 일어나는 숨이나 어떤 모습에 기대지 말고…" 아래는 바로 지(止)를 닦는 차례를 밝혀 '아홉 가지 마음이 머무는 자리'를 드러낸다.

처음에 "몸속에서 일어나는 숨이나 어떤 모습에 기대지 말고, 허공에 기대지 말며, 지수화풍과 견문각지에 기대지 말아야 한다."고 말한 것은 첫째 내주(內住)하는 마음을 밝힌다. '숨'이란 들숨과 날숨의 숫자를 세며 그 자리를 관(觀)하는 경계이다. '어떤 모습'이란 뼈나 뼈마디와 같은 모습들을 말한다. 허공이나 지수화풍이란 모두 선정에서[1] 반연한 경계이며, 견문각지란 흐트러진 마음에서 취한 여섯

---

1. 事定은 空·地·水·火·風을 대상으로 삼아 수행하여 色定과 無色定에 들어가는 선정을 말한다. 『解說道論』 참조.

가지 경계이다. 이 모든 경계를 깨뜨려 오직 자기 마음뿐이라는 것을 알고 다시 다른 인연에 기대지를 않기에 "기대지 말아야 한다."고 한다. 바깥 경계에 기대지 않는 것이 곧 내주(內住)이다.

다음에 "모든 생각은 생각대로 모두 없애고"라고 말한 것은 둘째 등주(等住)하는 마음을 밝힌다. 앞에서 숨이나 모습 같은 것들을 따로 깨뜨렸으나 이는 처음 수행이므로 그 마음이 거칠다. 그러므로 이 경계를 깨뜨려 마음을 다른 경계로 옮겨가는 것이다. 이어 이 모든 모습에서 마음의 집중이 이어지게 하는 방편과 맑게 하는 방편으로 거친 마음을 미세하게 하여 생각대로 경계에 치달리는 마음을 모두 없앤다. 경계에 치달리는 생각들을 모두 없애는 것이 곧 등주(等住)이다.

이어서 "또한 없앤다는 생각마저 없앤다."고 말한 것은 셋째 안주(安住)하는 마음을 밝힌다. 앞에서 바깥 경계에 치달리는 마음을 모두 없앴으나 아직 안에 '없앤다는 생각'이 남아 있다. 안의 생각이 사라지지 않으면 바깥 생각이 다시 살아나기 때문에 안의 마음에 안주할 수 없다. 그러므로 지금 다시 '없앤다는 생각'마저 없앤다. 생각을 안에 두지 않으므로 곧 바깥 경계를 잊을 수 있고, 바깥 경계를 잊고 마음이 고요하면 곧 안주(安住)이다.

이어서 "모든 법은 본디 어떤 모습이 없어 생각마다 불생불멸이고"라고 말한 것은 넷째 근주(近住)하는 마음을 밝힌다. 앞서 공부한 힘으로 안팎의 모든 법이 본디 생각하는 주체나 객체가 없다는 것을 분명히 알고 생각생각마다 불생불멸임을 잘 고찰하고 자주 주의를 기울여 이 생각을 멀리 여의지 않는다. 멀리 여의지 않고 머무는 마음이 곧 근주(近住)이다.

이어서 "또한 바깥 경계를 생각하는 마음을 따라가지 않는다."고 말한 것은 다섯째 조순(調順)하는 마음을 밝힌다. 바깥 경계로 생각하는 모든 마음이 어지럽더라도 앞서 닦은 안주(安住)와 근주(近住)의 힘에 따라, 바깥 경계에 있는 모든 허물은 그 모습을 취하는 것 자체가 허물이 되는 생각이라는 것을 깊이 안다. 이 생각으로 바깥 경계에 그 마음이 흐트러지지 않게 하므로 조순(調順)이라고 한다.

이어서 "그 뒤에 마음을 마음으로 없애니"라고 말한 것은 여섯째 적정(寂靜)한 마음을 밝힌다. 모든 분별이 마음을 흔들리게 하더라도 앞서 닦은 조순(調順)하는 마음에 따라 그 허물은 이 모습을 취하는 것 자체가 허물이 되는 생각이라는 것을 확실하게 안다. 이 생각으로 흔들리는 마음을 차츰차츰 없애어 흔들리는 마음이 일어나지 않으면 곧 적정이다.

이어서 "마음이 흐트러지면 곧 그 마음을 거두어 정념(正念)에 머물러야 한다. 이 정념이란 오직 마음일 뿐 바깥에 다른 경계가 없다는 사실을 으레 알아야 한다. 이 마음 또한 자기의 모습이 없기에 생각마다 얻을 수 없다."고 말한 것은 일곱째 최극적정(最極寂靜)의 마음을 밝힌다. 이 가운데 두 가지 내용이 있다. 처음에 "마음이 흐트러지면 곧 그 마음을 거두어 정념에 머물러야 한다. 이 정념이란 오직 마음일 뿐 바깥에 다른 경계가 없다는 사실을 으레 알아야 한다."고 말한 것은 집중력을 잃어 잠깐 바깥의 경계로 마음이 흐트러졌으나 정념의 힘으로 그것을 받아들이지 않는다는 것을 밝힌다. 다음에 말한 "이 마음 또한 근본 실체가 없기에 생각마다 얻을 수 없다."는 집중력을 잃게 하는 것이 마음속에 있지만 수행의 힘으로 거친 생각이 일어나면 곧 물리친다는 것을 밝힌다. 안팎의 경계를 받아들이지 않고 물리칠 수 있기 때문에 최극적정(最極寂靜)이라고 한다.

이어서 "오고 가며 앉고 눕는 삶의 모든 행위에서 늘 방편을 생각하고 이치대로 살피며 오래 공부하다 보면 그 마음을 가질 수 있다."고 말한 것은 여덟째 전주일취(專住一趣)를 밝힌다. 이는 더욱 애써 공부하는 힘이 있기에 '늘 방편을 생각하고 이치대로 살피며'라고 말하고, 틈이 없이 선정의 힘이 이어지므로 '오래 공부하다 보면 그 마음을 가질 수 있다.'고 말하니, 곧 전주일취(專住一趣)의 모습이다.

이어서 "이 마음을 가졌기에 차츰차츰 거세게 물이 흐르듯 진여삼매에 들어가"라고 말한 것은 아홉째 등지(等持)의 마음을 밝힌다. 앞서 오래 수행한 힘으로 애써 노력하지 않아도 저절로 흐트러진 마음을 떠나 활기찬 삶 속에 머물러 있기에 '등지'라고 한다. '등지'의 마음이 진여에 머물러 있는 모습이기에 '진여삼매에 들어간다.'고 한다. "번뇌를 없애고 믿음을 키우기에 빠르게 공부에서 물러나지 않는다."고 한 것은 진여삼매의 힘을 간단히 드러낸다. 이 힘으로 공부에서 물러나지 않는 위치로 나아갈 수 있다.
위에서 말한 내용들은 '진여삼매에 들어갈 수 있는 사람'을 말하고, "오직 부처님 법에 대한 의혹과…" 아래는 '진여삼매에 들어갈 수 없는 사람'을 추린 것이다.

지(止)를 닦는 방법을 여기에서 다 말하여 마친다.

지를 닦은 결과로 나타난 뛰어난 공능

[논-78] 다시 이 삼매에 기대기에 곧 법계가 하나의 모습인 줄 안다. 이는 모든 부처님의 법신이 중생의 몸과 평등하여 다를 게 없음을

말하니, 이를 일행삼매(一行三昧)라고 한다. 진여가 삼매의 근본이니 사람들이 이를 수행하면 차츰차츰 헤아릴 수 없이 많은 삼매를 낼 수 있다는 것을 으레 알아야 한다.

[소-78] 둘째는 지(止)를 닦은 결과로 나타난 뛰어난 공능을 밝힌다.

이는 앞의 진여삼매에 따라 일행삼매와 같은 모든 삼매를 낼 수 있다는 사실을 밝힌다. 일행삼매란 『문수반야경』에서[1] "무엇을 일행삼매라고 합니까."라고 물으니, 부처님께서 "법계는 하나의 모습인데 이 법계의 진실한 모습을 직관으로 인연한 것을 일행삼매라고 한다. 일행삼매에 들어간 자는 갠지스강 모래알만큼 많은 부처님의 모든 법계에 차별이 없는 모습을 다 안다. 아난이[2] 부처님의 법을 듣고 모든 것을 다 외워 변재와 지혜가 모든 성문 가운데 가장 뛰어나더라도 아직 분별 속에 있는 것이니 한계가 있다. 그러나 일행삼매를 얻는다면 모든 경의 법문을 하나하나 다 알고 조금도 걸림이 없이 아침저녁으로 늘 말하는 지혜와 변재들이 끝이 없다. 아난이 부처님의 법을 많이 듣고 말을 잘했다는 그 내용을 여기에다 견주어보면 백 천분의 일도 미치지 못한다."고 하며 자세히 말한 것과 같다. 진여삼매가 이런 헤아릴 수 없이 많은 삼매를 낼 수 있기에 "진여가 삼매의 근본이다."고 말한다.

지(止)를 닦아 나타난 뛰어난 공능을 여기에서 다 말하여 마친다.

＊ 이 다음은 셋째 공부할 때 일어나는 마구니의 일들을 밝힌다. 그 가운데 둘이 있으니, 간단히 밝히는 부분과 이것을 자세히 풀이하는 부분이다.

---

1. 『문수반야경』은 『文殊師利所說般若波羅密經』 1권을 말한다. 蕭梁의 僧伽婆羅 번역이다. 『大般若』 제7會의 別譯. 인용문 전거 111 참조.
2. 아난은 부처님 10대 제자 가운데 한 분이다. 多聞第一이다.

공부할 때 일어나는 마구니 장애

[논-79] 때로는 어떤 중생은 마음의 좋은 뿌리가 없어 마구니나 외도나 귀신들의 모든 홀림을 받는다. 앉아 공부하는 가운데 두려움을 주는 모습으로 나타나거나 때로는 미남 미녀들의 모습들로 나타날 때, 이들이 오직 마음일 뿐이라고 생각하면 이 경계는 곧 사라져 마침내 괴롭지가 않은 것이다.

[소-79] 마구니의 일을 간단히 밝히는데 또한 둘이 있으니, 먼저 마구니의 유혹을 밝히고 뒤에 이 일을 다스리는 내용을 보여 준다.

처음에 "마구니"라고 말한 것은 좋은 모습으로 나타나 불법을 방해하는 하늘 마구니이고,[1] "귀신(鬼神)"에서 귀(鬼)는 좌선할 때 공부를 방해하는 퇴척귀(堆惕鬼)라는 귀신이며,[2] 신(神)은 시간에 맞추어서 나타나 수행자를 괴롭히는 정미신(精媚神) 귀신을 말한다.[3] 이런 귀신들은 부처님의 법을 어지럽혀 삿된 도에 떨어지게 하므로 외도라고 한다. 이런 모든 마구니와 귀신들은 모두 세 가지 경계를 만들어서 사람들의 착한 마음을 깨뜨릴 수 있다.

첫째는 두려워할 만한 일을 만드니, 논에서는 "앉아 공부하는 가운데 두려운 모습으로 나타난다."고 한다.
둘째는 애욕을 일으킬 만한 일을 만드니, 논에서는 "때로는 미남 미녀들의 모습으로 나타난다."고 한다.
셋째는 공부하는 사람의 마음에 거슬리는 일도 아니고 마음에 드는

---

1. 天魔는 좋은 경계로 나타나는 마구니이다. 좋은 경계에 홀려 넘어가면 수행에 큰 장애를 가져온다고 한다. 『능엄경』 참조.
2. 堆惕鬼는 좌선할 때 공부를 방해하는 귀신이다.
3. 精媚神은 精媚鬼인데 子時에 쥐 종류의 精氣이 변신하여 좌선하는 사람을 홀리는 귀신이다. 이때 좌선하는 사람은 그 時를 알아 子時면 쥐인 줄 알고 그 이름을 부르면 정미귀가 곧 사라진다고 한다.

일도 아니니, 이는 평범한 다섯 가지 경계를 나타내어 수행하는 사람의 마음을 어지럽게 만드는 것을 말한다. 이는 논에서 "…들의 모습들로 나타날 때"라고 말한다.

"오직 마음일 뿐이라고 생각하면…" 아래는 이어서 마구니의 일을 다스리는 방법을 밝힌다. 모든 경계가 오직 자기 마음이 분별하여 만든다는 것을 생각한다면 자기 마음 밖에 별다른 경계가 없는 것이다. 이 생각을 하면 나타난 경계는 곧 사라진다. 이것이 모든 마구니나 귀신을 모두 사라지게 하는 방법을 밝힌 것이다.

다른 방편으로 말하면 저마다 다른 방법이 있다. 이는 모든 마구니를 다스릴 사람은 대승의 마구니를 없애는 주문을 외워야 한다는 것을 말한다. '좌선할 때 공부를 방해하는 귀신'이란 때로는 구더기나 굼벵이 같은 것들이 사람의 얼굴이나 머리에 모여 꿈틀거린다든지, 때로는 사람의 양쪽 겨드랑이 아래를 툭툭 치거나 간지럼을 태운다든지, 때로는 사람을 언뜻 보듬기도 하고, 때로는 소리를 그치지 않고 말하기도 하며 짐승들의 모습을 만들기도 하는데, 이런 이상한 모습들이 하나 둘이 아니다. 이들이 수행하는 이를 괴롭히면 곧 눈을 감고 마음을 모아 "나는 지금 너를 안다. 너는 사바세계에서 불을 먹고 냄새를 맡는 귀신이다.[1] 너는 사견(邪見)을 좋아하여 미래에 아름답게 살 삶의 씨앗을 망가뜨리지만, 나는 지금 아름다운 삶을 가져 끝내 너를 두려워하지 않는다."고 해야 한다.

출가한 사람이라면 계율을 외우고 재가자라면 『보살계본』을[2] 외워

---

1. 투람길지는 『마하지관』에 그 내용이 나오는데 염부제에서 불을 먹고 향내를 맡는 귀신이라고 한다.
2. 『보살계본』 1권은 후진의 구마라습 번역이다(406). 『범망경』 하권의 10중대계와 48경계를 따로 뽑아 만든 책인데 『보살계경』이라고도 한다. 천태종에서는 대승 圓戒의 근거를 삼는다. 주석서로 원효의 『私記』와 법장의 『疏』 등이 있다. 또. 당나라 현장 번역의 『보살계본』이 있는데 이는 『유가사지론』 本地分 가운데 보살지에서 뽑아낸 것으로 54계를 말하고 있다. 북량의 담무참 번역인 『보살계본경』은 이것을 달리 번역한 것으로 42계로 되어 있다. 주석서로 원효의 『持犯要記』가 있다.

야 한다. 삼귀의와[1] 오계와[2] 같은 것들을 외우면 귀신들이 바로 물러나 슬슬 기어 달아날 것이다.

'시간에 맞추어서 나타나 수행자를 괴롭히는 귀신'이란 십이시(十二時)에 해당하는 짐승들이 여러 가지 모습으로 바꾸어 수행자를 괴롭히는 귀신들을 말한다.

때로는 젊은 남녀의 모습으로 변신하고, 때로는 덕 높은 스님의 모습이나 사람들이 두려워할 만한 몸을 만들며, 한 가지 모습이 아닌 여러 가지 모습으로 수행자를 괴롭힌다. 수행자를 괴롭히려면 이들은 저마다 해당하는 시간에 와야 한다. 대개 인시(寅時)에 오는 것이라면 반드시 호랑이나 이들 비슷한 무리의 짐승이다. 대개 묘시(卯時)에 오는 것이라면 토끼나 노루와 같은 무리들이고, 축시(丑時)에 오는 것이라면 반드시 소나 이들의 무리와 비슷한 짐승들이다. 수행자가 늘 공부하는 시간에 해당하는 귀신을 알고 그들을 불러 꾸짖으면 곧 사라진다.

이런 것들은 모두 『선경』에서[3] 자세히 말한 내용들과 같다. 위에서 마구니의 일을 다스리는 방법을 대충 말하였다.

마구니 일을 자세히 풀이함

[논-80] 때로는 하늘의 모습이나 보살의 모습으로 나타나고 또한 여래의 모습을 만들어서 부처님의 상호를 다 갖춘다. 때로는 다라니

---

1. 삼귀의는 부처님께 귀의할 때 불·법·승 삼보에게 귀의하는 내용이다. 歸依佛兩足尊과 歸依法離欲尊과 歸依僧衆中尊을 말한다.
2. 오계는 불교에 귀의하는 사람이 받는 계율이다. ① 살아 있는 것을 죽이지 말라. ② 훔치지 말라. ③ 나쁜 인간관계를 만들지 말라. ④ 거짓말을 하지 말라. ⑤ 술을 마시지 말라.
3. 『선경』은 『釋禪波羅蜜次第法門』과 『마하지관』 등 참선 수행에 관련된 글을 가리킨 말이다.

를¹ 말하고 또는 보시, 지계, 인욕, 정진, 선정, 지혜를 말한다. 때로는 평등(平等)·공(空)·무상(無相)·무원(無願)·무원(無怨)·무친(無親)·무인(無因)·무과(無果)·끝내는 비어 고요한 것이 참된 열반이라고 한다. 때로는 사람들이 과거 전생의 일을 알게 하고 또한 미래의 일도 알게 한다. 다른 사람의 마음을 아는 지혜를 얻고 변재가 막힘이 없어 중생들이 세간의 명리에 집착하게 한다. 또 사람들을 자주 성내게 하거나 기쁘게 하여 그 성품이 오락가락하게 한다. 때로는 지나치게 애정이 많고 잠이나 병이 많아 그 마음을 게으르게 한다. 때로는 갑자기 정진을 시작하다 뒤에 바로 멈추게 하고 믿음이 없어 의심이나 쓸데없는 생각이 많게 한다. 때로는 본디 뛰어난 수행을 버리고 다시 쓸데없는 공부를 하게 하며, 세상일에 집착하여 온갖 일을 번거롭게 만든다. 또한 사람들에게 조금이나마 삼매 비슷한 것을 얻게 하지만 이들은 모두 외도들이 얻는 경계이므로 진짜 삼매가 아니다.

때로는 사람들로 하여금 하루나 이틀, 사흘이나 이레를 선정 속에 머물게 하고, 자연의 향기롭고 맛있는 음식을 얻게 하며, 몸과 마음이 상쾌하고 배고프거나 목이 마르지 않아 사람들이 그것을 좋아하게 한다. 때로는 먹는 것이 일정하지 않게 금방 많다가 금방 적게 하여 사람들이 낯빛을 바꾸게 한다.

이런 이치이므로 수행하는 이들은 늘 지혜롭게 관찰하여 마음이 삿된 그물에 떨어지지 않게 해야 한다. 부지런히 정념(正念)으로 이들을 집착하지 않는다면 이 모든 업의 장애를 멀리 여읠 수 있으므로, 외도가 갖는 삼매는 모두 아견(我見)·아애(我愛)·아만(我慢)

---

1. 다라니는 헤아릴 수 없이 많고 좋은 뜻을 지니고 있어 나쁜 모든 법을 버리고 한량없이 좋은 공덕을 지니고 있는 것을 말한다. 흔히 법문의 짧은 구절을 진언 또는 주문이라 하고, 긴 구절을 다라니 또는 큰 주문이라고도 한다.

을 여의지 못했다는 사실을 아니, 그들의 삼매는 세간의 명예와 이익과 존경에 집착하기 때문이다. 진여의 삼매란 보는 모습에 머물지 않고 얻는 모습에 머물지 않으며, 나아가 선정에서 나와도 게으르거나 거만한 것이 없어 모든 번뇌가 차츰차츰 엷어진다. 모든 범부가 이 삼매의 법을 익히지 않고서 '여래가 될 수 있는 성품'에 들어간다는 것은 옳지 않다. 왜냐하면 세간의 모든 선정 삼매를 닦아 거기에 맛 들여 자주 집착을 일으키면 아견(我見)으로 말미암아 삼계에 묶이니 외도와 함께 하는 것이며, 선지식의 보호를 멀리하면 외도의 견해를 일으키기 때문이다.

[소-80] 두 번째는 마구니의 일을 자세히 풀이하니 그 가운데 세 부분이 있다. 첫째는 여러 가지 모습으로 나타나는 마구니의 일을 자세히 드러내는 부분이고, 둘째는 "이런 이치기에 수행하는 이들은…" 아래로 마구니의 일들을 다스리는 방법을 밝히는 부분이며, 셋째는 "외도가 갖는 삼매는 모두 아견(我見)·아애(我愛)·아만(我慢)을 여의지 못했다는 사실을 아니…" 아래로는 진짜 삼매와 거짓 삼매를 구별하는 부분이다.

첫째 부분에서 다섯 가지로 짝을 맞추어 열 가지 마구니 일을 밝힌다.

첫 번째 짝은 모습을 드러내는 것과 법을 말하는 것이다.
두 번째 짝은 신통을 얻는 것과 변재를 일으키는 것이니, "때로는 사람들이 과거 전생의 일을 알게 하고 또한 미래의 일도 알게 한다. 다른 사람의 마음을 아는 지혜를 얻고 변재가 막힘이 없어 중생들이 세간의 명리에 집착하게 한다."고 말한다.
세 번째 짝은 의혹을 일으키는 것과 업을 짓는 것이니, "또 사람들에게 자주 성내게 하거나 기쁘게 하여 그 성품이 오락가락하게 한다. 때로는 지나치게 애정이 많고 잠이나 병이 많아 그 마음을 게으르게 한다. 때로는 갑자기 정진을 시작하다 뒤에 바로 멈추게 하고 믿음이 없이 의심이나 쓸데없는 생각이 많게 한다. 때로는 본디 뛰어난 수행을 버리고 다시 쓸데없는 공부를 하게 하며 세상일에 집착하여 온갖 일을 번거롭게 만든다."고 말한다.

네 번째 짝은 선정에 드는 것과 삼매를 얻는 것이니, "또한 사람들에게 조금이나마 삼매 비슷한 것을 얻게 하지만, 이들은 모두 외도들이 얻는 경계이기에 진짜 삼매가 아니다. 때로는 사람들로 하여금 하루나 이틀, 사흘이나 이레를 선정 속에 머물게 하고, 자연의 향기롭고 맛있는 음식을 얻게 하며, 몸과 마음이 상쾌하고 배고프거나 목이 마르지 않아 사람들이 그것을 좋아하게 한다."고 말한다.

다섯 번째 것은 음식의 차이와 낯빛의 변화로 짝이 되니 글을 읽어보면 알 수 있다.

물음 : 보살의 모습을 보는 것과 같은 경계들은 때로는 지난 삶에 있던 마음의 좋은 뿌리로 생길 수도 있는 것인데, 이를 어떻게 바른 법과 삿된 법으로 판단합니까.

대답 : 참으로 이런 일이 많으니 조심해야 한다. 왜냐하면 모든 마구니가 만든 모습을 보고 좋은 모습이라고 하여 기쁜 마음으로 집착하면 이 잘못으로 병을 얻고 미쳐버릴 수도 있기 때문이다. 반대로 마음의 좋은 뿌리로 나타난 경계를 마구니의 일이라고 여겨 이를 마음으로 의심하고 떨쳐버린다면 곧 좋은 이익을 잃고 끝내 공부에 진전이 없게 될 수 있기 때문이다.

이 삿된 법과 바른 법은 참으로 구별하기 어려우므로 세 가지 법을 가지고 시험해 보아야 알 수 있다. 그 세 가지 법은 무엇인가. 첫 번째 법은 선정으로 연마하는 것이요, 두 번째 법은 본디 했던 수행에 따라 다스리는 것이요, 세 번째 법은 지혜로 관찰하는 법이다.

이는 경에서[1] "진짜 금을 알려면 세 가지 방법으로 시험해 보아야 하니, 불에 달구고 망치로 두드리며 곱게 갈아 다듬는 것을 말한다. 수행하는 사람도 그러하니 그의 공부가 바른 법인지 알기 어려우므로 삿된 법과 구별하고자 하면 역시 세 가지 방법으로 시험해 보아야 한다. 첫 번째 법은 같은 공부를 해 보는 것이요, 두 번째 법은 같은 공부를 해도 알지 못했다면 같이 한 곳에 오래 머물러 지내보는 것이요, 세 번째 법은 함께 오래 지내면서도 알지 못했다면 지혜로 관찰하는 것이다."고 말한 내용과 같다. 지금 이 뜻을 빌려 삿된 법과 바른 법을 증명하여 보겠다.

첫 번째 방법 곧 선정으로 연마한다는 것은 선정 가운데 어떤 경계가 일어날 때, 그것이 삿된 것인지 바른 것인지 알기 어렵거든 깊은 선정에 들어가 그 경계에서 취하거나 버리는 마음이 없이 다만 평등하게 선정에 머물러 있을 뿐이다. 이 경계가 마음의 좋은 뿌리에서 나온 것이라면 선정의 힘은 더욱 깊어져 마음의 좋은 뿌리가 더욱더 생겨날 것이고, 마구니가 나타낸 경계라면 오래지 않아 그 경계는 저절로 무너질 것이다.

두 번째 방법인 본디 닦았던 수행에 따라 다스린다는 것은 무엇을 말하는가. 만일 본디 닦았던 수행이 '몸의 더러움을 보는 것'이라고[2] 한다면 지금 다시 본디 닦았던 몸의 더러움을 보는 수행에 그대로 기댄다는 것이다. 이와 같이 수행하여 나타난 경계가 더욱 좋아진다면 이는 거짓 경계가 아니다. 그러나 본디 닦았던 수행으로 그 경계가 차츰차츰 사라진다면 이는 으레 삿된 법이라는 것을 알아야 한다.

---

1. 전거가 분명하지 않다.
2. 不淨觀은 5停心觀의 하나이다. 탐욕을 다스리기 위하여 몸의 더러운 모양을 관찰하는 수행이다.

세 번째 방법인 지혜로 관찰한다는 것은 무엇을 말하는가. 나타난 경계를 보고 근원을 따져 그 경계가 일어난 곳이라는 견해를 갖지 않고 비어 고요한 것을 깊이 알아 마음이 집착하지 않는다면 삿된 법이 스스로 없어지고 바른 법은 저절로 나타난다는 것이다. 이는 진짜 금을 태우면 그 빛이 금빛으로 빛나지만 거짓 금은 그렇지 않은 것과 같다. 이 가운데 선정의 비유는 금을 곱게 갈아 다듬는 것이고, 본디 닦았던 수행의 비유는 망치로 두드리는 것이며, 지혜로 관찰하는 것은 불로 태우는 것과 비슷하다. 이 세 가지 방법으로 검증하면 삿된 법과 바른 법을 알 것이다.

물음 : 만약 마구니가 내 마음으로 하여금 선정을 얻게 할 수 있다면 그 선정이 삿된 법인지 바른 법인지 어떻게 구별합니까.

대답 : 이 곳은 미세하여 참으로 알기가 어렵다. 우선 선현의 말씀에 기대어 간단히 삿된 법과 바른 법의 갈림길을 보여 주겠다. 앞서 말한 '아홉 가지 마음이 머무는 상태'를 차례대로 수행하여 아홉 번째 마음에 다다랐을 때 팔다리와 몸 전체에 흐르는 기운을 느낄 수 있다. 이 기운이 흐를 때 그 몸은 구름이나 그림자와 같기에 있는 듯 없는 듯 하다. 때로는 이 기운이 위나 아래에서 나오거나 때로는 허리에서 나와 밋밋하게 몸을 감싸기도 한다. 이런 기운이 일어날 때 그 공덕은 헤아릴 수 없이 많지만 대충 말하면 열 가지 모습이 있다.

첫째는 고요한 마음이요, 둘째는 텅 빈 마음이요, 셋째는 맑은 빛이요, 넷째는 기쁨이요, 다섯째는 아름다운 즐거움이요, 여섯째는 착한 마음이 일어나고, 일곱째는 알고 보는 것이 뚜렷하고, 여덟째는 모든 번뇌가 없으며, 아홉째는 마음이 부드럽게 조화되며, 열째는 경계가 눈앞에 분명하게 나타나는 것이다.

이와 같은 열 가지 법이 몸 안에 흐르는 기운과 함께 일어난다. 이것을 낱낱이 분별하자면 끝이 없다. 이 일이 지나간 뒤 다시 다른 느낌이 차례대로 나타난다. 다른 느낌이라고 말하는 것에는 대충 여덟 가지가 있다.

첫째는 흔들림이요, 둘째는 가려움이요, 셋째는 시원함이요, 넷째는 따뜻함이요, 다섯째는 가벼움이요, 여섯째는 무거움이요, 일곱째는 껄끄러움이요, 여덟째는 미끌미끌한 느낌이다. 그러나 이 여덟 가지 느낌은 반드시 함께 일어나는 것이 아니고 때로는 두세 가지 느낌만 일어나는 경우도 있다. 이 느낌이 일어날 때도 정해진 차례는 없다. 그러나 처음은 대개 흔들리는 느낌이 일어난다. 이것들이 크게 나타나는 바른 선정의 모습이다.

다음은 삿된 법의 모습을 구별한다. 삿된 법의 모습은 대충 열 가지 짝을 이루는 모습으로 나온다.

첫째는 기운이 늘어나는 것과 줄어드는 모습, 둘째는 고요함과 어지러운 모습, 셋째는 공(空)과 유(有)의 모습, 넷째는 밝음과 어두움의 모습, 다섯째는 근심과 기쁨의 모습, 여섯째는 괴로움과 즐거움의 모습, 일곱째는 선과 악의 모습, 여덟째는 어리석음과 지혜의 모습, 아홉째는 해탈과 번뇌의 모습, 열째는 강함과 부드러움의 모습이다.

첫째, 기운이 늘어나는 것과 줄어드는 모습이란 무엇을 말하는가. 몸에서 느낌이 일어날 때 때로는 몸과 손이 움직이고 다리도 따라 움직이지만 바깥사람은 그가 잠자듯 조금도 움직이지 않는 모습을 본다거나, 때로는 귀신 들린 듯이 몸과 손발이 어지럽게 움직이듯 하여 기운이 늘어나는 모습이다. 몸에서 느낌이 일어날 때 이 느낌이 위에서 나오든 아래에서 나오든 몸 전체에 미치지 못하고 곧 사라지기에, 이 때문에 나타난 모든 경계를 잃고 앉을 때 맥이 탁 풀려 몸을 버틸 수 없는 것이 기운이 줄어드는 모습이다.

둘째, 고요함과 어지러운 모습이란 무엇을 말하는가. 몸에서 느낌이 일어날 때 몸과 마음이 선정에 얽매여 자유롭지 못하거나, 때로는 다시 이 때문에 삿된 선정에 들어가 이레까지 가는 것이 고요함의 허물이다. 만약 몸에서 느낌이 일어날 때 마음이 어지러워 다른 경계를 반연하는 것이 어지러움의 허물이다.

셋째, 공(空)과 유(有)의 모습이란 무엇을 말하는가. 몸에서 느낌이 일어날 때 조금도 몸을 보지 못하기에 공(空) 삼매를 얻었다고 하는 것이 공(空)의 허물이다. 몸에서 느낌이 일어날 때 나무나 돌 같이 딱딱한 몸을 느끼는 것이 유(有)의 허물이다.

넷째, 밝음과 어두움의 모습이란 무엇을 말하는가. 몸에서 느낌이 일어날 때 바깥의 온갖 빛깔을 비롯해 해와 달과 별을 보는 것이 밝음의 허물이다. 몸의 느낌이 일어날 때 몸과 마음이 어두운 방에 들어간 것처럼 깜깜한 것이 어두움의 허물이다.

다섯째, 근심과 기쁨의 모습이란 무엇을 말하는가. 몸에서 느낌이 일어날 때 그 마음이 기쁘지 않고 해쓱하여 번거로운 것이 근심의 허물이다. 몸에서 느낌이 일어날 때 마음이 뛸 듯이 크게 기뻐 스스로 안정시킬 수 없는 것이 기쁨의 허물이다.

여섯째, 괴로움과 즐거움의 모습이란 무엇을 말하는가. 몸에서 느낌이 일어날 때 몸 전체의 마디마디가 아픈 것이 괴로움의 허물이다. 몸에서 느낌이 일어날 때 크게 즐거운 것을 알고 이것을 욕심내어 집착하며 매이는 것이 즐거움의 허물이다.

일곱째, 선과 악의 모습이란 무엇을 말하는가. 몸에서 느낌이 일어날 때 어지러운 마음으로 바깥에서 나타내는 좋은 모습을 생각하고 삼매를 깨뜨리는 것이 선의 허물이다. 몸에서 느낌이 일어날 때 부끄러워하고 뉘우치는 마음 같은 것이 없어 나쁜 모든 마음이 생기는 것이 악의 허물이다.

여덟째, 어리석음과 지혜의 모습이란 무엇을 말하는가. 몸에서 느낌이 일어날 때 마음이 어리석어 깨치는 바가 없는 것이 어리석음의 허물이다. 몸에서 느낌이 일어날 때 견해가 아주 날카롭지만 마음에 잘못된 판단이 일어나는 것이 지혜의 허물이다.

아홉째, 번뇌와 해탈의 모습이란 무엇을 말하는가. 몸에서 느낌이 일어날 때 탐욕, 성냄, 수면, 도거, 의심과 같은 모든 번뇌가 마음을 덮는 것이 번뇌의 허물이다. 몸에서 느낌이 일어날 때 공(空)을 깨달아 공부의 결과를 얻었다고 하여 뽐내는 마음을 내는 것이 해탈의 허물이다.

열째, 강함과 부드러움의 모습이란 무엇을 말하는가. 몸에서 느낌이 일어날 때 그 몸이 돌과 기와처럼 단단하고 강하여 움직일 수 없는 것이 강함의 허물이다. 몸에서 느낌이 일어날 때 물기 있는 진흙이 그릇이 될 수 없듯 마음이 연약하여 무너지기 쉬운 것이 부드러움의 허물이다.

이 스무 가지 삿된 선정의 법이 나타나는 데 그 내용을 알지 못하고 좋아하는 마음을 내면, 그 때문에 정신을 잃고 미치거나 울기도 하고 웃기도 한다. 때로는 놀래서 제멋대로 달아나거나 어떤 때는 스스로 바위에 몸을 던지고 불 속에 들어가려고도 한다. 어떤 때는 병을 얻고 이 때문에 죽기도 한다. 또 이와 같은 하나의 삿된 법이 나타나는 데서 아흔다섯 종류 외도에[1] 있는 귀신의 법 가운데 하나와 맞아떨어지는데도 이 내용을 깨닫지 못한다면, 곧 외도를 생각하고 외도의 법을 행하는 것이니 이로 말미암아 귀신의 법문에 바로 들어간다. 귀신의 세력이 강해져서 삿된 모든 선정과 변재를 나타내어 세상의 길흉을 알고, 신통하고 기이하게 희유한 일들을 나타내어 많은 사람을 감동시킨다. 세상 사람들은 아는 것이 없어 다만 특이한 사람이라고 보고 현인이나 성인이라고 하여 마음속 깊이 믿고 따른다. 그러나 그의 마음은 오로지 귀신의 법만 행하고 있다. 마땅히 알아야 한다. 이 사람은 성인의 법도를 멀리 여의었기에 죽어서 지옥이나 짐승 또는 아귀의 세상에 떨어진다. 이는 아흔 여섯 개의 『외도경』에서 자세히 말하고 있는 것과 같다.

수행자가 이런 삿된 경계를 깨달으면 앞의 방법을 가져다 검증하고 다스려야 한다. 그러나 그 가운데 또한 시비가 있다. 그것은 무엇인가.

삿된 선정이 한결같이 마구니가 만든 것이라면 법으로 이를 다스리고 마구니가 떠난 뒤에는 다시 조금도 이런 선정이 없어야 한다. 내가 바른 선정에 들어갔을 때 마구니가 그 가운데 들어와 삿된 모든 경계를 나타낸 것이라면 법으로 이를 물리치고, 마구니의 삿된 법이 사라지면 나의 선정은 맑아지고 마치 구름이 사라져 태양이 나타나는 것과 같아야 한다. 이들의 경계가 마구니의 짓인 듯한데 법으로 다스려도 없어지지 않는다면 이는 자기 죄업 때문에 나타난 것임을 알아야 한다. 곧 대승의 참회를 부지런히 닦아 죄업이 없어진 뒤에야

---

1. 95종 외도는 96종 외도 가운데서 소승의 1파 비슷한 것이 있으므로 이를 제하고 95종을 말한다고 한다. 그것은 소승 犢子部인 듯하다는 말이 있다. 96종 외도는 석존 당시 바라문교 가운데서 가장 세력이 성한 부란나 가섭, 말가리구 사리자, 산사야 비라지자, 아기다시사 흠바라, 가라구타 가전연, 니컨타 아데자 6師와 그들이 데리고 있던 제자 15인을 합하여 96인이 된다고 한다. 육사외도에게는 저마다 15종의 가르침이 있어 15제자에게 하나의 가르침을 전했다고 한다.

바른 선정이 절로 나타날 것이다. 이런 장애는 매우 미세하여 구별하기 어렵지만 도를 찾고자 하는 이는 알지 않으면 안 된다. 여기서 곁가지 이야기는 그만두고 다시 본문을 풀이하겠다.

위에서는 마구니가 나타내는 여러 가지 경계를 자세히 나누었다.

"이런 이치기에 수행하는 이들은…" 아래는 둘째 부분으로 마구니의 일들을 다스리는 방법을 밝히는 부분이다.

"지혜로 관찰한다."고 말한 것은 무엇인가. 자기 나름대로 갖고 있는 지혜로 마구니의 모든 경계를 보고 살펴 다스린다는 것이다. 관찰하지 않는다면 곧 삿된 도에 떨어지니, 그러므로 "삿된 그물에 떨어지지 않게 한다."고 말한 것이다. 이것은 앞서의 세 가지 공부를 점검하는 방법 가운데 바로 세 번째 '지혜로 관찰하는 법'이 된다.

"부지런히 정념으로 이들을 집착하지 않는다."고 말한 것은 공부를 점검하는 세 가지 방법 가운데 앞의 두 가지 방법 전체를 드러낸다. 지금 이 가운데 대승의 지문(止門)에서는 오직 '진여의 이치에만 마음을 모으는 선정'만¹ 수행하고 다시 다른 곳으로 나아감이 없으므로, 첫 번째 법인 선정으로 연마하는 것과 아울러 두 번째 법인 본디 했던 수행에 기대는 것 말고 달리 다른 방법이 없다는 것이다. 그러므로 여기에서 본디 했던 수행인 대승의 지문(止門)에 따라 정념으로 머물라고 한 것이다. "집착하지 않는다."고 말한 것은 삿된 법은 바른 법을 어찌하지 못하고 저절로 없어진다는 내용이다. 그러므로 마음이 집착하면 바른 법을 버리고 삿된 법을 이룬다는 것을 알아야 한다. 집착하지 않는다면 삿된 법이 물러나고 바른 법이 드러난다. 이것으로 삿된 법과 바른 법은 집착하느냐 않느냐에 따라

---

1. 理定은 理禪이라고도 하며 번뇌를 모두 끊은 無漏定의 뜻이다.

그 내용이 달려 있다는 사실을 알 것이다. 집착하지 않는 자는 어떠한 장애도 여의지 못할 것이 없으므로 "이 모든 업의 장애를 여읜다."고 말한 것이다.

"외도가 갖는 삼매는 모두 아견(我見)·아애(我愛)·아만(我慢)을 여의지 못했다는 사실을 아니…" 아래는 셋째 부분으로 진짜 삼매와 거짓 삼매를 구별하는 부분이다. 이 가운데 두 내용이 있다. 처음 내용은 안팎의 경계로 삿된 선정과 바른 선정을 구별한다. 앞이 삿된 선정이요 뒤는 바른 선정이니 문맥으로 알 수 있다.

"모든 범부가 이 삼매의 법을 익히지 않고서…" 아래는 다음 내용으로 '진여의 이치에만 마음을 모으는 선정'과 '경계 하나하나에 마음을 모으는 선정'에[1] 대하여 진짜 삼매와 거짓 삼매를 구별한다. 이 가운데 처음에는 '진여의 이치에만 마음을 모으는 선정'이 진짜 선정이라는 것을 드러낸다. 수행자는 진여의 삼매를 닦아야 비로소 여래가 될 수 있는 성품에서 물러나지 않는 위치 가운데 들어가며, 이를 놓아두고 다시 여기에 들어갈 수 있는 길이 없다. 그러므로 "모든 범부가 이 삼매의 법을 익히지 않고서 여래가 될 수 있는 성품에 들어간다는 것은 옳지 않다."고 말한 것이다. 그렇지만 여래가 될 수 있는 성품의 위치에도 두 가지 길이 있다.

하나는 '보살에게 있는 열세 가지 수행하는 위치'에서[2] 들어가는 길이다. 여기에서 처음 '씨앗에 있는 성품의 위치'에서 여래가 될 수 있는 '씨앗에 있는 성품'이란 시작이 없는 때부터 존재하는 것으로 닦아서 얻어지는 것이 아니다.

---

1. 理는 경험적 인식을 뛰어넘은 진여를 말하고, 事는 차별로 나타난 현상을 말한다.
2. 十三住는 보살이 수행하는 위치로서 因에서 果에 이르기까지 열세 단계로 나눈 것을 말한다. 인용문 전거 112 참조.

그 뜻은 『유가론』과¹ 『지지론』에서² 나온다.

또 하나는 '여섯 씨앗에 있는 성품'에 있는 길이다. 여기에서 처음에 있는 습종성(習種性)과 그 다음 성종성(性種性)은 그 위치가 '보살이 닦아야 할 열 가지 머무는 마음'과 '보살이 닦아야 할 열 가지 행'과 '보살이 닦아야 할 열 가지 회향'의 세 종류 지위에 있는 현인이 머무는 위치에 있으며 수행의 힘으로 완성된다. 이 뜻은 『본업경』과³ 『인왕경』에⁴ 나온다. 그 가운데 자세한 것은 『일도의』⁵ 가운데 자세히 말한 내용과 같다.

지금 여기에서 말한 "여래가 될 수 있는 성품"이란 '여섯 씨앗에 있는 성품'에 있는 습종성 위치를 말한 것이다. "세간의 모든 선정 삼매를 닦아 거기에 맛 들여 자주 집착을 일으키면…" 아래는 다음 '경계 하나하나에 마음을 모으는 선정'에 있는 거짓을 드러낸다. 이는 '몸의 더러움을 보는 관(觀)'이나 '내쉬고 들이마시는 숨을 숫자로 세는 관(觀)' 같은 것들을 말하며, 이들 모두를 '세간의 모든 삼매'라고 한다. 사람들이 진여의 삼매에 따르지 않고 다만 이런 '경계 하나하나에 마음을 모으는 삼매'를⁶ 닦는다면 경험해 들어간 경계를 따라서 집착을 여의지 못한다. 법에 집착하는 자는 반드시 나를 집착하기에 괴로운 중생이 되며 외도와 함께 한다. 이는 『지도론』에서⁷ "제법실상을 뺀 나머지 모든 것은 다 마구니 짓이다."고 한 것은 이 일들을 말한 것이다.

---

1. 인용문 전거 113 참조.
2. 인용문 전거 114 참조.
3. 인용문 전거 115 참조.
4. 인용문 전거 116 참조.
5. 『一道義』는 원효 스님이 쓴 책이나 현존하지 않는다.
6. 事三昧는 事定과 같이 어떤 경계를 염두에 두고 선정 공부를 하는 것이다.
7. 인용문 전거 117 참조.

여기까지 셋째 단락의 공부하는데 일어나는 마구니의 일들을 다 말하여 마친다.

지관의 이익

[논-81] 또 한마음으로 부지런히 이 삼매를 배우고 익힌 이는 지금 세상에서 열 가지 이익을 얻으니 무엇이 그 열 가지인가.

첫째, 언제나 시방세계 모든 부처님과 보살의 보호를 받는다.
둘째, 모든 마구니와 악귀들이 겁을 주지 못한다.
셋째, 아흔다섯 가지 외도와 귀신들이 어지럽히지 못한다.
넷째, 깊고 오묘한 부처님의 법을 헐뜯지 않기에 무거운 죄가 차츰차츰 엷어진다.
다섯째, 모든 의심과 나쁜 견해가 사라진다.
여섯째, 여래의 경계에 있는 믿음이 크게 늘어난다.
일곱째, 근심과 회한을 벗어나 삶과 죽음의 문제에서 용맹스럽게 공부를 하며 겁을 내지 않는다.
여덟째, 그 마음이 부드럽고 온화하여 잘난 체하는 마음을 버렸으므로 다른 사람이 괴롭히지 않는다.
아홉째, 비록 선정을 얻지 못했다 하더라도 삶의 모든 경계에서 번뇌를 줄일 수 있고 세간의 삶을 즐기지 않는다.
열째, 삼매를 얻으면 바깥 인연의 모든 소리에 놀라지 않는다.

[소-81] 넷째 단락은 지관(止觀)의 이익을 보여 준다. 뒷날의 이익을 낱낱이 진술할 수 없기에 현재의 이익만 간추려 보여 준다. 전체의 뜻을 드러내고 따로 그 내용을 나타낸 것은 문맥으로 알 수 있다. 따로 지문(止門)을 밝히는 내용은 여기에서 다 말하여 마친다.

관을 닦는 방법

[논-82] 또 사람들이 지관(止觀)만 닦으면 마음이 가라앉거나 때로는 게을러져 좋은 일들을 즐기지 않고 자비로운 큰마음을 멀리하기 때문에 관관(觀觀)을 닦는다.

관관(觀觀)을 닦아 익히는 이는 모든 세간의 생멸하는 법은[1] 오래 머물 수 없이 금방 변하고 사라지며, 모든 마음이 생각마다 생멸하므로 괴로움이라고 보아야 한다. 과거에 생각한 모든 법이 어슴푸레 형체가 없이 꿈과 같음을 보아야 한다. 현재 생각하는 모든 법이 번개와 같음을 보아야 한다. 미래에 생각할 모든 법이 구름이 문득 일어나는 것과 같다고 보아야 한다. 세간의 모든 몸뚱이가 깨끗하지 못하고 온갖 더러움으로 가득 차 하나도 즐거워할 것이 없다는 사실을 보아야 한다. 모든 중생이 시작이 없는 때부터 모두 무명이 훈습한 것 때문에 마음이 생멸하게 되어 이미 모든 몸과 마음의 큰 괴로움을 받았고, 현재도 헤아릴 수 없이 많은 다그침이 있으며, 미래에 받을 괴로움이 그 끝이 없어 버리고 떠나기가 어려운데도 이를 깨닫지 못하니 참으로 불쌍하다는 사실을 생각해야 한다.

이런 생각을 하고 곧 용맹스럽게 "바라옵건대 제 마음이 분별을 떠나 시방세계에 두루하고 착한 모든 공덕을 수행하며 미래가 다하도록 헤아릴 수 없이 많은 방편으로 모든 중생들을 괴로움에서 건져 그들에게 열반의 즐거움을 얻게 하고자 합니다."고 큰 서원을 세워야 한다.

이런 원력을 일으키므로 모든 삶이 있는 곳에서 좋은 모든 일들을

---

1. 유위법은 무위법의 상대적 개념이다. 인연으로 말미암아 생멸하는 온갖 법을 말하는데 여기에는 반드시 生·住·異·滅의 형태가 있다. 俱舍의 75법 가운데 72법과 유식의 100법 가운데 94법이 여기에 해당한다.

능력에 따라 처리하고, 배우고 익히는 일을 버리지 않아 마음에 게으름이 없어야 한다. 오직 앉을 때 지관(止觀)에 전념하는 것만 빼놓고, 나머지 모든 것에서 해야 할 일인지 아닌지를 관찰해야 한다.

[소-82] 두 번째는 관(觀)을 닦는 방법을 밝히니 그 가운데 세 부분이 있다. 첫째 부분은 관(觀)을 닦는 뜻을 밝히고, 둘째 부분은 관(觀)을 닦는 방법을 드러내며, 셋째 부분은 이 내용을 통틀어 마무리 지으면서 관(觀)을 수행하도록 권하는 부분이다. 둘째 부분 가운데서 네 종류의 관(觀)을 드러낸다.

첫째는 '법의 모습을 보는 관(觀)'이다. 무상(無常)과 고(苦)와 유전(流轉)과 부정(不淨)을 말하고 있는데 글의 문맥으로 알 수 있다.

"모든 중생이 시작이 없는 때부터 모두 무명이 훈습한 것 때문에…" 아래는 둘째 '자비로운 큰마음을 일으키는 관(觀)'을 밝힌다.

"이런 생각을 하고 곧 용맹스럽게…" 아래는 셋째 '큰 서원을 세우는 관(觀)'을 밝힌다.

"이런 원력을 일으키기 때문에…" 아래는 넷째 '부지런히 정진하는 관(觀)'을 밝힌다.

이 네 가지 방편에 기대어 간략히 관(觀)을 닦는 방법을 나타낸다.

"오직 앉을 때 지관(止觀)에 전념하는 것만 빼놓고, 나머지…" 아래는 셋째 부분으로 통틀어 마무리 지으면서 관(觀)을 수행하도록 권하는 부분이다. 여기에서 첫 번째의 지(止)와 관(觀)을 따로 밝혔다.[1]

지와 관은 함께 수행해야 함을 밝힘

[논-83] 수행자는 오고 가며 앉고 눕는 삶 속의 모든 생활에서 모두 지(止)와 관(觀)을 함께 수행해야 한다.

이른바 모든 법의 자성이 생겨나지 않았다는 것을 생각하지만 다시 인연화합을 통하여 선과 악으로 나타나는 괴로움과 즐거움 같은 과보가 사라지지 않는다는 것을 생각하고, 비록 인연화합을 통하여 선과 악으로 나타나는 과보를 생각하지만 또한 그 자성은 얻을 수 없다고 생각하는 것이다.

지(止)를 닦는다면 세간에 대한 범부의 집착을 다스리고 오음에 대한 이승의 약하고 두려운 생각을 버릴 수 있으며, 관(觀)을 닦는다면 자비가 없는 이승의 좁은 마음을 다스리고 좋은 일을 하지 않는 범부의 마음을 떠날 수 있다.

이 뜻으로 지(止)와 관(觀)은 서로 돕고 떨어질 수 없다. 지(止)와 관(觀)을 함께 닦지 않는다면 깨달음에 들어갈 수 있는 길이 없다.

[소-83] 먼저 지(止)와 관(觀)을 따로 닦는 내용을 밝혔다. 여기서는 이 둘을 모아 수행하는 내용이니[1] 그 가운데 세 부분이 있다. 첫째는 지(止)와 관(觀)을 함께 수행할 것을 통틀어 드러낸다. 둘째는 수행하는 모습을 따로 밝힌다. 셋째는 전체 마무리를 짓는다.

둘째 부분에서 두 가지 뜻을 드러낸다. 먼저 이치에 따라 지(止)와 관(觀)을 함께 수행할 것을 밝히고, 뒤에 장애를 다스리고자 지(止)와 관(觀)을 함께 수행할 것을 드러낸다.

---

1. 논-77 위 단락에 있는 * 참조.

둘째 부분의 첫 대목에서 "모든 법의 자성이 생겨나지 않았다는 것을 생각하지만"이라고 말한 것은 비유(非有)의 방편에 따라 지행(止行)을 닦는 것이고, "다시 인연화합을 통하여 선과 악으로 나타나는 괴로움과 즐거움 같은 과보가 사라지지 않는다는 것을 생각하고"라고 말한 것은 비무(非無)의 방편에 따라 관행(觀行)을 닦는 것이다. 이는 실제를 움직이지 않으면서 모든 법을 만들어내는 것을 따르는 까닭에 지행(止行)을 버리지 않으면서 관행(觀行)을 닦을 수 있다. 진실로 법이 비유(非有)라도 무(無)에 떨어지지 않기 때문이다.

다음에 "비록 인연화합을 통하여 선과 악에 나타나는 과보를 생각하지만 또한 그 자성은 얻을 수 없다고 생각하는 것이다."고 말한 것은 임시로 만들어진 가짜 이름을 팽개치지 않고 실상을 말하는 것을 따르는 까닭에 관행(觀行)을 버리지 않고 지문(止門)에 들어갈 수 있다. 인연법으로 말미암아 모든 법이 없는 것이 아니지만 늘 있는 것도 아니기 때문이다.

"지(止)를 닦는다면…" 아래는 공부의 장애를 상대하여 분별한 것이다. 지(止)를 닦는 것이라면 두 가지 허물을 여읜다. 하나는 바로 범부의 집착을 없애 그가 집착한 아집과 법집의 고정관념을 없애주기 때문이다. 또 하나는 이승(二乘)이 약한 마음으로 오음(五陰)에[1] 두려움이 있다고 생각하는 견해를 다스리기 때문이다.

만약 관(觀)을 닦는 것이라면 또한 두 가지 허물을 여읜다. 하나는 바로 이승의 좁은 마음을 없애 두루 중생을 보고 자비로운 큰마음을 일으키기 때문이다. 또 하나는 범부가 게으른 마음으로 무상(無常)을 보지 않고 도에 나아가는 데 게을리 하는 것을 다스리기 때문이다.

---

1. 五陰은 오온이라고도 한다. 오음의 두려움에 대한 괴로움이란 생멸하는 오음을 보고 삶과 죽음에 대한 두려움이 생겨 괴롭다는 뜻이다.

"이 뜻으로…" 아래는 셋째 부분으로 지(止)와 관(觀)을 함께 수행할 것을 통틀어 마무리 짓는다. 하나의 뜻은 이치를 따라 치우침이 없이 반드시 지(止)와 관(觀)을 함께 닦아야 하고, 또 하나의 뜻은 두 가지 장애를 반드시 같이 버려야 한다. 이 두 가지 뜻으로 서로 떠날 수 없기에 "서로 돕는다."고 한다.

지(止)와 관(觀)이라는 두 가지 수행이 서로를 완성시키는 것은 반드시 새의 두 날개와 같고 수레의 두 바퀴와 같다. 두 바퀴가 다 갖추어진 수레가 아니라면 물건을 실어 나를 수가 없고, 날개가 하나밖에 없는 새라면 어찌 그 새가 하늘을 날 수 있겠는가. 그러므로 "지(止)와 관(觀)을 함께 닦지 않는다면 깨달음에 들어갈 수 있는 길이 없다."고 한다.

'믿음과 다섯 가지 방편을 수행하는 부분' 가운데는 세 가지 내용이 있다. 첫 번째 내용은 사람을 내세워 대의를 간추려 드러내고, 두 번째 내용은 법에 따라서 수행의 모습을 자세히 분별한다. 이 두 단락을 이 앞에서 다 말하여 마친다.

수행자가 도에서 물러나지 않는 방편 보여 줌

[논-84] 또 중생들은 처음 이 법을 배우면서 바른 믿음을 갖고자 하지만 그 마음이 약하다. 그 까닭은 이 사바세계에서는[1] 언제나 모든 부처님을 만나 친히 공양할 수 없다는 것을 스스로 두려워하고 있기 때문이다.

'믿음은 이루기 어렵다.'고 걱정하며 공부에서 물러나려고 하는 사람들은, 마땅히 여래께서 '뛰어난 방편이 있어 믿음을 거두고 보호한다.'

---

1. 사바세계는 우리가 사는 세계를 말한다.

는 사실을 알아야 한다.

이는 한마음으로 부처님을 생각한 인연 때문에 부처님께 바라는 사람의 원대로 다른 부처님의 세계에 태어나 늘 부처님을 보고 영원히 나쁜 길을 벗어날 수 있다는 것을 말한다.

이는 경에서 "만일 어떤 사람이 한마음으로 서방 극락세계에[1] 계신 아미타불을[2] 생각하고 그가 닦은 마음의 좋은 뿌리를 회향하여 부처님의 세계에 태어나기를 바란다면 곧 태어나 언제나 부처님을 보기 때문에 끝내 공부에서 물러날 일이 없다."고 말한 내용과 같다. 부처님의 진여에 있는 법신을 보고 늘 부지런히 닦아 익히면 마침내 그 세계에 태어나서 바른 선정에 머물 수 있기 때문이다.

[소-84] 세 번째 내용은 수행자가 도에서 물러나지 않는 방편을 보여 준다. 방편을 보여 주는 가운데 두 부분이 있다. 먼저는 처음 법을 배우는 이들이 두려워하고 있어 공부에서 물러나 나쁜 길로 떨어지는 것을 밝히고, 뒤에는 공부에서 물러나지 않는 방편을 보여 주는 부분이다.

뒷부분에 세 단락이 있다. 첫 단락은 부처님에게 뛰어난 방편이 있는 것을 밝히고, 둘째 단락은 따로 경에서 이 내용을 이야기한 사실을 내놓았다. "부처님의 진여에 있는 법신을 보고…" 아래는 셋째 단락으로 경에서 말한 뜻을 풀이한다.

"저 부처님의 진여에 있는 법신을 보고 늘 부지런히 닦아 익히면

---

1. 극락세계는 극락정토, 극락국토, 극락이라고도 부른다. 법장 비구의 이상을 실현한 국토로서 아미타불이 지금도 있어 늘 설법하고 모든 일이 오롯하게 다 갖추어져 즐거움만 있고 괴로움이 없는 자유롭고 안락한 세계를 말한다.
2. 아미타불은 무량수불이라고도 하니 정토 3부경에 나오는 부처님이다.

마침내 그 세계에 태어난다."는 것은 '보살이 닦아야 할 열 가지 머무는 마음' 위에 있는 보살은 조금이나마 진여에 있는 법신을 보게 되기 때문에 마침내 그 세계에 태어날 수 있다는 사실을 밝히려고 한 것이다. 이는 위의 '믿음을 이룩하여 도 닦을 마음을 내는 것'을 말하는 가운데 "조금이나마 법신을 보았기 때문이다."고 말한 것과 같으니, 이는 '비슷하게 보는 견해'를 가지고 밑가늠한 것이다. 또 초지(初地) 위에 있는 보살은 저 부처님의 진여에 있는 법신을 증득하기 때문에 "마침내 부처님의 세계에 태어난다."고 말한 것이다.

이는 『능가경』에서[1] 용수 보살을 찬탄하여 "환희지(歡喜地)를[2] 증득하여 안락국(安樂國)에[3] 왕생하기 때문이다."고 말한 것과 같다. 여기서 『기신론』의 뜻은 마음의 좋은 뿌리가 두터운 사람을 가지고 밑가늠하여 마침내 부처님의 세계에 태어나는 것을 밝히는 것이지, 아직 법신을 보지 못하여 왕생극락할 수 없다는 사실을 말하는 것이 아니다.

"바른 선정에 머문다."고 한 것에는 통틀어 논하면 세 가지 뜻이 있다.

첫째는 견도(見道)를 넘어야 바른 선정이라고 하니, '번뇌가 없는 도'를[4] 가지고 밑가늠하여 바른 선정을 삼기 때문이다.

둘째는 '보살에게 있는 열 가지 이해하는 마음' 위에 있는 것을

---

1. 인용문 전거 118 참조.
2. 歡喜地는 수행단계 52위 가운데 보살 10地에 있는 첫 위치를 말한다. 보살이 이 자리에 이르면 진여 일부분을 증득하여 성인의 지위에 올라 다시는 도에서 물러나지 않고 자리이타의 보살행을 이루어 기쁨이 많다는 뜻으로 이렇게 부른다.
3. 안락국은 서방 극락세계를 말한다.
4. 무루도는 출세간도와 같은데 모든 번뇌를 여읜 無漏智로 닦는 수행을 말한다.

바른 선정이라고 하니, 공부에서 물러나지 않는 위치에 머무르는 것으로 바른 선정을 삼기 때문이다.

셋째는 구품왕생(九品往生)을[1] 모두 바른 선정이라고 하니, 뛰어난 인연의 힘에 따라 공부에서 물러나지 않기 때문이다. 이 가운데 자세한 것은 『무량수경요간』에서[2] 말하는 내용과 같다.

---

1. 구품왕생은 『觀無量壽經』에 나오는데 정토에 왕생하는 이에게 9품의 차별이 있다는 것이다. 상품상생, 상품중생, 상품하생, 중품상생, 중품중생, 중품하생, 하품상생, 하품중생, 하품하생을 말한다.
2. 『無量壽經料簡』은 원효 스님이 쓴 책인데 현존하지 않는다. 『무량수경』은 정토 3부경의 하나로서 2권으로 되어 있으며 曹魏의 康僧鎧 번역이다. 『大經』, 『雙卷經』, 『大無量壽經』이라고도 한다.

5장. 수행의 이익을 보여 주어 공부할 것을 권한다

* 다섯 번째 '수행의 이익을 보여 주어 공부할 것을 권하는 부분' 가운데는 여섯 단락이 있다.

앞에서 말한 내용을 뭉뚱그려 마무리 지음

[논-85] 이미 '믿음과 다섯 가지 방편을 수행하는 부분'을 말했다. 다음은 '수행의 이익을 보여 주어 공부할 것을 권하는 부분'을 말하겠다. 이와 같이 대승에 있는 부처님의 소중한 모든 법을 내가 이미 다 말한 것이다.

[소-85] 첫째 단락은 앞에서 말한 내용을 뭉뚱그려 마무리 짓는 것이다.

이익을 들어 수행을 권함

[논-86] 어떤 중생이 여래의 깊고 깊은 경계에서 바른 믿음을 내며 헐뜯지 않고 대승의 도에 들어가고자 한다면, 으레 이 논을 가지고 생각하고 닦아 익혀야 한다. 그러면 언젠가는 최고의 도에 다다를 수 있다. 어떤 사람이 이 법을 듣고도 겁을 내지 않는다면 이 사람은 부처님의 가르침을 확실하게 이어받아 반드시 모든 부처님이 수기한다는 것을 으레 알아야 한다.

[소-86] 둘째 단락은 이익을 들어 수행을 권한다. 글에는 두 내용이 있다. 하나는 수행을 바로 권하고, "언젠가는…" 아래는 수행의 결과로 나타나는 뛰어난 이익을 보여 준다.

이 가운데 두 구절이 있다. 처음 구절은 수행을 하여 나타난 과보가 뛰어나다는 것을 보여 주고, 다음 구절은 수행하는 사람이 훌륭하다는 것을 밝힌다.

가르침을 믿고 받아들인 복이 뛰어나다

[논-87] 설사 어떤 사람이 삼천대천세계에 가득한 중생들을 교화하여 그들에게 열 가지 좋은 행을[1] 행할 수 있게 하여도, 잠깐 겨를에 어떤 사람이 이 법을 바르게 생각하는 공덕만 못하다. 앞에 있는 공덕보다 이 법을 바르게 생각한 공덕이 더 뛰어나 뭐로 비유할 수 없기 때문이다.

또 어떤 사람이 이 논을 가지고 하루 밤낮을 수행하면 거기에서 오는 공덕은 헤아릴 수 없으므로 다 말할 수가 없다. 가령 시방세계의 모든 부처님이 저마다 헤아릴 수 없이 많은 세월 속에 그 공덕을 찬탄하더라도 다 찬탄할 수가 없다. 왜냐하면 법성에 있는 공덕이 다함이 없기 때문이다. 이 사람의 공덕도 이와 같아서 그 끝이 없다.

[소-87] 셋째 단락은 이 논의 가르침을 믿고 받아들인 복이 뛰어나다는 내용이다. 글 가운데 두 내용이 있다. 하나는 잠깐 겨를에 이 법을 바르게 생각한 복이 뛰어나다는 것을 밝히고, 다른 하나는 하루밤낮을 수행한 공덕이 끝이 없다는 것을 드러낸다.

---

1. 열 가지 선은 열 가지 악의 반대 개념이다. 열 가지 악은 살아 있는 것을 죽이는 것, 도둑, 나쁜 인간관계를 만드는 것, 거짓말, 이간질, 거친 말, 꾸민 말, 탐욕, 성냄, 삿된 소견을 말한다.

헐뜯는 죄가 무거우니

[논-88] 어떤 중생이 이 논의 내용을 헐뜯고 믿지 않는다면 그 허물의 과보로 헤아릴 수 없이 많은 세월이 흐르도록 큰 괴로움을 받는다. 이 때문에 중생들은 오직 우러러 믿을 뿐 이 법을 헐뜯어서는 안 된다.

헐뜯음으로써 스스로를 심하게 해치고 또한 다른 사람까지 해쳐 삼보의 모든 씨앗을 끊기 때문이다. 왜냐하면 모든 여래가 모두 이 법에 따라 열반을 얻었기 때문이며, 모든 보살이 이 법으로 수행하여 부처님의 지혜로 들어갔기 때문이다.

[소-88] 넷째 단락은 헐뜯고 비웃는 죄가 무겁다는 내용이다. 글 가운데 네 부분이 있다. 첫째는 헐뜯고 비웃는 죄가 무겁다는 내용을 밝힌다. 둘째는 "이 때문에…" 아래로 『기신론』 공부를 권하는 내용이다. 셋째는 "심하게 스스로를…" 아래로 죄가 무거운 뜻을 풀이한 내용이다. 넷째는 "모든 여래가…" 아래로 삼보의 씨앗을 끊는다는 뜻을 더 풀이한 내용이다.

믿음을 이룬 증거를 들다

[논-89] 마땅히 알아야 한다. 과거의 보살도 이 법에 따라 맑은 믿음을 이루었고, 현재의 보살도 이 법에 따라 맑은 믿음을 이루며, 미래의 보살도 이 법에 따라 맑은 믿음을 이룰 것이다.

[소-89] 다섯째 단락은 증거를 든다.

마무리 지어 이 법을 공부할 것을 권함

[논-90] 이 때문에 중생들은 이 법을 부지런히 배우고 익혀야 한다.

[소-90] 여섯째 단락은 마무리를 지어 이 법을 공부해야 한다고 권장한다.

이 한 권의 논을 셋으로 나눈 가운데 논의 종지를 바르게 가려내어 여기에서 다 말하여 마친다.

결론. 전체를 마무리 지어 회향한다

마무리 지어 회향함

[논-91] 세상 모든 부처님의 크고 깊은 많은 뜻들
제가 이제 형편 따라 모든 내용 설명하여
진여 법성 이 공덕을 아낌없이 회향하니
두루 모든 중생계에 이익 있게 하옵소서.

[소-91] 맨 마지막에 나오는 게송 하나는 세 번째 통틀어 마무리 짓는 부분이다. 그 가운데 위의 두 구절은 앞에서 설명한 다섯 부분을[1] 마무리 짓고, 아래의 두 구절은 이 공덕을 여섯 갈래 중생의 나쁜 길에 있는 중생들에게 회향하는 것이다.

---

1. 다섯 부분은 '논을 만들게 된 인연이 무엇인가', '대승의 법(法)과 의(義)는 무슨 내용인가', '법(法)과 의(義)를 자세히 풀이하는 부분', '믿음과 다섯 가지 방편을 수행하는 부분', '수행의 이익을 보여 주어 공부할 것을 권하는 부분'을 말한다.

제3부
대승기신론 소별기
【원문】

대승기신론소기회본 大乘起信論疏記會本

【1권】

[소-0-1] 將釋此論에 略有三門이라. 初는 標宗體하고 次는 釋題名하며 其第三者는 依文顯義하라. 第一에 標宗體者란 然夫大乘之爲體也로서 蕭焉空寂하고 湛爾沖玄이라. 玄之 又 玄之하더라도 豈出萬像之表하며 寂之하고 又 寂之하더라도 猶在百家之談이라. 非像表也니 五眼으로도 不能見其軀하고 在言裏也니 四辯이라도 不能談其狀이라. 欲言大矣나 入無內而莫遺하고 欲言微矣나 苞無外而有餘라. 引之於有에 一如用之라도 而空이고 獲之於無에 萬物이 乘之而生이라. 不知何以言之하여 强號之謂大乘이니라.

[별기] 其體也, 曠兮여 其若太虛하여 而無其私焉하고 蕩兮여 其若巨海하여 而有至公焉이라. 有至公故로 動과 靜이 隨成하고 無其私故로 染과 淨이 斯融이라. 染과 淨이 融故로 眞과 俗이 平等하고 動과 靜이 成故로 昇降이 參差라. 昇降이 差故로 感應路가 通하고 眞과 俗이 等故로 思議路가 絶이라. 思議가 絶故로 體之者 乘影響而無方하고 感應이 通故로 祈之者 超名相而有歸라. 所乘影響이라도 非形非說일새 旣超名相이니 何超何歸리오. 是謂 無理之至理라하고 不然之大然也라 하니라.

[소-0-2] 自非杜口大士 目擊丈夫라면 誰能論大乘於離言하고 起深信於絶慮者哉리오. 所以로 馬鳴菩薩이 無緣大悲로 傷彼無明妄風 動心而易漂하고 愍此本覺眞性 睡長夢而難悟니라. 於是에 同體智力으로 堪造此論 贊述如來深經奧義하고 欲使爲學者 暫開一軸하여 徧探三藏之旨하며 爲道者 永息萬境하여 遂還一心之原이라.

[별기] 其爲論也, 無所不立하고 無所不破인데 如中觀論 十二門論等은 徧破諸執하고 亦破於破하여 而不還許能破所破할새 是謂往而

不徧論也니라. 其瑜伽論攝大乘等은 通立深淺하여 判於法門하되 而不融遣自所立法할새 是謂與而不奪論也니라. 今此論者는 旣智旣仁하고 亦玄亦博하여 無不立而自遣하고 無不破而還許니라. 而還許者는 顯彼往者 往極而徧立이며 而自遣者는 明此與者 窮與而奪이라. 是謂 諸論之祖宗이고 群諍之評主也이니라.

[소-0-3] 所述이 雖廣이나 可略而言이니 開二門 於一心하여 總括摩羅百八之廣誥니라. 示性淨 於相染하여 普綜踰閣十五之幽致하고 至如鵠林一味之宗 鷲山無二之趣 金鼓同性三身之極果 華嚴瓔珞四階之深因 大品大集曠蕩之至道 日藏月藏微密之玄門까지 凡此等輩中 衆典之肝心을 一以貫之者는 其唯此論乎아. 故로 下文에 言하되 爲欲總攝如來廣大深法無邊義故로 應說此論이니라. 此論之意 旣其如是일새 開則 無量無邊之義로 爲宗하고 合則 二門一心之法으로 爲要니라. 二門之內에서 容萬義而不亂하고 無邊之義 同一心而混融이라. 是以로 開合이 自在하여 立破에 無礙니라. 開而不繁하고 合而不狹하며 立而無得하고 破而無失이라. 是爲馬鳴之妙術이며 起信之宗體也니라. 然이나 以此論의 意趣深邃로 從來 釋者 尠具其宗이니 良由 各守所習而牽文일새 不能虛懷而尋旨니라. 所以로 不近論主之意하여 或望源而迷流하고 或把葉而亡幹하며 或割領而補袖하고 或折枝而帶根이라. 今直依此論文하여 屬當所述經本이니 庶同趣者 消息之耳니라. 標宗體竟이니라.

[소-0-4] 次는 釋題名이라. 言大乘者에 大는 是當法之名이니 廣苞로 爲義하고 乘은 是寄喩之稱이니 運載로 爲功이라. 總說이 雖然이나 於中에 分別者 則有二門이라. 先依經說이고 後依論明이니라. 依經說者란 如虛空藏經言이니라. 大乘者란 謂無量無邊無崖故로 普徧一切니라. 喩如虛空 廣大容受一切衆生故로 不與聲聞辟支佛共故로 名爲大乘이니라. 復次乘者 以正住四攝法으로 爲輪하고 以善淨十善業으로 爲輻하며 以淨功德資糧으로 爲轂하며 以堅固淳至專意로 爲輨轄釘鑷하며 以善成就諸禪解脫로 爲轅하며 以四無量으로 爲善調하며 以善知識으로 爲御者하며 以知時非時로 爲發動하며 以無常苦空無我之音으로 爲驅策하며 以七覺

寶繩으로 爲靳鞅하며 以淨五眼으로 爲索帶하며 以弘普端直大悲로 爲旒幢하며 以四正勤으로 爲軔하며[軫也枝本輪也] 以四念處로 爲平直하며 以四神足으로 爲速進하며 以勝五力으로 爲鑒陣하며 以八聖道로 爲直進하며 於一切衆生에게 無障礙慧明으로 爲軒하며 以無住六波羅密로 廻向薩般若하며 以無礙四諦로 度到彼岸하니 是爲大乘이라. 解云하면 上來 以二十句로 擧喩 況法하여 以顯乘義니라. 又 下文에 云하니라. 此乘은 佛所受이며 聲聞辟支佛所觀이며 一切菩薩所乘이며 釋梵護世所應敬禮이며 一切衆生所應供養이며 一切智者所應讚歎이며 一切世間所應歸趣로서 一切諸魔不能破壞이고 一切外道不能測量이며 一切世間[1] 不能與競이라. 解云하면 上來 以十句로 對人하여 顯大乘也이니라. 依論明者는 有七有三이라. 三種의 大義는 下文에서 當說하리라. 言七種者는 有二種七이라. 一者는 如對法論에 云하니라. 由與七種大性相應故로 名大乘이라. 何等爲七이오. 一은 境大性이니 以菩薩道는 緣百千等 無量諸經의 廣大敎法하여 爲境界故이니라. 二는 行大性이니 正行一切 自利利他 廣大行故니라. 三은 智大性이니 了知廣大補特伽羅法無我故이니라. 四는 精進大性이니 於三大劫阿僧祇耶에 方便勤修無量難行行故니라. 五는 方便善巧大性이니 不住生死及涅槃故이니라. 六은 證得大性이니 得如來諸力 無畏不共佛法等 無量無數 大功德故이니라. 七은 業大性이니 窮生死際토록 示現一切成菩提等이어 建立廣大諸佛事故이니라.[此中에서 前五는 是因이고 後二는 是果也리] 二者는 顯揚論에 云하니라. 大乘性者란 謂菩薩乘이 與七大性과 共相應故로 說名大乘이라. 云何爲七이오. 一은 法大性이니 謂十二分敎中 菩薩藏所攝의 方便廣大之敎니라. 二는 發心大性이니 謂已發無上正等覺心이라. 三은 勝解大性이니 謂於前所說 法大性境 起勝信解니라. 四는 意樂大性이니 謂已超過勝解行地하여 入淨勝意樂地이니라. 五는 資糧大性이니 成就福智二種大資糧故로 能證無上正等菩提니라. 六은 時大性이니 謂三大劫阿僧企耶時 能證無上正等菩提니라. 七은 成滿大性이니

---

1. 『대방등대집경』에 속해 있는 허공장품의 글을 인용한 것인데 원문에는 一切世智로 되어 있다. (신수대장경 제 13책, 허공장품 제 17, 8의 4. p.115.a.12행~17행 참조)

謂卽無上正等菩提自體에서 所成滿菩提自體니라. 比餘成滿
自體해도 尙無與等이니 何況超勝이리요. 瑜伽와 地持도 皆同此
說이니라. 瑜伽論에 云하되 此中에 若法大性 乃至 若時大性
如是六種은 皆是圓證大性之因이고 圓證大性은 是前六種大
性之果라. 解云하면 如是二種의 七種大性이 其數雖同이라도 建
立意는 別이라. 建立之意는 尋之可知이니 釋大乘竟이니라. 言起
信者는 依此論文하여 起衆生信故로 言起信이니라. 信은 以決定
으로 謂爾之辭라. 所謂 信理實有이고 信修可得이며 信修得時
有無窮德이라. 此中에 信實有者는 是信體大이니 信一切法不
可得故로 卽信實有平等法界니라. 信可得者는 是信相大이니
具性功德하고 熏衆生故로 卽信相熏은 必得歸原이라. 信有無
窮功德用者는 是信用大이니 無所不爲故이니라. 若人能起 此
三信者라면 能入佛法하여 生諸功德하고 出諸魔境하여 至無上
道니라. 如經偈云하되 信은 爲道元功德母로서 增長一切諸善根
하고 除滅一切諸疑惑하며 示現開發無上道라 信은 能超出衆魔
境하고 示現無上解脫道하니 一切功德의 不壞種으로서 出生無
上菩提樹니라. 信은 有如是無量功德이라. 依論得發心故로 言
起信이니라. 所言論者는 建立決了 可軌文言하여 判說甚深法
相道理니라. 依決判義하여 名之爲論하니라. 總而言之하면 大乘은
是論之宗體이고 起信은 是論之勝能이라. 體用合擧로 以標題
目하니 故로 言하되 大乘起信論也라.

* 第三은 消文이니 文에 有三分이라. 初 三行偈는 歸敬述意이고
論曰 以下는 正立論體이며 最後 一頌은 總結迴向이니라.
* 初三偈中에 卽有二意니라. 前之二頌은 正歸三寶이고 其後一偈
는 述造論意이니라.

[논-1] 歸命盡十方 最勝業徧知 色無礙自在 救世大悲者 及彼身體
相 法性眞如海 無量功德藏 如實修行等하나이다.

[소-1] 初歸敬中에 有二니라. 歸命二字는 是能歸相이고 盡十方下는
顯所歸德이라. 能歸相者에서 敬順義 是歸義이고 趣向義 是歸
義라. 命은 謂命根이니 總御諸根이라. 一身之要로서 唯命爲主이
니 萬生所重이어 莫是爲先이라. 擧此無二之命 以奉無上之尊
하여 表信心極이니 故로 言歸命이니라. 又復歸命者는 還源義라.
所以者 衆生의 六根은 從一心起하여 而背自原하고 馳散六塵이

라. 今擧命은 總攝六情하여 還歸其本一心之原이니 故로 曰 歸命이라. 所歸一心이 卽是三寶故也니라. 盡十方下는 顯所歸德이라. 此中에 應說三寶之義이니 義如別說이니라. 今且消文에 文中有三이니 謂佛法僧이라. 寶之內에 亦有三意이니 先歎心德이고 次歎色德이며 第三句者는 擧人結歎이니라. 歎心德中에 歎用及體니라. 初言盡十方最勝業者는 是歎業用이니 謂 現八相等 化衆生業이라. 盡十方界 偏三世際토록 隨諸可化하여 作諸佛事故로 言하되 盡十方最勝業이라. 如對法論에 云하되 業大性者는 窮生死際토록 示現一切成菩提等이어 建立廣大諸佛事故이니라. 彼擧三世하고 此顯十方也라. 言偏智者는 是歎智體라. 所以業用이 周於十方者는 由其智體가 無所不偏故也니라. 智體는 周偏故로 言 偏智이니 如攝論에 云하되 猶如虛空이 偏一切色際이되 無生住滅變異하듯 如來智 亦爾어서 偏一切所知하여 無倒無變異故이니라. 歎心德竟이라. 次歎色德이니 於中에 亦二니라. 色無礙者는 歎色體妙이고 言自在者는 歎色用勝이라. 初言色體者는 如來色身이 萬行所成 及不思議熏習所成으로 雖有妙色이라도 而無障礙이어 一相一好 無際無限이니 故로 言遵色無礙니라. 如華嚴經에 言하되 求空邊際는 猶可得이라도 佛一毛孔은 無崖限이라 佛德이 如是不思議하니 是名如來淨知見故라. 雖無質礙라도 而有方所示現之義이니 故로 得名色而無礙也이니라. 言自在者란 歎其色用이라. 謂五根互用하고 十身相作等하니 故로 言에 色自在라. 五根互用者는 如涅槃經 八自在中에 說하고 十身相作者는 如華嚴經 十地品에 說하니라. 歎色德竟이니라. 救世大悲者者는 是第三句로서 擧人結歎이라. 佛猶大長者以衆生爲子로 入三界火宅하여 救諸焚燒苦故로 言 救世라하니 救世之德은 正是大悲니라. 離自他悲인 無緣之悲가 諸悲中勝故로 言 大悲라하니 佛地所有 萬德之中에서 如來唯用大悲爲力故로 偏擧之하여 以顯佛人이니라. 如增一阿含에 云하니라. 凡聖之力은 有其六種이니 何等爲六이오. 小兒는 以唬爲力일새 欲有所說이면 要當先唬니라. 女人은 以瞋恚爲力일새 依瞋恚已 然後에 所說이라. 沙門婆羅門은 以忍爲力일새 常念下於人 然後에 自陳이라. 國王은 以憍慢爲力일새 以此豪勢하여 而自陳說이라. 阿羅漢은 以專精爲力일새 而自陳說이라. 諸佛世尊은 以大

悲爲力일새 弘益衆生故라. 是知이니 諸佛이 偏以大悲爲力故로 將表人名大悲者이니라. 上來三句에서 歎佛寶竟이라. 此下二句는 次顯法寶. 及彼身體相者는 謂前所說如來之身이니 即是報佛이라. 正用法界以爲自體故로 言 彼身之體相也니 此是擧佛而取其法이니라. 下句는 正出法寶體相이라. 言法性者란 所謂 涅槃이라. 法之本性故로 名法性이니라. 如智度論에 云하되 法名 涅槃이니 無戱論法이라 性은 名本分種이니 如黃石金性이고 白石 銀性이라 如是一切法中에 有涅槃性이니라. 故로 言 法性이니라. 言眞如者란 無遣曰眞이고 無立曰如니라. 如下文에 云하되 此眞 如體는 無有可遣이니 以一切法悉皆眞故이며 亦無可立이니 以 一切法皆同如故라 當知이니 一切法 不可說不可念故로 名爲 眞如니라. 所言海者는 寄喩顯法이라. 略而說之하면 海有四義이 니 一者는 甚深이고 二者는 廣大이며 三者는 百寶無窮이고 四者는 萬像影現이라. 眞如大海도 當知하라 亦爾이니 永絶百非故며 苞 容萬物故며 無德不備故며 無像不現故라. 故로 言하되 法性眞 如海也니라. 如華嚴經에 言하되 譬如深大海 珍寶가 不可盡이고 於中에 悉顯現衆生形類像이듯 甚深因緣海 功德寶가 無盡이어 淸淨法身中에 無像而不現故이니라. 歎法寶竟이라. 此下의 二句 는 歎其僧寶라. 言無量功德藏者는 擧德取人이니 謂地上菩薩 이 隨修一行하여 萬行이 集成이니라. 其一一行이 皆等法界이어 無有限量積功所得이니 以之故로 言 無量功德이고 如是功德이 總屬菩薩이어 人能攝德故로 名爲藏이니라. 次言如實修行等者 는 正歎行德이라. 依寶性論하여 約正體智를 名如實行이고 其後 得智를 名爲徧行인데 今此中에 言如實修行은 擧正體智이고 次言等者는 取後得智니라. 若依法集經 說이면 總括萬行始終 하여 通爲二句所攝이니 謂如實修行 及不放逸이라. 如彼經에 言하니라. 如實修行者는 謂發菩提願이고 不放逸者는 謂滿足菩 提願이라 復次 如實修行者는 謂修行布施이고 不放逸者는 謂 不求報며 如是持淨戒하고 成就不退하고 或修忍辱行하여 得無 生忍하며 求一切善根하나 而不疲倦하며 捨一切所作事이며 修 禪定하나 不住禪定하며 滿足智慧하여 不戱論諸法이며 如其次 第 如實修行及不放逸 及至廣說이니라. 今言 如實修行者은 即攝發菩提願 及至滿足智慧이며 次言 等者는 取不放逸하여

卽是滿足菩提願 及至不戲論諸法也라. 歸敬三寶를 竟在前하니라.

[논-2] 爲欲令衆生이 除疑捨邪執하며 起大乘正信케하여 佛種不斷故이니라.

[소-2] 次述造論大意라. 造論大意는 不出二種이니 上半은 明爲下化衆生이고 下半은 顯爲上弘佛道니라. 所以衆生長沒生死之海하고 不趣涅槃之岸者는 只由疑惑邪執故也일새 故로 今下化衆生之要는 令除疑惑而捨邪執케하니라. 汎論疑惑이면 乃有多途이나 求大乘者 所疑에는 有二니라. 一者는 疑法이니 障於發心이요 二者는 疑門이니 障於修行이니라. 言疑法者는 謂作此疑니라. 大乘의 法體는 爲一인가 爲多인가. 如是其一이면 則無異法이니 無異法故로 無諸衆生이라. 菩薩은 爲誰發弘誓願이오. 若是多法이면 則非一體이니 非一體故로 物我各別이라. 如何得起同體大悲리오. 由是疑惑으로 不能發心이니라. 言疑門者는 如來所立의 敎門이 衆多이니 爲依何門하여 初發修行이오. 若共可依라면 不可頓入이고 若依一二라면 何遣何就리오. 由是疑故로 不能起修行이니 故로 今爲遣此二種疑하여 立一心法하고 開二種門하니라. 立一心法者는 遣彼初疑니라. 明大乘法은 唯有一心이니 一心之外에 更無別法이라. 但有無明이 迷自一心 起諸波浪하여 流轉六道일뿐 雖起六道之浪이더라도 不出一心之海니라. 良由 一心動 作六道故로 得發弘濟之願이고 六道不出一心故로 能起同體大悲니라. 如是遣疑해야 得發大心也이니라. 開二種門者는 遣第二疑니라. 明諸敎門이 雖有衆多라도 初入修行은 不出二門이니 依眞如門하여 修止行하고 依生滅門하여 而起觀行이라. 止觀雙運해야 萬行斯備이니 入此二門이면 諸門皆達이라. 如是遣疑해야 能起修行也니라. 捨邪執者는 有二邪執이니 所謂 人執及與法執이라. 捨此二義는 下文當說하리라. 下化衆生을 竟在於前也이니라. 此下의 二句는 上弘佛道니라. 除彼二邊之疑하고 得起決定之信하여 信解 大乘은 唯是一心故로 言하되 起大乘正信也니라. 捨前二執分別하여 而得無分別智하고 生如來家하여 能紹佛位故로 言하되 佛種不斷故也니라. 如論說에 云하되 佛法大海는 信爲能入하고 智慧能度니라. 故로 擧信智하여 明弘佛道니라. 偈首에 言爲하고 下結에 云 故者는 爲明二意故로 造此論也니

라. 歸敬述意竟이니라.

* 此下는 第二의 正立論體인데 在文에 有三이라. 一者는 總標許說이고 二者는 擧數開章이며 三者는 依章別解니라. 文處可見이니라.

[논-3] 論曰에 有法이 能起摩訶衍信根이라하니 是故로 應說하니라.

[소-3] 初中에 言 有法者는 謂一心法이라. 若人이 能解此法이면 必起廣大信根故로 言에 能起大乘信根이라. 信根之相은 如題名說이라. 信根이 旣立이면 卽入佛道하고 入佛道已하면 得無窮寶라. 如是 大利를 依論而得이니 是故로 應說하니라. 總標許說을 竟在於前이니라.

[논-4] 說有五分인데 云何爲五오. 一者는 因緣分이요 二者는 立義分이요 三者는 解釋分이요 四者는 修行信心分이요 五者는 勸修利益分이라.

[소-4] 第二는 擧數開章이라. 有五分者는 是擧章數이며 云何 以下는 列其章名이라. 因緣分者 非無所以 而造論端이니 智者는 所爲를 先應須知故니라. 立義分者는 因緣旣陳이면 宜立正義니 若不略立이면 不知宗要故니라. 解釋分者는 立宗旣略이면 次應廣辯이니 若不開釋이면 義理難解故니라. 修行信心分者는 依釋起信이면 必應進修니 有解無行이면 不合論意故니라. 勸修利益分者란 雖示修行信心法門이라도 薄善根者는 不肯造修故로 擧利益하여 勸必應修이니 故로 言하되 勸修利益分也니라.

* 此下는 第三 依章別解이니 卽爲五分이라. * 初中에 有二이니 先牒章名이고 次顯因緣이니라.

[논-5] 初에 說因緣分이라

* 顯因緣中에 有二問答이니 一者는 直顯이며 二者는 遣疑니라.

[논-6] 問曰 有何因緣으로 而造此論이오. 答曰 是因緣有八種이니 云何爲八이오. 一者는 因緣總相으로 所謂 爲令衆生이 離一切苦 得究竟樂케하니 非求世間名利恭敬故니라. 二者는 爲欲解釋如來根本之義하여 令諸衆生이 正解不謬故니라. 三者는 爲令善根成熟衆生이 於摩訶衍法에 堪任不退信故니라. 四者는 爲令善根微少衆生이 修習信心故니라. 五者는 爲示方便하여 消惡業障하고 善護其心 遠離癡慢하여 出邪網故니라. 六者는 爲示修習止觀이니 對治凡夫二乘心過故니라. 七者는 爲示專

念方便으로 生於佛前하여 必定不退信心故이니라. 八者는 爲示利益勸修行故이니라. 有如是等因緣이니 所以로 造論하니라.

[소-6] 初問可見이라. 答中에 有三이니 總標 別釋 後還總結이니라. 第二의 別解 八因緣中에 初一은 是總相因이며 後七은 是別相因이니라. 初言總相에 有其二義라. 一者는 凡諸菩薩 有所爲作은 每爲衆生 離苦得樂이니 非獨在此造論因緣일새 故로 曰 總相이라. 二者는 此因이 雖望立義分文作緣이라도 然이나 彼立義分은 總爲解釋分等作本이니 此因이 亦通爲彼作緣이라. 依是義故로 亦解總相이니라. 言離一切苦者는 分段變易 一切苦也이며 究竟樂者는 無上菩提 大涅槃樂也니라. 非求世間者는 不望後世 人天富樂也이며 名利恭敬者는 不求現在 虛僞之事也이니라. 此下 七種은 是其別因이니 唯爲此論하여 而作因故며 望下七處作別緣故라. 第二 因者는 解釋分內 有三段中에 爲二段而作因緣이니 謂顯示正義와 對治邪執이라. 顯示正義之中 說云에 依一心法하여 有二種門이라 是二種門이 皆各總攝 一切諸法이라하니 當知하라 卽是如來所說 一切法門之根本義이니라. 以是一心二門之內에 無一法義而所不攝故니라. 故로 言하되 爲欲解釋 如來根本之義也니라. 彼第二段 對治邪執者는 卽令衆生이 捨離人法 二種謬執케하니 故로 言에 爲令衆生 正解不謬故也니라. 第三 因者는 爲解釋分內 第三段文하여 而作因緣이라. 彼文分別發趣道相은 令利根者 決定發心 進趣大道하여 堪任住於不退位故니라. 故로 言에 爲令善根 乃至 不退信故니라. 第四 因者는 爲下修行信心分의 初四種信心 及四修行之文하여 而作因緣이라. 故로 言에 爲令修習信心故也니라. 第五 因者는 爲下第四修行末에 云하되 復次 若人雖修信心이라도 以從先世來 多有重惡業障이라 以下 說除障法 五行許文而作因緣이라. 故로 言에 爲示方便消惡業障 乃至出邪網故이니라. 第六因者는 爲彼云何修行止觀以下 乃至 止觀不具則無能入菩提之道 三紙許文而作因緣이라. 故로 言에 修習止觀 乃至 心過故이니라. 第七因者는 爲彼修行信心分末에 云하되 復次 衆生初學是法이라 以下 勸生淨土 八行許文而作因緣이라. 故로 言에 爲示專念方便 生於佛前等也니라. 第八因者는 爲彼第五 勸修利益分文 而作因緣이라. 故로 言에 爲示利益 勸修行

故이니라. 次言에 有如是等因緣 所以造論者는 第三總結也라. 直顯因緣은 竟在於前이니라.

[논-7] 問曰이라. 脩多羅中 具有此法인데 何須重說이요. 答曰이라. 脩多羅中 雖有此法이라도 以衆生根行不等이며 受解緣別이라. 所謂 如來 在世에 衆生利根하고 能說之人의 色心業勝일새 圓音一演에 異類等解하여 則不須論이라. 若如來滅後라면 或有衆生 能以自力으로 廣聞而取解者이며 或有衆生 亦以自力으로 少聞而多解者이며 或有衆生 無自心力이어 因於廣論 而得解者이며 亦有衆生 復以廣論文多爲煩 心樂總持少文하여 而攝多義 能取解者라. 如是 此論은 爲欲總攝如來廣大深法無邊義故로 應說此論이니라.

[소-7] 第二遣疑라. 有問有答이라. 問中에 言 經中具有此法者는 謂依前 八因 所說之法이니 如立義分 所立法義 乃至 勸修分中 所示利益이라. 如是等諸法을 經中 具說은 皆爲衆生 離苦得樂인데 而今更造此論하여 重說彼法者 豈非爲求名利等耶리요. 以之故로 言에 何須重說이요. 是擧疑情하여 而作問也니라. 答中에 有三이니 略答과 廣釋 第三은 略結答이라. 答中에 言하되 脩多羅中 雖有此法者는 與彼問辭也이고 根行不等 受解緣別者는 奪其疑情也라. 經論所說에 雖無別法이라도 而受解者 根行은 不同이라. 或有 依經不須論者이고 或有 依論不須經者니라. 故로 爲彼人하여 必須造論이니라. 答意는 如是니라. 次則廣顯이니 於中에 有二니라. 先明은 佛在世時 說聽俱勝이고 後顯은 如來滅後 根緣參差니라. 初中 言에 如來在世 衆生利根者는 明聽人勝이며 能說之人 色心業勝者는 顯說者 勝이며 圓音一演者는 成說者勝이며 異類等解者는 成聽人勝이며 則不須論者는 結俱勝義니라. 此言圓音은 卽是一音이니 一音圓音의 其義云何오. 昔來 諸師 說者는 不同이라. 有師 說云하되 諸佛唯是第一義身으로 永絶萬像일새 無形無聲이라. 直隨機하여 現無量色聲이니 猶如空谷無聲이나 隨呼發響이라. 然則 就佛言之이면 無音是一이나 約機論之이면 衆音非一이라. 何意로 說言一音圓音者이리오. 良由一時一會 異類等解로 隨其根性하여 各得一音이라. 不聞餘聲이고 不亂不錯이어 顯是音奇特이니 故로 名一音이며 音徧十方이어 隨機熟處하여 無所不聞이니 故로 名圓音이라. 非

謂如空徧滿 無別韻曲이니라. 如經에 言 隨其類音하여 普告衆生이라하니 斯之謂也니라. 或有說者 就佛言之하면 實有色聲이라. 其音이 圓滿하여 無所不徧일새 都無宮商之異거늘 何有平上之殊리오. 無異曲故로 名爲一音하고 無不徧故로 說爲圓音이라. 但由是圓音이 作增上緣으로 隨根差別하여 現衆多聲이니 猶如滿月이 唯一圓形이나 隨器差別하여 而現多影이라. 當知하라 此中의 道理도 亦爾니라. 如經에 言하되 佛以一音演說法하나 衆生이 隨類하여 各得解故니라. 或有說者 如來는 實有衆多音聲이라. 一切衆生의 所有言音는 莫非如來法輪聲攝이라. 但此佛音은 無障無礙이어 一卽一切이고 一切卽一이라. 一切卽一이니 故로 名一音이고 一卽一切이니 故로 名圓音이라. 如華嚴經에 言하되 一切衆生의 語言法을 一言演說에 盡無餘니 悉欲解了淨密音하고 菩薩은 因是로 初發心故이니라. 又 此佛音은 不可思議하여 不但一音言卽一切音이라 亦於諸法無不等徧이니라. 今且略擧六雙하여 顯其等徧之相이라. 一者는 等於一切衆生 及一切法이며 二者는 等於十方諸刹 及三世諸劫이며 三者는 等於一切應身如來 及一切化身諸佛이며 四者는 等於一切法界 及虛空界이며 五者는 等於無礙相入界 及無量出生界며 六者는 等於一切行界 及寂靜涅槃界니라. 此義는 如華嚴經의 三種無礙中에 說이라. 隨一一聲하여 等此六雙이나 而其音韻이 恒不雜亂이라. 若音이 於此六雙에 有所不徧이면 則音非圓이며 若由等徧으로 失其音曲이면 則圓非音이라. 然이나 今 不壞曲而等徧이며 不動徧而差韻이니 由是道理로 方成圓音이니라. 此는 非心識思量所測이니 以是法身自在義故니라. 一音之義는 略說如是하며 且止餘論하고 還釋本文하리라. 此下 第二는 明佛滅後根行參差니라. 於中에 別出四種根性인대 初二는 依經而得解者이며 後二는 依論方取解者이니라. 初中 言에 能以自力으로 廣聞而取解者者는 依廣經聞하여 得解佛意일새 而不須論이니 故로 言 自力也라. 第二中 言에 亦以自力으로 少聞而多解者者는 未必廣聞 諸經文言이나 而能深解 諸經意致일새 亦不須論이니 故로 言 自力이라. 第三中 言에 無自心力者는 直依佛經이면 則不能解일새 故로 言 無力이라. 因於智度瑜伽等論으로 方解佛經所說意趣이니 故로 言 因於廣論得解者이니라. 第四中 言에

復以廣論文多爲煩者는 雖是利根이나 而不忍繁일새 此人은 唯依文約義豊之論하여 深解佛經所說之旨라. 故로 言 心樂總持少文而攝多義能取解者이니라. 此四中 前三은 非今所爲라 今所爲者는 在第四人也니라. 如是 以下는 第三結答이니라. 言如是者는 通擧前四種人이라. 此論 以下는 別對第四之人이니 結明必應須造論意니라. 今此論者 文唯一卷이나 其普攝一切經意이니 故로 言에 總攝如來廣大深法無邊義故니라. 彼第四品 樂總持類는 要依此論해야 乃得悟道이니 以之故로 言에 應說此論也니라.

[논-8] 已說因緣分이고 次說立義分이라. 摩訶衍者는 總說有二種이니 云何爲二리오. 一者는 法이요 二者는 義라. 所言法者는 謂衆生心이라. 是心이면 則攝一切世間法出世間法이니 依於此心하여 顯示摩訶衍義니라. 何以故오. 是心眞如相이 卽示摩訶衍體故이며 是心生滅因緣相이 能示摩訶衍自體相用故이니라. 所言義者는 則有三種이니 云何爲三이오. 一者는 體大이니 謂一切法이 眞如平等하여 不增減故이니라. 二者는 相大이니 謂如來藏이 具足無量性功德故이니라. 三者는 用大이니 能生一切世間出世間善因果故이며 一切諸佛이 本所乘故이며 一切菩薩이 皆乘此法하여 到如來地故니라.

[소-8] 第二는 說立義分이니 文中有二니라. 一者는 結前起後이고 摩訶 以下는 第二 正說하며 立二章門이니 謂法與義라. 法者는 是大乘之法體이고 義者는 是大乘之名義니라. 初立法者는 起下釋中 初釋法體之文이며 次立義者는 起下復次眞如自體相者 以下 釋義文也니라. 初立法中에 亦有二立이라. 一者는 就體總立하니 起下釋中 初總釋文이고 二者는 依門別立하니 起下言眞如者 以下 別釋文也니라. 初中에 所言法者 謂衆生心者란 自體名法이라. 今大乘中 一切諸法이 皆無別體이어 唯用一心 爲其自體이니 故로 言 法者는 謂衆生心也니라. 言 是心卽攝一切者는 顯大乘法이 異小乘法이라. 良由 是心이 通攝諸法이어 諸法自體가 唯是一心이니 不同小乘의 一切諸法이 各有自體니라. 故로 說 一心爲大乘法也니라. 何以故 下는 依門別立이라. 此一文內에 含其二義이니 望上은 釋總義이고 望下는 立別門이라. 然이나 心法是一이고 大乘義廣인데 以何義故로 直依是心하여

顯大乘義인고. 故로 言 何以故라하고 下에 釋意하여 云하되 心法雖
一이나 而有二門이니 眞如門中에 有大乘體이고 生滅門中에 有
體相用이니라. 大乘之義는 莫過是三이니 故로 依一心하여 顯大
乘義也니라. 言是心眞如者 總擧眞如門 起下卽是一法界以
下文也. 次言相者 是眞如相 起下復次眞如者 依言說分別
有二種以下文也. 言是心生滅者는 總擧生滅門이니 起下依
如來藏故有生滅心以下文也이고 言因緣者는 是生滅因緣이
니 起下復次生滅因緣以下文也이며 次言相者는 是生滅相이니
起下復次生滅者以下文也니라. 言能示摩訶衍自體者는 卽
是生滅門內之本覺心으로서 生滅之體 生滅之因이니 是故로 在
於生滅門內이니라. 然이나 眞如門中에 直言大乘體이고 生滅門
中에 乃云하되 自體者는 有深所以이니 至下釋中에 其義自顯也
니라. 言相用者는 含有二義이니 一者는 能示如來藏中에 無量性
功德相이니 卽是相大義이며 又 示如來藏不思議業用이니 卽是
用大義也니라. 二者는 眞如所作 染相을 名相이라하고 眞如所起
淨用을 名用이라하니 如下文에 言하되 眞如의 淨法은 實無於染이
니 但以無明而熏習故로 則有染相이며 無明의 染法은 本無淨
業이나 但以眞如而熏習故로 則有淨用也이니라. 立法章門을 竟
在於前이라. 此下 第二는 立義章門이니 於中에 亦二니라. 初는
明大義이고 次는 顯乘義라. 此亦起下釋中之文이니 至彼文處에
更相屬當이라. 大義中에 體大者는 在眞如門이고 相用二大는
在生滅門이라. 生滅門內 亦有自體이나 但以體從相이니 故로
不別說也니라. 言如來藏具足無量性功德者는 二種藏內 不
空如來藏과 三種藏中 能攝如來藏이라. 性功德義 及用大義는
至下釋中에 當廣分別하리라. 乘義中에 有二句라. 一切諸佛本
所乘故者는 立果望因하며 以釋乘義也이고 一切菩薩皆乘此
法到如來地故者는 據因望果하며 以釋乘義也이니라.

* 第三 解釋分中 在文에도 亦二니라. 一者는 結前起後이고 二者는
  正釋이라. 正釋中에 有三이니 一者는 擧數總標이고 二者는 依數
  開章이며 三者는 依章別解니라.

[논-9] 已說立義分이고 次說解釋分이라. 解釋分에 有三種인데 云何
  爲三이오. 一者는 顯示正義이고 二者는 對治邪執이며 三者는
  分別發趣道相이니라.

[소-9] 開章中에 言顯示正義者는 正釋立義分中所立也이며 對治邪執
發趣道相者는 是明離邪就正門也이니라.

* 別解之中은 卽有三章이라. 初 釋顯示正義分中에 大分有二이니
初는 正釋義이고 後는 示入門이라. 正釋之中에서 依上이 有二이니
初는 釋法章門이고 後는 釋義章門이라. 初中에 亦二이니 一者는
總釋이니 釋上總立이고 二者는 別解이니 解上別立이라.

[논-10] 顯示正義者는 依一心法하여 有二種門이니 云何爲二리오. 一者는
心眞如門이며 二者는 心生滅門이라. 是二種門이 皆各總攝一
切法이니 此義云何리오. 以是二門不相離故이니라.

[소-10-1] 初中에 言하되 依一心法 有二種門者는 如經本言에 寂滅
者 名爲一心하고 一心者 名如來藏이라. 此言에 心眞如門
者는 卽釋彼經의 寂滅者 名爲一心也이며 心生滅門者는
是釋經中의 一心者 名如來藏也이니라. 所以然者오 以一切
法無生無滅이어 本來寂靜하여 唯是一心이고 如是名爲 心
眞如門일새 故로 言하되 寂滅者 名爲一心이라. 又 此 一心
體 是本覺인데 而隨無明하여 動作生滅이니 故로 於此門에
如來之性이 隱而不顯을 名如來藏이라. 如經言에 如來藏
者 是善不善因으로 能徧興造 一切趣生이니 譬如伎兒 變
現諸趣니라. 如是等義 在生滅門일새 故로 言하되 一心者
名如來藏이라. 是顯一心之生滅門이니 如下文에 言 心生
滅者 依如來藏이니 故로 有生滅心이라 乃至 此識에 有二
種義이니 一者는 覺義요 二者는 不覺義이니라. 當知이니 非
但取生滅心爲生滅門이라 通取生滅自體 及生滅相하여 皆
在生滅門內義也니라. 二門이 如是이니 何爲一心이오. 謂染
淨諸法이 其性無二니라. 眞妄의 二門이 不得有異이니 故로
名爲一하고 此無二處에 諸法中에 實이 不同虛空하고 性自
神解하니 故로 名爲心이니라. 然이나 旣無有二인데 何得有一
이며 一無所有인데 就誰曰心이리오. 如是道理는 離言絶慮일
새 不知何以目之이어 强號爲一心也라. 言是二種門皆各總
攝一切法者는 釋上立中 是心卽攝一切世間出世間法이라.
上直明心攝一切法이니 今此釋中에 顯其二門皆各總攝이라.
言以是二門不相離故者는 是釋二門各總攝義니라. 欲明眞
如門者는 染淨通相이며 通相之外 無別染淨이니 故로 得總

攝染淨諸法이고 生滅門者는 別顯染淨이어 染淨之法을 無所不該이니 故로 亦總攝一切諸法이니라. 通別이 雖殊라도 齊無所遣이니 故로 言하되 二門不相離也라. 總釋義竟이니라.

[별기] 眞如門은 是諸法通相이니 通相外에 無別諸法이어 諸法이 皆爲通相所攝이라. 如微塵是瓦器通相이니 通相外에 無別瓦器이어 瓦器가 皆爲微塵所攝하듯 眞如門 亦如是니라. 生滅門者는 卽此眞如가 是善不善因일새 與緣和合하여 變作諸法이라. 雖實變作諸法하더라도 而恒不壞眞性하니 故로 於此門에서 亦攝眞如니라. 如微塵性聚成瓦器라도 而常不失微塵性相이니 故로 瓦器門 卽攝微塵하듯 生滅門 亦如是니라. 設使二門이 雖無別體라도 二門相乖하여 不相通者라면 則應眞如門中에 攝理而不攝事하고 生滅門中에 攝事而不攝理하니 而今에 二門이 互相融通하여 際限無分이니 是故로 皆各通攝一切理事諸法하니 故로 言하되 二門이 不相離故니라. 問이라. 若此二門이 各攝理事라면 何故로 眞如門中 但示摩訶衍體이고 生滅門中 通示自體相用이오. 答이라. 攝義와 示義는 異니 何者오. 眞如門은 是泯相으로서 以顯理이나 泯相은 不除일새 故로 得攝相이고 泯相은 不存일새 故로 非示相이라. 生滅門者는 攬理로 以成事나 攬理는 不壞니 得攝理이고 攬理는 不泯일새 故로 亦示體니라. 依此義故로 且說不同이나 通而論之이면 二義亦齊니라. 是故로 眞如門中에 亦應示於事相이나 略故로 不說耳니라. 問이라. 二門이 不同인 其義는 已見이나 未知라 二門所攝理事 亦有隨門差別義不아. 答. 隨門分別에 亦有不同이니 何者오. 眞如門中 所攝事法은 是分別性이니 以說諸法이 不生不滅이어 本來寂靜이나 但依妄念이어 而有差別故이며 心生滅門 所說事法은 是依他性이니 以說諸法이 因緣和合이어 有生滅故이니라. 然이나 此二性이 雖復非一이더라도 而亦不異이니 何以故오. 因緣所生의 生滅諸法은 不離妄念이어 而有差別이니 故로 分別性은 不異依他하여 亦在生滅門也이고 又 因緣之生 自他及共은 皆不可得이니 故로 依他性은 不異分別하여 亦在眞如門也니라. 如是二性은 雖復不異라도 而亦非一이니 何以故오. 分別性法이 本來非有나 亦非不無이며 依他性法이 雖復非有나 而亦不無이니 是故로 二性이 亦不雜亂이라. 如攝論에 說하되 三性이 相望하되 不異非不異이니 應如是說이라. 若能解

此三性 不一不異義者라면 百家之諍 無所不和也이니라. 二門
所攝 理不同者란 眞如門中 所說理者를 雖曰眞如라하나 亦不
可得이며 而亦非無니라. 有佛無佛이든 性相이 常住하여 無有變
異이어 不可破壞인데도 於此門中에 假立眞如 實際等名이니 如
大品等 諸般若經所說이니라. 生滅門內 所攝理者는 雖復理體
離生滅相이라도 而亦不守常住之性하고 隨無明緣하여 流轉生
死니라. 雖實爲所染이라도 而自性淸淨일새 於此門中에 假立佛
性 本覺等名이니 如涅槃華嚴經等所說이니라. 今論所述과 楞
伽經等은 通以二門 爲其宗體이니 然이나 此二義 亦無有異니라.
以雖離生滅이라도 而常住性 亦不可得이며 雖曰隨緣이라도 而
恆不動 離生滅性故니라. 以是義故로 眞如門中에 但說하되 不
壞假名이나 而說實相하고 不動實際하며 建立諸法이라 生滅門
中에 乃說하되 自性淸淨心이 因無明風으로 動일새 不染而染하고
染而不染하니라. 問이라. 眞如門中에 說唯空義하고 生滅門內에
說不空義가 爲不如是耶오. 答이라. 一往相配하면 不無是義라.
故로 上 立義分 眞如相中에 但說能示摩訶衍體하고 生滅門中
에 亦說顯示大乘相用하나 就實而言하면 則不如是라. 故로 下
論文에서 二門이 皆說不空義니라. 問. 若生滅門內 二義俱有者
라면 其不空義는 可有隨緣作生滅義나 空義는 是無이거늘 何有
隨緣而作有義리오. 答. 二義是一일새 不可說異나 而約空義
亦得作有이니 何者오. 若空이 定是空이라면 應不能作有이나 而
是空亦空이니 故로 得作有니라. 然이나 此空空 亦有二義라. 一者
는 有法性空이니 是空이 亦空이어 有之與空 皆不可得이라. 如是
空空은 有眞如門이니 如大品經에 云하되 一切法이 空이어 此空이
亦空이니 是名空空이니라. 二者는 猶如有無有性이어 故로 得爲
空이니 是名曰空이라. 如是空은 無空性이어 故로 得作有니 是名
空空이라. 如是空空은 在生滅門이 如涅槃經에 云하되 是有是無
是名空空이며 是是是非 是名空空이라 如是空空은 十住菩薩도
尙得少分 如毫釐許거늘 何況餘人이리오. 二門差別을 應如是
知니라. 上來釋上總立法竟이니라.

【2권】

* 以下는 釋上別立하여 別釋二門하니 卽爲二分이라. 眞如門中에 亦有二意이니 初는 釋眞如이고 後는 釋如相이라. 又 復初는 是總釋이고 後는 是別解라. 又 初文은 明不可說 顯理絶言하고 後文은 明可得說 顯不絶言하니라.

[별기] 初文中에 言하되 離言說相 離名字相하고 乃至 言眞如者 因言遣言이라하고 後文中에 言하되 依言說分別하여 有二種義니 謂如實空 如實不空이라하나 然이나 後文에 亦說 一切分別이 皆不相應이라하니 當知하라 一切言說이 亦不相應하니라. 此卽顯理離言絶慮니라. 又 初文中 要는 依因言遣言之言하여 乃得顯其理之絶言이라. 此亦顯理不離言說相이라. 若言得說理實絶言者면 則墮自宗相違過이니 先 以絶言之言이 不絶인데도 而理實絶言故이니라. 若使絶言之言이 亦言絶者케하면 則墮自語相違過이니 先 以絶言之言으로 亦絶而言하며 得說言故이니라.

[소-10-2] 問이라. 理實而言이면 爲絶이오 爲不絶이오. 若不絶言者라면 正體離言일새 卽違於理하고 若實絶言이면 後智帶言일새 卽倒於理라. 又 若不絶이면 則初段論文은 斯爲漫語이고 若實絶言이면 則後段論文은 徒爲虛設이니 如說虛空 爲金銀等이니라. 解云이라. 是故로 當知하라. 理非絶言이며 非不絶言이라. 以是義故로 理亦絶言하고 亦不言絶하니 是則彼難 無所不當하니라.

[별기] 如是等言은 無所不當일새 故로 無所當이며 由無所當일새 故로 無所不當也라. 眞如門中 絶不絶義를 旣如是說하니 生滅門中에 亦同此說하니라. 且止傍論하고 還釋本文이라.

[논-11] 心眞如者는 卽是一法界大總相法門體라. 所謂 心性이 不生不滅이니 一切諸法은 唯依妄念이어 而有差別이라. 若離心念하면 則無一切境界之相이니 是故로 一切法 從本已來로 離言說相 離名字相 離心緣相이니 畢竟에 平等하여 無有變異하고 不可破壞이어 唯是一心이라. 故로 名眞如니라. 以一切言說이 假名無實이어 但隨妄念으로서 不可得故니라.

[소-11] 初文에 有三이니 一者는 略標이고 二者는 廣釋이며 其第三者는 往復除疑니라. 略標中에 言에 卽是一法界者는 是擧眞如門所依之體이니 一心이 卽是一法界故니라. 此一法界가 通攝二門

이나 而今不取別相之門이고 於中에 但取總相法門이라. 然이나 於總相有四品中에 說三無性所顯眞如하니 故로 言하되 大總相이라. 軌生眞解이니 故로 名爲法하고 通入涅槃하니 故로 名爲門이라하니 如一法界 擧體作生滅門이니라. 如是擧體 爲眞如門이어 爲顯是義하니 故로 言하되 體也니라. 此下는 廣釋이니 於中에 有二니라. 一者는 顯眞如體이고 二者는 釋眞如名이라. 初中에 有三이니 一者는 當眞實性에 以顯眞如이고 二者는 對分別性에 而明眞如絶相이며 三者는 就依他性에 以顯眞如離言이라. 初中에 言心性者는 約眞如門하여 論其心性하고 心性이 平等하여 遠離三際일새 故로 言하되 心性이 不生不滅也라. 第二中에 有二句이니 初言에 一切諸法 唯依妄念 而有差別者는 是擧徧計所執之相이고 次言에 若離心念 卽無一切境界相者는 對所執相하여 顯無相性이라. 猶如空華는 唯依眼病하여 而有華相일뿐. 若離眼病이면 卽無華相이고 唯有空性이니 當知하라 此中道理도 亦爾니라. 第三中에 有三句이니 先 約依他性法하여 以明離言絶慮하고 次 依離絶之義하여 以顯平等眞如하며 後 釋平等離絶所以니라. 初中 言에 是故一切法者는 謂從緣生依他起法이라. 離言說相者는 非如音聲之所說故이고 離名字相者는 非如名句之所詮故이며 離心緣相者는 名言分別所不能緣故이니 如虛空中에 鳥迹差別이듯 謂隨鳥形하여 空相顯現하고 顯現之相이 實有差別이나 而離可見之相差別이라. 依他起法도 當知亦爾이니 隨諸熏習이어 差別顯現이나 而離可言之性差別이라. 既離可言可緣差別이면 卽是平等眞如道理이니 故로 言하되 畢竟平等 乃至 故名眞如니라. 此是第二顯眞如平等이라. 以一切下는 釋其所以니라. 所以眞如平等離言者는 以諸言說이 唯是假名故로 於實性에 不得不絶이며 又 彼言說이 但隨妄念故로 於眞智에 不可不離니라. 由是道理故로 說離絶이니 故로 言에 乃至 不可得故이니라. 顯體文竟이라.

[논-12] 言眞如者란 亦無有相이니 謂言說之極으로 因言遣言이라. 此眞如體는 無有可遣이니 以一切法 悉皆眞故이며 亦無可立이니 以一切法 皆同如故니라. 當知하라. 一切法은 不可說不可念故로 名爲眞如니라.

[소-12] 釋名中에 亦三이라. 初는 標立名之意이니 所謂 因言遣言이라

猶如以聲止聲也이니라. 次는 正釋名이니 此眞如體 無有可遣者는 非以眞體遣俗法故이니라. 以一切法 悉皆眞故者는 依他性의 一切諸法이 離假言說이니 故로 悉是眞이라. 悉是眞者는 不壞差別하고 卽是平等하며 是平等故로 無別可立이니 故로 言하되 一切皆同故니라. 當知以下는 第三結名이라. 直顯眞如를 竟在於前이니라.

[논-13] 問曰이라. 若如是義者라면 諸衆生等이 云何隨順해야 而能得入이리오. 答曰이라. 若知 一切法을 雖說이라도 無有能說可說하며 雖念이라도 亦無能念可念하면 是名隨順이라하고 若離於念하면 名爲得入하니라.

[소-13] 往復疑問中 言에 云何隨順者는 是問方便이고 而能得入者는 是問正觀이라. 答中에 次第로 答此二問이니 初中 言에 雖說雖念者는 明法非無이니 以離惡取空見故이며 無有能說可說等者는 顯法非有이니 離執著有見故니라. 能如是知이면 順中道觀이니 故로 名隨順이라. 第二中에 言하되 離於念者는 離分別念이며 名得入者는 顯入觀智也이니라.

[논-14] 復次 此眞如者는 依言說分別하면 有二種義이니 云何爲二오. 一者는 如實空이니 以能究竟顯實故며 二者는 如實不空이니 以有自體具足無漏性功德故이니라.

[소-14] 第二에 明眞如相이니 在文有三이라. 一者는 擧數總標이고 二者는 依數開章이며 三者는 依章別解니라. 別解中에 卽有二니라.

[논-15] 所言空者는 從本已來 一切染法이 不相應故이니 謂離一切法 差別之相이라 以無虛妄心念故이니라. 當知하라 眞如自性은 非有相 非無相이며 非非有相 非非無相이며 非有無俱相이며 非一相 非異相이며 非非一相 非非異相이며 非一異俱相이며 乃至總說하면 依一切衆生일새 以有妄心으로 念念分別은 皆不相應故로 說爲空이라. 若離妄心이면 實無可空故이니라.

[소-15] 先明空中에 卽有三句이니 略明이고 廣釋이며 第三總結이라. 初中 言에 一切染法 不相應者는 能所分別이 不相應故이고 離一切法 差別相者는 離所取相故이며 以無虛妄心念故者는 離能取見故이니 卽以離義로 而釋空也니라. 廣釋之中에 明絶四句니라. 四句가 雖多라도 其要는 有二이니 謂有無等 及一異等이라. 以此二四句로 攝諸妄執이니 故로 對此二하여 以顯眞空이니라. 如廣

百論에 云이라. 復次 爲顯世間所執諸法이 皆非眞實이고 及顯外道所執不同故로 說頌하여 曰하되 有와 非有는 俱非이고 一과 非一 雙泯이라네 隨次로 應配屬하면 智者는 達非眞이니라. 釋曰. 一切世間의 色等 句義는 言說所表이고 心慧所知인데 情執이 不同일새 略有四種이라. 謂有非有 俱許俱非하고 隨次 如應配 四邪執이면 謂一非一 雙許雙非니라. 數論外道는 執有等性 與諸法一인데 卽當有句라. 此執은 非眞이니 所以者何오. 若靑等色이 與色性一이라면 應如色性 其體皆同이고 五樂等聲이 與聲性一이라면 應如聲性 其體皆同이며 眼等諸根이 與根性一이라면 應如根性 其體皆同이니 應一一根이 取一切境이고 應一一境이 對一切根이라. 又 一切法이 與有性一이라면 應如有性 其體皆同也라. 勝論外道는 說有等性 與諸法非一인데 當非有句라. 此亦非眞이니 所以者何오. 若靑等色이 與色性異라면 應如聲等 非眼所行이듯 聲等亦爾니라. 又 一切法이 異有性者는 應如兎角 其體本無니라하며 乃至 廣破하니라. 無慙外道는 執有等性 與彼諸法 亦一亦異인데 當於亦有亦非有句니라. 此亦非眞이니 所以者何오. 若有性等이 與色等一이라면 同數論過이고 與色等異라면 同勝論失이니 一異의 二種性相이 相違라도 而言體同이니 理不成立이니라. 一이 應非一이라면 以卽異故로 如異이고 異가 應非異라면 以卽一故로 如一이라하며 乃至 廣破하니라. 邪命外道가 執有性等이 與彼諸法 非一非異는 當於非有非非有句니라. 此亦非眞이니 所以者何오. 汝此所說非一異者는 爲俱是遮리오 爲偏有表리오. 若偏有表라면 應不雙非이고 若俱是遮라면 應無所執이라. 有遮有表는 理互相違이고 無遮無表는 言成戲論이니라하며 乃至 廣破니라. 如是世間의 起四種謗을 謂有非有 雙許雙非라. 如次로 增益損減 相違戲論이니 是故로 世間所執은 非實이니라. 今此文中에 非有相은 是遣初句이고 非無相者는 遣第二句이며 非非有相非非無相者는 遣第四句이고 非有無俱者는 遣第三句니라. 二句의 前後는 隨論者意하여 皆有道理이니 不相傷也라. 一異四句는 準釋可知니라. 乃至以下는 第三總結이니 於中에 二句. 從此以下 乃至 曰爲空은 是順結이고 若離以下는 是反結也이니라.

[논-16] 所言不空者는 已顯法體 空無妄故이니라. 卽是眞心이니 常恒不

變하고 淨法滿足일새 則名不空이라. 亦無有相可取이니 以離念境界이어 唯證相應故이니라.

[소-16] 釋不空中에 亦有三句라. 初牒空門이니 謂言已顯法體空無妄故이고 次顯不空이니 卽是眞心 乃至 則名不空故이며 亦無有相以下는 第三明空不空無二差別이라. 雖曰 不空이라도 而無有相이어 是故로 不空이 不異於空이니 以離分別所緣境界하여 唯無分別所證이어야 相應故也니라.

* 此下는 第二의 釋生滅門이니 於中에 有二니라. 初正廣釋이고 復次有四種熏習 以下는 因言重顯이라. 初中에 有三이니 一者는 釋上立義分中 是心生滅이고 二者는 復次生滅因緣 以下는 釋上生滅因緣이며 三者는 復次生滅相 以下는 釋上生滅相이라. 初中에 有二니 一者는 就體總明이고 二者는 依義別解니라.

[논-17] 心生滅者는 依如來藏하니 故로 有生滅心이라. 所謂 不生不滅이 與生滅과 和合하여 非一非異이니 名爲阿梨耶識이니라.

[소-17-1] 初中에 三句이니 一者는 標體이고 二者는 辯相이며 三者는 立名이라. 初中 言에 依如來藏故 有生滅心者란 自性淸淨心을 名爲如來藏이라하니 因無明風으로 動作生滅일새 故로 說하되 生滅이 依如來藏하니라.

[별기] 然이나 不生滅心과 與生滅心은 心體無二라. 但將二義 取心하여 爲二하니 以說依耳라. 如不動水에 爲風所吹하여 而作動水면 動靜雖異라도 水體是一일새 而得說言하되 依靜水故로 有其動水니라. 當知이니 此中道理도 亦爾니라.

[소-17-2] 如四卷經 言에 如來藏이 爲無始惡習所熏을 名爲識藏이라하며 又言하되 刹那者 名爲識藏故이니라.

[별기] 當知하라. 此云에 有生滅心이 正謂識藏이라. 今通取所依如來藏 與能依生滅心 合爲心生滅門이니 故로 言에 心生滅者란 依如來藏故로 有生滅心이라하니 非棄如來藏而取生滅心하여 爲生滅門也니라. 如下文 云에 此識은 有二種義라하니 故로 知二義皆在生滅門也니라.

[소-17-3] 所謂 以下는 第二辯相이라. 不生不滅者는 是上如來藏이며 不生滅心이 動作生滅하여 不相捨離를 名與和合이라. 如下文 言에 如大海水 因風波動이나 水相과 風相이 不相捨離라하여 乃至 廣說하니라. 此中에 水之動이 是風相이며 動之溼이 是水

相이라. 水學體動일새 故로 水不離風相이고 無動非淫일새 故로 動不離水相이라. 心亦如是하여 不生滅心의 擧體가 動이니 故로 心不離生滅相이고 生滅之相이 莫非神解니 故로 生滅不離心相이라. 如是不相離하니 故로 名與和合이니라.

[별기] 心之生滅은 依無明成이고 生滅之心은 從本覺成이어 而無二體하여 不相捨離니 故로 爲和合이니라.

[소-17-4] 此는 是不生滅心이 與生滅과 和合하니 非謂生滅이 與不生滅과 和合也라. 非一非異者는 不生滅心이 擧體而動일새 故로 心與生滅이 非異이고 而恒不失不生滅性일새 故로 生滅與心이 非一이라. 又 若是一者라면 生滅識相이 滅盡之時 心神之體 亦應隨滅하여 墮於斷邊하며 若是異者라면 依無明風 熏動之時 靜心之體가 不應隨緣하여 卽墮常邊하니 離此二邊일새 故로 非一非異니라.

[별기] 雖有二義라도 心體無二라. 此는 合二義하여 不二之心을 名爲黎耶識也니라.

[소-17-5] 如四卷經에 云하니라. 譬如泥團과 微塵이 非異非不異이듯 金莊嚴具 亦如是니라. 若泥團과 微塵이 異者라면 非彼所成이나 而實彼成이니 是故로 非異니라. 若不異者라면 泥團과 微塵이 應無差別이니라. 如是轉識藏識의 眞相이 若異者라면 藏識은 非因이고 若不異者라면 轉識이 滅에 藏識이 亦應滅이나 而自眞相이 實不滅이라. 是故로 非自眞相識滅이라 但業相滅이니라. 今此論主 正釋彼文이니 故로 言하되 非一非異니라. 此中業識者는 因無明力으로 不覺心動일새 故로 名業識이고 又 依動心하여 轉成能見일새 故로 名轉識이니 此二는 皆在梨耶識位니라.

[별기] 梨耶識內에 生滅하는 見相을 名爲轉識이라하고 於中에 體를 名爲藏識이라.

[소-17-6] 如十卷經 言에 如來藏은 卽阿梨耶識이니 共七識生을 名轉滅相이라하니 故로 知轉相이 在梨耶識이니라. 自眞相者는 十卷經 云에 中眞을 名自相이라하니 本覺之心이 不藉妄緣하고 性自神解를 名自眞相이라 是約不一義門說也니라. 又 隨無明風하여 作生滅時에 神解之性이 與本不異이니 故로 亦得名爲自眞相이라 是依不異義門說也니라.

[별기] 當知하라. 自眞이란 名은 不偏在不生滅이니라.

[소-17-7] 於中에 委悉은 如別記說也이니라.

[별기] 問이라. 如瑜伽論等에서 說하되 阿梨耶識이 是異熟識이니 一向生滅인데 何故로 此論에 乃說 此識이 具含二義오. 答이라. 各有所述 不相違背이니 何者오. 此微細心은 略有二義니라. 若其爲業煩惱所感義邊이면 辨無令有이니 一向生滅이라. 若論根本無明所動義邊이면 熏靜令動케하니 動靜一體니라. 彼所論等이 依深密經하여 爲除是一是常之見하려 約業煩惱所感義門하니 故로 說하되 此識이 一向生滅하여 心心數法이 差別而轉이라. 今此論者는 依楞伽經하여 爲治眞俗別體之執하려 就其無明所動義門하니 故로 說하되 不生滅이 與生滅과 和合하여 不異니라. 然이나 此無明所動之相이 亦卽爲彼業惑所感이니 故로 二意雖異라도 識體는 無二也이니라. 問이라. 爲當心體常住하고 心相生滅하나 體相이 不離일새 合爲一識이오. 爲當心體常住해도 亦卽心體生滅耶이오. 答이라. 若得意者라면 二義俱許이니 何者오. 若論其常住라면 不隨他成이니 曰 體이고 論其無常이라면 隨他生滅이니 曰 相이니 得言에 體常이고 相是無常이라. 然이나 言生滅者는 非生之生이요 非滅之滅이니 故로 名生滅이라. 是心之生이며 心之滅이어 故로 乃名生滅이니 故로 得言에 心體生滅이라. 如似水之動을 名爲波하여 終不可說 是動이 非水之動이니라. 當知이니 此中道理도 亦爾니라. 設使 心體는 不動하고 但無明相動者라면 則無轉凡成聖之理이니 以無明相一向滅故이며 心體本來不作凡故니라. 難曰이라. 若使心體生滅케하면 則眞心有盡이니 以生滅時 無常住故이니라. 又 若心體本靜인데도 而隨緣動이면 則生死有始이어 是爲大過이니 以本靜時 無生死故이니라. 又 若心隨緣 變作生滅이면 亦可一心隨緣 變作多心이니라. 是三難은 不能得離이니 故로 知이니 此義不可立也니라. 解云이라. 此義는 無妨이니 今從後而答하리라. 如說 常心이 隨無明緣하여 變作無常之心하나 而其常性이 恒自不變이듯 如是一心이 隨無明緣하여 變作多衆生心하나 而其一心이 常自無二니라. 如涅槃經 云에 一味之藥가 隨其流處에 有種種異니 是藥眞味는 停留在山이라하니 正謂此也니라. 又 雖曰 本靜이 隨緣而動이라도 而無生死有始之過이니 以如是展轉하는 動靜이 皆無始故이니라. 如論說云하되 先是果報가 後反成因이어 而恒展轉因果는 皆無始故라.

當知하라 此中道理도 亦爾니라. 又 雖心體生滅이라도 而恒心體
常住이니 以不一不異故라. 所謂 心體는 不二며 而無一性이니
動靜이 非一而無異性故라. 如水依相續門이면 則有流動이니라.
依生滅門이라도 而恒不動이니 以不常不斷故니라. 所謂 不度
亦不滅故니라. 當知하라 此中道理도 亦爾니라. 是故로 所設三難
이 無不消也니라.

[소-17-8] 第三은 立名이라. 名爲阿梨耶識者란 不生滅이 與生滅과 和合하
여 非一非異이니 故로 總名爲阿梨耶識이라. 翻名釋義이니 是如
楞伽宗要中說이니라. 就體總明을 竟在於前이라.

* 此下는 第二의 依義別解이니 此中에 有三이라. 一은 開義總標하여
略明功能하고 二는 依義別釋하여 廣顯體相하며 三은 明同異니라.

[논-18] 此識에는 有二種義일새 能攝一切法하고 生一切法하니라.

[소-18] 初中 言에 此識에 有二種義 能攝一切法 生一切法者에서 能攝
之義는 如前廣說이라. 然이나 上說하되 二門이 各攝一切니라. 今
此明 一識含有二義故로 此一識이 能攝一切이고 不言二義
各攝一切이니 以此二義는 唯在生滅門內說故로 如是二義는
不能各攝一切法故니라. 又 上二門이 但說攝義이니 以眞如門
無能生義故니라. 今於此識에 亦說生義이니 生滅門中에 有能
生義故니라. 此義云何오. 由不覺義 熏本覺故로 生諸染法이고
又 由本覺 熏不覺故로 生諸淨法이니 依此二義하여 通生一切
니라. 故로 言하되 識有二義일새 生一切法이니라. 此文은 卽起下
有四種熏習 以下文也니라. 當知이니 一心義寬하여 總攝二門이
나 此識義狹하여 在生滅門이라. 此識의 二義가 旣在一門이니
故로 知 門寬而義狹也라. 引經釋義는 如別記也니라.

[별기] 問이라. 上言하되 一心에 有二種門이라하고 今云에 此識에 有二種義
라하니 彼心과 此識이 有何差別이오. 解云이라. 上은 就理體에
名爲一心이라. 體含絶相隨緣二義門하니 故로 言하되 一心에 有
二種門이라. 如經本 言에 寂滅者는 名爲一心이라하고 一心者는
名如來藏이라하듯 義如上說이니라. 今此中識者란 但就一心隨
緣門內에 理事無二일새 唯一神慮로서 名爲一識이라. 體含覺與
不覺二義하니 故로 言하되 此識에 有二種義니라. 是故로 心寬
識狹이니 以心含二門識故니라. 又 門寬義狹이니 以生滅門 含
二義故이니라. 如四卷經 云에 不離不轉를 名如來藏識藏이라하

나 七識流轉이 不滅이니 所以者何오. 彼因攀緣으로 諸識生故이니 非聲聞緣覺 修行境界니라하고 十卷經 云에 如來藏識이 不在阿梨耶識中이니 是故로 七種識이 有生有滅이고 如來藏識은 不生不滅이니 何以故오. 彼七種識은 依諸境界하여 念觀而生이니 此七識境界인 一切聲聞辟支佛外道修行者는 不能覺知니라. 此之二文이 同明此識不生滅義이니 何者오. 欲明境界風所動故이니라. 藏海中에 七識이 浪轉이니 是故로 七識이 有生有滅이고 如來藏者는 卽是藏識이니 雖不離轉이라도 而體不轉이니 故로 如來藏은 不生不滅이라. 故로 言하되 不離不轉을 名如來藏識等이니라. 十卷意者는 欲明 七識이 是浪으로서 非海이고 相在梨耶識海中이니 故로 有生滅이고 如來藏者는 是海로서 非浪이고 不在阿梨耶識海中이니 故로 無生滅이라. 故로 言하되 如來藏은 不在阿梨耶識中이니 是故로 七識이 有生有滅等이니라. 以如來藏은 卽是阿梨耶識故로 言하되 不在니라. 若使如來藏이 不在生滅梨耶識中者라면 卽應下云하되 是故로 八種識이 有生有滅인데 何故로 但言하되 是故로 七識이 有生滅耶이리오 當知하라 此二經文은 其本是一인데 但翻譯者異故로 致使語有不同耳니라. 又 四卷經 云에 阿梨耶識을 名如來藏이어 而與無明七識共俱이나 離無常過 自性淸淨이라 餘七識者는 念念不住이어 是生滅法이라하니 如是等文은 同明 梨耶本覺不生滅義이니라. 又 四卷經 云에 刹那者 名爲識藏이라하고 十卷 云에 如來藏阿梨耶識이 共七種識生이니 名轉滅相이라하니 如是等文은 是顯梨耶生滅不覺之義니라. 此今論主는 總括彼經始終之意이니 故로 言曁하되 此識에 有二種義也니라.

[논-19] 云何爲二오. 一者는 覺義이요 二者는 不覺義이니라.

[소-19] 第二廣中에 有三이라. 初言에 云何爲二者는 問數發起이고 次言에 覺義不覺義者는 依數列名이며 所言 以下는 第三別解라. 先釋覺義이고 後解不覺이라. 覺中에 有二니 先略後廣이니라.

[논-20] 所言覺義者는 謂心體離念이라. 離念相者는 等虛空界하여 無所不徧 法界一相이니 卽是如來平等法身이라. 依此法身하여 說名本覺이니라. 何以故오. 本覺義者는 對始覺義說하니 以始覺者 卽同本覺이라. 始覺義者는 依本覺故로 而有不覺하고 依不覺故로 說有始覺이니라.

[소-20] 略中에 亦二이니 先本後始니라. 明本覺中에 亦有二句이니 先明本覺體이고 後釋本覺義라. 初中에 言하되 心體離念者는 謂離妄念이어 顯無不覺也니라. 等虛空界者는 非唯無闇이라 有慧光明徧照法界平等無二니라. 如下文에 云하되 有大智慧光明義故이며 徧照法界義故라. 何以故 下는 第二釋義이니 是對始覺하여 釋本覺義이니라. 明本覺竟이라. 次釋始覺이니 於中에 有二니라. 先顯 亦對本覺하여 不覺起義하고 後對不覺하여 釋始覺義이니라. 此中에 大意는 欲明 始覺待於不覺이고 不覺待於本覺이며 本覺待於始覺이라. 旣互相待이면 則無自性이고 無自性者는 則非有覺이라. 非有覺者는 由互相待이고 相待而成이면 則非無覺이라. 非無覺故로 說名爲覺이니 非有自性 名爲覺也니라. 略明二覺을 竟在於前하니라.

[별기] 言覺義者란 卽有二種이니 謂本覺始覺이라. 言本覺者란 謂此心性이 離不覺相이라하니 是覺照性을 名爲本覺이라. 如下文에 云하되 所謂 自體에 有大智慧光明義故니라. 言始覺者란 卽此心體가 隨無明緣이어 動作妄念이니 而以本覺熏習力故로 稍有覺用이어 乃至究竟에 還同本覺을 是名始覺이니라. 言不覺義 亦有二種이니 一者는 根本不覺이요 二者는 枝末不覺이라. 根本不覺者란 謂梨耶識內 根本無明을 名爲不覺이라하니 如下文에 云하되 依阿梨耶識 說有無明이라하니 不覺而起故이니라. 言枝末不覺者란 謂無明所起 一切染法을 皆名不覺이라하니 如下文에 云하되 一切染法은 皆是不覺相故니라. 若依識相差別하여 簡本異末 義門이면 則梨耶識中에 唯有本覺 及本不覺이라. 若就識體하여 無二攝末 歸本義門이면 則彼始覺 及末不覺도 亦是梨耶識內之義니라. 故로 上 云하되 此識 有二義者는 通合如是 二種之意니라. 故로 下釋中에 通擧本始二覺 及二不覺義也니라. 問. 爲當心體 只無不覺일새 故名本覺이오 爲當心體 有覺照用을 名爲本覺이오. 若言 只無不覺을 名本覺者라면 可亦無覺照故로 是不覺이고 若言 有覺照故로 名本覺者라면 未知커니 此覺爲斷惑不아. 若不斷惑이면 則無照用이고 如其有斷이면 則無凡夫일새니라. 答. 非但無闇이라 亦有明照이니 以有照故로 亦有斷惑이라. 此義云何오. 若就 先眠後覺 名爲覺者라면 始覺有覺으로 本覺中無니라. 若論 本來不眠 名爲覺者라면 本覺이 是覺이니

始覺則非覺이라. 斷義도 亦爾니라. 先有後無를 名爲斷者라면 始覺有斷이니 本覺無斷이라. 本來離惑을 名爲斷者라면 本覺이 是斷이니 始覺이 非斷이라. 若依是義라면 本來故로 本來無凡이라. 如下文에 云하되 一切衆生이 本來常住하여 入於涅槃菩提之法이니라. 然이나 雖曰 有本覺故로 本來無凡이라도 而未有始覺故로 本來有凡이니 是故로 無過니라. 若汝言하되 由有本覺으로 本來無凡이면 則終無始覺이라하면 望何有凡者리오. 他亦終無始覺이면 則無本覺이니 依何本覺하여 以說無凡이리오. 當知이니 由有本覺故로 本無不覺이고 無不覺故로 終無始覺이며 無始覺故로 本無本覺이니라. 至於無本覺者는 源由有本覺이라. 有本覺者는 由有始覺이고 有始覺者는 由有不覺이며 有不覺者는 由依本覺이라. 如下文에 云하되 本覺義者란 對始覺義說하니 以始覺者 卽同本覺이라 始覺義者는 依本覺故로 而有不覺하고 依不覺故로 說有始覺하니라. 當知하라. 如是展轉相依하여 卽顯諸法하니 非無而非有이고 非有而非無也이니라. 問이라. 此本覺性이 爲當通爲染淨因性이오 爲當但是諸淨法性이오. 若言 但是淨法因者라면 何故로 經云에 如來之藏 是善不善因이라하며 乃至廣說이오. 若通作染淨者라면 何故로 唯說具足性功德이고 不說具足性染患耶이리오. 答이라. 此理는 通與染淨하여 作性하니 是故로 唯說具性功德이라. 是義云何오. 以理는 離淨性故로 能隨緣作諸染法하고 又 離染性故로 能隨緣作諸淨法하니라. 以能作染淨法故로 通爲染淨性이며 由離染淨性故로 唯是性功德이라. 何以得離染淨性이어야 乃成諸功德이리오. 取著染淨性이 皆是妄想故이니라.

* 此下에 第二 廣釋二覺이니 於中에 先釋始覺이고 後廣本覺이라. 初中에 有三이니 一者는 總標滿不滿義이고 二者는 別解始覺差別이며 三者는 總明不異本覺이니라.

[논-21] 又 以覺心源故로 名究竟覺이라하고 不覺心源故로 非究竟覺이니라.

[소-21] 總標中에 言하되 覺心源故로 名究竟覺者는 在於佛地이며 不覺心源故로 非究竟覺者는 金剛已還也이니라.

[논-22] 此義는 云何오. 如凡夫人은 覺知前念起惡故로 能止後念일새 令其不起케하여 雖復名覺이라도 卽是不覺故이니라. 如二乘觀智

初發意菩薩 等은 覺於念異하고 念無異相이니 以捨麤分別執著相故로 名相似覺이니라. 如法身菩薩 等은 覺於念住하여 念無住相이니 以離分別麤念相故로 名隨分覺이니라. 如菩薩地盡을 滿足方便하여 一念相應하고 覺心初起하여 心無初相이니 以遠離微細念故로 得見心性하고 心卽常住하니 名究竟覺이니라. 是故로 修多羅에 說하되 若有衆生이 能觀無念者라면 則爲向佛智故이니라.

[소-22-1] 次別解中에는 約四相說이라. 此中에 先明四相이고 然後消文이니라. 問이라. 此中의 四相이 爲當同時아 爲是前後오. 此何所疑리오. 若同時라면 那論說四相覺時差別이며 若前後라면 那下言四相俱時而有리오. 或有說者는 此依薩婆多宗四相하여 四體가 同時라도 四用이 前後이니 用前後故로 覺時 差別이나 體同時故로 名俱時而有니라. 或有說者는 是依成實前後四相하여 而言 俱時而有者는 以本覺 望四相하면 則無四相前後差別이니 故로 言하되 俱時而有이어 皆無自立이라. 或有說者는 此是大乘秘密四相이니 覺四相時 前後淺深이니 所覺四相은 俱時而有니라. 是義云何오. 夫心性이 本來 離生滅相이나 而有無明일새 迷自心性이라 由違心性하여 離於寂靜故로 能生起動念四相하고 四相無明和合力故로 能令心體生住異滅케하니 如似小乘 論議之中에 心在未來에 未逕生滅이나 而由業力으로 引於四相하여 能令心法이 生住異滅케하니라. 大乘四相도 當知하라 亦爾이니 如經에 言하되 卽此法身이 爲諸煩惱之所漂動이어 往來生死를 名爲衆生이라. 此論下文 云에 自性淸淨心이 因無明風動이라하니 正謂此也니라. 總說雖然이라도 於中分別者는 四相之內에 各有差別이니 謂生三住四異六滅七이라. 生相 三者란 一은 名業相이니 謂由無明으로 不覺 念動하여 雖有起滅하더라도 見과 相은 未分이라. 猶如未來生相이 將至正用之時니라. 二者는 轉相이니 謂依動念하여 轉成能見이라. 如未來生이 至正用時니라. 三者는 現相이니 謂依能見하여 現於境相이라. 如未來生 至現在時니라. 無明이 與此三相和合으로 動一心體하여 隨轉至現이니 猶如小乘의 未來藏心이 隨其生相하여 轉至現在니라. 今大乘中 如來藏心이 隨生至現도 義亦如是니라. 此三이 皆是阿梨耶識位所有差別이니 於中에 委悉은 下文에 當說하리라. 是名甚深三種

生相이니라. 住相四者란 由此無明이 與生和合으로 迷所生心에 無我我所故로 能生起四種住相이니 所謂 我癡我見我愛我慢이라. 如是四種이 依生相 起能相心體하여 令至住位內緣而住이니 故로 名住相이라. 此四는 皆在第七識位이니라. 異相六者란 無明이 與彼住相和合하여 不覺所計我我所空일새 由是로 能起 六種異相이니 所謂 貪瞋癡慢疑見이라. 如新論 云에 煩惱自性이 唯有六種이라하니 此之謂也니라. 無明이 與此六種和合하여 能相住心을 令至異位外向攀緣케하니 故로 名異相이라. 此六이 在於生起識位니라. 滅相七者란 無明이 與此異相和合하여 不覺外塵違順性離일새 由此로 發起七種滅相이니 所謂 身口七 支惡業이라. 如是惡業은 能滅異心을 令墮惡趣하니 故로 名滅相이라. 猶如小乘滅相이 滅現在心하여 令入過去케하고 大乘滅相도 當知하라 亦爾니라. 由是義故로 四相이 生起하여 一心이 流轉하니 一切가 皆因根本無明이라. 如經 言에 無明住地 其力最大라하고 此論에 云하되 當知이니 無明力 能生一切染法也이니라. 又 所相之心은 一心而來이고 能相之相은 無明所起니라. 所起之相은 隨其所至에 其用이 有差別하고 取塵別相을 名爲數法이니 良由로 其根本無明이 違平等性故也니라. 其所相心이 隨所至處에 每作總主일새 了塵通相을 說名心王이라하니 由其本一心이 是諸法之總源故也니라. 如中邊論 云에 唯塵智을 名心이라하고 差別을 名心法이라하며 長行에 釋云하되 若了塵通相을 心이라하면 取塵別相을 名爲心法이라. 瑜伽論中에도 亦同是說이라. 以是 義故로 諸外道等이 多於心王을 計爲宰主作者受者인데 由不能知 其無自性이 隨緣流轉故也니라. 總此四相하여 名爲一念이라. 約此一念四相하여 以明四位階降이라. 欲明 本依無明하여 不覺之力으로 起生相等 種種夢念하고 動其心源 轉至滅相하여 長眠三界 流轉六趣하니 今因本覺 不思議熏으로 起厭樂心하고 漸向本源하여 始息滅相 乃至生相일새 朗然大悟하여 覺了自心 本無所動이라. 今無所靜이어 本來平等하여 住一如牀이니 如經 所說 夢度河喩니라. 此中에 應廣說大意도 如是니라. 次消其文 하니 約於四相하고 以別四位니라. 四位之中에 各有四義이니 一은 能覺人이요 二는 所覺相이요 三은 覺利益이요 四는 覺分齊니라. 初位中 言에 如凡夫人者는 是能覺人이니 位在十信也라. 覺知

前念起惡者는 顯所覺相이니 未入十信之前에 其起七支惡業이라가 今入信位하여 能知七支 實爲不善하니 故로 言하되 覺知前念起惡이니 此는 明覺於滅相義也라. 能止後念 令不起者는 是覺利益이니 前由不覺으로 起七支惡念이라가 今旣覺故로 能止滅相也니라. 言하되 雖復名覺 卽是不覺者는 明覺分齊이니 雖知滅相 實是不善이라도 而猶未覺滅相是夢也이니라. 第二位中 言에 如二乘觀智 初發意菩薩 等者란 十解 以上의 三賢菩薩이라. 十解 初心은 名發心住라. 擧此初人하여 兼取後位하니 故로 言에 初發意菩薩等이라하니 是明能覺人也라. 覺於念異者는 明所覺相이니 如前所說 六種異相이 分別內外하여 計我我所니라. 此三乘人은 了知無我니 以之故로 言에 覺於念異니하니 欲明 所相心體가 無明所眠이어 夢於異相 起諸煩惱하니 而今漸與智慧相應하여 從異相夢으로 而得微覺也이니라. 念無異相者는 是覺利益이니 旣能覺於異相之夢일새 故로 彼六種異相永滅이니라. 以之故로 言하되 念無異相也니라. 捨麤分別執著相故 名相似覺者는 是覺分齊이니 分別違順하여 起貪瞋等을 是名麤分別執著相이라. 雖捨如是麤執著相이라도 而猶未得無分別覺이니 故로 名相似覺也니라. 第三位中에 法身菩薩等者는 初地以上의 十地菩薩이니 是能覺人也라. 覺於念住者란 住相之中에 雖不能計 心外有塵이라도 而執人法內緣而住하니 法身菩薩은 通達二空이라. 欲明 所相心體가 前覺異相이니 而猶眠於住相之夢일새 今與無分別智相應하여 從住相夢에서 而得覺悟니라. 故로 言에 覺於念住라하니 是所覺相也니라. 念無住相者란 四種住相이 滅而不起일새 是覺利益也라. 以離分別麤念相者는 人我執을 名分別하여 簡前異相之麤分別일새 故로 不名麤이니라. 法我執 名爲麤念은 異後生相之微細念일새 故로 名麤念이니라. 雖復已得 無分別覺이라도 而猶眠於生相之夢일새 故로 名隨分覺이니 是覺分齊也니라. 第四位中에 如菩薩盡地者란 謂無垢地니 此是總擧니라. 下之二句는 別明二道이니 滿足方便者는 是方便道이고 一念相應者는 是無間道라. 如對法論에 云하되 究竟道者는 謂金剛喩定이라 此有二種이니 謂方便道攝하고 無間道攝하니라. 是明能覺人也라. 覺心初起者는 是明所覺相이라. 心初起者는 依無明하여 有生相하고 迷心體하여 令動念케하나

今乃證知 離本覺無不覺이어 卽動念是靜心이라. 故로 言하되
覺心初起니라. 如迷方時에 謂東爲西하다가 悟時에 乃知 西卽是
東이라. 當知하라 此中 覺義도 亦爾也니라. 心無初相者는 是明覺
利益이라. 本由不覺으로 有心元起라가 今旣覺故로 心無所起이
니 故로 言하되 心無初相이니라. 前三位中에 雖有所離라도 而其動
念이 猶起未盡일새 故로 言에 念無住相等이라하고 今究竟位에
動念都盡이고 唯一心在일새 故로 言하되 心無初相也라. 遠離
以下는 明覺分齊이니 於中에 二句니라. 初는 正明覺分齊이고
是故 以下는 引經證成이라. 業相動念이 念中最細일새 名微細
念이라. 此相이 都盡이어 永無所餘일새 故로 言하되 遠離라. 遠離之
時 正在佛地니라. 前來三位는 未至心源하고 生相未盡일새 心猶
無常하나 今至此位에 無明이 永盡하고 歸一心源하여 更無起動
이니 故로 言에 得見心性하고 心卽常住라하니 更無所進일새 名究
竟覺이니라. 又復 未至心源하고 夢念未盡일새 欲滅此動하여 望
到彼岸하나 而今旣見心性하고 夢想都盡일새 覺知自心 本無流
轉이라. 今無靜息이어 常自一心이 住一如床이니 故로 言하되 得見
心性이어 心卽常住니라. 如是始覺이 不異本覺하니 由是道理로
名究竟覺이라. 此是正明 覺分齊也니라.

[별기] 問이라. 若言 始覺이 同於本覺일새 離生滅者라면 此説이 云何通
如攝論에 云하되 本旣常住하나 末依於本하여 相續恒在이며 乃至
廣說이라. 答이라. 二意異故로 理不相違이니 何者오. 此論主意는
欲顯 本由不覺으로 動於靜心하나 今息不覺하여 還歸本靜일새
故로 成常住니라. 彼攝論意는 欲明 法身이 本來 常住不動하나
依彼法身하여 起福慧二行이어 能感萬德報果니라. 旣爲因緣
所起일새 是故로 不離生滅이니 故로 說相續이라하나 具義而說하고
始成萬德하면 要具二義니라. 依前義故로 常住나 依後義故로
生滅이니 生滅과 常住가 不相妨礙이 以一一念이 迷徧三世하나
不過一念故이니라. 如似一一毛孔이 皆徧十方하여 雖徧十方하
더라도 不增毛孔이라. 佛佛이 如是 無障無礙이니 豈容偏執 於其
間哉이리오. 如華嚴經 偈에 云하되 牟尼離三世하여 相好悉具足
하고 住於無所住하니 法界悉淸淨이라 因緣故로 法生하고 因緣故
로 法滅하니 如是觀如來라면 究竟에 離癡惑하리라. 今二論主가
各述一義하나 有何相妨耶이리오.

[소-22-2] 引證中 言에 能觀無念者 則爲向佛智故者란 在因地時 雖未離念이라도 而能觀於無念道理이니 說 此能觀이 爲向佛地하여 以是로 證知佛地無念이라. 此是擧因而證果也라. 若引通說因果文證者라면 金鼓經 言에 依諸伏道하여 起事心滅하고 依法斷道하여 依根本心滅하며 依勝拔道하여 根本心盡이니라. 此言에 諸伏道者란 謂三十心이고 起事心滅者란 猶此論中에 捨麤分別執著想이니 卽是異相滅也니라. 法斷道者란 在法身位이고 依根本心滅者란 猶此中說에 捨分別麤念相이니 卽是住相滅也니라. 勝拔道者는 金剛喩定이며 根本心盡者란 猶此中說에 遠離微細念이니 是謂生相盡也니라. 上來에 別明 始覺差別이니라.

[논-23] 又 心起者란 無有初相可知인데도 而言知初相者는 卽謂無念이라. 是故로 一切衆生을 不名爲覺이라하니 以從本來 念念이 相續하여 未曾離念故로 說하되 無始無明이니라. 若得無念者라면 則知心相生住異滅하니 以無念等故로 而實無有始覺之異니라. 以四相俱時而有하여 皆無自立이어 本來平等하여 同一覺故니라.

[소-23-1] 第三은 總明 始覺不異本覺이라. 此中에 有二이니 一者는 重明究竟覺相이며 二者는 正明不異本覺이라. 初中에 有三이니 一者는 直顯究竟相이고 二者는 擧非覺顯是覺이며 三者는 對境廣顯智滿이라. 初中 言에 又 心起者者란 牒上覺心初起之言일새 非謂覺時 知有初相이라. 故로 言에 無有初相可知라도 而說 覺心初起相者란 如覺方時 知西是東이라. 如是 如來 覺心之時 知初動相 卽本來靜이니 是故로 說言하되 卽謂無念也이니라. 是故以下는 擧非顯是니라. 如前所說 無念是覺이니 是故로 有念 不得名覺이라. 是卽金剛心以還의 一切衆生은 未離無始無明之念일새 依是義故로 不得名覺이니라. 然이나 前對四相之夢差別이니 故로 說漸覺이라. 今約無明之眠無異故로 說不覺이니 如仁王經에 言하되 始從伏忍 至頂三昧에 照第一義諦는 不名爲見이라 所謂 見者는 是薩婆若故이니라. 若得 以下는 對境顯智니라. 若至心原하여 得於無念하면 卽能徧知 一切衆生 一心이 動轉하여 四相差別하니 故로 言하되 卽知心相이 生住異滅이니라. 次言에 以無念等故者란 釋成上義니라. 此中에 有疑 云에 佛得無念이고 衆生有念이어 有無隔別인데 云何無念이 能知有念이오하니 作如是疑故로 遣之하려 云하되 衆生有念이 本來無念이어 得無

念이면 與彼平等이라. 故로 言에 以無念等故니라. 是明 旣得平等 無念故로 能徧知 諸念四相也이니라. 此下의 第二는 正明無異니라. 雖曰 始得無念之覺이라도 而覺四相本來無起이니 待何不覺而有始覺이리오. 故로 言에 實無始覺之異라하니 下釋此義니라.

[별기] 以四相生起로 義有前後이나 而從本已來 同時相依니라.

[소-23-2] 四相俱有는 爲心所成일새 離一心外 無別自體니라. 故로 言에 俱時而有이어 皆無自立이라. 皆無自立故로 本來平等하여 同一本覺也이니라.

[별기] 猶如海水之動이 說名爲波라하나 波無自體일새 故로 無波之動이나 水有自體일새 故로 有水之動이듯 心與四相 義亦如是니라. 爲顯是義故로 四卷經 云에 大慧여 七識은 不流轉이어 不受苦樂이니 非涅槃因이라 如來藏者란 受苦樂을 與因俱이어 若生若滅이라하고 又 夫人經 云에 於此六識 及心法智에서 此七法은 刹那不住하여 不種衆苦이니 不得厭苦樂求涅槃이라 世尊이시여 如來藏者란 無前際이어 不起不滅法이나 種諸苦일새 得厭苦樂 求涅槃이라하며 又 云하되 生死者란 此二法이 是如來藏이니 世間 言說故로 有死有生이나 非如來藏 有生有死니라. 此二經意는 同明 卽如來藏 流轉生死이나 生死根本은 無自體니라. 無自體故로 無別流轉이어 相旣無轉인데 體何由動이리오. 故로 言 非如來藏 有生有死라하니 由是義故로 四相이 唯是一心이니라. 不覺 卽同本覺이니 故로 言하되 本來平等이어 同一覺也니라.

【3권】

* 以下에 廣本覺하니 於中에 有二라. 先明 隨染本覺하고 後顯 性淨本覺하니라.

[논-24] 復次本覺을 隨染分別하면 生二種相이나 與彼本覺과 不相捨離라. 云何爲二오. 一者는 智淨相이고 二者는 不思議業相이라. 智淨相者는 謂依法力熏習 如實修行이어 滿足方便故로 破和合識相하고 滅相續心相하여 顯現法身 智淳淨故이니라. 此義云何오. 以一切心識之相이 皆是無明이더라도 無明之相이 不離覺性일새 非可壞 非不可壞니 如大海水 因風 波動에도 水相風相이

不相捨離하며 而水非動性이라. 若風止滅이면 動相則滅이나 濕性不壞故이니라. 如是衆生의 自性淸淨心이 因無明風動하며 心與無明이 俱無形相이어 不相捨離라도 而心非動性이니 若無明滅이면 相續則滅하나 智性不壞故이니라. 不思議業相者란 以依智淨하여 能作一切 勝妙境界이니 所謂 無量功德之相은 常無斷絶 隨衆生根하여 自然相應 種種而現일새 得利益故이니라.

[소-24] 初中에 有三이라. 一者는 總標이고 二者는 列名이며 三者는 辨相이라. 初中 言에 生二種相者는 如是二種相이 在隨動門故로 言生也니라. 此二는 不離性淨本覺이니 故로 言에 與彼不相捨離니라. 第二 列名中 言에 智淨相者란 正明隨染本覺之相이고 不思議業相者란 明此本覺이 還淨時業也니라. 第三 辨相中에 先辨智淨相이라. 於中에 有三이니 法喩與合이니라. 法中에 有二이니 直明이고 重顯이라. 初中에 言한 法力熏習者란 謂眞如法 內熏之力이라. 依此熏力 修習資糧하여 得發地上如實修行이어 至無垢地에 滿足方便이니 由足로 能破 和合識內 生滅之相하여 顯其不生不滅之性故로 言하되 破和合識相하여 顯現法身이니라. 此時에 能滅 相續心中 業相轉相일새 令其隨染本覺之心이 遂得歸源케하여 成淳淨智 故로 言에 滅相續心相일새 智淳淨故이니라. 此中에 相續識者란 猶是和合識內 生滅之心이라 但爲顯現法身故로 說破和合識이라하고 爲成應身淨智故로 說하되 滅相續心相이라. 然이나 不滅相續心이라 但滅相續心之相也라. 如經說言하되 是故로 大慧여 諸識의 自相이 滅하나 自相滅者란 業相滅이라 若自相滅者라면 不異外道斷見戲論이라 諸外道 說하되 離諸境界하여 相續識滅하고 相續識滅已에 卽滅諸識이라하나니 大慧여 若相續識滅者라면 無始世來 諸識이 應滅이라하여 乃至廣說也니라. 此義云何 以下는 重顯前說滅不滅義라. 一切心識之相이 皆是無明者란 謂業識轉識等 諸識相은 無明所起로서 皆是不覺이니 以之故로 言하되 皆是無明이라. 如是諸識 不覺之相은 不離隨染本覺之性이니 以之故로 言하되 不離覺性이라. 此無明相이 與本覺性로 非一非異이니 非異故로 非可壞이고 而非一故로 非不可壞라. 若依非異非可壞義라면 說하되 無明이 轉하여 卽變爲明하며 若就非一非不可壞之義라면 說하되 無明은 滅하나 覺性은 不壞니라. 今此文中에서 依非一門일새 故로 說하

되 滅相續心相也니라. 喩中 言에 水非動性者란 明今之動이 非自性動이라 但隨他動이라. 若自性動者라면 動相 滅時 濕性 隨滅이나 而隨他動일새 故로 動相雖滅이라도 濕性不壞也라. 合中 言에 無明滅者란 本無明滅이 是合風滅也이고 相續卽滅者 란 業識等滅이 合動相滅也이며 智性不壞者란 隨染本覺神解 之性을 名爲智性이라하는데 是合濕性不壞也니라. 次釋不思議 業相中에 依智淨者란 謂前隨染本覺之心이 始得淳淨이니 是 始覺智니라. 依此智力하여 現應化身일새 故로 言에 無量功德之 相이라. 此所現相이 無始無終이어 相續不絕이니 故로 言에 無斷이 라. 如金鼓經 言에 應身者란 從無始生死이래 相續不斷故로 一切諸佛이 不共之法으로 能攝持故이며 衆生不盡이면 用亦不 盡故로 說이 常住니라하며 寶性論에 云하되 何者 成就自身利益이 오 謂得解脫하여 遠離煩惱障智障하고 得無障礙清淨法身이니 是名成就自身利益이라. 何者 成就他身利益이오 旣得成就 自 身利益已에 無始世來 自然 依彼二種佛身하여 示現世間自 在力行하니 是名成就他身利益이니라. 問이라. 始得自利已에 方 起利他業인데 云何 利他說無始耶이리오. 解云이라. 如來 一念은 徧應三世하고 所應無始故로 能應則無始니라. 猶如一念圓智 가 徧達無邊三世之境이라. 境無邊故로 智亦無邊하고 無邊之 智의 所現之相故로 得無始 亦能無終이니라. 此非心識 思量所 測이니 是故로 名爲不思議業也니라.

[논-25] 復次 覺體相者는 有四種大義일새 與虛空等하고 猶如淨鏡하니라. 云何爲四오. 一者는 如實空鏡이니 遠離一切心境界相하여 無 法可現이니 非覺照義故니라. 二者는 因熏習鏡이니 謂如實不空 이라. 一切世間境界 悉於中現하나 不出不入하고 不失不壞하여 常住一心하니 以一切法이 卽眞實性故이며 又 一切染法이 所 不能染이니 智體不動하고 具足無漏하여 熏衆生故이니라. 三者는 法出離鏡이니 謂不空法이라. 出煩惱礙智礙 離和合相하여 淳 淨明故니라. 四者는 緣熏習鏡이니 謂依法出離故로 徧照衆生 之心하여 令修善根케하니 隨念示現故이니라.

[소-25] 次明性淨本覺之相이라. 於中에 有二이니 一者는 總標이고 二者는 別解니라. 初中 言에 與虛空等者란 無所不徧故이며 猶如淨鏡 者란 離垢現影故이니라. 四種義中 第一第三은 依離垢義하여

以况淨鏡이고 第二第四는 依現像義하여 亦有淨義也라. 別解
之中에 別顯四種이니 此中 前二는 在於因性이고 其後 二種은
在於果地니라. 前二種者는 明空與智이니 如涅槃經 言에 佛性
者는 第一義空이며 第一義空은 名爲智慧니라 智者는 見空及與
不空이고 愚者는 不見空與不空이라하며 乃至廣說이니라. 今此初
中 言에 遠離一切心境界相者는 卽顯彼經 第一義空也이고
無法可現 非覺照義者는 是釋不見空與不空也라. 第二中 言
에 一切世間境界 悉於中現者는 是釋彼經에 智慧者는 見空及
與不空이니 如彼經에 言하되 空者는 一切生死이며 不空者는 謂
大涅槃故니라. 此中에 但現生死境界가 旣現於鏡일뿐이니 故로
言하되 不出이고 而不染鏡이니 故로 曰 不入이라. 隨所現像하여
同本覺量일새 等虛空界하고 徧三世際故로 無念念之失하며 亦
無滅盡之壞이니 故로 言하되 不失不壞 常住一心 等也니라. 上
來에 明其淨鏡之義라. 又 一切 下는 釋因熏習義也니라. 第三
中 言에 出於二礙 淳淨明者는 是明前說因熏習鏡이 出纏之
時 爲法身也라. 第四中 言에 依法出離故로 徧照衆生心者는
卽彼本覺 顯現之時 等照物機하고 示現萬化하니 以之故로 言
에 隨念示現이니라. 此與前說不思議業 有何異者는 彼明應身
始覺之業하고 此顯本覺 法身之用하니 隨起一化에 有此二義니
라. 總說雖然이라도 於中 分別者는 若論始覺所起之門하면 隨緣
相屬하여 而得利益이니 由其根本隨染本覺으로 從來相關이어
有親疏故이며 論其本覺 所顯之門하면 普益機熟하여 不簡相屬
하니 由其本來 性淨本覺으로 等通一切하여 無親疏故이니라. 廣
覺義竟이라.

[별기] 四種鏡中 第二因熏習者는 此性功德이 能作正因하여 熏衆生心
일새 能起厭樂 及諸加行하여 乃至佛果를 言이 因熏習이라하고
一切諸法이 悉於中現일새 故로 名爲鏡이라. 如華嚴 云에 譬如深
大海에 珍寶不可盡이 於中에 悉顯現하듯 衆生形類像도 甚深
因緣海 功德寶無盡 淸淨法身中에 無像而不現이라하니 正謂
此也니라. 第四緣熏習者는 始起圓智하니 作增上緣하여 熏衆生
心일새 令起厭樂 及諸加行하여 乃至佛果이니 故로 名緣熏이며
此諸行德이 不離圓智하고 是彼智影일새 故로 名爲鏡이라. 如佛
地經 說에 大圓鏡智가 能起一切衆生 諸善法影이라하니 此之

謂也니라. 餘二種鏡은 義顯可知니라.

* 次釋不覺하니 於中에 有三이라. 先明 根本不覺하고 次顯 枝末不覺하며 第三은 總結本末不覺하니라.

[논-26] 所言不覺義者란 謂不如實知 眞如法一故로 不覺心起하여 而有其念이라. 念無自相이나 不離本覺일새 猶如迷人이 依方故로 迷하나 若離於方하면 則無有迷라. 衆生도 亦爾니라. 依覺故로 迷하나 若離覺性하면 則無不覺이라. 以有不覺 妄想心故로 能知名義하여 爲說眞覺이라. 若離不覺之心하면 則無眞覺 自相可說이니라.

[소-26] 初中에 亦二이니 先明 不覺이 依本覺立이고 後顯 本覺이 亦待不覺이라. 初中에 有三이니 謂法喩合이라. 初中 言에 不如實知 眞如法一故者란 根本無明이니 猶如迷方也라. 不覺心起 而有其念者란 業相動念이니 是如邪方이라. 如離正東하면 無別邪西이니 故로 言에 念無自相이나 不離本覺이니라. 喩合之文은 文相可見也니라. 次明 本覺亦待不覺이니 於中에 有二니라. 初言에 以有不覺 妄想心者란 無明所起인 妄想分別이다. 由此妄想으로 能知名義故로 有言說이어 說於眞覺하니 是明眞覺之名이 待於妄想也니라. 若離不覺이면 則無眞覺 自相可說者란 是明 所說眞覺이 必待不覺이라. 若不相待이면 則無自相이며 待他而有이면 亦非自相이라. 自相旣無인데 何有他相이리오. 是顯諸法 無所得義이니 如下文 言에 當知하라 一切 染法淨法이 皆悉相待이니 無有自相可說이라하며 智度論에 云하되 若世諦如毫釐許 有實者라면 第一義諦 亦應有實이라함은 此之謂也니라.

* 此下는 廣顯枝末不覺이니 於中에 有二라. 先明細相하고 後顯麤相하니라.

[논-27] 復次 依不覺故로 生三種相이니 與彼不覺과 相應不離니라. 云何爲三이오. 一者는 無明業相이니 以依不覺故로 心動을 說名爲業하나 覺則不動이라. 動則有苦이니 果不離因故니라. 二者는 能見相이니 以依動故로 能見일새 不動則無見이라. 三者는 境界相이니 以依能見故로 境界妄現일새 離見則無境界니라.

[소-27-1] 初中에 亦二이니 總標이고 別釋이라. 初中 言에 與彼不覺 相應不離者란 本末相依故로 曰 相應이나 非如王數 相應之義이니 此爲不相應染心故이니라.

[별기] 此中에 先三相은 是微細하니 猶在阿梨耶識位이고 後六麤相은 是餘七識이라. 但望彼根本無明이면 皆是所起之末이니 通名 枝末不覺也이니라.

[소-27-2] 別釋中 言에 無明業相者란 依無明動하여 名爲業相故로 起動 義 是業義니라. 故로 言에 心動을 說名爲業也라. 覺則不動者란 擧對反顯이니 得始覺時 則無動念이라. 是知이니 今動이 只由不 覺也이니라. 動則有苦者란 如得寂靜이면 卽是極樂이니 故로 今 云에 動卽是苦라. 業相是無苦이면 無明是無集이라. 如是因 果 俱時而有하니 故로 言에 果不離因故니라. 然이나 此業相이 雖有動念이라도 而是極細하여 能所未分이니 其本無明도 當知하 라 亦爾니라. 如無相論에 云이라. 問에 此識은 何相何境이오하니 答에 相及境 不可分別일새 一體無異니라. 問에 若爾라면 云何知 有리오하니 答에 由事故로 知有此識이라 此識은 能起一切煩惱 業果報事니라 譬如無明常起이면 此無明을 可欲分別不아 若可 分別이면 非謂無明이고 若不可分別이면 則應非有이니 而是有 非無일새 亦由欲瞋等事로 知有無明이니 本識도 亦爾니라. 故로 此等文意는 正約業相하여 顯本識也이니라. 第二 能見相者란 卽是轉相이니 依前業相하여 轉成能緣할새 故로 言에 以依動能 見이니라. 依性靜門이면 則無能見이니 故로 言에 不動則無見也라 하니 反顯 能見은 要依動義니라. 如是 轉相이 雖有能緣이라도 而未能顯 所緣境相이니 直是外向일뿐 非託境故이니라. 如攝論 云에 意識은 緣三世及非三世境하니 是則可知 此識所緣 境不 可知故니라. 此言에 不可知者란 以無可知境故니라. 如說十二 因緣 始不可知이듯 此亦如是니라. 是約轉相하여 顯本識也이니 라. 第三 境界相者란 卽是現相이니 依前轉相하여 能現境界하니 故로 言에 能見故로 境界妄現이라. 如四卷經에 言에 大慧여 略說이 면 有三種識이고 廣說이면 有八相이라 何等爲三이오. 謂眞識現識 分別事識이니 譬如明鏡 持諸色像하듯 現識處 亦復如是니라하 며 又 下文 言에 譬如藏識이 頓分別知 自心現身 及身安立受 用境界하니라.

[별기] 頓分別者는 是能見相이고 自心及現等은 是境界相이라. 瑜 伽論中 亦同此說하니 如是等文도 是約後二相說이니라. 此 二가 雖有二分이라도 不離業相이니 是唯量門이고 業相이 雖

無能所라도 含有二分이니 是唯二門이라. 此三이 皆是異熟
識攝이라. 但爲業煩惱 所惑義邊에서 不別業相動轉 差別
轉相等異하니 是故로 總說爲異熟識이라. 爲無明風 所動
義邊에서 從細至麤 動轉差別하니 是故로 細分 立三種相이
라. 又 此三은 但爲無明所動이니 故로 在第八이고 後六은
乃爲境界所動이니 故로 在七識이라. 卽由是義故로 說하되
七識은 一向生滅이니 不同梨耶俱含二義也니라.

[소-27-3] 此論下文에서 明現識하며 云에 所謂 能現一切境界하니 猶
如明鏡 現於色像이라 現識도 亦爾하니 以一切時에 任運而
起하여 常在前故니라. 如是等文은 約於現相하여 以顯本識
이라. 如是現相이 旣在本識이거늘 何況其本轉相業相이 反
在六七識中說乎리오.

[논-28] 以有境界緣故로 復生六種相이니 云何爲六이오. 一者는 智相
이니 依於境界하여 心起分別 愛與不愛故니라. 二者는 相續相
이니 依於智故로 生其苦樂 覺心起念하여 相應不斷故니라. 三
者는 執取相이니 依於相續하여 緣念境界하고 住持苦樂하여 心起
著故니라. 四者는 計名字相이니 依於妄執하여 分別假名言相
故니라. 五者는 起業相이니 依於名字 尋名取著하여 造種種業
故니라. 六者는 業繫苦相이니 以依業受果하여 不自在故니라.

[소-28-1] 次明麤相하니 於中에 亦二니라. 總標이고 別釋이라. 初言에 以境
界緣者란 依前現識하여 所現境일새 故로 起七識中에 六種麤相
이라. 是釋 經言에 境界風所動 七識波浪轉之意也니라.

[별기] 以有境界緣故 生六相者란 前細相中에 依能見하여 現境界하나
非境界動能見이라. 此後六相은 爲彼所現境界所動이니 非此
六種이 能現彼境이라. 別義이면 如是이나 通而言之하면 彼亦還
依自所現境하고 此還能作自所依境하나라. 今此論中에 宜就
別門일새 故로 言에 有境界故로 生六種相이니라.

[소-28-2] 次別釋中에 初之一相은 是第七識이고 次四相者는 在生起識
이며 後一相者는 彼所生果也라. 初言 智相者는 是第七識 麤中
之始니라. 始有慧數이어 分別我塵일새 故로 名智相이라. 如夫人
經 言에 於此六識 及心法智에 此七法이 刹那 不住니라. 此言
心法智者는 慧數之謂也라. 若在善道라면 分別可愛法하여 計
我我所하고 在惡道時에 分別不愛法하여 計我我所하니 故로 言에

依於境界하여 心起分別 愛與不愛故也니라. 其而言之하면 緣
於本識하여 計以爲我하고 緣所現境하여 計爲我所하나 而今 此
中에 就其麤顯하니 故로 說에 依於境界 心起니라. 又 此境界가
不離現識이 猶如影像이 不離鏡面이라. 此第七識이 直爾內向
하여 計我我所하나 而不別計 心外有塵일새 故로 餘處에서 說하되
還緣彼識이니라.

[별기] 但就我執之境이니 故로 說緣識이나 除我所執境이니 故로 不說
亦緣境界니라.

[소-28-3] 問이라. 云何得知 第七末那이 非但緣識이라 亦緣六塵이리오.
答이라. 此有二證이니 一은 依比量이요 二는 聖言量이라. 言 比量
者란 此意根이 必與意識과 同境은 是立宗也이고 不共所依故로
是辨因也이며 諸是不共所依는 必與能依와 同境하니 如眼根等
이 是隨同品言也. 或時 不同境者는 必非不共所依이니 如次
第滅 意根等은 是遠離言也니라. 如是 宗因譬喩無過故로 知
意根 亦緣六塵也니라.

[별기] 若言此意가 與意識과 不必同緣者라면 亦可眼與眼識 不必同
境이라. 俱是不共所依故로 眼等識根은 旣不得爾이니 無同類
故로 義不得成이라. 若言 此意가 非不共依者라면 則無不共依
識은 不應起이니 如眼識等 只是自敎相違過失이라. 如佛經 說
에 眼不壞故로 眼識得生이며 乃至 意不壞故로 意識得生이라하여
乃至廣說하며 又 論에 說하되 此不共依니라. 故로 知이니 此意가
但緣於識일뿐 不緣餘境은 是義不成이니라.

[소-28-4] 若依是義라면 能依意識이 緣意根時 所依意根이 亦對自體
이니 以有自證分故로 無過니라. 亦緣自所相應心法이니 以
無能障法故로 得緣이라. 諸心心所法이 皆證自體이니 是故
로 不廢同一所緣이니라. 此義는 唯不通於五識이니 依色根
起하나 不通利故로 但對色塵하고 非餘境故이니라.

[별기] 莊嚴論에 云하되 已說求染淨이니 次說求唯識이라 偈曰 能取及
所取 此二는 唯心光이니 貪光及信光 二光이 無二法이라 釋曰
上半者는 求唯識人은 應知能取所取 唯是心光이며 下半者는
如是貪等煩惱光 及信等善法光 如是二光이 亦無染淨二法
이라 何以故오 不離心光하여 別有貪等信等 染淨法故니라. 以此
文證일새 故知이니 諸心數法 亦爲心光所照故로 不離心光이고

以不離心光故로 卽是心光也라. 如鏡中像이 鏡光所照니라. 是故로 此像이 不離鏡光이고 以不離故로 卽是鏡光이라. 當知하라 此中道理가 亦爾니라. 然이나 雖似影像이 無別本法所不緣者라도 設有本法心數 異影像心數者라면 則同一所緣之義 不成故니라.

[소-28-5] 聖言量者란 有經有라. 金鼓經 言에 眼根은 受色이고 耳根은 分別聲이며 乃至 意根은 分別一切諸法이라하거늘 大乘의 意根은 卽是末那니 故로 知徧緣一切法也니라. 又 對法論의 十種分別 中 言에 第一 相分別者란 謂身所居處 所受用義니 彼復如其次第 以諸色根器世界色等境界爲相이라. 第二 相顯現分別者란 謂六識身及意니 如前所說 取相而顯現故니라. 此中에 五識은 唯現色等五塵이고 意識及意는 通現色根 及器世界 色等境界니라. 設使末那 不緣色根器世界等이라면 則能現分別이 唯應取六識이나 而言及意故로 知通緣也니라. 且置傍論하고 還釋本文하리라. 第二 相續相者란 是生起識이라 識蘊이 是麤分別로 徧計諸法하고 得長相續하니라. 又 能起愛取하여 引持過去 諸行不斷하고 亦得潤生하며 能令未來果報相續이라. 依是義故로 名相續相이니 不同前說 相續心也니라. 依於智者란 依前智相하여 爲根所生故라. 所依는 是細이니 唯一捨受하니 能依는 是麤이니 具起苦樂이라. 故로 言에 生起苦樂也니라. 又 所依智相은 內緣而住하고 不計外塵故로 是似眠이고 此相續識은 徧計內外하여 覺觀分別에 如似覺悟니라. 以之故로 言에 覺心起念이라. 起念은 卽是法執分別이니 識蘊이 與此麤執과 相應하여 徧馳諸境故로 言에 相應不斷故也니라. 第三 執取相者란 卽是受蘊이니 以依識蘊 分別違順하여 領納苦樂故로 言에 依於相續 乃至 住苦樂等也니라. 第四 計名字相者란 卽是想蘊이니 依前受蘊하여 分別違順等名言相故로 言에 依妄執 乃至 名言相故니라. 第五 起業相者란 卽是行蘊이니 依於想蘊 所取名相하여 而起思數 造作善惡故로 言에 依於名字 乃至 造種種業故也니라. 第六 業繫苦相者란 依前行蘊 所造之業하여 而受三有六趣苦果이니 故로 言에 依業受果 不自在故也니라.

[논-29] 當知하라 無明能生一切染法이니 以一切染法이 皆是不覺相故니라.

[소-29] 第三總結. 如前所說 六種麤相 依於現相所現境起. 三種細相 親依無明. 如是六三 總攝諸染. 是故當知無明住地 能生一切染法根本. 以諸染相雖有麤細 而皆不覺諸法實相. 不覺之相是無明氣. 故言一切染法皆是不覺相故. 第二 依義別解는 有三分內 第一은 略明功能하고 第二는 廣顯體相하니 如是二分을 竟在於前하니라.

[논-30] 復次 覺與不覺에 有二種相이니 云何爲二오. 一者는 同相이며 二者는 異相이라. 言同相者란 譬如種種瓦器 皆同微塵性相이듯 如是無漏無明의 種種業幻이 皆同眞如性相이라. 是故로 脩多羅中 依於此眞如義故로 說하되 一切衆生이 本來常住 入於涅槃菩提之法이어 非可修相이며 非可作相이라 畢竟無得이고 亦無色相可見이라 而有見色相者는 唯是隨染業幻所作일새 非是智色不空之性이라 以智相無可見故이니라. 言異相者란 如種種瓦器 各各不同이듯 如是無漏無明은 隨染幻差別이며 性染幻差別故이니라.

[소-30-1] 第三은 明同異相이라. 此中에 有三이니 總標이고 列名이며 次第辨相이라. 辨相之中에 先明 同相이니 於中에 有三이라. 一者는 引喩이고 二者는 合喩이며 三者는 引證이라. 第二中 言에 無漏者란 本覺始覺也이고 無明者란 本末不覺也이니라. 此二는 皆有業用顯現이나 而非定有故로 名業幻이라. 第三中 言에 本來常住 入於涅槃菩提法者란 如大品經 言에 以是智慧로 斷一切結使하여 入無餘涅槃은 元是世俗法이니 非第一義라 何以故오 空中에 無有滅이고 亦無使滅者이어 諸法이 畢竟에 空이어서 卽是涅槃故이니라하고 又 言하되 何義故로 爲菩提오 空義가 是菩提義고 如義法性義實際義가 是菩提義며 復次 諸法實相의 不誑不異가 是菩提義故니라. 當知하라. 此中에 約於性淨菩提 本來淸淨涅槃故로 諸衆生이 本來入也니라. 非可修相者란 無因行故이고 非可作相者란 無果起故이며 畢竟無得者란 以無能得者일새 無得時 無得處故니라. 亦無以下는 猶是經文이나 而非此中所證之要이고 但是一處 相續之文이니 是故로 相從引之而已니라. 明異相中 先喩이고 後合이니 合中 言에 隨染幻差別者란 是無漏法이고 性染幻差別者란 是無明法이라. 何者오. 本末無明은 違平等性이니 是故로 其性에 自有差別이고 諸無漏法은

順平等性이니 直置其性에 應無差別이나 但隨染法差別之相
故로 說無漏有差別耳라. 謂對業識等染法差別故로 說本覺
恒沙性德이고 又 對治此諸法差別故로 成始覺萬德差別이니라.
[별기] 是故로 無漏는 但隨彼染하여 而有差別이니 不由自性으로 有差
別也라.

[소-30-2] 然이나 如是染淨이 皆是相待하여 非無顯現하나 而非是有이니
是故로 通名 幻差別也라. 上來廣釋하여 立義分中 是心生滅을
竟在於前이니라.

* 此下는 第二 釋其因緣하니 於中에 有二니라. 先은 明生滅依因緣
義이고 後는 顯所依因緣體相이라.
* 初中에 亦二이니 總標와 別釋이라.

[논-31] 復次 生滅因緣者란 所謂 衆生이 依心하여 意意識轉故니라.

[소-31] 初中 言에 因緣者란 阿梨耶心體가 變作諸法하니 是生滅因이며
根本無明이 熏動心體하니 是生滅緣이라. 又復 無明住地 諸染
根本이 起諸生滅하니 故로 說 爲因하고 六塵境界가 能動七識하
여 波浪生滅하니 是生滅緣이라. 依是二義하여 以顯因緣일새 諸
生滅相 聚集而生이니 故로 名衆生이나 而無別體이어 唯依心體
일새 故로 言에 依心이라하니 即是梨耶自相心也니라. 能依 衆生은
是意意識이니 以之故로 言에 意意識轉이니라.

* 以下는 別釋이니 於中에 有三이라. 先釋 依心이고 次釋 意轉이며
後釋 意識轉이니라.

[논-32] 此義云何오. 以依阿梨耶識일새 說有無明이라.

[소-32] 初中 言에 阿梨耶識者란 是上說心이니 即是生滅之因이고 說有
無明者란 在梨耶識이니 即是生滅之緣이라. 欲明 依此因緣하여
意意識轉이니 故로 言에 以依阿梨耶識 說有無明이니라. 上 總標
中에 略標其因이니 是故로 但言에 依心이라하고 此別釋中에 其顯
因緣이니 故로 說에 亦依梨耶識內所有無明也니라.

[별기] 當知하라. 無明住地는 非七識攝이며 亦非爲彼所熏種子니라.

[논-33] 不覺而起 能見能現하여 能取境界하고 起念相續하니 故로 說爲
意니라. 此意는 復有五種名이니 云何爲五오. 一者는 名爲業識이
니 謂無明力不覺心動故니라. 二者는 名爲轉識이니 依於動心
能見相故니라. 三者는 名爲現識이니 所謂 能現一切境界니라.
猶如明鏡에 現於色像하듯 現識도 亦爾하여 隨其五塵하면 對至

卽現하여 無有前後이니 以一切時 任運而起하여 常在前故니라. 四者는 名爲智識이니 謂分別染淨法故니라. 五者는 名爲相續識이니 以念相應不斷故니 住持過去 無量世等 善惡之業 令不失故며 復能成熟 現在未來 苦樂等報 無差違故니라. 能令現在 已經之事를 忽然而念하고 未來之事를 不覺妄慮하니 是故로 三界虛僞 唯心所作이라 離心則無六塵境界니라. 此義云何오. 以一切法이 皆從心起하여 妄念而生일새 一切分別은 卽分別自心이니라. 心不見心하여 無相可得이라 當知하라. 世間의 一切境界는 皆依衆生 無明妄心하여 而得住持니라. 是故로 一切法은 如鏡中像이듯 無體可得이어 唯心虛妄이니 以心生則種種法生하고 心滅則種種法滅故이니라.

[소-33-1] 次釋 意轉이라. 於中有三이니 一者는 略明意轉하고 二者는 廣顯轉相하며 三者는 結成依心之義하니라. 初中에 卽明五種識相이라. 不覺而起者란 所依心體가 由無明熏으로 擧體起動이니 卽是業識也라. 言能見者란 卽彼心體가 轉成能見이니 是爲轉識이라. 言能現者란 卽彼心體가 復成能現이니 卽是現識이라. 能取境界者란 能取現識 所現境界이니 是爲智識이라. 起念相續者란 於所取境에 起諸麤念이니 是相續識이라. 依此五義 次第轉成하며 能對諸境하여 而生意識이니 故로 說此五 以爲意也니라.

[별기] 此中에 第五는 猶是意識이나 而約生後義에 通入意中攝이라.

[소-33-2] 此意 以下는 第二 廣明이라. 於中에 有二니 總標와 別釋이라. 別釋中 言에 無明力者란 擧所依緣이라. 不覺心動者란 釋其業義이니 起動之義가 是業義故니라. 轉識中 言에 依於動心 能見相故者란 依前業識之動하여 轉成能見之相이라. 然이나 轉識에 有二니라. 若就無明所動 轉成能見者라면 是在本識이고 如其境界所動 轉成能見者라면 是謂七識이라. 此中의 轉相은 約初義也이니라.

[별기] 又 有處에 說하되 諸是能見을 通名轉識하면 則通八識이니라.

[소-33-3] 現識中 言에 能現一切境界者란 依前轉識之見하여 復起能現之用하니 如上文에 言하되 以依能見故 境界妄現이라 當知하라. 現識은 依於轉識하여 非能見用이나 卽是能現일새 是故로 前言하되 能見能現이니라. 次喩 後合이니 合中 言에 五塵者란 且擧麤顯이며 以合色像으로 實論通現一切境故니라. 以一切時 任運而

起 常在前故者는 非如第六七識이 有時에 斷滅故이니라. 以是
文으로 證하니 當知하라. 是三은 皆在本識之內에 別用也이니라.

[별기] 三現相者는 猶是上三相中 境界相이라. 但此中에 爲明離轉
識 無別境相하려 故로 擧能現하여 明所現境이니라. 言 猶如明鏡
現色相者는 如四卷經 云에 大慧아 略說하면 有三種識이고 廣說
하면 有八相이니 何等爲三이오 謂眞識現識 及分別事識이니 譬
如明鏡持諸色像하듯 現識處處도 亦復如是니라. 又 此文中에
說 現義하여 云하되 以一切時 任運而起 常在前故라. 當知하라.
現識은 定在第八이니라. 其業識等이 與此 作本하여 其相이 彌細
하니 如何 强將置七識中이 其可乎아. 言 隨其五塵 對至卽現
者는 隨所起相이 皆不離見이고 唯於能見鏡中而現이라. 故로
言에 對至卽現이니라. 就實而言하면 亦現法塵이나 且約麤顯하여
略擧之耳니라. 問이라. 此識境界의 寬狹 云何오. 此論中에 但說
五塵이고 楞伽經에 云하되 阿梨耶識은 分別 現境自身資生器
世間等하여 一時而知하면 非是前後니라. 瑜伽論 說에 阿賴耶識
은 由於二種所緣境轉이라 一은 由了別 內執受者이니 謂能了
別 徧計所執自性妄執習氣 及諸色根 根所依處라 此於有色
界니라 若在無色이라면 唯有習氣執受了別이라 二는 由了別外
無分別器相者이니 謂能了別 依止緣內執受阿梨耶識故로 於
一切時에 無有間斷 器世間相이라 譬如 燈欲生時 內執膏炷하
고 外發光明하듯 如是 阿梨耶識이 緣內執受境하며 緣外器相하
여 生起道理도 應知이니 亦爾니라하고 中邊論에 云하되 是識所取
四種境界는 謂塵根我及識所攝이어 實無體相이라 所取旣無면
能取亂識도 亦復是無니라. 若依中邊論 及楞伽經하면 則習氣
等은 非此識境이고 若依瑜伽論하면 聲塵及七種識等은 非其所
緣이며 依此論說하면 現根及識等이 亦非此識 所現境界이니
如是相違라면 云何和會오. 答이라. 此非相違이니 何以故오. 不
以言 唯緣如此法故이며 不言 餘法도 非境界故이니라. 問이라.
雖無相違라도 而有不同이니 不同之意를 可得而聞乎리오. 答이
라. 不同之意는 各有道理라. 如中邊論에 欲明 現起諸法이 皆是
本識所現이어 離識之外 更無別法이니 是故로 唯說現行諸法이
고 習氣種子는 其相不顯일새 與識無異이니 是故로 不說이라.
瑜伽論等은 爲顯諸相 無有離見 自相續者일새 故로 除心心法

以外 諸餘相續之法은 說爲此識所了別이라하고 諸心之法은 離塵不立일새 其義自顯이니 故로 不別說이라. 諸餘論顯沒之意는 準之可知이니 不可偏執一隅하여 以謗通法之說也이니라.

[소-33-4] 第四 智識者란 是第七識이라. 上六相內 初之智相인데 義如前說이라. 愛非愛果를 名染淨法이라하니 分別彼法하여 計我我所니라. 故로 言에 分別染淨也니라. 第五 相續識者란 卽是意識이라. 上六相中에 名相續相이니라. 以念相應不斷故者는 法執이 相應하여 得長相續하니 此約自體不斷하여 以釋相續義也니라. 住持 以下는 約其功能하여 釋相續義니라. 此識이 能起愛取煩惱일새 故로 能引持過去無明所發諸行하고 令成堪任來果之有하니 故로 言에 住持 乃至 不失故라. 又 復能起潤生煩惱하여 能使業果續生不絶하니 故로 言에 成就無差違故라. 如是 三世 因果 流轉不絶이 功在意識이라. 以是義故로 名相續識이니라. 次言에 念已經事 慮未來事者는 顯此識用麤顯分別이 不同 智識微細分別이라. 是知이니 此識은 唯在意識이니 不同上說相續心也니라. 是故 以下는 第三 結明 依心之義라. 於中에 有二이니 先略이고 後廣이라. 初言 是故者는 是前所說 五種識等이 依心而成하니 以是義故로 三界諸法이 唯心所作이니라. 如十地經 言에 佛子야 三界는 但一心作이라하니 此之謂也니라. 此義云何 以下는 廣釋이니 於中에 有二니라. 先明 諸法不無이니 而非是有이고 後顯 諸法不有이니 而非都無니라. 初中 言에 以一切法 皆從心起 妄念而生者는 是明 諸法不無顯現也라. 一切分別 卽分別自心 心不見心 無相可得者는 是明 諸法非有之義니라. 如十卷經 言에 身資生住持가 若如夢中生이라면 應有二種心이니 而心無二相이라. 如刀不自割하고 指亦不自指하며 如心不自見하듯 其事도 亦如是니라. 解云이라. 若如夢中 所見諸事이듯 如是所見이 是實有者라면 則有能見所見二相이니 而其夢中에 實無二法이라. 三界諸心이 皆如此夢이듯 離心之外 無可分別이라. 故로 言하되 一切分別은 卽分別自心이라. 而就自心에 不能自見이 如刀指等이니 故로 言하되 心不見心이라. 旣無他可見이며 亦不能自見이니 所見無故로 能見不成이라. 能所 二相이 皆無所得이니 故로 言에 無相可得也라. 此中에 釋難會通新古는 如別記中에 廣分別也니라.

[별기] 如彼偈에 云하되 非他非因緣이어 分別分別事 五法及二心이 寂靜하여 無如是니라. 問이라. 如集量論 說에 諸心心法이 皆證自體일새 是名現量이라 若不爾者라면 如不曾見일새 不應憶念이라 하거늘 此中經 說에 云不自見이라하니 如是相違를 云何會通이리오. 答이라. 此有異意일새 欲不相違이니 何者오. 此經論意는 欲明離見分外 無別相分일새 相分現無所見이라. 亦不可說 卽此見分反見見分이니 非二用故며 外向起故라. 故로 以刀指 爲同法喩라. 集量論意는 雖其見分이 不能自見하더라도 而有自證分用일새 能證見分之體하니 以用有異故며 向內起故라. 故로 以燈燄 爲同法喩라. 由是義故로 不相違背니라. 又 復此經論中에 爲顯實相故로 就非有義하여 說無自見이라. 集量論主는 爲立假名故로 依非無義하여 說有自證이라. 然이나 假名은 不動實相하고 實相은 不壞假名하니 不壞不動이 有何相違리오. 如此中 說에 離見無相故로 見不見相이라고하나 而餘處에 說하되 相分이 非見分故로 見能見相分이니라. 如是相違가 何不致怪리오. 當知하라 如前대로 亦不相壞니라. 又 說하되 爲顯假有故로 說有相有見이고 爲顯假無故로 說無相無見이라. 假有는 不當於有故로 不動於無이고 假無는 不當於無故로 不壞於有니라. 不壞於有故로 宛然而有이고 不動於無故로 宛然而無니라. 如是甚深 因緣道理가 蕭焉일새 靡據이고 蕩然일새 無礙이니 豈容違諍於其間哉리오.

[소-33-5] 當知 以下는 次明 非有而不無義라. 初言에 當知世間 乃至 無體可得 唯心虛妄者란 是明非有니라. 次言에 以心生則法生 以下는 顯其非無니라. 依無明力 不覺心動하여 乃至 能現 一切境等이니 故로 言에 心生則種種法生也라. 若無明心滅이면 境界隨滅일새 諸分別識이 皆得滅盡이니 故로 言에 心滅則種種法滅이라. 非約刹那 以明生滅也니라. 廣釋意竟이니라.

[논-34] 復次 言에 意識者란 卽此相續識이 依諸凡夫 取著轉深하여 計我我所 種種妄執하고 隨事攀緣하여 分別六塵을 名爲意識이라하고 亦名分離識이라하며 又復說에 名分別事識이라. 此識은 依見愛煩惱增長義故니라.

[소-34] 次釋意識이라. 意識은 卽是先相續識이라. 但就法執分別이 相應하는 生後義門이라면 則說爲意이고 約其能起見愛煩惱 從前生

門이라면 說名意識이라. 故로 言하되 意識者 卽此相續 乃至 分別 六塵 名爲意識이니라. 此論은 就其一意識義故로 不別出眼等 五識이니 故로 說하되 意識分別六塵이라. 亦名分離識者란 依於 六根하여 別取六塵이 非如末那 不依別根이니 故로 名分離니라. 又能分別 去來內外 種種事相이니 故로 復說하되 名分別事識 이라. 依見愛煩惱 增長義故者란 是釋分別事識之義이니 以依 見修煩惱所增長故로 能分別種種事也니라. 上六相內 受想行 蘊相從入此意識中攝이라. 上來廣明 生滅依因緣義竟이니라.

【4권】

* 此下는 第二 重顯所依因緣體相이니 於中에 有二니라. 一者는 略明因緣甚深이고 二者는 廣顯因緣差別이라.

[논-35] 依無明熏習하여 所起識者란 非凡夫能知이며 亦非二乘智慧所 覺이니 謂依菩薩從初正信發心觀察하여 若證法身이면 得少分 知나 乃至 菩薩究竟地에서도 不能盡知일새 唯佛窮了니라. 何以 故오. 是心은 從本已來 自性淸淨하더라도 而有無明이고 爲無明 所染하여 有其染心이니라. 雖有染心이라도 而常恒不變일새 是故 로 此義는 唯佛能知니라.

[소-35-1] 初中에 有三이라. 先標甚深이고 次釋이며 後結이라. 初中 言에 無明熏習 所起識者란 牒上所說 依阿梨耶識 說有無明 不覺 而起等也이며 非餘能知 唯佛窮了者란 標甚深也이니라.

[별기] 若此心體가 一向 生滅하여 直是染心이라면 則非難了니라. 又 若一向常住하여 唯是淨心이라면 亦非難知니라. 設使 體實淨而 相似染者라도 亦可易解이며 如其識體動이라도 而空性靜者라면 有何難了리오. 而今 此心은 體淨이면서도 而體染이며 心動이면서도 而心靜일새 染과 淨이 無二이고 動과 靜이 莫別이라. 無二無別이나 而亦非一이니 如是之絶故로 難可知니라.

[소-35-2] 何以故 下는 次釋深義니라. 從本已來 自性淸淨 而無明所染 有其染心者란 是明 淨而恒染이고 雖有染心 而常恒不變者는 是明 動而常靜이니 由是道理로 甚深難測이라. 如夫人經 言에 自性淸淨心은 難可了知이며 彼心爲煩惱所染도 亦難可了知

라하며 楞伽經에 言하되 以如來藏 是淸淨相이나 客塵煩惱는 垢
染不淨이라 我依此義 爲勝鬘夫人 及餘菩薩等하여 說如來藏
阿梨耶識 共七識生이니 名轉滅相이라 大慧여 如來藏阿梨耶
識境界는 我今與汝 及諸菩薩 甚深智者와 能了分別 此二種
法이나 諸餘聲聞 辟支佛 及外道等 執著名字者는 不能了知
如是二法이니라. 是故 此義 唯佛能知者는 第三結甚深也이니라.

* 以下 第二廣顯因緣差別이니 於中에 有六이라. 一은 明心性因之
體相이고 二는 顯無明緣之體相이며 三은 明染心諸緣差別이고
四는 顯無明治斷位地이며 五는 釋相應不相應義이고 六은 辨智
礙煩惱礙義니라.

[논-36] 所謂 心性常無念故로 名爲不變이라.

[소-36] 初中에는 釋上 雖有染心而常不變之義하니라. 雖擧體動이라도
而本來寂靜故로 言하되 心性常無念也이니라.

[논-37] 以不達一法界故로 心不相應하고 忽然 念起하니 名爲無明이라.

[소-37] 第二中 言에 心不相應者란 明 此無明이 最極 微細하여 未
有能所 王數差別일새 故로 言하되 心不相應이라. 唯此爲本하
고 無別染法 能細於此 在其前者이니 以是義故로 說 忽然
起라. 如本業經에 言하되 四住地前에 更無法起일새 故로 名
無始無明住地니라. 是明 其前 無別爲始하고 唯此爲本이라.
故로 言에 無始라하니 猶是此論 忽然義也니라. 此約細麤相
依之門하여 說爲無前하고 亦言에 忽然起니 非約時節하여 以
說忽然起이니라. 此無明相은 如二障章의 廣分別也라. 是釋
上言에 自性淸淨而有無明所染有其染心之句니라.

[별기] 但除染心하러 從麤至細해야만 能令根本無明이 隨有漸捨漸破
之義이니 爲是義故로 無明治斷을 在後方에서 說하니라.

[논-38] 染心者는 有六種이니 云何爲六이오. 一者는 執相應染이니 依二
乘解脫 及信相應地해야 遠離故이니라. 二者는 不斷相應染이니
依信相應地 修學方便하여야 漸漸能捨로서 得淨心地에 究竟離
故니라. 三者는 分別智相應染이니 依具戒地하여 漸離하고 乃至
無相方便地하여야 究竟離故니라. 四者는 現色不相應染이니 依
色自在地하여야 能離故이니라. 五者는 能見心不相應染이니 依
心自在地하여야 能離故이니라. 六者는 根本業不相應染이니 依
菩薩盡地하여 得入如來地하여야 能離故이니라.

[소-38-1] 第三은 明 染心諸緣差別이라. 於中에 有二이니 總標와 別釋이라. 別釋之中에 兼顯治斷이라. 此中에 六染은 卽上意識 幷五種意이니라. 但前明 依因而起義故로 從細至麤 而說次第나 今欲兼顯治斷位故로 從麤至細 而說次第니라. 第一 執相應染者란 卽是意識이라. 見愛煩惱 所增長義이니 麤分別執 而相應故이니라. 若二乘人이라면 至羅漢位에서야 見修煩惱 究竟離故이며 若論菩薩이라면 十解 以上에서 能遠離故이니라. 此言에 信相應地者란 在十解位라. 信根成就하여 無有退失을 名信相應이니 如仁王經에 言하되 伏忍聖胎 三十人은 十信 十止十堅心이니라. 當知하라. 此中에 十向은 名堅이고 十行은 名止이며 十信解는 名信이라. 入此位時 已得人空이어 見修煩惱 不得現行이니 故로 名爲離니라. 當知하라. 此論 上下所明은 約現起하여 以說治斷也이니라.

[별기] 不論種子라. 是故로 與餘經所說 治斷位地와 亦有懸殊이니 不可致怪니라.

[소-38-2] 第二. 不斷相應染者란 五種意中之相續識이라. 法執이 相應하여 相續生起해서 不斷이니 卽是相續異名이라. 從十解位에 修唯識觀 尋思方便하여 乃至初地에 證三無性해야 法執分別이 不得現行이니 故로 言하되 得淨心地 究竟離故也니라. 第三 分別智相應染者란 五種意中 第四 智識이라. 七地 以還에서 二智起時에 不得現行이나 出觀緣事 任運心時에 亦得現行이니 故로 言하되 漸離니라. 七地 以上은 長時入觀故로 此末那는 永不現行이니 故로 言하되 無相方便地 究竟離니라. 此第七地는 於無相觀에서 有加行 有功用이니 故로 名無相方便地也니라.

[별기] 此義는 如解深密經說이라. 論其種子이면 至金剛心해야 方乃頓斷이니 如集論中之所廣說이라. 上來三染은 行相이 是麤하여 其三等義이니 故로 名相應이라.

[소-38-3] 第四 現色不相應染者란 五種意中 第三 現識이다. 如明鏡中 現色像이니 故로 名現色不相應染이라. 色自在地는 是第八地이라. 此地는 已得淨土自在하여 穢土麤色이 不能得現故로 說能離也라. 第五 能見心不相應染者는 是五意內 第二轉識이니 依於動心하여 成能見故이니라. 心自在地는 是第九地라. 此地는 已得四無礙智하여 有礙能緣 不得現起이니 故로 說能離也이니

라. 第六 根本業不相應染者란 是五意內 第一業識이니 依無明
力하여 不覺에 心動故이니라. 菩薩盡地者는 是第十地이니 其無
垢地가 屬此地故이니라. 就實論之하면 第十地中에 亦有微細轉
相現相이나 但隨地相하여 說漸離耳라. 如下文 言에 依於業識
乃至菩薩究竟地하여 心所見者를 名爲報身이라하니 若離業識
이면 則無見相일새니라. 當知하라 業識이 未盡之時 能見能現도
亦未盡也이니라.

[논-39] 不了一法界義者는 從信相應地에 觀察學斷하여 入淨心地해야
隨分得離하며 乃至 如來地에 能究竟離故니라.

[소-39] 第四는 明 無明治斷이라. 然이나 無明住地는 有二種義이니 若論
作得住地門者라면 初地 以上에서 能得漸斷이나 若就生得住地
門者라면 唯佛菩提智所能斷이라. 今此論中에 不分生作하고 合
說此二하여 通名無明이라. 故로 言하되 入淨心地 隨分得離 乃至
如來地 能究竟離也니라.

[논-40] 言相應義者란 謂心念法異이니 依染淨差別하여 而知相緣相
同故니라. 不相應義者란 謂卽心不覺이니 常無別異이어 不同知
相緣相故이니라.

[소-40] 第五. 明 相應不相應義라. 六種染中 前三染은 是相應이고
後三染 及無明은 是不相應이라. 相應中 言에 心念法異者란
心法之名也라. 迦旃延論中에 名爲心及心所念法也니라. 依
染淨差別者란 分別 染淨諸法인 見慢愛等의 差別也라. 知相
同者는 能知相이 同이고 緣相同者는 所緣相이 同也니라. 此中에
依三等義하여 以說相應은 謂心念法異者라. 是體等義는 謂諸
煩惱數에 各有一體일새 皆無第二故라. 知相同者는 是知等義
이고 緣相同者는 是緣等義라. 彼前三染은 具此三義하여 俱時而
有하니 故名相應이라. 問이라. 瑜伽論 說에 諸心心法이 同一所緣
이나 不同一行相이며 一時俱有이나 一一而轉이라하거늘 今此中
說에 知相亦同이라하니 如是相違를 云何和會리오. 答이라. 二義俱
有일새 故로 不相違라. 何者오. 如我見是見性之行이면 其我愛
者 愛性之行이니 如是行別을 名不同一行이나 而見愛等은 皆
作我解일새 依如是義하여 名知相同이니 是故로 二說이 不相違
也니라. 不相應中 言에 卽心不覺 常無別異者란 是明 無體等
義라 離心無別數法差別故이니라. 旣無體等이면 餘二何寄리오.

故로 無同知同緣之義니라. 故로 言하되 不同知相緣相이라. 此中에 不者는 無之謂也니라. 問이라. 瑜伽論 說에 阿梨耶識은 五數相應하여 緣二種境이라하니 卽此論中에 現色不相應染이니라. 何故로 此中에 說不相應이오. 答이라. 此論之意는 約煩惱數差別轉義하여 說名相應하나 現識之中에 無煩惱數이니 依是義故로 名不相應이라. 彼新論意는 約徧行數故로 說相應이니 由是道理로 亦不相違也니라.

[논-41] 又 染心義者란 名爲煩惱礙라하니 能障眞如根本智故이며 無明義者란 名爲智礙라하니 能障世間自然業智故니라. 此義云何오. 以依染心하여 能見能現이 妄取境界하여 違平等性故이며 以一切法이 常靜하여 無有起相인데 無明不覺이 妄與法違하니 故로 不能得 隨順世間一切境界하는 種種知故니라.

[소-41-1] 第六은 明 二礙義라. 顯了門中에는 名爲二障이라하고 隱密門內에는 名爲二礙하니 此義는 具如二障章說이니라. 今此文中에 說隱密門이니 於中에 有二니라. 初는 分二礙하고 此義 以下는 釋其所以니라. 初中 言에 染心義者란 是顯六種染心也고 根本智者는 是照寂慧이며 違寂靜故로 名煩惱礙也니라. 無明義者는 根本無明이고 世間業智者는 是後得智라. 無明昏迷는 無所分別故로 違世間分別之智이니 依如是義하여 名爲智礙니라. 釋所以中에 正顯是義라. 以依染心 能見能現 妄取境界者는 略擧 轉識現識智識이고 違平等性者는 違根本智 能所平等이니 是 釋煩惱礙義也니라. 以一切法常靜 無有起相者는 是擧無明 所迷法性이고 無明不覺 妄與法違故者는 是顯無明迷法性義며 故不能得 乃至 種知者는 正明 違於世間智義也니라.

[별기] 然이나 二障之義는 略有二門이라. 一은 二乘通障으로서 十使煩惱가 能使流轉하여 障涅槃果를 名煩惱障이라하고 菩薩別障으로서 法執等惑이 迷所知境이어 障菩提果를 名所知障이라. 此門은 如餘經論所說이니라. 二는 一切動念取相等心이 違如理智寂靜之性을 名煩惱礙라하고 根本無明이 昏迷不覺으로 違如量智覺察之用을 名爲智礙니라. 今此論中에 約後門義이니 故로 說六種染心을 名煩惱礙라하고 無明住地를 名爲智礙니라. 然이나 以相 當無明應障理智이고 染心障於量智인데 何不爾者오. 未必爾故이니 未必之意는 如論自說이니라.

[소-41-2] 上來에 第二인 廣釋生滅因緣義竟이라.
* 第三은 廣上 立義分中 生滅之相이니 於中有二니라. 先은 明生滅麤細之相이고 後는 顯麤細生滅之義니라.

[논-42] 復次 分別生滅相者에 有二種이니 云何爲二오. 一者는 麤니 與心相應故며 二者는 細니 與心不相應故이니라. 又 麤中之麤는 凡夫 境界이고 麤中之細 及細中之麤는 菩薩 境界이며 細中之細는 是佛 境界니라.

[소-42] 初中에 亦二이니 一者는 正明麤細이고 二者는 對人分別이라. 初中에 亦二이니 總標이고 別解니라. 別解中 言에 一者 麤與心相應故者는 六種染中 前之三染이 是心相應하여 其相麤顯이니 經中에 說名爲相生滅也라. 二者 細與心不相應故者는 後三染心이 是不相應하여 無心心法 麤顯之相이라. 其體 微細하고 恒流不絶이니 經中에 說名相續生滅也라. 如十卷經에 云에 識에 有二種滅이니 何等爲二오. 一者는 相滅이고 二는 相續滅이니 生住 亦如是니라하되 四卷經에 云하되 諸識는 有二種生住滅이니 所謂 流注生 及相生이며 滅亦如是니라. 經中에 直出二種名字하고 不別顯相일새 故로 今論主 約於相應不相應義하여 以辨二種 麤細相也라. 對人分別中에 麤中之麤者는 謂前三中 初二 是也이고 麤中之細者는 卽此三中 後一是也니라. 以前中 初二는 俱在意識이고 行相是麤이니 故로 凡夫所知也라. 前中 後一은 是第七識이고 行相不麤일새 非凡所了也라. 後中 初二인 能現能見은 能所差別故로 菩薩所知이고 最後一者는 能所未分故로 唯佛能了也이니라.

[논-43] 此二種生滅은 依於無明熏習而有이니 所謂 依因 依緣이라. 依因者는 不覺義故이며 依緣者는 妄作境界義故니라. 若因滅이면 則緣滅이고 因滅故로 不相應心滅이며 緣滅故로 相應心滅이니라. 問曰. 若心滅者라면 云何相續이며 若相續者라면 云何說究竟滅이리오. 答曰. 所言滅者는 唯心相滅이지 非心體滅이니 如風依水 而有動相이라. 若水滅者라면 則風相斷絶이어 無所依止나 以水不滅로 風相相續이라. 唯風滅故로 動相隨滅해도 非是水滅이라. 無明도 亦爾하여 依心體而動이라. 若心體滅이면 則衆生斷絶이어 無所依止나 以體不滅로 心得相續이라. 唯癡滅故로 心相隨滅하나 非心智滅이니라.

[소-43-1] 第二는 明生滅義니 於中에 有二라. 先明生緣이고 後顯滅義니라. 初中에 亦二이니 先明通緣이고 後顯別因이라. 通而言之하면 麤細二識이 皆依無明住地而起이니 故로 言하되 二種生滅은 依於無明熏習而有니라. 別而言之하면 依無明因故로 不相應心生이고 依境界緣故로 相應心得起이니 故로 言하되 依因者는 不覺義故이며 依緣者는 妄作境界義故니라.

[별기] 不覺義者란 根本無明也이고 妄作境者란 現識所現境也니라.

[소-43-2] 若具義說하면 各有二因이니 如四卷經 云에 大慧아 不思議熏 及不思議變은 是現識因이고 取種種塵 及無始妄想熏이 是分別事識因이라. 解云이라. 不思議熏者란 謂無明이 能熏眞如니라. 不可熏處而能熏故일새 故로 名不可思議熏也라. 不思議變者란 所謂 眞如가 受無明熏이라. 不可變異而變異故일새 故로 名不思議變이라. 此熏及變 甚微且隱故로 所起現識 行相微細하며 於中에 亦有轉識業識이라. 然이나 擧麤兼細故로 但名現識也라. 取種種塵者는 現識所取 種種境界가 能動心海 起七識浪故라. 無始妄想熏者란 卽彼現識을 名爲妄想이라. 從本以來 未曾離想故로 名無始妄想이라하니 如上文 言에 以從本來 未曾離念故로 名無始無明이라. 此中妄想도 當知하라 亦爾니라. 如十卷經 云에 阿梨耶識이 知名識相하니 所有體相은 如虛空中 有毛輪住하듯 不淨智의 所行境界니 由是道理故로 是妄想이라. 彼種種塵 及此妄想이 熏於自相心海하여 令起七識波浪케하여 妄想及塵 麤而且顯하니라. 故로 其所起分別事識 行相麤顯하여 成相應心也니라. 欲明 現識이 因不思議熏故로 得生이고 依不思議變故로 得住이며 分別事識은 緣種種塵故로 得生이고 依妄想熏故로 得住니라. 今此論中에 但取生緣故로 細中에 唯說無明熏이고 麤中에 單擧境界緣也니라.

[별기] 又 四卷經에서 大慧아 若覆彼眞識 種種不實 諸虛妄滅하면 則一切根識滅이니 是名相滅이라. 相續滅者란 相續所因이 滅하면 則相續滅이니라. 所從이 滅하고 及所緣이 滅하면 則相續滅이니라. 所以者何오. 是其所依故이니라. 依者는 謂無始妄想熏이라하고 緣者는 謂自心見 等 識境妄想이라하니라. 此經은 就通相門이니 故로 作是說하고 論約別義하니 故로 如前說也니라. 若汎論生因緣하면 諸識이 各有四種因緣이라. 如十卷經 云에 有四因緣일새

眼識生이니 何等爲四오. 一者는 不覺自內身이고 取境界故이니라 二者는 無始世來로 虛妄分別色境界이고 熏習執著戱論故이니라 三者는 識自性體가 如是故이니라 四者는 樂見種種色相故이니라하고 四卷經에 云하되 四因緣故로 眼識轉이라 謂自心現攝受不覺하고 無始虛僞過色習氣計著하며 識性이 自性이어 欲見種種色相이니라 是名四種因緣이 水流處에 藏識이 轉하여 識浪이 生이니라. 言에 自心現攝受不覺者란 是明 根本無明因이라. 其色麤相은 現識所現이고 不在識外인데도 自心所攝故이니라. 言에 不覺者란 無明이 不覺 色塵非外일새 故로 能生眼識 令取爲外하니 是爲初因이라. 言에 無始虛僞乃至計著者란 是顯無始妄想熏習因이니 謂現識이 本來 取著色塵이라. 由此習氣로 能生眼識 令取色塵也라. 言에 識性者란 是顯自類因라. 由前眼識自性으로 分別하나 由此熏習으로 後生眼識이 如前自性也라. 言에 欲見種種色相者란 是顯名言熏習因이니 謂前眼識이 能見色相하고 意識이 緣此能見眼識하며 意言이 分別取著欲見也라. 如說眼識이듯 其餘諸識도 準之可知니라.

[소-43-3] 若因滅 下는 次顯滅義니 於中에 有二니라. 一者直明하고 問曰 以下는 往復除疑니라. 始中 言에 若因滅 則緣滅者는 隨於何位하여 得對治時에 無明因이 滅하면 境界 隨滅也라. 因滅故 不相應心滅者는 三種不相應心이 親依無明因하여 生일새 故고 無明滅時 亦隨滅也라. 緣滅故 相應心滅者는 三種相應染心이 親依境界緣하여 起일새 故로 境界 滅時에 亦隨滅也라. 依是始終起盡道理하여 以明二種生滅之義일새 非約刹那生滅義也니라. 此下는 第二 往復除疑하니 先問이고 後答이라. 問中 言에 若心滅者 云何相續者란 對外道說 而作是問이라. 如十卷經 云에 若阿梨耶識滅者라면 不異外道斷見戱論이라 諸外道는 說에 離諸境界하여 相續識이 滅하고 相續識이 滅已하면 卽滅諸識이라하니 大慧야 若相續識이 滅者라면 無始世來 諸識이 應滅이니라. 此意는 正明 諸外道 說에 如生無想天하여 入無想定時 離諸境界하여 相續識이 滅하고 根本이 滅故로 末亦隨滅也라. 如來 破云에 若彼衆生 入無想時에 衆生之本 相續識이 滅者라면 六七識等 種子隨滅하니 不應從彼 還起諸識이나 而從彼出에 還起諸識하니라. 當知하라. 入無想時에 其相續識 不滅이라하여 如是破也니라.

今此論中에 依此而問하니라. 若入無想定滅盡定時에 心體滅者라면 云何還續이리오. 故로 言하되 若心滅者 云何相續也이리오. 若入彼時 心體不滅 還相續者라면 此相續相은 何由로 永滅이여. 故로 言하되 云何說究竟滅也리오. 答中에 有三이니 謂法喩合이니라. 初法中에 所言滅者는 如入無想等時에 說諸識滅者하듯 但滅麤識之相이니 非滅阿梨耶心體니라. 故로 言에 唯心相滅이라. 又 復上說에 因滅故 不相應心滅者는 但說心中業相等滅이니 非謂自相心體滅也니라. 喩中에 別顯此二滅義라. 如風依水而有動相者는 喩 無明風依心而動也라. 若水滅者 則風斷絕 無所依止 以水不滅 風相相續者는 喩 於入無想等之時 心體不滅이니 故로 諸識이 相續也라. 是答 初問也라. 唯風滅故 動相隨滅者는 到佛地時 無明永滅일새 故로 業相等動도 亦隨滅盡이나 而其自相心體는 不滅일새 故로 言에 非是水滅也라. 是答後問하여 明究竟滅이니라. 合中에 次第로 合前二義라. 非心智滅者는 神解之性을 名爲心智라. 如上文 云에 智性은 不壞라하듯 是明 自相不滅義也니라. 餘文可知니라. 問이라. 此識의 自相은 爲當一向 染緣所起오 爲當亦有 不從緣義오. 若是一向 染緣所起라면 染法 盡時에 自相 應滅이며 如其自相이 不從染緣故로 不滅者라면 則自然有라. 又 若使自相亦滅케하여 同斷見者라면 是則 自相不滅이 還同常見이라. 答이라. 或有說者에 梨耶心體은 是 異熟法이니 但爲業惑之所辨生이라 是故로 業惑盡時에 本識 都盡이라 然이나 於佛果에 亦有福慧 二行所感 大圓鏡智 相應淨識이라 而於二處에 心義是同이니 以是義로 說 心至佛果耳라. 或有說者에 自相心體가 擧體하여 爲彼無明所起나 而是動靜하여 令起케하니 非謂辨無令有니라 是故로 此心之動은 因無明으로 起를 名爲業相이라 此動之心이 本自爲心이고 亦爲自相이니 自相義門에 不由無明이라 然이나 卽此無明所動之心이 亦有自類 相生之義일새 故로 無自然之過이나 而有不滅之義라 無明盡時에 動相이 隨滅하니 心隨始覺하여 還歸本源이라. 或有說者에 二師所說이 皆有道理이니 皆依聖典之所說故이니라 初師 所說은 得瑜伽意이고

[별기] 依顯了門

[소-43-4] 後師 義者는 得起信意라.

[별기] 依隱密門

[소-43-5] 而亦不可 如言取義니라 所以然者오 若如初說 取義者라면 卽是法我執이고 若如後說 而取義者라면 是謂人我見이라 又若執初義면 墮於斷見하고 執後義者면 卽墮常見이라 當知하라 二義가 皆不可說이요 雖不可說이라도 而亦可說이라 以雖非然이나 而非不然故니라. 廣釋生滅門內 有二分中 初正廣釋 竟在於前.

* 此下는 第二. 因言重明이니 何者오. 如上文 言에 此識에 有二種義일새 能攝一切法하고 生一切法이니라. 然이나 其攝義는 前已廣說하고 能生之義는 猶未分明이라. 是故로 此下는 廣顯是義니라. 文中에 有五니라. 一者는 擧數總標이고 二者는 依數列名이며 三者는 總明熏習之義이고 四者는 別顯熏習之相이며 第五는 明盡不盡義라.

[논-44] 復次 有四種法熏習義故로 染法淨法이 起不斷絶이라. 云何爲四오. 一者는 淨法이니 名爲眞如하고 二者는 一切染因이니 名爲無明하며 三者는 妄心이니 名爲業識하고 四者는 妄境界니 所謂 六塵이니라.

[소-44] 擧數列名은 文相可知니라.

[논-45] 熏習義者는 如世間衣服이 實無於香이나 若人以香而熏習故로 則有香氣이듯 此亦如是니라. 眞如淨法이 實無於染이나 但以無明而熏習故로 則有染相이고 無明染法이 實無淨業이나 但以眞如而熏習故로 則有淨用이니라.

[소-45] 第三之中 先喩이고 後合이라. 合中 言에 眞如淨法者란 是本覺義이며 無明染法者란 是不覺義라. 良由 一識이 含此二義이어 更互相熏하여 徧生染淨이니 此意가 正釋 經本所說인 不思議熏 不思議變義也니라. 問이라. 攝大乘 說에 要其四義해야 方得受熏이라하고 故로 言에 常法은 不能受熏이라하거늘 何故로 此中에 說熏眞如리오. 解라이. 熏習之義에는 有其二種이라. 彼論은 且約可思議熏이니 故로 說 常法不受熏也라하니 此論은 明其不可思議熏이니 故로 說 無明熏眞如 眞如熏無明이라하니 顯意不同故로 不相違니라. 然이나 此文中은 生滅門內 性淨本覺을 說名眞如라하니 故로 有熏義라 非謂眞如門中眞如이니 以其眞如門中은 不說能生義이니라.

*	以下는 第四別明이니 於中에 有二니라. 先染이고 後淨이니라.
[논-46]	云何熏習일새 起染法不斷이오. 所謂 以依眞如法故로 有於無明이고 以有無明染法因故로 卽熏習眞如라. 以熏習故로 則有妄心이고 以有妄心일새 卽熏習無明하고 不了眞如法故로 不覺念起하여 現妄境界라. 以有妄境界染法緣故로 卽熏習妄心하고 令其念著이 造種種業케하여 受於一切身心等苦니라. 此妄境界熏習義에 則有二種이니 云何爲二오. 一者는 增長念熏習이고 二者는 增長取熏習이라. 妄心熏習義에 有二種이니 云何爲二오. 一者는 業識根本熏習이니 能受阿羅漢辟支佛一切菩薩生滅苦故이며 二者는 增長分別事識熏習이니 能受凡夫業繫苦故이니라. 無明熏習義에 有二種이니 云何爲二오. 一者는 根本熏習이니 以能成就業識義故이며 二者는 所起見愛熏習이니 以能成就分別事識義故니라.
[소-46-1]	染中에 亦二이니 先問이고 後答이라. 答中에 有二니 略明 廣顯이라. 略中 言에 依眞如法有無明者는 是顯能熏所熏之體也라. 以有無明熏習眞如者는 根本無明熏習義也라. 以熏習故 有妄心者는 依無明熏 有業識心也라. 以是妄心 還熏無明 增其不了故로 成轉識 及現識等이니 故로 言하되 不覺念起이어 現妄境界라.
[별기]	不覺念起는 是轉相也이고 現妄境界는 是現相也라.
[소-46-2]	以是境界로 還熏習現識이니 故로 言하되 熏習妄心也라. 令其念著者는 起第七識也이고 造種種業者는 起意識也이며 受一切苦者는 依業受果也라. 次廣說中에 廣前三義하여 從後而說하며 先明境界니라. 增長念者는 以境界力으로 增長事識中法執分別念也이고 增長取者는 增長四取煩惱障也이며 妄心熏習中 業識根本熏習者는 以此業識으로 能熏無明이어 迷於無相 能起轉相現相相續하니 彼三乘人이 出三界時 雖離事識分段麤苦라도 猶受變易梨耶行苦이어 故로 言하되 受三乘生滅苦也니라. 通而論之하면 無始來有이니 但爲簡麤細二種熏習故로 約已離麤苦時說也니라. 增長分別事識熏習者는 在於凡位에서 說分段苦也이고 無明熏習中 根本熏習者는 根本不覺也이며 所起見愛熏習者는 無明所起意識見愛이니 卽是枝末不覺義也니라.

[별기] 言 增長分別事識熏習者는 所謂 意識見愛煩惱之所增長일새 故로 能受三界繫業之果이니 故로 言하되 凡夫業繫苦也니라. 無明熏中 言에 根本熏習者는 謂根本無明이 熏習眞如하여 令其動念이니 是名業識이라. 故로 言하되 成就業識義也니라. 言에 所起見愛熏習者는 根本無明이 所起見愛로서 熏其意識하여 起麤分別이니 故로 言하되 成就分別事識義也니라.

[논-47] 云何熏習일새 起淨法不斷이오. 所謂 以有眞如法故로 能熏習無明이라. 以熏習因緣力故로 則令妄心이 厭生死苦 樂求涅槃케하니라. 以此妄心이 有厭求因緣故로 卽熏習眞如하여 自信己性하고 知心妄動 無前境界일새 修遠離法이니라. 以如實知 無前境界故로 種種方便으로 起隨順行하여 不取하고 不念하며 乃至 久遠熏習力故로 無明則滅이라. 以無明滅故로 心無有起하고 以無起故로 境界隨滅이라. 以因緣俱滅故로 心相皆盡하니 名得涅槃 成自然業이니라.

[소-47] 次明 淨熏이니 於中에 有二니라. 先問이고 後答이라. 答中에 亦二이니 略明 廣顯이라. 略中에 先明 眞如熏習이고 次明 妄心熏習이니 此中에 有五니라. 初言에 以此妄心 乃至自信己性者는 是明 十信位中 信也니라. 次言에 知心妄動 無前境界 修遠離法者는 是顯 三賢位中 修也니라. 以如實知 無前境界故者는 是明 初地見道 唯識觀之成也니라. 種種以下 乃至 久遠熏習力故는 是顯 十地修道位中 修萬行也라. 無明卽滅 以下는 第五 顯 於果地 證涅槃也라.

[논-48] 妄心熏習義는 有二種이니 云何爲二오. 一者는 分別事識熏習이니 依諸凡夫二乘人等 厭生死苦에 隨力所能하여 以漸趣向無上道故니라. 二者는 意熏習이니 謂諸菩薩發心勇猛 速趣涅槃故이니라.

[소-48] 次廣說中에 先明 妄熏이라. 於中에 分別事識者는 通而言之하면 七識을 皆名分別事識이라고하나 就强而說하면 但取意識이라. 以分別用强 通緣諸事故이니라. 今此文中에 就强而說이라. 此識이 不知諸塵唯識故로 執心外實有境界니라. 凡夫二乘이 雖有趣向이라도 而猶計有 生死可厭 涅槃可欣하여 不異分別事識之執이니 故로 名分別事識熏習이라. 意熏習者는 亦名業識熏習이라. 通而言之하면 五種之識을 皆名爲意라하니 義如上說

이라. 就本而言이면 但取業識이라. 以最微細 作諸識本故로 於此中에 業識 名意니라. 如是業識은 見相未分이라. 然이나 諸菩薩은 知心妄動 無別境界하야. 解一切法 唯是識量하고 捨前外執 順業識義故로 名業識熏習이라하며 亦名爲意熏習이라. 非謂 無明所起業識이 卽能發心修諸行也이니라.

[논-49] 眞如熏習義에는 有二種이니 云何爲二오. 一者는 自體相熏習이며 二者는 用熏習이라. 自體相熏習者란 從無始世來로 其無漏法하고 備有不思議業하야 作境界之性이라. 依此二義 恒常熏習하야 以有力故로 能令衆生이 厭生死苦하고 樂求涅槃케하나니라. 自信己身에 有眞如法하고 發心修行하나니라. 問曰. 若如是義者라면 一切衆生이 悉有眞如일새 等皆熏習인대 云何有信無信이어 無量前後差別이오. 皆應一時에 自知有眞如法하고 勤修方便하야 等入涅槃하리라. 答曰. 眞如는 本一인대 而有無量無邊無明일새 從本已來 自性差別이어 厚薄不同故이니라. 過恒沙等上煩惱가 依無明하야 起差別하고 我見愛染煩惱가 依無明하야 起差別이라. 如是一切煩惱는 依於無明하야 所起前後無量差別하니 唯如來能知故니라. 又 諸佛法은 有因有緣이어 因緣具足해야 乃得成辦이라. 如木中火性이 是火正因인데 若無人知하야 不假力便이면 能自燒木은 無有是處이니 衆生도 亦爾니라. 雖有正因熏習之力이더라도 若不遇諸佛菩薩善知識等 以之爲緣이면 能自斷煩惱入涅槃者는 則無是處니라. 若雖有外緣之力이더라도 而內淨法이 未有熏習力者라면 亦不能究竟 厭生死苦 樂求涅槃이니라. 若因緣具足者라면 所謂 自有熏習之力하고 又 爲諸佛菩薩等 慈悲願護故로 能起厭苦之心하고 信有涅槃일새 修習善根이라. 以修善根成熟故로 則値諸佛菩薩示敎利喜하고 乃能進趣向涅槃道니라.

[소-49] 眞如熏習中에 有三이니 一者는 擧數總標이고 二者는 依數列名이며 三者는 辨相이라. 辨相中에 有二이니 一者는 別明이고 二者는 合釋이라. 初別明中에 先明 自體熏習이라. 於中에 有二이니 一者는 直明이고 二者는 遣疑니라. 初中 言에 其無漏法 備有不思議業者는 是在本覺不空門也이고 作境界之性者는 是就如實空門境說也라. 依此本有境智之力 冥熏妄心하야 令起厭樂等也케하나니라. 問曰 以下는 往復除疑이니 問意可知니라. 答中에

有二이니 初는 約煩惱厚薄하여 明其不等이고 後擧遇緣參差하여 顯其不等이라. 初中 言에 過恒沙等上煩惱者는 迷諸法門事中 無知이니 此是所知障所攝也이고 我見愛染煩惱者는 此是煩惱障所攝也니 答意可知니라. 又諸佛 以下는 明緣參差하니 有法喩合일새 文相可見也이니라.

[논-50] 用熏習者란 卽是衆生外緣之力이라. 如是外緣은 有無量義이니 略說二種이니 云何爲二오. 一者는 差別緣이고 二者는 平等緣이라. 差別緣者란 此人이 依於諸佛菩薩等하여 從初發意始求道時 乃至 得佛에 於中 若見若念이 或爲眷屬父母諸親하며 或爲給使 或爲知友 或爲怨家하며 或起四攝 乃至 一切所作 無量行緣하니 以起大悲 熏習之力으로 能令衆生이 增長善根케할새 若見若聞에 得利益故이니라. 此緣은 有二種이니 云何爲二오. 一者는 近緣이니 速得度故이며 二者는 遠緣이니 久遠得度故이니라. 是近遠二緣을 分別하면 復有二種이니 云何爲二오. 一者는 增長行緣이며 二者는 受道緣이라. 平等緣者란 一切諸佛菩薩이 皆願度脫一切衆生하려 自然熏習 恒常不捨니라. 以同體智力故로 隨應見聞에 而現作業이니 所謂 衆生이 依於三昧해야 乃得平等見諸佛故이니라.

[소-50] 用熏習中에 文亦有三이라. 所謂 總標이고 列名이며 辨相이라. 第二 列名中에 差別緣者란 爲彼凡夫二乘分別事識熏習하여 而作緣也라. 能作緣者는 十信 以上 乃至諸佛이니 皆得作緣也라. 平等緣者란 爲諸菩薩業識熏習하여 而作緣也라. 能作緣者는 初地 以上 乃至諸佛이니 要依同體智力해야 方作平等緣故니라. 第三 辨相中에 先明差別緣이라. 於中 有二이니 合明하고 開釋하니라. 開釋中에 亦有二니라. 先開 近遠二緣하고 後開 行解二緣이라. 增長行緣者는 能起施戒等諸行故이며 受道緣者는 起聞思修 而入道故니라. 平等緣中에 有二이니 先明 能作緣者이고 所謂 以下는 釋平等라. 依於三昧平等見者는 十解 以上 諸菩薩等이 見佛報身이 無量相好 皆無有邊하여 離分齊相이니 故로 言하되 平等見諸佛也라. 若在散心이면 不能得見 如是相好 離分齊相이니 以是故로 言하되 依於三昧也라. 上來에 別明 體用熏習竟이니라.

[논-51] 此體用熏習을 分別하면 復有二種이니 云何爲二오. 一者는 未相

應이니 謂凡夫二乘 初發意菩薩等이 以意意識熏習 依信力故로 而能修行이나 未得無分別心이 與體相應故이며 未得自在業修行이 與用相應故니라. 二者는 已相應이니 謂法身菩薩이 得無分別心일새 與諸佛智用相應이라. 唯依法力 自然修行하여 熏習眞如하고 滅無明故이니라.

[소-51-1] 第二. 合釋體用이며 於中에 有二이니 總標와 別釋이라. 別釋中에 先明 未相應中 言에 意意識熏習者란 凡夫二乘을 名意識熏習이라하니 卽是分別事識熏習이고 初發意菩薩等者란 十解 以上을 名意熏習이라하니 卽是業識熏習之義로서 如前說也니라.

[별기] 此中에 對彼法身菩薩이 證法身時에 離能見相故로 說地前菩薩을 名意熏習이라하니 以依業識 有能見相故이니라. 若依俗智하여 見報佛義이면 則金剛已還은 皆有見相일새 通名業識熏習이니 如下說也니라.

[소-51-2] 未得無分別心與體相應者는 未得與諸佛法身之體相應故이니라. 未得自在業與用相應故者는 未得與佛應化二身之用相應故이니라. 已相應中에 法身菩薩者는 十地菩薩이며 得無分別心者는 與體相應故이며 與諸佛智用相應者는 以有如量智故이며 自然修行者는 八地以上 無功用故이니라. 因言重顯 有五分中에 第四別明二種熏習을 竟在於前이라.

[논-52] 復次 染法은 從無始已來 熏習不斷이라가 乃至得佛이어 後則有斷이라. 淨法 熏習은 則無有斷 盡於未來이니 此義云何오. 以眞如法이 常熏習故이니라. 妄心則滅이면 法身顯現하여 起用熏習이니 故로 無有斷이니라.

[소-52] 此下는 第五. 明 二種熏盡不盡義라. 欲明 染熏은 違理而起故로 有滅盡이고 淨法之熏은 順理而生일새 與理相應故로 無滅盡이니 文相可知니라. 顯示正義分內 正釋之中에 大有二分인데 第一 釋法章門을 竟在於前이니라.

【5권】

* 此下는 第二 釋義章門이라. 上立義中에 立二種義이니 所謂 大義 及與乘義라. 今此文中에 正釋大義하고 兼顯乘義하나라. 於中에 有二이니 一者는 總釋 體相二大이며 二者는 別解 用大之 義니라.

[논-53] 復次 眞如自體相者란 一切凡夫 聲聞緣覺 菩薩諸佛이 無有增 減이라. 非前際生이요 非後際滅이라. 畢竟에 常恒이어 從本已來로 性自滿足 一切功德이라. 所謂 自體有大智慧光明義故이며 徧 照法界義故이며 眞實識知義故이며 自性淸淨心義故이며 常樂 我淨義故이며 淸凉不變自在義故니라. 具足如是 過於恒沙 不 離不斷不異不思議佛法하여 乃至 滿足無有所少義故로 名爲 如來藏이라하고 亦名如來法身이라하나라. 問曰이라. 上說 眞如 其 體는 平等하여 離一切相인데 云何復說 體有如是種種功德이오. 答曰이라. 雖實有此諸功德義라도 而無差別之相일새 等同一味 로 唯一眞如니라. 此義云何오. 以無分別로 離分別相이니 是故로 無二니라. 復以何義 得說差別이오. 以依業識하여 生滅相示니라. 此云何示오. 以一切法이 本來唯心일새 實無於念이니 而有妄 心이어 不覺起念하여 見諸境界故로 說無明이라. 心性不起는 卽 是大智慧光明義故니라. 若心起見이면 則有不見之相이니 心 性離見이면 卽是徧照法界義故니라. 若心有動이면 非眞識知이 니라. 無有自性이어 非常非樂非我非淨이라. 熱惱衰變이면 則不 自在이며 乃至 具有過恒沙等 妄染之義니라. 對此義故로 心性 無動이면 則有過恒沙等 諸淨功德相義示現이라. 若心有起이어 更見前法可念者는 則有所少이니 如是淨法의 無量功德은 卽 是一心이니 更無所念이어 是故로 滿足하여 名爲法身如來之藏 이라하나라.

[소-53] 初中 言에 自體相者란 總牒 體大相大之義也라. 次言에 一切凡 夫 乃至諸佛 無有增減 畢竟常住者는 是釋體大이니 上立義 中 言에 一者는 體大이니 謂一切法 眞如平等 不增減故이니라. 次言에 從本以來 性自滿足 以下는 釋相大義이니 上言에 二者 는 相大이니 謂如來藏 具足無漏 性功德故이니라. 文中에 有二이 니 一者는 直明 性功德相이고 二者는 往復重顯所以니라. 問意

可知이고 答中에 有二이니 總答과 別顯이라. 別顯之中에 先明 差別之無二義이고 後顯無二之差別義라. 此中에 亦二이니 略標와 廣釋이라. 略標中 言에 以依業識 生滅相示者는 生滅相內 有諸過患이라. 但擧其本故로 名業識이라고 對此諸患에 說諸 功德也라. 此云何示 以下는 別對衆過하여 以顯德義이니 文相 可知니라.

* 以下는 第二 別釋用大之義라. 於中에 有二이니 總明 別釋이라.

[논-54] 復次 眞如用者란 所謂 諸佛如來가 本在因地에서 發大慈悲하고 修諸波羅密하여 攝化衆生하며 立大誓願하고 盡欲度脫 等衆生 界라. 亦不限劫數하고 盡於未來에 以取一切衆生 如己身故로 而亦不取衆生相이라. 此以何義오. 謂如實知 一切衆生이 及 與己身과 眞如平等하여 無別異故라. 以有如是大方便智로 除 滅無明하고 見本法身하니 自然而有 不思議業 種種之用이라. 卽與眞如等 徧一切處하고 又亦無有用相可得이라. 何以故오. 謂諸佛如來가 唯是法身智相之身이며 第一義諦이니 無有世 諦境界일새 離於施作이라. 但隨衆生見聞하여 得益故로 說爲用 하니라.

[소-54] 初中에 亦二이니 一者는 對果擧因이고 二는 牒因顯果니라. 初擧因 中에 亦有三句이니 先行이고 次願이며 後明 方便이라. 初 言에 諸佛本在因地 乃至 攝化衆生者는 擧本行也이고 次言에 立大 誓願 乃至 盡於未來者는 擧本願也이며 次言에 以取衆生 乃至 眞如平等者는 是擧智悲大方便也라. 以有 以下는 第二. 顯果 이니 於中에 亦三이라. 初 言에 以有如是大方便智者는 牒前因也 이고 次言에 除滅無明 見本法身者는 自利果也이며 自然 以下는 正顯用相이라. 此中에 三句이니 初言에 不思議業 種種之用者는 明用甚深也이고 次言에 則與眞如等 徧一切處者는 顯用廣大 也이며 又亦 以下는 明 用無相而隨緣用이라. 如攝論 言에 譬如 摩尼天鼓 無思成自事라하니 此之謂也니라. 總明用竟이니라.

[논-55] 此用에 有二種이니 云何爲二오. 一者는 依分別事識하여 凡夫二 乘이 心所見者를 名爲應身이라. 以不知轉識現故로 見從外來 하고 取色分齊하여 不能盡知故라. 二者는 依於業識하여 謂諸菩 薩 從初發意 乃至 菩薩究竟地 心所見者를 名爲報身이라. 身에 有無量色이고 色에 有無量相이며 相에 有無量好라. 所住依

果도 亦有無量種種莊嚴하고 隨所示現하니 卽無有邊하고 不可窮盡할새 離分齊相이라. 隨其所應하여 常能住持일새 不毁不失이니라. 如是功德이 皆因諸波羅密等 無漏行熏 及不思議熏之所成就하여 具足無量樂相故로 說爲報身하니라. 又 爲凡夫所見者는 是其麁色이니 隨於六道 各見不同하여 種種異類로 非受樂相일새 故로 說爲應身이라. 復次 初發意菩薩等所見者는 以深信眞如法故로 少分而見이라 知彼色相莊嚴等事가 無來無去이어 離於分齊하여 唯依心現일뿐 不離眞如니라. 然이나 此菩薩은 猶自分別이니 以未入法身位故니라. 若得淨心하면 所見微妙 其用이 轉勝하여 乃至 菩薩地盡에 見之究竟이라. 若離業識하면 則無見相일새 以諸佛法身이 無有彼此色相迭相見故이니라. 問曰이라. 若諸佛法身 離於色相者라면 云何能現色相이오. 答曰이라. 卽此法身이 是色體故로 能現於色이라. 所謂 從本已來 色心不二니라. 以色性卽智故로 色體無形을 說名智身이라. 以智性卽色故로 說名法身 徧一切處라. 所現之色은 無有分齊니라. 隨心 能示 十方世界 無量菩薩 無量報身 無量莊嚴 各各差別이나 皆無分齊일새 而不相妨이라. 此는 非心識分別能知이니 以眞如自在用義故이니라.

[소-55] 第二 別釋이니 於中에 有三이라. 總標이고 別解이며 往復除疑니라. 別解中에 亦有二니 一者는 直顯 別用이고 二者는 重牒 分別이라. 初中에 亦二이니 先明應身이고 後顯報身이라. 初中 言에 依分別事識者란 凡夫二乘이 未知唯識일새 計有外塵이니 卽是分別事識之義니라. 今見佛身하고 亦計心外는 順意識義이니 故로 說하되 依分別事識見이라. 此人은 不知 依自轉識하여 能現色相이니 故로 言하되 不知轉識現故로 見從外來니라. 然이나 其所見 有分齊色이 卽無有邊이어 離分齊相인데 彼人은 唯取有分齊義하고 未解分齊則無有邊故로 言하되 取色分齊 不能盡知故也니라. 報身中 言에 依於業識者란 十解 以上 菩薩이 能解唯心 無外塵義하고 順業識義 以見佛身하니 故로 言하되 依於業識見也니라. 然이나 此菩薩은 知其分齊 卽無分齊故로 言하되 隨所示現 卽無有邊 乃至 不毁不失也니라. 此無障礙 不思議事는 皆由六度深行之熏及與眞如不思議熏之所成就이니 依是義故로 名爲報身이라. 故로 言하되 乃至具足無量樂相故로 說爲

報也니라. 然이나 此二身은 經論異說이라. 同性經 說에 穢土成佛을 名爲化身이라하고 淨土成道를 名爲報身이라하며 金鼓經 說에 三十二相 八十種好 等相을 名爲應身이라하고 隨六道相 所現之身을 名爲化身이라하며 依攝論에 說하되 地前 所見을 名變化身이라하고 地上所見을 名受用身이라하니라. 今此論中에 凡夫二乘所見 六道差別之相을 名爲應身이라하고 十解已上 菩薩所見 離分齊色을 名爲報身이라하니라. 所以如是有不同者는 法門이 無量이어 非唯一途일새 故로 隨所施設에 皆有道理니라. 故로 攝論中에 爲說地前散心所見은 有分齊相故로 屬化身이나 今此論中에 明 此菩薩 三味所見 離分齊相故로 屬報身이라. 由是道理故로 不相違也니라. 又 凡夫所見 以下는 第二 重牒分別이라. 先明 應身은 文相可知이고 復次 以下는 顯報身相이니라. 於中에 有二니 先明 地前所見이고 後顯 地上所見이니라. 初中言에 以深信眞如法故 少分而見者는 如十解中에 依人空門하여 見眞如理이듯 是相似解이니 故로 名少分也니라. 若得淨心 以下는 顯地上所見이라. 若離業識 則無見相者는 要依業識해야 乃有轉相及與現相이니 故로 離業識이면 卽無見相也이니라. 問曰 以下는 往復除疑이니 文相可見이라. 顯示正義之內에 大分有二니 第一 正釋 所立法義하여 竟在於前하니라.

[논-56] 復次 顯示 從生滅門 卽入眞如門이라 所謂 推求五陰 色之與心하면 六塵 境界는 畢竟 無念이며 以心無形相일새 十方求之해도 終不可得이니라. 如人迷故로 謂東 爲西하나 方實不轉하듯 衆生 亦爾하여 無明迷故로 謂心 爲念하나 心實不動하니라. 若能 觀察 知心無念이면 卽得隨順하여 入眞如門故니라.

[소-56] 第二는 開示從筌入旨之門이라. 於中에 有三이니 總標이고 別釋이며 第三 總結이라. 總標中에 推求五陰 色之與心者는 色陰은 名色이라하고 餘四는 名心也이니라. 別釋之中에 先釋色觀이라. 推折諸色하여 乃至極微해도 永不可得이고 離心之外에 無可念相이니 故로 言하되 六塵 畢竟 無念이라. 非直心外無別色塵이라 於心에 求色도 亦不可得이니 故로 言하되 心無形相 十方求之 終不可得也니라. 如人 以下는 次觀心法이니 先喩이며 後合이라. 合中 言에 心實不動者는 推求動念해도 已滅未生 中無所住이고 無所住故로 卽無有起이니 故로 知心性實不動也이니라. 若能

以下는 第三 總結이라. 卽得隨順者는 是方便觀이고 入眞如門者는 是正觀也니라.

* 第二는 對治邪執이니 文亦有四니라. 一者는 總標擧數이고 二者는 依數列名이며 三者는 依名辨相이며 四者는 總顯究竟離執이니라.

[논-57] 對治邪執者란 一切邪執이 皆依我見이니 若離於我하면 則無邪執이라. 是我見에 有二種이니라.

[소-57] 初總標擧數.

[논-58] 云何爲二오. 一者는 人我見이고 二者는 法我見이니라.

[소-58] 第二列名中 言人我見者란 計有總相宰主之者이니 名人我執이라. 法我見者란 計一切法各有體性故로 名法執이라. 法執 卽是二乘所起이고 此中에 人執은 唯取佛法之內 初學大乘人之所起也이니라.

[논-59] 人我見者란 依諸凡夫하여 說하니 有五種이라. 云何爲五오. 一者는 聞하기를 脩多羅 說에 如來法身은 畢竟에 寂寞하여 猶如虛空이라함에 以不知爲破著故로 卽謂虛空 是如來性이니라. 云何對治오. 明 虛空相은 是其妄法이니 體無이어 不實이라. 以對色故로 有是可見相이어 令心生滅케하나 以一切色法이 本來是心이어 實無外色이니라. 若無外色者면 則無虛空之相이라. 所謂 一切境界는 唯心妄起故로 有이니 若心離於妄動하면 則一切境界滅이라. 唯一眞心이 無所不徧이니라. 此는 謂如來廣大性智究竟之義하니 非如虛空相故니라. 二者는 聞하기를 脩多羅 說에 世間諸法이 畢竟 體空이고 乃至 涅槃眞如之法이 亦畢竟空이며 從本已來 自空이어 離一切相이라함에 以不知爲破著故로 卽謂眞如涅槃之性이 唯是其空이라. 云何對治오. 明 眞如法身 自體가 不空이니 具足無量性功德故이니라. 三者는 聞하기를 脩多羅 說에 如來之藏은 無有增減이어 體備一切功德之法이라함에 以不解故로 卽謂如來之藏에 有色心法일새 自相差別이라. 云何對治오. 以唯依眞如義하여 說故니 因生滅染義示現으로 說差別故이니라. 四者는 聞하기를 脩多羅 說에 一切世間 生死染法이 皆依如來藏하여 而有일새 一切諸法이 不離眞如라함에 以不解故로 謂如來藏 自體에 具有 一切世間 生死等法이라. 云何對治오. 以如來藏은 從本已來 唯有過恒沙等 諸淨功德이어 不離不斷 不異眞如義故일새 以過恒沙等 煩惱染法은 唯是妄有일뿐 性自

本無이어 從無始世來 未曾與如來藏과 相應故이니라. 若如來藏體에 有妄法이면 而使證會永息妄者는 則無是處故이니라. 五者는 聞하기를 脩多羅 說에 依如來藏故로 有生死하고 依如來藏故로 得涅槃이라함에 以不解故로 謂衆生有始니라. 以見始故로 復謂如來所得涅槃이 有其終盡이어 還作衆生이라. 云何對治오. 以如來藏 無前際故로 無明之相도 亦無有始니라. 若說三界外 更有衆生始起者라면 即是外道經說이니라. 又 如來藏은 無有後際이니 諸佛所得涅槃이 與之相應하여 則無後際故이니라.

[소-59] 第三 辨相中에 先明 人我見이라. 於中에 有二이니 總標와 別釋이라. 別釋之中에 別顯五種이니 各有三句라. 初에 出起見之由하고 次에 明 執相하며 後에 顯對治하니라. 初執中 言에 即謂虛空是如來性者는 計如來性同虛空相也니라. 第二中 言에 乃至涅槃眞如之法 亦畢竟空者는 如大品經 云에 乃至涅槃 如幻如夢 若當有法 勝涅槃者 我說亦復 如幻如夢故이니라. 第三中 言에 因生滅染義示現者는 如上文言에 以依業識 生滅相示 乃至 廣說故이니라. 第四中 言에 不離不斷等者는 如不增不減疏中廣說也이니라. 第五中 言에 若說三界外 更有衆生始起者 即是外道經說者는 如仁王經之所說故이니라. 上來 五執이 皆依法身 如來藏等하여 總相之主로서 而起執故로 通名人執也이니라.

[논-60] 法我見者란 依二乘鈍根故로 如來 但爲說人無我하니 以說不究竟으로 見有五陰生滅之法하고 怖畏生死하여 妄取涅槃이니라. 云何對治오. 以五陰法自性이 不生이어 則無有滅이니 本來涅槃故이니라.

[소-60] 法我見中에 亦有三句니라. 初에 明起見之由하고 見有 以下는 次顯執相하며 云何 以下는 顯其對治이니 文相可知니라.

[논-61] 復次 究竟離妄執者란 當知이니 染法과 淨法이 皆悉相待로서 無有自相可說이라. 是故로 一切法이 從本已來 非色非心이며 非智非識이며 非有非無이어 畢竟에 不可說相이니라. 而有言說者란 當知하라 如來善巧方便으로 假以言說 引導衆生이라. 其旨趣者는 皆爲離念하여 歸於眞如니라. 以念一切法하여 令心生滅케하면 不入實智故이니라.

[소-61] 第四 究竟에 離執之義이니 於中에 有二니라. 先明 諸法이 離言

道理하고 後顯 假說言敎之意이니 文相可見이니라.

* 第三 發趣分中에 有二이니 一者는 總標大意이고 二者는 別開分別이라.

[논-62] 分別發趣道相者란 謂一切諸佛 所證之道 一切菩薩 發心修行趣向義故이니라.

[소-62] 初中 言에 一切諸佛 所證之道者란 是擧所趣之道이고 一切菩薩 以下는 顯其能趣之行이라. 欲明 菩薩이 發心하여 趣向佛所證道이니 故로 言하되 分別發趣道相也이니라.

* 以下는 第二 別開分別이니 於中에 有三이라. 一者는 擧數하여 開章이고 二者는 依數하여 列名이며 三者는 依名하여 辨相하니라.

[논-63] 略說發心이면 有三種이니 云何爲三이오. 一者는 信成就發心이고 二者는 解行發心이며 三者는 證發心이니라.

[소-63] 初文은 可知니라. 第二中 言에 信成就發心者란 位在十住이고 兼取十信이라. 十信位中에 修習信心하여 信心을 成就하고 發決定心하여 即入十住故로 名信成就發心也이니라. 解行發心者란 在十廻向이고 兼取十行이라. 十行位中에 能解法空하고 隨順法界 修六度行하여 六度行이 純熟하면 發廻向心하여 入向位故로 言하되 解行發心也이니라. 證發心者란 位在初地以上 乃至十地이니 依前二重相似發心하여 證得法身하고 發眞心也이니라.

* 第三 辨相이니 文中에 有三이라. 如前 次第로 說三心故이니라.
* 初發心內에 亦有其三이라. 一은 明 信成就之行하고 二는 顯行成發心之相하며 三은 歎 發心所得功德하니라.

[논-64] 信成就發心者란 依何等人하고 修何等行하여 得信成就하여야 堪能發心인가. 所謂 依不定聚衆生이 有熏習善根力故로 信業果報하고 能起十善하며 厭生死苦하여 欲求無上菩提하려 得値諸佛하여 親承供養하고 修行信心하며 經一萬劫에 信心成就故이니라. 諸佛菩薩이 敎令發心케하며 或以大悲故로 能自發心하며 或因正法欲滅로 以護法因緣으로 能自發心하니라. 如是 信心成就하여 得發心者는 入正定聚에 畢竟不退이니 名住如來種中에 正因相應하니라. 若有衆生 善根微少라면 久遠已來 煩惱深厚일새 雖値於佛 亦得供養이더라도 然이나 起人天種子하며 或起二乘種子니라. 設有求大乘者라도 根則不定일새 若進若退니라. 或有供養諸佛하고 未經一萬劫 於中에 遇緣일새 亦有發心이니

라. 所謂 見佛色相하며 而發其心하며 或因供養衆僧으로 而發其心하며 或因二乘之人이 敎令發心케하며 或學他 發心하니라. 如是等發心은 悉皆不定일새 遇惡因緣하면 或便退失 墮二乘地하니라.

[소-64] 初中에 亦二이니 先問 後答이라. 問中 言에 依何等人者는 是問 能修之人이고 修何等行者는 問其所修之行이며 得信成就堪 能發心者는 對發心果에 問其行成也라. 答中에 有二이니 一者는 正答所問이며 二者는 擧劣顯勝이라. 正答之內에 對前三問이라. 初言에 依不定聚衆生者는 是答初問하여 顯能修人이라. 分別三聚에 乃有多門이나 今此文中에서 直明이라. 菩薩이 十解 以上에서 決定不退를 名正定聚라하고 未入十信이 不信因果를 名邪定聚라하며 此二 中間에 趣道之人이 發心하여 欲求無上菩提이나 而心未決일새 或進或退를 是謂十信이라하고 名不定聚라하니라. 今依此人하여 明所修行也라. 有熏習 以下는 次答 第二問하여 明 不定人 所修之行이니라. 言에 有熏習善根力者는 依如來藏 內熏習力하고 復依前世修善根力하니 故로 今得修信心等行也라. 言에 信業果報 能起十善者는 起福分善也라. 厭生死苦 求無上道者는 發道分心也라. 得値諸佛 修行信心者는 正明 所修道分善根이라. 所謂 修行十種信心이니 其相具如一道章 說也니라. 經一萬劫 以下는 答第三問하여 明 其信心成就之相하니라. 於中에 有二라. 一者는 擧時하여 以明 信成發心之緣하고 二者는 約聚하여 顯其發心所住之位니라. 初中 言에 至一萬劫 信心成就者는 謂 於十信에서 經十千劫하여 信心을 成就하면 卽入十住니라. 如本業經 云하되 是信想菩薩이 於十千劫에 行 十成法이면 當入十住心하여 入初住位니라. 解云이라. 此中에 所入初住位者는 謂 十住에서 初發心住位니라. 此位에서야 方得不退信心이라. 是故로 亦名信入十心이라고하나 非謂 十解以前 十信이니라. 何以得知而其然者오. 如仁王經 云하되 習種性에 有十心이어 已超二乘一切善地라 此習忍已前의 行十善菩薩은 有退有進하니 猶如輕毛 隨風東西니라 雖以十千劫 行十正道하여 發菩提心이라도 乃當入習忍位라. 以是文으로 證하니 故로 得知也라. 經言 十千은 卽此一萬也라. 言에 佛菩薩敎令發心 等者는 發心之緣이 乃有衆多이나 今略出其三種勝緣也이니라.

如是 以下는 顯其發心所住之位이니라. 言에 信心成就 乃至入
正定聚者는 卽入十解初發心住니 以之故로 言하되 畢竟不退
也라. 卽時 正在習種性位이니 故로 言하되 名住如來種中也이니
라. 其所修行이 隨順佛性이니 是故로 亦言하되 正因相應이라.
上來正答前三問竟이니라. 若有 以下는 擧劣顯勝이라. 十信位
內에 有勝有劣일새 勝者는 如前대로 進入十住하고 劣者는 如此대
로 退墮二乘地이니라. 如攝大乘論에 云하되 諸菩薩이 在十信位
中에 修大乘하나 未堅固하여 多厭怖生死라 慈悲衆生心이 猶劣
薄일새 喜欲 捨大乘本願하고 修小乘道이니라 故로 言에 欲修行
小乘이라. 大意 如是를 文相으로 可知니라. 上來에 明 信成之行이
니라.

[논-65] 復次 信成就發心者은 發何等心인고. 略說하면 有三種이니 云何
爲三이오. 一者는 直心이니 正念眞如法故요 二者는 深心이니
樂集一切諸善行故요 三者는 大悲心이니 欲拔一切衆生苦故
이니라. 問曰. 上說에 法界一相 佛體無二인대 何故로 不唯念眞
如하고 復假求學諸善之行이리오. 答曰. 譬如大摩尼寶 體性이
明淨이나 而有鑛穢之垢니라. 若人이 雖念寶性이더라도 不以方
便 種種磨治라면 終無得淨이니라. 如是 衆生의 眞如之法도 體性
이 空淨이나 而有無量煩惱染垢니라. 若人이 雖念眞如라도 不以
方便 種種熏修라면 亦無得淨이니라. 以垢無量徧一切法故로
修一切善行하여 以爲對治니라. 若人이 修行一切善法하면 自然
歸順眞如法故니라. 略說方便하면 有四種이니 云何爲四오. 一
者는 行根本方便이라. 謂 觀一切法에 自性이 無生이고 離於妄見
하여 不住生死니라. 觀一切法이 因緣和合으로 業果不失하고 起
於大悲 修諸福德하여 攝化衆生하며 不住涅槃이니 以隨順法性
無住故니라. 二者는 能止方便이라. 謂 慚愧悔過하여 能止一切
惡法일새 不令增長이니 以隨順法性 離諸過故니라. 三者는 發
起善根하여 增長方便이라. 謂 勤供養 禮拜三寶하고 讚歎隨喜하
여 勸請諸佛하니라. 以愛敬三寶淳厚心故로 信得增長하여 乃能
志求無上之道니라. 又 因佛法僧力所護故로 能消業障하고 善
根不退하니 以隨順法性 離癡障故이니라. 四者는 大願平等方
便이라. 所謂 發願 盡於未來토록 化度一切衆生하여 使無有餘
皆令究竟無餘涅槃케하니 以隨順法性 無斷絶故이니라. 法性은

廣大하고 徧一切衆生하여 平等無二이어 不念彼此하고 究竟寂
滅故이니라.

[소-65] 第二는 顯發心之相이라. 於中에 有二이니 一者는 直明이고 二者
는 往復除疑니라. 初中 言에 直心者는 是不曲義라. 若念眞如라면
則心平等하여 更無別歧이니 何有迴曲이리오. 故로 言에 正念眞
如法故라하니 卽是二行之根本也니라. 言에 深心者는 是窮原義
라. 若一善不備라면 無由歸原이라. 歸原之成이면 必具萬行이라.
故로 言에 樂集一切諸善行故라하니 卽是自利行之本也니라. 大
悲心者는 是普濟義라. 故로 言에 欲拔衆生苦故니라하니 卽利他
行之本也니라. 發此三心이면 無惡不離이고 無善不修이며 無一
衆生所不度者이니 是名無上菩提心也니라. 問曰 以下는 往復
除疑이니 問意로 可見이라. 答中에 有二이니 直答과 重顯이라. 初
直答中에 有喩有合이라. 略說 以下는 重顯 可知니라.

[논-66] 菩薩이 發是心故로 則得少分 見於法身이고 以見法身故로 隨
其願力하여 能現八種利益衆生이니라. 所謂 從兜率天에서 退하
여 入胎 住胎 出胎 出家 成道 轉法論하며 入於涅槃하니라.
然이나 是菩薩 未名法身。以其過去無量世來有漏之業을 未
能決斷일새 隨其所生하여 與微苦相應이니라. 亦非業繫이니 以
有大願自在力故라. 如脩多羅中 或說에 有退墮惡趣者는 非
其實退라하니 但爲初學菩薩로서 未入正位하여 而懈怠者가 恐
怖하여 令彼勇猛故이니라. 又 是菩薩이 一發心後 遠離怯弱하고
畢竟에 不畏墮二乘地라. 若聞 無量無邊阿僧祇劫을 勤苦難
行해야 乃得涅槃이라도 亦不怯弱이라. 以信知一切法 從本已來
自涅槃故이니라.

[소-66] 第三은 顯其發心功德이니 於中에 有四니라. 初는 顯勝德이고
次는 明微過이며 三은 通權敎이고 四는 歎實行이니라. 初中 二句인
則得少分 見法身者는 是明自利功德이라. 十解菩薩이 依人空
門하여 見於法界이니 是相似見이라. 故로 言에 少分也라. 隨其願
力 以下는 顯利他德이라. 能現八種利益衆生者는 如華嚴經에
歎十住初發心住하여 云하되 此發心菩薩이 得如來一身無量
身하여 悉於一切世間에서 示現成佛故이니라. 然是 以下는 顯其
微過니라. 如脩多羅 以下는 第三 會通權敎니라. 如本業經에
云하되 七住 以前은 爲退分이니 若不值善知識者라면 若一劫

乃至十劫에 退菩提心이라 如淨目天子 法才王子 舍利弗等이 欲入第七住이나 其間에 値惡知識因緣故로 退入凡夫 不善惡中이니 乃至廣說하더라. 今釋은 此意가 但是權語일뿐 非實退也라. 又是菩薩 以下는 第四 歎其實行이라. 永無怯弱일새 即成彼經이 是權이고 非實也니라.

[논-67] 解行發心者란 當知하라 轉勝이니 以是菩薩은 從初正信已來 於第一阿僧祇劫에 將欲滿故일새 於眞如法中에 深解現前하여 所修離相이라. 以知法性體 無慳貪故로 隨順하여 修行檀波羅密하고 以知法性無染이어 離五欲過故로 隨順하여 修行尸波羅密하며 以知法性無苦이어 離瞋惱故로 隨順하여 修行羼提波羅密하고 以知法性無身心相이어 離懈怠故로 隨順하여 修行毗梨耶波羅密하며 以知法性常定이어 體無亂故로 隨順하여 修行禪波羅密하고 以知法性體明이어 離無明故로 隨順하여 修行般若波羅密하니라.

[소-67] 第二 解行發心中 言에 第一阿僧祇 將欲滿故 於眞如法深解現前者는 十迴向位에서 得平等空故로 於眞如에서 深解現前也이고 地前一阿僧祇 欲滿故也이니 是擧解行所得發心이니라. 次言에 以知法性 無慳貪故 隨順 修行檀等行者는 十行位中에서 得法空故로 能順法界하여 修六度行이니 是顯發心所依解行也이니라.

* 證發心中 在文에 有二이니 一者는 通約諸地하여 明證發心하고 二者는 別就十地하여 顯成滿德이니라.

[논-68] 證發心者란 從淨心地 乃至菩薩究竟地에서 證何境界리오. 所謂 眞如니라. 以依轉識하여 說爲境界하나 而此證者는 無有境界일새 唯眞如智이니 名爲法身이니라. 是菩薩은 於一念頃에 能至十方無餘世界하여 供養諸佛하고 請轉法輪이라. 唯爲開導하여 利益衆生이나 不依文字니라. 或示超地 速成正覺은 以爲怯弱衆生故며 或說 我於無量阿僧祇劫에 當成佛道는 以爲懈慢衆生故니라. 能示如是 無數方便은 不可思議하나 而實菩薩種性根等하고 發心則等하며 所證亦等하여 無有超過之法이라. 以一切菩薩이 皆經三阿僧祇劫故이니라. 但隨衆生 世界不同하여 所見所聞의 根欲性이 異이니 故로 示 所行亦有差別이니라. 又是菩薩發心相者는 有三種心 微細之相이라. 云何爲三이오. 一

者는 眞心이니 無分別故요. 二者는 方便心이니 自然 徧行하여 利益衆生故요. 三者는 業識心이니 微細起滅故이니라.

[소-68] 初中에 有四니라. 一은 標位地이고 二는 明證義이며 是菩薩 以下 第三은 歎德이며 發心相 以下 第四는 顯相이라. 第二中 言에 以依轉識 說爲境界者는 轉識之相으로서 是能見用이라. 對此能見하여 說爲境界니라. 以此諸地 所起證智는 要依轉識하여 而證眞如이니 故로 對所依하여 假說境界니라. 直就證智에는 卽無能所이어 故로 言하되 證者 無境界也라. 第四中 言에 眞心者는 謂無分別智이고 方便心者는 是後得智이며 業識心者는 二智가 所依하는 阿梨耶識이니라. 就實而言하면 亦有轉識 及與 現識이나 但今略擧 根本細相이라. 然이나 此業識은 非發心德이라. 但爲欲顯 二智起時에 有是微細起滅之累일새 不同佛地純淨之德이라. 所以로 合說하여 爲發心相耳니라.

* 以下는 第二이니 別顯成滿功德이라. 於中에 有二이니 一者는 直顯勝德하고 二者는 往復除疑니라.

[논-69] 又 是菩薩은 功德成滿이어 於色究竟處에서 示一切世間 最高大身이라. 謂以一念相應慧로 無明頓盡이니 名一切種智니라. 自然而 有 不思議業일새 能現十方하여 利益衆生하니라.

[소-69-1] 初中 言에 功德成滿者는 謂 第十地因行成滿也라. 色究竟處 示高大身 乃至 名一切種智等者는 若依十王果報別門하면 十地菩薩은 第四禪王이며 在於色究竟天에서 成道하니 則是報佛인 他受用身이니라. 如十地經 攝報果中 云에 九地菩薩이 作大梵王하여 主二千世界하고 十地菩薩은 作魔醯首羅天王하여 主三千世界니라. 楞伽經 言에 譬如阿梨耶識이 頓分別自心 現身器世界等이니라 報佛如來도 亦復如是이어 一時에 成就 諸衆生界 置究竟天淨妙宮殿 修行淸淨之處니라하고 又 下頌에서 言하되 欲界及無色에서 佛不彼成佛이라 色界中 上天에서 離欲中에 得道니라.

[별기] 今釋此經意하여 云이라. 若論實受用身之義라면 徧於法界하여 無處不在나 而言에 唯在彼天之身而成佛者는 爲菩薩所現色相化受用身이니라. 非實報身이 唯在彼天이니 爲顯此義하여 故로 言에 界也니라. 別記는 止此라.

[소-69-2] 梵網經에 云이라. 爾時에 釋迦牟尼佛이 在第四禪魔醯首羅天

王宮에서 與無量大梵天王 不可說不可說菩薩衆에게 說蓮華藏世界盧舍那佛所說心地法門品이라. 是時에 釋迦身에서 放慧光하니 從此天王宮에서 乃至蓮華臺藏世界니라. 是時 釋迦牟尼佛이 卽擎接此世界大衆하고 至蓮華臺藏世界百萬億紫金光明宮中하니 盧舍那佛이 坐百萬蓮華赫赫光明座上이더라. 時에 釋迦佛 及諸人衆이 一時에 禮敬盧舍那佛하니라. 爾時 盧舍那佛이 卽大歡喜라. 是諸佛子여 諦聽하고 善思修行하라. 我는 已百萬阿僧祇劫을 修行心地하여 以之로 爲因이라. 初捨凡夫하고 成等正覺하니 爲盧舍那하여 住蓮華藏世界海이니라. 其臺周徧은 有千葉이고 一葉은 一世界이어 爲千世界니라. 我化作 爲千釋迦하여 據千世界니라. 復就千葉世界에 復有百億四天下百億菩薩釋迦가 坐百億菩提樹下니라. 如是 千葉上佛이 是吾化身이고 千百億釋迦가 是千釋迦化身이라. 吾는 爲本源으로 名爲盧舍那라. 偈로 言하되 我今盧舍那로 方坐蓮華臺이니 乃至廣說하니라. 此等諸文을 準釋하면 可知니라.

[논-70] 問曰. 虛空無邊故로 世界無邊이고 世界無邊故로 衆生無邊이고 衆生無邊故로 心行差別이 亦復無邊이라. 如是境界 不可分齊일새 難知難解니라. 若無明斷이면 無有心想인데 云何能了일새 名一切種智리오. 答曰. 一切境界는 本來一心으로 離於想念이나 以衆生妄見境界故로 心有分齊니라. 以妄起想念하여 不稱法性故로 不能決了니라. 諸佛如來는 離於見想이어 無所不徧이니라. 心眞實故로 卽是諸法之性이라. 自體顯照 一切妄法하니 有大智用 無量方便이니라. 隨諸衆生所應得解하여 皆能開示 種種法義이니 是故로 得名一切種智니라.

又 問曰. 若諸佛이 有自然業이어 能現一切處 利益衆生者라면 一切衆生이 若見其身 若覩神變 若聞其說하여 無不得利인데 云何世間에 多不能見이리오. 答曰. 諸佛如來의 法身이 平等하고 徧一切處하여 無有作意故로 而說自然이라. 但依衆生心現인데 衆生心者는 猶如於鏡이라. 鏡若有垢이면 色像不現이듯 如是 衆生心이 若有垢이면 法身不現故이니라.

[소-70] 第二에는 遣疑라. 二番 問答에서 卽遣二疑니라. 初答中에 有三이니 先立道理하고 次擧非하며 後顯是이니라. 初中 言에 一切境界本來一心 離於想念者는 是立道理라 謂一切境界 雖非有邊

而非無邊이라도 不出一心故이니라. 以非無邊故로 可得盡了하고 而非有邊故로 非思量境이니 以之故로 言하되 離想念也라. 第二 擧非中 言에 以衆生妄見境界故 心有分齊等者는 明 有所見故로 有所不見也라. 第三 顯是中 言에 離於見想 無所不徧者는 明 無所見故로 無所不見也라. 言에 心眞實故 卽是諸法之性者는 佛心이 離想하고 體一心原하여 離妄想故로 名心眞實이라. 體一心故로 爲諸法性하니 是則 佛心이 爲諸妄法之體니라. 一切妄法은 皆是佛之心相일새 相이 現於自體하고 自體照其相하니라. 如是了知하면 有何爲難이오. 故로 言에 自體顯照一切妄法이니 是謂 無所見故로 無所不見之由也라. 次遣 第二疑니라. 答中 言에 鏡若有垢 色像不現 如是衆生心若有垢 法身不現者는 法身은 如本質이고 化身은 似影像이라. 今據能現之本質故로 言하되 法身不現이니라. 如攝大乘 顯現甚深中 言에 由失故로 尊不現이 如月相於破器니라. 釋曰. 諸佛이 於世間에 不顯現하니 而世間說에 諸佛身은 常住인데 云何不顯現이오. 譬如 於破器中에 水不得住이니 水不住故로 於破器中에 實有月不得顯現이라. 如是 諸衆生도 無奢摩他頓滑相續이고 但有過失相續이니 於彼에 實有諸佛이라도 亦不顯現이니라. 水는 譬奢摩他頓滑性故니라. 此二論文이 同說佛現及不現義나 然이나 其所喩는 少有不同이니라. 今此論中에 以鏡爲喩 有垢不現者는 約機而說이라. 見佛機熟을 說爲無垢라하고 有障未熟을 名爲有垢라하니 非謂 煩惱現行 便名有垢不見이니 如善星比丘 及調達等이 煩惱心中 能見佛故이니라. 攝大乘中에 破器爲喩는 明 有奢摩他이어야 乃得見佛者라. 是明過去修習念佛三昧相續이어야 乃於今世 得見佛身이니라. 非謂今世 要於定心 乃能見佛이니 以散亂心 亦見佛故니라. 如彌勒所問經論中 言이라. 又 經說에 諸禪이 爲行處라하니 是故로 得禪者는 名爲善行諸行이라. 此論中에 不必須禪 乃初發心이라. 所以者何오 佛在世時에 無量衆生이 皆亦發心이니 不必有禪故이니라.

【6권】

* 第四 修行信心分中에 有三이라. 一者는 擧人하여 略標大意하고 二者는 就法하여 廣辨行相하며 三者는 示其不退方便하니라.

[논-71] 已說 解釋分하고 次說 修行信心分이라. 是中에 依未入正定衆生故로 說修行信心하니라.

[소-71] 初標大意니라. 上說 發趣道相中 言에 依不定聚衆生이라하고 今此中 言에 未入正定이라하니 當知하라 亦是不定聚人이라. 然이나 不定聚內에 有劣有勝이라. 勝者는 乘進하고 劣者는 可退라. 爲彼勝人故로 說發趣하니 所謂 信成就發心 乃至 證發心等은 爲令勝人 次第進趣故이니라. 爲其劣者故로 說修信하니 所謂 四種信心 五門行等은 爲彼劣人 信不退故也니라. 若此劣人이 修信成就者라면 還依發趣分中 三種發心進趣니라. 是故로 二分 所爲가 有異이나 而其所趣道理는 無別也이니라.

* 以下는 第二. 廣釋이라. 初에 發二問하고 後에 還兩答하니라.

[논-72] 何等信心이고 云何修行이오. 略說하면 信心에 有四種이니 云何爲四오. 一者는 信根本이니 所謂 樂念眞如法故니라. 二者는 信佛有無量功德이니 常念親近하고 供養恭敬하며 發起善根하여 願求一切智故니라. 三者는 信法有大利益이니 常念修行諸波羅密故니라. 四者는 信僧能正修行 自利利他이니 常樂親近 諸菩薩衆하여 求學如實行故니라.

[소-72] 答信中 言에 信根本者는 眞如之法이 諸佛所歸이고 衆行之原이니 故로 曰 根本也라. 餘文可知니라.

* 答修行中 在文에 有三이라 一은 擧數 總標이고 二는 依數 開門이며 三은 依門 別解니라.

[논-73] 修行에 有五門일새 能成此信이라.

[소-73] 初中 言에 能成此信者는 有信無行이면 卽信不熟이고 不熟之信은 遇緣이면 便退이니 故로 修五行하여 以成四信也라.

[논-74] 云何爲五오. 一者는 施門이요 二者는 戒門이요 三者는 忍門이요 四者는 進門이요 五者는 止觀이니라.

[소-74] 第二. 開門中 言에 止觀門者는 六度之中에 定과 慧을 合修니라. 故로 合此二하여 爲止觀門也니라.

* 第三 別解는 作二分하여 釋이라. 前四는 略明하고 後一은 廣說

하니라.

[논-75] 云何修行施門이오. 若見一切 來求索者면 所有財物을 隨力施與하고 以自捨慳貪으로 令彼歡喜케하니라. 若見厄難 恐怖危逼하면 隨己堪任하여 施與無畏니라. 若有衆生 來求法者이면 隨己能解하여 方便爲說이나 不應貪求 名利恭敬이라. 唯念自利利他하고 迴向菩提故이니라. 云何修行戒門이오. 所謂 不殺不盜不婬하고 不兩舌不惡口不妄言不綺語하며 遠離貪嫉欺詐諂曲瞋恚邪見하니라. 若出家者라면 爲折伏煩惱故로 亦應遠離憒鬧하여 常處寂靜하며 修習少欲知足頭陀等行하니라. 乃至 小罪心生怖畏하고 慚愧改悔니라. 不得輕於如來所制禁戒하고 當護譏嫌하여 不令衆生 妄起過罪故이니라. 云何修行忍門이오. 所謂 應忍他人之惱하고 心不懷報하며 亦當忍於利衰毁譽稱譏苦樂等法故이니라. 云何修行進門이오. 所謂 於諸善事에 心不懈退하고 立志堅強하여 遠離怯弱이라. 當念過去 久遠已來 虛受一切身心大苦 無有利益이라. 是故로 應勤修諸功德하여 自利利他로 速離衆苦니라. 復次 若人이 雖修行信心이라도 以從先世來 多有重罪惡業障故로 爲邪魔諸鬼之所惱亂하고 或爲世間事務種種牽纏하며 或爲病苦所惱하니라. 有如是等 衆多障礙이니 是故로 應當勇猛精勤하니 晝夜六時로 禮拜諸佛하고 誠心懺悔하며 勸請隨喜하고 迴向菩提하니라. 常不休廢하고 得免諸障하며 善根增長故이니라.

[소-75] 初中에 亦二이니 一者는 別明 四種修行이고 復次若人 以下는 第二에 示修行者 除障方便이니라. 此第二中에 亦有二句이니 先明 所除障礙이고 後示 能除方法이라. 方法中 言에 禮拜諸佛者는 此總明 除諸障方便이라. 如人負債 依附於王하면 則於債主 無如之何니라. 如是 行人이 禮拜諸佛하면 諸佛所護로 能脫諸障也라. 懺悔 以下는 別除四障이라. 四障은 是何오. 一者는 諸惡業障이니 懺悔除滅이니라. 二者는 誹謗正法이니 勸請滅除이니라. 三者는 嫉妬他勝이니 隨喜對治니라. 四者는 樂著三有이니 迴向對治니라. 由是四障으로 能令行者가 不發諸行케하고 不趣菩提케하니라. 故로 修如是四行하여 對治니라. 是義는 具如瑜伽論說이니라. 又 此懺悔等 四種法은 非直能除諸障이라 亦乃功德無量이니 故로 言에 免諸障善根增長이라. 是義를 廣說하면

如金鼓經也니라.

* 止觀門中 在文에 有二이니 一者는 略明이고 二者는 廣說이니라.

[논-76] 云何修行止觀門이오. 所言 止者란 謂止一切境界相이니 隨順奢摩他觀義故니라. 所言 觀者란 謂分別因緣生滅相이니 隨順毗鉢舍那觀義故니라. 云何隨順이오. 以此二義로 漸漸修習하여 不相捨離하면 雙現前故이니라.

[소-76] 初略中 言에 謂止一切境界相者는 先由分別로 作諸外塵이니 今以覺慧으로 破外塵相이니라. 塵相旣止면 無所分別이니 故로 名爲止也니라. 次言에 分別生滅相者는 依生滅門하여 觀察法相이니 故로 言에 分別이라. 如瑜伽論 菩薩地에 云하되 此中菩薩이 卽於諸法에 無所分別이면 當知하라 名止니라 若於諸法 勝義理趣 及諸無量安立理趣에서 世俗妙智라면 當知하라 名觀이니라. 是知이니 依眞如門하여 止諸境相일새 故로 無所分別이니 卽成無分別智이고 依生滅門 分別諸相하여 觀諸理趣하니 卽成後得智也니라. 隨順奢摩他觀義 隨順毗鉢舍那觀義者란 彼云에 奢摩他는 此翻云에 止라하고 毗鉢舍那는 此翻云에 觀이라. 但今譯此論者가 爲別方便 及與正觀일새 故로 於正觀에 仍存彼語니라. 若具存此語者면 應云에 隨順止觀義 及隨順觀觀義이니라. 欲顯止觀雙運之時 卽是正觀일새 故로 言하되 止觀及與觀觀이라. 在方便時에 止諸塵相이어 能順正觀之止이니 故로 言하되 隨順止觀이라. 又 能分別因緣相故로 能順正觀之觀이니 故로 言하되 隨順觀觀이라. 云何隨順 以下는 正釋此義니라. 漸漸修習者는 是明 能隨順之方便이고 現在前者는 是顯 所隨順之正觀也라. 此中에 略明止觀之義하리라. 隨相而論하면 定은 名爲止라하고 慧는 名爲觀이라하나 就實而言하면 定은 通止觀하고 慧도 亦如是니라. 如瑜伽論 聲聞地에 云하니라. 復次如是 心一境性은 或是奢摩他品이며 或是毗鉢舍那品이라. 若於九種心住中 心一境性이라면 名奢摩他品이라하고 若於四種慧行中 心一境性이라면 名毗鉢舍那品이라하니라. 云何名爲九種心住오. 謂有苾芻가 令心內住 等住 安住 近住 調順 寂靜 最極寂靜 專住一趣 及與等持케할새 如是名爲九種心住니라. 云何內住오. 謂從外一切所緣境界에서 攝錄其心하여 繫在於內하고 不外散亂이니 故로 名內住니라. 云何等住오. 謂卽最初所繫縛心 其性麤動하

어 未能令其等徧住故로 次卽於此所緣境界에서 以相續方便 澄淨方便으로 挫令微細하여 徧攝令住하니 故로 名等住니라. 云何安住오. 謂若此心이 雖復如是內住等住라도 然이나 由失念으로 於外 散亂하면 還復攝錄 安置內境하니 故로 名安住니라. 云何近住오. 謂彼先應 如是如是 親近念住하고 由此念故로 數數作意하여 內住其心하며 不令此心이 遠住於外하니 故로 名近住니라. 云何調順이오. 謂種種相이 令心散亂하니 所謂 五塵三毒 男女等相이라. 故로 彼先應取 彼諸相爲過患想하고 由如是想 增上力故로 於彼諸相에서 折挫其心하여 不令流散케하니 故로 名調順이니라. 云何寂靜이오. 謂有種種欲恚害等 諸惡尋思와 貪欲蓋等 諸隨煩惱로 令心擾動케하니 故로 彼先應取 彼諸法 爲過患想하고 由如是想 增上力故로 於彼心에서 不流散하니 故로 名寂靜이니라. 云何名爲 最極寂靜이오. 謂失念故로 卽彼二種 暫現行時 隨所生起하나 然이나 不忍受하고 尋卽反吐하니 故로 名最極寂靜이니라. 云何名爲 專住一趣오. 謂有加行有功用이어 無缺無間에 三摩地 相續而住일새 故로 名專住一趣니라. 云何等持오. 謂數修數習 數多修習 爲因緣故로 得無加行無功用任運轉道하니 故로 名等持니라. 又 如是得 奢摩他者는 復卽由是四種作意로 方能修習毗鉢舍那이니 故로 此亦是毗鉢舍那品이니라. 云何四種 毗鉢舍那인고. 謂有苾芻 依止內心 奢摩他故로 於諸法中에 能正思擇 最極思擇 周徧尋思 周徧伺察하니 是名四種이니라. 云何名爲 能正思擇이오. 謂於淨行所緣境界 或於善巧所緣境界 或於淨惑所緣境界에서 能正思擇 盡所有性하니라. 云何名爲 最極思擇이오. 謂卽於彼所緣境界에서 最極思擇 如所有性하니라. 云何名爲 周徧尋思오. 謂卽於彼所緣境界에서 由慧俱行으로 有分別作意이어 取彼相狀에 周徧尋思하니라. 云何名爲 周徧伺察이오. 謂卽於彼所緣境界에서 審諦推求하여 周徧伺察하니라하여 乃至廣說이라. 尋此文意하면 乃說聲聞止觀法門이라. 然이나 以此法으로 趣大乘境이면 卽爲大乘止觀之行이니 故로 其九種心住 四種慧行이 不異前說이니라. 大乘境者는 次下文中에 當廣分別하여 依文消息也라. 止觀之相으로서 略義가 如是니라.

* 以下는 第二 廣辨인데 於中에 有二니라. 先明別修이고 後顯雙

運이니라. 別修之內에 先止後觀이라. 先明止中에 卽有四段이니 一은 明修止方法이고 二는 顯修止勝能이고 三은 辨魔事이고 四는 示利益이니라.

[논-77] 若修止者라면 住於靜處하여 端坐正意라. 不依氣息 不依形色하고 不依於空하며 不依地水火風 乃至 不依見聞覺知하라. 一切諸想을 隨念 皆除하고 亦遣除想하라. 以一切法은 本來無相이어 念念不生 念念不滅이고 亦不得隨心外念境界니라. 後에 以心除心하니 心若馳散하면 卽當攝來하여 住於正念하라. 是正念者란 當知하라 唯心일뿐 無外境界니라. 卽復此心은 亦無自相이어 念念不可得이라. 若從坐起 去來進止 有所施作 於一切時에 常念方便하고 隨順觀察하며 久習淳熟하면 其心得住니라. 以心住故로 漸漸猛利 隨順得入 眞如三昧하여 深伏煩惱하고 信心增長일세 速成不退니라. 唯除疑惑 不信誹謗 重罪業障 我慢懈怠이니 如是等人은 所不能入이라.

[소-77] 初方法中에 先明 能入人하고 後簡 不能者니라. 初中 言에 住靜處者는 是明緣具니라. 具而言之하면 必具五緣이라. 一者는 閑居靜處이니 謂住山林이라. 若住聚落이면 必有喧動故이니라. 二者는 持戒淸淨이니 謂離業障이라. 若不淨者라면 必須懺悔故이니라. 三者는 衣食具足이라. 四者는 得善知識이라. 五者는 息諸緣務니라. 今略擧初이니 故로 言하되 靜處니라. 言에 端坐者는 是明調身하고 言에 正意者는 是顯調心하니라. 云何調身이오. 委悉而言하면 前安坐處를 每令安穩 久久無妨케하니라. 次當正脚이라. 若半跏坐라면 以左脚을 置右髀上하고 牽來近身하여 令左脚指가 與右胜와 齊케하니라. 若欲全跏라면 卽改上右脚하여 必置左髀上하고 次에 左脚置右胜上하니라. 次에 解寬衣帶니 不坐時에 落이니라. 次當安手라. 以左手掌을 置右手上하고 累手相對하여 頓置左脚上하고 牽來近身하여 當心而安이라. 次當은 正身이라. 前當搖動其身 幷諸支節하고 依七八反에 如自按摩法이듯 勿令手足差異니라. 正身端直하여 令肩骨相對케하여 勿曲勿聳이라. 次에 正頭頸하고 令鼻與臍相對하여 不偏不邪 不仰不卑케하여 平面正住니라. 今總略說이니 故로 言하되 端坐也니라. 云何調心者오. 末世行人이 正願者 少이고 邪求者 多이니 謂 求名利하려 現寂靜儀하여 虛度歲月일세 無由得定이라. 離此邪求故로 言

하되 正意니라. 直欲定心과 與理相應하여 自度度他로서 至無上道하니 如是 名爲正意也라. 不依 以下는 正明 修止次第하여 顯示九種住心니라. 初言 不依氣息 乃至 不依見聞覺知者는 是明 第一內住之心. 言에 氣息者는 數息觀境이고 言에 形色者 骨瑣等相이며 空地水等은 皆是事定所緣境界이며 見聞覺知는 是擧散心所取六塵이라. 於此諸塵에 推求破壞하여 知唯自心이이 不復託緣이니 故로 言에 不依니라. 不依外塵은 卽是內住也라. 次言에 一切諸想 隨念皆除者는 是明 第二等住之心이라. 前雖別破氣息等相이나 而是初修이니 其心이 麤動이라. 故로 破此塵하여 轉念餘境이니라. 次卽於此一切諸相에서 以相續方便澄淨方便으로 挫令微細케하여 隨念皆除니라. 皆除馳想이 卽是等住也라. 次言 亦遣除想者는 是明 第三安住之心이라. 前雖皆除外馳之想이나 而猶內存能除之想이라. 內想不滅이면 外想還生이니 是故로 於內에 不得安住니라. 今復遣此能除之想이라. 由不存內코 則能忘外하고 忘外而靜하면 卽是安住也니라. 次言에 以一切法 本來無相 念念不生 念念不滅者는 是明 第四 近住之心이라. 由先修習念住力故로 明知 內外 一切諸法이 本來無有能想可想이라. 推其念念하면 不生不滅이고 數數作意하여 而不遠離하니 不遠離住 卽是近住也라. 次言에 亦不得隨心 外念境界者는 是明 第五 調順之心이라. 諸外塵相은 念心散亂이라. 依前修習 安住近住하여 深知 外塵에 有諸過患을 卽取彼相이 爲過患想이라. 由是想力으로 折挫其心하여 令不外散케하니 故로 名調順也라. 次言 後以心除心者 是明 第六 寂靜之心. 諸分別想 令心發動 依前調順 彌覺其患 卽取此 相爲過患想. 由此想力轉除動心 動心不起 卽是寂靜也. 次言에 心若馳散 乃至 念念不可得者는 是明 第七 最極寂靜之心이라. 於中有二라. 初言에 心若馳散 卽當攝來 乃至 唯心無外境界者는 是明 失念暫馳散外塵하나 而由念力으로 能不忍受也라. 次言에 卽復此心 亦無自相 念念不可得者는 是明 失念이 還存內心이니 而由修力으로 尋卽反吐也라. 能於內外에 不受反吐하니 是故로 名爲最極寂靜이니라. 次言에 若從坐起去來 乃至 淳熟其心得住者는 是明 第八 專住一趣니라. 謂 有加行 有功用心故로 言에 常念方便 隨順觀察也라하고 無間無缺 定心相續故

로 言에 久習淳熟 其心得住라하니 卽是專住一趣相이니라. 次言에 以心住故로 漸漸猛利 隨順得入 眞如三昧者는 是明 第九 等持之心이라. 由前淳熟 修習力故로 得無加行無功用心이어 遠離沈浮하여 任運而住故로 名等持니라. 等持之心이 住眞如相故로 言하되 得入眞如三昧니라. 深伏煩惱 信心增長 速成不退者는 略顯 眞如三昧力用이라. 由此에 進趣得入種性不退位故니라. 上來所說은 名能入者고 唯除以下는 簡不能者라. 修止方法을 竟在於前이니라.

[논-78] 復次 依是三昧故로 則知法界一相이라. 謂 一切諸佛法身이 與衆生身과 平等하여 無二이니 卽名 一行三昧니라. 當知하라 眞如는 是三昧의 根本이니 若人修行하면 漸漸 能生無量三昧니라.

[소-78] 第二는 明 修止勝能이라. 是明 依前眞如三昧하여 能生一行等諸三昧니라. 所言 一行三昧者는 如文殊般若經 言에 云何 名一行三昧오하니 佛言에 法界一相인데 繫緣法界 是名一行三昧니라. 入一行三昧者는 盡知 恒沙諸佛法界 無差別相이니라. 阿難이 所聞佛法을 得念總持하여 辯才智慧가 於聲聞中에 雖爲最勝이라도 猶住量數이니 卽有限礙니라. 若得一行三昧라면 諸經法門을 一一分別 皆悉了知하여 決定無礙이어 晝夜常說하는 智慧辯才는 終不斷絶이니라. 若比阿難의 多聞辯才이면 百千等分 不及其一이라 乃至廣說하니라. 眞如三昧가 能生此等無量三昧故로 言에 眞如是三昧根本也라. 修止勝能을 竟在於前하니라.

* 以下는 第三 明起魔事니라. 於中에 有二이니 略明과 廣釋이니라.

[논-79] 或有衆生이 無善根力이면 則爲諸魔外道鬼神之所惑亂이라. 若於坐中에 現形恐怖나 或現端正男女等相일때 當念唯心하면 境界則滅이어 終不爲惱하리라.

[소-79] 略中亦二이니 先明 魔嬈하고 後示對治하니라. 初中 言에 諸魔者는 是天魔也요. 鬼者는 堆惕鬼也이며 神者는 精媚神也라. 如是鬼神은 嬈亂佛法하여 令墮邪道케하니 故로 名外道니라. 如是諸魔 乃至 鬼神等은 皆能變作 三種五塵하여 破人善心이라. 一者는 作可畏事이니 文言에 坐中現形恐怖故라. 二者는 作可愛事이니 文言에 或現端正男女故라. 三은 非違非順事니 謂現平品五塵하여 動亂行人之心이니 文言에 等相故이니라. 當念 以下는

次明對治니라. 若能思惟 如前諸塵 唯是自心分別所作이면 自心之外에 無別塵相이라. 能作是念이면 境相卽滅이니라. 是明通遣諸魔鬼神之法이라. 別門而言하면 各有別法이니 謂 治諸魔者는 當誦大乘諸治魔呪하여 呾念誦之니라. 堆惕鬼者는 或如蟲蝎이 緣人頭面하여 攢刺瘤瘤하며 或復擊攊人兩掖下하며 或乍抱持於人하며 或言說音聲喧喧하며 及作諸獸之形하여 異相非一이라. 來惱行者이면 則應閉目하여 一心憶而作如是言하되 我今識汝라 汝是此閻浮提中 食火臭香偸臘吉支이라 邪見汝喜하여 汝破戒種이나 我今持戒하여 終不畏汝하리라. 若出家人이라면 應誦戒律하고 若在家人이라면 應誦菩薩戒本이라. 若誦三歸五戒等이면 鬼便却行 각 匍匐而出也라. 精媚神者는 謂十二時狩이니 能變化作 種種形色하여 或作少男女相하고 或作老宿之形 及可畏身等하며 非一衆多로 惱亂行者니라. 其欲惱人이면 各當其時來라. 若其多於寅時來者이면 必是虎兕等이며 多於卯時來者이면 必是兔獐等이며 乃至 多於丑時來者이면 必是牛類等이니라. 行者 恆用此時면 則知其狩精媚하여 說其名字呵責이면 卽當謝滅이니라. 此等은 皆如禪經廣說이라. 上來에 略說 魔事對治니라.

[논-80] 或現天像 菩薩像하고 亦作如來像하여 相好具足하고 或說陀羅尼하며 或說布施持戒忍辱精進禪定智慧하며 或說平等空無相無願 無怨無親 無因無果 畢竟空寂 是眞涅槃이라하며 或令人知宿命過去之事케하며 亦知未來之事케하며 得他心智하고 辯才無礙이어 能令衆生이 貪著世間 名利之事니라. 又 令使人이 數瞋數喜케하여 性無常準이라. 或多慈愛하고 多睡多病하여 其心懈怠케하니라. 或卒起精進하다 後便休廢하고 生於不信하여 多疑多慮니라. 或捨本勝行하고 更修雜業하니 若著世事이면 種種牽纏이라. 亦能使人이 得諸三昧 少分相似케하나 皆是外道所得일새 非眞三昧니라. 或復令人이 若一日 若二日 若三日 乃至 七日 住於定中케하고 得自然香美飮食하며 身心適悅하고 不飢不渴하여 使人愛著케하니라. 或亦令人이 食無分齊이어 乍多乍少하여 顔色變異케하니라. 以是義故로 行者는 常應智慧觀察하여 勿令此心이 墮於邪網케하니라. 當勤正念으로 不取不著하면 則能遠離是諸業障일새 應知外道所有三昧는 皆不離見愛我

慢之心이니 貪著世間名利恭敬故이니라. 眞如三昧者란 不住見相하고 不住得相하며 乃至 出定해도 亦無懈慢이어 所有煩惱가 漸漸微薄하니라. 若諸凡夫 不習此三昧法이면 得入如來種性은 無有是處니 以修世間諸禪三昧하여 多起味著하면 依於我見하여 繫屬三界하니 與外道共이니라. 若離善知識所護면 則起外道見故니라.

[소-80] 第二 廣釋이니 於中에 有三이니라. 一者는 廣顯魔事差別이고 以是義故 以下는 第二 明其對治이며 應知外道 以下는 第三 簡別眞僞니라. 初中에 卽明五雙十事니라. 一者는 現形說法爲雙이라. 二者는 得通起辯爲雙이니 謂從或令人 以下 乃至 名利之事也라. 三者는 起惑作業爲雙이니 謂 又令使人 以下 乃至 種種牽纏也라. 四者는 入定得禪爲雙이니 謂 從亦能使 以下 乃至 使人愛著也라. 五者는 食差顏變爲雙이니 文處可見也라. 問. 如見菩薩像等境界는 或因宿世善根所發인데 云何簡別 判其邪正이오. 解云. 實有是事이니 不可不愼이라. 所以然者오. 若見諸魔 所爲之相하고 謂是善相이라하여 悅心取著하면 則因此邪僻으로 得病發狂이니라. 若得善根이어 所發之境을 謂是魔事라하여 心疑捨離하면 卽退失善利하고 終無進趣리라. 而其邪正은 實難取別일새 故로 以三法으로 驗之해야 可知니라. 何事爲三이오. 一은 以定으로 硏磨하고 二는 依本하여 修治하며 三은 智慧로 觀察하니라. 如經言에 欲知眞金이면 三法으로 試之하니 謂 燒打磨라 行人도 亦爾하니 難可別識일새 若欲別之하면 亦須三試니라 一則當與共事하고 共事不知이면 當與久共處하며 共處不知이면 智慧觀察이라. 今藉此意하여 以驗邪正이라. 謂如定中에 境相發時 邪正難了者는 應當深入定心하여 於彼境中에 不取不捨이어 但平等定住니라. 若是善根之所發者라면 定力은 逾深하여 善根彌發하고 若魔所爲라면 不久에 自壞니라. 第二는 依本修治者란 且如本修不淨觀禪이라면 今則 依本修不淨觀이니라. 若如是修境界增明者라면 則非僞也라. 若以本修治漸漸壞滅者라면 當知是邪也니라. 第三 智慧觀察者란 觀所發相하고 推驗根原하여 不見生處하고 深知空寂하여 心不住著하면 邪는 當自滅하고 正은 當自現이라. 如燒眞金에 其光自若하나 是僞은 不

爾니라. 此中에 定은 譬於磨하고 本은 猶於打하며 智慧觀察은 類以火燒니라. 以此三驗으로 邪正可知也니라. 問 若魔能令 我心得定이면 定之邪正을 如何簡別이리오. 解云이라. 此處는 微細하여 甚難可知니라. 且依先賢之說하여 略示邪正之歧이 라. 依如前說 九種心住門 次第修習하여 至第九時 覺其支 體 運運而動이라. 當動之時에 卽覺其身이 如雲如影일새 若 有若無니라. 或從上發 或從下發 或從腰發하여 微微徧身이 라. 動觸發時 功德無量이나 略而說之하면 有十種相이니라. 一 은 靜定이요 二는 空虛요 三은 光淨이요 四는 喜悅이요 五는 猗 樂이요 六은 善心이 生起요 七은 知見이 明了요 八은 無諸累 縛이요 九는 其心調柔요 十은 境界現前이라. 如是十法이 與 動俱生이니라. 若其分別이면 則難可盡니라. 此事 旣過에 復 有餘觸 次第而發이라. 言餘觸者는 略有八種이라. 一은 動이요 二는 痒이요 三은 涼이요 四는 暖이요 五는 輕이요 六은 重이요 七 은 澀이요 八은 滑이니라. 然이나 此八觸은 未必具起일새 或有 但發二三觸者니라. 發時에 亦無定次라 然이나 多初發動觸이 라. 此是依麤顯正定相이니라. 次辨邪相이니 邪相은 略出十雙 이니라. 一은 增減이요 二는 定亂이요 三은 空有요 四는 明闇이요 五는 憂喜요 六는 苦樂이요 七은 善惡이요 八은 愚智요 九는 脫縛이요 十은 强柔니라. 一 增減者란 如動觸發時 或身動手 起하고 脚亦隨動하나 外人은 見其兀兀如睡니라. 或如著鬼 身手足紛動하듯 此爲增相이니라. 若其動觸發時 若上 若下 이든 未及徧身하고 卽便壞滅일새 因此로 都失境界之相하고 坐時 蕭索 無法持身하니 此爲減相이니라. 二 定亂者란 動觸 發時 識心及身이 爲定所縛하여 不得自在하거나 或復因此로 便入邪定하여 乃至七日 此是定過니라. 若動觸發時 心意亂 擧하여 緣餘異境하는 此爲亂過也라. 三 空有者란 觸發之時 都不見身일새 謂證空定이라하니 是爲空過니라. 若觸發時 覺 身堅實하여 猶如木石하니 是爲有過也라. 四 明闇者란 觸發 之時 見外種種光色 乃至日月星辰하니 是爲明過니라. 若觸 發時 身心闇昧 如入闇室하니 是爲闇過也라. 五 憂喜者란 觸發之時 其心이 熱惱하고 憔悴不悅하니 是爲憂失이라. 若 觸發時 心人踊悅하여 不能自安하니 是爲喜失也라. 六 苦樂

者란 觸發之時 覺身支體 處處痛惱하니 是爲苦失이라. 若觸發時 知大快樂하고 貪著纏縛하니 是爲樂失也라. 七 善惡者란 觸發之時 念外散善하여 破壞三昧하니 是爲善失이라. 若觸發時 無慚愧等이어 諸惡心生하니 是惡失也라. 八 愚智者란 觸發之時 心識迷惑하여 無所覺了하니 是爲愚失이라. 若觸發時 知見明利하여 心生邪覺하니 是爲智失也라. 九 縛脫者란 或有五盖 及諸煩惱가 覆障心識하니 是爲縛失이라. 或謂證空得果라하여 生增上慢하니 是爲脫失也라. 十 强柔者란 觸發之時 其身剛强하여 猶如瓦石이듯 難可廻轉하니 是爲强失이라. 若觸發時 心志頓弱하여 易可敗壞하니 猶如頓涅이 不堪爲器이듯 是爲柔失也라. 此二十種 邪定之法이 隨其所發에 若不識別하고 心生愛著하면 因或失心狂亂하며 或哭或笑하며 或驚漫走하며 或時自欲 投巖赴火하며 或時得病하여 或因致死니라. 又 復隨有如是發一邪法에 若與九十五種外道鬼神法中一鬼神法 相應이라도 而不覺者는 卽念彼道하고 行於彼法하니 因此로 便入鬼神法門이라. 鬼加其勢이어 或發諸邪定 及諸辯才하여 知世吉凶하고 神通奇異 現希有事하여 感動衆人이라. 世人은 無知하여 但見異人하고 謂是賢聖이라하여 深心信伏이라. 然이나 其內心에 專行鬼法이니라. 當知이니 是人은 遠離聖道이어 身壞命終에 墮三惡趣니라. 如九十六 外道經에 廣說하니라. 行者는 若覺是等邪相이면 應以前法으로 驗而治之니라. 然이나 於其中에 亦有是非이니 何者오. 若其邪定 一向魔作者라면 用法治之하고 魔去之後에 則都無復毫釐禪法이니라. 若我得入 正定之時에 魔入其中하여 現諸邪相者라면 用法卻之하고 魔邪旣滅에 則我定心明淨이어 猶如雲除日顯이라. 若此等相 雖似魔作이나 而用法治해도 猶不去者라면 當知이니 因自罪障으로 所發이라. 則應勤修 大乘懺悔하여 罪滅之後에 定當自顯이니라. 此等障相은 甚微難別이니 欲求道者는 不可不知니라. 且止傍論하고 還釋本文하니라. 上來廣辨 魔事差別이라. 以是已下는 第二明治니라. 言智慧觀察者란 依自隨分所有覺慧로 觀諸魔事 察而治之니라. 若不觀察이면 卽墮邪道이니 故로 言에 勿令墮於邪網이라. 此是如前三種驗中 正爲第三智慧觀察이니라. 言 當勤正念

不取不著者는 總顯三中前之二法이라. 今於此中大乘止門에 唯修理定이고 更無別趣故로 初定研 并依本修이고 更無別法이라. 所以로 今說에 當依本修大乘止門하여 正念而住니라. 不取不著者는 邪不干正하고 自然退沒이라. 當知이니 若心取著이면 則棄正而成邪니라. 若不取著이면 則因邪而顯正이라. 是知이니 邪正之分은 要在著與不著이니라. 不著之者는 無障不離이니 故로 言에 遠離是諸業障也라. 應知外道 以下는 第三 簡其眞僞니라. 於中에 有二라. 初는 擧內外로 以別邪正이라. 先이 邪요 後는 正이니 文相可知니라. 若諸 以下는 次對理事에 以簡眞僞니라. 於中에 初는 顯理定是眞이라. 行者는 要修眞如三昧라야 方入種性不退位中이니 除此하고 更無能入之道니라. 故로 言에 不習이면 無有是處니라. 然이나 種性之位는 有其二門이라. 一은 十三住門이라. 初 種性住種性者란 無始來有로서 非修所得이라. 義는 出瑜伽及地持論이니라. 二는 六種性門이라. 初習種性 次性種性者는 位在三賢이이 因習所成이라. 出本業經及仁王經이니라. 於中 委悉은 如一道義中에 廣說也라. 今此中言에 如來種性者는 說第二門習種性位也니라. 以修世間 以下는 次顯事定之僞니라. 謂不淨觀安那槃念等이니 皆名世間諸三昧也라. 若人不依眞如三昧하고 直修此等事三昧者라면 隨所入境에 不離取著이라. 取著法者는 必著於我일새 故로 屬三界이어 與外道共也니라. 如智度論에 云하되 諸法實相 其餘一切는 皆是魔事라하여 此之謂也니라. 上來에 第三 明魔事竟이니라.

[논-81] 復次 精勤專心修學此三昧者는 現世에 當得十種利益이니 云何爲十이요. 一者는 常爲十方諸佛菩薩之所護念이요 二者는 不爲諸魔惡鬼所能恐怖요 三者는 不爲九十五種外道鬼神之所惑亂이요 四者는 遠離誹謗甚深之法일새 重罪業障漸漸微薄이요 五者는 滅一切疑諸惡覺觀이요 六者는 於如來境界에서 信得增長이요 七者는 遠離憂悔이어 於生死中에 勇猛不怯이요 八者는 其心柔和이어 捨於憍慢일새 不爲他人所惱요 九者는 雖未得定이라도 於一切時 一切境界處에 則能減損煩惱하여 不樂世間이요 十者는 若得三昧라면 不爲外緣一切音聲之所驚動이니라.

[소-81] 第四利益이라. 後世利益은 不可具陳일새 故로 今略示現在利益이니라. 總標 別顯은 文相可知니라. 別明止門은 竟在於前이니라.

[논-82] 復次 若人唯修於止이면 則心沈沒하고 或起懈怠하여 不樂衆善하고 遠離大悲하니 是故로 修觀이니라. 修習觀者는 當觀이니 一切世間有爲之法이 無得久停이어 須臾變壞하고 一切心行이 念念生滅하여 以是故로 苦라. 應觀 過去所念諸法이 恍惚如夢이라. 應觀 現在所念諸法이 猶如電光이라. 應觀 未來所念諸法이 猶如於雲이어 忽爾而起라. 應觀 世間一切有身이 悉皆不淨 種種穢汙이어 無一可樂이라. 如是當念 一切衆生이 從無始世來로 皆因無明所熏習故로 令心生滅케하여 已受一切身心大苦하고 現在卽有無量逼迫하며 未來所苦 亦無分齊일새 難捨難離인데도 而不覺知이니 衆生 如是 甚爲可愍이라. 作此思惟하고 卽應勇猛立大誓願하여 願하옵건대 令我心이 離分別故로 徧於十方하고 修行一切諸善功德하며 盡其未來에 以無量方便으로 救拔一切苦惱衆生하여 令得涅槃第一義樂이니라. 以起如是願故로 於一切時 一切處 所有衆善에서 隨己堪能하고 不捨修學하여 心無懈怠니라. 唯除 坐時 專念於止하고 若餘一切 悉當觀察 應作不應作이니라.

[소-82] 第二는 明觀이니 於中에 有三이라. 初는 明修觀之意이고 次는 顯修觀之法이며 其第三者는 總結勸修라. 第二之中에 顯四種觀이라. 一은 法相觀이니 謂無常苦 流轉不淨이어 文相可知니라. 如是當念 以下는 第二 明大悲觀이라. 作是思惟 以下는 第三 明誓願觀이라. 以起如是 以下는 第四 明精進觀이라. 依此四門하여 略示修觀也라. 唯除坐時 以下는 第三 總結勸修니라. 上來에 第一 別明止觀이니라.

[논-83] 若行若住 若臥若起에서 皆應止觀俱行이라. 所謂 雖念諸法 自性不生이라도 而復卽念 因緣和合하여 善惡之業 苦樂等報가 不失不壞이고 雖卽因緣 善惡業報라도 而亦卽念 性不可得이니라. 若修止者면 對治凡夫 住著世間하여 能捨二乘 怯弱之見하고 若修觀者면 對治二乘 不起大悲 狹劣心過하여 遠離凡夫 不修善根이라. 以此義故로 是止觀二門 共相助成하고 不相捨離니라. 若止觀不具이면 則無能入 菩提之道니라.

[소-83] 第二는 合修이니 於中에 有三이라. 一은 總標俱行이라. 第二는

別明行相이라. 三者는 總結이라. 第二之中에 顯示二義이니 先은 明順理俱行止觀하고 後는 顯對障俱行止觀이라. 初中言에 雖念諸法自性不生者는 依非有門하여 以修止行也라. 而復卽念業果不失者는 依非無門하여 以修觀行也라. 此는 順不動實際하여 建立諸法하니 故로 能不捨止行하여 而修觀行이니라. 良由로 法이 雖非有이나 而不墮無故也라. 次言에 雖念善惡業報而卽念性不可得者는 此 順不壞假名하며 而說實相이니 故로 能不廢觀行하며 而入止門이라. 由其法으로 雖不無이나 而不常有故也라. 若修 以下는 對障分別이라. 若修止者면 離二種過라. 一者는 正除凡夫住著之執하여 遣彼所著人法相故니라. 二者는 兼治二乘怯弱之見하여 見有五陰怖畏苦故라. 若修觀者면 亦離二過니라. 一者는 正除二乘狹劣之心하여 普觀衆生起大悲故라. 二者는 兼治凡夫 懈怠之意하여 不觀無常懈怠發趣故라. 以是義故 以下는 第三 總結俱行이라. 一則 順理無偏하여 必須俱行이며 二卽 並對二障하여 必應雙遣이라. 以是二義로 不相捨離이니 故로 言에 共相助成等也니라. 止觀二行은 旣必相成이니 如鳥兩翼 似車二輪이라. 二輪不具이면 卽無運載之能이고 一翼若闕이면 何有翔空之勢리오. 故로 言에 止觀不具 則無能入菩提之道也라. 修行信心分中에 有三이라. 一者는 擧人하여 略標大意하고 二者는 就法하여 廣辨行相이라. 此之二段을 竟在於前이니라.

[논-84] 復次 衆生은 初學是法하며 欲求正信이나 其心怯弱이라 以住於此娑婆世界에 自畏不能常值諸佛 親承供養이니라. 懼謂信心難可成就라하며 意欲退者는 當知이니 如來는 有勝方便이어 攝護信心이라. 謂 以專意念佛因緣으로 隨願得生他方佛土하여 常見於佛하고 永離惡道니라. 如脩多羅에 說하되 若人專念西方極樂世界阿彌陀佛하고 所修善根을 迴向하여 願求生彼世界이면 卽得往生하여 常見佛故로 終無有退니라. 若觀彼佛眞如法身하고 常勤修習이면 畢竟에 得生住正定故이니라.

[소-84] 第三은 示修行者 不退方便이라. 於中에 有二인데 先은 明初學者畏退墮이고 後는 示不退轉之方便이라. 此中에 有三인데 一者는 明佛有勝方便이고 二者는 別出脩多羅說이라. 若觀 以下는 第三 釋經所說意趣니라. 若觀法身 畢竟得生者는 欲明十解

以上菩薩이 得少分見眞如法身이어 是故로 能得畢竟往生이라. 如上信成就發心中 言에 以得少分見法身故라하니 此는 約相似見也니라. 又復 初地已上菩薩이 證見彼佛眞如法身하니 以之故로 言에 畢竟得生이니라. 如楞伽經에 歎龍樹菩薩하여 云하되 證得歡喜地하여 往生安樂國故니라. 此中論意는 約上輩人하여 明畢竟生이니 非謂未見法身이어 不得往生也라. 住正定者 通論하면 有三이라. 一者는 見道以上을 方名正定이라하니 約無漏道하여 爲正定故이니라. 二者는 十解以上을 名爲正定이라하니 住不退位로 爲正定故니라. 三者는 九品往生을 皆名正定이라하니 依勝緣力하여 得不退故이니라. 於中 委悉은 如無量壽料簡中에 說하니라.

* 第五 勸修分中에는 在文有六이니라.

[논-85] 已說修行信心分이니 次說勸修利益分이니라. 如是摩訶衍諸佛秘藏을 我已總說이라.

[소-85] 第一은 總結前說이라.

[논-86] 若有衆生이 欲於如來甚深境界에서 得生正信하고 遠離誹謗하여 入大乘道라면 當持此論 思量修習해야 究竟에 能至無上之道니라. 若人聞是法已에 不生怯弱하면 當知이니 此人은 定紹佛種이어 必爲諸佛之所授記니라.

[소-86] 第二는 擧益勸修라. 文中에 有二이니 先은 正勸修이고 究竟以下는 示其勝利니라. 此中에 二句라. 初는 示所得果勝이고 後는 明能修人勝이니라.

[논-87] 假使 有人이 能化三千大千世界滿中衆生하여 令行十善게하더라도 不如有人이 於一食頃에 正思此法이라. 過前功德이어 不可爲喩니라. 復次 若人이 受持此論하여 觀察修行 若一日一夜하면 所有功德은 無量無邊일새 不可得說이니라. 假令 十方一切諸佛이 各於無量無邊阿僧祇劫에서 歎其功德이라도 亦不能盡이니 何以故오. 謂法性功德無有盡故로 此人功德도 亦復如是이어 無有邊際니라.

[소-87] 第三은 信受福勝이라. 文中에 有二라. 先은 明 一食之頃에 正思福勝이고 後는 顯 一日一夜 修行功德이 無邊이라.

[논-88] 其有衆生이 於此論中에 毁謗不信하면 所獲罪報는 經無量劫에 受大苦惱이라. 是故로 衆生은 但應仰信일뿐 不應誹謗이라.

以深自害하고 亦害他人하여 斷絶一切三寶之種이며 以一切如來가 皆依此法하여 得涅槃故이며 一切菩薩이 因之로 修行하여 入佛智故이니라.

[소-88] 第四는 毁謗罪重이라. 文中에 有四니라. 先은 明毁謗罪重이라. 是故 以下는 第二 試勸이라. 以深 以下는 第三 釋罪重意니라. 一切如來 以下는 第四 轉釋斷三寶種之意이니라.

[논-89] 當知하라 過去菩薩도 已依此法하여 得成淨信하고 現在菩薩도 今依此法하여 得成淨信하며 未來菩薩도 當依此法하여 得成淨信하니라.

[소-89] 第五는 引證이라.

[논-90] 是故로 衆生은 應勤修學하니라.

[소-90] 第六은 結勸이라. 一部之論 有三分中에 正辨論宗하여 竟在於前이라.

[논-91] 諸佛甚深廣大義를 我今隨分總持說하니 廻此功德如法性하여 普利一切衆生界라.

[소-91] 末後一頌은 第三 總結이라. 於中에 上半은 結前五分하고 下之二句는 廻向六道니라.

인용문 전거

인용문 전거

범례

*T16n0672_p0627a20,22
　T : 신수대장경
　16 : 대장경 책 일련번호
　n0672 : 경전 일련번호
　p0627 : 쪽 번호
　a20 : 상단 20행

1. 大藏經 第十三冊 大方等大集經卷第十七 虛空藏菩薩品第八四
　 *T13n0397_p0114c28-p0115a12

   乘者謂無量也。無邊崖故。普遍一切喩如虛空。廣大容受一切衆生故。不與聲聞辟支佛共。是故名大乘。復次乘者。以正住四攝法爲輪。以眞淨十善業爲輻。以淨功德資糧爲轂。以堅固淳至畢竟爲[車*官]轄釘鑷。以善成就諸禪解脫三昧爲轅。以四無量心爲善調。以善知識爲御。以知時非時爲發動。以無常苦空無我之音爲驅策。以七覺寶繩爲鞦紖。以淨五根爲索帶。以弘普端直大悲爲旒幢。以四正勤爲網。以四念處爲安詳。以四神足爲速進。以勝五力爲鑒陣。以八聖道爲直進。於一切衆生無障礙慧明以爲軒。以無住六波羅蜜迴向薩婆若。以無等四諦度到彼岸。是爲大乘。此乘諸佛所受。聲聞辟支佛所觀

2. 大藏經 第十三冊 大方等大集經卷第十七 虛空藏菩薩品第八四
　 *T13n0397_p0115a12-17

   聲聞辟支佛所觀。一切菩薩所乘。釋梵護世所應敬禮。一切衆生所應供養。一切智者所應讚歎。一切世間所應歸趣。一切怨憎不能輕毀。一切諸魔不能破壞。一切外道不能測量。一切世智不能與競。此乘殊勝無能遏者

3. 大藏經 第三十一冊 顯揚聖教論卷 第八攝淨義品 第二之四
  * T31n1602_p0520c12-24

  大乘性者。謂菩薩乘與七大性相應故。說名大乘。云何為七。一法大性。謂十二分教中菩薩藏所攝方廣之教。二發心大性。謂已發無上正等覺心。三勝解大性。謂於前所說法大性境起勝信解。四勝意樂大性。謂已超過勝解行地入淨勝意樂地。五資糧大性。謂已成就福智二種大資糧故能證無上正等菩提。六時大性。謂三大劫阿僧企耶時。能證無上正等菩提。七成滿大性。謂即無上正等菩提。此所成滿菩提自體。比餘成滿自體尚無與等。何況超勝此中法大性乃至時大性。此之六種是成滿大性之因。成滿大性一種。是前六之果。

4. 大藏經 第三十冊 瑜伽師地論卷第四十六 本地分中菩薩地第十五 初持瑜伽處 菩提分品第十七之三 * T30n1579_p0548c24-27

  當知此中若法大性若發心大性。若勝解大性若增上意樂大性。若資糧大性若時大性。如是六種。皆是圓證大性之因。圓證大性。

5. 大藏經第九冊大方廣佛華嚴經賢首菩薩品第八之一
  * T09n0278_p0433a26-27,b6-7

  信為道元功德母 增長一切諸善法 除滅一切諸疑惑 示現開發無上道 信能超出眾魔境 示現無上解脫道 一切功德不壞種 出生無上菩提樹。

6. 大藏經 第三十一冊 大乘阿毘達磨雜集論卷第十一
  * T31n1606_p0744a06-07

  七業大性。窮生死際示現一切成菩提等。建立廣大諸佛事故。

7. 大藏經 第三十一冊 攝大乘論釋卷第六
  * T31n1595_p0196c23-25

  譬如虛空虛空遍滿一切色際。無有生住滅變異。如來智亦爾。遍一切所知。無倒無變異故說如虛空。

8. 大藏經 第九冊 大方廣佛華嚴經卷第一 世間淨眼品第一之一
  * T09n0278_p0400a17

  求空邊際猶可得 佛一毛孔無涯限 佛德如是不思議 是名如來淨知見。

9. 大藏經 第十二冊 大般涅槃經卷第二十三 光明遍照高貴德王
菩薩品第十之三 ＊T20n1115_p0503a04-05

   五者根自在故。云何名爲根自在耶。如來一根亦能見色聞聲嗅香
   別味覺觸知法。

10. 大藏經 第九冊 大方廣佛華嚴經 卷第二十六 十地品 第二十二
    之四 ＊T09n0278_p0565b17-27

    薩知衆生身。知國土身。知業報身。知聲聞身。知辟支佛身。知
    菩薩身。知如來身。知智身。知法身。知虛空身。是菩薩如是知
    衆生深心所樂。若於衆生身。作己身。若於衆生身作國土身。業
    報身。聲聞身。辟支佛身。菩薩身。如來身。智身。法身。虛空
    身。若於國土身。作己身。業報身。乃至虛空身。若於業報身。
    作己身。乃至虛空身。若於己身。作衆生身。國土身。業報身。
    聲聞身。辟支佛身。菩薩身。如來身。智身。法身。虛空身。是
    菩薩知衆生集業身。報身。煩惱身。色身。無色身。

11. 大藏經 第二冊 增壹阿含經卷第三十一 力品第三十八之一
    ＊T02n0125_p0717b17-21

    佛在舍衛國祇樹給孤獨園。爾時。世尊告諸比丘。有六凡常之
    力。云何爲六。小兒以啼爲力。欲有所說。要當先啼。女人以瞋
    恚爲力。依瞋恚已。然後所說。沙門婆羅門以忍爲力。

12. 大藏經 第二十五冊 大智度論釋初品中四緣義 第四十九
    (卷三十二) ＊T25n1509_p0298b19-21

    法性者法名涅槃。不可壞不可戲論。法性名爲本分種。如黃石中
    有金性白石中有銀性。如是一切世間法中皆有涅槃性。

13. 大藏經 第九冊 大方廣佛華嚴經卷第六十 入法界品第三十四
    之十七 ＊T09n0278_p0788a04-07

    譬如深大海 珍寶不可盡 於中悉顯現 衆生形類像
    甚深因緣海 功德寶無盡 清淨法身中 無像而不現。

14. 大藏經 第三十一冊 究竟一乘寶性論卷第一 究竟一乘寶性論
    僧寶品第四 ＊T31n1611_p0825a02-03

又有二種修行 謂如實修行 及遍修行 難證知義 如實修行者

15. 大藏經　第十七冊　佛說法集經卷第四
　　＊T17n0761_p0635c03-11

又如實修行者謂發菩提願。不放逸者謂滿足菩提願。復次如實修行者謂修行布施。不放逸者謂不求報。復次如實修行者受持淨戒。不放逸者成就不退戒。復次修行者始修忍辱行。不放逸者得無生法忍。復次修行者。求一切善根而不疲倦。不放逸者捨一切所作事故。復次修行者始修禪定。不放逸者不住禪定。復次修行者滿足智慧。不放逸者不戲論諸法。

16. 大藏經　第二十五冊　大智度初序品中緣起義釋論　卷第一
　　＊T25n1509_p0063a01-02

以故初稱如是語。答曰。佛法大海信為能入。智為能度。

17. 大藏經　第十四冊　維摩詰所說經(一名不可思議解脫上卷)
佛國品第一　＊T14n0475_p0538a02

佛以一音演說法　眾生隨類各得解。

18. 大藏經　第九冊　大方廣佛華嚴經卷第八　菩薩雲集妙勝殿上說偈品第十之二　＊T09n0278_p0447b06-07

一切眾生語言法一言演說盡無餘悉欲解了淨密音菩薩因此初發心。

19. 大藏經　第十六冊　入楞伽經卷第一　請佛品第一
　　＊T16n0671_p0519a01

寂滅者名為一心。一心者名為如來藏。入自內身智慧境。

20. 大藏經　第十六冊　楞伽阿跋多羅寶經卷第四　一切佛語心品之四
　　＊T16n0670_p0510b04-05

如來之藏是善不善因。能遍興造一切趣生。譬如伎兒變現諸趣離。

21. 大藏經　第三十一冊　攝大乘論釋卷第五　釋應知勝相第二之一
世親菩薩釋　陳天竺三藏真諦譯　＊T31n1595_p0187c18-20

於依他性中以別道理成立為三性。三性互不相是。
即是不異非不異義

大藏經 第三十一冊 攝大乘論釋卷第四 所知相分第三之一
世親菩薩造三藏法師玄奘奉　詔譯　＊T31n1597_p0341c02-10

論曰。復次此三自性爲異爲不異。應言非異非不異。謂依他起自
性由異門故成依他起。卽此自性由異門故成遍計所執。卽此自性
由異門故成圓成實。由何異門此依他起成依他起。依他熏習種子
起故。由何異門卽此自性成遍計所執。由是遍計所緣相故。又是
遍計所遍計故。由何異門卽此自性成圓成實。如所遍計。畢竟不
如是有故

大藏經 第三十一冊 攝大乘論釋卷第四　所知相分第三之一　無
性菩薩造　三藏法師玄奘奉　詔譯　＊T31n1598_p0404a15-b09

論曰。復次此三自性爲異爲不異。應言非異非不異。謂依他起自
性。由異門故成依他起。卽此自性由異門故成遍計所執。卽此自
性由異門故成圓成實。由何異門此依他起成依他起。依他熏習種
子起故。由何異門卽此自性成遍計所執。由是遍計所緣相故。又
是遍計所遍計故。由何異門卽此自性成圓成實。如所遍計畢竟不
如是有故。釋曰。非異者。謂依他起性。與遍計所執有非有故。
有望於有。可得言異。非望非有兔角等無。非不異者。有與非有
不成一故依他起性與圓成實亦復如是。性不淸淨性淸淨故。今復
依止異門意趣。此三自性或成一性。或成異性。由是遍計所緣相
故。又是遍計所遍計故者。由依他起。是我色等遍計所執所依止
故。又依他起。是我色等。意識遍計。所遍計故。由此意趣假說
依他起。爲遍計所執。如所遍計畢竟不如是有故者。於依他起如
所顯現。畢竟無故。如是卽說三種自性不全成異。亦非不異。觀
待別故。若時觀待熏習種子所生義邊成依他起。不卽由此成餘二
性。若時觀待遍計所緣成遍計執。不卽由此成餘二性。若時觀待
遍計所執畢竟無邊。成圓成實。不卽由此成餘二性

22. 大藏經 第十二冊 大般涅槃經卷第十六 梵行品第八之二
　　＊T20n1103_p0461c16-19

是有是無。是名空空。是是非是是。是名空空。善男子。十住菩
薩尙於是中通達少分猶如微塵。況復餘人。善男子。如是空空。

23. 大藏經 第三十冊 大乘廣百論釋論卷第八 破邊執品第六
  *T20n1092_p0234c08-p0235b02

   復次爲顯世間所執諸法皆非眞實。及顯外道所執不同。故次頌曰
   有非有俱非 一非一雙泯

   隨次應配屬 智者達非眞。論曰。……如是世間四種外道。

   邪論惡見擾壞其心。虛妄推尋諸法性相。皆不中理競執紛紜。於諸法中起四種謗。謂有非有雙許雙非。增益損減相違戲論。是故世間所執非實。

24. 大藏經 第十六冊 楞伽阿跋多羅寶經卷第四 一切佛語心品之四
  *T20n1119_p0510b07-08

   不覺計着作者。爲無始虛僞惡習所薰。名爲識藏。生無明住地與七識俱。

25. 大藏經 第十六冊 楞伽阿跋多羅寶經卷第四 一切佛語心品之四
  *T16n0670_p0512b12

   刹那者 名識藏如來藏意俱。

26. 大藏經 第十六冊 楞伽阿跋多羅寶經卷第一 一切佛語心品第一之一 *T16n0670_p0483a26-b03

   見等識境妄想。大慧。譬如泥團微塵非異非不異。金莊嚴具亦復如是。大慧。若泥團微塵異者。非彼所成而實彼成。是故不異。若不異者。則泥團微塵應無分別。如是大慧。轉識藏識眞相若異者。藏識非因。若不異者。轉識滅藏識亦應滅。而自眞相實不滅。是故大慧。非自眞相識滅。但業相滅。

27. 大藏經 第十六冊 入楞伽經卷第七 入楞伽經佛性品第十一
  *T16n0671_p0557a07-08

   夫人。依餘菩薩摩訶薩深智慧者。說如來藏阿梨耶識。共七種識生名轉滅相。

28. 大藏經 第十二冊 大般涅槃經卷第七 如來性品第四之四
  *T12n0374_p0408b13

   復次善男子。譬如雪山有一味藥。名曰樂味。

大藏經　第十二冊　大般涅槃經卷第七　如來性品第四之四
　　　＊20n1095_p0408b19-20

　　　如是一味隨其流處有種種異。是藥眞味停留在山猶如滿月。

29.　大藏經　第十六冊　入楞伽經卷第一　請佛品第一
　　　＊T16n0671_p0519a01-02

　　　寂滅者名爲一心。一心者名爲如來藏。

30.　大藏經　第十六冊　楞伽阿跋多羅寶經卷第四　一切佛語心品之四
　　　＊T16n0670_p0510b16-18

　　　諦解脫修行者。作解脫想。不離不轉名如來藏識藏。七識流轉不
　　　滅。所以者何。彼因攀緣諸識生故。非聲聞緣覺修行境界。

31.　大藏經　第十六冊　楞伽阿跋多羅寶經卷第四　一切佛語心品之四
　　　＊T16n0670_p0510b04-10

　　　受教。佛告大慧。如來之藏是善不善因。能遍興造一切趣生。譬
　　　如伎兒變現諸趣離我我所。不覺彼故。三緣和合方便而生。外道
　　　不覺計着作者。爲無始虛僞惡習所薰。名爲識藏。生無明住地與
　　　七識俱。如海浪身常生不斷。離無常過離於我論。自性無垢畢竟
　　　清淨。其諸餘識有生有滅。

32.　大藏經　第十六冊　楞伽阿跋多羅寶經卷第四　一切佛語心品之四
　　　＊T16n0670_p0512b12

　　　刹那。大慧。刹那者名識藏如來藏意俱。

33.　大藏經　第十六冊　入楞伽經卷第七　無常品第八
　　　＊T16n0671_p0556b29-c01

　　　戲論諸熏習故。大慧。阿梨耶識者。名如來藏。而與無明七識共俱。

　　　大藏經　第十六冊　入楞伽經卷第七　無常品第八
　　　＊T16n0671_p0556c11

　　　以不知轉滅虛妄相故

34.　大藏經　第十六冊　佛說不增不減經
　　　＊T16n0668_p0467b06-08

舍利弗。即此法身過於恒沙。無邊煩惱所纏從無始世來隨順世間。波浪漂流往來生死名爲衆生。舍利弗。即此法身厭離世間生死

35. 大藏經 第三十冊 瑜伽師地論卷第五十五
    * T30n1579_p0603a11

    問本煩惱有幾種依處。答六。

36. 大藏經 第十二冊 勝鬘師子吼一乘大方便方廣經 如來眞實義功德章第一 * T12n0353_p0220a10

    無明住地 其力最大。

37. 大藏經 第十二冊 中邊分別論卷上 相品第一
    * T12n0374_p0451c25

    唯塵智名心　差別名心法。

38. 大藏經 第十二冊 中邊分別論卷上 相品第一
    * T12n0374_p0451c26-27

    心者 但了別塵通相。若了塵別相 說名爲心法。

39. 大藏經 第十六冊 金光明最勝王經卷第二 分別三身品第三
    * T16n0665_p0410a29-b03

    苦悉皆盡故。說爲清淨非謂無體。譬如有人於睡夢中。見大河水漂泛其身。運手動足截流而渡得至彼岸。由彼身心不懈退故。從夢覺已。不見有水彼此岸別。

    大藏經 第十六冊 合部金光明經 金光明經三身分別品第三
    * T16n0664_p0364c01-03

    爲無體。譬如有人於臥寐中夢見大水流泛其身。運手動足逆流而上。以其心力不懈退故。從於此岸得至彼岸。夢既覺已。

40. 大藏經 第三十一冊 攝大乘論釋卷第十五 釋智差別勝相第十之三 * T31n1595_p0269b15-16

    法身爲二身本。本既常住。末依於本相續恒在。故末亦常住

41. 大藏經 第九冊 大方廣佛華嚴經卷第七 賢首菩薩品第八之二

* T09n0278_p0442b20-23

| 牟尼離三世 | 相好悉具足 | 於住無所住 | 法界悉清淨 |
| 因緣故法生 | 因緣故法滅 | 如是觀如來 | 究竟離癡惑 |

42. 大藏經 第十六冊 金光明最勝王經卷第二 分別三身品第三
    * T16n0665_p0409a19-20

    依諸伏道。起事心盡。依法斷道。依根本心盡。依最勝道。根本心盡。起事心滅

    大藏經 第十六冊 合部金光明經 金光明經三身分別品第三
    * T16n0664_p0363b21-24

    遠離三身不能至故。何者爲三。一者起事心。二者依根本心。三者根本心。依諸伏道起事心盡。依法斷道依根本心盡。依勝拔道根本心盡。起事心滅故得顯化身。依根本心滅故

43. 大藏經 第八冊 佛說仁王般若波羅蜜經卷下 仁王般若波羅蜜護國經受持品第七 * T08n0245_p0832b06-09

    登一切法解脫住金剛臺。善男子。從習忍至頂三昧。皆名爲伏一切煩惱。而無相信。滅一切煩惱生解脫智。照第一義諦。不名爲見。所謂見者是薩婆若。

44. 大藏經 第十六冊 楞伽阿跋多羅寶經卷第四 一切佛語心品之四
    * T16n0670_p0512b15-17

    以斷見壞無爲法。大慧。七識不流轉。不受苦樂。非涅槃因。大慧。如來藏者。受苦樂與因俱。若生若滅

45. 大藏經 第十二冊 勝鬘師子吼一乘大方便方廣經 自性清淨章第十三 * T12n0353_p0222b16-19

    於此六識及心法智。此七法刹那不住。不種衆苦。不得厭苦樂求涅槃。世尊。如來藏者。無前際不起不滅法。種諸苦得厭苦樂求涅槃。世尊。如來藏者

46. 大藏經 第十六冊 入楞伽經卷第二 集一切佛法品第三之一
    * T16n0671_p0522a19

是故大慧。諸識自相滅。自相滅者業相滅。若自相滅者阿梨耶識應滅。大慧。若阿梨耶識滅者。此不異外道斷見戲論。大慧。彼諸外道作如是說。所謂離諸境界相續識滅。相續識滅已即滅諸識。大慧。若相續識滅者。無始世來諸識應滅大慧。

47. 大藏經 第十六冊 合部金光明經 金光明經三身分別品第三
　　＊T16n0664_p0363c09-11

應身者從無始生死相續不斷。一切諸佛不共之法能攝持故。眾生未盡。用亦不盡故。是故說常。

　　大藏經 第十六冊 金光明最勝王經卷第二 分別三身品第三
　　＊T16n0665_p0409b07-09

應身者。從無始來相續不斷。一切諸佛不共之法能攝持故。眾生無盡用亦無盡。是故說常。

48. 大藏經 第三十一冊 究竟一乘寶性論卷第四 無量煩惱所纏品第六 ＊T31n1611_p0841c26-p0842a01

又何者是成就自利。謂得解脫遠離煩惱障遠離智障。得無障礙清淨法身。是名成就自身利益。又何者是成就他利益。既得成就自身利已。無始世來自然依彼二種佛身。示現世間自在力行。是名成就他身利益。

49. 大藏經 第十二冊 大般涅槃經卷第二十七 師子吼菩薩品第十一之一 ＊T12n0374_p0523b12-14

佛性者名第一義空。第一義空名為智慧。所言空者不見空與不空。智者見空及與不空。

50. 大藏經 第十二冊 大般涅槃經卷第二十七 師子吼菩薩品第十一之一 ＊T12n0374_p0523b15

空者 一切生死。不空者 謂大涅槃。

51. 大藏經 第九冊 大方廣佛華嚴經卷第六十 入法界品第三十四之十七 ＊T09n0278_p0788a04-07

譬如深大海　珍寶不可盡　於中悉顯現　眾生形類像
甚深因緣海　功德寶無盡　清淨法身中　無像而不現

52. 大藏經 第二十六冊 佛地經論卷第五
* T26n1530_p0318c01-02

大圓鏡智能現一切諸法影像。

53. 大藏經 第三十一冊 轉識論(從無相論出)
* T31n1587_p0061c10-p0062a02

問此識何相何境。答相及境不可分別一體無異。問若爾云何知有。答由事故知有此識此識能生一切煩惱業果報事。譬如無明。當起此無明。相境可分別不若可分別非謂無明。若不可分別則應非有。而是有非無亦由有欲瞋等事知有無明。本識亦爾相

54. 大藏經 第三十一冊 攝大乘論釋卷第三 釋引證品第三之一 業不 淨章第二 * T31n1595_p0170a10-11

意識緣三世境及非三世境。此則可知。由此三義有異故不可立爲意識

55. 大藏經 第十六冊 楞伽阿跋多羅寶經卷第一
* T16n0670_p0483a15-18

大慧。略說有三種識。廣說有八相。何等爲三。謂眞識現識及分別事識。大慧。譬如明鏡持諸色像。現識處現亦復如是。

56. 大藏經 第十六冊 楞伽阿跋多羅寶經卷第一
* T16n0670_p0486a12-14

譬如藏識頓分別知自心現及身安立受用境界。

57. 大藏經 第三十一冊 攝大乘論釋卷第五 釋應知勝相第二之一 相章第一 世親菩薩釋 陳天竺三藏眞諦譯 * p0184c14-18

入唯量唯二 種種觀人說 通達唯識時 及伏離識位 釋曰。此偈顯三種通達唯識義。一通達唯量外塵實無所有故。二通達唯二相及見唯識故。

58. 大藏經 第十六冊 楞伽阿跋多羅寶經卷第一 一切佛語心品第一之一 * T16n0670_p0484b11-12

藏識海常住　境界風所動　種種諸識浪　騰躍而轉生

59. 大藏經 第三十一冊 大乘莊嚴經論卷第五 述求品之二
*T31n1604_p0613b11-15

已說求染淨。次說求唯識。偈曰 能取及所取 此二唯心光 貪光及信光 二光無二法
釋曰。能取及所取此二唯心光者。求唯識人應知。能取所取。此之二種唯是心光。

60. 大藏經 第十六冊 金光明經卷第一 金光明經空品第五
*T16n0663_p0340a16-18

眼根受色 耳分別聲 鼻嗅諸香 舌嗜於味 所有身根 貪受諸觸 意根分別 一切諸法 六情諸根

61. 大藏經 第十六冊 楞伽阿跋多羅寶經卷第一 一切佛語心品第一之一 *T16n0670_p0483a15-18

大慧。略說有三種識。廣說有八相。何等為三。謂真識現識及分別事識。大慧。譬如明鏡持諸色像。現識處現亦復如是

62. 大藏經 第十六冊 入楞伽經卷第二 集一切佛法品第三之一
*T16n0671_p0525b09-10

議智最勝境界。大慧。譬如阿梨耶識分別現境自身資生器世間等。一時而知非是前後。

63. 大藏經 第三十冊 瑜伽師地論卷第五十一 攝決擇分中五識身相應地意地之一 *T30n1579_p0580a03-12

阿賴耶識。由於二種所緣境轉。一由了別內執受故。二由了別外無分別器相故。了別內執受者。謂能了別遍計所執自性妄執習氣。及諸色根根所依處。此於有色界。若在無色。唯有習氣執受了別。了別外無分別器相者。謂能了別依止。緣內執受阿賴耶識故。於一切時無有間斷。器世間相譬如燈焰生時內執膏炷外發光明。如是阿賴耶識緣內執受緣外器相。生起道理應知亦爾

64. 大藏經 第三十一冊 中邊分別論卷上 相品第一
*T31n1599_p0451b16-18

是識所取四種境界。謂塵根我及識所攝實無體相。所取既無能取亂識亦復是無。如是說體相已。今當顯名義。

65. 大藏經 第九冊 大方廣佛華嚴經卷第二十五 十地品
    第二十二之三 *T09n0278_p0558c10

    作是念。三界虛妄。但是心作。十二緣分。

66. 大藏經 第十六冊 入楞伽經卷第十 總品第十八之二
    *T16n0671_p0578c19-22

    身資生住持   若如夢中生   應有二種心   而心無二相
    如刀不自割   指亦不自指   如心不自見   其事亦如是

67. 大藏經 第十六冊 入楞伽經卷第十 總品第十八之二
    *T16n0671_p0578c23-24

    非他非因緣   分別分別事   五法及二心   寂靜無如是

68. 大藏經 第十二冊 勝鬘師子吼一乘大方便方廣經 自性清淨章
    第十三 *T12n0353_p0222c04-05

    謂自性清淨心。難可了知。彼心爲煩惱所染亦難了知。

69. 大藏經 第十六冊 入楞伽經卷第九 總品第十八之一
    *T16n0671_p0567a05-13

    善覺心能知   住持世間相   身住持資生   可取三種境
    識取識境界   意識分別三   分別可分別   所有字境界
    不能見實法   彼覺迷不見   諸法無自體   智慧者能覺
    行者爾乃息   住於無相處   如墨圖於雞   愚取是我雞
    如癡凡夫取   三乘同是一。

70. 大藏經 第十二四冊 菩薩瓔珞本業經卷上 菩薩瓔珞本業經因
    果品第六 *T24n1485_p1022a07-08

    其四住地前 更無法起故。故名無始無明住地。

71. 韓國佛教全書 一冊 二障義 *p801a6-b19

    是非二所斷 唯究竟道所能斷故 此約麤相顯其差別 巨細道理後門
    當說 六明二種煩惱門者 謂住地煩惱及起煩惱 起煩惱者 謂顯了
    門所說 二障諸心相應纏及隨眠 …… 當知此中道理亦爾 如本業
    經言一切衆生識始起一相住 於緣皆第一義諦起 故名惑 是爲住地
    名生得惑因此住起一切惑 從一切法緣生 名作得惑 起欲界惑名欲

界住地 起色界惑。

72. 大藏經 第八冊 佛說仁王般若波羅蜜經卷上 菩薩教化品第三
    *T08n0245_p0827b18

    伏忍聖胎三十人　　十信十止十堅心。

73. 大藏經 第十六冊 解深密經卷第四 地波羅蜜多品第七
    *T16n0676_p0704a13-b03

    喜地。乃至何緣說名佛地。佛告觀自在菩薩曰。善男子。成就大義得未曾得出世間心生大歡喜。是故最初名極喜地。遠離一切微細犯戒。是故第二名離垢地。由彼所得三摩地及聞持陀羅尼。能為無量智光依止。是故第三名發光地。由彼所得菩提分法。燒諸煩惱智如火焰。是故第四名焰慧地。由即於彼菩提分法方便修習。最極艱難方得自在。是故第五名極難勝地。現前觀察諸行流轉。又無相多修作意方現在前。是故第六名現前地。能遠證入無缺無間無相作意。與清淨地共相鄰接。是故第七名遠行地。由於無相得無功用。於諸相中不為現行煩惱所動是故第八名不動地。於一切種說法自在。獲得無罪廣大智慧。是故第九名善慧地。麁重之身廣如虛空。法身圓滿譬如大雲皆能遍覆。是故第十名法雲地。永斷最極微細煩惱及所知障無著無礙。於一切種所知境界現正等覺。故第十一說名佛地

74. 大藏經 第三十一冊 大乘阿毘達磨集論卷第五　決擇分中諦品第一之三 *T31n1605_p0685b28-29

    謂依金剛喻定。一切麁重永已息故。

75. 大藏經 第三十冊 瑜伽師地論卷第一　本地分中五識身相應地第一 *T30n1579_p0279b21-22

    諸心所有法。又彼諸法同一所緣。非一行相。俱有相應一一而轉。

76. 大藏經 第三十冊 瑜伽師地論卷第一　本地分中五識身相應地第一 *T30n1579_p0580a28

    立阿賴耶識所緣轉相

    大藏經 第三十冊 瑜伽師地論卷第一　本地分中五識身相應地

第一 ＊T30n1579_p0580a03-04

阿賴耶識。由於二種所緣境轉。一由了別內執受故。二由了別外無分別器相故。

77. 韓國佛教全書 一冊 二障義 ＊p789c-p790a

二障義六門分別 一釋名義 二出體相三辨功能 四攝諸門 五明治斷六憾決擇第一釋名 言二鄣者 一煩惱鄣亦名惑鄣 二所知鄣亦名智鄣 …… 所知者 法執爲首妄想分別及與法愛慢無明等以爲其體論其助伴者 彼相應法幷所取相 亦入其中 二依八識三性簡體者 煩惱鄣體不與阿賴識相應 唯共七種轉識俱起。

78. 大藏經 第十六冊 楞伽阿跋多羅寶經卷第一 一切佛語心品第一之一 ＊T16n0670_p0483a09-13

菩薩摩訶薩。應當修學爾時大慧菩薩摩訶薩復白佛言。世尊。諸識有幾種生住滅。佛告大慧。諸識有二種生住滅。非思量所知。諸識有二種生。謂流注生及相生。有二種住。謂流注住及相住。

79. 大藏經 第十六冊 入楞伽經卷第二 集一切佛法品第三之一 ＊T16n0671_p0521c22-26

爾時聖者大慧菩薩復白佛言。世尊。諸識有幾種生住滅。佛告聖者大慧菩薩言。大慧。諸識生住滅。非思量者之所能知。大慧。諸識各有二種生住滅大慧。諸識二種滅者。一者相滅。二者相續滅。

80. 大藏經 第十六冊 楞伽阿跋多羅寶經卷第一 一切佛語心品第一之一 ＊T16n0670_p0483a11-14

有幾種生住滅。佛告大慧。諸識有二種生住滅。非思量所知。諸識有二種生。謂流注生及相生。有二種住。謂流注住及相住。有二種滅。謂流注滅及相滅。諸識有三種相。

81. 大藏經 第十六冊 楞伽阿跋多羅寶經卷第一 一切佛語心品第一之一 ＊T16n0670_p0483a19-21

相展轉因。大慧。不思議薰。及不思議變。是現識因。大慧。取種種塵。及無始妄想薰。是分別事識因。大慧。若覆彼眞識。

82. 大藏經 第十六冊 入楞伽經卷第一 請佛品第一

* T16n0671_p0518b03-04

阿梨耶識知名識相。所有體相如虛空中有毛輪住。不淨盡智所知境界。世尊。法若如

大藏經 第十六冊 大乘入楞伽經卷第一 羅婆那王勸請品第一
* T16n0672_p0590a01-02

不能了知阿賴耶識無差別相。如毛輪住非淨智境。法性如是云何可捨。

83. 大藏經 第十六冊 入楞伽經卷第一 請佛品第一
* T16n0671_p0516a01-p0518c29

如來及佛子　受已卽皆乘　羅婆那夜叉　亦自乘華殿……楞伽王。譬如鏡中像自見像。譬如水中影自見影。如月燈光在屋室中影自見影。如空中響聲自出聲取以爲聲。若如是取法與非法。皆是虛妄妄想分別。

84. 大藏經 第十六冊 楞伽阿跋多羅寶經卷第一 一切佛語心品第一之一 * T16n0670_p0483a21-26

大慧。若覆彼眞識。種種不實諸虛妄滅。則一切根識滅。大慧。是名相滅。大慧。相續滅者。相續所因滅則相續滅。所從滅及所緣滅則相續滅。大慧。所以者何。是其所依故。依者謂無始妄想薰。緣者謂自心見等識境妄想。

85. 大藏經 第十六冊 入楞伽經卷第二 集一切佛法品第三之一 * T16n0671_p0523a16-19

有四因緣眼識生。何等爲四。一者不覺自內身取境界故。二者無始世來虛妄分別色境界薰習執着戲論故。三者識自性體如是故。四者樂見種種色相故。

86. 大藏經 第十六冊 楞伽阿跋多羅寶經卷第一 一切佛語心品第一之一 * T16n0670_p0484a12

謂自心現攝受不覺。

大藏經 第十六冊 入楞伽經卷第二 集一切佛法品第三之一

* T16n0671_p0523a16-17

有四因緣眼識生。何等爲四。一者不覺自內身取境界故。

87. 大藏經 第十六冊 楞伽阿跋多羅寶經卷第一 一切佛語心品第一之一 * T16n0670_p0484a11-15

四因緣故眼識轉。何等爲四。謂自心現攝受不覺。無始虛僞過色習氣計着。識性自性欲見種種色相。大慧。是名四種因緣。水流處藏識轉識浪生。

88. 大藏經 第十六冊 入楞伽經卷第二 集一切佛法品第三之一
* T16n0671_p0522a20-24

若阿梨耶識滅者。此不異外道斷見戲論。大慧。彼諸外道作如是說。所謂離諸境界相續識滅。相續識滅已卽滅諸識。大慧。若相續識滅者。無始世來諸識應滅大慧。

89. 大藏經 第十六冊 楞伽阿跋多羅寶經卷第一 一切佛語心品第一之一 * T16n0670_p0483a19-21

大慧。不思議薰。及不思議變。是現識因。大慧。取種種塵。及無始妄想薰。是分別事識因。

90. 大藏經 第三十一冊 攝大乘論釋卷第二 釋依止勝相衆名品之二 緣生章第六 * T31n1595_p0166a06-20

便令熏習相貌易見。今當更說。堅無記可熏與能熏相應者。熏義有四種。一若相續堅住難壞。則能受熏。若疏動則不然。譬如風不能受熏。何以故。此風若相續在一由旬内。熏習亦不能隨逐。以散動疏故。若瞻波花所熏油。百由旬内熏習則能隨逐。以堅住故。二若無記氣則能受熏。是故蒜不受熏。以其臭故。沈麝等亦不受熏。以其香故。若物不爲香臭所記則能受熏。猶如衣等。三可熏者。則能受熏。是故金銀石等皆不可熏。以不能受熏故。若物如衣油等。以能受熏。故名爲可熏。四若能所相應則能受熏。若生無間。是名相應故得受熏。若不相應。則不能受熏。若異不可熏說是熏體相者。若異此四義。則不可熏。是故離阿黎耶識餘法不能受熏。

91. 大藏經 第四十四冊 大乘起信論義記卷下本

*T44n1846_p0270c10-11

上六麤中。初二名念。中二名着。後二名同此也。謂依惑造業。

92. 大藏經 第三十一冊 攝大乘論釋卷第十二 釋依慧學差別勝相第八 *T31n1595_p0243a06

譬摩尼天鼓 無思成自事。

93. 大藏經 第十六冊 大乘同性經卷下 *T16n0673_p0651c05-14

薩復問佛言。世尊。何者名爲如來報身。佛言。善丈夫。若欲身彼佛報者。汝今當知。如汝今日見我現諸如來清淨佛刹現得道者當得道者。如是一切即是報身。海妙深持自在智通菩薩復問佛言。世尊。何者名爲如來應身。佛言。善丈夫。猶若今日踊步揵如來。魔恐怖如來。大慈意如來。有如是等一切彼如來。穢濁世中現成佛者當成佛者。如來顯現從兜率下。乃至住持一切正法一切像法一切末法。善丈夫。汝今當知。如是化事皆是應身。

94. 大藏經 第十六冊 金光明最勝王經卷第二 分別三身品第三 *T16n0665_p0408b18-24

自在力故。隨衆生意。隨衆生行。隨衆生界。生死涅槃是一味故。爲除身見衆生怖畏歡喜故。爲無邊佛法而作本故。如實相應如

95. 大藏經 第三十一冊 攝大乘論釋卷第十二 釋依慧學差別勝相第八 *T31n1595_p0241

無分別智依二道成。得何果報論曰 諸菩薩果報 於佛二圓聚 是無分別智 由加行至得 釋曰。…… 釋曰。由與諸地至德相應。由於第十地中因成就。由於佛地中果成就。故得解脫一切障。

大藏經 第三十一冊 攝大乘論釋卷第十二
*T31n1595_p0249-0250

論曰 於凡夫覆眞 於彼顯虛妄 釋曰。…… 釋曰。若人一切處施。一切物施。以大悲施則施圓滿。由大悲行施爲因。得心自在。由一切處施爲因。

96. 大藏經 第八冊 仁王護國般若波羅蜜多經卷上 仁王護國般若波羅蜜多經菩薩行品第三 *T08n0246_p0836c28-29

若有說言於三界外。別更有一眾生界者。即是外道大有經說。

97. 大藏經 第八冊 佛說仁王般若波羅蜜經卷上 仁王般若波羅蜜護國經菩薩教化品第三 ＊T08n0245_p0826b27,29

生習種性十心。信心精進心念心慧心定心分化眾生。已超過二乘一切善地。一切諸

大藏經 第八冊 佛說仁王般若波羅蜜經卷上 仁王般若波羅蜜護國經散華品第六 ＊T08n0245_p0831b07-10

千波羅蜜道。善男子。習忍以前行十善菩薩。有退有進。譬如輕毛隨風東西。是諸菩薩亦復如是。雖以十千劫行十正道發三菩提心乃當入習忍位。亦常學三伏忍法。

98. 大藏經 第三十一冊 攝大乘論釋卷第十五 釋智差別勝相第十之三 ＊T31n1595_p0265a04-07

諸菩薩在十信位中。修大行未堅固。多厭怖生死。慈悲眾生心猶劣薄。喜欲捨大乘本願修小乘道。故言欲偏行別乘。小乘說聲聞。

99. 大藏經 第九冊 大方廣佛華嚴經卷第九 初發心菩薩功德品第十三 ＊T09n0278_p0452c06,10

悉與三世佛正法等。得如來一身無量身界。悉於一切世界示現成佛。悉令一切眾

100. 大藏經 第二十四冊 菩薩瓔珞本業經卷上 菩薩瓔珞本業經賢聖學觀品第三 ＊T24n1485_p1014c04-11

出到第七住常住不退。自此七住以前名為退分佛子。若不退者。入第六般若修行。於空無我人主者。畢竟無生必入定位。佛子。若不值善知識者。若一劫二劫乃至十劫。退菩提心。如我初會眾中有八萬人退。如淨目天子法才王子舍利弗等。欲入第七住。其中值惡因緣故。退入凡夫不善惡中。不名習種性人。

101. 大藏經 第十冊 佛說十地經卷第七 ＊T10n0287_p0566a03-04

煩惱心等稠林。從此迴轉。佛子 譬如二千界主大梵天王。身出光明二千界中。

102. 大藏經 第十六冊 入楞伽經卷第二 集一切佛法品第三之一
  * T16n0671_p0525b09-12

  譬如阿梨耶識分別現境自身資生器世間等。一時而知非是前後。
  大慧。報佛如來亦復如是。一時成熟諸眾生界。置究竟天淨妙宮
  殿修行清淨之處。

103. 大藏經 第二十四冊 梵網經盧舍那佛說菩薩心地 戒品第十卷上
  * T24n1484_p0997b09-13

  爾時釋迦牟尼佛。在第四禪地中摩醯首羅天王宮。

  大藏經 第二十四冊 梵網經盧舍那佛說菩薩心地 戒品第十卷上
  * T24n1484_p0997c02-14

  爾時盧舍那佛即大歡喜。現虛空光體性本原成佛常住法身三昧。
  示諸大眾。是諸佛子。諦聽善思修行。我已百阿僧祇劫修行心
  地。以之為因初捨凡夫成等正覺號為盧舍那。住蓮花臺藏世界
  海。其臺周遍有千葉。一葉一世界為千世界。我化為千釋迦據千
  世界。後就一葉世界。復有百億須彌山百億日月百億四天下百億
  南閻浮提。百億菩薩釋迦坐百億菩提樹下。各說汝所問菩提薩埵
  心地。其餘九百九十九釋迦。各各現千百億釋迦亦復如是。千花
  上佛是吾化身。千百億釋迦是千釋迦化身。吾已為本原名為盧舍
  那佛。

104. 大藏經 第二十一冊 攝大乘論釋卷第十四
  * T31n1595_p0260b10-16

  論曰。由失尊不現如月於破器。釋曰。此下一偈明第七顯現甚
  深。諸佛於世間不顯現。而世間說諸佛身常住。若身常住云何不
  顯現。譬如於破器中水不得住。由水不住故。於破器中實有月不
  得顯現。如此諸眾生無奢摩他軟滑相續。但有過失相續。於彼實
  有諸佛亦不顯現。水譬奢摩他軟滑性故。

105. 大藏經 第二十一冊 攝大乘論釋卷第十四 釋智差別勝相
  第十之二 * T31n1595_p0258c01-p0261a29

  如來藏。二乘人於常住最勝應修中。倒修常住相。遊戲無常相。

修樂我淨亦爾。如此二乘人由倒修不能得諸佛法身道。於中遊戱故。四德相應法身非其境界。始修行菩薩迷如來藏空道理。信樂空解脫門。計滅有物以爲空。謂諸法先時是有。後則斷滅卽是空。復有諸菩薩。由得空相思擇空義。謂離色等法有別物爲空。我今修行爲證此空。當來必應得。如來藏非有非無爲理故。非散亂心偏執有無境界。人天等卽前四衆生。法身甚深非其境界故。…… 釋曰。此下明第十二不可思議甚深。若由留惑故得惑盡者。二乘集諦成菩薩覺分。如二乘覺分能滅彼集諦。菩薩用彼集諦以滅心惑。故成覺分論曰。生死爲涅槃。釋曰。若集諦是覺分。苦諦卽是涅槃。何以故。諸菩薩在生死不被染汚。起自他兩利皆得圓滿譬如二乘在有餘涅槃。不爲二惑所染汚。能得自利。

106. 大藏經 第十一冊 大寶積經卷第一百一十一 大寶積經彌勒菩薩所問會第四十二 ＊T11n0310_p0628b10-12

速能證得阿耨多羅三藐三菩提。云何爲二。一者於奢摩他常勤修習。二者於毘鉢舍那而得善巧。是名爲二。

107. 大藏經 第十一冊 大寶積經卷第一百一十一 大寶積經彌勒菩薩所問會第四十二 ＊T11n0310_p0628c02

五者身得輕安。六者住諸禪定。七者具足行捨。

108. 大藏經 第十六冊 合部金光明經卷第二 金光明經業障滅品第五 ＊T16n0664_p0369b07-19

善男子。復有四種最大業障。難可淸淨。何者爲四。一者於菩薩律儀犯極重惡。二者於大乘十二部經心生誹謗。三者於自身中不能增長一切善根。四者貪著有心。又有四種對治滅業障法。何者爲四。一者於十方世界一切如來。至心親近懺悔一切罪。二者爲十方一切衆生。勸請諸佛說諸妙法。三者隨喜十方一切衆生所有成就功德。四者所有一切功德善根。悉以迴向阿耨多羅三藐三菩提。是時天帝釋白佛言。世尊。云何善男子善女人。於大乘行。其有行者。有不行者。云何而得隨喜一切衆生功德善根佛言。善男子。若有善男子善女人。

109. 大藏經 第三十冊 瑜伽師地論卷第四十五 菩提分品第十七之二 ＊T30n1579_p0539c24-26

此中菩薩卽於諸法無所分別。當知名止。若於諸法勝義理趣如實
眞智。及於無量安立理趣世俗妙智。當知名觀。此中菩薩

110. 大藏經 第三十冊 瑜伽師地論卷第三十 本地分中聲聞地第十三
第三瑜伽處之一 ＊T30n1579_p0450c14-p0451b22

復次如是心一境性。或是奢摩他品。或是毘缽舍那品。…… 云
何名爲周遍尋思。謂卽於彼所緣境界。由慧俱行有分別作意。取
彼相狀周遍尋思。云何名爲周遍伺察。謂卽於彼所緣境界。

111. 大藏經 第八冊 文殊師利所說摩訶般若波羅蜜經卷下
＊T08n0232_p0731a26-27

世尊。云何名一行三昧。
佛言。法界一相。繫緣法界是名一行三昧。

大藏經 第八冊 文殊師利所說摩訶般若波羅蜜經卷下
＊T08n0232_p0731b08-13

如是入一行三昧者。盡知恒沙諸佛法界無差別相。阿難所聞佛法。
得念總持辯才智慧。於聲聞中雖爲最勝。猶住量數則有限礙。若
得一行三昧。諸經法門一一分別。皆悉了知決定無礙。晝夜常說
智慧辯才終不斷絕。若比阿難多聞辯才百千等分不及其一。

112. 大藏經 第三十冊 瑜伽師地論卷第四十七
＊T30n1579_p0552c01-p0553b19

雖常修習而無厭倦。又諸菩薩堅固意樂。能於種種熾然精進廣大
精進。發起安住無緩加行無斷加行。又諸菩薩無虛妄意樂。能於
所引彼彼善法速證通慧。不於少分下劣薄弱差別證中而生喜
足。…… 如來住者。謂過一切諸菩薩住。現前等覺大菩提住。
此中最後如來住者。於後究竟瑜伽處最後建立品。當具演說。

113. 大藏經 第三十冊 瑜伽師地論卷第四十七
＊T30n1579_p0553a20-b02

我今當說。云何菩薩種性住。云何菩薩住種性住。謂諸菩薩住
種性住。性自仁賢。性自成就菩薩功德菩薩所應衆多善法。於
彼現行亦有顯現。由性仁賢逼遣方便令於善轉。非由思擇有所
制約有所防護。若諸菩薩住種性住。任持一切佛法種子。於自

體中於所依中。已具足有一切佛法一切種子。又諸菩薩住種性
住。性離麤垢。不能現起上煩惱纏。由此纏故。造無間業或斷
善根。如種性品所說種種住種性相。於此菩薩種性住中。亦應
廣說應如實知。是名菩薩種性住。

114. 大藏經 第三十冊 菩薩地持經卷第九 菩薩地持次法方便處住
品第四 ＊T30n1581_p0939c29-p0940a06

云何種性住。是菩薩性自賢善。性自能行功德善法。性賢善故率
意方便。諸善法生不待思惟。然後能得種性菩薩。是一切佛法種
子。一切佛法種子在於身中離麤煩惱。種性住菩薩雖起上煩惱纏。
終不能行五無間業。及斷善根種性義如種性品說。是名種性住。

115. 大藏經 第二十四冊 菩薩瓔珞本業經卷上 菩薩瓔珞本業經賢
聖學觀品第三 ＊T24n1485_p1012c07-14

所謂習性種中有十人。其名發心住菩薩治地菩薩修行菩薩生貴菩
薩方便具足菩薩正心菩薩不退菩薩童眞菩薩法王子菩薩灌頂菩薩
佛子。銀寶瓔珞。菩薩字者。性種性中有十人。其名歡喜菩薩饒
益菩薩無瞋恨菩薩無盡菩薩離癡亂菩薩善現菩薩無着菩薩尊重菩
薩善法菩薩眞實菩薩。

116. 大藏經 第八冊 仁王護國般若波羅蜜多經卷上 仁王護國般若
波羅蜜多經菩薩行品 ＊T08n0246_p0836b17-28

善男子初伏忍位。起習種性修十住行。初發心相有恒河沙衆生。
見佛法僧發於十信。所謂信心念心。精進心慧心。定心不退心。
戒心願心。護法心迴向心。具此十心而能少分化諸衆生。超過二
乘一切善地。是爲菩薩初長養心。爲聖胎故復次性種性菩薩。修
行十種波羅蜜多。起十對治。所謂觀察身受心法不淨諸苦無常無
我。治貪瞋癡三不善根。起施慈慧三種善根。觀察三世過去因
忍。現在因果忍未來果忍。此位菩薩廣利衆生。超過我見人見衆
生等想。外道倒想所不能壞。

117. 大藏經 第二十五冊 大智度初品中摩訶薩埵釋論第九(卷第五)
大智度初品中菩薩功德釋論第十 ＊T25n1509_p0099b19-20

復次除諸法實相。餘殘一切法盡名爲魔。

118. 大藏經 第十六冊 入楞伽經卷第九 總品第十八之一
   * T16n0671_p0569a25,27

   名龍樹菩薩　　能破有無見　　證得歡喜地　　往生安樂國。

   大藏經 第十六冊 入楞伽經卷第九 總品第十八之一
   * T16n0672_p0627a20,22

   如幻象馬等　　及樹葉爲金　　愚夫亦如是　　妄取諸境界。

대승기신론 소별기
【과목표】

대승기신론 소별기 과목표·차례

대승기신론 소별기 전체 구조 – 491
삼보에 귀의하고 논을 쓴 뜻은 – 496
논을 쓰게 된 인연이 무엇인가 – 498
대승의 법과 의는 무슨 내용인가 – 499
진여의 길을 풀이한다 – 500
생멸의 길을 풀이한다 – 502
각과 불각을 따로 설명함 – 504
생멸의 인연을 풀이한다 – 507
생멸하는 모습을 풀이한다 – 510
모든 법을 낼 수 있는 훈습이란 무엇인가 – 511
훈습의 모습을 나누어 드러냄 – 513
의를 풀이한다 – 516
생멸의 길에서 진여의 길로 – 518
삿된 집착을 다스린다 – 519
도 닦을 마음을 내어 공부하는 모습을 분별한다 – 520
믿음과 다섯 가지 방편을 수행한다 – 523
지관 수행법을 자세히 설명 – 526
지(止) – 528
수행의 이익을 보여주어 공부할 것을 권한다 – 532

일러두기

1. '대승기신론 소별기 과목표'는
   원효 스님이 대승기신론 소별기를 요약한 전체 구조 도표로
   여기서는 보기 쉽게 주제별로 추려서 한글로 풀이하였다.
2. '대승기신론 소별기 전체 구조'는 세부차례를 드러내면서
   해당되는 항목별로 논의 제목과 논 번호를 나열하여
   전체 구조를 파악하는데 도움이 될 것이다.
3. '대승기신론 소별기 과목표'는 위와 같은 순서로 배열되었다.

대승기신론소별기 전체 구조

1. 『기신론』의 핵심을 드러낸다
2. 이 논의 제목을 풀이한다
3. 논을 풀이한다
  서론. 삼보에 귀의하고 논을 쓴 뜻은
    1. 삼보에 귀의하는 뜻은*
    2. 논을 쓴 뜻을 말함
  본론. 논에서 하고 싶은 이야기는
    3. 논 전체내용을 드러내 말함
    4. 논을 다섯 부분으로 나눔
  1장. 논을 쓰게 된 인연은 무엇인가
    5. 논을 쓰게 된 인연은 무엇인가
    6. 논을 쓰게 된 인연을 말함
    7. 기신론을 꼭 써야 하는가에 대한 의심을 없앰
  2장. 대승의 법(法)과 의(義)는 무슨 내용인가
    8. 법과 의를 말함
  3장. 법(法)과 의(義)를 자세히 풀이한다
    1절. 올바른 뜻을 드러내 보인다
      9. 법과 의를 세 부분으로 나누어 말함
      1. 먼저 법(法)과 의(義)의 뜻을 풀이한다
       1) 법을 풀이한다
         10. 한 마음에 있는 진여의 길과 생멸의 길
          (1) 진여의 길을 풀이한다

---

* 논 번호와 그 번호에 해당되는 논의 제목으로서 차례와 함께 나열하여 전체 구조를 드러낸다.

11. 진여의 뜻을 통틀어 풀이함
12. 진여라는 이름을 풀이함
13. 진여에 들어가는 길
14. 진여의 모습을 밝힘
15. 진여를 공의 입장에서 풀이함
16. 진여를 불공의 입장에서 풀이함

(2) 생멸의 길을 풀이한다
　가. 생멸의 길을 자세히 풀이한다
　　가) 마음에 있는 생멸을 풀이한다
17. 마음에 있는 생멸은 아리야식이니
18. 아리야식을 뜻에 따라 나누어 풀이함
19. 아리야식의 두 가지 뜻은
　　(가) 각의 뜻을 풀이한다
20. 본각과 시각의 뜻
21. 시각을 뭉뚱그려 풀이함
22. 시각을 네 가지 각의 모습으로 풀이함
23. 시각은 본각과 다르지 않다라는 사실을 밝힘
24. 오염된 법을 따르고 있는 본각
25. 깨끗한 성품의 본각 바탕에 있는 네 가지 모습
　　(나) 불각의 뜻을 풀이한다
26. 근본 불각을 밝힘
27. 지말 불각의 미세한 모습을 밝힘
28. 지말 불각의 거친 모습을 밝힘
29. 근본과 지말 불각을 뭉뚱그려 마무리 지음
30. 각의 내용이 같은 모습과 다른 모습을 밝힘
　　나) 생멸 인연을 풀이한다
31. 생멸인연에 기댄다는 뜻을 밝힘
32. 마음에 기대는 내용을 풀이함
33. 의가 일어나는 내용을 풀이함
34. 의식이 일어나는 내용을 풀이함
35. 생멸에 기대는 인연이 깊다는 사실을 밝힘

36. 마음 성품 곧 인의 바탕과 모습 드러냄

             37. 무명 곧 인의 바탕과 모습을 밝힘

             38. 오염된 마음인 모든 연의 차별을 밝힘

             39. 무명을 다스려 끊는 법을 밝힘

             40. 주와 객으로 맞대응하는 마음과 그렇지 않은 마음

             41. 지혜 걸림돌과 번뇌 걸림돌

         다) 생멸하는 모습을 풀이한다

             42. 거친 모습과 미세한 모습

             43. 생멸하는 뜻을 밝힘

      나. 모든 법을 낼 수 있는 훈습이란 무엇인가

             44. 네 가지 법이 훈습하는 뜻

             45. 훈습의 뜻을 밝힘

         가) 오염된 법의 훈습을 밝힌다

             46. 오염된 법의 훈습

         나) 깨끗한 법의 훈습을 밝힌다

             47. 깨끗한 법의 훈습

             48. 헛된 마음이 훈습하는 것을 밝힘

             49. 진여 훈습

             50. 용 훈습

             51. 체와 용의 훈습을 분별함

             52. 두 가지 훈습이 다 그치고 그치지 않는 뜻

   2) 의를 풀이한다

      (1) 체대와 상대를 밝힌다

             53. 체대와 상대를 통틀어 풀이함

      (2) 용대를 밝힌다

             54. 용대의 뜻을 풀이함

             55. 용의 두 가지 뜻

 2. 생멸의 길에서 진여의 길로

      56. 생멸의 길에서 진여의 길로 들어가는 내용

2절. 삿된 집착을 다스린다

      57. 삿된 집착을 다스림

58. 삿된 집착을 두 가지로 나눔
　　1. '변하지 않는 주재자로서 내가 존재한다'는 견해를 다스린다
　　　　59. 변하지 않는 주재자로서 내가 존재한다는 다섯 가지 견해
　　2. '모든 법에 실체가 있다는 견해'를 다스린다
　　　　60. 모든 법에 실체가 있다는 견해란 무엇인가
　　　　61. 집착을 여읜 사실을 모두 드러냄
3절. 도 닦을 마음을 내어 공부하는 모습을 분별한다
　　　62. 도 닦을 마음을 내어 공부하는 모습을 분별한다는 뜻
　　　63. 간단히 도 닦을 마음을 내는 것을 세 가지로 말함
　　1. 믿음을 이룩하여 도 닦을 마음을 낸다
　　　　64. 믿음을 이룩하여 도 닦을 마음을 내는 뜻
　　　　65. 도 닦을 마음을 낸 모습
　　　　66. 도 닦을 마음을 내어 얻은 공덕을 찬탄함
　　2. 알고 행하면서 도 닦을 마음을 낸다
　　　　67. 알고 행하면서 도 닦을 마음을 낸다는 뜻
　　3. 증득하여 도 닦을 마음을 낸다
　　　　68. 증득하여 도 닦을 마음을 낸다는 뜻
　　　　69. 도 닦을 마음을 내 오롯하게 이룬 공덕을 드러냄
　　　　70. 의심을 없앰
4장. 믿음과 다섯 가지 방편을 수행한다
　　　71. 이 장의 대의를 드러냄
　1절. 네 가지 믿음과 수행
　　　72. 네 가지 믿음
　　　73. 수행의 다섯 가지 방편
　　　74. 보시, 지계, 인욕, 정진, 지관
　2절. 보시, 지계, 인욕, 정진을 수행하는 법
　　　75. 다섯 방편을 수행하는 법
　3절. 지관(止觀)을 수행하는 법
　　　76. 지관 수행법
　　　77. 지관 수행의 다섯 인연
　　　78. 지를 닦은 결과로 나타난 뛰어난 공능

　　　　79. 공부할 때 일어나는 마구니 장애
　　　　80. 마구니 일을 자세히 풀이함
　　　　81. 지관의 이익
　　　　82. 관을 닦는 방법
　　　　83. 지와 관은 함께 수행해야 함을 밝힘
　　　　84. 수행자가 도에서 물러나지 않는 방편 보여줌
　　5장. 수행의 이익을 보여주어 공부할 것을 권한다
　　　　85. 앞에서 말한 내용을 뭉뚱그려 마무리 지음
　　　　86. 이익을 들어 수행을 권함
　　　　87. 가르침을 믿고 받아들인 복이 뛰어남
　　　　88. 헐뜯는 죄가 무거우니
　　　　89. 믿음을 이룬 증거를 들다
　　　　90. 마무리 지어 이 법을 공부해야 할 것을 권함
결론. 전체를 마무리 지어 회향한다
　　　　91. 마무리 지어 회향함

삼보에 귀의하고 논을 쓴 뜻은 歸敬述意 [논1~2]

3. 논을 풀이한다
   서론. 삼보에 귀의하고 논을 쓴 뜻은
   1) 삼보에 귀의하는 뜻 正歸三寶 [논1]
   2) 논을 쓴 뜻은 述造論意 [논2]
   본론. 논에서 하고 싶은 이야기는

1. 삼보에 귀의하는 뜻 正歸三寶 [논1]
   1) 귀의하는 사람의 모습 能歸相
   2) 귀의하는 대상인 삼보의 덕 所歸德
      (1) 보배로운 부처님을 찬탄 歎佛寶
         가. 부처님의 마음에서 나타나는 공덕을 찬탄 歎心德
            · 부처님의 활동을 찬탄 歎業用
            · 지혜의 바탕을 찬탄 歎智體
         나. 부처님의 모습에서 나타나는 공덕을 찬탄 歎色德
            · 부처님의 몸 자체에 있는 오묘함을 찬탄 歎色體妙
            · 부처님의 몸에 있는 뛰어난 작용을 찬탄 歎色用勝
         다. 부처님의 마음과 모습에서 나타나는 공덕을 지닌 사람을 들어 찬탄 擧人結歎
            · 중생들을 구하시는 자비로운 분이란 표현으로 부처님 찬탄 救世大悲者
      (2) 보배로운 법을 찬탄 歎法寶
         가. 부처님을 내세우면서 그 법을 취함 擧佛而取其法
         나. 보배로운 법에 있는 바탕의 모습 正出法寶體相
      (3) 보배로운 수행자를 찬탄 歎僧寶
         가. 수행자는 무량공덕을 갖추고 있다 擧德取人
         나. 수행의 공덕을 찬탄한다 歎行德

2. 논을 쓴 뜻은 述造論意 [논 2]
   1) 중생들을 교화하고 下化衆生
   2) 부처님의 도를 널리 펴트리고자 上弘佛道

논을 쓰게 된 인연이 무엇인가 因緣分 [논5~7]

본론. 논에서 하고 싶은 이야기는
1장. 논을 쓰게 된 인연은 무엇인가
  1. 논을 쓰게 된 인연이 무엇인가를 말하면서 牒章名 [논5]
  2. 그 인연을 드러낸다 顯因緣 [논6~7]
2장. 대승의 법(法)과 의(義)는 무슨 내용인가

---

1. 논을 쓰게 된 인연이 무엇인가를 말하면서 牒章名 [논5]
2. 그 인연을 드러낸다 顯因緣 [논6~7]
   1) 논을 쓰게 된 인연을 바로 드러내고 直顯 [논6]
      (1) 중생들이 괴로움에서 벗어나 즐거움을 얻게 하고자 因緣總相
      (2) 근본 뜻을 풀이하여 바르게 알게 하고자 釋義令解
      (3) 뛰어난 중생이 대승법에 대한 믿음에서 물러나지 않게
          하고자 令入不退
      (4) 뒤떨어진 중생이 믿음을 닦아 익히도록 하고자 修習信心
      (5) 나쁜 업을 녹이고 삿된 견해에서 벗어나게 하고자 消障出邪
      (6) 범부와 이승의 허물을 고치고자 對治凡小
      (7) 방편을 배워 부처님의 앞에 태어나게 하고자 觀生佛前
      (8) 수행의 이익을 보여주어 수행을 권하고자 示益勸修
   2) 논을 꼭 써야만 했는가에 대한 의심을 없앤다 遣疑 [논7]
      (1) 법을 다시 설명하는 까닭을 물으니 問
      (2) 그 의심을 없앤다 答
         가. 법을 받아들이는 중생의 인연이 다르다고 간단하게 대답하며 略答
         나. 그 내용을 자세히 설명하면서 의심을 없애고 廣釋
         다. 답변을 마무리 짓는다 略結答

대승의 법과 의는 무슨 내용인가 立義分 [논8]

본론. 논에서 하고 싶은 이야기는
  1장. 논을 쓰게 된 인연은 무엇인가
  2장. 대승의 법(法)과 의(義)는 무슨 내용인가
    1. 인연을 말하고 이어서 법과 의를 말한다 結前起後
    2. 법과 의는 무슨 내용인가 正說章門
  3장. 법(法)과 의(義)를 자세히 풀이한다

1. 인연을 말하고 이어서 법과 의를 말한다 結前起後
2. 법과 의는 무슨 내용인가 正說章門
  1) 법을 설명한다 立法章門
  2) 의를 설명한다 立義章門
    (1) 세 가지 대의 뜻을 밝힌다 明大義
      가. 체대 體大
        - 진여의 길에 있다 眞如門
      나. 상대 相大, 용대 用大
        - 생멸의 길에 있다 生滅門
    (2) 승의 뜻을 밝힌다 顯乘義
      가. 모든 부처님이 본디 쓰는 것 立果望因
      나. 보살이 이 법으로 여래의 경계에 다다름 據因望果

진여의 길을 풀이한다 心眞如門 [논 11~16]

3장. 법(法)과 의(義)를 자세히 풀이한다
  1절. 올바른 뜻을 드러내 보인다
    1. 먼저 법(法)과 의(義)의 뜻을 풀이한다
      1) 법을 풀이한다
        (1) 진여의 길을 풀이한다
          가. 마음에 있는 진여의 길을 통틀어 풀이한다
            總釋(釋眞如) [논 11~13]
          나. 진여의 모습을 밝힌다 別解(釋如相) [논 14~16]
        (2) 생멸의 길을 풀이한다

---

1. 마음에 있는 진여의 길을 통틀어 풀이한다 總釋(釋眞如) [논 11~13]
  1) 하나의 법계라는 말로 진여의 길을 간단히 드러낸다 略標 **[논 11]**
  2) 진여의 길을 자세히 풀이한다 廣釋
    (1) 진여의 바탕을 나타내고 顯眞如體
      가. 진실한 성품에서 진여를 나타냄 當眞實性以顯眞如
      나. 분별된 성품을 상대하여 모든 모습이 사라진 진여의 자리를 밝힘
        對分別性而明眞如絶相
        가) 분별하여 두루 집착하는 모습을 내세움 擧徧計所執相
        나) 분별하여 두루 집착하는 모습에 맞서서 어떤 모습도 없다는
          성품을 드러냄 對所執相顯無相性
      다. 다른 것에 기대는 성품에서 말로 표현할 수 없는 진여의 자리를
        나타냄 就依他性以顯眞如離言
        가) 다른 것을 의지하는 성품의 법에 의하여 말과 생각을
          초월하였다는 사실을 밝힘 約依他性法以明離言絶慮
        나) 이 뜻에 의하여 평등한 진여를 드러냄 依離絶之義以顯平等眞如
        다) 평등한 진여에 말과 생각을 초월한 까닭을 풀이 釋平等離絶所以

(2) 진여라는 이름을 풀이한다 釋眞如名 [논 12]
　　　　가. 이름을 내세운 뜻을 나타내고 標立名之意
　　　　나. 이름을 풀이하며 正釋名
　　　　다. 진여의 이름을 마무리 지어 끝을 맺는다 結名
　3) 되풀이하여 의심을 없앤다 往復除疑 [논 13]
　　(1) 어떻게 따라가야 진여 자리에 들어가는지 물음 問方便
　　　　가. 법이 없는 것이 아니라는 사실을 밝힘 答明法非無
　　　　나. 법이 있는 것이 아니라는 사실을 드러냄 答顯法非有
　　(2) 진여 그 자리에 들어갈 수 있는지 물음 問正觀
　　　　가. 분별하는 생각을 여읨 離分別念
　　　　나. 지혜에 들어감을 드러냄 顯入觀智

2. 진여의 모습을 밝힌다 別解(釋如相) [논 14~16]
　1) 진여를 공과 불공으로 나누어 풀이한다 依章別解 [논 14]
　　(1) 진여를 공의 입장에서 풀이함 明空 [논 15]
　　　　가. 먼저 대략 설명하고 略明
　　　　나. 나중에 자세히 풀이하며 廣釋
　　　　　가) 사구로써 해석하는 모든 형식 논리를 초월하는 의미를 밝힘
　　　　　　　明絶四句
　　　　　　(가) 유와 무의 논리 有無四句
　　　　　　(나) 같거나 다르다는 논리 一異四句
　　　　　나) 사구 분별을 네 가지 잘못된 집착에 짜 맞추어 비교함 應配屬
　　　　다. 진여를 공의 입장에서 보는 내용을 마무리 지음 總結
　　　　　가) 헛된 분별은 진여와 어울리지 않으므로 공임 順結
　　　　　나) 헛된 마음이 없으면 공이라 할 것이 없음 反結
　　(2) 진여를 불공의 입장에서 풀이함 釋不空 [논 16]
　　　　가. 공을 드러냄 牒空
　　　　나. 불공을 드러냄 顯不空
　　　　다. 공과 불공 둘 다 차이가 없음을 밝힘 明空不空無差別

생멸의 길을 풀이한다 釋生滅門 [논 17~52]

1. 먼저 법(法)과 의(義)의 뜻을 풀이한다
   1) 법을 풀이한다
      (1) 진여의 길을 풀이한다
      (2) 생멸의 길을 풀이한다
         가. 생멸의 길을 자세히 풀이한다 正廣釋 [논 17~43]
            가) 마음에 있는 생멸을 풀이한다
               (가) 바탕의 입장에서 전체 내용을 밝힘
               (나) 마음의 생멸을 뜻에 따라 따로 풀이함
            나) 생멸 인연을 풀이한다

1. 생멸의 길을 자세히 풀이한다 正廣釋 [논 17~43]
   1) 마음에 있는 생멸을 풀이한다 釋上立義分 是心生滅 [논 17]
      (1) 바탕의 입장에서 전체 내용을 밝힘 就體總明
         가. 생멸하는 마음의 바탕을 드러냄 標體
         나. 생멸하는 마음의 모습을 가려냄 辨相
         다. 생멸하는 마음의 이름을 내세움 立名
      (2) 마음의 생멸을 뜻에 따라 따로 풀이함 依義別解 [논 18~30]
         가. 뜻에 관한 전체 내용을 드러내어 간단하게 공능을 밝히고
            開義總標約明功能 [논 18]
         나. 뜻에 따라 따로 풀이하여 자세히 그 바탕과 모습을 드러내며
            依義別釋廣顯體相 [논 19]
            가) 무엇이 그 둘인지 물음 問數發起
            나) 각과 불각 두 가지임을 밝힘 依數列名
            다) 각과 불각을 따로 설명함 別解 [논 20~29]
               ・각의 뜻을 풀이한다 釋覺義 [논 20~25]
               ・불각의 뜻을 풀이한다 釋不覺義 [논 26~29]
         다. 각과 불각의 같은 모습과 다른 모습을 밝힌다 明同異 [논 30]

　　　　　가) 같은 모습을 밝힘 明同相
　　　　　나) 다른 모습을 밝힘 明異相
　　2) 생멸의 인연을 풀이한다 釋上生滅因緣 [논 31~41]
　　3) 생멸하는 모습을 풀이한다 釋上生滅相 [논 42~43]
2. 거듭 그 내용을 밝힌다 因言重顯 [논 44~52]

각과 불각을 따로 설명함 別解 [논 20~29]

가. 생멸의 길을 자세히 풀이한다
 가) 마음에 있는 생멸을 풀이한다
  (가) 바탕의 입장에서 전체 내용을 밝힘
  (나) 마음의 생멸을 뜻에 따라 따로 풀이함
   ㄱ. 뜻에 관한 전체 내용을 드러내어 간단하게 공능을 밝히고
   ㄴ. 뜻에 따라 따로 풀이하여 자세히 그 바탕과 모습을 드러내며
    ㄱ) 무엇이 그 둘인지 물음
    ㄴ) 각과 불각 두 가지임을 밝힘
    ㄷ) 각과 불각을 따로 설명함
     · 각의 뜻을 풀이한다 釋覺義 [논 20~25]
     · 불각의 뜻을 풀이한다 釋不覺義 [논 26~29]
  (다) 각과 불각의 같은 모습과 다른 모습을 밝힌다

---

1. **각의 뜻을 풀이한다 釋覺義 [논 20~25]**
 1) 본각과 시각의 뜻
  (1) 본각과 시각을 간략히 언급 略 [논 20]
   가. 본각을 언급 本覺
    가) 본각의 바탕을 밝힘 明本覺体
    나) 본각의 뜻을 풀이 釋本覺義
   나. 시각을 언급 始覺
    가) 본각에 맞서서 불각이 일어나는 뜻을 드러냄 對本覺不覺起義
    나) 불각에 맞서서 시각의 뜻을 풀이 對不覺釋時始覺義
  (2) 각을 상세히 풀이 廣 [논 21~25]
   가. 시각을 풀이 釋始覺 [논 21~23]
    가) 시각을 뭉뚱그려 풀이함 總標滿不滿義 [논 21]
    나) 시각의 다른 점을 풀이함 別解始覺差別 [논 22]

(가) 시각을 네 가지 각의 모습으로 풀이함 明四相
　　ㄱ. 없애야 할 일곱 가지 모습 滅相 - 범부각
　　ㄴ. 번뇌로 달라진 여섯 가지 모습 異相 - 상사각
　　ㄷ. 나로 바뀌어 머무는 네 가지 모습 住相 - 수분각
　　ㄹ. 무명업이 생기는 세 가지 모습 生相 - 구경각
　다) 시각이 본각과 다르지 않다는 사실을 뭉뚱그려 밝힘
　　總明不異本覺 [논 23]
　(가) 구경각의 모습을 거듭 밝힘 重明究竟覺相
　　ㄱ. 바로 구경각의 모습을 드러냄 直顯究竟相
　　ㄴ. 비각을 들어 각을 드러냄 擧非覺顯是覺
　　ㄷ. 경계에 대하여 지혜가 가득 차 있음을 드러냄 對境廣顯智滿
　(나) 바로 시각이 본각과 다르지 않음을 밝힘 正明不異本覺
나. 본각을 풀이 廣本覺 [논 24~25]
　가) 오염된 법을 따르고 있는 본각을 밝힘 明隨染本覺 [논 24]
　　(가) 맑은 지혜의 모습 辨智淨相
　　(나) 생각할 수 없는 놀라운 진여의 활동으로 나타나는 모습
　　　釋不思議業相
　나) 깨끗한 성품의 본각 바탕에 있는 네 가지 모습
　　顯性淨本覺 [논 25]
　　(가) 참으로 진실한 공의 거울 如實空鏡
　　(나) 인으로서 중생에게 좋은 영향을 끼치는 거울 因熏習鏡
　　(다) 법이 두 가지 장애를 벗어난 거울 法出離鏡
　　(라) 연으로서 중생에게 좋은 영향을 끼치는 거울 緣熏習鏡
2. 불각의 뜻을 풀이한다 解不覺義 [논 26~29]
　1) 근본 불각을 밝힘 明根本不覺 [논 26]
　　(1) 불각의 개념이 본각에 의하여 내세워진 것을 밝힘 明不覺依本覺立
　　가. 불각의 개념이 본각에 의하여 내세워진 것을 밝힘 明不覺依本覺立
　　나. 본각은 불각을 전제한다는 사실을 드러냄 顯本覺亦待不覺
　　　가) 참된 각이라는 이름이 헛된 생각을 전제한다는 사실을 밝힘
　　　　明眞覺之名待於妄想
　　　나) 참된 각은 반드시 불각을 전제한다는 사실을 밝힘
　　　　明所說眞覺必待不覺

2) 지말 불각을 나타냄 顯枝末不覺 [논 27~28]
  (1) 지말 불각의 미세한 모습을 밝힘 明細相 [논 27]
    가. 무명인 업의 모습 無明業相
    나. 능견의 모습 能見相
    다. 경계로 나타난 모습 境界相
  (2) 지말 불각의 거친 모습을 밝힘 顯麤相 [논 28]
    가. 세간 지혜의 모습 智相
    나. 분별하는 마음이 이어지는 모습 相續相
    다. 집착하는 모습 執取相
    라. 실체가 없는 이름을 붙이는 모습 計名字相
    마. 업을 일으키는 모습 起業相
    바. 업에 얽힌 괴로운 모습 業繫苦相
3) 근본과 지말을 뭉뚱그려 마무리 지음 總結本末不覺 [논 29]

생멸의 인연을 풀이한다 釋上生滅因緣 [논 31~41]

가. 생멸의 길을 자세히 풀이한다
　가) 마음에 있는 생멸을 풀이한다
　나) 생멸의 인연을 풀이한다
　　(가) 생멸이 인연에 기댄다는 뜻을 밝힘
　　　明生滅依因緣義 [논 31~34]
　　(나) 생멸이 기댄 인연의 바탕과 모습을 드러냄
　　　顯所依因緣体相 [논 35~41]
　다) 생멸하는 모습을 풀이한다

---

1. **생멸이 인연에 기댄다는 뜻을 밝힘 明生滅依因緣義 [논 31~34]**
　1) 전체 내용을 드러냄 總標 [논 31]
　　(1) 생멸의 인 生滅因
　　(2) 생멸의 연 生滅緣
　2) 따로 풀이함 別釋 [논 32~34]
　　(1) 마음에 기대는 내용을 풀이함 釋依心 [논 32]
　　　가. 생멸의 인 生滅之因 - 아리야식
　　　나. 생멸의 연 生滅之緣 - 무명이 아리야식에 있다.
　　(2) 의가 일어나는 내용을 풀이 釋意轉 [논 33]
　　　가. 의가 일어나는 내용을 간단히 밝힘 略名意轉
　　　　가) 업식 業識 - 무명의 힘으로 마음이 움직임
　　　　나) 전식 轉識 - 움직인 마음에 기대어 모든 경계 봄
　　　　　(가) 재본식 在本識 - 무명 따라 움직인 것에서 능견이 되는 것
　　　　　(나) 위칠식 謂七識 - 경계 따라 움직인 것에서 능견이 되는 것
　　　　　(다) 현식 現識 - 모든 경계를 나타낼 수 있음
　　　　　(라) 지식 智識 - 오염된 법과 맑은 법을 분별
　　　　　(마) 상속식 相續識 - 망념이 끊어지지 않음

나. 의가 일어나는 내용을 자세히 풀이함 廣顯轉相
    가) 전체 내용을 드러내고 總標
    나) 그 내용을 따로 풀이한다 別釋
       (가) 소의연을 내세움 擧所依緣 - 무명의 힘이다.
       (나) 업의 뜻을 풀이 釋業義 - 깨닫지 못한 상태로 마음이 움직이는 것.
  다. 마음에 기댄다는 뜻을 마무리 지음 結成依心之義
    가) 먼저 간단히 말하고 略
    나) 뒤에 자세히 밝힌다 廣
       (가) 모든 법이 없는 것은 아니지만 있는 것도 아니라는 사실을 밝힘 明諸法不無而非是有
       (나) 모든 법이 있지는 않지만 아주 없는 것도 아니라는 사실을 드러냄 顯諸法不有而非都無
         · 있는 것이 아니라는 뜻을 밝힘 明非有
         · 없는 것이 아니라는 뜻을 밝힘 明非無
  (3) 의식이 일어나는 내용을 풀이함 釋意識轉 **[논 34]**

2. 생멸이 기댄 인연의 바탕과 모습을 드러냄 顯所依因緣體相 [논 35~41]
  1) 생멸이 기댄 인연이 깊다는 사실을 간단히 밝힘 略明因緣甚深 **[논 35]**
  2) 인연의 차별을 자세히 드러냄 廣顯因緣差別 **[논 36~41]**
    (1) 마음의 성품 곧 인의 바탕과 모습을 밝힘 明心性因之體相 **[논 36]**
    (2) 무명 곧 연의 바탕과 모습 드러냄 顯無明緣之體相 **[논 37]**
    (3) 오염된 마음인 모든 연의 차별을 밝힘 明染心諸緣差別 **[논 38]**
      가. 집착으로서 주와 객으로 맞대응하는 오염된 마음 執相應染
      나. 끊임없이 주와 객으로 맞대응하는 오염된 마음 不斷相應染
      다. 분별하는 지혜로서 주객으로 맞대응하는 오염된 마음 分別智相應染
      라. 드러나는 모습으로서 주와 객으로 나누어지지 않은 오염된 마음
         現色不相應染
      마. 능견으로서 주객으로 나누어지지 않은 오염된 마음 能見心不相應染
      바. 근본 업으로서 주와 객으로 나누어지지 않은 오염된 마음
         根本業不相應染
    (4) 무명을 다스려 끊는 법을 밝힘 顯無明治斷位地 **[논 39]**
      가. 뒤에 생긴 무명은 초지 이상에서 점차 끊을 수 있음 初地以上能得漸斷

나. 타고난 무명은 부처님의 깨달은 지혜로만 끊을 수 있음
　　　　唯佛菩提智所能斷
(5) 주와 객으로 맞대응하는 마음과 주객으로 나누어지지 않는 마음의
　　뜻을 풀이 釋相應不相應義 **[논 40]**
　　가. 앞에 있는 세 가지 오염된 마음이 주와 객으로 맞대응하는 마음임
　　　　前三是相應
　　나. 뒤에 있는 세 가지 오염된 마음과 무명은 주와 객으로 나누어지지
　　　　않는 마음임 後三染是不相應
(6) 지혜 걸림돌과 번뇌 걸림돌의 뜻 분별함 辨智碍煩惱碍義 **[논 41]**
　　가. 모든 가르침이 드러나지 않게 말해진 쪽 隱密門
　　　　가) 번뇌 걸림돌 煩惱碍 - 여섯 가지 오염된 마음
　　　　나) 지혜 걸림돌 智碍 - 무명이 앉아 있는 자리
　　나. 모든 가르침이 다 드러난 쪽 顯了門
　　　　가) 번뇌장 煩惱障 - 중생의 열반을 방해하는 것
　　　　나) 소지장 所知障 - 보살이 진실로 알아야 할 것을 방해하는 것

생멸하는 모습을 풀이한다 釋上生滅相 [논 42~43]

가. 생멸의 길을 자세히 풀이한다
  가) 마음에 있는 생멸을 풀이한다
  나) 생멸의 인연을 풀이한다
  다) 생멸하는 모습을 풀이한다
    (가) 생멸하는 거친 모습과 미세한 모습을 밝힘
      明生滅麤細之相 [논 42]
    (나) 생멸하는 뜻을 드러냄 顯麤細生滅之義 [논 43]
나. 모든 법을 낼 수 있는 훈습이란 무엇인가

---

1. 생멸하는 거친 모습과 미세한 모습을 밝힘 明生滅麤細之相 [논 42]
  1) 거친 모습과 미세한 모습을 밝힘 正明麤細
    (1) 거친 모습麤 - 주와 객으로 맞대응하는 마음이기 때문임
    (2) 미세한 모습細 - 주와 객으로 나누어지지 않는 마음이기 때문임
  2) 사람에 맞서 그 내용을 분별 別對人分
    (1) 거친 가운데 거친 모습 - 범부의 경계 凡夫境界
    (2) 거친 가운데 미세한 모습 - 보살의 경계 菩薩境界
    (3) 미세한 가운데 미세한 모습 - 부처님의 경계 佛境界

2. 생멸하는 뜻을 드러냄 顯麤細生滅之義 [논 43]
  1) 생겨나는 연을 밝힘 明生緣
  2) 멸하는 뜻을 밝힘 明滅義
    (1) 바로 내용을 밝힘 直明
      가. 무명인이 없어지면 경계연이 따라서 없어짐 無明滅時亦隨滅
      나. 연이 없어지기에 주와 객으로 맞대응하는 마음이 없어진다
        境界滅時亦隨滅
    (2) 질문과 답변을 되풀이 하면서 의심을 제거하는 내용 往復除疑

모든 법을 낼 수 있는 훈습이란 무엇인가

因言重顯 [논 44~52]

---

1) 법을 풀이한다
  (1) 진여의 길을 풀이한다
  (2) 생멸의 길을 풀이한다
    가. 생멸의 길을 자세히 풀이한다
    나. 모든 법을 낼 수 있는 훈습이란 무엇인가
      가) 수를 내세워 전체 내용을 드러내고 舉數總標 [논 44]
      나) 수에 따라 네 가지 이름을 늘어놓는다 依數列名
      다) 훈습의 뜻을 통틀어 밝힘 總明熏習之義 [논 45]
      라) 훈습의 모습을 나누어 드러냄 別顯熏習之相 [논 46~51]
      마) 오염된 법의 훈습은 끝날 때가 있으나 깨끗한 법의 훈습은 끝날 때가 없음을 밝힘 明盡不盡義 [논 52]
2) 의를 풀이한다

---

1. 모든 법을 낼 수 있는 훈습이란 무엇인가 因言重顯 [논 44~52]
  1) 수를 내세워 전체 내용을 드러내고 舉數總標 [논 44]
  2) 수에 따라 네 가지 이름을 늘어놓는다 依數列名
    (1) 깨끗한 법이니 진여라고 한다 淨法名爲眞如
    (2) 오염된 모든 법의 인이니 무명이라고 한다 一切染因名爲無明
    (3) 헛된 마음이니 업식이라고 한다 妄心名爲業識
    (4) 헛된 경계이니 여섯 가지 경계이다 妄境界所謂六塵
  3) 훈습의 뜻을 통틀어 밝힘 總明熏習之義 [논 45]
    (1) 진여라는 깨끗한 법은 본각의 뜻이고 本覺義淨法
    (2) 무명이라는 오염된 법은 불각의 뜻이다 不覺義染法
  4) 훈습의 모습을 나누어 드러냄 別顯熏習之相 [논 46~51]
    (1) 오염된 법의 훈습 染 [논 46]

　　　　　가. 오염된 법을 일으키는 것이 끊어지지 않음을 물음 問
　　　　　나. 답함 答
　　　(2) 깨끗한 법의 훈습 淨 [논 47~51]
　　　　　가. 깨끗한 법을 일으키는 것이 끊어지지 않음을 물음 問 [논 47]
　　　　　나. 답함 答
　5) 오염된 법의 훈습은 끝날 때가 있으나 깨끗한 법의 훈습은 끝날 때가 없음을 밝힘 明盡不盡義 [논 52]
　　　(1) 오염된 법의 훈습은 이치에 어긋나서 일어나기에 그 훈습이 그칠 때가 있음 欲明染熏違理而起故有滅盡
　　　(2) 깨끗한 법의 훈습은 이치를 따라 생겨나서 이치와 맞아 떨어지기에 그 훈습이 그칠 때가 없음 淨法之熏順理而生與理相應故無滅盡

훈습의 모습을 나누어 드러냄 別顯熏習之相 [논 46~51]

(2) 생멸의 길을 풀이한다
  가. 생멸의 길을 자세히 풀이한다
  나. 모든 법을 낼 수 있는 훈습이란 무엇인가
    가) 수를 내세워 전체 내용을 드러내고
    나) 수에 따라 네 가지 이름을 늘어 놓는다
    다) 훈습의 뜻을 통틀어 밝힘
    라) 훈습의 모습을 나누어 드러냄
      (가) 오염된 법의 훈습 染 [논 46]
      (나) 깨끗한 법의 훈습 淨 [논 47~51]
    마) 오염된 법의 훈습은 끝날 때가 있으나 깨끗한 법의
       훈습은 끝날 때가 없음을 밝힘

1. 오염된 법의 훈습 染 [논 46]
  1) 오염된 법을 일으키는 것이 끊어지지 않음을 물음 問
  2) 답함 答
    (1) 간단히 밝힘 略明
    (2) 자세히 드러냄 廣顯
      가. 헛된 경계가 훈습하는 두 가지 뜻 妄境界熏習
        가) 증장념훈습 增長念熏習
        나) 증장취훈습 增長取熏習
      나. 헛된 마음이 훈습하는 두 가지 뜻 妄心熏習
        가) 업식 근본 훈습 業識根本熏習
        나) 경계를 분별하는 식을 더 늘어나게 하는 훈습 增長分別事識熏習
      다. 무명훈습 無明熏習
        가) 근본훈습 根本熏習
        나) 일어난 견혹과 애혹이 훈습 所起見愛熏習

2. 깨끗한 법의 훈습 淨 [논 47~51]

1) 깨끗한 법을 일으키는 것이 끊어지지 않음을 물음 問 [논 47]
2) 답함 答
  (1) 간단히 밝힘 略明
    가. 진여의 훈습을 밝힘 眞如熏習
      가) 십신의 위치에 있는 믿음을 밝힌다 明十信位中信也
      나) 삼현의 위치에 있는 수행을 드러낸다 顯三賢位中修也
      다) 초지 견도에서 유식관의 완성을 밝힘 明初地見道唯識觀之成也
      라) 십지 수도위에서 만행 닦는 것을 드러냄 顯十地修道位中修萬行也
      마) 과지에서 열반을 증득한 것을 드러냄 顯於果地證涅槃也
  (2) 자세히 드러냄 廣顯 [논 48~51]
    가. 헛된 마음이 훈습하는 뜻을 밝힘 明妄心熏習 [논 48]
      가) 경계를 분별하는 식의 훈습 分別事識熏習
      나) 의(意) 훈습 意熏習
    나. 진여훈습 眞如熏習 [논 49~51]
      가) 수를 내세워 전체 내용을 드러내고 擧數總標
      나) 수에 따라 이름을 늘어놓으며 依數列名
      다) 그 모습을 분별한다 辨相
        (가) 따로따로 내용을 밝힘 別明
          ㄱ. 자체 훈습을 밝힘 明自體熏習
            ㄱ) 바로 밝힘 直明
              - 본각의 불공 쪽에서 봄 住本覺不空門
              - 참으로 진실한 공쪽에서 봄 就如實空門境說
            ㄴ) 의심을 없앰 遣疑
              - 진여 훈습하는 내용이 같지 않은 까닭을 물음 問
              - 답함 答
                · 번뇌가 두텁거나 엷은 차이가 있기 때문에
                  約煩惱厚薄明其不等
                · 선지식을 만나는 인연이 다르기 때문에
                  擧遇緣參差顯其不等
          ㄴ. 용훈습 用熏習 [논 50]
            ㄱ) 차별인연 差別緣

(ㄱ) 가까운 인연와 먼 인연을 펼침 開近遠二緣
- 근연 近緣 - 빠르게 도를 이룸
- 원연 遠緣 - 오랜 시간이 지나야 도를 이룸

(ㄴ) 행하는 것과 아는 것의 두 가지 연을 펼침
 開行解二緣
- 보살행을 더 늘어나게 하는 인연 增長行緣
- 불도를 받아들이게 하는 인연 受道緣

ㄴ) 평등인연 平等緣
 (ㄱ) 연을 만들 수 있는 사람을 밝힘 明能作緣者
 (ㄴ) 삼매에 따라야 평등하게 본다는 뜻 依於三昧平等見者

(나) 체와 용의 훈습을 분별함 合釋体用 [논 51]
 - 아직 체(體)와 맞아 떨어지지 않은 훈습 未相應
 - 이미 용(用)과 맞아 떨어진 훈습 已相應

의를 풀이한다 釋義章門 [논 53~55]

1. 먼저 법(法)과 의(義)의 뜻을 풀이한다
    1) 법을 풀이한다
    2) **의를 풀이한다**
        (1) 체대와 상대를 통틀어 풀이 總釋體相二大 [논 53]
        (2) 용대의 뜻을 따로 풀이 別解用大之義 [논 54~55]
2. 생멸의 길에서 진여의 길로

1. 체대와 상대를 통틀어 풀이 總釋體相二大 [논 53]
1) 체대의 뜻 體大
2) 상대의 뜻을 풀이함 釋相大義
    (1) 바로 여래의 성품에서 나오는 공덕의 모습을 밝힘 直明性功德相
    (2) 되풀이하여 그 까닭을 거듭 드러낸다 往復重顯所以
        가. 진여바탕에 온갖 공덕이 있는 까닭을 물음 問
        나. 답함 答
            가) 통틀어서 대답함 總答
            나) 내용을 따로 드러냄 別顯
                ㄱ. 차별 속에 다를 게 없다는 뜻을 밝힘 明差別之無二義
                ㄴ. 다를 게 없는 가운데 차별되는 뜻을 드러냄
                    顯無二之差別義

2. 용대의 뜻을 따로 풀이 別解用大之義 [논 54~55]
1) 전체 내용을 밝힘 總明 [논 54]
    (1) 결과에 맞서 원인을 내세운다 對果擧因
        가. 보살행을 내세움 擧本行
        나. 원력을 내세움 擧本願
        다. 지혜와 자비의 큰 방편을 내세움 擧智悲大方便
    (2) 원인을 내보여 결과를 드러낸다 牒因顯果

　　　　가. 앞의 원인을 내보이고牒前因也
　　　　나. 자신한테 이익이 있는 결과를 보며自利果也
　　　　다. 용의 모습을 드러낸다正顯用相
　　　　　가) 깊은 이치의 용을 밝히고明用甚深
　　　　　나) 크고 넓은 용을 드러내며顯用廣大
　　　　　다) 용의 모습이 없는데도 연을 따라 작용한다는 사실을 드러냄
　　　　　　明用無相而隨緣用
　2) 용의 두 가지 뜻別釋 **[논 55]**
　　(1) 전체 내용을 나타내고總標
　　(2) 내용을 따로 풀이하며別解
　　　가. 다르게 나타나는 용을 드러냄直顯別用
　　　　가) 응신을 밝힘明應身
　　　　나) 보신을 드러냄顯報身
　　　　　(가) 십지 이전에 본 것을 밝힘明地前所見
　　　　　(나) 십지에서 본 것을 드러냄顯地上所見
　　(3) 되풀이하여 의심을 없앤다往復除疑

생멸의 길에서 진여의 길로 示入門 [논 56]

3장. 법(法)과 의(義)를 자세히 풀이한다
  1절. 올바른 뜻을 드러내 보인다
    1. 먼저 법(法)과 의(義)의 뜻을 풀이한다
    2. 생멸의 길에서 진여의 길로

---

1. 전체 내용을 드러내고 總標
  1) 색 色
    (1) 색음 色陰
  2) 마음 心四
    (1) 수음 受陰
    (2) 상음 想陰
    (3) 행음 行陰
    (4) 식음 識陰
2. 따로 풀이하며 別釋
  1) 색을 보는 것을 풀이 釋色觀
  2) 마음을 관찰하는 법 觀心法
3. 전체를 마무리 지음 總結
  1) 방편관 方便觀
  2) 정관 正觀

삿된 집착을 다스린다 對治邪執 [논 57~61]

3장. 법(法)과 의(義)를 자세히 풀이한다
  1절. 올바른 뜻을 드러내 보인다
  2절. 삿된 집착을 다스린다
    1. 전체 내용을 둘로 나눔 總標擧數 [논 57]
    2. 아견에는 두 가지가 있음 依數列名 [논 58]
    3. 이름에 따라 모습을 분별 依名辨相 [논 59~60]
    4. 집착을 여읜 사실을 모두 드러냄 總顯究竟離執 [논 61]
  3절. 도 닦을 마음을 내어 공부하는 모습을 분별한다

---

1. 전체 내용을 둘로 나눔 總標擧數 [논 57]
2. 아견에는 두 가지가 있음 依數列名 [논 58]
  1) 변하지 않는 하나의 주재자로서 내가 존재한다는 견해 人我執
  2) 모든 법에 실체가 있다는 견해 法執
3. 이름에 따라 모습을 분별 依名辨相 [논 59~60]
  1) 변하지 않는 주재자로서 내가 존재한다는 다섯 가지 견해를 다스림 明人見 [논 59]
  2) 모든 법에 실체가 있다는 견해를 다스림 法我見 [논 60]
4. 집착을 여읜 사실을 모두 드러냄 總顯究竟離執 [논 61]
  1) 모든 법이 말을 떠나 있는 도리를 밝힘 明諸法離言道理
  2) 임시 말로 가르침을 준 뜻을 드러냄 顯假說言敎之意

도 닦을 마음을 내어 공부하는 모습을 분별한다 分別發趣道相 [논 62~70]

3장. 법(法)과 의(義)를 자세히 풀이한다
  1절. 올바른 뜻을 드러내 보인다
  2절. 삿된 집착을 다스린다
  3절. 도 닦을 마음을 내어 공부하는 모습을 분별한다
    1. 전체 대의를 나타냄 總標大意 [논 62]
    2. 따로 분별한 내용을 드러냄 別開分別 [논 63~70]
      1) 수를 내세워 장을 열고
      2) 내세운 수에 따라 세 가지 이름을 늘어놓으며
      3) 이름에 따라 그 모습을 가려낸다
        (1) 믿음을 이룩하여 도 닦을 마음을 내는 것
        (2) 알고 행하면서 도 닦을 마음을 내는 것
        (3) 증득하여 도 닦을 마음을 내는 것

1. 전체 대의를 나타냄 總標大意 [논 62]
  1) 공부해 나가야할 목표인 도를 내세우고 擧所趣之道
  2) 도를 향해 가는 수행을 드러냄 顯其能趣之行
2. 따로 분별한 내용을 드러냄 別開分別 [논 63~70]
  1) 수를 내세워 장을 열고 擧數開章 [논 63]
  2) 내세운 수에 따라 세 가지 이름을 늘어놓으며 依數列名
    (1) 믿음을 이룩하여 도 닦을 마음을 내는 것 信成就發心
    (2) 알고 행하면서 도 닦을 마음을 내는 것 解行發心
    (3) 증득하여 도 닦을 마음을 내는 것 證發心
  3) 이름에 따라 그 모습을 가려낸다 依名辨相 [논 64~70]
    (1) 믿음을 이룩하여 도 닦을 마음을 내는 뜻 信成就發心 [논 64~66]
      가. 믿음을 이룩하는 행을 밝힘 明信成就之行 [논 64]

가) 세 가지 물음問
　　나) 답함答
　　　(가) 묻는 것에 바로 답함正答所問
　　　　ㄱ. 닦을 사람을 물은 것에 답함答初問
　　　　　　- 반드시 도를 이룩할 중생 正定聚
　　　　　　- 깨달음과 더욱 멀어져만 가는 중생 邪定聚
　　　　　　- 어떤 길로 갈지 결정되지 않은 중생 不定聚
　　　　ㄴ. 닦아야 할 행을 밝힘 答第二問
　　　　ㄷ. 세 번째 물음에 답함 答第三問
　　　　　　- 시간을 들어 믿음을 이룩하여 도 닦을 마음을 낸 연을 밝힘 擧時
　　　　　　- 사람들을 가지고 밑가늠하며 도 닦을 마음을 내어 머무는 위치를 드러냄 約聚
　　　(나) 뒤떨어진 이를 내세워 뛰어난 이를 드러냄 擧劣顯勝
나. 도 닦을 마음을 낸 모습 顯行成發心之相 [논 65]
　　가) 도 닦을 마음을 낸 세 가지 마음 直明
　　　(가) 곧은 마음 直心
　　　(나) 깊은 마음 深心
　　　(다) 자비로운 큰마음 大悲心
　　나) 되풀이 하여 의심을 없앰 往復除疑
　　　(가) 행을 닦아야 하는 까닭을 물음問
　　　(나) 진여에도 번뇌가 있으니 닦아야 함을 답하고 네 가지
　　　　　방편을 말함答
　　　　ㄱ. 근본을 행하는 방편 行根本方便
　　　　ㄴ. 허물을 멈출 수 있는 방편 能止方便
　　　　ㄷ. 좋은 마음의 뿌리를 일으켜 늘리는 방편 發起善根增長方便
　　　　ㄹ. 큰 원력의 평등한 방편 大願平等方便
다. 도 닦을 마음을 내어 얻은 공덕을 찬탄함 歎發心所得功德 [논 66]
　　가) 뛰어난 덕을 드러냄 顯勝德
　　　(가) 자신한테 이로운 공덕을 밝힘 明自利功德
　　　(나) 남을 이롭게 하는 공덕을 나타냄 顯利地德
　　나) 미세한 허물을 밝힘 明微過

　　　　다) 방편을 회통通權敎
　　　　라) 진실한 행을 찬탄歎實行
　　(2) 알고 행하면서 도 닦을 마음을 냄解行發心 **[논 67]**
　　　가. 알고 행한 것에 따라 얻은 도 닦을 마음을 낸 것을 내세움
　　　　　是擧解行所得發心
　　　나. 도 닦을 마음이 기대는 알고 수행하는 내용을 드러냄
　　　　　是顯發心所依解行也
　　(3) 증득하여 도 닦을 마음을 냄證發心 **[논 68~70]**
　　　가. 통틀어 모든 수행 단계에 결부시켜 증득하여 도 닦을 마음을 낸
　　　　것을 밝힘通約諸地明證發心 **[논 68]**
　　　나. 따로 보살의 열 가지 마지막 수행 단계에서 오롯하게 이룬 공덕을
　　　　드러냄別就十地顯成滿德 **[논 69~70]**
　　　　가) 뛰어난 덕을 드러내고直顯勝德 **[논 69]**
　　　　나) 되풀이 하여 두 가지 의심을 제거한다往復除疑 **[논 70]**

믿음과 다섯 가지 방편을 수행한다

修行信心分 [논 71 ~ 84]

본론. 논에서 하고 싶은 이야기는
  1장. 논을 쓰게 된 인연은 무엇인가
  2장. 대승의 법(法)과 의(義)는 무슨 내용인가
  3장. 법(法)과 의(義)를 자세히 풀이한다
  4장. 믿음과 다섯 가지 방편을 수행한다
    1. 도를 이룩할 길로 아직 들어가지 못한 중생을 내세워
       대의를 드러냄 擧人略標大意 [논 71]
    2. 법에 나아가서 수행하는 모습을 자세히 분별
       就法廣辨行相 [논 72 ~ 83]
    3. 수행자가 도에서 물러나지 않는 방편을 보여줌
       示其不退方便 [논 84]
  5장. 수행의 이익을 보여주어 공부할 것을 권한다

---

1. 도를 이룩할 길로 아직 들어가지 못한 중생을 내세워 대의를 드러냄
   擧人略標大意 [논 71]
2. 법에 나아가서 수행하는 모습을 자세히 분별 就法廣辨行相 [논 72 ~ 83]
   1) 두 가지 질문을 함 發二問 [논 72]
      (1) 무엇을 믿음이라고 하는가 何等信心
      (2) 어떻게 수행하는가 云何修行
   2) 답변함 還兩答
      (1) 네 가지 믿음 答信心
         가. 근본을 믿음 信根本
         나. 부처님의 공덕을 믿음 信佛
         다. 법에 큰 이익이 있음을 믿음 信法
         라. 스님들이 바르게 수행하여 자신은 물론 남의 이익도 가져다줌을

믿음 信僧
(2) 수행에 대한 답 答修行 [논 73~83]
　가. 수를 내세워 전체 내용을 드러내고 擧數總標 [논 73]
　나. 수에 따라 방편을 열며 依數開章 [논 74]
　　가) 보시 방편 施門　　나) 지계 방편 戒門
　　다) 인욕 방편 忍門　　라) 정진 방편 進門
　　마) 지관 방편 止觀門
　다. 방편에 따라 따로 그 내용을 풀이한다 依門別解 [논 75~83]
　　가) 네 가지 방편을 간략히 밝힘 前四略明 [논 75]
　　　(가) 네 가지 수행을 밝힘 別明四種修行
　　　　· 보시를 어떻게 수행하는가
　　　　· 계율을 어떻게 수행하는가
　　　　· 인욕을 어떻게 수행하는가
　　　　· 정진을 어떻게 수행하는가
　　　(나) 수행자가 장애를 없애는 방편을 보여줌
　　　　示修行者除障方便
　　　　ㄱ. 먼저 없앨 장애를 밝히고 明所除障碍
　　　　ㄴ. 이 장애를 없앨 수 있는 방법을 보여준다 示能除方法
　　　　　ㄱ) 모든 장애를 없앨 수 있는 방법을 통틀어 밝히고
　　　　　　總明除障方便
　　　　　ㄴ) 따로 네 가지 장애를 없애는 방법을 밝힌다
　　　　　　別除四障
　　　　　　- 나쁜 업의 장애를 참회하여 없앰 諸惡業障懺悔除滅
　　　　　　- 바른 법을 헐뜯는 장애를 부처님께 법을 청하여 없앰
　　　　　　　誹謗正勸請滅除
　　　　　　- 다른 사람의 훌륭한 점을 시기하는 장애를 훌륭한 점을
　　　　　　　따라 기뻐하여 없앰 嫉妬他勝隨喜對治
　　　　　　- 삼계의 고통을 모르고 즐겨 집착하는 장애를 좋은 공덕을
　　　　　　　회향하여 없앰 樂著三有迴向對治
　　나) 지관 수행법을 자세히 설명함 後一廣說 [논 76~83]
　　　(가) 간단히 밝힘 略明 [논 76]
　　　　ㄱ. 지止 - 아홉 가지 마음이 머무는 상태 九種心住

　　　　－내주 內住 / 등주 等住 / 안주 安住 / 근주 近住 / 조순 調順 /
　　　　적정 寂靜 / 최극적정 最極寂靜 / 전주일취 專住一趣 / 등지 等持
　　ㄴ. 관觀 : 네 가지 위빠사나 四種慧行
　　　　－능정사택 能正思擇 / 최극사택 最極思擇 / 주변심사 周徧尋思
　　　　/ 주변사찰 周徧伺察
　(나) 자세히 설명 廣說 **[논 77~83]**
　　ㄱ. 지와 관을 따로 닦는 내용을 밝힘 明別修 **[논 77~82]**
　　ㄴ. 지와 관은 함께 수행해야 할 것을 드러냄 顯雙運 **[논 83]**

3. 수행자가 도에서 물러나지 않는 방편을 보여줌 示其不退方便 **[논 84]**
　1) 공부에서 물러나 나쁜 길로 떨어지는 것을 밝힘 明初學者畏退墮
　2) 공부에서 물러나지 않는 방편을 보여주는 부분 示不退轉之方便
　　(1) 부처님에게 뛰어난 방편이 있다는 것을 밝히고 明佛有勝方便
　　(2) 따로 경에서 이 내용을 이야기한 사실을 내 놓으며 別出修多羅說
　　(3) 경에서 말한 뜻을 풀이 釋經所說意趣

526

지관 수행법을 자세히 설명 廣說 [논 77~83]

4장. 믿음과 다섯 가지 방편을 수행한다
  1. 도를 이룩할 길로 아직 들어가지 못한 중생을 내세워
    대의를 드러냄
  2. 법에 나아가서 수행하는 모습을 자세히 분별
    1) 두 가지 질문을 함
    2) 답변함
     (1) 네 가지 믿음
     (2) 수행에 대한 답
       가. 수를 내세워 전체 내용을 드러내고
       나. 수에 따라 방편을 열며
       다. 방편에 따라 따로 그 내용을 풀이한다
         가) 네 가지 방편을 간략히 밝힘
         나) 지관 수행법을 자세히 설명함
          (가) 간단히 밝힘
          (나) 자세히 설명
            ㄱ. 지와 관을 따로 닦는 내용을 밝힘
             明別修 [논 77~82]
             ㄱ) 지
             ㄴ) 관
            ㄴ. 지와 관은 함께 수행해야 할 것을 드러냄
             顯雙運 [논 83]
  3. 수행자가 도에서 물러나지 않는 방편을 보여줌

1. **지와 관을 따로 닦는 내용을 밝힘** 明別修 [논 77~82]
  1) 지止 [논 77~81]
    (1) 지를 닦는 방법을 밝히고 明修止方法 [논 77]
    (2) 지를 닦은 결과로 나타난 뛰어난 공능을 드러내며

顯修止勝能 **[논 78]**
            (3) 공부할 때 나타나는 마구니의 일들을 분별 辨魔事 **[논 79~80]**
            (4) 열 가지 이익을 보여준다 示利益 **[논 81]**
         2) 관 明觀 **[논 82]**
            (1) 관(觀)을 닦는 방법을 밝힌다 明觀 **[논 82]**
                가. 관을 닦는 뜻을 밝히고 明修觀之意
                나. 관을 닦는 방법을 드러내며 顯修觀之法
                    가) 법의 모습을 보는 관 明法相觀
                    나) 큰 자비심을 일으키는 관 明大悲觀
                    다) 큰 서원을 세우는 관 明誓願觀
                    라) 부지런히 정진하는 관 明精進觀
                다. 관(觀)을 수행하도록 통틀어 마무리 짓는다 總結觀修
   2. 지와 관은 함께 수행해야 할 것을 드러냄 顯雙運 **[논 83]**
      1) 지와 관을 함께 수행할 것을 통틀어 드러낸다 總標俱行
      2) 수행하는 모습을 따로 밝힌다 別明行相
         (1) 이치에 따라 지와 관을 함께 수행할 것을 밝힘 明順理俱行止觀
         (2) 장애를 다스리고자 지와 관을 함께 수행할 것을 드러냄
            顯對障俱行止觀
            가. 지를 닦으면 두 가지 허물을 여읨 修止者離二過
                가) 범부의 집착을 없애 아집과 법집의 고정관념을 없애줌
                    正除凡夫住着之執
                나) 이승이 약한 마음으로 오음에 두려움이 있다고 생각하는 견해
                    다스려 줌 兼治二乘法弱之見
            나. 관을 닦으면 두 가지 허물을 여읨 修觀者離二過
                가) 이승의 좁은 마음을 없애 자비로운 마음 일으킴 正除二乘狹劣之心
                나) 범부가 도에 나가는데 게을리 하는 것을 다스림 兼治凡夫懈怠之意
      3) 전체 마무리를 짓는다 總結
         (1) 이치에 따라 치우침이 없이 반드시 지와 관을 함께 닦아야 하고
            則順理無偏必須俱行
         (2) 두 가지 장애를 반드시 같이 버려야 한다 即並對二障必應雙遣

지 止 [논 77~81]

나) 지관 수행법을 자세히 설명함
　(가) 간단히 밝힘
　(나) 자세히 설명
　　ㄱ. 지와 관을 따로 닦는 내용을 밝힘
　　　ㄱ) 지
　　　　(ㄱ) 지를 닦는 방법을 밝히고 明修止方法 [논 77]
　　　　(ㄴ) 지를 닦은 결과로 나타난 뛰어난 공능을 드러내며
　　　　　　顯修止勝能 [논 78]
　　　　(ㄷ) 공부할 때 나타나는 마구니의 일들을 분별
　　　　　　辨魔事 [논 79~80]
　　　　(ㄹ) 열 가지 이익을 보여준다 示利益 [논 81]
　　　ㄴ) 관
　　ㄴ. 지와 관은 함께 수행해야 할 것을 드러냄

1. 지(止)를 닦는 방법을 밝힘 明修止方法 [논 77]
　1) 진여 삼매에 들어갈 수 있는 사람을 밝힘 明能入人
　　(1) 공부할 인연을 갖추어야 할 것을 밝힘 明緣具
　　　가. 고요한 곳에 한가롭게 머물러야 한다 閑居靜處
　　　　가) 몸을 다스리는 내용을 밝힘 明調身口
　　　　　(가) 오랜 시간 공부의 방해물이 없게 한다 久久無妨
　　　　　(나) 다리를 바르게 함 當正脚
　　　　　　　반가부좌법 半跏 / 결가부좌법 全跏
　　　　　(다) 손을 편안하게 둠 當安手
　　　　　(라) 몸을 바르게 함 當正身
　　　　　(마) 머리와 목을 바르게 함 正頭頸
　　　　나) 마음을 다스리는 내용을 밝힘 明調心
　　　나. 생활을 깨끗하게 해야 한다 持戒淸淨

다. 먹을거리와 입을 옷이 넉넉해야 한다 衣食具足

라. 선지식을 찾아야 한다 得善知識

마. 번거로운 모든 반연을 쉬어야 한다 息諸緣務

(2) 지를 닦는 차례를 밝혀 아홉 가지 마음이 머무는 자리를 드러냄
正明修止次第

가. 첫째. 내주하는 마음을 밝힘 明第一內住之心

나. 둘째. 등주하는 마음을 밝힘 明第二等住之心

다. 셋째. 안주하는 마음을 밝힘 明第三安住之心

라. 넷째. 근주하는 마음을 밝힘 明第四近住之心

마. 다섯째. 조순하는 마음을 밝힘 明第五調順之心

바. 여섯째. 적정하는 마음을 밝힘 明第六寂靜之心

사. 일곱째. 최극적정하는 마음을 밝힘 明第七最極寂靜之心

아. 여덟째. 전주일취하는 마음을 밝힘 明第八專住一趣之心

자. 아홉째. 등지하는 마음을 밝힘 明第九等之持之心

2) 진여에 들어갈 수 없는 사람을 추림 簡不能者

2. 지를 닦은 결과로 나타난 뛰어난 공능을 드러내며
顯修止勝能 [논 78]

3. 공부할 때 나타나는 마구니의 일들을 분별 辨魔事 [논 79~80]

1) 간단히 밝히는 부분 略明 [논 79]

(1) 마구니의 유혹을 밝힌다 明魔嬈

가. 좋은 모습으로 나타나 불법을 방해하는 하늘 마구니 天魔

나. 좌선할 때 공부를 방해하는 퇴척귀 堆惕魔

다. 시간에 맞추어 나타나 수행자를 괴롭히는 정미신 精媚神

라. 이 마구니들이 만드는 세 가지 경계

(가) 두려워할 만한 일을 만듦 作可畏事

(나) 애욕을 일으킬 만한 일을 만듦 作可愛事

(다) 평범한 다섯 가지 경계를 나타내어 수행하는 사람의 마음을
어지럽힘 非違非順事

(2) 마구니의 일을 다스리는 내용을 보여준다 示對治

가. 모든 마구니나 귀신을 모두 사라지게 하는 방법을 밝히고
明通遣諸魔鬼神之法

나. 다른 방편을 말하기도 한다 明治別法

2) 자세히 풀이하는 부분 廣釋 [논 80]

(1) 여러 가지 모습으로 나타나는 마구니 일을 자세히 드러내는 부분
　　廣顯魔事差別
　　가. 다섯 가지로 짝을 맞추어 열 가지 마구니 일을 밝힘
　　　　辨正五雙十事
　　　　가) 모습을 드러내는 것과 법을 말하는 것 現形說法爲雙
　　　　나) 신통을 얻는 것과 변재를 일으키는 것 得通起辯爲雙
　　　　다) 의혹을 일으키는 것과 업을 짓는 것 起惑作業爲雙
　　　　라) 선정에 드는 것과 삼매를 얻는 것 入定得禪爲雙
　　　　마) 음식의 차이와 낯빛의 변화 食差顏變爲雙
　　나. 삿된 법과 바른 법을 구별하는 세 가지 방법 驗其邪正
　　　　가) 선정으로 연마하는 것 以定研魔
　　　　나) 본디 닦았던 수행에 따라 다스리는 것 依本修治
　　　　다) 지혜로 관찰하는 법 智慧觀察
　　다. 선정에 이르렀을 때 나타나는 공덕을 간단히 밝힘 略說功德
　　　　가) 몸 안에 흐르는 기운이 일어날 때 나타나는 열 가지 공덕 動觸發時
　　　　　　(가) 고요한 마음 靜定
　　　　　　(나) 텅 빈 마음 空虛
　　　　　　(다) 맑은 빛 光淨
　　　　　　(라) 기쁨 喜悅
　　　　　　(마) 아름다운 즐거움 猗樂
　　　　　　(바) 착한 마음이 일어남 善心生起
　　　　　　(사) 알고 보는 것이 뚜렷함 知見明了
　　　　　　(아) 모든 번뇌가 없음 無諸累縛
　　　　　　(자) 마음 부드럽게 조화됨 其心調柔
　　　　　　(차) 경계가 눈앞에 분명하게 나타남 境界現前
　　　　나) 열 가지 공덕이 지나간 뒤 나타나는 다른 여덟 가지 느낌
　　　　　　餘觸發時
　　　　　　(가) 흔들림 動
　　　　　　(나) 가려움 痒
　　　　　　(다) 시원함 涼
　　　　　　(라) 따뜻함 暖
　　　　　　(마) 가벼움 輕

                (바) 무거움 重
                (사) 껄끄러움 澁
                (아) 미끌미끌함 滑
            라. 삿된 법의 모습을 열 가지 짝으로 구별한다 辨邪相
                가) 기운이 늘어나거나 줄어드는 모습 增減
                나) 고요함과 어지러운 모습 定亂
                다) 공과 유의 모습 空有
                라) 밝음과 어두움의 모습 明闇
                마) 근심과 기쁨의 모습 憂喜
                바) 괴로움과 즐거움의 모습 苦樂
                사) 선과 악의 모습 善惡
                아) 어리석음과 지혜의 모습 愚智
                자) 해탈과 번뇌의 모습 脫縛
                차) 강함과 부드러움의 모습 强柔
        2) 마구니의 일들을 다스리는 방법을 밝히는 부분 明其對治
        3) 진짜 삼매와 거짓 삼매를 구별하는 부분 簡別眞僞
            (1) 안팎의 경계로 삿된 선정과 바른 선정을 구별함 擧內外以別邪正
            (2) 두 선정에 대하여 진짜 삼매와 거짓 삼매를 구별함 對理事以間眞僞
                가. 진여의 이치에만 마음을 모으는 진짜 선정 顯理定是眞
                    가) 보살에게 있는 열세 가지 수행하는 위치에서 들어가는 길 十三住門
                    나) 여섯 씨앗에 있는 성품의 길 六種性門
                나. 경계 하나하나에 마음을 모으는 거짓 선정 顯事定之僞
4. 열 가지 이익을 보여준다 示利益 [논 81]

수행의 이익을 보여주어 공부할 것을 권한다

勸修利益分 [논 85~90]

본론. 논에서 하고 싶은 이야기는
    1장. 논을 쓰게 된 인연은 무엇인가
    2장. 대승의 법(法)과 의(義)는 무슨 내용인가
    3장. 법(法)과 의(義)를 자세히 풀이한다
    4장. 믿음과 다섯 가지 방편을 수행한다
    5장. 수행의 이익을 보여주어 공부할 것을 권한다
결론. 전체를 마무리 지어 회향함

---

1. 앞에 말한 내용을 뭉뚱그려 마무리 지음 總結前說 [논 85]
2. 이익을 들어 수행을 권한다 擧益勸修 [논 86]
   1) 수행을 바로 권함 正勸修
   2) 수행의 결과로 나타나는 뛰어난 이익을 보여줌 示其勝利
     (1) 수행하여 나타난 과보가 뛰어났음을 보여주고 示所得果勝
     (2) 수행하는 사람이 훌륭하다는 것을 밝힌다 明能修人勝
3. 가르침을 믿고 받아들인 복이 뛰어나다 信受福勝 [논 87]
   1) 잠깐 겨를 이 법을 바르게 생각한 복이 뛰어나다 明一食之頃正思福勝
   2) 하루 밤낮을 수행한 공덕이 끝이 없다 顯一日一夜修行功德無邊
4. 헐뜯고 비웃는 죄가 무겁다 毀謗罪重 [논 88]
   1) 헐뜯고 비웃는 죄가 무거운 것을 밝히고 明毀謗罪重
   2) 이 때문에 기신론 공부를 권하는 내용이다 試勸
   3) 죄가 무거운 뜻을 풀이하고 釋罪重意
   4) 삼보의 씨앗을 끊는다는 내용을 더 풀이한다 釋斷三寶之意
5. 증거를 듦 引證 [논 89]
6. 마무리를 지어 이 법을 공부해야 한다고 권장한다 結勸 [논 90]

찾아보기

한문 ↔ 한글 표기

【ㄱ】

각분제 覺分際 - 각의 한계.
각이익 覺利益 - 각의 이익.
경대성 境大性 - 맞서는 경계가 크다는 특성.
계명자상 計名字相 - 실체가 없는 이름을 붙이는 모습.
공성 空性 - 비어 있는 성품.
공적 空寂 - 비어 고요하다.
관지 觀智 - 인연의 흐름을 바르게 살피는 지혜.
권수이익분 勸修利益分 - 수행의 이익을 보여 주어 공부할 것을 권하는 부분.
근본업불상응염 根本業不相應染 - 근본 업으로서 주와 객으로 나누어지지 않은 오염된 마음.
기업상 起業相 - 업을 일으키는 모습.

【ㄴ】

능각인 能覺人 - 깨달을 수 있는 사람
능견심불상응염 能見心不相應染 - 능견으로서 주와 객으로 나누어지지 않은 오염된 마음.

【ㄷ】

대방편지 大方便智 - 큰 방편으로 쓰는 지혜.
대비관 大悲觀 - 자비로운 큰마음을 일으키는 관.
대원경지 大圓鏡智 - 오롯하게 비추는 크나큰 지혜.
대총상 大總相 - 전체 큰 모습.
대총상법문체 大總相法門體 - 전체 큰 모습으로 있는 법에 들어가는 길의 바탕.
대치사집 對治邪執 - 삿된 집착을 다스린다.
동상 同相 - 같은 모습.
동체지력 同體智力 - 중생들이 불보살과 같은 바탕이라고 아는 데서 나오는 힘.

【ㅁ】

망경계훈습 妄境界熏習 - 헛된 경계가 훈습.
망상 妄想 - 헛된 생각.
망심 妄心 - 헛된 마음.
망심훈습 妄心熏習 - 헛된 마음이 훈습.
멸상 滅相 - 없애야 할 모습.
명자상 名字相 - 이름에 있는 모습.
무량삼매 無量三昧 - 헤아릴 수 없이 많은 삼매.
무량성공덕 無量性功德 - 여래의 성품에서 나오는 헤아릴 수 없이 많은 공덕.
무루도 無漏道 - 번뇌가 없는 도.
무명주지 無明住地 - 무명이 앉아 있는 깊은 자리.

무상도 無上道 - 최고의 도.
무상방편지 無相方便地 - 결정된 틀이 없는 방편을 쓰는 위치.
무상성 無相性 - 어떤 모습도 없다는 성품.
무시망상 無始妄想 - 시작이 없는 때부터 시작된 헛된 생각.
무시무명 無始無明 - 시작이 없는 때부터 시작된 무명.
미래장심 未來藏心 - 미래에 감추어진 마음.

【ㅂ】

발심대성 發心大性 - 발심이 크다는 특성.
방편선교대성 方便善巧大性 - 잘 적용하는 방편의 힘이 크다는 특성.
번뇌 煩惱障 - 번뇌장애.
번뇌애 煩惱碍 - 번뇌 걸림돌.
법대성 法大性 - 법이 크다는 특성.
법보 法寶 - 보배로운 법.
법상 法相 - 법이 가진 모습.
법상관 法相觀 - 법의 모습을 보는 관.
법아견 法我見 - 모든 법에 실체가 있다는 견해.
법아집 法我執 - 모든 법에 실체가 있다는 집착.
법장문 法章門 - 법을 풀이하는 쪽.
법집분별 法執分別 - 법에 대해 집착하는 분별.
법출리경 法出離鏡 - 법이 두 가지 장애를 벗어난 거울.
변계소집성 徧計所執性 - 분별된 성품.
부단상응염 不斷相應染 - 끊임없이 주와 객으로 맞대응하는 오염된 마음.

부사의변 不思議變 - 생각할 수 없는 놀라운 변화.
부사의업 不思議業 - 생각할 수 없는 놀라운 진여의 활동.
부사의업상 不思議業相 - 생각할 수 없는 놀라운 진여의 활동으로 나타나는 모습.
부사의훈 不思議熏 - 생각할 수 없는 놀라운 훈습.
부정취 不定聚 - 어떤 길로 갈지 결정되지 않은 중생.
분별발취도상 分別發趣道相 - 도 닦을 마음을 내어 공부해 나가는 모습을 분별한다.
분별사식 分別事識 - 경계를 분별하는 식.
분별성 分別性 - 분별된 성품.
분별지상응염 分別智相應染
- 분별하는 지혜로서 주와 객으로 맞대응하는 오염된 마음.
불보 佛寶 - 보배로운 부처님.
불상응염심 不相應染心 - 주와 객으로 나누어지지 않은 오염된 마음
불종 佛種 - 부처님 씨.

【ㅅ】

사도 邪道 - 삿된 도.
사법 事法 - 경계로 나타나는 법.
사법 邪法 - 삿된 법.
사삼매 事三昧 - 경계를 가지고 공부하는 삼매.
사상 四相 - 네 가지 모습.
사식 事識 - 경계를 분별하는 식識.
사정 事定 - 경계 하나하나에 마음을 모으는 선정.

사정취 邪定聚 - 깨달음과 더욱 멀어져만 가는 중생.
삼무성 三無性 - 세 가지 무성無性.
삼악도 三惡道 - 지옥과 짐승과 아귀 세상.
상사견 相似見 - 비슷하게 보는 견해.
상사해 相似解 - 유사한 이해.
상속상 相續相 - 분별하는 마음이 이어지는 모습.
색덕 色德 - 부처님의 모습에서 나타나는 공덕.
색자재지 色自在地 - 몸의 활동이 자재하여 거침새가 없는 위치.
생멸문 生滅門 - 생멸의 길.
생상 生相 - 무명으로 생기는 모습.
서원관 誓願觀 - 큰 서원을 일으키는 관.
성공덕 性功德 - 여래의 성품에서 나오는 공덕.
성만대성 成滿大性 - 공부가 오롯하게 이루어져 크다는 특성.
성염환 性染患 - 성품에서 나오는 오염.
성정본각 性淨本覺 - 깨끗한 성품의 본각.
세상 細相 - 미세한 모습.
소각상 所覺相 - 깨달은 모습.
소지장 所知障 - 진실로 알아야 할 것을 방해하는 장애, 지장智障이라고도 한다.
수도연 受道緣 - 불도를 받아들이게 하는 인연.
수연문 隨緣門 - 인연을 따라가는 길.
수염본각 隨染本覺 - 오염된 법을 따르고 있는 본각.
수행신심분 修行信心分 - 믿음과 다섯 가지 방편을 수행하는 부분.
승보 僧寶 - 보배로운 수행자.

승해대성 勝解大性 - 아는 것이 뛰어나게 크다는 특성.
시대성 時大性 - 때가 크게 잘 맞는 특성.
신성취발심 信成就發心 - 믿음을 이룩하여 도 닦을 마음을 낸다.
신해지성 神解之性 - 신비롭게 아는 성품.
심덕 心德 - 부처님의 마음에서 나타나는 공덕.
심불상응 心不相應 - 주와 객으로 나누어지지 않은 마음.
심상응 心相應 - 주와 객으로 맞대응 하는 마음.
심생멸 心生滅 - 마음에 있는 생멸.
심생멸문 心生滅門 - 마음에 있는 생멸의 길.
심소 心所 - 마음에 있는 작용.
심수 心數 - 마음에 있는 작용.
심연상 心緣相 - 마음이 인연한 모습.
심자재지 心自在地 - 마음이 자재한 위치.
심진여 心眞如 - 마음에 있는 진여.
심진여문 心眞如門 - 마음에 있는 진여의 길.
십신 十信 - 보살이 닦아야 할 열 가지 믿음.
십신 十身 - 부처님의 열 가지 몸.
십주 十住 - 보살이 닦아야 할 열 가지 머무는 마음.
십지 十地 - 보살이 닦아야 할 열 가지 마지막 수행단계.
십해 十解 - 보살이 이해하여 머무는 열 가지 마음.
십행 十行 - 보살이 닦아갈 열 가지 행.
십회향 十廻向 - 보살이 닦아야 할 열 가지 회향.

【ㅇ】

언설상 言說相 - 말에 있는 모습.
업계고상 業繫苦相 - 업에 얽힌 괴로운 모습.
업대성 業大性 - 업이 크다는 특성.
여래장심 如來藏心 - 여래가 감추어진 마음.
여래종성 如來種性 - 여래가 될 수 있는 성품.
여량지 如量智 - 세간의 차별을 잘 아는 지혜.
여리지 如理智 - 평등한 이치에 맞아 떨어지는 지혜.
여실공 如實空 - 참으로 진실한 공.
여실불공 如實不空 - 참으로 진실한 불공.
여실행 如實行 - 실답게 나오는 행.
연훈습경 緣熏習鏡 - 연緣으로서 중생에게 좋은 영향을 끼치는 거울.
염 染 - 오염된 법, 더러움.
염심 染心 - 오염된 마음.
오진 五塵 - 바깥의 다섯 가지 경계.
원음 圓音 - 오롯한 소리.
육도 六道 - 여섯 갈래 중생의 나쁜 길.
육진 六塵 - 바깥의 여섯 가지 경계.
의락대성 意樂大性 - 즐거움이 크다는 특성.
의언진여 依言眞如 - 말로 표현할 수 있는 진여.
의장문 義章門 - 의의를 풀이하는 쪽.
의타기성 依他起性 - 다른 것에 기대어 일어나는 성품.
이상 異相 - 다른 모습.
이언 離言 - 말로 표현할 수 없는 자리.
이언진여 離言眞如 - 말을 표현할 수 없는 진여.
이정 理定 - 진여의 이치에만 마음을 모으는 선정.
이지 理智 - 이치에 맞는 분별이 없는 지혜.
인무아 人無我 - 변하지 않는 하나의 주재자로서 내가 존재하지 않는다는 견해.
인아견 人我見 - 변하지 않는 하나의 주재자로서 내가 존재한다는 견해.
인연분 因緣分 - 논을 만들게 된 인연이 무엇인가.
인훈습경 因熏習鏡 - 인因으로서 중생에게 좋은 영향을 끼치는 거울.
일념 一念 - 한 생각.
일음 一音 - 하나의 소리.
일체염법 一切染法 - 오염된 모든 법.
일체종지 一切種智 - 모든 것을 낱낱이 아는 지혜.
일체지 一切智 - 모든 것을 아는 지혜.
입의분 立義分 - 대승의 법法과 의의는 무슨 내용인가를 설명하는 부분.

【ㅈ】

자량대성 資糧大性 - 공부에 도움이 크다는 특성.
자상심체 自相心體 - 근본성품인 마음의 바탕.
자상의문 自相義門 - 근본성품의 뜻 쪽.
자성청정심 自性淸淨心 - 자기 성품이 깨끗하고 맑은 마음.
적정 寂靜 - 고요.
절상 絶相 - 모든 모습이 사라진 자리.
점각 漸覺 - 차츰차츰 아는 깨달음.
정 淨 - 깨끗한 법, 깨끗함.
정관 正觀 - 올바른 관觀.

정법 正法 – 바른 법.
정심지 淨心地 – 맑은 마음의 위치, 맑은 마음의 경계.
정정취 正定聚 – 반드시 도를 이룩할 중생.
정진관 精進觀 – 부지런히 정진하는 관.
정진대성 精進大性 – 수행을 꾸준히 해나가는 힘이 크다는 특성.
정체지 正體智 – 바른 바탕에 있는 지혜.
제일의신 第一義身 – 진리 자체로 갖는 몸.
제일의제 第一義諦 – 최고의 진리.
종성 種性 – 씨앗에 있는 성품.
주상 住相 – 나로 바뀌어 머무는 모습.
증득대성 證得大性 – 깨달아 얻는 힘이 크다는 특성.
증발심 證發心 – 증득하여 도 닦을 마음을 내는 것.
증장분별사식훈습 增長分別事識熏習 – 분별사식을 더 늘어나게 하는 훈습.
증장행연 增長行緣 – 보살행을 더 늘어나게 하는 인연.
증지 證智 – 증득한 지혜.
지대성 智大性 – 지혜가 크다는 특성.
지상 智相 – 세간에 있는 지혜의 모습.
지색불공 智色不空 – 지혜의 빛깔로서 불공.
지애 智礙 – 지혜 걸림돌.
지장 智障 – 지혜장애.
지정상 智淨相 – 맑은 지혜의 모습.
진실성 眞實性 – 진실한 성품.
진여문 眞如門 – 진여의 길.
집상응염 執相應染 – 집착으로서 주와 객으로 맞대응하는 오염된 마음.
집취상 執取相 – 집착하는 모습.

【ㅊ·ㅎ】

추상 麤相 – 거친 모습.
해석분 解釋分 – 법법과 의義를 자세히 풀이하는 부분.
해행발심 解行發心 – 알고 행하면서 도 닦을 마음을 내는 것.
행대성 行大性 – 실천하는 행이 크다는 특성.
현색불상응염 現色不相應染 – 드러난 마음으로서 주와 객으로 나누어지지 않은 오염된 마음
현시정의 顯示正義 – 올바른 뜻을 드러내 보인다.
후득지 後得智 – 깨달은 뒤에 중생을 돕고자 하는 지혜.

한글 ↔ 한문 표기

【ㄱ】

각의 이익
 - 각이익(覺利益)
각의 한계
 - 각분제(覺分際)
같은 모습
 - 동상(同相)
거친 모습
 - 추상(麤相)
경계 하나하나에 마음을 모으는 선정
 - 사정(事定)
경계로 나타나는 법
 - 사법(事法)
경계를 가지고 공부하는 삼매
 - 사삼매(事三昧)
경계를 분별하는 식
 - 분별사식(分別事識)
경계를 분별하는 식
 - 사식(事識)
고요 - 적정(寂靜)
공부가 오롯하게 이루어져 크다는 특성
 - 성만대성(成滿大性)
공부에 도움이 크다는 특성
 - 자량대성(資糧大性)
근본 업으로서 주와 객으로 나누어지지 않은 오염된 마음
 - 근본업불상응염(根本業不相應染)
근본성품의 뜻 쪽
 - 자상의문(自相義門)

근본성품인 마음의 바탕
 - 자상심체(自相心體)
깨끗한 법, 깨끗함
 - 정(淨)
깨끗한 성품의 본각
 - 성정본각(性淨本覺)
깨달아 얻는 힘이 크다는 특성
 - 증득대성(證得大性)
깨달은 뒤에 중생을 돕고자 하는 지혜
 - 후득지(後得智)
깨달은 모습
 - 소각상(所覺相)
깨달을 수 있는 사람
 - 능각인(能覺人)
깨달음과 더욱 멀어져만 가는 중생
 - 사정취(邪定聚)
끊임없이 주와 객으로 맞대응하는 오염된 마음
 - 부단상응염(不斷相應染)

【ㄴ】

나로 바뀌어 머무는 모습
 - 주상(住相)
네 가지 모습
 - 사상(四相)
논을 만들게 된 인연이 무엇인가
 - 인연분(因緣分)
능견으로서 주와 객으로 나누어지지 않은 오염된 마음
 - 능견심불상응염(能見心不相應染)

【ㄷ】

다른 것에 기대어 일어나는 성품
 - 의타기성(依他起性)
다른 모습
 - 이상(異相)
대승의 법(法)과 의(義)는 무슨 내용인가를 설명하는 부분
 - 입의분(立義分)
도 닦을 마음을 내어 공부해 나가는 모습을 분별한다
 - 분별발취도상(分別發趣道相)
드러난 마음으로서 주와 객으로 나누어지지 않은 오염된 마음
 - 현색불상응염(現色不相應染)
때가 크게 잘 맞는 특성
 - 시대성(時大性)

【ㅁ】

마음에 있는 생멸
 - 심생멸(心生滅)
마음에 있는 생멸의 길
 - 심생멸문(心生滅門)
마음에 있는 작용
 - 심소(心所)
마음에 있는 작용
 - 심수(心數)
마음에 있는 진여
 - 심진여(心眞如)
마음에 있는 진여의 길
 - 심진여문(心眞如門)
마음이 인연한 모습
 - 심연상(心緣相)
마음이 자재한 위치
 - 심자재지(心自在地)

말로 표현할 수 없는 자리
 - 이언(離言)
말로 표현할 수 있는 진여
 - 의언진여(依言眞如)
말에 있는 모습
 - 언설상(言說相)
말을 표현할 수 없는 진여
 - 이언진여(離言眞如)
맑은 마음의 위치, 맑은 마음의 경계
 - 정심지(淨心地)
맑은 지혜의 모습
 - 지정상(智淨相)
맞서는 경계가 크다는 특성
 - 경대성(境大性)
모든 것을 낱낱이 아는 지혜
 - 일체종지(一切種智)
모든 것을 아는 지혜
 - 일체지(一切智)
모든 모습이 사라진 자리
 - 절상(絶相)
모든 법에 실체가 있다는 견해
 - 법아견(法我見)
모든 법에 실체가 있다는 집착
 - 법아집(法我執)
몸의 활동이 자재하여 거침새가 없는 위치
 - 색자재지(色自在地)
무명으로 생기는 모습
 - 생상(生相)
무명이 앉아 있는 깊은 자리
 - 무명주지(無明住地)
결정된 틀이 없는 방편을 쓰는 위치
 - 무상방편지(無相方便地)
미래에 감추어진 마음
 - 미래장심(未來藏心)
미세한 모습
 - 세상(細相)

믿음과 다섯 가지 방편을 수행하는
부분
　- 수행신심분(修行信心分)
믿음을 이룩하여 도 닦을 마음을 낸다
　- 신성취발심(信成就發心)

【ㅂ】

바깥의 다섯 가지 경계
　- 오진(五塵)
바깥의 여섯 가지 경계
　- 육진(六塵)
바른 바탕에 있는 지혜
　- 정체지(正體智)
바른 법
　- 정법(正法)
반드시 도를 이룩할 중생
　- 정정취(正定聚)
발심이 크다는 특성
　- 발심대성(發心大性)
번뇌 걸림돌
　- 번뇌애(煩惱碍)
번뇌가 없는 도
　- 무루도(無漏道)
번뇌장애
　- 번뇌(煩惱障)
법과 의를 자세히 풀이하는 부분
　- 해석분(解釋分)
법에 대해 집착하는 분별
　- 법집분별(法執分別)
법을 풀이하는 쪽
　- 법장문(法章門)
법의 모습을 보는 관
　- 법상관(法相觀)
법이 가진 모습
　- 법상(法相)

법이 두 가지 장애를 벗어난 거울
　- 법출리경(法出離鏡)
법이 크다는 특성
　- 법대성(法大性)
변하지 않는 하나의 주재자로서 내가
존재하지 않는다는 견해
　- 인무아(人無我)
변하지 않는 하나의 주재자로서 내가
존재한다는 견해
　- 인아견(人我見)
보배로운 법
　- 법보(法寶)
보배로운 부처님
　- 불보(佛寶)
보배로운 수행자
　- 승보(僧寶)
보살이 닦아야 할 열 가지 마지막 수행
단계 - 십지(十地)
보살이 닦아야 할 열 가지 머무는 마음
　- 십주(十住)
보살이 닦아야 할 열 가지 믿음
　- 십신(十信)
보살이 닦아야 할 열 가지 행
　- 십행(十行)
보살이 닦아야 할 열 가지 회향
　- 십회향(十廻向)
보살이 이해하여 머무는 열 가지 마음
　- 십해(十解)
보살행을 더 늘어나게 하는 인연
　- 증장행연(增長行緣)
부지런히 정진하는 관
　- 정진관(精進觀)
부처님 씨
　- 불종(佛種)
부처님의 마음에서 나타나는 공덕
　- 심덕(心德)

부처님의 모습에서 나타나는 공덕
- 색덕(色德)
부처님의 열 가지 몸
- 십신(十身)
분별된 성품
- 변계소집성(遍計所執性)
분별된 성품
- 분별성(分別性)
분별사식을 더 늘어나게 하는 훈습
- 증장분별사식훈습(增長分別事識熏習)
분별하는 마음이 이어지는 모습
- 상속상(相續相)
분별하는 지혜로서 주와 객으로 맞대응하는 오염된 마음
- 분별지상응염(分別智相應染)
불도를 받아들이게 하는 인연
- 수도연(受道緣)
비슷하게 보는 견해
- 상사견(相似見)
비어 고요하다
- 공적(空寂)
비어 있는 성품
- 공성(空性)

【ㅅ】

삿된 도
- 사도(邪道)
삿된 법
- 사법(邪法)
삿된 집착을 다스린다
- 대치사집(對治邪執)
생각할 수 없는 놀라운 변화
- 부사의변(不思議變)
생각할 수 없는 놀라운 진여의 활동
- 부사의업(不思議業)

생각할 수 없는 놀라운 진여의 활동으로 나타나는 모습
- 부사의업상(不思議業相)
생각할 수 없는 놀라운 훈습
- 부사의훈(不思議熏)
생멸의 길
- 생멸문(生滅門)
성품에서 나오는 오염
- 성염환(性染患)
세 가지 무성(無性)
- 삼무성(三無性)
세간에 있는 지혜의 모습
- 지상(智相)
세간의 차별을 잘 아는 지혜
- 여량지(如量智)
수행을 꾸준히 해나가는 힘이 크다는 특성
- 정진대성(精進大性)
수행의 이익을 보여 주어 공부할 것을 권하는 부분
- 권수이익분(勸修利益分)
시작이 없는 때부터 시작된 무명
- 무시무명(無始無明)
시작이 없는 때부터 시작된 헛된 생각
- 무시망상(無始妄想)
신비롭게 아는 성품
- 신해지성(神解之性)
실답게 나오는 행
- 여실행(如實行)
실천하는 행이 크다는 특성
- 행대성(行大性)
실체가 없는 이름을 붙이는 모습
- 계명자상(計名字相)
씨앗에 있는 성품
- 종성(種性)

【ㅇ】

아는 것이 뛰어나게 크다는 특성
 - 승해대성(勝解大性)
알고 행하면서 도 닦을 마음을 내는 것
 - 해행발심(解行發心)
어떤 길로 갈지 결정되지 않은 중생
 - 부정취(不定聚)
어떤 모습도 없다는 성품
 - 무상성(無相性)
업에 얽힌 괴로운 모습
 - 업계고상(業繫苦相)
업을 일으키는 모습
 - 기업상(起業相)
업이 크다는 특성
 - 업대성(業大性)
없애야 할 모습
 - 멸상(滅相)
여래가 감추어진 마음
 - 여래장심(如來藏心)
여래가 될 수 있는 성품
 - 여래종성(如來種性)
여래의 성품에서 나오는 공덕
 - 성공덕(性功德)
여래의 성품에서 나오는 헤아릴 수 없이 많은 공덕
 - 무량성공덕(無量性功德)
여섯 갈래 중생의 나쁜 길
 - 육도(六道)
연(緣)으로서 중생에게 좋은 영향을 끼치는 거울
 - 연훈습경(緣熏習鏡)
오롯하게 비추는 크나큰 지혜
 - 대원경지(大圓鏡智)
오롯한 소리
 - 원음(圓音)

오염된 마음
 - 염심(染心)
오염된 모든 법
 - 일체염법(一切染法)
오염된 법, 더러움
 - 염(染)
오염된 법을 따르고 있는 본각
 - 수염본각(隨染本覺)
올바른 관(觀)
 - 정관(正觀)
올바른 뜻을 드러내 보인다
 - 현시정의(顯示正義)
유사한 이해
 - 상사해(相似解)
의(義)를 풀이하는 쪽
 - 의장문(義章門)
이름에 있는 모습
 - 명자상(名字相)
이치에 맞는 분별이 없는 지혜
 - 이지(理智)
인(因)으로서 중생에게 좋은 영향을 끼치는 거울
 - 인훈습경(因熏習鏡)
인연을 따라가는 길
 - 수연문(隨緣門)
인연의 흐름을 바르게 살피는 지혜
 - 관지(觀智)

【ㅈ】

자기 성품이 깨끗하고 맑은 마음
 - 자성청정심(自性淸淨心)
자비로운 큰마음을 일으키는 관
 - 대비관(大悲觀)
잘 적용하는 방편의 힘이 크다는 특성
 - 방편선교대성(方便善巧大性)

전체 큰 모습
　- 대총상(大總相)
전체 큰 모습으로 있는 법에 들어가는
길의 바탕
　- 대총상법문체(大總相法門體)
주와 객으로 나누어지지 않은 마음
　- 심불상응(心不相應)
주와 객으로 나누어지지 않은 오염된
마음 - 불상응염심(不相應染心)
주와 객으로 맞대응하는 마음
　- 심상응(心相應)
중생들이 불보살과 같은 바탕이라고
아는 데서 나오는 힘
　- 동체지력(同體智力)
즐거움이 크다는 특성
　- 의락대성(意樂大性)
증득하여 도 닦을 마음을 내는 것
　- 증발심(證發心)
증득한 지혜
　- 증지(證智)
지옥과 짐승과 아귀 세상
　- 삼악도(三惡道)
지혜 걸림돌
　- 지애(智礙)
지혜가 크다는 특성
　- 지대성(智大性)
지혜의 빛깔로서 불공(不空)
　- 지색불공(智色不空)
지혜장애
　- 지장(智障)
진리 자체로 갖는 몸
　- 제일의신(第一義身)
진실로 알아야 할 것을 방해하는 장애,
지장(智障)이라고도 한다
　- 소지장(所知障)
진실한 성품
　- 진실성(眞實性)

진여의 길
　- 진여문(眞如門)
진여의 이치에만 마음을 모으는 선정
　- 이정(理定)
집착으로서 주와 객으로 맞대응하는
오염된 마음
　- 집상응염(執相應染)
집착하는 모습
　- 집취상(執取相)

【ㅊ·ㅋ】

차츰차츰 아는 깨달음
　- 점각(漸覺)
참으로 진실한 공
　- 여실공(如實空)
참으로 진실한 불공
　- 여실불공(如實不空)
최고의 도
　- 무상도(無上道)
최고의 진리
　- 제일의제(第一義諦)
큰 방편으로 쓰는 지혜
　- 대방편지(大方便智)
큰 서원을 일으키는 관
　- 서원관(誓願觀)
평등한 이치에 맞아떨어지는 지혜
　- 여리지(如理智)

【ㅎ】

하나의 소리
　- 일음(一音)
한 생각
　- 일념(一念)

헛된 경계가 훈습
 - 망경계훈습(妄境界熏習)
헛된 마음
 - 망심(妄心)
헛된 마음이 훈습
 - 망심훈습(妄心熏習)
헛된 생각
 - 망상(妄想)
헤아릴 수 없이 많은 삼매
 - 무량삼매(無量三昧)

찾아보기

【ㄱ】

가전연론 · 239
각(覺) · 123, 157, 158, 159, 160, 161
각(覺)의 이익 · 170, 171, 172, 173, 174
각(覺)의 한계 · 170, 176
각조(覺照) · 188, 190
같은 모습 · 22, 28, 29, 45, 138, 209, 210
거친 모습 · 195, 196, 199, 201, 207, 209, 218, 219, 232, 234, 237, 244, 246, 248, 249
견도(見道) · 264, 362
견분(見分) · 166, 225, 265
견상(見相) · 148
견혹(見惑) · 227, 228, 234, 235, 260, 262
결정된 틀이 없는 방편을 쓰는 위치 · 32, 233, 236
경계 하나하나에 마음을 모으는 삼매 · 354
경계 하나하나에 마음을 모으는 선정 · 353, 354
경계로 나타나는 법 · 126
경계를 분별하는 식(識) · 198, 218, 227, 228, 248, 260, 265, 270, 279, 281
고(苦) · 75, 357
고요 · 33, 56
공(空) · 130, 139, 143, 190, 211, 289, 349
공견(空見) · 137
공공(空空) · 129

공부가 오롯하게 이루어져 크다는 특성 · 79
공부에 도움이 크다는 특성 · 79
관행(觀行) · 94, 101, 359
광백론 · 139
구경각 · 163, 164, 175, 176, 179
구지(九地) · 237, 312
구품왕생(九品往生) · 363
귀명(歸命) · 83, 84
근본 불각 · 159, 160, 193
근본 업으로서 주와 객으로 나누어지지 않은 오염된 마음 · 233, 237
근본성품의 뜻 쪽 · 256
근본성품인 마음의 바탕 · 255, 256
근신종자(根身種子) · 241
근주(近住) · 329, 336
금강유정 · 163, 174, 178, 180
금고경 · 71, 178, 187, 206, 283, 326
금광명경 · 71, 170, 180
기세계(器世界) · 206, 241
기신(起信) · 80, 81
깨끗한 법 · 117, 124, 143, 162, 195, 205, 229, 239, 258, 263, 267, 273, 292,
깨끗한 성품의 본각 · 183, 188, 192, 259
깨달아 얻는 힘이 크다는 특성 · 78
깨달은 뒤에 중생을 돕고자 하는 지혜 · 91, 132, 242, 311
깨달은 모습 · 170, 173
깨달을 수 있는 사람 · 170, 172, 174

깨달음과 더욱 멀어져만 가는 중생 · 298
기신론 · 67, 69, 71, 73, 317, 362
끊임없이 주와 객으로 맞대응하는 오염된 마음 · 32, 232, 235, 236

【ㄴ】

나로 바뀌어 머무는 모습 · 164, 168, 173, 175, 178
내주(內住) · 329, 335, 336
네 가지 모습 · 166, 188
논을 쓰게 된 인연이 무엇인가 · 368
능가경 · 122, 123, 128, 149, 154, 157, 162, 199, 201, 219, 220, 225, 230, 313, 362
능가경 종요 · 152
능견(能見) · 148, 166, 167, 195, 198, 199, 201, 216, 217
능견으로서 주와 객으로 나누어지지 않은 오염된 마음 · 233, 237
능상(能相) · 169
능섭(能攝) 여래장 · 117
능정사택(能正思擇) · 332

【ㄷ】

다른 것에 기대어 일어나는 성품 · 126, 127, 136
다른 모습 · 22, 28, 138, 149, 163, 169, 172, 195, 209, 212
대방등대집경 · 72, 77, 373
대방등대집월장경 · 72
대법론 · 77, 85, 174, 206

대승 · 67, 68, 74, 76, 78, 81
대승대방등일장경 · 72
대승동성경 · 71, 72
대승의 법(法)과 의(義)는 무슨 내용인가를 설명하는 부분 · 98, 368
대지도론 · 89, 95
대품 · 128
대품경 · 128, 129, 211, 291
대품반야경 · 72
대반열반경 · 71
도 닦을 마음을 내어 공부해 나가는 모습을 분별한다 · 103, 120, 294
동사섭(同事攝) · 269
동성경 · 72, 282
동품(同品) · 203
드러난 마음으로서 주와 객으로 나누어지지 않은 오염된 마음 · 233, 237, 241
등주(等住) · 329, 336
등지(等持) · 329, 338
때가 크게 잘 맞는 특성 · 79

【ㅁ】

마명 보살 · 9, 69
마음에 있는 생멸 · 212
마음에 있는 생멸의 길 · 122, 123
마음에 있는 작용 · 206, 207, 208, 231, 241, 245, 330, 331
마음에 있는 진여 · 122
마음에 있는 진여의 길 · 122, 123
마음이 인연한 모습 · 133
마음이 자재한 위치 · 233, 237
말에 있는 모습 · 130, 131, 133, 135

맑은 마음의 위치 · 233, 236
맑은 지혜의 모습 · 183, 184
멸진정(滅盡定) · 254
모든 것을 아는 지혜 · 55, 76, 180, 321
모든 모습이 사라진 자리 · 134
모든 법에 실체가 있다는 견해 · 287, 292
모든 법에 실체가 있다는 집착 · 257
몸의 활동이 자재하여 거침새가 없는 위치 · 233, 237
무간도(無間道) · 174
무구지(無垢地) · 174, 185, 237
무념(無念) · 164, 177
무량수경요간 · 363
무루(無漏) · 210
무명 · 69, 94, 117, 146
무명으로 생기는 모습 · 67, 170, 173, 175, 178
무명이 앉아 있는 깊은 자리 · 168, 209, 213, 214, 231, 238, 244, 247
무상(無常) · 75, 158, 175, 357, 359
무상도(無上道) · 80, 303
무상론 · 197
무상정(無想定) · 253, 254
무상천(無想天) · 253
무아(無我) · 75, 77
무참(無慙) 외도 · 141
미래에 감추어진 마음 · 167
미륵소문경론 · 318
미세한 모습 · 33, 53, 175, 195, 196, 201, 207, 232, 234, 244, 246, 310
믿음과 다섯 가지 방편을 수행하는 부분 · 319
믿음을 이룩하여 도 닦을 마음을 낸다 · 294, 295, 296, 299

【ㅂ】

바깥의 다섯 가지 경계 · 219
바깥의 여섯 가지 경계 · 215
바른 바탕에 있는 지혜 · 91, 132,
바른 법 · 76, 234, 296, 325, 345, 346, 347, 352
반드시 도를 이룩할 중생 · 298
발심이 크다는 특성 · 78
방편도(方便道) · 174
번뇌 걸림돌 · 241, 242, 243
번뇌가 없는 도 · 362
번뇌장애 · 187, 189, 191, 230, 243, 261
범망경 · 313, 341
범부각(凡夫覺) · 163
법과 의를 자세히 풀이하는 부분 · 98, 102, 103, 117, 119, 124, 287, 294, 319
법단도(法斷道) · 178
법에 대해 집착하는 분별 · 235
법의 모습을 보는 관 · 357
법이 두 가지 장애를 벗어난 거울 · 189, 191
법이 크다는 특성 · 78, 79
법집(法執) · 95, 103, 208, 287
법집경 · 91
법화경 · 71, 180
변하지 않는 하나의 주재자로서 내가 존재하지 않는다 · 292
변하지 않는 하나의 주재자로서 내가 존재한다는 견해 · 257, 287, 290
보배로운 법 · 82, 84, 89, 90, 92
보배로운 부처님 · 82, 89, 92
보배로운 수행자 · 82, 84, 91, 92
보살영락경 · 72
보살영락본업경 · 72, 231, 299, 306

보살이 닦아야 할 열 가지 마지막 수행
단계 · 53, 163, 172, 185, 233, 264, 272,
272, 295, 309, 311, 312
보살이 닦아야 할 열 가지 머무는
마음 · 130, 171, 174, 178, 180, 232, 234,
295, 299, 300, 301, 306, 354, 362
보살이 닦아야 할 열 가지 믿음 · 130,
170, 234, 264, 270, 295, 298, 299, 301
보살이 닦아야 할 열 가지 행 · 52, 171,
174, 180, 234, 295, 307, 308, 354
보살이 닦아야 할 열 가지 회향 · 171,
174, 180, 234, 295, 307, 308, 354
보살이 이해하여 머무는 열 가지
마음 · 271, 272, 282, 283, 284, 300, 301
보살지지론 · 79
보살행을 더 늘어나게 하는 인연 · 69,
270
보성론 · 91, 187
보시 · 75, 76, 92, 269, 270, 307, 322, 323
복도(伏道) · 178
본식(本識) · 197, 217, 256
부인경 · 182, 202, 230
부증불감경 · 166
부증불감소 · 291
부지런히 정진하는 관 · 357
부처님 씨 · 17, 93, 95
부처님의 마음에서 나타나는 공덕 ·
84, 85, 86, 87
부처님의 모습에서 나타나는 공덕 ·
84, 86, 87
부처님의 열 가지 몸 · 87
분별된 성품 · 126, 127, 134
분별하는 마음이 이어지는 모습 · 200,
207

분별하는 지혜로서 주와 객으로
맞대응하는 오염된 마음 · 233, 236
불각(不覺) · 123, 146, 148, 153, 154, 157,
158, 159, 163, 171, 182, 186, 193, 209
불공(不空) · 129, 138, 143, 189, 190, 210,
289
불공(不空) 여래장 · 117
불도를 받아들이게 하는 인연 · 69, 270
불성(佛性) · 190
불지경 · 193
비슷하게 보는 견해 · 305, 362
비어 고요하다 · 67, 343
비어 있는 성품 · 134

【ㅅ】

사권 능가경 · 145, 147, 155, 156, 182,
198, 218, 245, 248, 250
사마타 · 318, 328, 329, 331
사명(邪命) 외도 · 142
사제(四諦) · 76
살바다종 · 164
삼보 · 82, 83, 84, 303
삼성(三性) · 127
삼현(三賢) · 171, 264
삿된 도 · 340, 352
삿된 법 · 345, 346, 347, 348, 350, 351
삿된 집착을 다스린다 · 102,103, 120,
287
상대(相對) · 80, 113, 116, 117, 274, 275
상분(相分) · 166, 225, 265
상사각(相似覺) · 164, 172
상속식(相續識) · 185, 215, 216, 221,
222, 227, 235, 253, 254

상속심(相續心)·222
상온(想蘊)·208, 228
색구경처(色究竟處)·311
생각할 수 없는 놀라운 변화·248, 249, 258
생각할 수 없는 놀라운 진여의 활동·116, 183, 184, 187, 188, 191, 266, 268, 277, 278
생각할 수 없는 놀라운 진여의 활동으로 나타나는 모습·184
생각할 수 없는 놀라운 훈습·86, 170, 248, 249, 258, 280, 282
생기식(生起識)·168, 201, 207
생멸의 길·44, 71, 72, 94, 115, 116, 117, 121, 122, 123, 125, 126, 128, 144, 153, 257, 327
선경(禪經)·342
선정·75, 76, 92, 307, 318, 322, 329, 338, 343, 345, 346, 347
섭대승론·70, 85, 259, 279, 301, 317, 318
섭론·70, 127, 176, 176, 198, 283, 283
성실종·165
성종성(性種性)·354
성품에서 나오는 오염·162
세 가지 무성(無性)·133, 235
세간에 있는 지혜의 모습·200, 201, 207, 221
세간의 차별을 잘 아는 지혜·243, 272
소상(所相)·169, 172, 173
소승·74, 115, 167, 301
수도위(修道位)·264
수론(數論) 외도·140
수분각(隨分覺)·164, 173

수온(受蘊)·208
수행을 꾸준히 해나가는 힘이 크다는 특성·77
수행의 이익을 보여 주어 공부할 것을 권하는 부분·63, 98, 104, 106, 364
습종성(習種性)·300
승론(勝論) 외도·141
승만경·71, 202
승발도(勝拔道)·178
시각(始覺)·157, 158, 159, 161, 163, 176, 179, 181, 191, 210, 212, 256
시왕(十王)·312
시작이 없는 때부터 시작된 무명·79, 180, 249
식온(識蘊)·207, 208
식장(識藏)·145, 155, 156
실답게 나오는 행·91
실천하는 행이 크다는 특성·77
실체가 없는 이름을 붙이는 모습·200, 208
심법지(心法智)·202
심사(尋思)·235, 330, 331
심소법(心所法)·149, 205, 239
심수(心數)·196
심왕(心王)·149, 196
십권 능가경·148, 154, 155, 156, 185, 224, 245, 249, 250, 253
십권경·223
십이문론·70
십지경·222, 312
씨앗에 있는 성품·353, 354

【ㅇ】

아는 것이 뛰어나게 크다는 특성 · 79
아리야식 · 144, 147, 148, 149, 152, 153, 154, 155, 156, 157, 159, 197, 213, 219
아견(我見) · 167, 173
아만(我慢) · 167, 173
아애(我愛) · 167, 173
아집(我執) · 287, 288, 291
아치(我癡) · 167, 173
안락국(安樂國) · 362
안주(安住) · 329, 336
알고 행하면서 도 닦을 마음을 내는 것 · 294, 307, 308
애어(愛語) · 269
애혹(愛惑) · 234, 260, 262
어떤 길로 갈지 결정되지 않은 중생 · 296, 298, 319
어떤 모습도 없다는 성품 · 134
업번뇌(業煩惱) · 149
업상(業相) · 166, 175, 185, 194, 255, 256
업식(業識) · 148, 186, 212, 214, 216, 237, 258, 310
업에 얽힌 괴로운 모습 · 200, 208
업을 일으키는 모습 · 200, 208
업이 크다는 특성 · 78, 85
없애야 할 모습 · 168, 171
여래가 감추어진 마음 · 167
여래가 될 수 있는 성품 · 344, 353, 354
여래의 성품에서 나오는 공덕 · 117, 138, 162, 276
여래의 성품에서 나오는 헤아릴 수 없이 많은 공덕 · 113, 116, 117, 167, 276, 289
여래장 · 113, 116, 117, 122, 123, 145, 148, 155, 162, 182, 230, 276
여래장식(如來藏識) · 155
여섯 갈래 중생의 나쁜 길 · 94, 102, 170, 182, 208, 243, 280, 283, 368
연(緣)으로서 중생에게 좋은 영향을 끼치는 거울 · 189, 192
열반경 · 87, 128, 130, 151, 190
오롯하게 비추는 크나큰 지혜 · 193, 256
오롯한 소리 · 105, 108, 110
오염된 마음 · 196, 228, 229, 231
오염된 모든 법 · 138, 139, 153, 160, 162, 169, 189, 191, 195, 209, 213, 258
오염된 법을 따르고 있는 본각 · 183, 184, 191
올바른 관(觀) · 328, 329
올바른 뜻을 드러내 보인다 · 102, 103, 120, 122
외도경 · 351
용대(用大) · 80, 114, 117, 274, 277
위빠사나 · 328, 329, 331, 332
유가론 · 70, 78, 79, 111, 149, 169, 199, 219, 220, 221, 240, 241, 326, 327, 329, 332, 353
유가사지론 · 70, 79, 168, 326, 341
유견(有見) · 137
유마경 · 108
유사한 이해 · 284
유식관(唯識觀) · 235, 264
육식(六識) · 149, 182, 200, 202, 203, 253
응신(應身) · 185, 187, 188, 191
응화신(應化身) · 187
의(義)를 풀이하는 쪽 · 273
이름에 있는 모습 · 130, 133, 135
이숙식(異熟識) · 149, 199

이승(二乘)·101, 359
이장장(二障章)·232, 242
이치에 맞는 분별이 없는 지혜·244
이행(利行)·269
인(因)으로서 중생에게 좋은 영향을 끼치는 거울·188, 191, 192
인연을 따라가는 쪽·154
인연의 흐름을 바르게 살피는 지혜·138
인왕경·156, 180, 234, 291, 300, 354
인욕·76, 307, 322, 323, 324, 343
인집(人執)·95, 103
일도장·299

【ㅈ】

자교상위(自敎相違)·204
자기 성품이 깨끗하고 맑은 마음·230
자량위(資糧位)·185
자비로운 큰마음을 일으키는 관·357
잘 적용하는 방편의 힘이 크다는 특성·78
장식(藏識)·147, 148, 155, 198, 251
장엄론·205
적정(寂靜)·329, 337
전상(轉相)·148, 166, 185, 198, 237, 261
전식(轉識)·147, 148, 186, 214, 216, 237, 248, 279, 282, 309
전주일취(專住一趣)·329, 338
전체 큰 모습으로 있는 법에 들어가는 길의 바탕·115, 132
정진·76, 307, 322, 323, 324, 343
제6식·218
제8식·149, 193, 197, 199, 218, 249, 259

제사선(第四禪)·312
제일의공(第一義空)·190
조순(調順)·329, 337, 337
주변사찰(周徧伺察)·332
주변심사(周徧尋思)·332
주와 객으로 나누어지지 않은 마음·230, 239, 240, 244, 247, 252
주와 객으로 나누어지지 않은 오염된 마음·196, 233, 236, 241, 252
주와 객으로 맞대응하는 마음·205, 230, 239, 241, 244, 252
중관론·70
중도관(中道觀)·137
중변론·169, 220
중생들이 불보살과 같은 바탕이라고 아는 데서 나오는 힘·69, 269
즐거움이 크다는 특성·79
증득하여 도 닦을 마음을 내는 것·295, 309
증득한 지혜·310
증상연·108
증일아함경·88
지계·76, 270, 307, 323
지관(止觀)·104, 322, 323, 327, 328, 332, 355
지도론·89, 111, 195, 354
지말 불각·159, 160, 193, 195, 196, 200, 209, 262
지식(智識)·215, 216, 221, 222, 236, 242, 301, 354
지행(止行)·94, 101, 359
지혜 걸림돌·241, 243
지혜가 크다는 특성·77
지혜의 빛깔로서 불공(不空)·210

지혜장애 · 187, 191, 230
진리 자체로 갖는 몸 · 107
진식(眞識) · 198, 218, 250
진여삼매 · 333, 338
진실로 알아야 할 것을 방해하는 장애 · 243, 268
진실한 성품 · 134, 135, 189, 191
진여의 길 · 71, 72, 94, 115, 116, 121, 122, 132, 133, 144, 153, 259, 285
진여의 이치에만 마음을 모으는 선정 · 352, 353
집량론 · 224
집론 · 236
집착하는 모습 · 134, 163, 172, 178, 200, 208, 292

【ㅊ · ㅋ】

차츰차츰 아는 깨달음 · 180
참으로 진실한 공 · 131, 138, 188, 268
참으로 진실한 불공 · 131, 138, 189
체대(體大) · 80, 113, 117, 274, 275
최고의 도 · 265, 335, 364
최고의 진리 · 195, 278
최극사택(最極思擇) · 332
최극적정(最極寂靜) · 329, 337, 338
7식 · 148, 155, 156, 182, 199, 201, 202, 213, 214, 248, 265
큰 방편으로 쓰는 지혜 · 277, 278
큰 서원을 세우는 관 · 357

【ㅍ · ㅎ】

평등한 이치에 맞아떨어지는 지혜 · 243
하나의 소리 · 107, 108, 109, 110
한 생각 · 164, 170, 177, 188, 214, 216, 309, 310, 311, 312
해심밀경 · 149, 236
행온(行蘊) · 208, 228
허공장경 · 74, 76
헛된 경계가 훈습 · 260
헛된 마음 · 139, 143, 215, 226, 258, 260, 261, 263, 264
헛된 마음이 훈습 · 260, 261, 264
헛된 생각 · 194, 219, 249, 250, 260, 261, 275, 285, 316
헤아릴 수 없이 많은 삼매 · 339
현상(現相) · 167, 198, 200, 209, 218, 261, 284
현식(現識) · 198, 199, 201, 214, 216, 217, 218, 219, 236, 241, 248, 251
현양론 · 78
화엄경 · 72, 80, 86, 87, 109, 128, 177, 192, 306, 313
화합식(和合識) · 183, 185
환희지(歡喜地) · 362

큰 믿음을 일으키는 글

2003년 6월 20일 초판 발행
2021년 3월 25일 초판 9쇄 발행

지은이 원순
발행인 열린 마음
발행처 도서출판 법공양
주 소 110-170 서울시 종로구 삼봉로81
        두산위브파빌리온 836호
전 화 02-734-9428
등 록 1999년 2월 2일 · 제1-a2441

ISBN 978-89-89602-51-4
ⓒ 원순 2021

값 30,000원